Bedenke vor wem du stehst

Klartext

*Für
Hans Frankenthal
und
Kurt Neuwald*

Günter Birkmann / Hartmut Stratmann

Bedenke vor wem du stehst

300 Synagogen und ihre Geschichte in Westfalen und Lippe

unter Mitarbeit von

Thomas Kohlpoth und Dieter Obst

Die Umschlagzeichnung zeigt den Entwurf eines Fensters für die Synagoge in Schwerte von Carl H.J. Schmitz (1928)

Die Deutsche Bibliothek – CIP-Einheitsaufnahme

Bedenke vor wem du stehst : 300 Synagogen und ihre Geschichte in Westfalen und Lippe / Günter Birkmann ... – 1. Aufl. – Essen : Klartext-Verl., 1998
ISBN 3-88474-661-8

1. Auflage März 1998
Gesamtausstattung: Klartext Satz & Lithographie
Druck: Fortuna-Druck, Baden-Baden
© Klartext Verlag, Essen 1998
ISBN 3-88474-661-8
Alle Rechte vorbehalten

Rabbi Jochanan sagte:
Wehe den Völkern der Welt,
die einen Verlust erlitten haben,
ohne zu wissen, was sie verloren haben.

Babylonischer Talmud, Sukka 55b

Dieses Buch will die 300 Synagogen in Westfalen und Lippe, die zwischen der Mitte des neunzehnten Jahrhunderts und der Gegenwart bestanden, vor dem Vergessen bewahren. Wir sehen in den Synagogen mehr als bloße Bauwerke: Geschichte und Kultur, vor allem aber das religiöse Leben der westfälischen Juden spiegeln sich in den Synagogen in einzigartiger Weise wider.

Von diesem Leben, dem Selbstverständnis der Juden, den behördlichen Auflagen, der beginnenden Emanzipation, von der gewaltsamen Zerstörung, der Trauer und dem Neuanfang berichtet Teil A des Buches. Sicherlich sind diese Beschreibungen bruchstückhaft. Aber sie sprechen von Judengemeinden eingebettet und versucht haben, eine angemessene Form des Glaubens, einen stärkeren Zusammenhalt und einen akzeptablen Platz ihrer Gemeinde in der Gesellschaft zu finden.

Hans Chanoch Meyer, früher Landesrabbiner in Westfalen und Lippe, schrieb 1961: „Es wäre eine Aufgabe, das Leben in den kleinen Gemeinden des Sauerlandes und Münsterlandes, wie es sich früher abspielte, darzustellen. Und nun erst die mittleren und größeren Gemeinden wie Bielefeld, Paderborn, Münster u.a.! Sodann gab es ein intensives jüdisches Leben im Industriegebiet, das sich etwa ab 1890 zu einer beachtlichen Höhe entwickelte". H.Ch. Meyer setzte sich dafür ein, daß „diese Aufgabe im nächsten Jahrzehnt gelöst wird. Später wird es noch schwieriger sein".

In der Tat ist es mehr als 30 Jahre später weitaus schwieriger, das westfälische jüdische Gemeindeleben in seinen Unterschiedlichkeiten und in seiner Gemeinsamkeit darzustellen. Doch die Aufgabe ist um so dringlicher, als die regionale Geschichtsschreibung häufig den November 1938 zum beherrschenden Thema der jüdischen Geschichte in Westfalen macht und die durchaus vorhandenen Spuren aus dem 19. Jahrhundert übergeht.

Die beschriebenen Intentionen bringen es mit sich, daß wir, die Verfasser, die kunsthistorische und architekturgeschichtliche Würdigung der Synagoge zurückstellen. Weder die baugeschichtliche Bedeutung des synagogalen Gebäudes noch die Größe der Gemeinde noch das Ausmaß der Zerstörungen im November 1938 sollen bestimmen, was in diesem Buch in Erinnerung gebracht wird (Teil B). In der großen wie in der kleinen Synagoge gilt die Mahnung: „Bedenke vor wem Du stehst". Dieses Wort gilt als Inschrift in den Synagogen Paderborn und Niedermarsberg über den Aron hakodesch geschrieben. Es nimmt ein Wort aus dem Talmud auf, in dem es heißt: „Wenn ihr betet, wisset, vor wem ihr steht." (Babylonischer Talmud, Berachot 28b). Der Wille der Betenden, sich an einem Ort im Namen Adonais zu versammeln, gibt den Ausschlag für die Erinnerung an die Synagogen.

In diese Erinnerung eingeschlossen sollen die Rabbiner sein, die in Westfalen und Lippe gearbeitet haben. Unter ihnen waren hervorragende Wissenschaftler, begabte Prediger und treue Seelsorger, die ihre Gemeinde bis in den Tod begleiteten (Teil C).

Die Quellen haben wir in einer Reihe von Stadt- und Staatsarchiven durchsehen können. Neben diesen ist das „Gesamtarchiv der deutschen Juden" besonders zu nennen. In ihm wurden zwischen ca. 1904 und 1938 Archivbestände von ca. 400 jüdischen Gemeinden und verschiedenen anderen jüdischen Organisationen gesammelt. Doch die Aufgabe ist nicht mehr vollständig erhaltene, aber sehr wenig ausgewertete Bestand war uns in Coswig/Sachsen-Anhalt zugänglich. Inzwischen ist er in die Stiftung „Neue Synagoge Berlin -Centrum Judaicum" gebracht worden. Ein anderer Teil des Bestandes des „Zentralarchivs der deutschen Juden" ist an die „Central Archives for the History of the Jewish People" in Jerusalem weitergegeben worden, wo wir nur Einblick nehmen konnten.

Allerdings wäre es ohne die lokalhistorischen Arbeiten (vgl. Teil D) und ohne die hilfreichen Auskünfte und Zusendungen aus vielen Orten nicht möglich gewesen, die Veröffentlichung in dem vorliegenden Umfang zusammenzustellen. Dafür haben wir zu danken.

Unser Dank gilt insbesondere dem Landesverband der jüdischen Gemeinden in Westfalen-Lippe. Ein wichtiger Impuls zu diesem Buch ist aus Gesprächen und langjährigen Kontakten mit Vorstandsmitgliedern dieses Verbandes und dem Landesrabbiner erwachsen. Wir hoffen, daß in den wachsenden Gemeinden des Landesverbandes die Wurzeln dieser Gemeinden gerade in Zeiten der Veränderung nicht in Vergessenheit geraten.

Wir danken dem Landesverband für die großzügige finanzielle Förderung sowie den Arbeitsämtern Dortmund und Gelsenkirchen, die je für einen Historiker Arbeitsbeschaffungsmaßnahmen finanziert haben.

Dortmund/Gelsenkirchen,
im Dezember 1997

Inhaltsverzeichnis

Teil A: Synagogen und Gemeinden 9
von Günter Birkmann und Hartmut Stratmann

Von der Bestube zur Synagoge 10 – Gezählt und registriert: Die jüdische Minderheit 11 – Die christliche Nachbarschaft 13 – Die Synagoge – Versammlungsraum oder Sakralbau? 14 – Architektur 15 – Die Ausrichtung nach Jerusalem 17 – Der Innenraum mit Aron hakodesch und Bima 17 – Plätze für Männer und Frauen 19 – Orgelmusik in der Synagoge? 20 – Der Sabbat-Gottesdienst 21 – Das politische Gebet 24 – Synagogenordnung 25 – Synagogenbezirke 27 – Finanzen 28 – Schule und der Religionsunterricht 30 – Rabbiner und Kultusbeamte 32 – Mikwe 35 – 1938 36 – Nach 1945 38 – Die Gegenwart 40

Teil B: Synagogen und Bethäuser 43

Regierungsbezirk Arnsberg 44
von Thomas Kohlpoth

Bochum 44
Bochum 44 – Bochum-Wattenscheid 46

Dortmund 48
Dortmund 48 – Dortmund-Aplerbeck 55 – Dortmund-Dorstfeld 56 – Dortmund-Hörde 57 – Dortmund-Mengede 59

Ennepe-Ruhr-Kreis 59
Hattingen 59 – Herdecke 60 – Schwelm 61 – Witten 62 – Witten-Herbede 64

Hagen 65
Hagen 65 – Hagen-Hohenlimburg 68

Hamm 70
Hamm 70

Herne 71
Herne 71 – Herne-Wanne-Eickel 75

Hochsauerlandkreis 77
Arnsberg 77 – Arnsberg-Hüsten 80 – Arnsberg-Neheim 80 – Brilon 82 – Brilon-Alme 84 – Brilon-Madfeld 85 – Eslohe 85 – Hallenberg 86 – Marsberg-Heddinghausen 87 – Marsberg-Niedermarsberg 87 – Marsberg-Obermarsberg 88 – Marsberg-Padberg 89 – Medebach 90 – Meschede 91 – Olsberg-Bigge 92 – Schmallenberg 94

Märkischer Kreis 95
Altena 95 – Balve 96 – Iserlohn 96 – Iserlohn-Hennen 100 – Iserlohn-Oestrich 100 – Lüdenscheid 100 – Meinerzhagen 101 – Menden 102 – Plettenberg 103

Kreis Olpe 104
Attendorn 104 – Finnentrop-Lenhausen 104 – Lennestadt-Oedingen 105 – Olpe 105 – Olpe-Neuenkleusheim 105

Kreis Siegen-Wittgenstein 106
Bad Berleburg 106 – Bad Laasphe 107 – Hilchenbach 109 – Siegen 110

Kreis Soest 112
Anröchte 112 – Erwitte 113 – Erwitte-Westernkotten 113 – Geseke 113 – Geseke-Störmede 115 – Lippetal-Hovestadt 115 – Lippetal-Oestinghausen 115 – Lippstadt 116 – Lippstadt-Lipperode 117 – Möhnesee-Körbecke 117 – Rüthen 118 – Soest 119 – Warstein 121 – Warstein-Belecke 121 – Werl 121

Kreis Unna 124
Kamen 124 – Lünen 124 – Schwerte 125 – Selm-Bork 125 – Unna 127 – Werne 130

Regierungsbezirk Detmold 131
von Thomas Kohlpoth und Dieter Obst

Bielefeld 131
Bielefeld 131 – Bielefeld-Schildesche 134

Kreis Gütersloh 135
Borgholzhausen 135 – Gütersloh 135 – Halle 136 – Rheda-Wiedenbrück 137 – Rietberg-Neuenkirchen 138 – Versmold 140 – Werther 142

Kreis Herford 143
Bünde 143 – Enger 143 – Herford 144 – Vlotho 145

Kreis Höxter 147
Bad Driburg 147 – Bad Driburg-Dringenberg 148 – Bad Driburg-Pömbsen 148 – Beverungen 150 – Beverungen-Amelunxen 151 – Beverungen-Herstelle 151 – Borgentreich 151 – Borgentreich-Borgholz 152 – Borgentreich-

Bühne 152 – Borgentreich-Großeneder 152 – Borgentreich-Körbecke 152 – Borgentreich-Rösebeck 153 – Brakel 153 – Höxter-Albaxen 154 – Höxter-Bruchhausen 155 – Höxter-Fürstenau 155 – Höxter-Lüchtringen 156 – Höxter-Ovenhausen 156 – Höxter-Stahle 156 – Marienmünster-Hohehaus 156 – Marienmünster-Löwendorf 156 – Marienmünster-Vörden 156 – Nieheim 158 – Steinheim 158 – Warburg 161 – Warburg-Daseburg 164 – Warburg-Herlinghausen 164 – Warburg-Hohenwepel 165 – Warburg-Ossendorf 165 – Warburg-Rimbeck 165 – Willebadessen 166 – Willebadessen-Löwen 166 – Willebadessen-Peckelsheim 166

Kreis Lippe 167
Bad Salzuflen 167 – Bad Salzuflen-Schötmar 167 – Barntrup 168 – Barntrup-Alverdissen 168 – Blomberg 169 – Blomberg-Cappel 171 – Detmold 172 – Exterтал-Bösingfeld 174 – Horn-Bad Meinberg 175 – Kalletal-Hohenhausen 175 – Lage 176 – Lemgo 177 – Lügde 178 – Oerlinghausen 178 – Schieder-Schwalenberg 179 – Schlangen 179

Kreis Minden-Lübbecke 181
Bad Oeynhausen 181 – Bad Oeynhausen-Bergkirchen 181 – Lübbecke 181 – Minden 183 – Petershagen 185 – Petershagen-Frille 186 – Petershagen-Schlüsselburg 186 – Petershagen-Windheim 186 – Porta Westfalica-Hausberge 187 – Preußisch Oldendorf 187 – Rahden 188 – Stemwede-Levern 188

Kreis Paderborn 190
Büren 190 – Lichtenau 191 – Paderborn 192 – Salzkotten 196 – Salzkotten-Niederntudorf 197 – Wünnenberg 197 – Wünnenberg-Haaren 197

Regierungsbezirk Münster 198
von Dieter Obst

Kreis Borken 198
Ahaus 198 – Bocholt 199 – Borken 201 – Borken-Gemen 202 – Gescher 202 – Gronau 203 – Gronau-Epe 203 – Isselburg-Anholt 204 – Raesfeld 204 – Reken 205 – Rhede 206 – Stadtlohn 206 – Südlohn 206 – Vreden 207

Bottrop 210
Bottrop 210

Kreis Coesfeld 211
Ascheberg-Herbern 211 – Billerbeck 211 – Coesfeld 211 – Dülmen 212 – Lüdinghausen 212 – Nottuln 213 – Olfen 214

Gelsenkirchen 215
Gelsenkirchen 215 – Gelsenkirchen-Buer 219 – Gelsenkirchen-Horst 221

Münster 222
Münster 222 – Münster-Wolbeck 227

Kreis Recklinghausen 228
Castrop-Rauxel 228 – Datteln 229 – Dorsten 230 – Gladbeck 231 – Haltern 232 – Recklinghausen 233 – Waltrop 236

Kreis Steinfurt 236
Hopsten 236 – Horstmar 236 – Ibbenbüren 237 – Lengerich 238 – Ochtrup 238 – Rheine 238 – Steinfurt-Borghorst 241 – Steinfurt-Burgsteinfurt 241 – Westerkappeln 242

Kreis Warendorf 243
Ahlen 243 – Beckum 244 – Drensteinfurt 245 – Ennigerloh-Enniger 246 – Oelde 247 – Sendenhorst 248 – Telgte 248 – Wadersloh 249 – Warendorf 249

Teil C: Rabbiner in Westfalen und Lippe 251
von Günter Birkmann, Thomas Kohlpoth, Dieter Obst und Hartmut Stratmann

Rabbiner nach 1847 252
Rabbiner nach 1890 259
Rabbiner des Vereins zur Wahrung der religiösen Interessen des Judentums in Westfalen 265
Rabbiner nach 1950 267

Teil D: Anhang
Allgemeine Quellen und Literatur 270
Lokale Quellen und Literatur 272
Bildquellen 294
Anmerkungen 295
Personenregister 301
Ortsregister 304
Glossar 309

Teil A:
Synagogen und Gemeinden

Von der Betstube zur Synagoge

In kleineren Ortschaften versammelten sich die wenigen jüdischen Familien zu Gebet und Gottesdienst meist in Privathäusern. Ein größerer Wohnraum, ein gesonderter Raum in einem großen Haus oder ein Anbau mußten als Betstube dienen, solange keine Synagoge zur Verfügung stand. Diese Betstuben blieben nicht nur angesichts der beengten Räumlichkeiten gegenüber einer Synagoge die unbefriedigendere Lösung. Sobald sich Probleme mit dem Wohnungseigentümer ergaben, mußte die Betstube in ein anderes Haus verlegt werden (Recklinghausen) oder die Gemeinde spaltete sich und betete fortan in unterschiedlichen Betstuben (Dorsten). Eine jüdische Gemeinde mit einer Betstube hatte kein festes Zentrum, und ihre Gottesdienste blieben gegenüber den christlichen eher private als öffentliche Versammlungen.

Aber auch dort, wo Synagogen errichtet werden durften, waren sie längst nicht mit Kirchenbauten zu vergleichen. Nur in wenigen Ortschaften wurden bis zum 18. Jahrhundert eigene Synagogen mit den notwendigen Nebengebäuden (Schule, Mikwe, Lehrerwohnung) errichtet, die den Mittelpunkt des religiösen Gemeindelebens bildeten.

Häufiger versteckten sich die Dorfsynagogen zwischen münsterländischen Bauernhöfen oder inmitten kleiner Ortschaften mit sauerländischen Fachwerkhäusern, unauffällig dem Baustil ihrer Umgebung angepaßt. In manchen Orten durften diese Bethäuser nicht einmal an der Straße liegen. Sie verbargen sich abseits der Straße auf Garten- oder Hinterhofgrundstücken. Von außen waren sie nicht als Sakralgebäude zu erkennen; lediglich die Rundbogenfenster oder eine hebräische Inschrift über dem Eingang deuteten auf die Nutzung des Gebäudes hin. Die Synagogengemeinden mußten zufrieden sein, wenn sie überhaupt eigene Räume für Gebet und Unterricht erwerben konnten. Ihre Gleichstellung mit den christlichen Kirchen war bis weit in das 19. Jahrhundert hinein unvorstellbar. So spiegelt die Geschichte des Synagogenbaus in Westfalen die Entwicklung der jüdischen Gemeinden wider: von der diskriminierten Minderheit auf dem Weg zu einer Gemeinschaft mit anerkannten Rechten.

Gegen Ende des 19. und zu Beginn des 20. Jahrhunderts entstanden dann die ersten imposanten Synagogenbauten in unserer Region. Deutlich abgehoben von den profanen Bauten prägten große Synagogen mit Kuppeln, Türmen und Ornamenten zusammen mit den Kirchengebäuden das Stadtbild. Nach Entwürfen namhafter Architekten wurden in den Ruhrgebietsstädten, aber auch in den Mittel- und Kleinstädten zwischen Siegen und Minden unübersehbare monumentale Sakralbauten errichtet. Der Weg vom kleinen, beengten Bethaus mit niedriger Decke zum lichtdurchfluteten Kuppelbau im Herzen der Stadt – das war der Weg der jüdischen Gemeinschaft von der randständigen Landjudenschaft zur anerkannten Konfession im Gemeinwesen.

Die Spannbreite von kleinen traditionsbewußten Landgemeinden bis zu liberalen

oben: Dortmund – Synagoge (rechts) und Oberpostdirektion (links), Hiltropwall (um 1925)

links: Ehemalige Mindener Synagoge im hinteren Teil des Hauses an der Videbullenstraße

Stadtgemeinden prägte auch im 19. und 20. Jahrhundert das jüdische Westfalen. Während in den wachsenden Synagogengemeinden der Städte einflußreiche Bürger und akademisch gebildete Rabbiner den Ton angaben, waren die schrumpfenden dörflichen Gemeinden bemüht, die jüdische Gottesdienstpraxis überhaupt aufrecht zu erhalten und die Tradition mit ihren Ritualgesetzen zu bewahren. Was auf den großen Rabbinerversammlungen in Berlin oder Breslau diskutiert und beschlossen wurde, beschäftigte allenfalls noch die Gemeinden in Dortmund oder Bielefeld, ging aber in der Regel an Landgemeinden wie Finnentrop-Lenhausen oder Borgholzhausen vorüber.

Dennoch wäre es verfehlt, die dörflich-kleinstädtischen Gemeinden als rückständig und die großstädtischen als fortschrittlich zu bezeichnen. Gerade das westfälische Judentum gründete ganz wesentlich auf den Landgemeinden. In ihren Synagogen und Schulhäusern, von ihren Lehrern und Familien wurde jüdischer Glaube praktiziert und weitergegeben. Die Säkularisierung, die in den Städten die Synagogen leerer werden ließ, erfaßte die dörflichen Gemeinden weitaus weniger. Auf dem Lande gab es enge persönliche Bindungen und regelmäßige Teilnahme am Gottesdienst; auch ohne organisierte Sozialarbeit war gegenseitige Fürsorge selbstverständlich und garantierte den Zusammenhalt, auch wenn das Geld fehlte, einen Lehrer oder Kantor anzustellen. Der Etat der städtischen Synagogengemeinden reichte für die Besoldung von Kultusbeamten und die Finanzierung sozialer Einrichtungen aus.

Das Bild der westfälischen jüdischen Gemeinschaft war und ist so bunt und facettenreich, daß jede verallgemeinernde Charakterisierung fragwürdig bleibt. Die Trennlinie zwischen orthodox und liberal verlief nicht einfach an den Grenzen zwischen ländlichen und städtischen Regionen. Zwischen verschiedenen Stadtgemeinden und deren Repräsentanten konnte es erbitterte Auseinandersetzungen über Religions- und Gottesdienstfragen geben. Einerseits hatte z.B. Bielefeld Anfang des 20. Jahrhunderts den Ruf als Hochburg des Liberalismus, andererseits galt Recklinghausen als orthodoxes Zentrum. Die ländlichen Gemeinden, die um die Mitte des 19. Jahrhunderts dem reformfreudigen Soester Obervorsteher Hellwitz nahestanden, waren in den Augen des orthodoxen Landrabbiners Sutro in Münster bereits von gottlosen Strömungen zersetzt.

Auch innerhalb derselben Stadt ergibt sich bei genauerer Betrachtung ein plurales Bild: Wurde der Gottesdienst in der großen Stadtsynagoge stärker reformerisch gefeiert, bildeten sich besondere Betstuben nach orthodoxem Ritus, z.B. in Bielefeld und Dortmund. Die Kontroverse zwischen Tradition und Moderne hat wesentlich die Tagesordnung der jüdischen Gemeinden bestimmt. Der Streit über liturgische und theologische Fragen war Ausdruck eines lebendigen Gemeindelebens und geistigen Diskurses, führte aber auch zu Abspaltungen und Gründungen von sogenannten „Austrittsgemeinden", die „gesetzestreu" sein wollten und sich in orthodoxen Verbänden organisierten. Bewahrung der eigenen Identität bei gleichzeitiger Verständigung mit der nichtjüdischen Umgebung – das war die zentrale Frage dieser Epoche.

Gezählt und registriert: Die jüdische Minderheit

Wer seinen Aufenthalt und Wohnsitz nicht frei wählen konnte, blieb bis Mitte des 19. Jahrhunderts vom Wohlwollen und den Auflagen der jeweiligen Landesherren abhängig. So erging es auch den jüdischen Familien in Westfalen. Über Jahrhunderte wurde ihnen ihre Außenseiterrolle durch spezielle Judenordnungen und zum Teil in sogenannten „Schutzbriefen" (Geleiten) dokumentiert. Wer einen solchen Schutzbrief nicht erwerben konnte, besaß weder Wohn- noch Handelsrecht. Erst im Gefolge der Französischen Revolution wurden auch in Preußen schrittweise aus den Schutzjuden Bürger. Da aber in den Kleinterritorien unterschiedliche Judengesetzgebungen in Gel-

50 jähriges Jubelfeier des Israelitischen Männerwohltätigkeitsverein Chewra Kadischa, Lippstadt.

tung blieben, konnte es vorkommen, daß Juden weiterhin Schutzgeld zahlen mußten, so z.B. in der Grafschaft Wittgenstein bis ins Jahr 1843. Erst das königlich preußische Gesetz von 1847 bestimmte: „Unseren jüdischen Unterthanen sollen, soweit dieses Gesetz nicht ein Anderes bestimmt, im ganzen Umfange Unserer Monarchie neben gleichen Pflichten auch gleiche bürgerliche Rechte mit unseren christlichen Unterthanen zustehen".[1] Damit erhielten erstmals die jüdischen Familien in ganz Westfalen erstmals die Möglichkeit, ihren Wohnort frei zu wählen. Daß die Wanderungsbewegung vom Land in die aufstrebenden Städte hielt über mehrere Generationen an. Die Zuwanderung der Juden in die Industrie- und Handelszentren ging einher mit der allgemeinen Entwicklung. Während 1834 die ca. 13.000 Juden in Westfalen noch überwiegend auf dem Lande vom Kreditwesen, Kleinhandel, Trödel, Viehhandel und Schlachten lebten, begann mit der Urbanisierung und Industrialisierung für viele das Hineinwachsen ins Bürgertum, für manche aber auch der Weg in das Proletariat. Nur sehr selten gelang der Sprung in die industrielle Führungsschicht.

Innerhalb von einhundert Jahren (1825 bis 1925) stieg die Zahl der Juden in Westfalen auf das Doppelte an. Sie blieb aber im Verhältnis zum übrigen Preußen stets unter dem preußischen Durchschnitt.[2] Der prozentuale Anteil der Juden in Westfalen sank von 1% im Jahr 1848 auf 0,45% im Jahr 1925.[3]

Am Ende des 19. Jahrhunderts und in den ersten Jahrzehnten des 20. Jahrhunderts mußten viele kleinere jüdische Landgemeinden und jüdische Schulen wegen des Mitgliederrückgangs aufgegeben werden, z.B. Lipperal-Hovestadt und Enger, wohingegen sich Großstadtgemeinden in ihrer Mitgliederzahl vervielfachten, z.B. Dortmund, Gelsenkirchen und Bochum. Die Ballungsräume des Ruhrgebiets waren auch für die jüdischen Zuwanderer aus Osteuropa attraktiver als der ländliche Raum. Wirtschaftskrise und Antisemitismus am Ende der Weimarer Republik trugen dazu bei, daß die Zahl der Juden in Westfalen bereits vor der Machtübernahme durch die Nationalsozialisten erheblich sank. Im Jahr 1932 hatten die Gemeinden Dortmund (ohne Hörde) 3.820, Gelsenkirchen 1.440, Bochum 1.152 Mitglieder, mit Abstand folgten Bielefeld (860), Hagen (650) und Münster (600).[4] Diese statistischen Daten wurden regelmäßig von der Zentralwohlfahrtsstelle der deutschen Juden in Berlin gesammelt und waren enthalten im „Führer durch die jüdische Gemeindeverwaltung und Wohlfahrtspflege in Deutschland".

Während der NS-Zeit wurde die bürokratische Erfassung jüdischer Einrichtungen und jüdischen Vermögens durch die staatlichen Machthaber verschärft, um die rassistische Vernichtungspolitik möglichst „effektiv" umsetzen zu können.

Der Enteignung, Ghettoisierung, Deportation und Vernichtung gingen jeweils detaillierte Erfassungen der Personen und ihres Vermögens voraus. Die Kennzeichnung von Ausweisen und Pässen mit einem „J", die aufgezwungenen jüdischen Zweitnamen Sara und Israel und schließlich die äußere Kennzeichnung durch den Judenstern wurden zur wirkungsvollen Waffe in den Händen der Täter. Die jüdischen Selbstverwaltungsorgane, insbesondere ab 1939 die Reichsvereinigung der Juden in Deutschland, wurden immer mehr zu Befehlsempfängern der Vernichtungsmaschinerie und mußten Daten und Listen zuliefern.

Bereits in den ersten Jahren nach der Machtübernahme durch die Nationalsozialisten ging die Zahl der Juden in Westfalen um mehr als die Hälfte zurück. Wer die Möglichkeit dazu hatte, wanderte rechtzeitig aus. Die Kluft zwischen Geburten und Sterbefällen in den Gemeinden wuchs von Jahr zu Jahr. Vor dem Beginn der Deportationen lebten 1941 noch 5.807 Jüdinnen und Juden in Westfalen, zwei Jahre später waren es nur noch 796 Personen.[5] Nach den Deportationen wurde in der Sprache des Rassenwahns aus den einzelnen Ortschaften und Regionen die Hälfte der westfälischen Juden fiel der nationalsozialistischen Vernichtungspolitik zum Opfer.

Die wenigen Überlebenden, die nach 1945 in ihre Heimatorte zurückkehrten, standen vor dem Nichts. Gezeichnet von den Leiden der Lagerzeit und vom Schmerz über den Verlust ihrer Angehörigen begannen sie inmitten von Trümmern, jüdische Gemeinden in Westfalen neu aufzubauen. Zu den Rückkehrern aus den Vorkriegsgemeinden stießen jüdische Zuwanderer aus Osteuropa, die als sogenannte displaced persons in Deutschland geblieben waren und dem Antisemitismus in ihren Herkunftsländern entfliehen wollten. 1949 hatten die westfälischen Gemeinden insgesamt 1.907 Mitglieder. Ihre Zahl nahm zu Beginn der 50er Jahre durch Auswanderung, vor allem nach Israel und in die USA, weiter ab.

Die kleinen westfälischen Gemeinden waren bald überaltert und über eine große Region um den jeweiligen Gemeindeort herum zerstreut. So umfaßte z.B. die Kultusgemeinde Paderborn auch die Kreise Büren, Höxter, Warburg, Lippstadt und

Soest. Zum Gottesdienst mußten die Paderborner Mitglieder viele Jahre nach Minden, Detmold oder Münster fahren.

Durch den Zuzug von Juden aus den Staaten der früheren Sowjetunion hat sich seit Beginn der 90er Jahre die Zahl der Gemeindeglieder in den westfälischen Gemeinden Dortmund, Bochum-Herne-Recklinghausen, Gelsenkirchen, Hagen, Münster und Paderborn beträchtlich erhöht. In Dortmund wuchs die Gemeinde innerhalb von sechs Jahren von gut 300 Mitgliedern auf fast 3.000 Personen an.

Die christliche Nachbarschaft

Die jüdische Gemeinschaft als Minorität blieb auch im 19. Jahrhundert in ihrer Entwicklung weitgehend abhängig von den Rahmenbedingungen, die die christliche Mehrheitsgesellschaft setzte. Die öffentliche Religionsausübung wurde staatlich reglementiert, nicht mehr durch herrschaftliche Dekrete, wohl aber durch Gesetze und Verordnungen, die einerseits Rechtssicherheit und Gleichberechtigung schaffen sollten, andererseits in der Praxis häufig von antijüdischen Ressentiments geprägt waren. Dies wurde oft in dem Moment deutlich, wo Gemeinden ein geeignetes Grundstück zum Synagogenbau suchten. Kommunalbeamte und Kirchenvertreter sahen in einer Synagoge in unmittelbarer Nähe einer christlichen Kirche häufig eine Beeinträchtigung. Was der Schultheiß in Bochum im 17. Jahrhundert noch drastisch formulierte – „jüdisches Zeremonien"[6] über das sich die benachbarten Christen beschwerten –, klang in der Amtssprache des 19. Jahrhunderts etwas vornehmer, war aber in der Sache unverändert diskriminierend: So wurde der Gemeinde in Bochum-Wattenscheid beim Bau der Synagoge 1828 zur Auflage gemacht, daß „das Gebäude äußerlich nicht als Synagoge bezeichnet werden dürfe, sondern nur als Haus errichtet werden solle".[7]

„Wir finden uns zu der Bemerkung veranlaßt, daß Synagogen ohne allerhöchste Genehmigung weder ... errichtet, noch in ein anderes Local verlegt werden dürfen, daß vorab die Communalbehörden darüber gehört werden müßten, ob etwas gegen eine solche Einrichtung oder Verlegung zu erinnern sey, und daß keines Falls eine Synagoge in zu großer Nähe einer christlichen Kirche angelegt werden darf, um keine Störung des Gottesdienstes in der letzteren zu befürchten."

Königliche Regierung Minden – die Anlage von Synagogen betreffend, 26.5.1829[8]

Auch die Kirchen hatten Schwierigkeiten, die Synagogengemeinden als gleichberechtigte Religionsgemeinschaften anzuerkennen: In Iserlohn wurde 1825 die Bitte der jüdischen Gemeinde zurückgewiesen, einen Mittelsmann zum Verkauf einer katholischen Kappelle an die jüdische Gemeinde; das Generalvikariat in Paderborn versuchte vergeblich, den Umbau zu einer Synagoge zu verhindern.

Allerdings gab es auch Spenden christlicher Mitbürger für den Synagogenbau. Für Bochum und Hagen-Hohenlimburg sind sie belegt; aber es blieben Ausnahmen.

Die Baubeschränkungen wurden im Zuge der Emanzipationsgesetze gelockert. Im 18. Jahrhundert waren die Juden in Rheine verpflichtet worden, ihre Synagoge in einem der entlegensten Häuser unterzubringen, damit für die Christen kein Ärgernis entstünde; hundert Jahre später konnte die Gemeinde ein Grundstück in zentraler Lage erwerben. Seitdem wurden auch Synagogenentwürfe genehmigt, die äußerlich durch Kuppeln, Inschriften und Ornamente im Stadtbild als Sakralbauten zu erkennen waren. In den Dörfern blieb es in der Regel bei einer zurückhaltenden, an die Umgebung angepaßten Architektur.

Auch in Westfalen wurden Juden zu Adressaten christlicher Missionsbemühungen. Eine spezielle „Gesellschaft zur Beförderung des Christentums unter den Juden" entfaltete z.B. im Regierungsbezirk Minden ihre Aktivitäten.[9]

Schlimmer noch waren, besonders in Zeiten wirtschaftlicher und sozialer Krisen, die antisemitischen Polemiken der Christen. Für die Zeitschrift „Der Katholik" bestand im Jahr 1873 kein Zweifel, „daß es der Einfluß des Judentums ist, welchem wir die fortschreitende Entchristlichung und in der Folge davon die Entsittlichung unserer bürgerlichen Gesellschaft und des staatlichen und nationalen Lebens verdanken."[10]

Der evangelische Theologe und Politiker Adolf Stoecker, der seinen Wahlkreis in Westfalen hatte, tat sich in seinen Predigten immer wieder mit antisemitischen Äußerungen hervor, indem er von dem „armseligen Reformjudenthum unserer Tage, das an Nichts glaubt als an sich selbst" sprach und die Juden für die Zersetzung des Volkes verantwortlich machte.[11]

Lange vor der NS-Zeit kam es vereinzelt zu Übergriffen auf Synagogen: In Finnentrop-Lenhausen wurde Ende des 18. Jahr-

hunderts unter Anleitung des Pfarrers in der Passionszeit wiederholt die Synagoge demoliert, in Geseke gab es 1844 pogromähnliche Ausschreitungen gegen Juden anläßlich eines Konfliktes, der sich aus der Taufe eines jüdischen Kindes entwickelte. Religiös verbrämte Judenfeindschaft entlud sich in solchen Aktionen, noch ehe der Rassismus zum politischen Programm wurde.

Bei den Feierlichkeiten zur Einweihung der großen Synagogen in den Städten wurden um die Wende zum 20. Jahrhundert andere Töne angeschlagen. Die Geistlichen beider Kirchen gehörten zu den geladenen Ehrengästen und brachten die Verbundenheit aller Konfessionen zum Ausdruck. Von jüdischer Seite wurde inständig darum gebeten, bei den Christen möge sich die Erkenntnis durchsetzen,

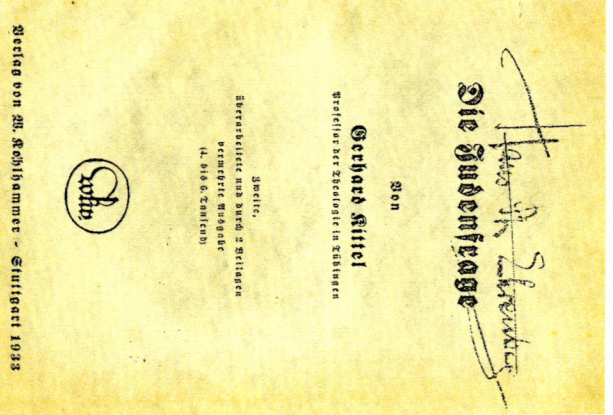

Ein antisemitisches Pamphlet des evangelischen Theologen Gerhard Kittel aus der Bibliothek eines evangelischen Pfarrers jüdischer Abstammung.

„daß die Juden in allen Dingen mit ihnen gleich seien".[12] Das Gemeinsame wurde von jüdischer Seite oft stärker und auch früher betont, als es von den Christen wahrgenommen wurde. In der Soester Synagogenordnung von 1856 war bereits ausdrücklich darauf hingewiesen worden, daß „alle Religionen, die ein einziges Wesen verehren, im Grunde nur Schwestern, alle Menschen aber Kinder eines Vaters sind." „Juden sollten durch ihr Verhalten kein Ärgernis geben, sondern gutes Einverständnis halten.[13]

Doch Wohlverhalten und Anpassung konnten den wachsenden Antisemitismus nicht aufhalten und nicht verhindern, daß im 20. Jahrhundert die Vernichtung der Juden zum Programm der Nationalsozialisten wurde.

Die Kirchen in Westfalen und Lippe haben zum 9. November 1938 weitgehend geschwiegen. Erst im Rückblick wurde deutlich, wie sehr die kirchlichen Gremien mit ihren internen Belangen befaßt waren und wie wenig Bereitschaft bestand, sich wegen der brennenden Synagogen mit den nationalsozialistischen Machthabern anzulegen. Von Einzelpersonen aus der unmittelbaren Nachbarschaft von Synagogen ist bekannt, daß sie in der Pogromnacht versucht haben, das Feuer einzudämmen. Dem stehen Menschen gegenüber, die sich durch Arisierung und Plünderungen bereichert haben. Aus Nieheim wird berichtet, daß Christen Kultgegenstände aus der Synagoge gerettet haben. Vereinzelt haben Christen auch an anderen Orten Synagogeninventar in Verwahrung genommen und nach 1945 an jüdische Gemeinden bzw. an Museen gegeben.

Der kirchliche Weg des Antijudaismus wurde erst weit nach Kriegsende von den Kirchen selbst in seiner verhängnisvollen Wirkung erkannt. Die zaghaften Ansätze einer christlich-jüdischen Zusammenarbeit entwickelten sich seit den 50er Jahren allmählich zu einer tragfähigen Grundlage für eine neue Nachbarschaft zwischen Christen und Juden. In beiden christlichen Kirchen hat ein theologisches Nachdenken darüber begonnen, wie das Verhältnis von Juden und Christen in Anbetracht der gemeinsamen Wurzeln neu zu beschreiben ist.

Die Synagoge – Versammlungsraum oder Sakralbau?

Wer die Synagogen nicht nur in ihrer äußeren Gestalt als Baudenkmäler betrachten, sondern verstehen will, wie in ihnen gebetet, gefeiert und gelehrt wurde, stößt zwangsläufig auf Jahrtausende alte jüdische Tradition und Gottesdienstgeschichte. Im Rückbezug auf Bibel und Talmud wurde immer wieder gefragt, was denn für den Bau einer Synagoge und ihre Inneneinrichtung wesentlich sei.

Die Synagoge ist in erster Linie der Ort der Versammlung (hebr. Beth haknesser), der Raum des gottesdienstlichen Gebets und der Lehre. Das öffentliche Gebet, zu dem sich mindestens zehn Männer zusammenfinden müssen, kann im Prinzip überall gesprochen werden. Es bedarf dazu nicht eines speziellen Sakralraums. Gemeinschaftliches Gebet ist in einem Privathaus ebenso möglich wie in einer Synagoge. In den Sprüchen heißt es: „An jedem Ort, wo gedacht wird meines Namens, werde Ich zu dir kommen." Damit konnten sich kleine dörfliche Gemeinden trösten, denen ein Synagogenbau nicht möglich war. Dennoch wuchs der

Architektur

Wunsch, wenn die materiellen Voraussetzungen vorhanden waren, einen speziellen „Betsaal" einzurichten oder eine Synagoge zu bauen. Ein solcher Raum gewinnt niemals die Heiligkeit des Tempels, dem Wohnort der Schechinah (der Gottesgegenwart). Er bleibt ein Funktionsbau, dem zunächst keine spezielle Sakralität anhaftet. Nach jüdischem Verständnis ist es die Heiligkeit Gottes, die im Gebet immer wieder unterstrichen wird. Seine Heiligkeit füllt den gesamten Erdkreis (Jes. 6,3) und kann nicht auf bestimmte Räume begrenzt werden.

Andererseits ist die Synagoge ohne Bezug zum Jerusalemer Tempel nicht zu verstehen. In ihr werden nicht nur die Gottesdienste, sondern auch alle Festtage einschließlich der großen Wallfahrtsfeste gefeiert. So wurde die Synagoge gerade in der Diaspora zum „Tempel" der Gemeinde, der jedoch die Klage über die Zerstörung des Tempels in Jerusalem nicht verstummen ließ.

Im Mittelpunkt des synagogalen Gottesdienstes steht die Lesung der Tora. Gott hat seinem Volk die Tora gegeben, damit das gesamte Leben nach ihr ausgerichtet wird. Die Synagoge ist der Ort, wo die Rollen der Tora aufbewahrt und gelesen werden. Der Toraschrein (hebr. Aron hakodesch) erinnert an die Bundeslade im Tempel. Neben dem Aron hakodesch als dem Aufbewahrungsort der Tora gilt als zweiter zentraler Punkt in der Synagoge die Bima, wo die Tora gelesen wird.

Das Äußere des Gebäudes ist demgegenüber von untergeordneter Bedeutung. Je nach Finanzkraft und religiöser Ausrichtung der Gemeinde und je nach politischen und kulturellen Rahmenbedingungen, die das nichtjüdische Gemeinwesen setzt, sind völlig unterschiedliche Gebäude und Baustile möglich. Die Betstube im schlichten Wohnhaus, die kleine Fachwerksynagoge auf dem Land oder der großstädtische Monumentalbau nach dem Entwurf renommierter Architekten erfüllen je auf ihre Weise den Zweck, Raum für das öffentliche Gebet der jüdischen Gemeinschaft zu geben.

Als einst ein Rabbiner von einem Dorfbewohner gefragt wurde, ob das Zimmer in einem Privathaus, das 25 Jahre als Betstube genutzt worden war, auch dann noch heilig sei, wenn es nicht mehr genutzt werde, gab er eine differenzierte Antwort: „Wo jemand ein Zimmer als Synagoge bestimmt und der Raum zu nichts anderem genutzt wurde, ist die Frage anders zu beantworten als wenn es sich um gelegentliches Beten in einem Raum handelt. Die Heiligung des Raumes zeigt sich darin, daß z.B. Gebete und Bitten in das Gebälk geritzt oder auf die Wände gemalt sind. Darunter sind Namen, die niemals ausgelöscht werden sollen."[14] Gemeint ist der Name Gottes, der niemals durch Rauch geschwärzt und ausgelöscht werden darf. Auf diesem Hintergrund werden die vielen Beispiele von Zweckentfremdung, Schändung und Zerstörung von Synagogen in ihrem blasphemischen Charakter deutlich. Wer der Gemeinde die Synagoge nimmt, will die Gemeinde zerstören und ihren Glauben auslöschen.

Synagoge Selm-Bork: Reste der Innenbemalung vor der Restaurierung

Architektur

Solange die Betstuben sich in Wohnhäusern oder kleine Synagogen in Hinterhöfen befanden, standen die elementaren Fragen der Genehmigung und Finanzierung eines funktionalen Baus im Vorder-

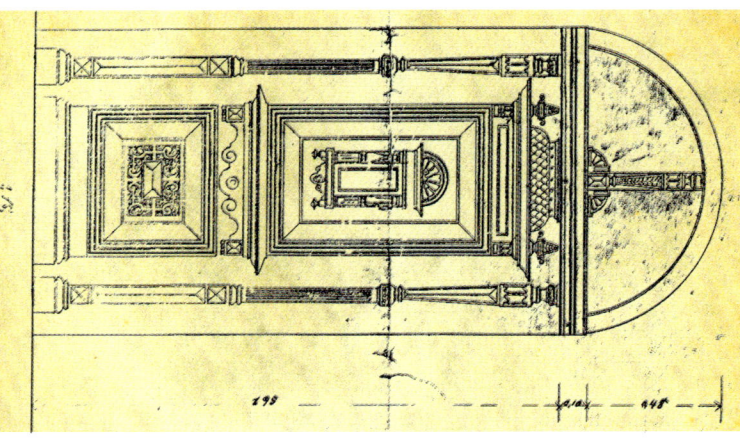

Entwurf zum Toraschrein – aus den Akten der Synagogengemeinde Burgsteinfurt

kunstvolle Gestaltung beschränkte sich auf den Innenraum.

Erst in der zweiten Hälfte des 19. Jahrhunderts begannen die Synagogengemeinden, das wachsende Selbstbewußtsein im Zuge der rechtlichen Gleichstellung auch in der Synagogenarchitektur umzusetzen. Auf der einen Seite entstand ein orientalisierender „maurischer Stil", der sich deutlich von der christlichen Sakralarchitektur unterschied. Auf der anderen Seite sollte der sogenannte „deutsche Stil" das deutsch-jüdische Nationalgefühl zum Ausdruck bringen. Der Architekt Edwin Oppler, der in jener Zeit zahlreiche Synagogen entwarf, z.B. in Breslau, Hannover und Nürnberg, propagierte diesen „deutschen Stil", indem er an die Romanik der mittelalterlichen Wormser Synagoge anknüpfte. Häufiger als diese beiden Pole waren jedoch Stilkombinationen, die auf romanische, gotische und maurische Formen gleichzeitig zurückgriffen. Es gab im 19. Jahrhundert keinen allgemein anerkannten Baustil für Synagogen. Die Gemeinden waren frei in der Auftragsvorgabe an den Architekten, und, sofern sie sich finanziell leisten konnten, ließen sie sich Pläne von renommierten Architekten – wie z.B. Eduard Fürstenau – zeichnen. In Dortmund und Münster kam es sogar zur Ausschreibung eines Architektenwettbewerbs für den Neubau der Synagoge, an dem sich allein in Dortmund 59 Architekten beteiligt haben.

In die konkrete Entscheidung für den zu realisierenden Entwurf flossen vielfältige Kriterien und Überlegungen ein, die sich nicht allein aus der religiösen Ausrichtung der Gemeinden ergaben.[15] Häufig war das Bestreben ausschlaggebend, in der Form und Gestaltung der Synagoge geschmackvoll in das Stadtbild einzupassen. Die Synagogenarchitektur trat durchgrund. Die örtlichen Handwerker oder Baumeister sollten möglichst kostengünstig renovieren, erweitern oder neu bauen. Für aufwendige sakrale Architektur und Baukunst fehlten alle Voraussetzungen. Die Baugeschichte der Synagogen blieb eng mit der allgemeinen Geschichte der jüdischen Minderheit verbunden. An die Umgebung angepaßte, bescheidene Fassaden hoben sich allenfalls durch größere Rundbogenfenster und kleine Anbauten für den Toraschrein in ihrer äußeren Gestalt von anderen Gebäuden ab. Die

aus in den Wettstreit mit kirchlicher Baukunst in den Innenraum. Das betonte Unterscheiden vom baulichen Kontext blieb eher die Ausnahme; Beispiele gab es aber auch in Westfalen, z.B. in Dortmund-Hörde, Paderborn und Rheine.

Gegen Ende des 19. Jahrhunderts wurden die Stimmen lauter, die sich gegen die Nachahmung historischer Baustile aussprachen. Auch der „maurische Stil" wurde als überladen empfunden (Bochum). Die Fülle von Ornamenten und schmückenden Details trat zurück zugunsten eines schlichteren modernen Bauformen oder gemäßigt moderner Bauformen eines schlichteren neoromanischen Stils (Ibbenbüren, Herne, Herne-Wanne-Eickel, Gelsenkirchen-Buer).

Im Zuge des Wiederaufbaus jüdischer Gemeinden nach 1945 entstanden auch in Westfalen Synagogenneubauten. Der eigentliche Synagogensaal wurde häufig mit Gemeinderäumen baulich verbunden, sodaß er aus dem Gebäudekomplex des Gemeindezentrums kaum herausragte.

Helmut Goldschmidt, der die Synagogen in Dortmund und Münster erbaute, strebte eine Verbindung von sakraler Bauweise und „lichtvoller Modernität"[16] an. Karl Gerle, Architekt aus Recklinghausen, der in Westfalen die Synagogen in Minden, Paderborn, Hagen und Recklinghausen erbaut hat, legte besonderen Wert auf die Atmosphäre des Raumes und war bestrebt, einen synagogalen Raum zu schaffen, der „es dem Gottsuchenden ... erleichtert, seine Gedanken geradewegs zu Gott zu lenken, um in seiner Nähe die innere Ruhe zu finden, nach der er verlangt"[17]

Die Ausrichtung nach Jerusalem

Wenn die Synagoge als rechteckiger Längsbau errichtet wird, spielt die Ausrichtung des Bauwerks im Blick auf die Himmelsrichtung eine wichtige Rolle.

Die Ausrichtung des Betenden wurde von der Ausrichtung des Gebäudes in der Tradition zunächst unterschieden. In Dan. 6 wird berichtet, daß Daniel dreimal täglich vor den Fenstern betete, die nach Jerusalem hin offenstanden. Das Volk in der Zerstreuung sollte sich im Gebet in Richtung Jerusalem sammeln. Im Talmud wird geregelt, daß diejenigen, die westlich von Jerusalem wohnen, beim Beten ihr Angesicht nach Osten, die östlich wohnenden aber nach Westen wenden sollen.[18] Diese Ausrichtung des Betenden wurde dann auf das Gebäude übertragen. Gerade in der Diaspora braucht die jüdische Gemeinschaft Zeichen der Zusammengehörigkeit. Dazu gehörte die Ausrichtung nach Jerusalem.

In der Tradition der Ausrichtung nach Osten flossen religionsgeschichtliche Überlieferungen ein, die sich auch im heidnischen Tempelbau und im christlichen Sakralbau finden. Die heiligen Räume sind in verschiedenen Kulturkreisen auf den Weg des Lichts ausgerichtet. Der Osten wird also in unterschiedlicher Weise symbolisch ausgedeutet.

Wie alle Traditionen, so blieb auch die Ausrichtung nach Osten im Judentum ein Punkt immer wiederkehrender Diskussion. „Wir können überhaupt nicht begreifen, wie man, indem man den Synagogen die Lage nach Osten gibt, von Paris bis Posen die Meinung hegen könne, daß dieselben allesamt mit ihrer Ostseite nach Jerusalem gerichtet sind!"[19] Die wachsenden Gemeinden im 19. Jahrhundert bauten ihre Synagogen nicht auf freiem Feld, sondern mußten sich inmitten eng bebauter Ortschaften oft mit ungünstig gelegenen Grundstücken begnügen. Die Ausrichtung des Gebäudes nach Osten wurde so zum Idealfall, der angesichts der örtlichen Gegebenheiten nicht oder nur schwer zu realisieren war (Datteln, Dortmund).

Der Innenraum mit Aron hakodesch und Bima

Nicht nur die sprachliche Identität von „Lade" und „Toraschrein" im Hebräischen bewahrt die Erinnerung an den Tempel in Jerusalem mit dem Allerheiligsten, in dem die Bundeslade mit den Gebotstafeln aufbewahrt wurde. Der Schrein, in dem die Torarollen der Gemeinde stehen, gehört zu den „heiligen" Gegenständen in der Synagoge, weil in ihm die kostbarsten Schätze der Gemeinde, die Torarollen mit ihrem Schmuck, ruhen. Spezielle Gebete werden im Sabbatgottesdienst beim Ausheben und Einheben der Tora am Aron gesprochen.

Nachdem in den antiken Synagogen der Schrein häufig transportabel war, erhielt er seit dem Mittelalter einen festen Platz an der Ostwand der Synagoge. Der Aron bestimmte damit auch die Gebetsrichtung. Er ist meist durch einige Stufen erhöht und bildet den Bezugspunkt für die gesamte Inneneinrichtung der Synagoge. „Wenn sie in Richtung Toraschrein beten, so ist es, als ob sie ihr Herz auf ihren Vater im Himmel ausrichten."[20]

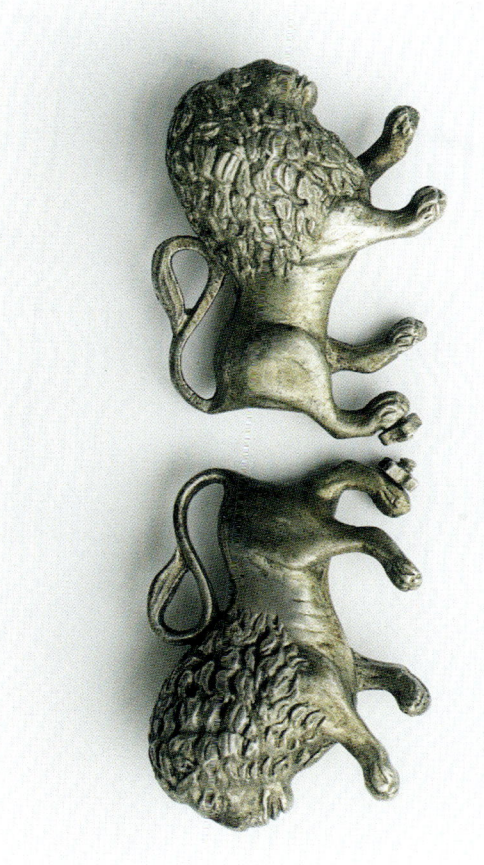

Eines der wenigen Beispiele plastischer Kunst: Löwenfiguren aus der Synagoge in Lemgo

Entwurf für die Synagogenfenster in Schwerte, 1928

Der Aron ist in der Regel durch Türen zu verschließen. Ein Vorhang (Parochet) vor dem Aron erinnert an den Vorhang im Tempel. Dieser Vorhang, oft eine Spende wohlhabender Gemeindeglieder, kann kostbare Stickereien mit Symbolen enthalten, die auf die Tora verweisen. Über die Frage, welche Art von Abbildungen auf ihm und in der Synagoge generell erlaubt oder aber unzulässig sind, wurde immer wieder debattiert. Nach vorherrschender Auffassung sind die Abbildungen von Menschen oder plastische Darstellungen nicht erlaubt, wohl aber die Abbildung von Tieren. Verbreitet sind die Symbole der beiden Löwen und die der Gebotstafeln, Rabbiner, die das Bilderverbot streng auslegten, untersagten allerdings jegliche Form figürlicher Darstellung. Entscheidend ist, daß sich die Anbetung niemals auf die Symbole richtet und nicht irgendwelche Bilder von der Tora ablenken.

Die Bedeutung des Aron kann baulich dadurch unterstrichen werden, daß an der entsprechenden Wand eine Nische oder Apsis errichtet wird. Weiter kann der Toraschrein durch Säulen, Pilaster u.ä. verziert werden.

Nach dem Aron ist der zweite Pol der Synagogeneinrichtung die Bima oder der Almemor, also das Podium mit dem Lesepult für die Toralesung. Nach dem Toraschrein ist die Bima der am häufigsten verzierte und kunsthandwerklich gefertigte Gegenstand im Innern der Synagoge.

Die Anordnung der Bima innerhalb des Raumes war ein Diskussionspunkt bei der Bauplanung von Synagogen. Für orthodoxe Rabbiner im 19. Jahrhundert war die Zentrierung der Bima in der Mitte des Raumes notwendig. So wie die Lesung der Toraabschnitte im Mittelpunkt des Gottesdienstes steht, sollte sich die Gemeinde um die Bima herum versammeln, damit alle in gleicher Weise hören und verstehen. So hatte es bereits Maimonides im 13. Jahrhundert angeordnet: „Die Bimah in der Mitte ist die Grundlage, auf der die ganze Tora aufbaut. Wer sie aus der Mitte reißt, entwurzelt die Grundlagen der Tora."[21] Die Bima in der Raummitte ist belegt für eine Reihe älterer westfälischer Synagogen (Bottrop, Schmallenberg, Vreden).

Dennoch setzte sich im 19. Jahrhundert bei vielen Neubauten durch, daß die Bima unmittelbar vor dem Aron ihren Platz erhielt. Neben dem Einfluß des Kirchenbaus spielte die Tatsache eine Rolle, daß nun von der Bima aus gepredigt wurde. Bei der älteren Anordnung hätten Zuhörer hinter dem Rücken des Predigers gesessen. Die Zweckmäßigkeit und architektonisch-ästhetische Gründe ließen es also

Silberner Toraschild

geraten erscheinen, die Bima von der Raummitte nach vorn vor den Aron zu verlegen. Im Zuge der Liberalisierung näherten sich auch in diesem Punkt Synagogenbau und Kirchenbau immer mehr an. Die Bima stand nun analog zum Altar auf einer erhöhten Estrade vorn im Längsbau. Die Estrade füllte oft die gesamte Breite des Baus bzw. des Mittelschiffs, um nicht nur die Bima aufzunehmen, sondern auch noch ausreichend Platz bei Festgottesdiensten und Trauungen zu bieten.[22]

Ein weiterer Schritt bestand darin, daß nun auch Kanzeln in Synagogen errichtet wurden (Arnsberg, Dortmund, Iserlohn). Damit ist der alte synagogale Grundriß mit der Tora und der Bima im Zentrum entscheidend verändert. Dies war mehr als eine Baufrage. Noch am Ende dieses zwanziger Jahre dieses Jahrhunderts diskutierten sogenannte „gesetzestreue" Rabbiner in Deutschland, wie die Einflüsse der Reform zurückgedrängt und in den Synagogen wieder die Bima in der Mitte plaziert und schließlich auch Frauengitter angebracht werden könnten.[23]

Dem Heiligen sollte man beim Beten nicht den Rücken zukehren.

Grundlegendes Kriterium für die Verteilung der Plätze war zunächst die Trennung von Männern und Frauen. Durch die Einrichtung einer speziellen Frauenabteilung sollte verhindert werden, daß die Männer beim Beten abgelenkt werden. Vom Mittelalter bis in die Gegenwart wird eine ausdauernde Diskussion geführt, ob bzw. in welchem Umfang diese Ordnung von den großen Gelehrten gefordert wird. Im Schulchan Aruch, der bedeutenden Rechtssammlung aus dem 16. Jahrhundert, findet sich die Bestimmung, daß man gegenüber einer unanständig gekleideten bzw. entblößten Frau nicht das Sch'ma lesen dürfe. Andere Gelehrte betonten, daß die Männer sich hüten sollen, während der Andacht ihr Auge auf einer Frau ruhen zu lassen. In Rheda wurde 1856 in der Tat das Gemeindemitglied Rosenberg mit einer Geldstrafe in Höhe von 5 Silbergroschen belegt, weil es sich von seinem Synagogensitz erhoben hatte und „die Damen, welche ihren Sitz oben in der Synagoge haben, mit einer Lorgnette beobachtete".[25] Bei den kleineren Betstuben war die Einrichtung einer Frauenabteilung innerhalb desselben Raums oft nicht möglich. In diesen Fällen wurden eigene „Frauenzimmer", wie sie für die älteren Synagogen in Soest und Hagen erwähnt werden, eingerichtet, die durch eine kleine Wandöffnung mit der Betstube der Männer verbunden waren.

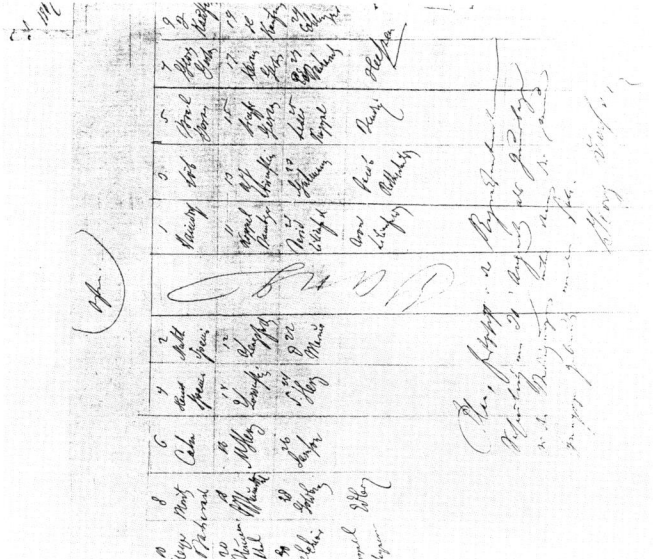

Vermietete Plätze in der Synagoge Hamm um 1860 – Platz 1 für Alexander Haindorf

Plätze für Männer und Frauen

Die Diskussion um die Anordnung von Aron und Bima kehrt bei der Frage wieder, wie die Sitzreihen in der Synagoge anzulegen sind. Im Mittelalter begründete Rabbi Jehuda von Regensburg (ca. 1150-1217) die quadratische Anordnung der Plätze um die zentrale Bima mit den vier Namen Gottes aus dem „Höre Israel": Jeder Betende soll so ausgerichtet sein, „als wäre die Schechina (Gottesgegenwart) ihm gegenüber."[24] Die Alternative lag in der Gebetsrichtung zum Toraschrein.

Bei der Innenaufteilung der Synagogen verfuhren die Gemeinden mit der Trennung der Geschlechter recht unterschiedlich. Im Grundsatz gilt: Je orthodoxer die Synagogengemeinde, desto strikter die Abtrennung der Frauenabteilung. Belegt sind Emporen mit Einfassung, teilweise mit Gitter (Enger) und separatem Zugang, aber auch abgeteilte Frauenbereiche auf gleicher Höhe wie die Männersynagoge, entweder als seitlicher Anbau oder im hinteren Bereich durch eine Einfassung getrennt. Schon an der Höhe der Einfassung konnten sich heftige Kontroversen entzünden. In der Nähe der Frauenplätze waren auch Plätze für die Mädchen vorgesehen; Bänke für die Jungen waren in der Nähe der Bima (Schwelm).

Im Zuge der Liberalisierung wurden die Abtrennungen der Frauenabteilung reduziert. Gitter auf der Empore verschwanden. Hin und wieder wurden die Frauenemporen sogar abgeschafft. In Hagen entwickelte sich 1858 ein heftiger Streit zwischen der Gemeinde, die aus Kostengründen keine Frauenempore errichten wollte, und dem Landrabbiner von Westfalen, Abraham Sutro, der eine solche für zwingend erforderlich hielt. Sutro wandte sich an den Bürgermeister von Hagen mit der Bitte, die Gemeinde zu veranlassen, doch eine Galerie für Frauen zu errichten: „Es ist klar, daß eine Synagoge nicht mit den Einrichtungen gebaut werden kann wie eine katholische oder evangelische Kirche."[26] In Neheim begnügte man sich damit, wie in den christlichen Kirchen des 19. Jahrhunderts die durch den Mittelgang getrennten Plätze auf der einen Seite den Männern, auf der anderen den Frauen zuzuweisen. In den Reformgemeinden des 20. Jahrhunderts wurde die Geschlechtertrennung zunehmend aufgehoben.

Feste Sitze mit einzelnen reservierten Plätzen sind nicht nur ein Ordnungsfaktor, sondern hatten für die Gemeinden auch einen wichtigen finanziellen Aspekt. Durch den Kauf bzw. das Mieten der Plätze wurde ein wesentlicher Teil des Synagogenbaus finanziert und auch ein Teil der laufenden Ausgaben der Gemeinde bestritten. Bis heute werden die Namen der Platzinhaber auf den Sitzen bzw. Pulten angebracht. Im Gemeindealltag gab es gelegentlich Konflikte um die Verteilung der Sitze. Selbstverständlich waren die vorderen Plätze begehrter als die im hinteren Bereich. Niemand wollte gern hinter einer Säule oder auf einem zu engen Platz sitzen. Auch über die Frage des Erbrechts konnte es in diesem Zusammenhang zum Streit kommen. In der Gemeinde Hamm wurde ausdrücklich festgelegt, daß die gekauften Sitze nur an männliche Erben in direkter Linie vererbt werden können, sofern die Erben in die Synagoge kommen.[27]

Damit die Teilnahme am Gebet nicht vom Einkommen abhängig war, gab es in vielen Synagogen auch nicht gekennzeichnete Plätze, manchmal „Armenbänke" genannt.

Orgelmusik in der Synagoge?

Im Zentrum der liturgischen Musik steht der rezitative Gesang. Unter Anleitung des Chasan (Vorbeter, Kantor) werden viele Gebete von der Gemeinde im Gottesdienst gesungen oder vom Chasan vorgetragen. In die alten Melodien flossen im Laufe der Zeit Elemente der Musiktraditionen aus den jeweiligen Ländern ein. Dennoch hielt man über Jahrhunderte an dem Grundsatz fest, daß Instrumentalmusik nach der Zerstörung des Tempels nicht mehr während des Gottesdienstes erklingen soll.

Im Verlauf der liberalen Gottesdienstreform wurde der Wunsch nach mehrstimmiger Chormusik und Orgelbegleitung laut. Doch stellte die Orgel als Inbegriff christlicher Kirchenmusik für orthodoxe Rabbiner die jüdische Identität infrage. Daher war sie ihrer Meinung nach für den synagogalen Raum inakzeptabel. Aber in den großstädtischen Synagogen erklang längst Musik im Stil der Klassik und der Romantik. Die Kantoren und Komponisten Salomon Sulzer (1804-1891) in Wien und Louis Lewandowski (1821-1894) in Berlin prägten den zeitgemäßen Stil synagogaler Musik. Für sie gehörten Chorsätze und Kantaten, Orgelpräludien und andere Instrumentalmusik zum modernen jüdischen Gottesdienst hinzu.

In kontroversen rabbinischen Gutachten wurde ausführlich dargelegt, weshalb die traditionelle bzw. die moderne Form im Einklang mit der Überlieferung stehe. Die Befürworter der Orgel betonten, daß das talmudische Verbot von Musik sich eher auf Gelage als auf gottesdienstliche Musik beziehe. Überhaupt sei das Verbot aus einer trüben Zeitstimmung hervorgegangen, die zum Asketismus neige. Die Orgel sei keine christliche Erfindung; vielmehr habe es entsprechende Vorläufer bereits im Tempel gegeben.[28] Die orthodoxen Gegner zitierten die angesehensten Talmudgelehrten und belegten, daß die Orgel in einer Synagoge keinen Platz habe. 1845 sprach sich die Rabbinerversammlung in Frankfurt am Main für die Zulassung der Orgel im Gottesdienst aus und erläuterte, daß es nicht im Widerspruch zum Gebot der Sabbatruhe stehe, wenn die Orgel am Feiertag von einem nichtjüdischen Organisten gespielt werde.

Auch in Westfalen war die Anschaffung einer Orgel von der religiösen Ausrichtung und von der Finanzkraft der Gemeinde abhängig. So erhielt die neue Dortmunder Synagoge (1900) eine Walcker-Orgel mit 40 Registern, drei Manualen, Pedal und Elektromotor.[29] Das Gehäuse wurde „aus schönstem Eichenholz nach den Plänen des Architekten" hergestellt. Die Gemeinde Hagen gab 1894 bei dem Orgelbauer Ernst Röver in Hausneindorf bei Quedlinburg eine neue Orgel im Wert von 3.500 Mark in Auftrag. Das Geld wurde durch Spenden der Gemeindeglieder aufgebracht. In Münster spielte ein nichtjüdischer Organist die Gemeindelieder und begleitete auch

Leopold Zunz (1794 – 1880), der Begründer der Wissenschaft des Judentums, gab den Gemeinden den pragmatischen Rat: „Eintracht ist …. die wohllautendste Harmonie: Mögen daher Orgel und Chorgesänge immerhin wegbleiben, wenn sie allein in der Gemeinde ernstlichen Zwiespalt erregen."[33]

Der Sabbat-Gottesdienst

Die liturgischen Gebete, die den frommen Juden an jedem Tag vom Morgen bis zum Abend begleiten, finden am heiligsten Tag der Woche, dem Sabbat, ihre besondere Ausprägung. Der Sabbat wird am Freitagabend mit dem Gottesdienst begrüßt und wie eine Braut in Empfang genommen: „Kabbalat schabbat" – „Empfang des Sabbats". Beim Gesang des „Lecha dodi" – „Geliebter, komm, der Braut entgegen, zum Sabbatempfang wollen wir uns bewegen..." wendet sich die Gemeinde der Eingangstür zu und begrüßt symbolisch mit einer Verbeugung den einziehenden Sabbat. Die Wendung zur Tür ist in den nach Osten ausgerichteten Synagoge also der Blick Richtung Westen: Mit dem Sonnenuntergang zieht der neue Tag herauf.

Im Zentrum des Gottesdienstes am Sabbatmorgen steht die Toralesung. Sie erfolgt nach einer festen Ordnung, die für jede Woche einen Abschnitt aus der Tora vorsieht, so daß im Verlauf eines Jahres die fünf Bücher Moses vollständig verlesen werden.[34] Auf die Toralesung folgt eine Lesung aus den prophetischen Büchern, die Haftara. Die Wochentagsgebete werden am Sabbat durch Psalmen, Segenssprüche und Hymnen erweitert. Zentrale Gebete sind das Schacharit, das „Morgenopfer", in dem das „Höre Israel" und das „Achtzehngebet" enthalten sind.

aus der Synagoge herausgeschafft werden konnte.

Für die Vertreter der Orthodoxie blieb diese Entwicklung höchst bedenklich. Sie sahen den jüdischen Gottesdienst in Gefahr, weil nach ihrem Verständnis die Gottesdienstreform in erster Linie eine Verfälschung der Tradition und eine unzulässige Anpassung an die nichtjüdische Umgebung darstellte. So lehnte zum Beispiel die Gemeinde Recklinghausen beim Synagogenneubau (1904) ausdrücklich die Aufstellung einer Orgel ab. In Wanne-Eickel wurde das Harmonium nur zu Feiertagen und bei besonderen Gelegenheiten gespielt; ein Teil der Gemeindeglieder aus Osteuropa hielt an solchen Tagen einen Sondergottesdienst in traditioneller Form ab.[31] Zu einer ähnlichen Trennung kam es in Witten.

Der Orgelstreit zog sich durch das gesamte 19. Jahrhundert. In vielen Orten wurde diese Kontroverse zum Anlaß genommen, eigene „gesetzestreue" Vereinigungen und Gemeinden zu bilden, die dann den Gottesdienst in der herkömmlichen Art abhielten. In Düsseldorf z.B. existierte in den 20er Jahren ein Religionsverein „zur Abhaltung eines jüdischen Gottesdienstes ohne Orgel".[32]

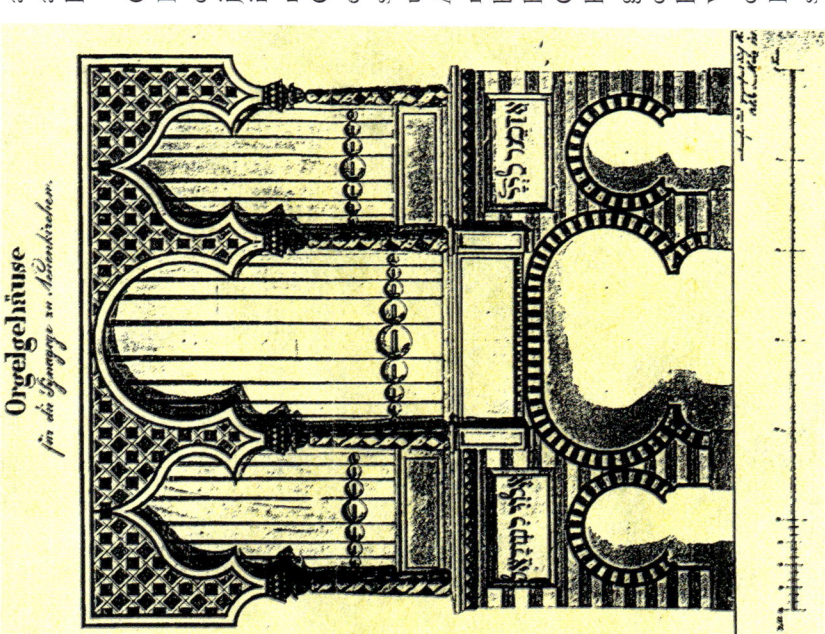

Synagoge Rietberg-Neuenkirchen: Entwurf des Orgelprospektes, 1853

den gemischten Chor.[30] Weitere Orgeln standen z.B. in den Synagogen von Beverungen, Steinheim, Bielefeld, Paderborn, Bochum, Rietberg, Brakel, Neuenkirchen, Werl, Witten und Soest.

Viele Landgemeinden konnten sich ein derartig teures Instrument nicht leisten und entschlossen sich, ein Harmonium anzuschaffen, z.B. Arnsberg, Hamm, Lüdenscheid, Menden. Dieses Instrument hatte zudem den Vorteil, daß es transportabel war und im Fall religiöser Bedenken

Im Mittelpunkt steht der Dank für die Schöpfung und den Sabbat. Das „Kaddisch", das Gebet der Lobpreisung Gottes und zugleich das Gebet der Trauernden, wird im Gottesdienst mehrfach in unterschiedlicher Form gesprochen. Eine Predigt kann sich an die Lesungen anschließen, ist aber kein notwendiger Bestandteil des Gottesdienstes. Den Abschluß des Gottesdienstes bildet das „Musafgebet", das sogenannte „Zusatzopfer", in dem der Schlußgesang „En Kelohenu" herausragt:

„Keiner ist wie unser Gott.
Keiner wie unser Herr,
keiner wie unser König,
keiner wie unser Erlöser.
Wer ist wie unser Gott,
wer wie unser Herr,
wer wie unser Erlöser?
Wir danken unserm Gott ..."

Die hebräischen Anfangsbuchstaben der drei ersten Strophen bilden das Wort „Amen".35

Durch den Gottesdienst führt der Chasan, der Kantor. Die Gemeindeglieder verfolgen anhand des Gebetbuchs, des „Siddur", den Verlauf und sprechen bzw. singen im Wechsel mit dem Kantor Gebete und Hymnen. Die Aufgabe des Rabbiners beschränkt sich während des Gottesdienstes darauf, die Gebetsagende zu überwachen, einzelne Gebete zu sprechen und eventuell die Predigt zu halten.

Je nach religiöser Ausrichtung der Gemeinde sind unterschiedliche Gebetbücher in Gebrauch. Weite Verbreitung in Westfalen hatte das Gebetbuch von Wolf Benjamin Heidenheim, überarbeitet von Selig Bamberger. Es ist in mehr als 150 Auflagen erschienen und enthält neben den traditionellen hebräischen Texten eine erste vollständige deutsche Übersetzung. Die meisten der später herausgegebenen Gebetbücher basieren auf diesem sorgfältig edierten Werk.

Im Verlauf der Reformbestrebungen hat sich der Verband der Synagogengemeinden Westfalens 1892 auf seinem Gemeindetag in Bielefeld entschlossen, ein neues Gebetbuch in Auftrag zu geben, das stärker die deutsche Sprache als liturgische Sprache neben dem Hebräischen berücksichtigen sollte. Den Auftrag erhielt der führende Mann des jüdischen Liberalismus Dr. Heinemann Vogelstein, Rabbiner in Stettin. Vogelstein hatte persönliche Verbindungen nach Westfalen und Lippe; er war 1841 in Lage/Lippe geboren worden. Zwei Jahre nach der Auftragsvergabe, 1894, erschien im Selbstverlag der westfälischen Gemeinden sein „Israelitisches Gebetbuch", das zu-

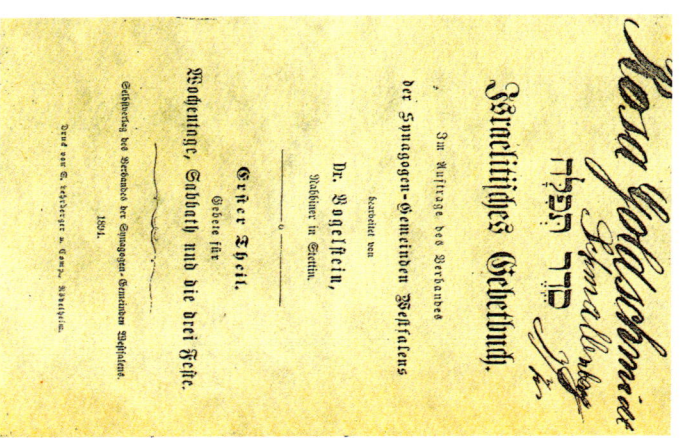

Israelitisches Gebetbuch von Heineman Vogelstein, 1894

sätzlich viele deutsche Texte enthielt und auch die traditionellen Gebete in manchen Passagen in der deutschen Übersetzung abwandelte. „Zion", „Jerusalem" oder „Messias" wurden kaum noch genannt. Der Trauertag über die Tempelzerstörung wurde positiv gewendet, indem die Aufgabe Israels in der Zerstreuung neu beschrieben wurde: „Durch den Wandel im Lichte der Gotteslehre ... tragen wir Bausteine herbei zu dem hehren Tempel der Menschheit, von dessen Zinnen das Banner der Gotteserkenntnis und der Nächstenliebe als Wahrzeichen flattert.36 Anders als die Vorfahren, die das Heil von der Rückkehr nach Jerusalem erwartet haben, galt für Vogelstein: „Wir aber, denen ein teures, heißgeliebtes Vaterland geworden, die in der freien Ausübung der Religion nicht gehindert sind, – wir tragen ein anderes, ein höheres Ideal in der Brust, den Sieg der erhabenen Lehren, lauterer Gottesfurcht und reinen Menschentums."37 Patriotismus und Freude über die gelungene Emanzipation bildeten ein starkes Moment dieser liberalen Religiosität, die in den verschiedenen Religionen und Konfessionen „Bausteine für einen Tempel der Menschheit sieht". Erstmals wurden in diesem Gebetbuch auch Sabbat- und Festtagslieder sowie neu gedichtete Predigtlieder in deutscher Sprache aufgenommen.

Die Einführung des neuen Gebetbuches erfolgte in den städtischen Gemeinden schneller als in ländlichen Regionen. Der westfälische Synagogenverband war über einige Jahrzehnte bemüht, die Einführung des Vogelsteinschen Gebetbuches zu befördern. So hieß es noch 1906: „Endlich haben wir die Einführung des Dortmunder Synagogen-Gesangbuches in den Gemeinden Iserlohn und Gera vermittelt, mit Rahden schweben noch Verhandlungen."38

Der Sabbat-Gottesdienst

Bei den orthodoxen Repräsentanten in und außerhalb Westfalens stieß dieses Gebetbuch auf entschiedenen Protest. Die „Freie Vereinigung für die Interessen des orthodoxen Judentums" bezeichnete dieses Buch als „einen Frevel, begangen an dem Heiligthume Gesamtisraels"[39] und gab ein Buch mit 50 kritischen Voten orthodoxer Führer heraus. Der westfälische Synagoge Paderborn während des Ersten Weltkrieges: „Stimmungsloser Gottesdienst, inhaltlose Predigt. Die deutschen Gebete sind zum großen Teil von einer unerträglichen Wässrigkeit. Die alljüdischen entsprechen ja nicht immer unserem Empfinden ... Aber sie haben die Patina der Zeit. Da kommen dann die Herren Prediger und setzen ihr modernes zu sorgen; denn sie „verbürgt ruhige Fortentwicklung im Innern und beste Wahrung des jüdischen Ansehens nach außen hin"[41] – wie sich bald herausstellte: ein folgenschwerer Irrtum.

Durch das Schrumpfen der Gemeinden während des Nationalsozialismus entstand immer häufiger die Situation, daß die erforderliche Zahl von zehn religionsmündi-

Die Synagogengemeinde Herne veröffentlichte die Gottesdienstzeiten in der Tageszeitung

Inschrift aus der restaurierten Synagoge in Arnsberg-Neheim

Leitartikeldeutsch an die Stelle der alten Gebete."[40]

Diese Kontroverse zwischen Liberalismus und Orthodoxie zog sich bis in die 30er Jahre hin. Anläßlich der Gemeindewahlen im November 1930 rief die „Vereinigung für das liberale Judentum in Westfalen" die liberalen Juden dazu auf, sich an den Wahlen zu beteiligen und wiederum für eine große liberale Mehrheit gen Männern nicht mehr vorhanden war. Am 25. Februar 1938 wandte sich deshalb der Preußische Landesverband an die jüdischen Gemeinden, die weniger als 50 Mitglieder hatten, und sandte ihnen eine Gottesdienstordnung für Gemeinden ohne Minjan zu. Darin wurde geregelt, daß bestimmte Gebete wie z.B. Kaddisch und Borachu ohne Minjan nicht gesprochen, kein Gemeindeglied zur Tora aufge-

Landesverband publizierte als Antwort sechszehn positive rabbinische Gutachten.

Die orthodoxen Gruppierungen wurden durch eine solche Gottesdienstreform darin bestärkt, sich von den liberalen Synagogen abzusondern und in eigenen Betstuben in traditioneller Form zu beten.

Der aus Niederntudorf stammende Schriftsteller Jakob Loewenberg bemerkte nach einem Gottesdienstbesuch in der

rufen und der Toraabschnitt ohne Segensspruch von demjenigen verlesen werden solle, der den Gottesdienst leitete. Diese Gottesdienstordnung für die sterbenden Gemeinden schließt mit dem Wunsch: „Möge bis zum letzten Tage des Bestehens unserer kleinen dahinschwindenden Gemeinden kein Tag oder doch kein Schabbos und kein Jomtow (Feiertag) vorübergehen ohne Gottesdienst".[42]

Nach 1945 standen die wenigen jüdischen Überlebenden vor ähnlichen Problemen, so daß z.B. die Gemeinde in Münster den Minjan nur dadurch erreichen konnte, daß jüdische Soldaten von der britischen Armee am Gottesdienst teilnahmen.

Die Form des deutschen liberaljüdischen Gottesdienstes blieb auch nach dem Krieg weitgehend erhalten. Die alten Gebetbücher wurden weiterhin benutzt. Allerdings fanden Orgel oder Harmonium keinen Platz mehr in den Gottesdiensträumen. Ein gemeinsamer Neuanfang mit den Überlebenden und Zuwanderern war nur möglich bei weitestgehender Rücksichtnahme auf unterschiedliche religiöse Prägungen. Eine Aufspaltung von Orthodoxen und Liberalen war angesichts der geringen Zahlen bis etwa 1990 unvorstellbar. Die Nachkriegsgemeinden erhoben den Anspruch, Einheitsgemeinden zu sein für Jüdinnen und Juden aus verschiedenen Traditionen und Kulturen.

Das politische Gebet

Das öffentliche Gebet für das Land und den Staat, in dem die Gemeinde sich befindet, hat eine lange Tradition. Im Gottesdienst zwischen der Haftara, d.h.der Prophetenlesung, und dem Zurücktragen der Tora in den Schrein haben die Gebete ihren Platz, die sich auf die Gemeinde und ein Schutz der Ordnung sei." Namentlich wurde für Wilhelm II., den deutschen Kaiser und König von Preußen, und auf das politische Gemeinwesen beziehen. Das sich anschließende Gebet als Gedächtnis für die Märtyrer ist im Mittelalter nach den Kreuzzügen entstanden.[43] Im Zentrum stand die Bitte: „Möge bis"... Diese speziellen Gebete spiegeln in besonderer Weise die politischen Entwicklungen und die Diasporasituation wider.

sowie für seine Gemahlin Auguste Viktoria gebetet. „Segne das gesamte Vaterland ..., daß Eintracht und beglückender Friede in ihm weile, daß Gottesfurcht, Bildung und Sit-

Torarollen in der Synagoge in Dortmund, Prinz-Friedrich-Karl-Straße

Im „Israelitischen Gebetbuch" von Dr. Vogelstein, das 1894 vom Verband der Synagogengemeinden Westfalens herausgegeben wurde, ist nach der Lesung der Haftara das „Gebet für Kaiser und Vaterland" vorgesehen:
„Du hast die Obrigkeit eingesetzt auf Erden, daß sie ein Schirm des Rechtes te die Gemüter seiner Bewohner durchdringe."[44] Dieses Gebet wurde deutsch gesprochen.

Im „Festtäglichen Gebetbuch" von W. Heidenheim (1905)[45] findet sich im Morgengebet für das Pessachfest ein Gebet für Wilhelm II. mit der bemerkenswerten Bitte: (Gott) „... möge seinen Herzen und

Synagogenordnung

dem Herzen seiner Räte und Beamten Mitleid einflößen, um uns und ganz Israel wohlzutun." In der späteren revidierten Fassung entfallen die Herrschernamen.[46] Die Bitte um „Erbarmen" (hebr. rachamanuth) ersetzte die Bitte um „Mitleid". Erhalten blieb der Wunsch, „daß sie uns und ganz Israel Gutes erweisen".

Jüdische Soldaten waren im Deutsch-Französischen Krieg 1871 und im Ersten Weltkrieg aktiv. Sie feierten Feldgottesdienste – meist unter freiem Himmel. Selbstverständlich fanden auch in den Synagogen Festgottesdienste zur Enthüllung von Kriegerdenkmalen, ebenso wie Sondergottesdienste zu herausragenden Ereignissen im Kaiserhaus statt.[47] Allerdings blieb in allen liturgischen Texten aus der Kaiserzeit trotz der Loyalitätsbekundungen gegenüber der Monarchie unmißverständlich klar, daß Gott der „König aller Könige" ist. Die Gebete für den Monarchen sollten nicht nur die Kaisertreue der jüdischen Gemeinschaft unterstreichen, sondern zugleich den Wunsch zum Ausdruck bringen, daß sich der Herrscher dem Antisemitismus widersetzen werde. Der Ausspruch Kaiser Wilhelms II. „Ich kenne keine Parteien mehr, ich kenne nur noch Deutsche" wurde z.B. von der Jüdischen Gemeinde Herne als auch sie betreffendes, hoffnungsvolles Motto verstanden, dem man gern ein Denkmal setzen wollte.[48] In diesem Sinne erklärte sich zu Beginn des Ersten Weltkrieges die Synagogen-Gemeinde von Wanne-Eickel bereit, ihr Synagogengebäude als Lazarett zur Verfügung zu stellen.[49]

In der Zeit der Weimarer Republik blieben die alten Gebetbücher weiterhin in Gebrauch. Das Gebet für die Regierenden wurde allgemeiner und ohne Nennung von Personennamen formuliert.

Die Überlebenden, die sich nach 1945 wieder in westfälischen Gemeinden zum Gebet versammelten, nahmen die alten Gebetbücher zur Hand und mußten feststellen, daß das Leid, welches ihnen und dem Volk Israel zugefügt worden war, nicht in Worte zu fassen ist. In einem frei formulierten Wort aus Dortmund zum Versöhnungstag aus dieser Zeit hieß es:

„Wir stehen heute am Versöhnungstag in stiller Andacht und gedenken der Millionen Schwestern und Brüder, die während der Schreckensjahre ihr Leben ließen,

wir gedenken unserer Väter und Mütter,
wir gedenken unserer Männer und Frauen,
wir gedenken unserer Schwestern und Brüder,
wir gedenken der Dahingeschiedenen unserer früheren Dortmunder Gemeinde."[50]

Das Gebet für das Vaterland wurde jetzt das Gebet für den Staat Israel:

„Segne unser neues Land, gib ihm Blüte und Gedeihen." Die Situation der Diaspora blieb aber weiterhin Realität, darum die anschließende Bitte: „Segne Israel an allen Orten und in allen Landen!"

Im Jahr 1954 faßte die Landeskonferenz der Rabbiner in Hamburg den Beschluß, ein Gebet für den Präsidenten des Staates Israel und den der Bundesrepublik in die Liturgie aufzunehmen.[51]

In dem neuen Gebetbuch für die liberale jüdische Gemeinde Beth Shalom in München heißt es im Gebet für die Regierung dieses Landes: „Gemeinsam mit allen Nationen dieser Welt laß uns nach Frieden und Gerechtigkeit streben, damit wir und die kommenden Generationen in Frieden leben."[52]

Synagogenordnung

Während das Synagogenstatut die Rechtsverhältnisse innerhalb eines Synagogenbezirks bestimmt, wird in der Synagogenordnung das gottesdienstliche Leben der Gemeinde geregelt. Dabei war das Verhalten während des Gottesdienstes ein wichtiges Thema. Die Armut in manchen

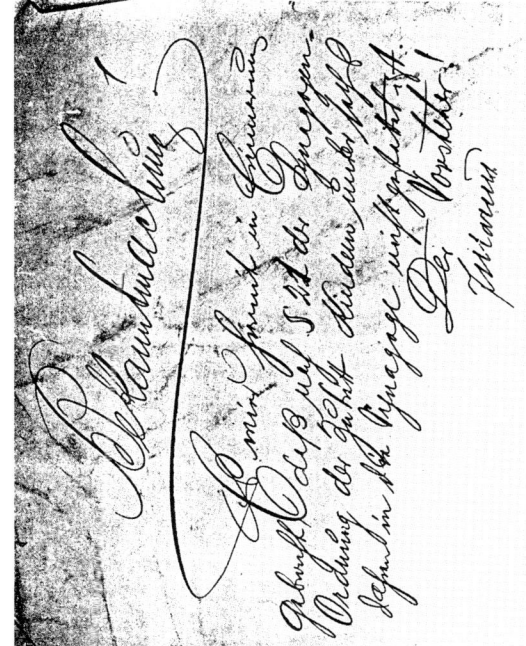

Kindern unter acht Jahren ist der Zutritt nicht gestattet. Burgsteinfurt 18.9.1887

Zur Hebung des Gottesdienstes und zur Herbeiführung der Andacht hat der Vorstand und die Repräsentanten beschlossen, von heute an nachstehende Bestimmungen in Kraft treten zu lassen.

§1.

Der Gottesdienst beginnt pünktlich zu der vom Vorstande durch Anschlag bekannt gemachten Zeit.

§2.

Sobald der Gottesdienst begonnen hat, ist jede laute Unterhaltung vor der Synagoge untersagt.

§3.

Beim Eintritt in die Synagoge hat sich jeder geräuschlos auf seinen Platz zu begeben, und wer keinen bestimmten Platz hat, muß die ihm vom Vorstand anzuweisende Stelle einnehmen.

§4.

Während des Gottesdienstes hat jeder Besucher der Synagoge sich auf seinem Platze ruhig zu verhalten, jede Störung, jedes Gespräch, lautes Mitbeten und Singen, insofern es der Kultusordnung zuwider ist, zu vermeiden.

§5.

Kindern, welche nicht schulpflichtig sind, ist der Zutritt zum Gottesdienst nicht gestattet.

§6.

Während der Predigt und Vorlesung der Thora bleibt die Synagoge geschlossen.

§7.

Diejenigen, welche Jahreszeit haben oder im Trauerjahre sind, verrichten beim Schlußgebet an Sabbath und Festtagen, auf die Estrade tretend, das Kaddische Gebet.

§8.

Die Function des Aufrufens wird ausschließlich von den Vorstandsmitgliedern und dem Stellvertreter derselben versehen.

§9.

Fremde, welche die hiesige Synagoge besuchen, können nur dann zur Thora aufgerufen werden, wenn es ein Gemeinde-Mitglied wünscht.

§10.

Wünscht ein Gemeinde-Mitglied bei außergewöhnlichen Fällen gestrichen und erst dann wieder berücksichtigt, wenn er Balsegen zu melden, und ist letzterer verpflichtet, dem Wunsche nachzukommen.

§11.

Wer eine Karte zum Aufrufen zurückweist, wird von der Liste gestrichen und erst dann wieder berücksichtigt, wenn er darum eine schriftliche Bitte an den Vorstand richtet.

§12.

In der Synagoge abzuhaltende Trauungen müssen Tags zuvor dem Vorstande angezeigt werden. Der Bräutigam hat, wenn er das Anzünden der Lichter wünscht, dafür 10 Sgr. an die Gemeindekasse und 10 Sgr. an den Synagogendiener zu zahlen. Bei auswärtigen Brautleuten wird außerdem noch ein Taler eingezogen.

§13.

Vorstehende, die Ruhe und Ordnung betreffende Bestimmungen beziehen sich ebenfalls auf die Frauen.

§14.

Zuwiderhandlungen werden nach dem Ermessen des Vorstandes mit 1 – 3 Mk. bestraft, welche Strafgelder in die Armenkasse fließen. Wird das Strafgeld innerhalb 14 Tagen nicht bezahlt, so ist der Vorstand verpflichtet, die Sache nach dem Gesetze zu verfolgen.

Abänderungen dieser Bestimmungen bleiben vorbehalten.

Der Vorstand der Synagogen – Gemeinde:
gez. Albert B, S. Kleeberg, Ph. Aronheim.
Castrop, den 14. Februar 1879.
Die Repräsentanten:
gez. Leeser Cohen, Simon Cohen, B. Grüneberg, A. Hoffmann, Levi Isaac Cohen, L.G. Weinberg.

Für die richtige Abschrift!
Castrop, den 14. Januar 1911.
Unterschrift
Stadtsekretär.

Stadtarchiv Castrop-Rauxel

Gemeinden spiegelte sich in manchen Bestimmungen wider, wie z.B. in Soest: „Es soll jeder möglichst schicklich und reinlich erscheinen, besonders muß der Vorbetende anständig gekleidet sein. Dieser soll nicht anders als mit Talar und Bergewand und an Festtagen nur mit Schuhen vor den Altar treten dürfen."[53]

Der Würde und der Heiligkeit des Raumes sollte Rechnung getragen werden, indem alles unterblieb, was die Andacht störte, wie Schwätzen, Lachen, Herumlaufen. Untersagt wurden: „Ein- und Ausgehen während der Vorlesung aus der Tora und während der Predigt."[54] In Dortmund wurde 1860 bestimmt, daß das Verlassen der Synagoge vor dem Schlußgebet unterbleiben solle.[55]

Für den Fall eines Verstoßes gegen die Synagogenordnung legten die Gemeinden „Strafgelder" fest, die in die Armenkasse flossen.

Synagogenbezirke

In der ersten Hälfte des 19. Jahrhunderts hatten in Westfalen die einzelnen jüdischen Gemeinden die rechtliche Stellung einer erlaubten Privatgesellschaft. Dieser Zustand warf mancherlei Probleme auf: Die Jüdischen Gemeinden konnten selber kein Eigentum erwerben. Erworbene Grundstücke oder Bauwerke mußten jeweils gemeinsames Eigentum aller am Ort wohnenden Juden sein. Sie alle mußten, wie zum Beispiel in Bochum-Wattenscheid, den Kaufvertrag unterschreiben. Im Falle eines Rechtsstreites mußte die Klage wiederum von allen Mitgliedern der Gemeinde gemeinsam erhoben werden. Wollte man diesen Schwierigkeiten aus dem Wege gehen, mußte einer der Juden die Synagoge kaufen (vgl. Porta Westfalica-Hausberge). Dann war sie sein Privat-

eigentum, woraus sich im Konflikt- oder Erbfall neue Probleme ergaben.

Diese Regelungen waren für die Synagogengemeinden sehr hinderlich. Weiter war es unbefriedigend, daß in Westfalen unterschiedliche regionale Judenordnungen galten, nämlich

1. im ehemaligen Herzogtum Westfalen
2. in den Gebieten der ehemaligen Grafschaften Wittgenstein
3. in den Gebieten des ehemaligen Großherzogtums Berg
4. in den Gebieten des ehemaligen Königreiches Westphalen
5. in den Gebieten, die zum Kaiserreich Frankreich gehört hatten.

Im Gesetz über die Verhältnisse der Juden von 1847 wurden im ersten Teil die bürgerlichen Verhältnisse der Juden behandelt.

Im zweiten Teil wurden die Kultus- und Unterrichtsangelegenheiten der Juden geregelt, indem man von einer Aufteilung des Landes in Synagogenbezirke ausging, die durch die Regierung nach Anhörung der Beteiligten erfolgen sollte (§ 35f). Innerhalb eines Synagogenbezirkes waren alle Juden in Synagogengemeinden vereinigt. Diese Gemeinden erhielten im Bezug auf ihre Vermögensverhältnisse die Rechte juristischer Personen (§ 37). „Sämtliche männliche, volljährige, unbe-

Gesetz-Sammlung für die Königlichen Preußischen Staaten.

── Nr. 30. ──

(Nr. 2871.) Gesetz über die Verhältnisse der Juden. Vom 23. Juli 1847.

Wir Friedrich Wilhelm, von Gottes Gnaden, König von Preußen ꝛc. ꝛc.

Nachdem Wir zur Herstellung einer möglichst gleichmäßigen Gesetzgebung über die Verhältnisse der Juden die in dieser Hinsicht bestehenden Vorschriften einer Revision haben unterwerfen lassen, verordnen Wir, nach Anhörung beider Kurien Unserer zum ersten Vereinigten Landtage versammelt gewesenen getreuen Stände, auf den Antrag Unseres Staatsministeriums, was folgt:

Titel I.
Bürgerliche Verhältnisse der Juden.

§. 1.

Unseren jüdischen Unterthanen sollen, soweit dieses Gesetz nicht ein Anderes bestimmt, im ganzen Umfange Unserer Monarchie neben gleichen Pflichten auch gleiche bürgerliche Rechte mit Unseren christlichen Unterthanen zustehen.

scholtene Mitglieder der Synagogengemeinde, welche sich selbständig ernähren und mit Entrichtung der Abgaben für die Synagogengemeinde während der letzten 3 Jahre nicht im Rückstand geblieben sind, wählen die Repräsentanten und diese den Vorstand" (§ 41). Ein Vertreter der Regierung leitete das Wahlgeschäft (§ 42). Die Befugnisse von Repräsentanten und Vorstand im einzelnen regelte ein sogenanntes Statut, das die Kultusgemeinde der Regierung einzureichen hatte (§ 50).

Um dieses Gesetz zu realisieren, war zuerst die Bildung von Synagogenbezirken und die Zuordnung der Gemeinden zu diesen Synagogenbezirken nötig. Die Anhörung der Beteiligten führte in vielen Fällen insofern zu Schwierigkeiten, als diese sich nicht in den angedachten ortschaftsübergreifenden Gemeinden zusammenführen lassen wollten. Zum Beispiel war in der westlichen Hälfte des Landkreises Recklinghausen die größte Gemeinde in Dorsten. Die vier Juden aus Lembeck wollten sich aber der Synagogengemeinde in Dorsten „wegen der 2½stündigen Entfernung ihres Wohnortes" nicht anschließen.[56] In der westlichen Hälfte des Landkreises wohnten in Recklinghausen 45 Juden, in Ahsen, Datteln und Horneburg zusammen 40 und in Waltrop 27 Juden.[57] Wie sollte daraus eine Gemeinde werden? Oder konnte man an jedem Ort eine Gemeinde einrichten? Aber wie sollten diese dann die Finanzkraft für die Bewältigung der Kultus- und insbesondere der Unterrichtsangelegenheiten aufbringen?

In all diesen Diskussionen beriefen sich die Beteiligten auf die Beschränkung der Sabbatwege. Die Juden aus Raesfeld gaben im November 1847 dem Amtmann zu Protokoll: „Wenn es aber gesetzlich erforderlich ist, daß wir zu einer bereits bestehenden Synagoge gehören müssen, so würden wir nicht anders als zur Synagoge Borken uns halten können. Wir bitten aber, uns möglichst davon zu dispensieren, da Borken eine Meile von uns entfernt ist, und wir nach unseren Religionsgesetzen am Sabbat keine Meile weit gehen dürfen."[58] Die administrativen Bemühungen trafen hier also auf einen empfindlichen Punkt jüdischer Tradition, den man in diesem Zusammenhang nicht als bloßes Taktieren abtun kann. Noch weit in das 20. Jahrhundert hinein traf sich ein Teil der Gemeinde in Recklinghausen an den hohen Feiertagen zu einem gesonderten Gottesdienst, um dem Gebot über die Sabbatruhe zu folgen.

Die Regierung regelte schließlich die Einrichtung von Synagogenbezirken, indem sie einen oder mehrere Synagogenbezirke in den Grenzen der vorhandenen Landkreise bzw. der kreisfreien Städte einrichtete und in bestimmten Fällen die Bildung selbständiger Untergemeinden zuließ. Die Bildung von Untergemeinden war allerdings schon eine Angelegenheit des Statutes, das zu erstellen die Sache der jüdischen Gemeinden sein sollte und diese in aller Regel überforderte. Es half auch sehr wenig, wenn den Synagogengemeinden als Formulierungshilfe das Statut der Berliner Synagogengemeinde (die immerhin über 12.000 Mitglieder hatte) mit über 180 Paragraphen zugestellt wurde. Schließlich sorgten die politischen Zeitumstände nach 1848 für eine weitere Verzögerung, aber bis etwa 1855 hatten fast alle Synagogengemeinden ein genehmigtes Statut.[59]

Die Synagogenbezirke und Synagogengemeinden blieben in Anpassung an die wechselnden Zeitverhältnisse (Industrialisierung, Landflucht) bis zum 31.03.1938 bestehen. Zu diesem Zeitpunkt verloren die Gemeinden ihre Rechte als Körperschaften öffentlichen Rechts. Ihre Selbständigkeit mußten sie im folgenden Jahr aufgeben, als alle Synagogengemeinden im Lande Nordrhein-Westfalen vom 18. Dezember 1951 schuf dann die Voraussetzungen, daß die wiedergegründeten Kultusgemeinden den Rechtsstatus, den sie vor 1938 hatten, wiedererlangen konnten.[61]

Finanzen

Die Gemeinden bestritten ihre Ausgaben im wesentlichen mit den Beiträgen, die ihnen die Mitglieder in Form von Steuern, Gebühren und Spenden zukommen ließen. Durch das preußische Gesetz von 1847 war geregelt, daß sämtliche Kosten der Gemeinde auf die einzelnen beitragspflichtigen Gemeindeglieder umzulegen seien, und „nachdem die Heberollen von der Regierung für vollstreckbar erklärt worden sind, im Verwaltungsweg eingezogen" wurden (§ 58).[62] Ab 1919 konnten die jüdischen Gemeinden in Deutschland – wie die Kirchen – als Körperschaften öffentlichen Rechts eigene Steuern in Form von prozentualen Zuschlägen zu den Lohn- und Einkommensteuern erheben.

Der Bau einer Synagoge überstieg in der Regel die Finanzkraft der Gemeinden; deshalb mußten hier zusätzliche Einnahmequellen gesucht und Darlehn bzw. Hypotheken aufgenommen werden.

Glücklich konnte sich die Gemeinde schätzen, der das Grundstück oder gar der ganze Bau durch Schenkung oder Stiftung übereignet wurde. Die Gemeinde Pader-

born erhielt 1860 von dem wohlhabenden Mitglied Moritz Meyersberg die Zusage, daß er auf besonderen Wunsch seiner Ehefrau der Gemeinde die gesamten Baukosten finanziere.[63] In Hattingen schenkte der Kaufmann Liefmann Gumperz im April 1871 der Gemeinde eine Synagoge.[64] Im Regelfall war es aber notwendig, daß spezielle Sammlungen in der eigenen Gemeinde und in benachbarten jüdischen Gemeinden durchgeführt wurden. Eine Hauskollekte mußte vorher vom Regierungspräsidenten genehmigt werden, ebenfalls die Sammlungen bzw. Spendenbitten, die an jüdische Gemeinden im gesamten deutschsprachigen Raum bis nach Wien auf den Weg gebracht wurden. So schrieb der Vorstand der Herforder Gemeinde im Oktober 1851 an die Vorstände anderer Gemeinden, daß zum Neubau noch 2.000 Taler fehlten und „so ersuchen wir Sie, sich als unsere jüdischen Mitbrüder zu bethätigen, in dortiger Gemeinde für uns eine Sammlung zu veranlassen und uns den Ertrag einzusenden".[65] In Neheim wurde eine Lotterie für den dortigen Neubau veranstaltet.

Der Bau einer Synagoge konnte auch zu einem erheblichen Teil durch den Verkauf von Sitzplätzen finanziert werden. In Hamm wurden 1857/58 für einen Platz mindestens 25 Taler gezahlt.[66] In Brilon-Alme wurden die Plätze meistbietend versteigert.

Die Bauplanungen waren oft von äußerster Sparsamkeit diktiert. Bei Umbauten war man bemüht, vorhandene Materialien möglichst wiederzuverwenden.

Gelegentlich beklagten sich Architekt oder Bauunternehmer, daß die Finanzrahmen viel zu eng sei: „Leider ist der gesetzte Preis von 2.500 Talern ein sehr geringer, weshalb sich auch wenig Verzierungen anbringen lassen."[67]

In Dresden wurde ein ungewöhnlich moderner Weg gewählt: Es wurde eine Aktiengesellschaft gegründet, bei der die einzelnen Aktionäre mit ihrer Einlage den Bau finanzierten und zugleich als Miteigentümer der Synagoge galten.[68]

In Bad Berleburg wurde zur Absicherung der Darlehen eine Synagogengesellschaft gegründet, der die jüdischen Eheleute der Gemeinde angehörten. Sie bzw. ihre Nachfahren hatten für den Kapitaldienst aufzukommen. In Wartenschein wurde die Tilgung des Darlehens in einem Vertrag, den sämtliche Gemeindeglieder unterschrieben, durch eine Liste von Abgaben geregelt: Wer z.B. ein Pferd verkaufte, zahlte 5 Silbergroschen, wer zu spät zum Gottesdienst kam, 9 Pfennig.[69]

Der Gemeindeetat war oft über viele Jahrzehnte durch die Rückzahlungsverpflichtungen strapaziert. In Wartenscheid beanspruchte die Rückzahlung der Bauschulden 45 Jahre; in Recklinghausen machten die Bauanleihen ein Drittel des Gemeindeetats aus.[70] Die Gemeinde Bigge-Olsberg hatte selbst im November 1938 noch Rückzahlungsverpflichtungen aus dem Synagogenbau.

Für die Inneneinrichtung der Synagoge wurden erneut Geld- und auch Sachspenden erbeten. Leuchter, Toraschmuck, Vorhänge und Decken wurden oft von Gemeindegliedern gespendet. Von der Hagener Gemeinde ist die „Subscriptions-Liste" von 1859 erhalten, aus der hervorgeht, wer welche Geldbeträge zur „Ausschmückung" der Synagoge aufgebracht bzw. wer welche Geschenke beigetragen hat. Danach stifteten z.B. S.J. Stern einen Kronleuchter und ein Toramäntelchen und Eli Blankenstein die Seide für den Vorhang.[71]

Schule und Religionsunterricht

Beim Weg von der traditionsgebundenen jüdischen Welt in die deutsche Kultur spielten Erziehung und schulische Bildung eine entscheidende Rolle. Die Entwicklung des jüdischen Schulwesens im 19. Jahrhundert spiegelt die Emanzipationsgeschichte wider.

Am Ende des 18. Jahrhunderts wurden anstelle der alten Religionsschulen wie Cheder und Jeschiwa jüdische Schulen errichtet, in denen neben der jüdischen Tradition weltliche Inhalte und allgemeine Bildung vermittelt wurden. Für die jüdischen Gemeinden war mit der Errichtung einer eigenen Schule auch die Anstellung eines Lehrers verbunden. Auch wenn nur ein geringes Gehalt zu zahlen war, sahen sich die Gemeinden genötigt, dafür Beiträge der einzelnen Familien zu erheben und die Beköstigung des Lehrers in den Häusern sicherzustellen. Einwänden gegen die Anstellung eines Gemeindelehrers kamen vereinzelt von Familien, die sich einen Privatlehrer leisten konnten, aber auch von solchen, die in Armut lebten. Den letzteren wurde z.B. in Brakel angekündigt, daß sie sich mit dem Unterricht des „Schusters und Vorsängers" zu begnügen hätten.[71] Der Bürgermeister von Haltern berichtete 1818 über den dortigen jüdischen Lehrer, daß dieser „reinerseits den Trend, jüdische Kinder an öffentlichen Schulen anzumelden, und andererseits die Bemühungen, das Bildungsniveau der jüdischen Schulen anzuheben. Bereits im Gesetz von 1847 hatte die Preußische Regierung verfügt, daß die Juden ihre Kinder zum Besuch der Ortsschule anhalten sollten und nur in Ausnahmefällen private Lehranstalten genehmigt würden: „Eine Absonderung von den ordentlichen Ortsschulen können die Juden der Regel nach nicht verlangen."[73] Dennoch blieben vielerorts die jüdischen Schulen neben den christlichen Schulen zunächst bestehen. Die Schulstatistik der Synagogengemeinde Brakel weist aus, daß auch nach 1847 bis zum Ende des Jahrhunderts die jüdischen Kinder mehrheitlich die jüdische Schule besuchten.[74] Im Landkreis Bochum lernten um 1850 etwa 60% der jüdischen Kinder in der christlichen, 40% in der jüdischen Schule.[75] In

hum in den jüdischen Häusern gespeist" wurde und eine Besoldung von 75 Reichstalern erhielt: „Er unterrichtet 8 Juden beiderlei Geschlechts im jüdisch-hochdeutschen Buch Moses Mendelsohn, soll aber nach Angabe des Judenvorstehers weder Deutsch schreiben und lesen noch rechnen können (er unterrichtete also in jiddischer Sprache – d.Verfasser), weshalb einige Kinder zum christlichen Schullehrer ... geschickt werden, um in den Nebenstunden hierin unterrichtet zu werden."[72] Solche Erfahrungen verstärkten ei-

MARKS-HAINDORFSCHE STIFTUNG ZU MÜNSTER (WESTF.)
Israelitisches Lehrerseminar mit Präparandenanstalt.
Begründet 1825 durch weiland Prof. Dr. Alexander Haindorf.

J.-Nr.

MÜNSTER, am _17. April 1921_

der Provinz Westfalen insgesamt verteilten sich die jüdischen Kinder in dieser Zeit je zur Hälfte auf die christliche und die jüdische Schule.

Immer wieder klagten jüdische Familien, daß sie das geforderte Schulgeld nicht aufbringen könnten; in Einzelfällen sprang hier dann die Gemeindekasse ein. In den Städten entschieden sich viele jüdische Familien, ihre Kinder auf die nichtjüdischen Schulen zu schicken. Aus Hagen wird berichtet, daß dort bereits im Jahr 1827 alle jüdischen Kinder die Volks- und Bürgerschule besuchten und zusätzlich vom Rabbiner oder Lehrer Religions- und Hebräischunterricht erhielten.[76] Dieser Trend zusammen mit der Abwanderung vom Land in die Städte führte dazu, daß Jahr für Jahr jüdische Volksschulen geschlossen werden mußten. Während es 1896 noch ca. 70 jüdische Volksschulen gab, bestanden 1932/33 nur noch 21.[77]

Bei den weiterführenden Schulen blieb der christliche Einfluß dominant. Jüdische Kinder, die auf ein Universitätsstudium vorbereitet werden sollten, mußten zwangsläufig ein christliches Gymnasium besuchen. Im Jahr 1860 besuchten nur 43 jüdische Schüler eines der westfälischen Gymnasien – bei einer Gesamtzahl von 3.417 Gymnasiasten.[78]

Lange Zeit gab es in Westfalen keine Ausbildungsstätte für jüdische Lehrer. Es war das Verdienst von Prof. Dr. Alexander Haindorf in Münster, eine eigene jüdische Lehrerbildungsstätte zu schaffen. Im Jahr 1825 wurde eine entsprechende Schule in Münster errichtet, die sowohl Lehrer als auch Handwerker ausbildete. Träger war zunächst der „Verein für Westfalen und die Rheinprovinz zur Bildung von Elementar-Lehrern und Beförderung von Handwerkern und Künstlern unter den Juden", später die Marks-Haindorfsche Stiftung. Die staatliche Abschlußprüfung mußten die Kandidaten jedoch am evangelischen Lehrerseminar ablegen, um an Elementar- oder Volksschulen unterrichten zu dürfen. Damit sicherte sich der Staat die Einflußnahme auf die jüdische Ausbildung. Die Aufsicht über die jüdischen Schulen nahmen lange Zeit die christlichen Geistlichen oder Schulinspektoren wahr. Erst ab 1870 wurde es möglich, die örtliche Schulinspektion geeigneten jüdischen Personen zu übertragen. Doch wurde dieses Recht nur sehr zögerlich umgesetzt. So unterstand etwa die jüdische Schule in Recklinghausen noch bis 1904 einem der örtlichen Pfarrer.[79]

In den staatlichen Schulen waren jüdische Kinder teilweise massiven Vorurteilen ausgesetzt. So machte sich die Schulaufsicht in Westfalen Sorgen über den Einfluß zu vieler „ungekämmter Judenkinder" auf die christlichen Mitschüler.[80] In Lemgo mußten Lehrer an den öffentlichen Schulen aufgefordert werden, den Unterricht so zu gestalten, daß er für jüdische Schüler nicht „anstößig" war.[81]

Jüdische Gemeinden, die sich zur Schließung ihrer Schule angesichts geringer Schülerzahlen oder auch aus bildungspolitischen Gründen entschlossen hatten, standen vor der Aufgabe, wenigstens für einen jüdischen Religionsunterricht zu sorgen. Es gab so gut wie keinen Rabbiner oder jüdischen Lehrer, der nicht in erheblichem Umfang Religionsunterricht erteilen mußte.[82] Im ländlichen Raum reisten die jüdische Lehrer von Ort zu Ort, um die wenigen Kinder in Hebräisch, Bibelkunde und Gebetstexten zu unterrichten. Der Religionslehrer der Synagogengemeinde Dorsten hatte beispielsweise sonntags zusätzlich zu den vier Unterrichtsstunden in Dorsten noch jeweils drei Kinder in Gelsenkirchen-Buer und in Bottrop zu unterrichten. Da das Einkommen aus der Unterrichtstätigkeit oft nicht ausreichte, nahmen die Religi-

---

Endlich sind von den geprüften, großentheils in dem hiesigen Haindorfschen Institute vorgebildeten jüdischen Elementar-Schullehrer-Präparanden folgende wahlfähig zu jüdischen Elementar-Schulstellen erklärt worden:

1) Levi Cohen aus Borken, Kreis Borken;
2) Joseph Heimann aus Lechenich, Kreis Euskirchen, Regierungsbezirk Cöln;
3) Seligmann Loeb aus Neuenkirchen, Kreis St. Wendel, Regs=Bez. Trier;
4) August Meyer aus Unna, Kreis Hamm;
5) Joseph Meyerbach aus Beverungen, Kreis Hörter;
6) Jacob Nußbaum aus Hörde, Kreis Dortmund, und
7) Moses Stein aus Warburg, Kreis Warburg.

Die Leistungen der Geprüften in den einzelnen Lehrfächern sind aus dem ihnen mit ihren Zeugnissen übergebenen Auszüge aus dem Prüfungs-Protokolle näher zu ersehen.

Münster, den 18. September 1850.

Jüdische Kandidaten haben ihre Prüfung als Elementarschullehrer abgelegt

onslehrer zugleich die Aufgabe des Vorbeters im Gottesdienst, manchmal auch die des Schächters wahr.

Beinahe zeitgleich mit der Zerstörung der Synagogen 1938 griff die nationalsozialistische Regierung auch in das Schulwesen ein. Im November 1938 wurde verfügt, daß jüdische Kinder aus den deutschen Schulen zu entfernen seien und jüdische Schulen zu besuchen hätten. 1942 schließlich wurde jegliche Beschulung jüdischer Kinder untersagt.

Heute besuchen die jüdischen Kinder in Westfalen und Lippe die allgemeinen Schulen und erhalten ergänzend in den Gemeinden Religionsunterricht. Entsprechende Lehrpläne des Landes für jüdischen Religionsunterricht in den verschiedenen Schulstufen liegen vor.

Rabbiner und Kultusbeamte

Anders als in den christlichen Gemeinden hatte in den jüdischen Gemeinden der Rabbiner nicht die Aufgabe der Gemeindeleitung, sondern war in erster Linie deren religiöser Führer und der Wächter über das religiöse Recht. Noch 1843 konnte Leopold Zunz den Rabbiner als für die Gemeinde entbehrlichen Beamten bezeichnen.[83] Bevor die staatlichen Behörden das Gemeindeleben reglementierten, waren weder der Titel „Rabbiner" geschützt noch die Ausbildung festgelegt. Wer durch Privatunterricht oder den Besuch religiöser Schulen („Jeschiwot") genug Wissen über talmudisches Recht erworben hatte, konnte nach einer entsprechenden Prüfung zum Rabbiner „autorisiert" werden. Diese „Autorisation" erfolgte in der Regel durch den Lehrmeister.

Solange in den Territorien Landjudenschaften existierten, war der Rabbiner als „Landrabbiner" oder „Landesrabbiner" über ein hohes Maß an humanistischer und orientalistischer Bildung. Sie nahmen regen Anteil am geistigen Diskurs ihrer Zeit.

Immer wieder kämpften Rabbiner um ihre rechtliche Stellung im Verhältnis zu den Leitungsgremien der Gemeinde. In einer „Denkschrift über die Stellung der Rabbiner des Allgemeinen deutschen Rabbinerverbandes"[88] wurde beklagt, daß der preußische Staat „überhaupt keine Notiz" vom Rabbiner und vom Rabbinerstand nehme und es für jeden Gemeindevorstand eine Ehrensache sein müsse, ihrem Rabbiner im Leitungsgremium Sitz und Stimme zu geben. Was in Kirchengemeinden etc. selbstverständlich sei, erschiene in den jüdischen Gemeindevorständen als Problem. In den wenigen Gemeinden, z. B. Bielefeld, Bochum und Dortmund, in denen man dem Rabbiner eine beratende oder beschließende Stimme zugebilligt hatte, habe man damit gute Erfahrungen gemacht. Die Denkschrift gipfelt in der Forderung, daß alle jüdischen Gemeinden in Deutschland dem Rabbiner das Recht zubilligen sollten, Mitglied des Vorstandes oder als beratendes Mitglied zu allen Sitzungen hinzugezogen zu werden. Diese Handschrift trägt in weiten Teilen die Handschrift des Dortmunder Rabbiners Benno Jacob.[89] In einem Musteranstellungsvertrag für Ortsrabbiner [90] wurde vorgeschlagen, Rabbiner nach einer Probezeit von drei Jahren zunächst für weitere neun Jahre und dann auf Lebenszeit anzustellen. Über die Stellung des Rabbiners heißt es: „Der Rabbiner ist der religiöse Führer und Lehrer der Gemeinde. Er hat die Aufsicht über die religiösen Einrichtungen der Gemeinde, er ist maßgebend für religionsgesetzliche Entschei-

Bis ins 19. Jahrhundert hinein reichen die Traditionen der Landrabbinate in Westfalen. So übertrugen 1815 die Obervorsteher der Judenschaft von Münster, Mark und Limburg mit Zustimmung der preußischen Behörden Abraham Sutro das Amt des Landesrabbiners, das er über 50 Jahre innehatte.[85]

Im preußischen Gesetz von 1847 wurde die Stellung der Rabbiner nur indirekt angesprochen. Es blieb den einzelnen Synagogengemeinden überlassen, ob sie Kultusbeamte anstellten und wie sie diese auswählten. Die Regierung behielt sich allerdings das Recht vor, die Anstellung zu bestätigen.[86]

Die Entwicklung zum anerkannten Beruf „Rabbiner" nach kirchlichem Vorbild setzte erst in der zweiten Hälfte des 19. Jahrhunderts ein. Die Bemühungen, jüdische theologische Fakultäten an den deutschen Universitäten einzurichten, scheiterten am Widerstand der christlichen Professoren und Politikern, so daß nur der Weg über spezielle Rabbinerseminare blieb. Rabbiner, die diese besuchten, erwarben außerdem häufig akademische Grade an anderen Fakultäten. Da ihnen der „Dr. theol." versagt war, promovierten viele zum „Dr. phil.". Auf einer Versammlung des Allgemeinen Rabbinerverbandes im Jahr 1911 bemerkte der Breslauer Rabbiner Ferdinand Rosenthal humorvoll, daß man den geistlichen Leiter der Gemeinde früher Rav, Rabban oder Rabbi genannt habe, heute rede man ihn an als „Herr Doktor".[87] Die Rabbiner verfügten neben ihrem religiösen Wissen

Rabbiner und Kultusbeamte

dungen."[91] Ferner ist er Prediger der Gemeinde, übernimmt die ihm vorbehaltenen gottesdienstlichen Aufgaben, ist Seelsorger der Gemeinde, nimmt Trauungen und Beerdigungen vor und ist für den gemeindlichen Religionsunterricht verantwortlich.

In der Kontroverse zwischen traditionsorientierten und reformerisch geprägten Gemeinden waren in der Regel Rabbiner die exponierten Wortführer. So wie die akademisch gebildeten Rabbiner ihre Gemeinden prägten, waren die Gemeinden bemüht, Rabbiner ihrer jeweiligen Richtung anzustellen. Im Einzelfall erschien es wünschenswerter, keinen Rabbiner anzustellen, als einen der anderen Richtung.[92] Im Jahr 1910 amtierten in Westfalen lediglich vier Rabbiner [93], und zwar in Bochum, Dortmund, Bielefeld und Recklinghausen.

Das Gehalt der Rabbiner setzte sich zusammen aus einem Grundgehalt und einer Zulage, die durch Gebühren für Amtshandlungen finanziert wurde. Häufig kamen Einnahmen aus Unterrichtstätigkeit hinzu. Während der Weimarer Republik setzten Bestrebungen ein, die Rabbiner in Anlehnung an die staatliche Besoldungsordnung zu besolden und analog zur Pfarrbesoldung der christlichen Kirchen staatliche Zuschüsse zur Rabbinerbesoldung zu beantragen. In diesem Zusammenhang wies die Regierung auf die notwendige Vorbildung der Rabbiner hin. Die „Autorisation" wurde unter der Voraussetzung staatlich anerkannt, daß sie entweder von einer Kommission mehrerer angesehener Rabbiner oder von einer der drei Rabbinerbildungsanstalten erteilt worden war.[94] Die Ausbildungsstätten waren die Seminare in Breslau und Berlin sowie die „Lehranstalt für die Wissenschaft des Judentums" in Berlin. Um ihre Anerkennung als Schulinspektoren für die jüdischen Schulen und den jüdischen Religionsunterricht mußten die Rabbiner in Westfalen lange kämpfen. Erst am Ende des 19. Jahrhunderts stimmte die Bezirksregierung Münster einer solchen Ernennung zu.[95]

Anstelle von Rabbinern, die in der zweiten Hälfte des 19. Jahrhunderts vorwiegend in den großen städtischen Synagogengemeinden angestellt wurden, setzten kleine Gemeinden Prediger oder Lehrer in der Doppelfunktion als Religionslehrer und Vorbeter ein. Ihre Ausbildung erhielten viele westfälische Lehrer in Münster durch die Marks-Haindorfsche-Stiftung in speziellen Studiengängen, die neben den pädagogischen Inhalten auch liturgische Kenntnisse vermittelten.

So wie die Synagogenordnung, die einen würdigen und ungestörten Gottesdienstverlauf garantieren sollte, den Beetern auferlegte, zum Gottesdienst in reinlicher Kleidung zu erscheinen, so forderte sie vom Kantor oder Vorbeter in besonderer Weise, daß sie in angemessener Kleidung erscheinen: In Iserlohn sollte der Kantor in Schuhen, schwarzen Strümpfen, in schwarzen Kleidungsstücken, mit Hut und schwarzem „Mäntelchen" vor den Aron hakodesch treten.[96]

Das Inventarverzeichnis der Synagogengemeinde Soest aus den Jahren 1828 bis 1845 gibt ein sehr genaues Bild der dortigen liturgischen Gewänder: Talare mit Barett in den Farben braun, grau, schwarz, blau mit gelb, rot mit blau und in weiß.[97] Kantor und Prediger konnten

Rabbiner Dr. Benno Jacob (sitzend, 2. v.l.) mit Rabbinerkollegen und Verwandten im Londoner Exil

also entsprechend dem jüdischen Festkalender die liturgischen Farben wechseln. Damit war die Gemeinde Soest besonders üppig ausgestattet. In anderen Gemeinden war neben dem schwarzen Talar lediglich ein weißer Talar für Rosch Haschanah und Jom Kippur in Gebrauch.

Während sich bei den Rabbinern als liturgische Kleidung die Amtskleidung der evangelischen Pfarrer -Talar, Beffchen und Barett - durchsetzte, gab es bei der Frage, was die angemessene Kleidung für Prediger oder Lehrer sein solle, immer wieder Diskussionen. 1848 sah sich die Königliche Regierung Arnsberg genötigt, den jüdischen Lehrern zu verbieten, bei Ausübung ihres Kultes eine Kleidung zu tragen, welche der Amtskleidung der evangelischen Geistlichkeit ganz gleich oder doch auffallend ähnlich ist".[98]

Aus Dorsten wird berichtet, daß der dortige Pfarrer in den zwanziger Jahren einmal seinen Talar dem Rabbiner anläßlich einer Beerdigung auslieh, da in der Synagoge kein Talar zur Verfügung stand.[99]

Außer Rabbiner, Prediger oder Kantor gab es weitere „synagogenspezifische" Beschäftigte in den Kultusgemeinden. In den Synagogen, die über Orgel oder Harmonium verfügten, wurden Organisten angestellt und in Analogie zu den Organisten in den Kirchengemeinden vergütet. Der Synagogendiener, dem Küster vergleichbar, war meist Nichtjude; denn den größten Teil seiner Arbeit hatte er am Sabbat und an den jüdischen Feiertagen zu erledigen.

Die Zahl der Kultusbeamten einer Gemeinde war wesentlich von der Mitgliederzahl und der Finanzkraft abhängig. Ärmere Gemeinden mußten sich zusammenschließen, um die nötigen Personalkosten finanzieren zu können. In einer großen Gemeinde wie Dortmund – mit 3.500 Mitgliedern im Jahr 1924 – waren z.B. die folgenden Kultusbeamten beschäftigt: Rabbiner, zwei Kantoren, ein Organist, ein Synagogendiener und sechs Lehrkräfte in der jüdischen Volksschule, eine Kastellanin und ein Schächter.[100]

Die Beauftragung eines Schächters („Schocher") war für die rituellen Schlachtungen erforderlich. Der Schächter mußte Jude sein, eine entsprechende Vorbildung haben und in seinem Lebenswandel vertrauenswürdig sein. Ein entsprechendes Zeugnis, das von einem Rabbiner ausgestellt wurde, war Voraussetzung seiner Anstellung. In einem Schächtbuch, das in Abständen vom Rabbinat geprüft wurde, hatte er die rituellen Schlachtungen einzutragen.[101] Da die Einnahmen der Schächter oft den Lebensunterhalt nicht sichern konnten, übten viele Schächter ihre Tätigkeit im Nebenberuf aus.

Hinzu kamen in den Gemeinden religiöse Ehrenaufgaben, die von einzelnen Gemeindemitgliedern übernommen wurden. Dazu gehört die Aufgabe des „Beschneiders". Über den „Mohel", der die Beschneidung der jüdischen Jungen vornahm, legte die Regierung Arnsberg 1851 fest: „Wer sich mit der Beschneidung der Judenknaben befassen will, ist verpflichtet, seine Befähigung hinsichtlich der gefahrlosen Vollziehung der Operation durch eine Prüfung darzulegen."[102] In den liberalen Stadtgemeinden setzte sich mehr und mehr durch, daß die Beschneidung von einem jüdischen Arzt vorgenommen wurde.

„Ein neues Schächtbuch anschaffen", Burgsteinfurt 1895

Mikwe

Eine jüdische Gemeinde braucht seit jeher einen Gebetsraum, einen Friedhof und ein Tauchbad, hebräisch Mikwe genannt. Die Mikwe dient der rituellen Reinigung. Die Säuberung des Körpers im profanen Sinne hat vor dem Besuch der Mikwe oder in einem Vorraum zu erfolgen. Die Mikwe wird vornehmlich von Frauen besucht. Aber auch Männer gehen in die Mikwe. Der Baalschem, einer der bedeutendsten Chassidim sagt: „Alles verdanke ich den Tauchbädern. Tauchen ist besser als kasteien".[103] Schließlich werden auch Geräteschaften durch Untertauchen in die Mikwe in einen rituell reinen Zustand versetzt.

Die Bestimmungen über Bau und Nutzung der Mikwe finden sich im Mischna-Traktat „Miqwaoth". Für den Bau ist wesentlich, daß die Mikwe von fließendem Wasser gespeist wird. Dies kann entweder Quell- beziehungsweise Flußwasser oder aber gesammeltes Regenwasser sein.

Aus der Synagogengemeinde Hagen ist eine „Subscriptionsliste der freiwilligen Beiträge zur inneren Ausschmückung der Synagoge, der Gasanlage in derselben sowie zur Anlage einer Mikwe" aus dem Jahre 1859 überliefert.[104] Rechnungen aus dem folgenden Jahr 1860 belegen, daß die Gemeinde zwei Fässer und 19 Rohre als Zuleitung anschaffte. Die Mikwe in Hagen gehörte sozusagen zu einem zweiten Bauabschnitt, für den – nach dem Bau der Synagoge – Geld beschafft werden mußte. Dabei konnte es dann vorkommen, daß – wie in Bochum-Wattenscheid – die Absicht zum Bau der Mikwe zwar einmütig erklärt wurde, aufgrund der finanziellen Verhältnisse aber nie verwirklicht werden konnte.

Mikwen mußten nicht notwendigerweise in unmittelbarem Umfeld der Synagoge gebaut werden. Die wassertechnischen Voraussetzungen und dementsprechend auch die Baukosten legten häufig eine andere Lösung nahe: Die Mikwe wurde in einem Privathaus untergebracht. Die Mikwe in Minden war zum Beispiel in einem Haus an der Stadtmauer angelegt worden. Unter diesem Gebäude floß der Bach „Stadtbecke" hindurch, so daß stets genügend fließendes Wasser zur Verfügung stand.

Die Mikwen in Westfalen und Lippe waren bescheidene Anlagen im Vergleich zu den großen Mikwe-Bauten in der Rhein-Main-Gegend, die das Quellwasser in großer Tiefe nutzten.[105]

Als Beispiel solcher dörflichen oder kleinstädtischen Mikwe soll eine Beschreibung aus Lage zitiert werden. Dort gab die jüdische Gemeinde 1920 das Schulhaus auf, in dessen Keller sich die Mikwe befand: „Das Bassin war circa 3 mal 3 Meter groß, der Raum selbst circa 12 qm. In das Bassin führten Stufen. Das Wasser erreichte Brusthöhe. Vom Mikwe-Raum gelangte man in einen kleinen Umkleideraum. Zusätzlich gab es im Sockelgeschoß noch zwei weitere Räume. Auf dem Kellerflur befand sich eine Pumpe mit einer Roste für den Abfluß".[106]

Im Übergang zum 20. Jahrhundert scheinen einige Gemeinden die Einrichtung und Unterhaltung von Mikwen nicht mehr als ihre selbstverständliche Pflicht angesehen zu haben. Man kann über die Gründe verschiedene Vermutungen anstellen: Zum einen war es der Einfluß der Liberalisierung, zum anderen mag sicherlich eine Rolle gespielt haben, daß die Gemeindevorstände allesamt männlichen Geschlechts waren und diese die Mikwe längst nicht so regelmäßig wie

Mikwen in Westfalen und Lippe

Ahaus
Bad Berleburg
Bad Driburg-Pömbsen
Bad Laasphe
Bad Salzuflen
Beverungen
Bielefeld
Bocholt
Borgholzhausen
Borken
Brakel
Burgsteinfurt
Dortmund
Enger
Erwitte
Gelsenkirchen
Gemen
Gütersloh
Hagen
Haltern(?)
Herford
Höxter
Lage
Medebach
Minden
Münster
Petershagen-Schlüsselburg (?)
Raesfeld
Recklinghausen
Rietberg-Neuenkirchen
Rüthen
Vreden
Willebadessen

die Frauen besuchten. Fest steht jedenfalls, daß die Mikwe in der Synagoge zu Bocholt abgerissen und zu einem Besprechungszimmer umgebaut wurde. Andererseits gehörte es zu den erklärten Zielen des „Vereins zur Wahrung der religiösen Interessen des Judentums in Westfalen", den Bau von Mikwen anzuregen und die vorhandenen, sofern nötig, auszubessern.[107]

Im Jahr 1922 beklagte sich der Dortmunder Rabbiner Jacob darüber, daß die Gemeinde kein rituelles Tauchbad besitze und deshalb diejenigen, die zum Judentum übertreten wollten, zu einer auswärtigen Mikwe gehen müßten.[108] Dort, wo sich ostjüdische Vereine bzw. Gemeinden bildeten, waren sie bemüht, auch eigene Mikwen einzurichten.

Für die Jahre vor 1938 sind mehr als 30 Mikwen in Westfalen und Lippe bekannt. In den Jahren nach dem Zweiten Weltkrieg baute Helmut Goldschmidt 1961 für die Synagogengemeinde Münster ein Gemeindezentrum, zu dem auch eine Mikwe gehört. Es ist zur Zeit der einzige Neubau einer Mikwe in Westfalen und Lippe.

In Recklinghausen wurde 1995/96 in der jüdischen Schule am Steintor eine alte Mikwe wiederentdeckt und nach der Restaurierung von der jüdischen Gemeinde in Betrieb genommen.

1938

Die gleichgeschaltete Presse Deutschlands erklärte am 11. November 1938: „Nach Bekanntwerden des Ablebens des durch feige jüdische Mörderhand niedergestreckten deutschen Diplomaten vom Rath haben sich im ganzen Reich spontane judenfeindliche Kundgebungen entwickelt. Die tiefe Empörung des deutschen Volkes machte sich dabei auch vielfach in starken antijüdischen Aktionen Luft." Historische Untersuchungen haben inzwischen bewiesen, daß die judenfeindlichen Kundgebungen im ganzen Reich keine spontanen Aktionen gewesen sind, wie behauptet wurde.

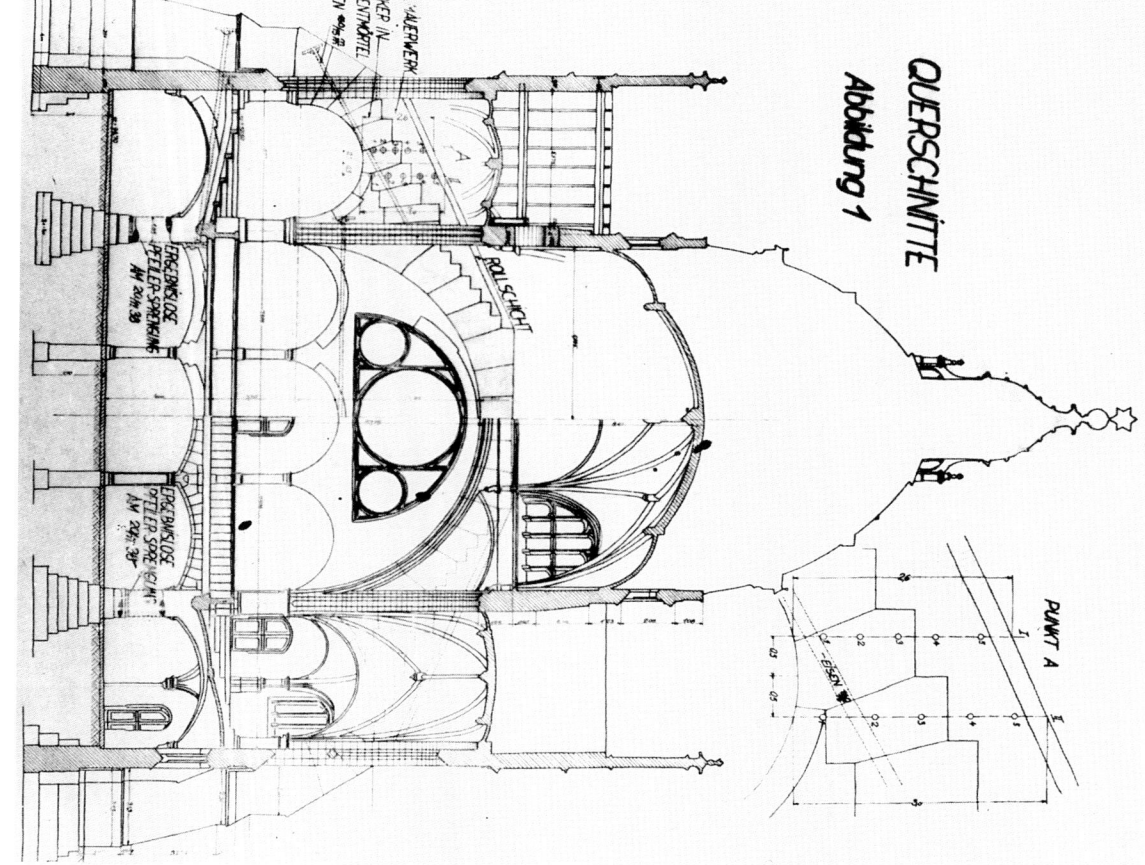

Sprengungsplan für die Synagoge Dortmund, Hiltropwall

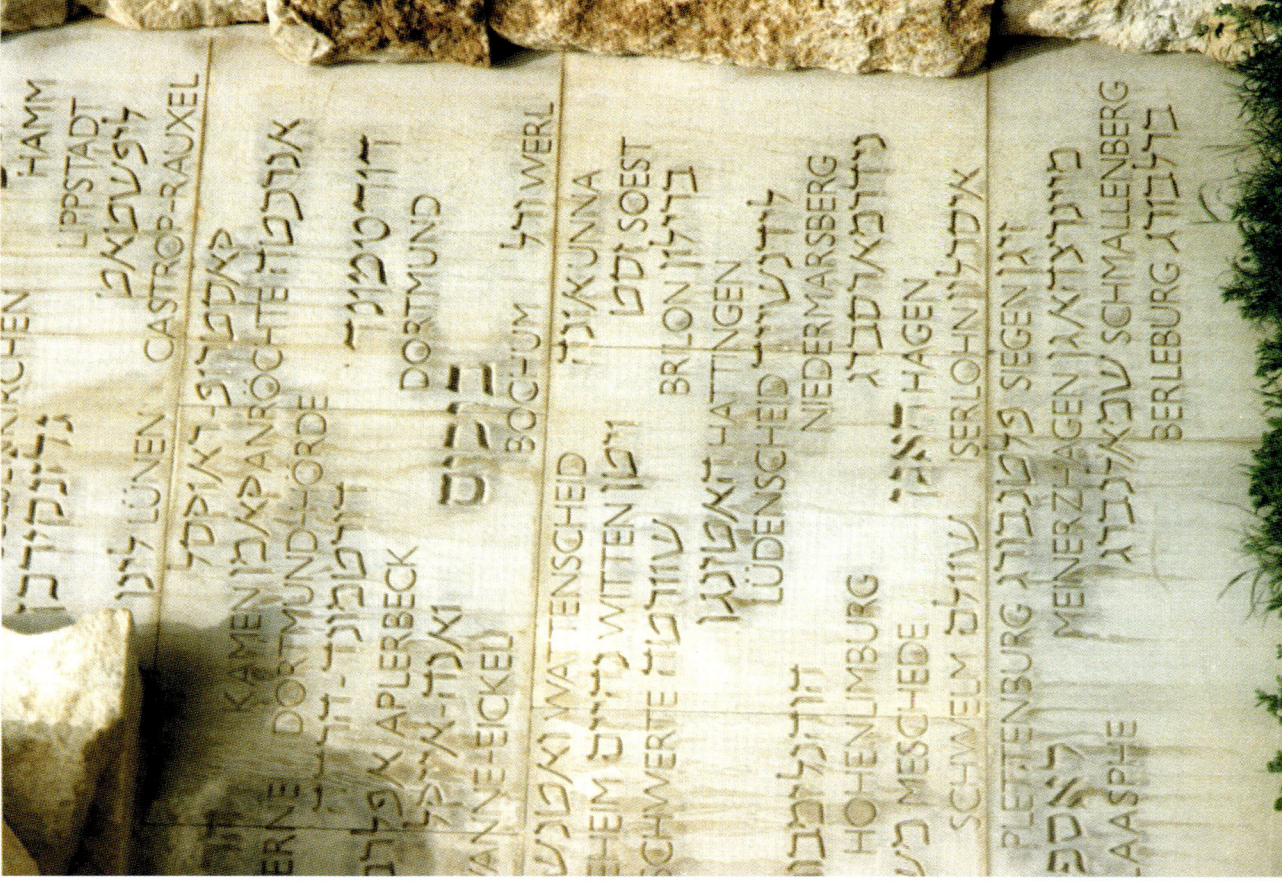

Jerusalem: Gedenkstätte Yad Vashem – Im Tal der zerstörten Gemeinden

Ein Überblick über die Ereignisse in Westfalen zeigt, daß der 9. November 1938 der Höhepunkt einer längeren Entwicklung war. Über Jahre hinweg waren mehr und mehr Synagogen geschändet worden. Diese Aktionen waren nicht von oben angeordnet, aber durch Ausstellungen und Filme, durch Karikaturen und Schriften, durch Aktionen und Vorträge provoziert, denkbar gemacht und als wünschenswert verstanden worden. „Die Shoah brach... zumindest im Reich nicht plötzlich herein, sie zog allmählich auf."[109]

- In Herford legten am 12. April 1934 alkoholisierte SA-Männer Feuer in der Synagoge. Die Orgel und Teile der Inneneinrichtung wurden zerstört.
- In Büren und Salzkotten wurden mehrere Fenster der Synagoge im November 1934 eingeworfen.
- In Ahaus zerstörte am 30. November 1934 ein Sprengstoffanschlag den Toraschrein und beschädigte Teile der Inneneinrichtung.
- Im Frühjahr 1935 wurden die Fenster der Synagoge in Rüthen eingeworfen.
- Im Mai 1935 überfielen in der Gegend von Gemen stationierte österreichische Parteiangehörige die Synagoge während des Gottesdienstes und bewarfen die Gemeinde mit Steinen.
- In Herne wurden im November 1936 dreihundert Butzenscheiben der Synagoge eingeworfen.
- In Bad-Driburg-Pömbsen wurden ebenfalls 1936 die Fenster der Synagoge eingeschlagen.
- In Anröchte wurde die Synagoge am 21. März und 4. April 1938 beschädigt, dann in der Nacht zum 11. April verwüstet. „Weitaus die meisten Fenster waren zertrümmert. In der Synagoge waren die Kronleuchter, die Ewige Lampe, ein Wandarm... zer-

schlagen. Die Kerzenständer am Altar waren abgeschlagen... die Altardecke war heruntergerissen, der Vorhang vor dem Toraschrein lag mitten im Raum. Der Opferstock und viele Bänke waren umgeworfen".

- In Steinheim kam es schon vor dem Novemberpogrom zu mehreren Einbrüchen in die Synagoge. Dabei wurden die Fenster zerschlagen, die Inneneinrichtung verwüstet, Bücher zerrissen, der Toraschrein beschmutzt und ein Toraschild gestohlen.
- In Stemwede-Levern legte ein Schüler im Oktober 1938 Feuer in der nicht mehr genutzten Synagoge.
- In Dortmund begannen am 3. Oktober 1938 offiziell und öffentlich die Abbrucharbeiten für die Synagoge am Hiltropwall wegen angeblicher Notwendigkeiten der Stadtplanung.
- In Dortmund-Hörde und in Witten wurden am 5. November 1938 die Synagogen aufgebrochen. Kultgegenstände und Mobiliar wurden demoliert.[110]

Der Pogrom am 9./10. November 1938 verschonte keine der noch als Gottesdienstraum benutzten Synagogen in Westfalen und Lippe. Es gab alle nur denkbaren Arten von Vandalismus: Beschmutzung, Diebstahl, Verwüstung, Plünderung, Brandanschlag, Abbruch und Sprengung. Dort, wo in der Nacht des 9./10. Novembers nichts geschah, fanden sich Leute, die Versäumtes nachholten. Beteiligt waren nicht nur die SA-Männer. An manchen Orten halfen auch die Feuerwehr oder – am nächsten Morgen – der Lehrer mit seinen Schülern. Gebremst wurde die Zerstörungswut nur, wo nichtjüdische Nachbarn mit ihrem Besitz fürchteten. Es gab einzelne Rettungsaktionen, aber auch viele Diebstähle. Es gab Helfer, aber auch Erpresser und Hehler.

In Ostwestfalen sind bald nach der Pogromnacht von leitenden Beamten zwei sehr kritische Berichte geschrieben worden, der erste an die Geheime Staatspolizei in Bielefeld, der zweite direkt an Hermann Göring:

„Die gesetzlichen Maßnahmen des Ministerpräsidenten Hermann Göring sind mit Genugtuung aufgenommen worden, wenn auch in einzelnen Fällen die Regelung der Versicherungsansprüche bedenklich gefunden wird. Die Festnahme der männlichen Juden ist im Augenblick der Erregung über den Pariser Vorfall zunächst gebilligt worden. Als jedoch die verschiedensten Gerüchte über erfolgte Mißhandlungen, insbesondere allerdings aus Orten außerhalb des Kreises, bekannt wurden und als der öffentliche Abtransport war zu beobachten den Gestalten erfolgte, war zu beobachten, daß die Sympathie der Bevölkerung nicht bei dieser Aktion war. Die Bevölkerung war mehr oder weniger kläglich aussehenden Anzeichen von Mitleid waren deutlich festzustellen. Völlig verurteilt ist die Zerstörung von Sachwerten, insbesondere die Vorfälle in Pömbsen. Sehr bedenklich ist die Beschädigung der Synagogen aufgenommen worden, da gerade die katholische Bevölkerung in ihrer bekannten Achtung vor äußeren sakralen Einrichtungen in diesen Synagogen vielmehr religiöse Stätten wie Bollwerke des Judentums sah. Die Vermutung, daß eine gleiche Aktion eines Tages auch die Kirchen treffen könne, ist verschiedentlich aufgetaucht. Ganz allgemein hat die Aktion gezeigt, daß der größte Teil der ländlichen Bevölkerung eine solche Aktion als mit dem deutschen Ansehen und der deutschen Würde nicht für vereinbar hält, und dieser Eindruck überschattet z.Z. noch die an sich vorhandene Befriedigung über die Lösung der wirtschaftlichen Seite des Judenproblems."[111]

„Im Gau Westfalen-Nord herrscht vertrauensvolle Zusammenarbeit zwischen Staat, Partei, Wehrmacht und Wirtschaft. Die Bevölkerung... hat vollstes Vertrauen zum Führer. ... Über die von der Partei befohlene Aktion vom 9.–11. November herrscht dagegen – wie auf Verabredung – betretenes Schweigen. Selten äußert sich offene Meinung. ... Die Staatsautorität und das Ansehen der Partei haben einen Schlag erlitten. ... In meinem Regierungsbezirk sind sämtliche Synagogen zerstört, z.T. erst einen Tag nach der erlaubten Aktion. Die Bevölkerung hätte den staatlich befohlenen Abbruch der Synagogen unter Wiederverwendung des brauchbaren Materials gebilligt. ... Die Stimmung der Bevölkerung und weiter Parteikreise ist gedrückt. ... Das Betonen des 'Spontanen' der Aktion durch Zeitungen und Rundfunk wird als Irreführung empfunden, die man nicht glaubt, verdient zu haben."[112]

Nach 1945

Die ersten Gottesdienste nach dem Ende der nationalsozialistischen Herrschaft fanden meist in Privathäusern statt; in Dortmund wurde der erste Gottesdienst an Rosch Haschanah 1945 gefeiert; im selben Jahr fanden auch die ersten Gottesdienste in Gelsenkirchen, Warendorf, Herford und Herne statt. Die Gemeinde Münster versammelte sich in der nicht zerstörten Synagoge in Warendorf, die Herforder Gemeinde im alten Gemeinde- und Schulhaus. Es blieb mehrere Jahre bei den räumlichen Provisorien, da für die

Nach 1945

zahlenmäßig sehr kleinen Gemeinden völlig unsicher war, ob auf Dauer ein Gemeindeleben im Land der Täter möglich sein würde. Immer wieder brach in Zweifel auf, ob es nach der Geschichte der Verfolgung und Vernichtung überhaupt einen neuen Anfang jüdischen Lebens zu wagen. So berichtete Bernhard Brilling anläßlich der Einweihung der neuen Synagoge in Münster: „Immer wieder war das die Frage: Kann es überhaupt jemals wieder eine jüdische Gemeinde in Münster geben, ja, darf es sie überhaupt geben? Müssen wir nicht zugeben, daß mit der Geschichte des Judentums in Deutschland auch die Geschichte der Juden in Münster zu Ende ist, und müssen wir uns nicht damit abfinden?"[113] Stärker als der Zweifel war aber letztlich die Entschlossenheit und Ausdauer der Gemeinderepräsentanten, jüdisches Gemeindeleben neu aufzubauen.

Von den über 200 Synagogen in Westfalen und Lippe, die bis 1938 genutzt worden waren, waren 1945 noch ca. 70 Gebäude erhalten, in der Regel jedoch in Ortschaften, in denen es keine Juden mehr gab. Diese Gebäude wurden als Wohnhäuser, Werkstätten, Ladenlokale oder Lagerräume genutzt. Aber auch für den Betrieb eines Kinos oder einer Diskothek schien z.B. die ehemalige Synagoge in Marsberg-Niedermarsberg dem neuen Besitzer geeignet. Ein öffentliches Interesse an den ehemaligen Synagogen war lange Zeit nicht zu erkennen.

Ab 1950 bemühte sich die Jewish Trust Corporation in der Britischen Zone um die Rückerstattung von Liegenschaften ehemaliger jüdischer Organisationen. Darunter waren auch Synagogengrundstücke, deren Zwangsverkauf während der Zeit des Nationalsozialismus nun nach rechtsstaatlichen Grundsätzen durch Rückübertragung oder ordentlichen Verkauf ersetzt wurde. In diesem Zusammenhang konnte es durchaus zu Auseinandersetzungen zwischen der Jewish Trust Corporation und den Jüdischen Gemeinden kommen, die sich als Rechtsnachfolger der Vorkriegsgemeinden betrachteten.[114]

Von den neu gegründeten Gemeinden mußten einige nach wenigen Jahren feststellen, daß sich ihre Mitgliederzahl durch Auswanderung so sehr reduziert hatte, daß ein selbständiges Gemeindeleben nicht mehr möglich war: so in Bochum, Lüdenscheid, Herne, Hamm, Lippstadt, Siegen, Warburg und Witten. Lediglich die jüdischen Gemeinden in Dortmund, Hagen, Bielefeld, Gelsenkirchen, Bochum-Herne-Recklinghausen, Minden, Paderborn, Münster und Herford-Detmold hatten auf Dauer Bestand und bildeten den Jüdischen Landesverband Westfalen-Lippe. Diese neun Gemeinden wurden mit ihren jeweiligen Einzugsbereichen so ausgeweitet, daß sämtliche Gemeindeglieder in Westfalen und Lippe einer Gemeinde zugeordnet werden konnten.

Mitte der fünfziger Jahre entstanden dann die ersten Neubaupläne für Synagogen in Westfalen. Die Dortmunder Synagoge wurde 1956 eingeweiht, die in Minden und Gelsenkirchen 1958, Paderborn 1959, Hagen 1960, Münster 1961.

In Recklinghausen wurde bereits 1955 ein Betsaal als Anbau an das alte Gemeindehaus eingeweiht; die Bielefelder Gemeinde hatte seit 1952 einen Betsaal im Gebäude des ehemaligen jüdischen Alters-

Synagoge Selm-Bork: Die restaurierte Deckenbemalung

heims; die Synagoge wurde 1963 eingeweiht. Die Herforder Gemeinde traf sich zum Gottesdienst in dem ehemaligen Gemeindehaus. Die Gemeinde in Detmold feierte von 1955 bis 1971 ihre Gottesdienste im Gemeindehaus.

Im Vergleich zu den Vorkriegsbauten fanden sich bei den modernen Synagogenbauten kaum historische Anknüpfungen. Die Architekten Helmut Goldschmidt und Karl Gerle entschieden sich für die Architektursprache der fünfziger Jahre.[115] Von außen wirkten diese Neubauten eher schmucklos und schlicht, während in der Innengestaltung Wert auf feierlich-sakrale Monumentalität gelegt wurde. Die Heilige Lade zusammen mit der Bima sollten die Aufmerksamkeit der Besucher auf sich ziehen und wichtige jüdische Symbole wie Davidstern, Menora und Gebotstafeln vor Augen führen. Anklänge an die Synagogenzerstörung 1938 oder an den Holocaust waren eher dezent.

Bis zu Beginn der achtziger Jahre schien es unvorstellbar, daß es zu weiteren Neubauten von Synagogen in unserer Region kommen würde. Durch die starke Zuwanderung von Jüdinnen und Juden aus den GUS-Staaten wuchsen einzelne Gemeinden in ihrem Mitgliederbestand so sehr an, daß die vorhandenen Räume nicht mehr ausreichten. Große Beachtung fand der Synagogenneubau in Recklinghausen, der 1997 fertiggestellt wurde, wie auch der Neubau des Gemeindesaals in Dortmund, der 1998 in Funktion genommen werden soll. Über Gemeindegründungen in Bochum und Hamm wird nachgedacht. Dennoch bleiben die meisten historischen Synagogengebäude ohne eine jüdische Gemeinschaft, die sie mit Leben erfüllen könnte.

Initiativen von engagierten und an jüdischer Geschichte interessierten Bürgerinnen und Bürger haben vielerorts erreicht, daß verfallene oder zweckentfremdete Gebäude vor dem Abriß bewahrt, unter Denkmalschutz gestellt und restauriert wurden. Die ehemalige Synagoge in Hagen-Hohenlimburg ist heute eine Gedenkstätte, die in Selm-Bork ein Veranstaltungsort der Volkshochschule, die Fachwerksynagoge in Marsberg-Padberg ein Museum.

Vielerorts erinnert nur noch eine Gedenktafel an den Versammlungs- und Gebetsraum der früheren jüdischen Gemeinde.

Die Gegenwart

In den neun westfälischen Gemeinden, die heute (Stand: 30.9.1997) insgesamt 4.917 Mitglieder haben, finden regelmäßig Gottesdienste statt, in kleineren Gemeinden wie z.B. Paderborn in größeren Abständen. Seit der Zuwanderung aus Osteuropa kommt es nur noch selten vor, daß der erforderliche Minjan für den Gottesdienst nicht erreicht wird. Eher werden in den großen Gemeinden wie Dortmund an den hohen Feiertagen die Sitzplätze in der Synagoge knapp. Neben der meist älteren „Kerngemeinde" füllen auch jugendliche der Reihen. Der Landesrabbiner muß zugleich die Funktion des Gemeinderabbiners mit übernehmen und bereist die Gemeinden zwischen Hagen und Minden, Gelsenkirchen und Paderborn. Nur wenige Gemeinden verfügen über eigene Kantoren (Dortmund, Münster); teilweise üben Gemeindeglieder die Funktion des Vorbeters aus.

Bisher verstehen sich die Gemeinden als Einheitsgemeinden, in denen nicht zwischen orthodoxem, reformorientierten und liberalen Ritus unterschieden wird.

Einzug der Torarollen in die neue Synagoge Recklinghausen (1997)

Mit Blick auf die Großstadtgemeinden außerhalb Westfalens läßt sich feststellen, daß es in Zukunft auch in Deutschland neben den etablierten Einheitsgemeinden vereinzelt wieder liberale Gemeinden geben wird, z.B. in München, Köln, Frankfurt und Berlin.

Doch an erster Stelle ist die Frage zu klären, wie sich die russisch sprechenden Zuwanderer, die zahlenmäßig inzwischen die Mehrheit bilden, in das Gemeindeleben integrieren. Großer Wert wird von daher auf Unterricht und Jugendarbeit gelegt, um Erwachsene, Kinder und Jugendliche an die jüdische Tradition heranzuführen. Im Vergleich zur Zuwanderung aus Osteuropa zu Anfang dieses Jahrhunderts zeigen sich deutliche Unterschiede: Die polnisch und jiddisch sprechenden früheren Zuwanderer waren von ostjüdisch-chassidischer Frömmigkeit geprägt und brachten ihre religiöse Kultur, obwohl in ärmlichen Verhältnissen lebend, mit in unsere Region. Die heutigen Zuwanderer hatten in der Sowjetunion kaum eine Möglichkeit, ihren Glauben zu leben, und kommen mit entsprechend wenig religiösem „Gepäck". Der Landesverband und auch einzelne Gemeinden haben Lehrkräfte beschäftigt, die den Kindern und Jugendlichen Religionsunterricht erteilen. In den Synagogen liegen zweisprachige Gebetbücher in Hebräisch-Russisch aus, und die Betenden lernen im Vollzug die Sprache der Tora.

Die Gemeinden entfalten heute neben den Gottesdiensten ein reges soziales und kulturelles Leben. Frauengruppen, Jugendzentren, karitative Einrichtungen und kulturelle Veranstaltungen finden in Dortmund und Münster regen Zuspruch. In Dortmund ist ein jüdischer Kindergarten in der Planung, ein perspektivenreicher Versuch, den Glauben an die nächste Generation weiterzugeben.

Landesrabbiner Dr. Henry Brandt, neben ihm Ministerpräsident Johannes Rau und die Vorsitzende des Landesverbandes der jüdischen Gemeinden, Hanna Sperling, am linken Bildrand der 2. Vorsitzende des Landesverbandes Hans Frankenthal und rechts hinter dem Landesrabbiner der Ehrenvorsitzende des Landesverbandes Kurt Neuwald.

Synagoge Bochum-Wattenscheid: Entwurf für die Innenbemalung (1929) – siehe Seite 46

Teil B:
Synagogen und Bethäuser

Bochum

Synagoge Schützenbahn

Die Synagoge in der Stadtmitte Bochums ist in einem Stadtplan festgehalten, den der Bochumer Arzt und Heimatforscher Carl Arnold Kortum 1790 zeichnete. Dieser Plan stellt die Synagoge als ein einhalbgeschossiges Bauwerk dar. Das Gebäude lag im Hinterhof und war durch einen Torbogen in der Mauer neben dem Vorderhaus zu erreichen. Die Innenaufteilung läßt sich nur mutmaßen.

Im gleichen Jahr schrieb C.A. Kortum die „Nachricht vom ehemaligen und jetzigen Zustande der Stadt Bochum". Darin berichtet er mit Sorgfalt und deutlichem Respekt: „Es wohnen auch Juden in der Stadt, welche sich vom Handel, Wechseln und besonders vom Schlachten ernähren. Sie haben ohngeachtet der geringen Anzahl dennoch eine gut eingerichtete Synagoge oder Schule, welche auf der Schützenbahn liegt. Im Jahre 1722 waren hier 7 Familien. Sie haben sich seitdem vermehrt, denn im Jahre 1789 waren vorhanden 11 Familien, die aus 49 Personen bestanden ... Der Kirchhof der Juden ist nahe an der Stadt, rechtseits des Butenbergchors".[116]

Mitte des 19. Jahrhunderts wurde deutlich, daß die Synagoge an der Schützenbahn eine eher ungünstige Lage hatte und für die wachsende Gemeinde zu klein war. Auch für die Schule, die sich in einem angemieteten Scheunenraum befand, mußte dringend neuer Raum geschaffen werden. Diese beiden Begründungen reichten der Regierung in Arnsberg aus, der jüdischen Gemeinde in Bochum im Jahr 1860 eine Hauskollekte in Westfalen zu bewilligen, um einen Teil der Baukosten für die geplante Synagoge an der Wilhelmstraße aufzubringen. Die Bochumer Gemeindeglieder hatten bereits 2.788 Taler in den eigenen Reihen gesammelt; dies war jedoch erst knapp ein Sechstel der veranschlagten Baukosten.[117]

1863 – Bochum hatte inzwischen fast 10.000 Einwohner – war der Neubau der Synagoge fertiggestellt. Die jüdische Gemeinde geleitete im feierlichen Zug die Torarollen von der alten Synagoge zum neuen Gotteshaus, wo sie mit einem Orgelpräludium und einem Choral des Synagogenchors empfangen wurden.

Synagoge an der Wilhelmstraße

Die Synagoge in der Wilhelmstraße löste den Bau an der Schützenbahn ab, der für die Gemeinde zu klein geworden war. Der Bochumer Königliche Kreisbaumeister Theodor Haarmann entwarf die Pläne für einen zweigeschossigen Zentralbau mit nahezu quadratischer Grundfläche, über der sich ein achteckiger Mittelturm erhob. Den Abschluß bildete der Davidstern. Die Eingangsportale waren über beide Stockwerke hinweg vorgezogen und an der Außenkante durch je zwei starke Türme mit Zwiebelaufsätzen begrenzt. Der Haupteingang führte über einen Vorraum in den Synagogenraum. Vier Pfeiler fingen die Emporen ab, die durch den Nebeneingang über Treppen erreicht werden konnten. Die Synagoge hatte einschließlich der Empore 320 Sitzplätze.

1895/96 erfuhr die Synagoge einen tiefgreifenden Umbau. Der Kölner Architekt Joseph Seché lieferte die Entwürfe, die in zwei Varianten erhalten blieben: Zuerst erweiterte er die Synagoge auf der Ostseite um eine Apsis für den Toraschrein und den daneben liegenden Raum für den Prediger, auf der Westseite vergrößerte er die Treppenhäuser und Eingänge. Im übrigen blieb der bauliche Charakter des früheren Gebäudes jedoch gewahrt.[118]

In einem weiteren Entwurf veränderte Seché das gesamte äußere Erscheinungsbild der Synagoge durch die Anwendung prunkvoller orientalisierender Formen: Der Mittelturm wurde hochgezogen und von einer mächtigen, dreifach gestaffelten

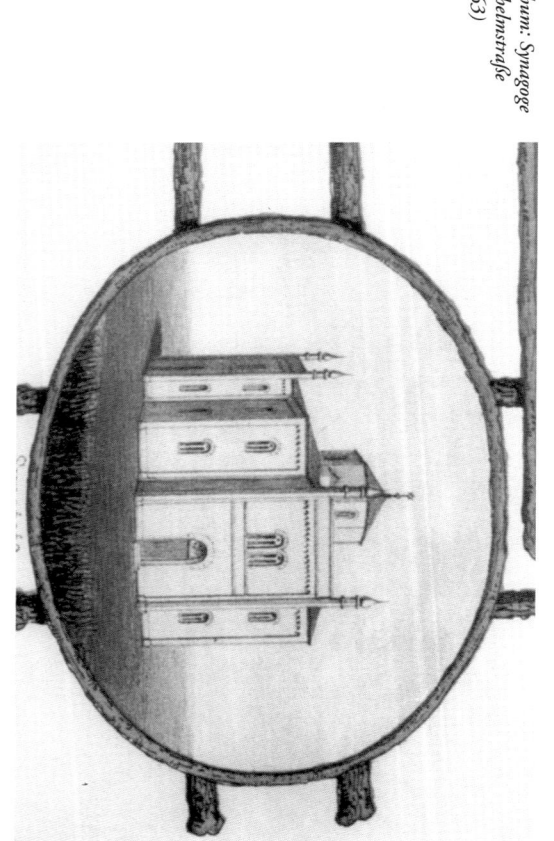

Bochum: Synagoge Wilhelmstraße (1863)

Kuppel bedeckt. Darauf stand nun wiederum auf einer hohen Spitze der Davidstern. Vier weitere Kuppeln mit ähnlichen, aber kleineren Spitzen bildeten die vier Ecken der Synagoge. Die Türme erhielten Zinnenkränze mit Ecktürmen und darauf gesetzten Doppelkuppeln. Für die Fenster und Türen wurden zum Teil Spitzbögen und Hufeisenformen verwendet. Das Mauerwerk wurde durch breite, weiße Ornamentbänder gegliedert.

Der Synagogengemeinde kam es also auf eine Vergrößerung und eine reichere Ausgestaltung an. Die Zahl der Sitzplätze betrug nunmehr insgesamt 500. In der Festschrift zum 20. Westfälischen Städtetag, der 1896 in Bochum begangen wurde, stellt der Vorstand der Synagogengemeinde den Umbau vor: „Es wurde beschlossen, die Synagoge innen sowohl wie nach außen reicher auszustatten ... Eine große Kuppel aufzuführen ... Das Achteck selbst bedeutend zu erhöhen, die Chorpartie ebenfalls mit einer Kuppel zu versehen, Flankiertürme anzuordnen, die ganze äußere Architektur durch einen Zinnenkranz, kleine Ecktürmchen usw. reicher zu gestalten ... Das ganze Innere wurde in Wachsfarbe im maurischen Stil reich ausgemalt, ein neuer Belag in Marmor ausgeführt, eine neue Zentralheizungs- und elektrische Beleuchtungsanlage angebracht. Auf einem fünfstufigen Marmor-Unterbau wurde der neue aus Marmor gearbeitete Torarollenschrank aufgeführt, über welchem sich eine von vier Marmorsäulen getragene baldachinartige, vergoldete Kuppel erhebt. Sämtliche Fenster wurden in neuer, reicher Bleiverglasung im Stil des Baues versehen."[119]

Die Bochumer Gemeinde hat, wie es scheint, an diesem Umbau nicht sehr lange Freude gehabt. Die Blütezeit des orientalischen Stils im Synagogenbau war

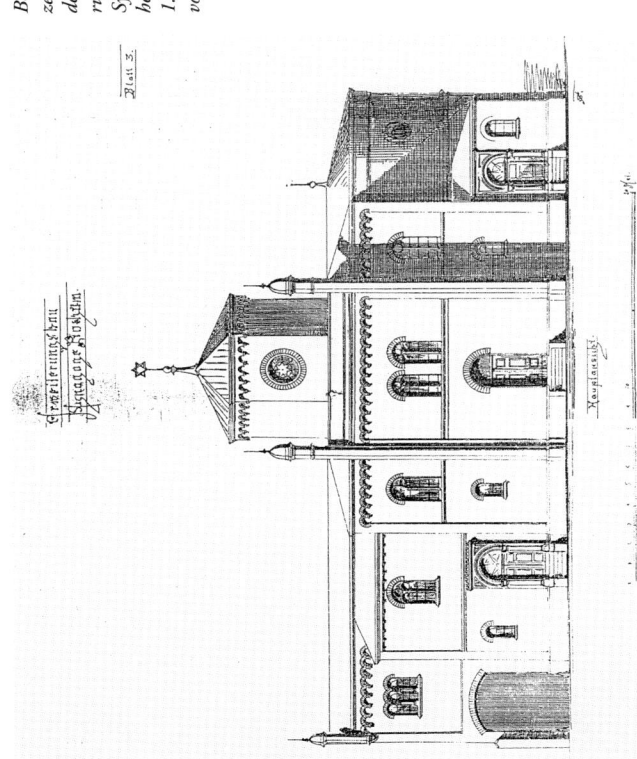

Bochum: Bauzeichnung für den Erweiterungsbau der Synagoge Wilhelmstraße, 1. Entwurf von Seché

Bochum, Wilhelmstraße: Die Synagoge nach dem Umbau 1925

Bochum: der realisierte (2.) Entwurf Sechés (1896)

schon vorüber, und die anderen, um die Jahrhundertwende gebauten Synagogen hielten sich an einen neoromanischen Stil, der damals „deutscher Stil" genannt wurde.

So kam es 1925 zu einem zweiten Umbau. „Diesmal beseitigte man allen äußeren auffälligen Zierat: die kleinen Doppelkuppeln, die Türmchen, die Zinnenbekrönung; auch die Fenster scheinen vereinfacht worden zu sein. Mit anderen Worten entfernte man gerade das, was für den maurischen Stil so charakteristisch war. Offenbar empfand man ihn zum damaligen Zeitpunkt, Mitte der zwanziger Jahre, ... als zu exotisch, als zu orientalisch, zu ‚jüdisch'". [120]

Für die meist orthodoxen osteuropäischen Juden richtete die Gemeinde im ersten Stock des Schulgebäudes an der Wilhelmstraße einen eigenen Betraum ein.

Am 9. November 1938, kurz vor Mitternacht, wurde die Synagoge aufgebrochen und in Brand gesetzt. Die Feuerwehr rief man verzögert zur Brandstelle, da die SA befürchtete, daß diese, wie später nach Kriegsende vor Gericht gesagt wurde, „mit ihrem bekannten Berufseifer an die Löschung des Synagogenbrandes herangehen würde". [121] Die Synagoge war nicht mehr zu retten. Die Ruine wurde bis Januar 1939 vollständig abgetragen.

Die Bochumer Gemeinde war im ersten Drittel des 20. Jahrhunderts die drittgrößte jüdische Gemeinde in Westfalen. Mit Dr. Moritz David kam 1901 der erste Rabbiner nach Bochum. 1936 wurde Dr. Josef Kliersfeld sein Amtsnachfolger.

Betsaal an der Brückstraße

1947 wurde die Gemeinde, jetzt unter dem Namen „Jüdische Religionsgemeinde" wiedergegründet und zeigte 1947 an: „Die jüdische Religionsgemeinde Bochum konnte nach Überwindung großer Schwierigkeiten am Vorabend des Neujahrsfestes ihren neu hergerichteten Betsaal seiner Bestimmung übergeben." [122] Dieser Betsaal befand sich von 1947 – 1954 im 1. Stockwerk des ehemaligen Amtshauses Bochum-Nord in der Brückstraße 33 b.

In den fünfziger Jahren stellte sich aber heraus, daß die durch Auswanderung sinkende Zahl von Gemeindemitgliedern die Gründung eines Gemeindemitgliederzusammenschlusses zur „Jüdischen Kultusgemeinde Bochum-Herne-Recklinghausen" nahelegte.

Gemeindezentrum Alte Wittener Straße

Erst die Einwanderungswelle russischer Juden ab 1991 nach der Öffnung der Ostgrenzen führte dazu, daß wieder ein jüdisches Gemeindezentrum in Bochum eröffnet wurde. Es befindet sich in dem städtischen Hause Alte Wittener Straße 13. Vielleicht wird hier in den nächsten Jahren ein neues Bethaus geschaffen.

Bochum-Wattenscheid

Wattenscheid war bis 1875 Untergemeinde der Synagogengemeinde Hattingen. Um 1825 genügte der Gemeinde der Betraum in der oberen Etage eines Privathauses an der Oststraße nicht mehr. Die Untergemeinde erwarb ein Grundstück im Hinterhofbereich der Oststraße. König Friedrich Wilhelm III. von Preußen gab im Dezember 1827 die Erlaubnis zum Bau mit folgender Einschränkung: „Auf Ihren Bericht vom 22. d. Mts. will ich zwar die vom Landrath nachgegebene Erlaubniß zur Erwerbung eines Grundstücks in Wattenscheid, Reg. Bez. Arnsberg, zur Erbauung einer Synagoge genehmigen, das dazu im Bau begriffene Haus soll aber als solche äußerlich nicht bezeichnet werden." – Die Untergemeinde Wattenscheid entwickelte einen detaillierten Plan, wie die Gemeindemitglieder durch Abgaben die Bausumme aufbringen sollten.

Die Synagoge, 1829 eingeweiht, war ein schlichtes und unscheinbares Haus am Ende einer engen Sackgasse. Die Innenansicht, die in der Festschrift der Gemeinde von 1929 abgebildet ist, zeigt die Bima, nach Osten ausgerichtet, nahe beim Toraschrein. Dieser war aus massivem Holz hergestellt, ungefähr drei Meter hoch und mit Schnitzereien und symbolischen Darstellungen geschmückt. Im Bild bedeckt der weiße Toravorhang, der üblicherweise an den hohen Festtagen benutzt wurde, den Toraschrein.

Um 1929 entwarf der Wattenscheider Malermeister Burghardt eine neue Innenbemalung. Ungewiß ist, ob sie realisiert wurde. Dessen ungeachtet war der Entwurf für die Zeit der Weimarer Republik, für das Selbstbewußtsein der jüdischen Mitbürger und für die Abwehr antisemitischer Tendenzen bezeichnend: Mit dem

Toraschrein zierte der Davidstern die Ostwand, darüber stand das Wort des Propheten Maleachi: „Haben wir nicht alle einen Vater, hat nicht ein Gott uns erschaffen?"

Am Morgen des 10. November 1938 wurde die Wattenscheider Synagoge in Brand gesetzt. Die „Allgemeine Wattenscheider Zeitung" vom folgenden Tag vermerkte: „Wie wenig bekannt die mit einer Rasenfläche das Ende einer Sackgasse an der Oststraße bildende Synagoge in Wattenscheid war, geht daraus hervor, daß die meisten, die von dem Brand hörten, fragten: ‚Wo ist denn hier eine Synagoge?'"

Später wurde auf das noch brauchbare Fundament ein Lagerraum gebaut. Schließlich benutzte eine Bäckerei das Gebäude bis zum Abriß 1984 als Laden.

Wattenscheid, am Mittwoch, 12. Tebeth 5587
Dezember/Januar 1827/28

„Heute, dato, haben wir Unterschriebene uns vereinbart und verabredet, weil wir ein Beth hachneses[123] haben wollen und müssen und dazu Geld aufzunehmen gezwungen sind, so sind wir alle einstimmig entschlossen, nach folgenden Artikeln eine Abgabe zu entrichten, bis das Kapital, welches wir dazu aufnehmen müssen, wieder abgelegt und bezahlt ist.

1. Wer ein Pferd verkauft oder vertauscht 5 Silbergroschen.
2. Von einer Kuh, sie wird geschlachtet, verkauft, vertauscht oder fettgeweidet, von jedem Stück 3 Silbergroschen.
3. Von einem Kalb, einem Schaf oder einer Ziege 6 Pfennig.
4. Jeder Unterschriebene zahlt wöchentlich extra 1 Silbergroschen.
5. Wer nach einer bedeutenden Messe reist, zahlt 4 Taler, ein Geringer zahlt ausnahmsweise nur 2 Taler.
6. Wer zum Wareneinkauf nach Elberfeld geht, zahlt 10 Silbergroschen, ein Geringer nur 5 Silbergroschen,
7. Wer am Sabbath zur Thoravorlesung geht, zahlt 4 Pfennig, in der Woche 2 Pfennig. Wenn am Sabbath aus 2 Thorarollen vorgelesen wird oder am Feiertag ist als Matonoh lizdokoh[124] 1 Silbergroschen zu entrichten, wie auch jeder Mischebarach[125] mit 1 Silbergroschen bezahlt wird.
8. Wenn eine Frau aus dem Kindbett geht mit einem Knaben, so kostet der erste Mischebarach[126] 10 Silbergroschen, mit einem Mädchen 5 Silbergroschen.
9. Wer nach Kaddisch uworchu[127] zum Gottesdienst kommt, zahlt 9 Pfennig.
10. Wer zu Hause ist und geht am Montag, Donnerstag oder Tanis zibbur[128] nicht zum Gottesdienst, zahlt 9 Pfennig.
11. ...."

aus Oppenheim: 100 Jahre Synagogengemeinde Wattenscheid, S. 10 f.

Dortmund

Dortmund

Bereits im Mittelalter verfügte die jüdische Gemeinde am heutigen Lühringhof über ein Bethaus mit einer Mikwe. Nach ihrer Vertreibung Ende des 16. Jahrhunderts ließen sich Juden erst wieder am Beginn des 19. Jahrhunderts während der napoleonischen Ära in Dortmund nieder. Ihr erstes religiöses Zentrum befand sich in einem kleinen Privatgebäude an der Weberstraße 27. Dies entspricht heute dem Bereich zwischen Hansastraße und Freistuhl.

Synagoge am Wüstenhof

1853 erwarb die Gemeinde am Wüstenhof 7-9 (alte Straßenbezeichnung Nr. 575), dem heutigen Bereich Hansastraße, Bissenkamp und Hohe Luft, ein Grundstück. Hier hatten die Dortmunder Juden ab 1854 ihre Synagoge, die sie bis zur Einweihung der neuen Synagoge am Hiltropwall im Jahre 1900 nutzten. Die Synagoge trug über der Eingangspforte die hebräische Inschrift: „Mein Haus ist ein Bethaus."129 Das Grundstück maß an der Front 24 Meter und hatte eine Tiefe von 16 Meter. Im Zuge des Ausbaus der Jakobstraße – der heutigen Hansastraße – verkaufte die jüdische Gemeinde der Stadt Dortmund den Grundbesitz. Sie stundete der Stadt die Kaufsumme, deren letzter Teilbetrag erst am 7. Februar 1908 überwiesen wurde.

1858 wurde der Synagogenbezirk Dortmund eingerichtet. Das erste Synagogengenstatut der Synagogengemeinde Dortmund wurde am 29. Januar 1858 von der Gemeindevertretung verabschiedet und am 10. März des Jahres vom Oberpräsidenten von Westfalen genehmigt. Der Synagogenbezirk umfaßte als Hauptgemeinde die Stadt Dortmund und deren Feldmark und als Untergemeinde das Amt Lütgendortmund mit den Ortschaften Dorstfeld, Huckarde, Marten, Annen und Rüdinghausen. Die Juden des Amtes Lütgendortmund trennten sich 1865 ab und bildeten den Synagogenbezirk Dorstfeld.

Dortmund: Synagoge Prinz-Friedrich-Karl-Straße, Blick auf die Ostwand mit Toraschrein – siehe Seite 54

Dortmund: Für die Synagoge am Hiltropwall wurde ein Architekturwettbewerb ausgeschrieben. Eine Auswahl der Entwürfe (1896)

Synagoge am Hiltropwall

Da die Zahl der Gemeindemitglieder bis zur Jahrhundertwende rasch anwuchs – im Jahre 1830 lebten etwa 100, 1870 etwa 600 und 1900 rund 2.000 Juden in Dortmund – sah sich die Gemeinde veranlaßt, eine neue Synagoge zu planen. Zwischen 1892 und 1895 kaufte sie im Zentrum der Stadt am Hiltropwall ein 3.711 qm großes Grundstück, um dort eine repräsentative Synagoge zu errichten.

Im März 1895 schrieb die Gemeinde einen Architektenwettbewerb aus, befristet bis zum 1. Juni 1896, zu dem man ein Programm mit einigen besonderen Bestimmungen entwickelt hatte. So sollte darauf geachtet werden, „daß der Bau der Synagoge von Westen nach Osten einzurichten ist, daß die Front möglichst parallel zur Bauflucht des Hiltropwalls zu errichten ist" und daß „die äußere und innere Ausstattung architektonisch schön und würdig gehalten sein soll", wobei angemerkt wurde, „daß die Synagoge in der Nähe der neu in Sandstein und im gotischen Stil erbauten Oberpostdirektion zu stehen kommt".[130]

Den ersten Preis erhielt der als Regierungsbaumeister in der zentralen preußischen Bauverwaltung in Berlin-Charlottenburg tätige Architekt Eduard Fürstenau.

Fürstenau war es gelungen, die durch die traditionelle Stellung von Bima – in der Mitte des Raumes – und Aron – in der nach Osten gerichteten Wand – eigentlich geforderten verschiedenen Raumformen miteinander zu verbinden: den weiten, zentralen Kuppelsaal und den gerichteten, polygonalen Saal. Zugute kam ihm hierbei, daß es sich in Dortmund um eine Gemeinde mit liberalen Ritus handelte, wo Aron und Bima zu einer Einheit zusammengefaßt wurden. Die zentrale, sammelnde Tendenz seines Entwurfs kam

Dortmund-Synagoge Hiltropwall (um 1913)

dem Gemeinschaftsgefühl der Gemeinde, die Längsausrichtung der Orientierung auf das Allerheiligste entgegen.

Der ausgeführte Bau entsprach jedoch nicht dem preisgekrönten Entwurf, was die Lage und den Grundriß betraf. Baustil und Raumform blieben aber unberührt. Der Grundriß wurde von dem ursprünglich geplanten Oktogon auf das Quadrat zurückgenommen, bei dem nur leicht angerissene Ecken den eigentlichen Plan erkennen ließen.

Die technischen Mitglieder des Preisgerichts hatten den Vertretern der Gemeinde aus folgenden Gründen empfohlen, wenn möglich, auf die strenge Ausrichtung nach Osten zu verzichten: „1. Es wird dadurch eine ungleich einfachere und natürlichere, infolgedessen auch wesentlich billigere und zugleich auch schönere Gestaltung des Projektes möglich; 2. von der Wißstraße aus würde dem aus dem Innern der Stadt Kommenden ein sehr schönes Bild gegen das Allerheiligste gewährt werden; 3. der Erwerb der Nachbarhäuser im Westen wie im Osten würde dabei als nicht erforderlich zu bezeichnen sein."[132] Nachdem die Gemeinde aus einem rabbinischen Gutachten hatte entnehmen können, daß die Ausrichtung nach Osten zwar üblich war, aber von keiner rituellen Vorschrift gefordert wurde, konnte man auf die strenge Ausrichtung des Allerheiligsten nach Osten verzichten, so daß das Gebäude schließlich rechtwinklig zum Hiltropwall errichtet wurde.

Auch in der Stilfrage ging der Architekt neue Wege. „Innerhalb der historistischen Architektur der deutschen Großstadtsyn-

Regierungsbezirk Arnsberg

agogen bleibt der Bau in Dortmund eine Ausnahme, da sich hier die Gemeinde ... für einen anderen als den romanischen Stil entschied".[133]

Ausschlaggebend hierfür war die im Programm zum Wettbewerb enthaltene Bemerkung, daß die Synagoge in der Nähe der im neogotischen Stil errichteten Oberpostdirektion ihren Platz finden sollte. Gerade darin, daß Fürstenau eine „sich in freier Behandlung spätgotischer Formen bewegende Architektur des Äußeren und Inneren"[134] gewählt hatte und sich damit der auf besonderen Wunsch Kaiser Wilhelm II. im neogotischen Stil errichteten Oberpostdirektion anpaßte, wird der Hauptgrund für die Vergabe des ersten Preises gesehen. Die jüdische Gemeinde wollte damit auch ihre Vaterlandsliebe und die Integration in das wilhelminische Deutschland betonen.

„Es gibt nur wenige Synagogen in dieser Zeit, bei denen die Wahl des Stils so deutlich von außen, das Verhältnis der jüdischen Gemeinde zur christlichen Umwelt

Dortmund: Synagoge Hiltropwall, Innenansicht (um 1907)

entscheidend bestimmenden Verhältnissen so abhing wie gerade in Dortmund".[135]

Dem nationaldeutschen Bekenntnis des überwiegenden Teils der Dortmunder Juden ist durchaus eine politische Bedeutung beizumessen, nämlich als Reaktion auf Strömungen in der Gesellschaft, die den deutschen Juden jegliches Nationalgefühl absprachen und somit auch ihre Gleichberechtigung in Frage stellten.

„Fürstenaus Synagoge für Dortmund folgte ... nicht eindeutig einem Stil, kann aber als Bau in Anklängen an die Renaissance mit starken spätgotischen Elementen bezeichnet werden. Die recht einheitliche Wirkung des Baus ... mag zurückzuführen sein auf die relativ deutliche Verwendung heimatlich-westfälischer Stilelemente, die besonders in der Proportionierung der Giebel und Türme sowie vor allem der Dächer zu beobachten ist".[136]

Der Architekt fand mit seinem Entwurf über Dortmund hinaus große Beachtung. So baute er 1904 in Siegen und 1905 in Bielefeld sogenannte Schwestersynagogen. Fürstenaus Synagoge bedeuteten keinen Ausbruchsversuch aus der historistischen Architektur der Zeit, sondern wiesen „in eine Richtung der Architektur, die sich wegbewegt vom Historismus und Formen zeigt, die fast dem Jugendstil zugehörig zu sein scheinen, wenn auch viel näher liegt zu sagen, daß die geschwungenen Giebel der Renaissance diesem Formempfinden entgegenkamen".[137] Jedenfalls scheint es so, daß hier „ein erster Schritt zu einer neuen äußeren Formgebung der Synagoge" versucht wurde.[138] Darum nimmt die Dortmunder Synagoge durchaus einen besonderen Rang ein.

Als Synagoge einer Gemeinde mit liberalem Ritus besaß die Dortmunder Synagoge eine Orgel, gebaut von Walcker aus Ludwigsburg. Am 8./9. Juni 1900 fand die feierliche Einweihung der Synagoge statt. Ehrengäste waren u.a. der Oberpräsident von Westfalen von der Recke, der Regierungspräsident von Arnsberg Winzer, der Regierungsbaumeister Fürstenau, der bauleitende Architekt Lorf aus Dortmund, sowie Vertreter der Stadt und der evangelischen Kirche. Der Dortmunder Oberbürgermeister Schmieding konnte wegen dienstlicher Verpflichtungen in Berlin erst am zweiten Tag an den Festveranstaltungen teilnehmen. Am Abend des 8. Juni 1900 gestaltete der Kultusbeamte der Dortmunder Gemeinde Rothschild den Abschiedsgottesdienst in der alten Synagoge. Danach wurden in einem feierlichen Wagenzug die Torarollen zur neuen Synagoge gebracht und in den Toraschrein gestellt. Anschließend weihte der Kölner Rabbiner Dr. Frank die Synagoge ein. In seiner Predigt wies er u.a.

darauf hin, daß das 19. Jahrhundert den Juden in Deutschland die Gleichberechtigung gebracht habe. Besonders betonte er, „daß in dem Gotteshause auch der Patriotismus und die Vaterlandsliebe gepflegt werden solle ..."[139]

Am nächsten Morgen fand ein weiterer Festgottesdienst in der neuen Synagoge statt. Bei der abendlichen Festveranstaltung in der Gaststätte Fredenbaum, zu der über 700 Personen geladen waren, wurden im Anschluß an ein kleines Schauspiel folgende Verse zitiert:

„Zur wahren Heimat ward nur deutsches Land,
Seitdem es eint des großen Kaisers Hand.
Nicht schänder's heute, Jude sich zu nennen
Und lernt man ihn als braven Menschen kennen,
ist gern gesehen er in dieser Stadt.
...
So flehen wir, daß Dortmund Er behüte
Und segne unsern Kaiser, dessen Güte
Und Weisheit uns beschirmet und erhält
In segensreichem Frieden mit der Welt.
Er möge ruhmreich bis in fernste Zeiten
Des theuren Vaterlands Geschicke leiten!"[140]

Danach wurde ein Vorhang geöffnet, die Büste des Kaisers mit einem Modell der Synagoge im Hintergrund gezeigt und die Nationalhymne gesungen.

„Die neue Synagoge am Hiltropwall, deren prächtiger Kuppelbau eine stolze Zierde Dortmunds bildet, erhielt heute ihre Weihe ... Die Gesamthöhe des Baues, von seiner eigenen Sohle aus gemessen, beträgt 40 Meter, der lichte Raum bis zur Kuppel 22 Meter. Die äußere Baugröße mißt 28,5 mal 47 Meter, die lichte Raumgröße 26 mal 36 und die des Erdgeschosses 23 mal 29 Meter. Der Vorhof hat eine Tiefe von 13 Meter ... An der Rose der Apside ... sind die Worte eingemeißelt: ,Herr, ich liebe die Stätte deines Hauses'. Vorn über dem Portal sind die Gesetzestafeln angebracht ... Das Innere des Gebäudes baut sich auf vier großen Granitsäulen auf. Die kolossalen Bogen haben eine Achsweite von 15 Meter. Das Allerheiligste, welches in buntem Marmor und reicher Bildhauerarbeit mit prächtiger Vergoldung gehalten ist, baut sich in zwei Estraden auf. Auf der unteren, die mit einem prachtvollen persischen Teppich geschmückt ist, befindet sich der Vorbeterstand. Auf der zweiten Estrade ist die Kanzel angebracht, während hinter derselben, von einem Baldachin überdacht, die heilige Lade die Gesetzesrollen birgt. Vor der heiligen Lade hängt ein silbergestickter blausamter Vorhang. Dieser Vorhang wechselt nach den Festen. Hinter dem Allerheiligsten bzw. über demselben befindet sich die Sängerempore mit der 41 Register umfassenden Orgel ... Die Emporen enthalten, amphitheatralisch aufsteigend, die 450 Frauensitze, während sich die 750 Männerplätze im unteren Raume befinden. Das Klappgestühl ist ... mit Armlehnen versehen. Hervorgehoben muß werden die eigenartige Mosaikmalerei der Decken und die freskoartigen Teppichmuster der Wände, sowie die meisterhaft schön gemalten Triumphbogen. Desgleichen sei auf die künstlerisch ausgeführten Glasfenster und die stilgerechten Messingkronen und Kandelaber am Allerheiligsten hingewiesen ..."[141]

In dem Aron hakodesch befanden sich 15 bis 20 Torarollen mit entsprechendem Schmuck. Zusätzlich besaß die Gemeinde vier Esther-Rollen in zum Teil kostbaren Behältnissen. Ein kleinerer Nebenraum, der ca. 30 Personen Platz bot, wurde als Wochentagssynagoge genutzt. Hier befand sich ein kleiner Toraschrein mit wenigen Torarollen. Bereits im Jahr 1929 wurde bei einem Einbruch wertvolles Kultsilber entwendet; über den Verbleib der Torarollen nach der Auflösung der Gemeinde und der Deportation ihrer letzten Mitglieder berichtete der letzte Vorsitzende, Rechtsanwalt Fritz Meier, im KZ Theresienstadt einem Dortmunder Mithäftling, daß die Torarollen 1943 auf dem jüdischen Friedhof am Wiekesweg bestattet wurden.[142]

1906 berief die jüdische Gemeinde mit Benno Jacob ihren ersten Rabbiner. Er hat bis 1929 in Dortmund amtiert und sich intensiv dem wissenschaftlichen Bibelstudium gewidmet.[143]

Nachfolger Benno Jacobs wurde Ernst Appel (1884-1973), der 1927 aus Bingen nach Dortmund gekommen war. Trotz wachsendem Druck und ständiger Überwachung der Gemeindearbeit durch die Gestapo blieb er bis 1937 als Rabbiner in Dortmund.

Der letzte Dortmunder Rabbiner war Dr. Moritz David, dem es noch vor Kriegsbeginn gelang, nach England zu emigrieren. Die seelsorgerische Betreuung der Gemeinde übernahm der Lehrer und Prediger Siegmund Nußbaum. Er wurde am 11. Oktober 1883 in Castrop geboren und war seit 1904 in verschiedenen westfälischen Gemeinden als Lehrer und Prediger tätig gewesen. Im April 1942 wurde er mit seiner Familie deportiert und wahrscheinlich im KZ Belzec ermordet.

Orthodoxe Betstuben in der Nordstadt

Neben der liberal eingestellten Synagogengemeinde gab es in der Dortmunder Nordstadt auch orthodoxe Gruppierungen, darunter die Adas Jisroel, deren Mitglieder hauptsächlich aus Osteuropa stammten. Sie lebten überwiegend im Be-

reich der Heilige-Garten-, Stein-, Leopold-, Münster- und Zimmerstraße, blieben der Synagogengemeinde fern und hatten keine eigene Betstuben und hatten sich im Haus Nr. 31 auch eine Mikwe befand. Sie feierten ihre Gottesdienste nach dem orthodoxen bzw. polnischen Ritus und lehnten Gebete in deutscher Sprache, Chorgesang und Orgelmusik in der Synagoge ab. Die Betstuben befanden sich in der Nähe der Wohnquartiere, da am Sabbat keine großen Entfernungen zurückgelegt werden durften. Ihre Interessen vertraten die orthodoxen Gruppen in dem überregionalen „Verein zur Wahrung der religiösen Interessen des Judentums in Westfalen".

Abriß der Synagoge

Schon vor dem Novemberpogrom von 1938 waren im Zuge der Verschärfung der antijüdischen Maßnahmen im Deutschen Reich mehrere Synagogen geschlossen, verkauft oder abgerissen worden, so in München, Nürnberg und Kaiserslautern.

Auch die Dortmunder Synagoge, die im Einweihungsjahr 1900 noch als „Zierde der Stadt für ewige Zeiten"[145] bezeichnet worden war, sollte in diesem Zusammenhang aus dem Stadtbild verschwinden. Den Auftakt bildete am 11. Juli 1938 die Forderung des damaligen Dortmunder Bürgermeisters und Grundstücksdezernenten Hans Pagenkopf an die jüdische Gemeinde, einen Teil des Synagogengrundstücks wegen einer angeblichen Straßenverbreiterung abzutreten. Gegen diesen Plan legte die Gemeinde eine – wenn auch vergebliche – Beschwerde ein.

Parallel zum Vorgehen der Verwaltung nahm sich auch die – gleichgeschaltete – Presse des Themas an. Bald beanspruchte die Stadt das ganze Grundstück, um angeblich einen Parkplatz oder ein Luftschutzgebäude zu bauen.

In Wahrheit ging es darum, in Dortmund die Voraussetzungen für die künftige Gauhauptstadt zu schaffen.[144] wo es völlig ausgeschlossen, eine der prächtigsten Synagogen Deutschlands im Herzen der Stadt bestehen zu lassen. Außerdem wollte sich im Haus gegenüber, Ecke Südwall / Hansastraße, die Kreisleitung der Dortmunder NSDAP etablieren. Deren Leiter Friedrich Hesseldieck wollte daher die Synagoge, die er als „Schandfleck" und „Judentempel" bezeichnete[146], aus parteiideologischen Gründen entfernen. Bei einem Treffen am 2. September 1938 mit Vertretern des Ruhrsiedlungsverbandes erklärte er, daß die Synagoge eigentlich überflüssig sei, da die Zahl der Dortmunder Juden stark zurückgegangen sei. Zudem gebe es ja noch die Hörder Synagoge, in deren Nähe vorteilhafterweise auch gleich die Gestapostelle sei. Nachdem er sich auf dem Nürnberger Reichsparteitag „die ausdrückliche Ermächtigung vom Stellvertreter des Führers" eingeholt hatte, konnte er mit dem Synagogenabriß begonnen werden. Auch propagandistisch wurde die Aktion zielgerichtet vorbereitet, wie man aus Artikeln der einschlägigen Presse entnehmen kann.[147]

Am 16. September 1938 hatte sich Bürgermeister Pagenkopf ein stadtplanerisches Gutachten erstellen lassen, in dem der Synagogenabriß als notwendig bezeichnet wurde.

Am 19. September 1938 luden Pagenkopf und Hesseldieck zwei Vertreter der jüdischen Gemeinde, Leo Jonas und Louis Koppel, zu einer Unterredung. Sie teilten ihnen mit, daß die Stadt das Grundstück zwecks Abriß der Synagoge kaufen wollte. Allerdings sollte nur der Preis für das Grundstück bezahlt werden, da die Synagogengebäude keinen Wert für die Stadt hätte. Die Gemeindevertreter lehnten dies entschieden ab. Im weiteren Verlauf des Gesprächs fragte Hesseldieck, wieviel Juden überhaupt noch in Dortmund lebten. Als er hörte, daß es noch etwa 2.600 seien, entgegnete er zynisch, es würde ihm ein leichtes sein, diese Anzahl in wenigen Wochen auf 600 zu reduzieren.

Sodann erklärten die Vertreter von Stadt und Partei, daß die Stadt in Erwägung ziehe, der Gemeinde ein Ersatzgrundstück zur Verfügung zu stellen, wenn diese dem Verkauf zu den genannten Bedingungen zustimmen würde. Andernfalls müßte sie alle Konsequenzen tragen. Die Gemeinde bekam eine Frist bis zum anderen Morgen 9 Uhr gesetzt.

In einer daraufhin einberufenen Sitzung des Vorstandes und der Gemeindevertretung wurde der Beschluß gefaßt, der Stadt das Grundstück zu überlassen. Während dieser Sitzung hatte der amtierende Rabbiner, Dr. Moritz David, darauf hingewiesen, daß man angesichts der Drohung Hesseldiecks nicht einer Geste wegen das Leben von Gemeindemitgliedern aufs Spiel setzen dürfe.

Der letzte Gottesdienst fand am ersten Tag des jüdischen Neujahrsfestes statt.

Der Kreisleiter rief zu Beginn der Abbrucharbeiten für den Nachmittag des 21. September 1938 zu einer Feierstunde auf, in deren Verlauf die goldene Kugel mit dem Davidstern, die die Synagogenkuppel schmückte, herabgelassen wurde. Hauptsächlich Mitglieder der HJ drangen in das Gebäude ein und verursachten erste Verwüstungen. In den folgenden Tagen wurden bei weiteren Einbrüchen auch Gegenstände entwendet. Als die jüdische Gemeinde daraufhin Anzeige bei der Polizei erstattete, nahm Hesseldieck dies zum willkommenen Anlaß, das Vorgehen ge-

gen die Gemeinde zu verschärfen. Am Morgen des 28. September 1938 setzte er ihr eine Frist bis zum Mittag, um das Inventar aus der Synagoge zu räumen. Diese kurze Frist bedeutete indes eine tatsächliche Verhinderung der Räumung. Daher konnte nur wenig gerettet werden. Die Orgel wurde der katholischen Kirchengemeinde St. Gertrudis am Hackländerplatz verkauft, wo sie während der Bombenangriffe im Zweiten Weltkrieg völlig zerstört wurde. Auch mehrere Bankreihen konnten gesichert werden. Es gibt Hinweise darauf, daß auch die Torarollen gerettet werden konnten und in das Büro der Gemeinde in der Saarbrücker Straße 3 geschafft wurden. Hier wurden auch bis 1942 weiterhin Gottesdienste abgehalten.

Am 1. Oktober 1938 war der Kaufvertrag perfekt. Am 21. Oktober 1938 billigte der Rat der Stadt den Kauf, und am 28. Oktober 1938 wurde die Stadt im Grundbuch als Eigentümerin eingetragen.

Bereits am 3. Oktober 1938 hatten die eigentlichen Abbrucharbeiten begonnen. An diesem Tag wurden angeblich staatsfeindliche Schriften in der Synagoge gefunden. Die Vermutung liegt nahe, daß es sich um eine von der Gestapo initiierte Aktion gehandelt hat. Denn Pagenkopf stoppte bereits am gleichen Tag die Überweisung des Geldes. Als die Stadt dann als Eigentümerin ins Grundbuch eingetragen worden war, beschlagnahmte die Gestapo einen Tag später unter Hinweis auf diese Schriften die Summe. Am 28. Oktober 1938 telefonierte Pagenkopf mit der Gestapo. Vermutlich hat er sie hierbei von der Umschreibung informiert.[148] Am 19. Oktober 1938 wurde mit der Sprengung der Synagoge begonnen, und am 30. Dezember 1938 war der Abriß beendet.

50 Jahre nach dem Novemberpogrom wurde der Theatervorplatz am 9. Novem-

„Unmittelbar, nachdem mit dem Abbruch der Synagoge begonnen wurde, suchte ich den Gottesdiener auf, um meinen Zylinder, meine Gebetbücher und mein Talles zu holen. Ein Gestapobeamter wies mich jedoch aus der Synagoge hinaus. Da ich nur ein Beinhabe, konnte ich das Verlassen der Synagoge kurzfristig hinauszögern; hierbei wäre ich fast von einem Kronleuchter erschlagen worden, der von der Decke der Synagoge gelöst worden war. Hierbei bemerkte ich, daß die Synagogenbänke z.T. zerschlagen und aus ihrer Verankerung im Boden gerissen wurden."

Zeugenaussage Artur Salmagne[149]

ber 1988 in „Platz der alten Synagoge" umbenannt. Heute befindet sich auf diesem Grundstück das Stadttheater. Eine Bronzetafel sowie ein Gedenkstein erinnern an die damaligen Ereignisse. Die Tafel hat die Aufschrift: „Hier stand die Synagoge, 1900 erbaut, zerstört durch politische Willkür 1938"; der Gedenkstein trägt die Inschrift: „Gedenke, Ewiger, was Uns geschah. Klagelieder 5,1. Den jüdischen Bürgerinnen und Bürgern unserer Stadt, die von 1933-1945 Opfer nationalsozialistischer Gewaltherrschaft wurden, zum Gedenken, Allen Lebenden zur ewigen Mahnung."

Synagoge an der Prinz-Friedrich-Karl-Straße

Im Sommer des Jahres 1945 kamen die ersten jüdischen Gemeindemitglieder, die den nationalsozialistischen Terror überlebt hatten, nach Dortmund zurück. Im August war ihre Zahl auf 40-50 gestiegen, in der Thomasstraße 18 konnte man ei-

nen kleinen Raum für das Gemeindebüro erhalten und am 1. Oktober 1945 der Öffentlichkeit publik machen, daß es in Dortmund wieder eine jüdische Gemeinde gab.

Der erste Gottesdienst wurde zu Rosch Haschana 1945 in einer Privatwohnung am Westfalendamm abgehalten. Im Dezember 1946 konnte dann auf einem provisorisch hergerichteten Trümmergrundstück am Schwanenwall 29 ein Gemeindehaus eingeweiht werden, wo in der Folgezeit die Gottesdienste gefeiert wurden.

Später reichte dieses Gebäude nicht mehr aus. Da es aus städtebaulichen Gründen ohnehin abgerissen werden sollte, erwarb die jüdische Gemeinde an der Prinz-Friedrich-Karl-Straße ein Grundstück zum Bau einer neuen Synagoge. Den Entwurf zu dem Gebäude, das eine Grundfläche von ca. 600 qm hatte, schuf der Kölner Architekt Helmut Goldschmidt, der auch die Pläne für die Synagogen in Bonn und Münster sowie für den Umbau der Kölner Synagoge an der Roonstraße lieferte.

„In allen von Goldschmidt entworfenen Synagogen steht der Almemor nicht in der Raummitte, sondern, wie in jüdischen Sakralräumen mit liberalem Ritus üblich, unmittelbar vor der Heiligen Lade. Dies entspreche, so Goldschmidt, der modernen Art der Predigt, die keine Kanzelrede, sondern Gespräch mit der Gemeinde sei. Demzufolge erfolge eine ,Auseinandersetzung' mit dem Synagogenraum nur in Bezug auf den Aron hakodesch: Die Ostwand wird zum überhöhenden, einem stilisierten Zelt gleichenden ,Portal' der Heiligen Lade gestaltet, der Betraum perspektivisch auf sie ausgerichtet ... Goldschmidts Synagogen erhalten ihre Besonderheit nicht durch eine charakteristische synagogale Raumform, sondern durch ge-

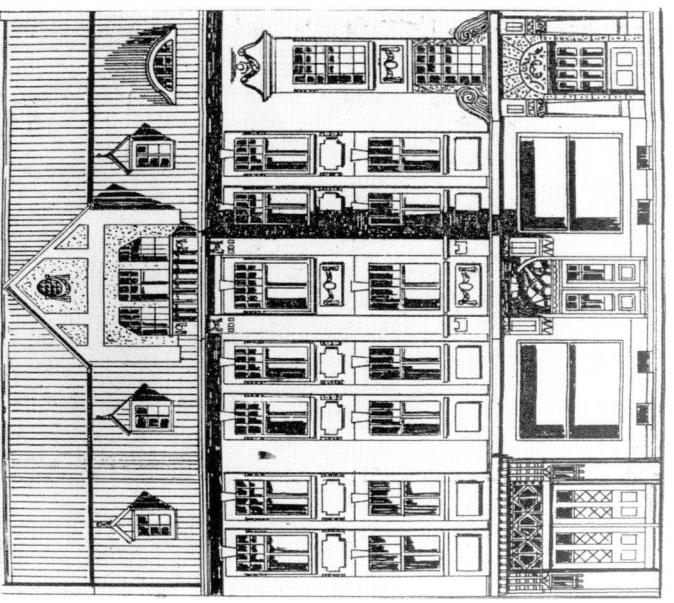

Dortmund-Aplerbeck: Im Haus Köln-Berliner Straße 44 (früher Präsidentenstraße) befand sich der Betsaal

schickte Integration jüdischer Symbole zu einer auf die Heilige Lade hin konzentrierten, feierlich-sakralen Monumentalität. Diese wiederum ‚strahlt' auf den Raum zurück und definiert ihn damit vom (sakralen) Aufbau der Ostwand her ..."[150]

Die Längsseiten der Synagoge haben verklinkerte Mauerflächen und zwei gleichgroße farbige Fenster. Der kupferne Toraschrein an der Ostseite und die dahinterliegende hölzerne Wandverkleidung wurden eindrucksvoll gestaltet. Die Dekalogtafeln über dem Aron hakodesch werden durch den vom Holz ausgesparten säulenhaften Streifen des Wandputzes besonders hervorgehoben. Rechts und links neben dem Toraschrein befinden sich hebräische Inschriften.

Am 2. September 1956 fand die feierliche Einweihung statt. Zu den zahlreichen Ehrengästen gehörten der Ministerpräsident von Nordrhein-Westfalen Fritz Steinhoff, der Regierungspräsident von Arnsberg Schlenkser, der Bürgermeister von Dortmund Görshop, Vertreter des Staates Israel und jüdischer Organisationen in der Bundesrepublik, sowie weitere Vertreter des öffentlichen Lebens. Den Einweihungsgottesdienst gestaltete der Landesrabbiner von Nordrhein und Westfalen Dr. Paul Holzer. In seiner Predigt drückte er die Zuversicht aus, daß die neue Synagoge für eine lange Zeit Mittelpunkt des jüdischen Lebens in Dortmund sein werde. Der Ministerpräsident betonte in seiner Ansprache die besondere Verpflichtung Deutschlands den jüdischen Bürgern und ihren Gemeinden gegenüber. Bei dem sich an den Gottesdienst anschließenden Empfang der Gemeinde für ihre Gäste wurde dem langjährigen Vorsitzenden der Dortmunder Gemeinde Siegfried Heimberg für seine Verdienste um das einvernehmliche Verhältnis zwischen Juden und Nichtjuden in Dortmund das Bundesverdienstkreuz verliehen.

Der Synagoge angegliedert waren bis 1978 ein Altersheim für 22 Personen sowie das Verwaltungsgebäude. In der Synagoge gibt es derzeit etwa 200 Sitzgelegenheiten für die Gemeindemitglieder. Während die Männer ihre Plätze im eigentlichen Synagogensaal haben, befindet sich die Bestuhlung für die Frauen auf einer Empore.

Die jüdische Kultusgemeinde Groß-Dortmund ist heute die größte in Westfalen (Mitgliederzahl Stand 30.9.1997: 2.720). Dortmund ist zugleich Sitz des Landesverbandes und des Landesrabbinats von Westfalen-Lippe.

Dortmund – Aplerbeck

Seit 1818 leben Juden in Aplerbeck. Vom 10. Oktober 1855 an gehörten sie laut Statut zum Synagogenbezirk Hörde. Die überdurchschnittlich hohen Kultusabgaben veranlaßten in der Folgezeit eine Reihe der Aplerbecker Juden, aus der Hörder Gemeinde auszutreten. Die Mehrheit wollte eine Loslösung von Hörde und eine relative Selbständigkeit der Aplerbecker Gemeinde. Ein erster Schritt auf diesem Weg war die Gründung einer Filialsynagogengemeinde am 27. Februar 1877. Da durch den Bau der Hörder Synagoge die finanziellen Lasten der Gemeindeglieder weiter zunahmen, forderten die Aplerbecker Juden mit Nachdruck die Trennung von Hörde. Doch noch 1906 hatte die Regierung Bedenken, dem zuzustimmen Am 4. April 1911 jedoch ordnete der Regierungspräsident von Arnsberg an, daß die jüdischen Bürger der Gemeinden Aplerbeck, Schüren, Berghofen und Sölde aus dem Synagogenbezirk Hörde ausscheiden und einen eigenen Synagogenbezirk Aplerbeck bilden sollten. Auf die Dauer von fünf Jahren mußte Aplerbeck eine jährliche Summe von 250 Mark an Hörde zahlen.

Schon vor 1911 hatten die Aplerbecker Juden einen Betsaal in der heutigen Marsbruchstraße in Höhe des Parkplatzes der Stadtsparkasse (früher Weststraße 9). Spä-

Dortmund – Dorstfeld

Die in dem Oberhof Huckarde lebenden Juden, der bis 1803 zum Reichsstift Essen gehörte, waren in der Gemeinde Dorstfeld zusammengefaßt. Laut Statut vom 10. März 1858 kamen die Juden des Amtes Lütgendortmund, zu denen auch die Dorstfelder Gemeinde gehörte, zunächst als Untergemeinde zum Dortmunder Synagogenbezirk, da die Behörden die finanziellen Mittel der Gemeinde für zu gering erachteten, um einen eigenen Synagogenbezirk zu bilden. Wahrscheinlich lasteten aus der Zeit des Synagogenbaus noch Schulden auf der Gemeinde. In der Folgezeit befanden sich die finanzielle Lage, so daß die Behörden keine weiteren Einwände gegen einen eigenen Synagogenbezirk hatten. Auch die Dortmunder Synagogengemeinde erklärte sich hiermit einverstanden. 1865 trennten sich die Juden des Amtes Lütgendortmund von Dortmund und bildeten den Synagogenbezirk Dorstfeld. Das erste Statut der Synagogengemeinde Dorstfeld stammt vom 18. Mai 1865, in einer revidierten Verfassung vom 22. Oktober 1899. Zu dem Bezirk gehörten zu dieser Zeit die Juden aus Dorstfeld, Huckarde, Annen, Marten, Rüdinghausen, Schnee, Lütgendortmund, Barop und Kirchlinde. Für die Synagogenordnung, die gab man sich eine Synagogenordnung, die in drei Fassungen erhalten ist.

Bereits seit 1741 wurden in Dorstfeld jüdische Gottesdienste abgehalten. Diese

Innenraum der kleinen Synagoge Dortmund-Dorstfeld (Erinnerungszeichnung von Günter Baum)

fanden wohl bis in die ersten Jahrzehnte des 19. Jahrhunderts in einem Privathaus statt. In den Jahren zwischen 1818 und 1843 ist wahrscheinlich das Synagogengrundstück gekauft und die Synagoge gebaut worden. 1860 wurde sie umgebaut und am 14. Juli 1869 im Grundbuch auf den Namen der Synagogengemeinde eingetragen. Es handelte sich um einen einfachen Fachwerkbau; er stand an der ehemaligen Horststraße 6. Heute befindet sich dort der Innenhof der Wohnanlage Dorstfelder Hellweg/Arminiusstraße. In Erinnerung an die Synagoge wurde der Zuweg zur Wohnanlage vor wenigen Jahren „Synagogengasse" benannt.

Die Synagoge wurde als einziges Dorstfelder Gebäude in der Pogromnacht 1938 demoliert. Wegen der drohenden Brandgefahr für die Nachbargebäude wurde die geplante Niederbrennung nicht durchgeführt. Bald darauf mußte die Gemeinde ihre Synagoge auf eigene Kosten abreißen lassen. Am 19. Juli 1940 wurde der letzte Gemeindevorsteher Hermann Baum gezwungen, das Grundstück zu verkaufen. Nach dem Krieg fiel das Grundstück an die Jewish Trust Corporation for Ger-

many, die es 1954 endgültig verkaufte. An der Ecke Dorstfelder Hellweg/Arminiusstraße erinnert ein Mahnmal an die jüdische Gemeinde von Dorstfeld und ihre Synagoge.

In einer Ansprache am 9. November 1988 zum Gedenken an die Zerstörung der Dorstfelder Synagoge beschrieb Günter Baum, der Sohn des letzten Gemeindevorstehers, die Synagoge: „... Die Dorstfelder Synagoge gehörte zum Bescheidensten, was ich je an Gotteshäusern gesehen habe. Die Wände wie die Decken waren weiß getüncht. Vor den Fenstern aus kleinen Einzelscheiben befanden sich einfache, weiße Baumwollvorhänge. Die Bänke waren wie alles Holzwerk, einschließlich der Front der heiligen Lade, aus schlichtem Tannenholz, in Ölfarbe gestrichen. Auf dem Gang zwischen den beiden Bankreihen des Erdgeschosses, wo die Männer saßen, lag ein einfacher Kokosläufer. Auf dem Podium vor der heiligen Lade, wo sich das Vorlesepult befand, lag ein wollener Teppich und vor der heiligen Lade, wo die Torarollen aufbewahrt wurden, hing ein roter mit metallisch glänzenden Fransen eingefaßter Samtvorhang. Auf zwei Löwen die beiden Gesetzestafeln mit den Anfangsbuchstaben der zehn Gebote hochhielten. Es gab einige einfache Lampen, so wie man sie zur damaligen Zeit selbst in Treppenhäusern verwendete. Nur das ewige Licht über dem Vorlesepult war traditionsgemäß ein brennender Öldocht in einem verzierten Behälter. Nahe dem Eingang stand ein Ofen, an den ich mich nicht mehr im einzelnen erinnern kann. Aber selbst wenn er nicht dagewesen wäre, hätte man nicht gefroren. Die Intimität der kleinen Gemeinde strahlte Wärme aus; man fühlte sich geborgen wie in einer Großfamilie."[151]

Dortmund – Hörde

Synagoge an der Alfred-Trappen-Straße/Ecke Brauerstraße

Eine Synagoge in Hörde wird erstmals 1777 erwähnt. Sie befand sich im Hause eines gewissen Kusel Abraham. Bis 1818 hielt die jüdische Gemeinschaft von Hörde ihre Gottesdienste in Privathäusern ab, zuletzt im Hause der Witwe Schönebaum. In jenem Jahr errichtete die Gemeinde auf einem dem Stadtzimmermeister Dietrich Pellinghoff abgekauften Grundstück an der Langestraße/Ecke Goldstraße – heute Alfred-Trappen-Straße/Ecke Brauerstraße – ihre Synagoge.

1855 wurde der Synagogenbezirk Hörde eingerichtet. Am 29. November 1855 gab sich die Gemeinde ein Statut, das am 17. November 1856 vom Oberpräsidenten von Westfalen genehmigt wurde. Der Synagogenbezirk umfaßte neben der Stadt Hörde die Ortschaften Brackel, Barop, Kirchhörde, Aplerbeck, Schüren, Berghofen und Sölde. Die vier letztgenannten schieden am 1. April 1911 aus, um fortan einen eigenen Synagogenbezirk zu bilden. 1877 – zwei Jahre vor dem 25. Gründungsjubiläum – beschloß der Synagogenvorstand von Hörde den Umbau der Synagoge; die Vorderansicht des Gebäudes sollte verschönert werden. Ob dieser Umbauplan durchgeführt wurde, ist nicht bekannt.

die Gemeinde für den des Architekten Scherrer aus Essen. Danach wurde die Synagoge im maurischen Stil erbaut. Von den veranschlagten Baukosten von 90.000 Mark einschließlich Grundstück wurden 20.000 Mark durch freiwillige Beiträge der Gemeindemitglieder und 70.000 Mark durch einen 42 Jahre laufenden Sparkassenkredit aufgebracht. Am 15. August 1898 begann der Bauunternehmer Josef Lüchtefeld mit den Arbeiten; einen Monat später fand die feierliche Grundsteinlegung statt. Im Herbst 1899 wurde der Bau vollendet.

Am 5. Januar 1900 wurde in der alten Synagoge der letzte Gottesdienst unter Leitung des langjährigen Kantors der Hörder Synagogengemeinde Isidor Stern gehalten. Da die Gemeinde keinen eigenen Rabbiner hatte, weihte der Kölner Rabbiner Dr. Frank die neue Synagoge mit einem Gottesdienst ein. An diesen Feierlichkeiten und dem anschließenden Festessen nahmen neben Bürgern der Stadt auch eine Reihe hochgestellter Persönlichkeiten des öffentlichen Lebens teil. Die alte Synagoge wurde bald darauf abgerissen; da der Kaufmann Udewald, der sie erworben hatte, dort ein Geschäftshaus errichten wollte.[152]

„Die kleine Synagoge stand östlich, also hinter der zehn Jahre zuvor fertiggestellten evangelischen Lutherkirche, die mit ihren gotischen Formen und dem steilen Westturm dem damaligen Bild einer gotischen Pfarrkirche mustergültig entsprach. Ebenso entsprach der jüdische Kultbau den üblichen Vorstellungen von einer Synagoge, sofern man ein solches Verständnis aus der vorhergehenden Bautradition überhaupt ableiten kann: ein kuppelgekrönter Zentralbau im maurischen Stil mit zusätzlichen Kuppeln über den Eckteilen. Selten nur trat der Gegensatz in

Synagoge an der Semerteichstraße

Siebzehn Jahre später faßten Vorstand und Repräsentantenkollegium auf Anregung von Gemeindemitgliedern am 5. Juni 1894 den Beschluß, an der Victoriastraße – der heutigen Semerteichstraße – ein Grundstück für den Neubau einer Synagoge zu kaufen. Zwischen mehreren eingereichten Entwürfen entschied sich

der Verwendung von Baustilen und anderer Aufrißgestaltung so deutlich hervor wie bei dieser Synagoge und der daneben stehenden Kirche. Es scheint keine Äußerung zu geben, die diesen Gegensatz als negativ bewertet; genausowenig scheint es auch Hinweise zu geben, die darauf hindeuten, daß die Juden in Hörde mit ihrer bewußt anders gestalteten Synagoge eine Separierung von der christlichen Umwelt andeuten wollten. Die architektonische Form sollte den jüdischen Kultbau als eigenständige Baugattung darstellen und seine Benutzer als gleichberechtigte Religionsgemeinschaft."¹⁵³

1929 wurde die Synagoge völlig renoviert. Insbesondere der Innenraum wurde nach Plänen von Professor Jöker neu gestaltet. Neben dem Hörder Kirchenmaler Wigger waren weitere Hörder Unternehmen daran beteiligt. Am 5. Oktober 1929 wurde die Synagoge feierlich wiederum ihrer Bestimmung übergeben. Die Predigt hielt Kantor Stern.

Schon vor dem eigentlichen Pogrom kam es in Hörde zu antisemitischen Ausschreitungen gegen die Synagoge. „Auch vor dem Brand war die Synagoge häufiger das Ziel von Zerstörungen und Gewalttaten. Eine dieser Gewalttaten war der Einbruch durch das Kellerfenster. Ein andermal wurden die Türen erbrochen und Teppiche und sonstige Einrichtungsgegenstände auf die Straße und auf den Hof geworfen. Wieder ein andermal wurde ich von der Polizei benachrichtigt, daß die Eingangstüren ausgehoben worden seien."¹⁵⁴

In der Pogromnacht des Jahres 1938 wurde die Synagoge von SA- und SS-Trupps gestürmt und in Brand gesetzt. Das ausgebrannte Gebäude ließ die Stadt Dortmund kurze Zeit später niederreißen und erwarb das Grundstück im Rahmen einer Zwangsversteigerung.

Dortmund-Hörde: Neue Ausmalung der Synagoge, Entwurf von Prof. Jöker (1929)

Am 6.11.1988 wurde auf dem Friedrich-Ebert-Platz, dort wo ehemals die Synagoge stand, ein Mahnmal enthüllt, in dessen Mitte sich eine Gedenktafel befindet. Ebenso wurde am gleichen Tag eine Gasse, die auf dem ehemaligen Gelände der Synagoge verläuft, als Synagogengasse benannt.

Dortmund – Mengede

Um 1811 haben sich die ersten jüdischen Familien in Mengede angesiedelt. Im Jahr 1867 schlossen sie sich zusammen und gründeten den „Israelitischen Wohltätigkeitsverein Mengede." Sie traten aus der Synagogengemeinde Castrop aus, zu deren Bezirk sie bis dahin gehört hatten. Doch scheinen sie später hinzugezogene Familien weiterhin verpflichtet gewesen zu sein, an Castrop eine Kultusabgabe zu zahlen. Die Juden von Mengede besaßen keine eigene Synagoge. Daher hatten sie im Hause des Bergmanns Friedrich Hagemann am Siegenweg 7, der späteren Siegenstraße 8, einen Raum gemietet, den sie als Betstube einrichteten. In der Pogromnacht 1938 wurden auch in Mengede Wohnungen und Geschäfte der jüdischen Bürger angegriffen und verwüstet, die Betstube jedoch offenbar nicht.

Ennepe-Ruhr-Kreis

Hattingen

Im Jahr 1853 legte die Regierung in Arnsberg die Grenzen des Synagogenbezirks Hattingen fest. Er umfaßte neben der Stadt Hattingen auch die Gemeinden des Landkreises Hattingen und der Bürgermeisterei Wattenscheid. Das Statut des Synagogenbezirks wurde am 19. September 1857 verabschiedet und in den folgenden Jahrzehnten mehrfach verändert. Am 1. Juli 1870 kamen die jüdischen Einwohner Blankensteins, die bis dahin zum Synagogenbezirk Witten gehört hatten, zu Hattingen. 1875 wurden aus den Gemeinden der Bürgermeisterei Wattenscheid die selbständigen Synagogenbezirke Wattenscheid und Gelsenkirchen gebil-

Hattingen: Bekanntmachung der Gottesdienstzeiten zum Laubhüttenfest und Schlußfest

det. Die jüdische Gemeinschaft von Niedersprockhövel, bis dahin Teil des Synagogenbezirks Hagen, kam zum 4. Januar 1894 zu Hattingen.

Wohl schon 1824 gab es in Hattingen eine Synagoge. Sie befand sich in einem Privathaus an der Großen Weilstraße und wurde bis zur Einweihung der neuen Synagoge an der Bahnhofstraße am 13. September 1872 genutzt. Diese neue Synagoge hatte der langjährige Vorsitzende der jüdischen Gemeinde Liefmann Gumperz auf eigene Rechnung errichten lassen und der Gemeinde am 24. April 1871 geschenkt.

Ehemalige jüdische Bürger Hattingens beschrieben das Innere der Synagoge, die eine Grundfläche von etwa 9,4 Meter mal 12,6 Meter hatte, nach ihrer Erinnerung: „Zu beiden Seiten befanden sich drei große Rundbogenfenster, die einfarbig verglast waren. Beim Eintritt in die Synagoge gelangte man zuerst in einen kleinen Vorraum, an dessen rechte Seite der Aufgang zur Galerie, der Frauenempore, und an dessen linke Seite ein kleiner Vorraum grenzte … Gegenüber dem Eingang war eine zweiflügelige Tür, durch die man den eigentlichen Synagogenraum betrat. Ein mit Teppich ausgelegter Mittelgang, an dem sich rechts und links die Sitzbänke für die Männer befanden, führte zu dem um zwei Stufen erhöht gebauten Gebetspult, das vor dem in einer Apsis der Synagogenrückwand eingelassenen Toraschrein stand. Der Toraschrein war mit einem mit goldenen hebräischen Buchstaben bestickten Samtvorhang behangen …"[155] Auch diese Synagoge wurde in der Pogromnacht 1938 von den Nationalsozialisten niedergebrannt.

Herdecke

Juden werden in Herdecke erstmals in Statistiken des 17. Jahrhunderts erwähnt. Es handelte sich um Händler, Geldverleiher und Metzger. Im 18. Jahrhundert wohnenden Juden zwischen 10 und 16 Personen. In der ersten Hälfte des 19. Jahrhunderts kam es zu einem Anstieg der jüdischen Bevölkerung, und zwar bis auf 47 Personen im Jahr 1846. Danach erfolgte ein ständiges Absinken des jüdischen Bevölkerungsanteils, was wohl in der schwindenden wirtschaftlichen Bedeutung der Stadt begründet lag. Um 1890 lebten etwa 24 Juden in der Stadt, 1910 waren es noch 15. Sie lebten vom Metzger-, Korn- und Tuchhandel sowie vom Metzgereigewerbe. Nach dem Ersten Weltkrieg verminderte sich ihre Anzahl weiter, so daß zu Beginn der NS-Zeit noch acht jüdische Bürger in Herdecke lebten. Ihre Betstube hatten die Herdecker Juden im Haus eines Gemeindemitglieds an der Unteren Hauptstraße.

Laut Statut der Synagogengemeinde Hagen vom 17. März 1854 gehörte die Gemeinde von Herdecke, zu der auch die jüdischen Familien aus Wetter a. d. Ruhr gehörten, neben Schwelm als Synagogenuntergemeinde zum Synagogenbezirk Hagen. Da die Herdecker Gemeinde aus finanziellen Gründen die Vorschrift des Statuts, einen Kultusbeamten anzustellen, nicht beachtete, kam es zum Streit mit der Hauptgemeinde Hagen und der Regierung in Arnsberg. Im Verlaufe dieser Auseinandersetzung teilte der Gemeinde dem Bürgermeister der Herdecker Gemeinde am 21. Juli 1875 unter anderem folgendes mit: „... 1) die jüdische Gemeinde hierselbst ist eine durchaus selbständige, sich in keiner Abhängigkeit von der jüdischen Gemeinde in Hagen befindet. 2) Die hiesige Gemeinde besitzt eine Synagoge, einen schon vom ‚Großen Kurfürsten' der Gemeinde geschenkten Friedhof, einen kleinen Fond zur Unterstützung von Armen … 4) Der Gottesdienst ist in unserer Gemeinde ein geordneter. In Hagen hat man erst jetzt veraltete Einrichtungen aufgehoben, die in unserer Gemeinde schon seit Jahrzehnten nicht mehr bestanden …"[156] Auch wiederholten Aufforderungen der Regierung, gemäß dem Statut einen eigenen Kultusbeamten anzustellen, kam die Gemeinde nicht nach. Daraufhin wurde sie am 14. August 1877 als Synagogenuntergemeinde aufgelöst und der Hagener Gemeinde angegliedert.

Das Verhältnis zwischen den Juden und der übrigen Bevölkerung gestaltete sich recht gut, sogar Korn- und Jahrmärkte wurden oftmals wegen jüdischer Feiertage verschoben. Mit dem Anbruch der NS-Zeit begannen sich auch hier die Verhältnisse zu verschlechtern. Am 9./10. November 1938 wurden die jüdischen Geschäfte Speyer und Grünewald geplündert und demoliert, der Friedhof an der Bahnhofstraße geschändet, alle Juden in Schutzhaft genommen und nach Dortmund abtransportiert. Nach der Freilassung wanderten die Familien Neuhaus und Speyer nach Großbritannien und Argentinien aus, die Familie Grünewald zog am 24. März 1939 nach Köln, von wo aus der Sohn Heinz nach England gelangte. Seine Eltern, Sally und Paula Grünewald, wurden im Sommer 1942 in Köln verhaftet und in die Vernichtungslager deportiert.

Heute erinnert die Sally-Grünewald-Straße, die ehemalige Vestestraße, an die Herdecker Juden und ihr Schicksal.

Schwelm

Bis zum Jahre 1819 hielt die jüdische Gemeinde von Schwelm ihre Gottesdienste in einem Privathaus ab, das dem Viehhändler und damaligen Vorsteher der Gemeinde David Meyer gehörte und an der Stelle des heutigen Hauses Kirchstraße 13 stand.

Aber schon 1816 hatte die Gemeinde den Plan gefaßt, eine eigene Synagoge zu errichten. Zu diesem Zweck erwarben die Beauftragten der Gemeinde Anschel und Josephson von dem Schneider Stefan Schrage an der Fronhofstraße 15 ein Haus mit Garten für 825 Taler. Nachdem man die vorgeschriebene Genehmigung der Regierung eingeholt hatte, wurde die Synagoge hinter dem Haus gebaut. Die feierliche Einweihung fand am 6. August 1819 statt. Bis 1859 war diese Synagoge die einzige im Kreis Hagen.

Nach einer Baubeschreibung aus dem Jahre 1836 war die Synagoge ein schlichter Fachwerkbau von 10 Meter Länge, 6,25 Meter Höhe und 8 Meter Tiefe, nach Osten ausgerichtet war, jedoch keine Apsis besaß. Das Gebäude war nicht unterkellert und hatte ein Krüppelwalmdach. Auf dem First war eine Wetterfahne mit Davidstern angebracht. Auf der Nord- und der Südseite befanden sich je drei oben abgerundete Langfenster. Der Eingang befand sich an der nordwestlichen Ecke des abseits stehenden Gebäudes, zu dem von der Fronhofstraße ein schmaler Weg mit Treppen hinaufführte.

Von der Synagogentür aus gelangte man unter der Empore hindurch in das Innere der Synagoge. Die Bänke mit Klappsitzen waren im Halbrund vor dem Toraschrein aufgestellt. Gegenüber dem Toraschrein befand sich an der Westseite die Empore, die an beiden Seiten je ein

Synagoge in Schwelm

verziertes Fenster hatte. In der Synagoge fanden etwa 80 Personen Platz. An der Ostseite stand der Toraschrein. In dem mit reichlichem Schnitzwerk verzierten Schrank wurden die ca. 12 Torarollen der Gemeinde aufbewahrt. Über dem Schrein waren zwei von vergoldeten Löwen gehaltene Tafeln angebracht, auf denen die zehn Gebote standen. Der Innenraum wurde durch große, buntverglaste Fenster belichtet.

Der Bau und die Einrichtung der Synagoge hatte der Schwelmer Gemeinde erhebliche finanzielle Lasten aufgebürdet, an denen sie lange zu tragen hatte.

Die Gemeinde Schwelm, der sich die Juden aus Gevelsberg, Milspe und Langerfeld angeschlossen hatten, wurde 1854/55 eine Synagogenuntergemeinde des Synagogenbezirks Hagen. Sie war insoweit unabhängig, als sie keine Kultusabgaben an Hagen zu leisten hatte, für ihre eigenen Ausgaben jedoch selbst aufkommen mußte.

Am 10. August 1919 konnte die jüdische Gemeinde von Schwelm das hundertjährige Bestehen der Synagoge feiern. Die Festreden zu diesem Anlaß, an dem auch Honoratioren der Stadt teilnahmen, hielten der langjährige Religionslehrer und Kultusbeamte Immanuel Ehrlich – er sollte der letzte Kultusbeamte der Gemeinde sein – sowie Dr. Gerson Lange, der Rabbiner des „Vereins zur Wahrung der religiösen Interessen des Judentums in Westfalen".

Da die Zahl der Gemeindemitglieder infolge der Diskriminierungen durch die NS-Machthaber stark abgenommen hatte – 1933 waren es noch 34 jüdische Bürger, 1938 noch 25 – und es somit immer schwieriger wurde, die Mittel für die Synagoge, den Friedhof und den Kultusbeamten aufzubringen, beschloß am 14. November 1937 die Gemeindeversammlung, mit der Stadt Schwelm in Verhandlungen über den Verkauf des Grundstücks mit der Synagoge einzutreten. Die Stadt Schwelm erklärte sich bereit, das Grundstück mit Gebäude für 2.500 Reichsmark zu kaufen. Am 8. November 1938 wurde die Stadt als Eigentümerin ins Grundbuch eingetragen.

In der Pogromnacht wurde auch die Schwelmer Synagoge zerstört, jedoch wegen der Brandgefahr für die umstehenden Gebäude nicht angezündet. Sie wurde bald darauf abgerissen, die Torarollen konnten jedoch gerettet werden. Sie wurden von Erna Cohn zu einer befreundeten Familie nach Gevelsberg gebracht.[157] Heute erinnert ein Gedenkstein an die ehemalige Synagoge.

Witten

Bis zum Beginn des 19. Jahrhunderts hat es in Witten keine Juden gegeben. Die erste Niederlassung fand um 1815 statt. Aber erst in der zweiten Hälfte des 19. Jahrhunderts nahm die Entwicklung der jüdischen Gemeinde einen dynamischen Verlauf. Im Jahr 1885 lebten in Witten 67 jüdische Familien mit etwa 420 Personen, im Jahr 1910 waren es 521 Personen. Danach gingen die Zahlen zurück. Die Wittener Juden waren überwiegend in kaufmännischen Berufen tätig.

1855 wurde in Folge des preußischen Gesetzes von 1847 der „3te Synagogenbezirk Witten" eingerichtet. Er bestand aus der Hauptgemeinde Herbede, den Gemeinden Witten und Blankenstein sowie den Orten Stiepel, Langendreer, Stockum und Bommern. Bis 1869 fanden die Wahlen zu den Gemeindegremien in Herbede statt, danach wurden sie in Witten abgehalten, das auch Hauptgemeinde wurde. Die amtliche Bezeichnung des Bezirks lautete fortan „Synagogengemeinde Witten". 1870 schieden die jüdischen Familien Blankensteins einvernehmlich aus dem Gemeindeverband aus. Nach dem Gesetz vom 28. Juli 1876 traten noch im gleichen Jahr die Juden aus Herbede und Werne aus der Gemeinde aus. Im Jahr 1878 traten fünf Familien aus dem Ort Annen, der zum Synagogenbezirk Dorstfeld gehörte, der Synagogengemeinde Witten bei.

Betstube in der Weidengasse

Vor 1860 hielten die Wittener Juden ihren Gottesdienst in verschiedenen angemieteten Räumen ab, wahrscheinlich seit 1848 auch schon in dem Haus in der Weidengasse 6. Am 17. März 1860 kaufte die Gemeinde dieses Haus. Es enthielt den Betraum, ein Schulzimmer und die Lehrerwohnung; weitere Räume im vorderen Teil des Gebäudes wurden an die Kinderverwahranstalt vermietet. Doch schon nach wenigen Jahren stellte sich heraus, daß dieser Betsaal für die Bedürfnisse der Gemeinde nicht mehr ausreichte. Wiederholte Beschlüsse der Gemeindegremien, den alten Besitz zu veräußern und einen Bauplatz für eine neue Synagoge zu kaufen, wurden nicht realisiert, da keine Einigung über die Finanzierung zu erreichen war.

Betstube in der Nordstraße

Erst 1871 kaufte die Gemeinde das Grundstück an der Nordstraße 19 und genehmigte den Bauplan für die neue Synagoge aus dem Jahr 1870 sowie eine Anleihe von 14 bis 15.000 Talern. Der Entwurf sah einen neoromanischen Sakralbau vor mit deutlichen Anlehnungen an maurische Stilelemente, was sich in der Verwendung von Zinnen bei der Dachgestaltung und durch die minarettartigen Zwiebeltürme zeigte. Doch der Plan scheiterte am Einspruch der königlichen Regierung, die der Ansicht war, es sei wichtiger, für die im Jahr 1870 gegründete jüdische Schulgemeinde ein vernünftiges Schulgebäude zu bauen. Die Gemeinde beschloß darauf, der Auflage der Regierung zu folgen und ein Schulhaus zu bauen, in dem aber auch ein angemessener Betsaal entstand. Im Frühjahr 1873 wurde die Schule eingeweiht, am 19. September 1873 der Betsaal.

Witten: Synagoge Breite Straße/Ecke Kurze Straße, Baujahr 1885

Witten: Bauzeichnung der Synagoge, Westansicht

Orthodoxe Betstube in der Hauptstraße

In den folgenden Jahren erfolgte in Witten eine Liberalisierung des jüdischen Gottesdienstes. Am 18. November 1879 bildete sich ein gemischter Synagogenchor. 1880 wurde ein Harmonium angeschafft, und am 10. März 1881 beschlossen die Gremien, die deutsche Sprache in den Gottesdienst einzuführen. 1879 war Samuel Kahn, ein entschiedener Gegner der Liberalisierung des synagogalen Gottesdienstes, aus der Gemeinde ausgetreten, er richtete in seinem Haus in der Hauptstraße 58 eine orthodoxe Synagoge samt privater Religionsschule ein. Samuel Kahn wurde 1891 Initiator und Mitbegründer des „Vereins zur Wahrung der religiösen Interessen des Judentums in Westfalen".

Synagoge an der Ecke Breite Straße/Kurze Straße

1881 ging das Schulgebäude an der Nordstraße in das Eigentum der Stadt über, die schon seit längerem die Unterhaltskosten übernommen hatte. Doch blieb der konfessionelle Charakter der Schule erhalten. Im März 1884 kündigte die Stadt der Gemeinde zum 1. Juli den Betsaal, der daraufhin binnen Jahresfrist geräumt werden mußte.

Daher beschloß die Gemeinde, ein geeignetes Grundstück für den Bau einer neuen Synagoge zu erwerben, und setzte zu diesem Zweck eine Baukommission ein. Am 5. Juni 1884 wurde ein Grundstück des Kaufmanns Fischer an der Breiten Straße 52 / Ecke Kurze Straße gekauft. Am 11. Juni wurde der Wittener Architekt Franz Xaver Rademacher mit dem Entwurf eines Bauplans betraut, der am 19. August 1884 von der Gemeindevertretung angenommen wurde. Die Bau-

kosten sollten 65.000 Mark betragen. Die für den Bau erforderlichen Genehmigungen der königlichen Regierung (z.B. eine Anleihe von 40.000 Mark), die Gemeinde am 27. August 1884 beantragt hatte, wurden am 29. September 1884 problemlos erteilt.

Auch bei diesem Entwurf handelte es sich um einen neuromanischen Sakralbau, jedoch mit Stilelementen der Gotik und der Renaissance versetzt und mit maurischen Details verziert.

Am 29. Januar 1885 bewilligte die Gemeinde zusätzliche 4.000 Mark für die Anschaffung einer Orgel. Grundsteinlegung war am 20. März 1885; am 27. September 1885 wurde die neue Wittener Synagoge durch den Aachener Rabbiner Jaulus eingeweiht.

In der Wittener Zeitung vom 1. Dezember 1885 heißt es dazu: „Das im Rundbogenstil im Rohbau errichtete Gebäude besitzt in Folge seiner eigenartigen Gruppierung, unterstützt durch die Verwendung verschiedenfarbigen Baumaterials eine malerische Wirkung. Die über der Vorhalle sich erhebende Kuppel ist vorteilhaft aus dem Grundriß entwickelt und verleiht dem Gebäude den ihm eigenen Charakter. Dem Äußeren entsprechend ist auch das Innere in schöne passende Formen und Verhältnisse gekleidet und durch prachtvoll wirkende Dekorationen von erhebendem Reiz beseelt. Der Chorraum, der einige Stufen höher als der Synagogenraum gelegen ist, ist durch ein zierliches Eisengitter von Letzterem getrennt."[158] Die Wittener Synagoge besaß eine Frauenempore, jedoch keine getrennten Eingänge für Männer und Frauen.

In dem Artikel der Wittener Zeitung hieß es weiter: „Der schöne Tempel ist eine neue imposante Zierde unter den öffentlichen Gebäuden unserer Stadt Witten."[159] 53 Jahre später war dies vergessen. In der Pogromnacht 1938 wurde die Synagoge geschändet und zerstört. Am 3. August 1939 waren die Abbrucharbeiten beendet. Bald darauf wurde auf dem Gelände ein Löschteich angelegt. 1955 verkaufte die Jewish Trust Corporation for Germany das Grundstück an einen Privatmann, der dort ein Wohnhaus errichtet hat es eine Reihe jüdischer Geschäfte gegeben. Eine Gedenktafel in der heutigen Synagogenstraße, ehemals Kurze Straße, erinnert an die Synagoge.

Witten-Herbede

Etwa seit dem Beginn des 18. Jahrhunderts lebten Juden in Herbede. Zwischen 1815 und 1895 stieg die Anzahl der jüdischen Bürger von 15 auf 87 Personen an. In der Zeit vor dem Ersten Weltkrieg bestand hier eine blühende jüdische Gemeinschaft. Herbede war eine Stadt, in der neben der Landwirtschaft Bergbau und Metallindustrie dominierten. So gab es unter den Juden eine Reihe von Viehhändlern, von denen es einige zu beachtlichem Wohlstand brachten. Daneben waren die Juden im Bergbau und der Industrie tätig und betrieben allgemeine Handelsgeschäfte. Vor dem Ersten Weltkrieg hat es eine Reihe jüdischer Geschäfte gegeben. Während der langen wirtschaftlichen Krise in der Weimarer Republik, die sich seit 1925 im wirtschaftlichen Niedergang auch der Stadt Herbede zeigte, wanderten viele Juden aus Herbede ab, so daß die Gemeinde 1933 nur noch aus 30 Personen bestand. Die jüdischen Einzelhandelsgeschäfte verschwanden völlig, die jüdische Arbeitnehmerschaft war von der Arbeitslosigkeit ebenso betroffen wie die übrige Bevölkerung, nur zwei Viehhändler überstanden bis 1933 die Krise. Danach wurden sie von den Nationalsozialisten aus dem Wirtschaftsleben gedrängt.

Witten-Herbede: Fachwerkgebäude Thiestraße 12. Im Erdgeschoß befand sich der Betsaal

Einigen wenigen Herbeder Juden gelang die Emigration, die übrigen wurden in die Vernichtungslager im Osten deportiert, nur drei jüdische Frauen überlebten.

Über die Organisation der jüdischen Gemeinde von Herbede ist nur wenig bekannt. 1855 wurde der Synagogenbezirk Witten gebildet. Bis 1869 war Herbede die Hauptgemeinde dieses Bezirks, danach wurde es Witten. Wohl seit 1920 bildete Herbede eine eigenständige Synagogengemeinde. Vermutlich schon 1932 wurde der Betsaal der Gemeinde im Haus Thiestraße 12 aufgelöst und wieder zu einer Wohnung umgebaut. Dieses Haus ist 1961 abgerissen worden. Nach 1933 wußte selbst der Preußische Landesverband jüdischer Gemeinden nichts über die Situation der Herbeder Gemeinde. Der Verband beauftragte daher die Gemeinden von Witten und Hattingen, Erkundigungen einzuziehen. Danach war die Gemeinde zwar behördlicherseits nicht aufgelöst worden, doch es bestand keine Gemeindeorganisation mehr. Ein Herbeder Jude war Gemeindemitglied in Witten, die übrigen hatten sich nach Hattingen gewandt. Heute erinnert nur noch der Friedhof an die jüdische Gemeinde von Herbede.

Herdecke aufgelöst und der Hauptgemeinde Hagen direkt angegliedert. Herdecke war der Aufforderung der Regierung, einen Kultusbeamten einzustellen, nicht nachgekommen. 1879 erklärten 14 Herdecker Juden ihren Austritt aus der Gemeinde wegen religiöser Bedenken. 1894 schied Sprockhövel aus dem Hagener Gemeindeverband aus und wurde zu Hattingen gewiesen. Somit bestand der Synagogenbezirk Hagen nun aus der Hauptgemeinde Hagen mit den Kreisen Hagen Stadt und Hagen Land sowie der Untergemeinde Schwelm.

Hagen

Am Beginn des 19. Jahrhunderts lebten in Hagen sechs jüdische Familien mit etwa 30 Personen. Im Laufe der folgenden Jahrzehnte stieg ihre Zahl stark an. Um die Jahrhundertmitte waren es schon 110 Personen, 1905 lebten bereits 494 jüdische Bürger in der Stadt. Sie waren vor allem im Handel, aber auch im Metzgereigewerbe tätig.

Betraum an der Wasserstraße

Der erste Hagener Betraum befand sich im Nebengebäude des Hauses Wasserstraße 4a. Ein kleines Zimmer links vom Eingang, im oberen Stockwerk, war der Betraum für die Männer, ein kleineres daneben für die Frauen. Im selben Gebäude befanden sich der Schulraum und die Lehrerwohnung. Die Miete betrug 33 Taler jährlich.

Schon Anfang der dreißiger Jahre des 19. Jahrhunderts plante die Gemeinde die Errichtung einer neuen Synagoge. Zu diesem Zweck ersteigerte sie 1832 für 186 Taler das durch den Neubau des Hagener Rathauses frei gewordene, sogenannte Ordonnanzhaus (Arresthaus) in der Wasserstraße 1. Obwohl der Hagener Bürgermeister das Gesuch auf Einrichtung einer Synagoge unterstützte, lehnte die Regierung in Arnsberg ab, das Gesuch an das königliche Kabinett in Berlin weiterzuleiten und die allerhöchste Genehmigung einzuholen.

1854/55 konstituierte sich der Synagogenbezirk Hagen. Neben der Hauptgemeinde Hagen gehörten ihm die Untergemeinden Schwelm und Herdecke mit Stadt und Land Herdecke und Volmarstein an. 1877 wurde die Untergemeinde

Synagoge an der Potthofstraße

Kurz nach Bildung des Hagener Synagogenbezirks lebte der Wunsch der Gemeinde nach einer eigenen Synagoge wieder auf. Im Juli 1856 kaufte der damalige Vorsteher Stern im Namen der Gemeinde das Grundstück an der Potthofstraße 14 an, um es für den geplanten Synagogenbau zu sichern. Am 22. Oktober 1857 wurde es endgültig gekauft. Es war 47 Ruthen 33 Fuß groß und kostete 675 Taler, die größtenteils durch freiwillige Beiträge aufgebracht wurden. Am 7. Januar 1858 bestätigte die königliche Regierung den Kauf. Da die freiwilligen Beiträge für den eigentlichen Bau nicht ausreichten, wurde im Mai 1858 bei der Hagener Sparkasse eine Anleihe von 3.000 Talern aufgenommen. Die Bauausführung wurde dem Baumeister F. Poth zum Preis von 5.100 Talern übertragen. Die endgültigen Kosten betrugen schließlich 5.456 Taler, 12 Silbergroschen, 9 Pfennig. Am 21. März 1859 fand die feierliche Grundsteinlegung statt.

Bei der Bauausführung kam es zu Differenzen mit dem Landrabbiner von Westfalen Abraham Sutro aus Münster. Es ging um die Einrichtung einer Frauenem-

Hagen: Vorderansicht der Synagoge nach dem Umbau (1895)

pore. Die Gemeinde wollte keine Empore anbringen, da es sich nur um einen überkommenen Brauch, nicht aber um eine rituelle Vorschrift handele. Sutro, ein eher orthodoxer Vertreter des Judentums, richtete daraufhin einige Beschwerdebriefe an den Bürgermeister von Hagen, in denen er den Bau einer Frauenempore forderte. Zusätzlich versuchte er, durch eine Unterschriftenaktion zu beweisen, daß Vorstand und Gemeindemitglieder in dieser Angelegenheit uneins seien. Doch erhielt er keine einzige Unterschrift. Dennoch blieb auch in Hagen der Brauch gewahrt, daß Männer und Frauen getrennt saßen. 1875 wurde schließlich aus Platzgründen eine Frauenempore eingebaut.

Ein weiterer Konflikt mit Sutro ergab sich im Zusammenhang mit den Einweihungsfeierlichkeiten im September 1859. In einer Gemeindeversammlung hatte man sich zuerst für den Rabbiner Dr. Philippson aus Dessau als Festprediger entschieden, doch dieser mußte aus Terminsgründen absagen. Danach wandte sich die Gemeinde an den Landrabbiner Dr. Meyer in Hannover. Dieser sagte unter der Bedingung zu, daß der Landrabbiner Sutro seine Einwilligung dazu gäbe. Daraufhin reiste ein Beauftragter der Gemeinde nach Münster, um Sutro eine Abstandssumme bis zu 25 Talern anzubieten, wenn er die gewünschte Einverständniserklärung an Dr.Meyer schicken würde. Die geforderte Erklärung wurde Dr. Meyer zugesandt, der daraufhin definitiv zusagte, das Predigeramt für die Einweihung, die am 9. September 1859 beginnen sollte, zu übernehmen. Zwei Tage vor diesem Termin erhielt die Gemeinde ein Telegramm von Dr. Meyer, in dem er mitteilte, er könne nicht kommen, da Sutro gegen seine Teilnahme Einspruch erhoben hätte. Gleichzeitig kündigte Sutro

der Gemeinde sein Kommen sowie die Übernahme des Festpredigeramtes an.

Daraufhin antwortete die Gemeinde, daß sie Dr. Meyer gewählt habe und sich nicht in der Lage sähe, Sutro auch nur einen Teil der Einweihungsfunktionen zu übertragen. Hierbei ist anzumerken, daß die Annahme der Abstandszahlung und die Versendung des Schreibens an Dr. Meyer von Sutros Sohn Baruch vorgenommen worden war, der nun behauptete, das Einverständnis seines Vaters lediglich in Aussicht gestellt zu haben. Nach einigem Hin und Her einigte man sich schließlich doch darauf, die Funktionen bei der Einweihung auf beide Rabbiner aufzuteilen. So konnten dann die Einweihungsfeierlichkeiten am 9/10./11. September 1859 programmgemäß stattfinden.

Nach Hammer-Schenk gehörte die Synagoge zur Zeit ihrer Erbauung mit zu den größten Gebäuden in Hagen. Es handelte sich um einen zweigeschossigen, rechtekkigen Bau. Im Gebäude befanden sich neben dem eigentlichen Synagogensaal auch der Schulraum und die Lehrerwohnung. Auch eine Mikwe gab es. Die Fenster durchliefen nicht beide Geschosse, sondern verdeutlichten die innere Doppelgeschossigkeit. Durch ein sehr flaches Walmdach wurde auch in der äußeren Gestaltung der saalartige Charakter betont.[160]

1889 kam es zu den ersten Überlegungen für einen Umbau der Synagoge, in der Hauptsache aus Platzgründen, aber man erkannte auch, daß in absehbarer Zeit erhebliche Kosten für Instandhaltungsarbeiten aufzubringen sein würden. Am 27. November des Jahres kaufte die Gemeinde das 6 ha 59 qm große Kistermannsche Grundstück an der Potthofstraße, um bei einem Synagogenumbau Synagoge und Schule trennen zu können. Dazu wurde bei der Sparkasse Hagen eine Anleihe von 24.000 Mark aufgenommen.

Aber erst 1892 wurde eine Kommission für den Synagogenumbau eingesetzt. Diese beschloß am 28. März 1894, den Umbau nach den Plänen des Baurates Dunay aus Hagen-Eilpe, durchzuführen. Am 14. Juli 1894 übertrug die Kommission die Bauausführung für 22.000 Mark dem Baumeister Post aus Hagen-Eilpe. Am 29. Dezember 1894 einigte man sich auch auf die Anschaffung einer Orgel und die vollständige Erneuerung der Frauenempore sowie die Anlage einer Gasversorgung und elektrischer Beleuchtung. Auch die innere Bauausführung wurde Baumeister Post übertragen. Am 28./29. Juni 1895 fand dann die feierliche Wiedereinweihung der Synagoge statt. Prediger war der Oberrabbiner Dr. Frank aus Köln. Auch nichtjüdische Bürger Hagens sowie Vertreter des öffentlichen Lebens, u.a. der Bürgermeister, nahmen als Ehrengäste an den Feierlichkeiten teil.

In einem Bericht der Hagener Zeitung vom 1. Juli 1895 heißt es: „Das neue Gotteshaus macht einen ganz ausgezeichneten Eindruck, ist hell, geräumig, mit guter Ventilation, Gas und elektrischer Beleuchtung versehen. Es ist in seiner Ausstattung einfach, in modernem Stil gehalten, die Treppenaufgänge sind bequem und breit. Die schönen Glasfenster sind geschmackvoll verziert; das oberste mittlere runde trägt als Einfassung den Spruch: ‚Haben wir nicht alle einen Vater, hat uns nicht ein Gott erschaffen?‘ Die neue Orgel, die einen sehr schönen, vollen Ton hat, besitzt Motoren-Betrieb. Der Synagenchor hat seinen Platz auf der Empore vor der Orgel. In maurischem Stil gehalten ist das Allerheiligste, welches die Torarollen birgt und vor welchem die ewige Lampe brennt. Sehr schön ist auch der große im Mittelpunkt der Decke hängende Kronleuchter."[161]

Die Außenfassade wurde völlig neu gestaltet. Die Synagoge erhielt zwei hohe Türme mit Pyramidendächern, die von Davidssternen gekrönt waren. Zwischen die beiden Türme wurde eine dreibogige Eingangshalle gelegt.

In den folgenden 40 Jahren bis zum Beginn der NS-Diktatur gehörten die jüdischen Bürger Hagens als Kaufleute, Ärzte und Rechtsanwälte mit zu den angesehenen Bürgern der Stadt. In der Pogromnacht von 1938 wurde die Hagener Synagoge mitsamt den Kultgegenständen zerstört.

Von den 1933 in Hagen lebenden ca. 630 jüdischen Bürgern kehren nur 20 aus der Emigration in die Heimat zurück. Von denjenigen, die in die Konzentrationslager verschleppt wurden, überlebte niemand.

Am 20. März 1946 wurde die jüdische Kultusgemeinde von Hagen neu gegründet und am 26. Juli 1947 von der Britischen Militärregierung anerkannt. Die Mitgliederzahl beträgt 165 (Stand: Dez. 1995). Der erste Vorsitzende der Hagener Gemeinde war bis zu seinem Tod 1977 Richard Hirschberg

1950 wurde auf dem ehemaligen Synagogengrundstück an der Potthofstraße 14 ein Gemeindehaus gebaut, in dem auch ein Betsaal eingerichtet wurde.

Neue Synagoge an der Potthofstraße

Am 18. September 1960 konnte dann die neue Synagoge an der Potthofstraße 16 feierlich eingeweiht werden. Die Weihepredigt hielt der Landesrabbiner Dr. Hans Chanoch Meyer aus Dortmund.

Mit dem Entwurf der neuen Synagoge war im Dezember 1958 der Architekt Karl Gerle beauftragt worden.[162]

Er berichtet: „Da das zur Verfügung stehende Grundstück ein Nebeneinander von Synagogenraum, Versammlungs- und Verwaltungsräumen nicht zuließ, mußten die Räumlichkeiten in zwei Geschossen untereinander angeordnet werden, die durch eine Zwischengeschoß erreicht werden können. Der Synagogenraum befindet sich im ersten Obergeschoß. Man erreicht ihn von der Treppe her durch eine Vorhalle mit Gedenktafel und Brunnen. Der Hauptraum enthält 60 Sitzplätze, in einer anschließenden halbrunden Apsis sind Almemor, Predigerpult und Aron hakodesch. Eine hell verglaste Kuppel sorgt für reichliches Oberlicht, während die Seitenfenster mit starkfarbiger dunkler Glasmalerei versehen sind. Auf eine Frauenempore wurde verzichtet."[163] Die erwähnte Gedenktafel aus Kupfer eines Hagener Künstlers konnte über die NS-Zeit gerettet werden. Sie enthält die Namen der gefallenen jüdischen Bürger des Ersten Weltkrieges aus dem Raum Hagen.[164]

Karl Gerle verwendete bei seinen Entwürfen sowohl angedeutete historisierende Gestaltungselemente wie auch zeitgenössische. Er faßte seine Grundvorstellungen wie folgt zusammen: Es sei einzig und allein wichtig, „ob dieser Raum die Atmosphäre ausstrahlt, die mir hilft, mich innerlich zu sammeln, und ob ich diesen Raum durch seine äußere Gestalt unter allen anderen Bauwerken als einen Gebetsraum erkennen und finden kann." [165] „Gerle nahm nie für sich in Anspruch, einen typisch jüdischen Sakralbau zu entwerfen. Vielmehr richtete er sich nach einem Ausspruch des Propheten Jesaja: „Denn mein Haus wird ein Bethaus geheißen für alle Völker."[166]

Heute umfaßt der Zuständigkeitsbereich von Hagen: Hagen, Siegen, den Hochsauerlandkreis und den Märkischen Kreis.

Hagen – Hohenlimburg

Zu Beginn des 19. Jahrhunderts wohnten in der Grafschaft Limburg 43 jüdische Familien. 1865 konstituierte sich der Synagogenbezirk Limburg. Er umfaßte die Gemeinden Limburg, Berchum, Elzey, Ergste, Hennen, Letmathe und Oestrich. Zum 1. April 1908 erfolgte eine Neuordnung des Synagogenbezirks. Ergste und Hennen schieden aus dem Bezirk Limburg aus und bildeten fortan eine selbständige Synagogengemeinde Hennen. Ebenso wurde ein Synagogenbezirk Hohenlimburg gebildet mit den Gemeinden Hohenlimburg, Letmathe, Oestrich und Berchum. In Oestrich lebten aber seit 1902 keine Juden mehr.

Alte Synagoge an der Jahnstraße

Am 6. März 1782 genehmigte Graf Moritz Casimir III. als Limburger Landesherr den Juden gegen eine jährliche Abgabe die Errichtung einer Synagoge in der Wesselbach, der späteren Eggestraße und heutigen Jahnstraße.

Bei dieser Vorgängerin des 1870 fertiggestellten Synagogengebäudes handelte es sich um einen Fachwerkbau mit Wohnteil, wie aus einem Protokoll der Besprechung des Amtmannes Pannewitz mit Vertretern der jüdischen Gemeinde vom 24. Juli 1868 hervorgeht. „Die alte Synagoge ist an einer steil abfallenden Bergwand errichtet und letztere mit einer langen durchschnittlich fünf bis sechs Fuß hohen Mauer am Fuße eingefaßt. Das Gebäude ist 21 Fuß lang, 21 Fuß breit, 10 Fuß hoch bis ans Dach und grenzt nach Süden an das vermietete Wohnhaus. Die Umfassungswände bestehen aus vier Fuß hohem Bruchsteinmauerwerk und 12 Fuß darauf errichtetem Fachwerk. Letzteres ist mit Lehm ausgesteckt und von außen mit einem Kalkputz versehen. Das Dach hat rothe Dachziegel mit Docken. Zwischen dem Gebäude und der Mauer liegt nur

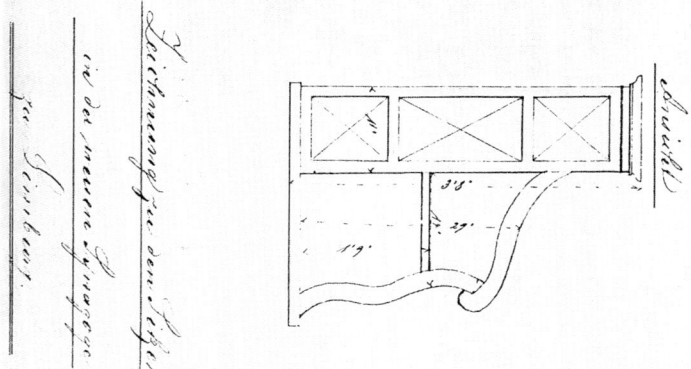

Hagen-Hohenlimburg: Zeichnung zu den Sitzen in der Synagoge

ein schmaler Gang. An der anderen Seite des Synagogenplateaus gewahrt man die Hofräume und Düngerfälle der angrenzenden Häuser. Der Eindruck, den die ganze Umgebung des alten Synagogengebäudes hervorbringt, ist kein solcher, der es angemessen erscheinen lassen könnte, hier einen Neubau zu gottesdienstlichen Zwecken zu errichten, zumal derselbe auch eine ganz versteckte Lage erhalten würde."¹⁶⁷

Erste Vorschläge zu einer Erweiterung der Synagoge datieren aus dem Jahr 1842. Im Jahre 1856 plante man eine Ausbesserung. Doch weder die Erweiterung noch die Reparatur wurden durchgeführt.

Neue Synagoge an der Jahnstraße

In der Folgezeit schritt der Verfall der Synagoge immer weiter fort. Daher lud der Amtmann Pannewitz am 1. August 1865 die Gemeindevertreter zu einer Besprechung ein. Hier erfuhren sie, daß laut eines Sachverständigengutachtens der Kostenaufwand für eine Reparatur in keinem wirtschaftlichen Verhältnis zum erzielbaren Ergebnis stünde und daher ein Neubau vorzuziehen sei. Die Gemeinde bildete daraufhin eine Kommission, die am 27. Oktober 1865 ihre Stellungnahme dem Amtmann vorlegte. Die Kommission war zu dem Ergebnis gekommen, daß die kostengünstigste und zweckmäßigste Lösung der Neubau der Synagoge am gleichen Ort sei. Man könne nämlich noch gut erhaltenes Material der alten Synagoge wiederverwenden, und es stünde auch genügend Raum zur Verfügung, um ein der Größe der Gemeinde angemessenes Synagogengebäude zu errichten und die Schule zu vergrößern und zu verbessern. Doch wegen der schwierigen Geländeverhältnisse – die Synagoge sollte auf einer in dem Steilhang angelegten künstlichen Terrasse gebaut werden – wurde der Beschluß zum Neubau erst am 25. November 1868 gefaßt.

Am 8. März 1869 wurden die Pläne des Maurermeisters Liesenhof aus Oestrich angenommen. Auf Anregung der Regierung in Arnsberg wurde der eingereichte Bauplan am 27. April 1869 auf einer Sitzung der Gemeindevertretung insoweit abgeändert, daß die lichte Höhe der Synagoge jetzt 6,83 Meter betrug, die Fensterrahmen aus Schmiedeeisen angefertigt und die Fenster von der westlichen, dem Berg zugewandten Seite – hier sollten nur zwei kleine Rundfenster mit farbiger Verglasung angebracht werden – zur Südseite verlegt wurden.

Die Synagoge hatte eine Grundfläche von 9,52 mal 11,05 Meter. Der Toraschrein befand sich an der Ostseite in einer dem Gebäude angefügten dreiseitigen Apsis und wurde zum Synagogensaal hin von einem Rundbogen umspannt. Der Haupteingang befand sich an der Nordseite. Durch ihn betraten die Männer, für die es 124 Sitzgelegenheiten gab, die Synagoge, während die Frauen von der Westseite her über eine Treppe in einem Vorraum auf die Frauenempore gelangten, wo ihnen 42 Sitzplätze zur Verfügung standen.

In einem Zeitungsartikel wurde die Synagoge beschrieben „als hoher Saalbau mit Innengalerie, apsisartig hervortretendem Toraschrein, ornamental sichtbarem Gesims, dekorativem Portal mit renaissancistischen säulenförmigen Lisenen und Halbkreis mit Rocaillemustern, dazu Sandsteinfenster mit Mittelsteg und Doppelbögen. Die mobile Inneneinrichtung war relativ bescheiden. Die Spalierdecke war mit einem Stuckgesims umgeben, sechs sauber gearbeitete Holzsäulen, die die Empore tragen, teilten den Raum auf, dessen Wände bis in 1,20 Meter Höhe mit dunkel-rotbrauner Ölfarbe gestrichen waren. Die restlichen Wand- und Dekkenflächen leuchteten in zartrosa Schlemmkreide."¹⁶⁸

Im Mai 1870 war der Bau fertiggestellt. Die Gesamtkosten betrugen etwa 3.400 Taler. Ein großer Teil dieser Summe, ca. 2.000 Taler, wurde durch Spenden der gesamten Einwohnerschaft Hohenlimburgs, auch der christlichen, die mit etwa 1.000 Talern beteiligt war, aufgebracht. Der Rest wurde durch eine Anleihe gedeckt.

Im Frühjahr 1890 plante die Gemeinde die Einrichtung einer Elementarschule in der Synagoge. Obwohl bereits Entwürfe für dieses Projekt vorlagen, wurde es nicht verwirklicht.

Im Jahre 1906 wurde auf dem gleichen Grundstück zusätzlich ein Schulgebäude errichtet. 1919 wurde der Eingangsbereich zu beiden Gebäuden verschönert.

In der Pogromnacht 1938 wurde auch diese Synagoge geschändet und die jüdische Gemeinde gezwungen, das Gebäude zu verkaufen. Später wurde es für industrielle Zwecke genutzt.

Am 4. Dezember 1975 brannte das Gebäude aus und stand seitdem leer. 1980 gründete sich die „Bürgeraktion Synagoge Hohenlimburg" und bemühte sich danach um den Erhalt und die Restaurierung der Synagoge. 1984 kaufte die Stadt Hagen das Gebäude. Vor allem mit Landesmitteln, aber auch durch private Spenden wurde die Synagoge in der Folgezeit restauriert. Am 15. September 1986 wurde sie als Gedenkstätte „Alte Synagoge Hohenlimburg" eröffnet. Die Betreuung der Gedenkstätte haben die Gesellschaft für christlich-jüdische Zusammenarbeit und die Deutsch-Israelische Gesellschaft übernommen.

Hamm

Vom Beginn des 16. Jahrhunderts an waren Juden in Hamm ohne größere Unterbrechung ansässig.

Laut Statut vom 10. Mai 1855 gehörte auch Rhynern zum Synagogenbezirk Hamm.

Die erste Synagoge in Hamm kann durch eine Urkunde aus dem Jahr 1763 nachgewiesen werden. Über ihren Standort ist allerdings nichts überliefert. Im Jahr 1857 wurde aus den Reihen der Gemeindemitglieder der Vorschlag gemacht, in der Synagoge eine Verlängerung der Frauenempore vorzunehmen. Am 30. August 1857 lehnte der Vorstand dies jedoch ab und regte einen Neubau an. Jedes männliche Gemeindemitglied, welches 25 Taler zum Neubau beitrage, bekomme einen Platz in der Synagoge als Erbbesitz. Dieser dürfe aber nur auf männliche Erben in direkter Linie vererbt werden. Weiterhin wurde aber auch eine bauliche Veränderung der bestehenden Synagoge erwogen. Sie sollte in östlicher Richtung um etwa 17,5 Fuß verlängert werden. Dadurch hätte es 74 Plätze für die Männer und 34 für die Frauen auf der Empore gegeben. Der Kostenvoranschlag des Bauunternehmers Lenharz wies 1.750 Taler aus. Auf einer Gemeindevertretungssitzung am 28. Februar 1858 beschloß die jüdische Gemeinde jedoch endgültig, eine neue Synagoge zu errichten. Aber erst zehn Jahre später gelangte dieser Plan zur Ausführung.

Synagoge in der Martin-Luther-Straße

Am 24. Februar 1868 genehmigte der Kreisbaumeister Westphal den vom Bauunternehmer Lehnartz entworfenen Plan. Westphal merkte in seinem Gutachten an, daß bei dem vorgesehenen Preis nur wenige Verzierungen angebracht werden könnten und daß es nötig sei, alle noch brauchbaren Materialien der alten Synagoge für den Neubau zu verwenden. Die Synagoge lag hinter der jüdischen Schule auf dem Grundstück an der Kleinen Weststraße 5, der heutigen Martin-Luther-Straße 5. Man konnte sie von der Straße aus nicht sehen. Aus dem Lageplan geht hervor, daß sie nach Osten hin ausgerichtet war.

„Als ... der Neubau ... gebaut werden konnte, entsprach die Architektur in weiten Teilen der wirtschaftlich – gesellschaftlichen Lage der Juden ... am Übergang von einer getarnten, integrativen Architektur ... zu einer selbstbewußten Äußerung einer um Anerkennung ringenden Minderheit. Die kleine Synagoge pendelte in der Außenarchitektur zwischen Rundbogenstil, Neuromanik und verhalten antikisierten Verweisen auf orientalisch anmutende Versatzstücke, wie die Eckvorlagen, die mit kleinen Zwiebelaufsätzen bestückt waren."[169]

Der orientalische Stil sollte gewiß keine Abgrenzung zu den nichtjüdischen Bürgern sein, sondern eher als Möglichkeit dienen, sich vorsichtig als gleichberechtigte Religionsgemeinschaft darzustellen. Dieser Versuch, mit orientalischen Stilmitteln zu arbeiten, mutet gerade bei klein- und mittelstädtischen Synagogen oftmals etwas unsicher an. Hamm ist dafür ein Beispiel.

„Die Synagoge bestand aus einem Langhaus, dem ein Chorraum in Form einer Apsis angefügt war. Das Langhaus hatte eine Größe von etwa 37 mal 33 Meter ohne Apsis. Es war dreischiffig gebaut. Die Seitenschiffe überdachten jedoch nur die Gänge, während das Hauptschiff dreimal so breit war wie beide Seitenschiffe zusammen. Es bildete ein einfaches, stark überhöhtes Rundgewölbe. Unten im Hauptschiff befanden sich von vier Säulen getragenes Rundgewölbe. Unten im Hauptschiff befanden sich etwa 120 Gebetplätze für die Männer. Die Frauenempore hatte 60 Plätze. Auf der Empore stand das Harmonium."[170]

Die Aufstellung eines Harmoniums und die Tatsache, daß Aron und Almemor zu einer Einheit zusammengefaßt waren, zeigen an, daß es sich in Hamm um eine Gemeinde mit liberalem Ritus gehandelt hat.

„Durch je drei Fenster an den Langhausseiten und eines an jeder Giebelseite wurde der Innenraum erhellt. Alle Fenster, auch die im Giebel, waren mit geometrischen Formen bleiverglast."[171]

An der westlichen Giebelseite befand sich ein Bogenfries, an der Giebelspitze waren die Dekalogtafeln angebracht. Die Doppelfenster über dem Eingang waren, ebenso wie die anderen, rundbogig. Die Apsis mit dem Toraschrein, der die fünf Tora-Rollen der Gemeinde enthielt, war um vier Stufen gegenüber dem eigentlichen Synagogensaal erhöht. In der Mitte der Apsis, direkt vor dem Toraschrein, befand sich das Pult für den Kantor. Um 1925 hat man die Synagoge nach Plänen des Hagener Architekten Kadden renoviert.

In der Pogromnacht 1938 wurde die Synagoge demoliert, jedoch aufgrund der engen Bebauung nicht niedergebrannt. Am 19. November 1938 erhielt die Kultusgemeinde ein Schreiben von der Stadtverwaltung und der Gestapo, in dem sie aufgefordert wurde, die Synagoge bis zum 10. Dezember 1938 auf eigene Kosten abreißen zu lassen. Begründet wurde dies damit, daß die Synagogen allgemein das Ziel der gerechten Volksempörung seien.

und an den Feiertagen zu kultischen Zwecken nutzten. Der Betsaal im Schulgebäude wurde am 12. Juli 1889 im Beisein eines Regierungsvertreters feierlich eingeweiht. In demselben Jahr wurde Herne aus dem Bochumer Synagogenbezirk herausgelöst und selbständig.

Herne

Herne

In der zweiten Hälfte des 19. Jahrhunderts gehörten die Ortschaften Herne und Eickel zum Synagogenbezirk Bochum.[172] Jüdische Händler besuchten regelmäßig den Markt in (Herne-) Crange und hatten einen so großen Anteil an diesem Markt, daß der Bürgermeister auf den jüdischen Kalender Rücksicht nehmen und den Marktag gelegentlich wegen des Sabbats verschieben mußte.

Dennoch waren es nur einzelne jüdische Familien, die vor dem 20. Jahrhundert ihren Wohnsitz in Herne nahmen. Als aber die ersten Zechen abgeteuft und Arbeitskräfte in Masuren und Polen angeworben wurden, siedelten sich vermehrt Juden in Herne an. Ihnen folgten wiederum jüdische Händler und Kaufmannsfamilien. Wenn auch die Bevölkerung von Herne um das Mehrfache anwuchs, machte der jüdische Anteil in all diesen Jahren bis hin zur Weimarer Republik stets ziemlich gleichbleibend 0,5% der Einwohnerschaft aus.

Wie schon gesagt, gehörten die Juden in Herne zur Synagogengemeinde Bochum. Für den Besuch des Gottesdienstes am Sabbat war der Weg jedoch zu weit. So trafen sie sich in einer angemieteten Wohnung in der v. d. Heydtstraße, aber diese wurde um 1880 für die wachsende Gemeinde zu klein.

Schule in der Schulstraße

Die Herner Juden entschieden sich nun nicht, wie man erwarten könnte, für den Bau einer großen und würdigen Synagoge, sondern bauten mit einem Darlehen der Ämtersparkasse Herne-Eickel-Wanne eine Schule, deren Räume sie samstags

Synagoge an der Schäferstraße

Der Betsaal in der Schule war nur ein Provisorium, wenn er auch den Herner Juden über zwei Jahrzehnte hinweg gute Dienste leistete. Dann wurden aber die Räume an der Schulstraße zu klein, und die Größe der Gemeinde verlangte ein eigenes und auch ein ansprechendes Synagogengebäude, wie es inzwischen die umliegenden Städte gebaut hatten.

Daß die jüdische Gemeinde in Herne sich einen repräsentativen, wenn nicht sogar prunkvollen Bau leisten konnte, beweisen Einzelheiten des Neubaus in der Schäferstraße 32: Die Synagoge war über eine Vorhalle zu betreten, die ein Marmorbrunnen schmückte; die eichernen Portaltüren waren mit Bronze beschlagen und die Fenster bleiverglast. Hier war also ein Rahmen geschaffen, der erheblich über das Maß der meisten westfälischen Synagogen hinausging. Zudem hatte die Synagoge eine hervorragende Akustik, die häufig auch zu weltlichen Konzerten genutzt wurde.

Die Synagoge verfügte im Erdgeschoß über 196, auf der Empore über weitere 138 Sitzplätze. Integriert in den Baukörper war ein Sitzungssaal von etwa 40 qm, der auch als Wochentagssynagoge benutzt werden konnte.

Im November 1936 (!) wurden 300 Butzenscheiben der Synagoge durch Steine demoliert. Im Januar 1937 waren diese erneuert. Am 11. November 1938 berichtete die Herner Zeitung: „Tausende und

Dies hätten die zahlreichen Brände am 9. und 10. November gezeigt. Um die die Synagoge umgebenden Häuser vor der Brandgefahr durch die enge Bebauung zu schützen, müsse das Synagogengebäude niedergelegt werden. Dies geschah bis zum 16. Dezember 1938.

Einige wenige Stücke des Kultsilbers konnten auf Initiative des Leiters des Gustav-Lübcke-Museums, Ludwig Bänfer, gerettet werden, so Toraschilde und Torakronen und eine Bessamimdose. Sie befinden sich heute im Besitz der jüdischen Kultusgemeinde Dortmund und sind im Gustav-Lübcke-Museum ausgestellt.

Nach dem Krieg kehrten einige wenige Überlebende nach Hamm zurück. Doch gelang es nicht mehr, auf Dauer eine neue jüdische Kultusgemeinde einzurichten. Seit 1953 gehört Hamm zum Bezirk der Dortmunder Gemeinde. Heute befindet sich auf dem Platz der ehemaligen Synagoge ein Parkplatz, der zu der Fläche des Santa-Monica-Platzes gehört.

Abertausende zogen gestern seit den frühen Morgenstunden durch die Straßen und konnten erleben, wie die Herner Synagoge in Trümmer und Schutt fiel."[173] Wenn diese Zahl auch maßlos überrieben sein wird, so sind doch im Stadtarchiv Herne Fotos erhalten, die eine beträchtliche Menschenmenge vor der zerstörten Synagoge zeigen. Der Oberbürgermeister forderte am 12. November 1938 die Synagogengemeinde auf, „umgehend, spätestens am Montag, dem 14. November 1938, mit den Aufräumungsarbeiten zu beginnen und das Grundstück einzuebnen." Es spricht für den besonderen Mut von Moritz Gans, der der Vorsitzende des Vorstandes der Synagogengemeinde war, daß er am selben Tag antwortete: „Ich kann Ihrer Aufforderung vom 12.11.38 leider nicht sofort Folge leisten, da ich mit meinen bald 74 Jahren und meinem herunter gekommenen Gesundheitszustand der Ruhe bedarf. Bitte setzen Sie sich jetzt dieserhalb mit Herrn Dr. Wertheim, z. Zt. in Schurzhaft, hier, in Verbindung."

Am 29. April 1940 vermerkten die städtischen Baubehörden in der Hausakte: „Die Synagoge ist abgebrochen, das Grundstück verkauft."

Nach 1945 kehrten jüdische Bürger nach Herne zurück und trafen sich zum Gottesdienst in einer Wohnung in der Schäferstraße. Durch Auswanderungen wurde diese Gruppe um 1949 so klein, daß sie mit ihren früheren Nachbargemeinden die Gemeinde Bochum-Herne-Recklinghausen bildete.

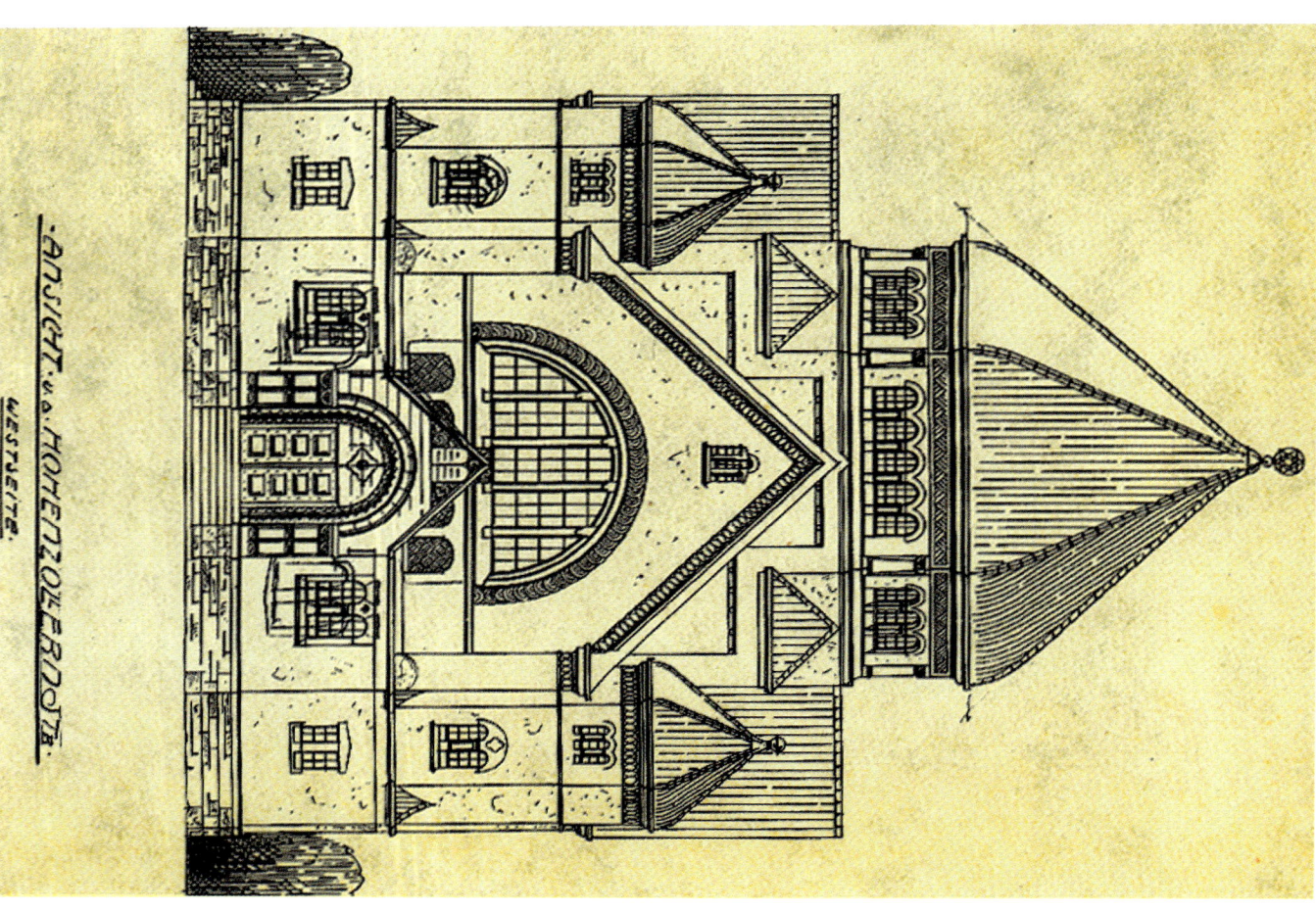

Synagoge Herne: Straßenansicht mit skizzierten Korrekturen (1910)

Regierungsbezirk Arnsberg

Hagen: Blick auf Bima und Toraschrein in der neuen Synagoge (siehe Seite 68)

Die restaurierte Synagoge in Hagen-Hohenlimburg (siehe Seite 68)

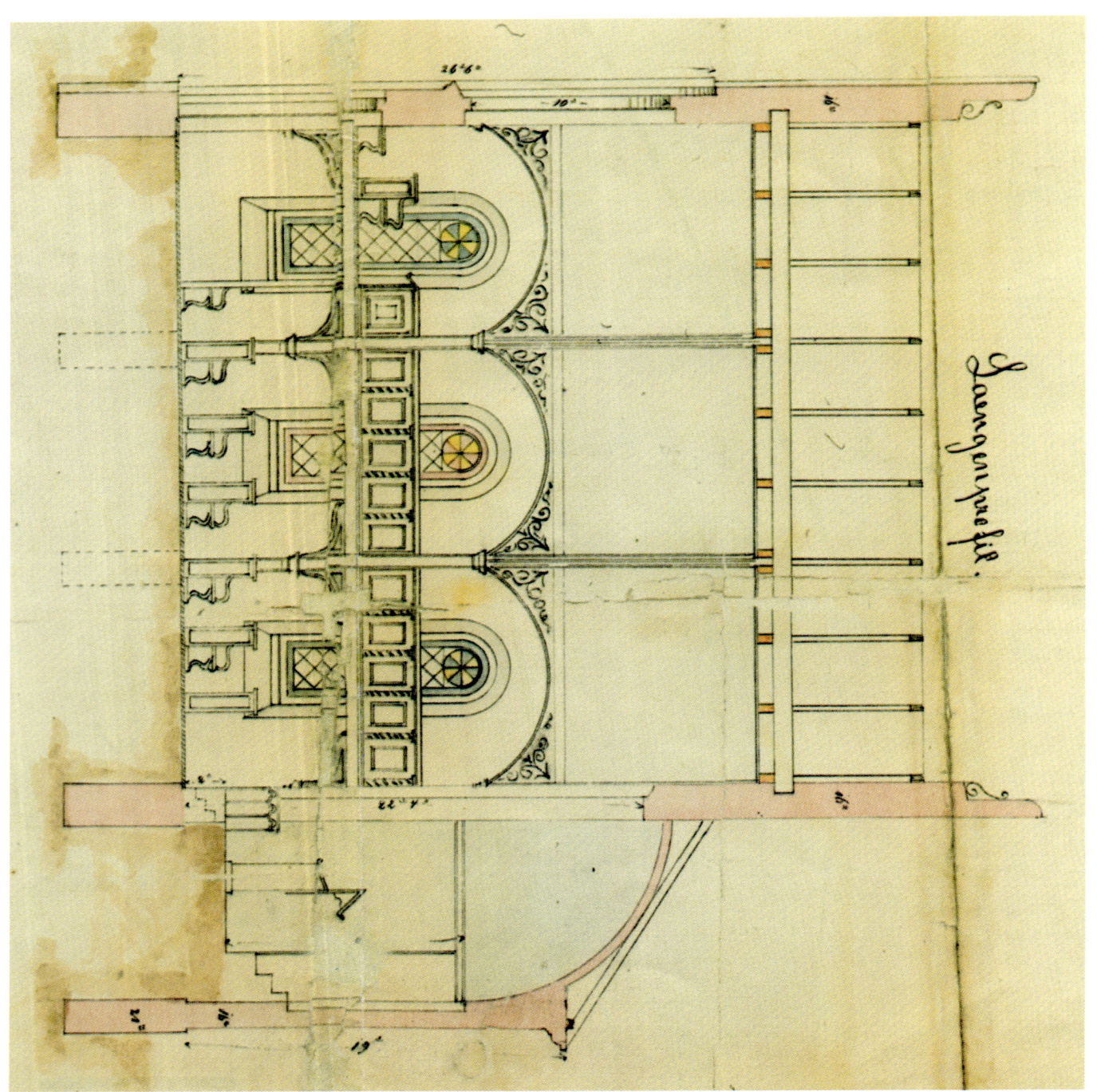

Herne-Wanne-Eickel

Für die Entstehung der Synagogengemeinde Wanne-Eickel gelten die zuvor für Herne beschriebenen Verhältnisse: Auch die Wanne-Eickeler Juden gehörten im 19. Jahrhundert zur Synagogengemeinde Bochum, sie suchten ebenfalls die Eigenständigkeit, sie nutzten angemietete Beträume und wollten eine Synagoge bauen.

In einer Hinsicht jedoch war dieser Prozeß für die Juden in Wanne-Eickel noch komplizierter, weil sie nämlich keine geschlossene Gruppe bildeten: Die Eickeler Juden hatten durchaus andere Interessen als ihre Glaubensbrüder in Wanne.

So kam es, daß der Antrag auf Selbständigkeit der Wanner Juden 1898/99 vom Regierungspräsidenten in Arnsberg abgelehnt wurde, weil eine Jüdische Gemeinde in Wanne zu klein und zu zahlungsschwach wäre, selbst wenn die Eickeler Juden sich ihr anschlössen, wozu diese aber gar keine Neigung hätten.

Die Wanner Juden trafen sich in angemieteten Beträumen: „Das Versammlungslokal der Gemeinschaft bei ihrer Gründung im Jahr 1898 befand sich zunächst bei J. Ferse, Bahnhofstraße, dann bei Schremper, Gelsenkirchenerstraße, danach bei Th. Rusche, Königstraße und gegenwärtig bei E. Schiff (Therese Blumenthal), Bahnhofstraße".[174] Aber alle diese Räume waren auf Dauer zu klein.

Schließlich ermöglichten die Eickeler Juden einen Fortschritt in den Bemühungen um die Lösung von der Synagogengemeinde Bochum, indem sie erklärten, daß sie einer gemeinsamen Gemeinde Wanne-Eickel beitreten würden, wenn die dann zu bauende Synagoge und die Schule südlich der Eisenbahnlinie Gelsenkirchen-Herne, also nahe der Grenze zwischen Wanne und Eickel, gebaut würden.

Restaurierte Synagoge in Arnsberg-Neheim (siehe Seite 80)

Hamm: Entwurf zu einer neuen Synagoge (1868) (siehe Seite 70)

Am 1. Oktober 1907 wurde die Synagogengemeinde Wanne-Eickel selbständig und begann mit der Planung der Synagoge auf einem Grundstück an der Langekampstraße, knapp südlich der besagten Eisenbahntrasse.

Die Synagoge an der Langekampstraße

Die Synagoge in der Langekampstraße 48 wurde am 19. Juni 1910 eingeweiht. Die Festpredigt hielt Rabbiner Dr. Moritz David aus Bochum. Das Abendprogramm fand im Kurhotel Wanne statt.

Ein zeitgenössischer Bericht beschreibt die Synagoge als Bauwerk von „schlichter und feiner Einfachheit". [175] In der Tat war es kein großer Baukörper. Die Flächenmaße betrugen etwa 15 mal 18 Meter. Das äußere Erscheinungsbild – gemäßigtes Langhaus, Apsis, Turm – waren einer Kirche nicht unähnlich, verbargen aber eine ganz andere Innenaufteilung: Im Parterre des Gebäudes befand sich der Raum für den Religionsunterricht und eine recht geräumige Vier-Zimmer-Wohnung für den Lehrer. Der Synagogenraum mit etwa 180 Plätzen befand sich im Obergeschoß. Daß er künstlerisch ausgestaltet war, können wir heute nur noch daraus schließen, daß eine Firma aus Essen die Glasmalereien und eine Firma aus Gütersloh Holzbildhauereien lieferte. [176]

Einen Einblick in das Wanne-Eickeler Gemeindeleben gibt Max Fritzler, der von

Restaurierte Synagoge in Sehn-Bork (siehe Seite 125)

Herne-Wanne-Eickel: Südseite der Synagoge, Baujahr 1910

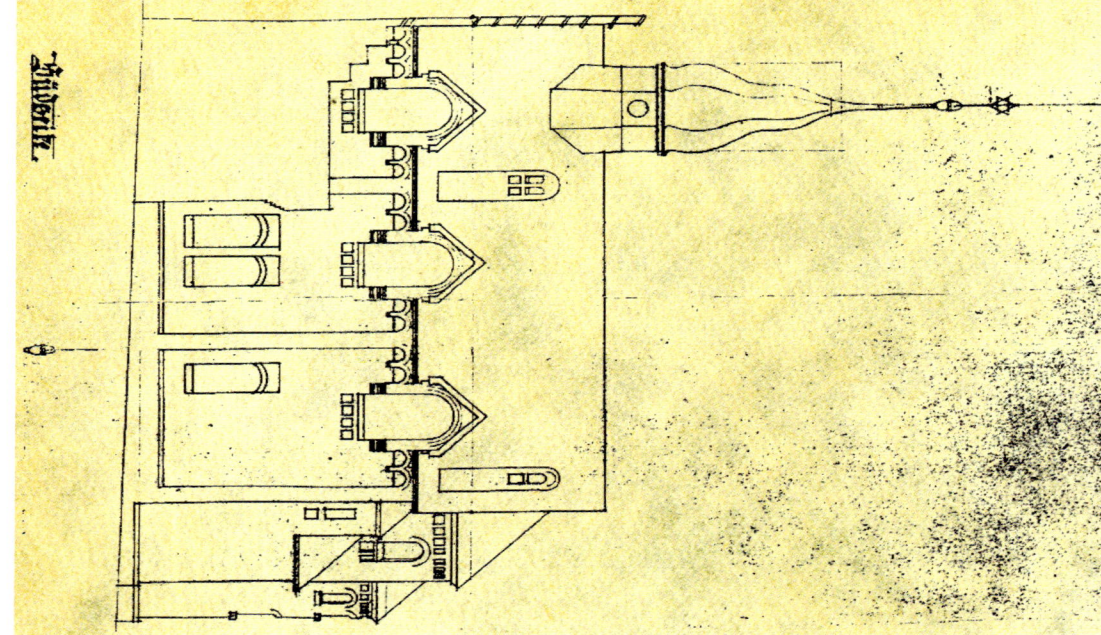

Hochsauerlandkreis

Arnsberg

Im Jahr 1854 konstituierte sich der Synagogenbezirk Arnsberg. Laut Statut der Synagogengemeinde, das am 12.11.1855 vom Oberpräsidenten von Westfalen genehmigt wurde, umfaßte der Synagogenbezirk den ganzen Kreis Arnsberg, und zwar als Hauptgemeinde die Stadt Arnsberg und als Untergemeinden Neheim, Hüsten und Warstein. Die Untergemeinden besaßen jeweils eigene Synagogen, Friedhöfe und Kultusbeamte.

Für das Jahr 1825 wird in den Akten der Stadt Arnsberg von einer Synagoge und Schule gesprochen. Es wird sich wohl um eine Betstube in einem Privathaus gehandelt haben. Am 29. August 1826 bat der Vorsteher der jüdischen Gemeinde

Synagoge in Arnsberg
(Federzeichnung von R. Hilgenstock)

1924 bis 1936 Lehrer in der Gemeinde war: „Die Gemeinde mit Einschluß der ostjüdischen Mitglieder war durchweg liberal, und es hat trotz mancher Gegensätze während meiner Amtszeit keine religiösen oder politischen Kämpfe gegeben. Ein Teil der ostjüdischen Mitglieder widersetzte sich zwar dem Gebrauch eines Harmoniums im Gottesdienst zu den Feiertagen und bei besonderen Gelegenheiten und hat dann an diesen Tagen einen Sondergottesdienst abgehalten. Zweifellos haben die ostjüdischen Gemeindemitglieder anregend und befruchtend auf das religiöse Leben gewirkt und im Gemeinde- und Vereinsleben vorzüglich mitgearbeitet. Es gab in unserer Gemeinde eine Männer- und eine Frauenchewra, den Reichsbund jüdischer Frontsoldaten, eine Sterbekasse, den Centralverein, einen neutralen Jugendverein und die ‚Kameraden' sowie den Synagogenchor. Das geistige und Kulturleben wurde zum größten Teile durch den Jugendverein, dem alle Gemeindemitglieder aktiv angehörten, gefördert und in Bewegung gehalten. Der Jugendverein kam mindestens alle 14 Tage zusammen und arbeitete ähnlich wie die zu seinem Verbande gehörenden Vereine des Industriegebietes. So wurden Vorträge gehalten, so oft es sich ermöglichen ließ, von auswärtigen Rednern; Referate, Diskussionsabende und Buchbesprechungen etc. wurden durchgeführt. Eine Besonderheit waren vielleicht die häufigen Theatervorführungen innerhalb unserer Gemeinde"[177]

Von der Pogromnacht im November 1938 in Wanne-Eickel berichtet die Westfälische Landeszeitung: „In der Nähe des Judentempels in der Langekampstraße war ebenfalls eine erregte Menschenmenge anzutreffen, die laut zum Ausdruck brachte, dem Tempel – in dem rachegierend und verlogen Mord und Totschlag ausgebrütet werden – endlich den Garaus zu machen. Und plötzlich war es geschehen. Die ehrliche, deutschbewußte und vom Abscheu über die jüdische Mordtat ergriffene Bevölkerung ließ den Judentempel in Flammen aufgehen ... Jetzt stehen nur noch die Umfassungsmauern da und sind Zeuge einer wahrhaften und gerechten Volksempörung".[178]

den Landrat um Erlaubnis, eine Synagoge mit Schule errichten zu dürfen, und um die Anweisung eines Bauplatzes zu diesen Zweck. Man hoffte, daß wegen der geringen finanziellen Möglichkeiten der Gemeinde der Oberbevorsteher der Judenschaft des ehemaligen Herzogtums Westfalen, Levy Lazar Hellwitz, eine Kollekte im Regierungsbezirk Arnsberg durchführen würde. In einer vom Landrat erbetenen Stellungnahme schrieb der Obervorsteher, daß er zwar den Wunsch der Arnsberger Juden nach einer Synagoge für berechtigt hielt, die Gemeinde aber erst einmal einen Lehrer mit angemessenem Gehalt verpflichten solle. So ließ sich der Plan eines Synagogenbaus vorerst nicht realisieren. Noch 1835 fanden die Gottesdienste in einem angemieteten Saal statt.

Vermutlich vor dem März 1839 hat die Gemeinde dann das Hüsersche Haus an der Schloßstraße gekauft, um dort die Synagoge, die Schule und die Lehrerwohnung einzurichten. ..... Das mit Schindeln gedeckte Fachwerkhaus mit rechtwinkligem Grundriß muß bescheiden gewesen sein. Es hatte zwei Etagen mit je drei Zimmern. Zur Schloßstraße wies die Hausfront in der ersten Etage die Tür und drei Fenster und in der zweiten Etage ebenfalls drei Fenster auf ...."[179]

Dieses Gebäude brannte beim Stadtbrand vom 17. August 1847 völlig nieder. In der Gemeinde kam es zu Diskussionen, ob man die Synagoge am gleichen Platz oder aber an der Soester Straße neu errichten sollte. Diese Diskussionen zogen sich länger hin; jedenfalls zeigte der Grundstückbauplan von 1848 das Grundstück an der Schloßstraße noch unbebaut. Ebenso mußte die Finanzierung geklärt werden, denn die Gemeinde konnte die Kosten für einen Neubau nicht selbst aufbringen. Deshalb hat sie in den Jahren 1849 und 1851 die Regierung um Erlaubnis, bei den jüdischen Einwohnern der Provinz Westfalen eine Kollekte durchführen zu dürfen. Diese wurde der jüdischen Gemeinde „zum Wiederaufbau ihres eingeäscherten Schul- und Bethauses" bewilligt.[180] In den Jahren 1852/53 wurde mit dem Neubau des Arnsberger Synagogengrundstück, das seit dem 28. April 1849 auf die Namen von fünf Gemeindemitgliedern eingetragen war, wurde der Gemeinde erst am 5. Juni 1886 übertragen.

Für den Neubau nahm die Gemeinde einen Kredit von 1.000 Reichstalern bei der Arnsberger Sparkasse auf. Am 24./25. Juni 1853 fand die feierliche Einweihung statt. Das Synagogengrundstück, das seit dem 28. April 1849 auf die Namen von fünf Gemeindemitgliedern eingetragen war, wurde der Gemeinde erst am 5. Juni 1886 übertragen.

„In Nord-Süd – Richtung entstand der Synagogensaal, an dessen Nordteil in zur Schloßstraße rechtwinklig angebrachten Trakt den Klassenraum für die Schule in der ersten Etage und darüber die Wohnung für den Lehrer beherbergte. Der Synagogensaal besaß nach Westen hin drei Rundbogenfenster."[181]

Am 23. August 1879 beschlossen die Repräsentanten der Gemeinde, die Synagoge durch eine neue Seitenbühne zu vergrößern. Da dies jedoch nicht ausreichte, wurde am 24. August 1885 der Entschluß gefaßt, einen Erweiterungsbau zu errichten. Zu diesem Zweck wurde eine Anleihe von 3.000 Mark aufgenommen.

Der bestehende Saal wurde um eine Fensterachse nach Süden hin erweitert. Frauen und Männer betraten die Synagoge von der Ostseite her durch getrennte, übereinanderliegende Eingänge. Die Frauenempore befand sich im nördlichen Teil der Synagoge. Auf der Empore war auch ein Harmonium aufgestellt. Die Synagoge bot für etwa 25 Frauen und etwa 50 Männer Platz. „An der Südwand war zentral der Toraschrank in einem außen überdachten Mauererker eingelassen. Rechts und links davon befanden sich kleinere, buntverglaste Rundbogenfenster. Darüber in der Wandmitte ein kleines Okulus-Fenster. Von Westen ließen vier große Rundbogenfenster mit farbverglasten rautenförmigen Sprossen viel Licht in den Innenraum ... Vor dem Thoraschrein stand auf einem Holzpodium, um das sich ein Geländer mit gedrechselten Holzstäben zog, das Vorbeterpult ... Rechts davon befand sich eine kleinere Holzkanzel für Ansprachen und Predigten ..."[182]

Schon 1934 wurde in die Synagoge eingebrochen und der Betraum völlig verschmutzt. Am späten Vormittag des 10. November 1938 wurde die Synagoge dann im Gefolge der Pogromnacht ausgeplündert und die Inneneinrichtung zerstört, ein in der Synagoge entfachter Brand aber wegen der Gefahr für die umliegenden Gebäude nach heftigen Protesten der Anwohner schnell wieder gelöscht.

Im Januar 1939 wollte der Rat der Stadt Arnsberg der Gemeinde die Synagoge abkaufen. Doch dazu kam es nicht, denn der Vorstand bot – vermutlich unter Zwang – der Gruppe 10 des Nationalsozialistischen Fliegerkorps aus Dortmund das Grundstück für 3.000 Reichsmark zum Kauf an. Am 9. Februar 1940 erfolgte die Umschreibung. Das NSFK ließ das Gebäude in der Folgezeit umbauen. Auch ein HJ-Heim wurde hier eingerichtet.

Nach dem Ende des Zweiten Weltkrieges gelangte das Anwesen in das Eigentum der Jewish Trust Corporation for Germany, die es 1954 an einen Privatmann verkaufte, der es dann weiteren, starken baulichen Veränderungen unterzog. Heute deutet – bis auf eine Gedenkplatte auf der gegenüberliegenden Straßenseite – nichts mehr auf die frühere sakrale Verwendung des Gebäudes hin.

Regierungsbezirk Arnsberg

oben links:
Synagoge in Siegen (1904-1938)
(siehe Seite 110)

oben rechts:
Werl: Toraschild aus der Synagoge Werl (1775);
heute in der jüdischen Kultusgemeinde Dortmund
(siehe Seite 121)

links:
Lippetal-Hovestadt: Synagoge
(2. Gebäude von links)
(siehe Seite 115)

Arnsberg – Hüsten

Im Jahr 1675 lebten zwei jüdische Familien in Hüsten. Bis zum Beginn des 19. Jahrhunderts stieg ihre Zahl auf 37 Personen an. In den folgenden Jahrzehnten ging die Zahl durch Abwanderungen nach Arnsberg wieder zurück, stieg dann aber wieder an und erreichte 1925 mit 87 Personen den Höchststand. Zu Beginn des Dritten Reiches lebten etwa 50 Juden in Hüsten. Viele von ihnen, die nicht mehr auswandern konnten, haben die NS-Zeit nicht überlebt.

Hüsten gehörte seit 1855 als Synagogenuntergemeinde dem Synagogenbezirk Arnsberg an. Bis weit in das 19. Jahrhundert gibt es keinen Hinweis auf eine Synagoge oder Betstube am Ort. Erst 1861 erscheint im Etat der Hüstener Synagogengemeinde ein Posten für die Reparatur des Synagogengebäudes. Es handelte sich hierbei um einen Raum, der an das Wohn- und Geschäftshaus der Familie Jordan in der Bahnhofstraße 5 angebaut war.

Anfang des 20. Jahrhunderts wurde eine neue Synagoge gebaut. Über diese neue Synagoge erhält man Kenntnis durch ein Begleitschreiben zum Bauantrag vom 31. März 1903, das von dem Bauherrn Louis Jordan und dem Bauunternehmer Kiwit unterzeichnet ist: „Die Synagoge der israelitischen Gemeinde Hüsten ist direkt hinter dem alten Wohnhaus des Herrn L. Jordan untergebracht. Da dieselbe jetzt mit abgebrochen werden soll, so muß H. Jordan der Gemeinde eine neue Synagoge in seinem Garten errichten. Dieselbe ist ganz einfach gehalten, jedoch für die kleine Gemeinde genügend groß bemessen. Die Wände sind aus Ziegelsteinen in Kalkmörtel gedacht und erhalten ausreichend große Fenster. Die Decke ist eine Holzbalkendecke mit Rigipsdeckenunterputz und Zwischendecken, welcher als Holzfußboden auf eichenen Balken gedacht ist, liegt ca. 60 cm über der Erde, um ein Verfaulen desselben zu vermeiden. Um zu der Empore zu gelangen, ist ein Vorbau mit Treppe vorgesehen. Die Empore besteht aus Holzbalken mit tannenem Fußboden. Das Dach wird mit schwarzen Falzziegeln eingedeckt."[183]

Die Synagoge hatte eine Fläche von 5,5 Meter mal 6,9 Meter. Der Toraschrein befand sich auf einem zweistufigen Podest und wurde von zwei Rundfenstern eingefaßt. In der Synagoge war eine Gedenktafel für die Gefallenen des Ersten Weltkrieges aus der Hüstener Gemeinde angebracht. Das Gebäude lag etwa 25 Meter von der Bahnhofstraße 5 entfernt im Hof des damaligen Textilhauses Jordan, des heutigen Kaufhauses Albers. Die Baugenehmigung wurde am 11. Mai 1903 erteilt. Im Nachtragshaushalt der Gemeinde von 1905 findet sich ein Vermerk, wonach 1908 bei der Sparkasse geliehen werden mußten. Schon 1908 findet sich im Etat der Gemeinde ein Posten von 200 Mark für notwendige Reparaturen an der Synagoge.

Die Angehörigen der Familie Jordan – Levi, Paul und seine Ehefrau Anni – wanderten 1936 nach Südamerika aus und übergaben ihr Geschäft Toni Albers. Zwischen 1939 und 1941 verpachtete dieser die ehemalige Synagoge an die Gemeinde Hüsten für das Deutsche Rote Kreuz, Ortsverein Hüsten. Was nach dem Krieg mit der ehemaligen Synagoge geschah, ist unklar. Vermutlich sind ihre Außenmauern in das heutige Kaufhaus Albers (Inh. Knipp) integriert worden.[184]

Arnsberg – Neheim

Seit der Mitte des 17. Jahrhunderts sind Juden in Neheim ansässig gewesen. 1672 lebten hier drei Familien. Bis zum Beginn des 19. Jahrhunderts stieg ihre Zahl auf sieben Familien an. In den folgenden Jahrzehnten stieg die Anzahl der jüdischen Bürger weiter an, von 30 Personen im Jahr 1816 bis auf 103 Personen im Jahr 1910. Danach ging ihre Zahl wieder zurück. Am Beginn der NS-Zeit lebten etwa 62 Juden in Neheim. In der Mehrzahl waren sie als Kaufleute, Viehhändler, Metzger und Fabrikanten tätig. Einigen von ihnen gelang die Auswanderung, viele wurden in den Vernichtungslagern ermordet, nur wenige kehrten aus diesen zurück.

1855 wurde Neheim Untergemeinde des Synagogenbezirks Arnsberg. Mit Wirkung vom 25. März 1931 bildete Neheim dann einen eigenen Synagogenbezirk, der den Stadtkreis Neheim umfaßte.

Ein bedeutender Bürger Neheims im 19. Jahrhundert war Noah Wolff (1809-1907), der aus Berleburg stammte. Er gründete 1833 zusammen mit seinem Freund Salomon Elias in Neheim eine Stecknadelfabrik, die erste Industriensiedlung am Ort. Im Herbst 1834 beschäftigte die Firma schon 48 Arbeiter. Durch seine guten Beziehungen zum Prinzen von Wittgenstein-Berleburg, zum Oberpräsidenten von Westfalen Vincke und zum Freiherrn von Fürstenberg gelang es ihm, das notwendige Kapital zur Erweiterung der Firma zu erhalten. Gegenüber dem Freiherrn argumentierte Wolff, daß dieser von den Kosten für die Armenfürsorge – er zahlte 400 Reichstaler jährlich – entlastet werden würde, wenn durch die Erweiterung der Firma noch mehr Bürger der armen Stadt Neheim in Arbeit und Brot kämen. Der Freiherr von Fürsten-

berg ließ sich davon überzeugen und stellte Kapital zur Verfügung unter der Bedingung, daß nur Einheimische eingestellt würden. Die Firma Wolff & Elias entwickelte sich nun schnell zu einem angesehenen mittelständischen Betrieb für Nadeln und andere Metallerzeugnisse, die vielen Neheimern eine Beschäftigung gab. Noah Wolff wurde somit zum Begründer der Metallwaren- und Leuchtenindustrie in Neheim. Zum sechzigjährigen Firmenjubiläum wurde ihm vom preußischen König der Rote Adlerorden verliehen, 1896 verlieh ihm die Stadt Neheim die Ehrenbürgerwürde. Neben seiner industriellen Tätigkeit förderte er den jüdischen Schulunterricht, betrieb den Bau der Synagoge und setzte sich für das kulturelle Leben im Synagogenbezirk Arnsberg ein.

Betstuben an der Mendener Straße und der Burgstraße

Bis ins 19.Jahrhundert hinein findet sich kein Hinweis auf eine Betstube oder Synagoge in Neheim. Ende 1831 stellte die Gemeinde von Neheim den ersten Antrag, eine Synagoge errichten zu dürfen. Da der bisher genutzte Raum im Haus des Susmann Steinberg zu klein geworden sei, hätten sie der Witwe Cosack eine Scheune abgekauft, um sie zu einer Synagoge nebst Schulraum und Lehrerwohnung umzubauen. Wo sich das Haus des Susmann Steinberg und die Scheune befunden haben, ist nicht bekannt. Obwohl der Neheimer Bürgermeister in einem Begleitschreiben diesen Antrag unterstützte, wurde er vom Landrat abgelehnt, da nach dessen Aussage nicht die ganze Gemeinde dem Plan zugestimmt habe. Daraufhin pachtete die Gemeinde einen ausreichend großen Raum in dem Haus Mendener Straße 33 und richtete hier ihre Betstube ein. Dabei stellte sich heraus, daß Susmann Steinberg den Plan des Synagogenbaus hintertrieben hatte.

Bis 1862 bestand diese Betstube, dann wurde in dem Gebäude die erste Krankenpflegeanstalt von Neheim untergebracht. Die Gemeinde zog zur Burgstraße um, wo sie bis zur Einweihung der Synagoge 1876 ihre Gottesdienste abhielt.

Synagoge an der Mendener Straße

Um 1850 war Noah Wolff Vorsteher der Neheimer Gemeinde geworden. In einem Schreiben vom 9. Juni 1853 an den Landrat des Kreises Arnsberg bemühte er sich – allerdings vergebens – darum, daß Neheim der Hauptort des neu zu bildenden Synagogenbezirks werden sollte. Er führte u.a. an, daß die Gemeinde beabsichtige, durch freiwillige Spenden den Bau einer Synagoge zu finanzieren. 1866 erhielt die Gemeinde dann die Erlaubnis, in der Provinz Westfalen bei allen jüdischen Einwohnern eine Sammlung für die Errichtung einer Synagoge mit Schule durchzuführen. Diese Sammlung konnte jedoch wegen des preußisch-österreichischen Krieges nicht stattfinden. Auch in den folgenden Jahren kam sie nicht zustande. 1875 führte die Gemeinde dann eine Lotterie zugunsten eines Synagogenbaus durch. Noch im gleichen Jahr konnte mit den Bauarbeiten begonnen werden. Am 20. Oktober 1876 wurde die Synagoge an der Mendener Straße 35 feierlich eingeweiht.

Die Synagoge im Rundbogenstil, die erhalten geblieben ist, hat eine Grundfläche von 11 Meter mal 8,5 Meter, der eigentliche Synagogensaal ist 62 qm groß und hat sechs große rundbogige Eisensprossenfenster. Das zweigeschossige Gebäude ist etwas von der Mendener Straße zurückversetzt. Im zweiten Geschoß befand sich der Schulraum. Eine Frauenempore hat es nicht gegeben. An der Westseite befindet sich über der Apsis des Toraschreins ein sich nach oben hin verjüngender Turm mit einer Haube. Durch den rundbogigen Eingang, der durch ein Rundfenster betont wird, betritt man einen schmalen Gang, von dem aus eine Doppeltür in den eigentlichen Synagogensaal führte.

Laut der Beschreibung eines ehemaligen Gemeindemitglieds hat die Synagoge in den dreißiger Jahren wie folgt ausgesehen: „Im Eingang war ein Fliesen belegter Flur und eine Treppe nach oben. In der Mitte war eine Doppeltür, ein breiter Gang – Teppich belegt – endete am Altar. Rechts und links waren Bänke, etwa 10 an jeder Seite. Auf einer Bank konnten bestimmt 6 Personen sitzen. An der Frontseite waren Stufen und ein Podium mit der Heiligen Lade und Lesepulte. Da waren mindestens 3 Thorarollen. Es können jedoch auch 1 bis 2 mehr gewesen sein ... Ein heiliges Licht hing über dem Schrein. Vor dem Thoraschrein war ein großer Velvetvorhang reich mit Gold bestickt. Für das Predigerpult und das Lesepult gab es ebenfalls Velvetdecken ... Oben war ein Versammlungszimmer mit Tischen und 30 bis 40 Stühlen und einem Podium ..."[185]

In der Pogromnacht 1938 wurde die Synagoge geschändet, jedoch wegen der Feuergefahr für die Neheimer Altstadt nicht in Brand gesteckt. Nach dem Krieg gelangte das Gebäude wieder in jüdischen Besitz und wurde als Lagerraum genutzt. 1982 wurde es unter Denkmalschutz gestellt und bis 1985 vollständig restauriert. Heute befindet sich hier ein Antiquitätengeschäft. Eine Tafel am Tor erinnert an die ehemalige jüdische Gemeinde und ihre Synagoge.

Brilon

Seit dem Mittelalter hatte es in Brilon eine jüdische Gemeinschaft gegeben. Am 24. April 1854 wurde dem Bürgermeister von Brilon mitgeteilt, daß der Kreis Brilon in drei Synagogenbezirke eingeteilt worden sei, und zwar in die Bezirke Niedermarsberg, Padberg und Brilon. Zu Brilon gehörten der Magistratsbezirk Brilon – mit einigen Ausnahmen, die zu Padberg kamen – die Bürgermeisterei Thülen, der Magistratsbezirk Winterberg, die Bürgermeistereien Bigge und Medebach sowie Hallenberg, Liesen und Niedersfeld.

Die erste urkundliche Erwähnung eines Bethauses für die Gemeinde wird für das Jahr 1712 angenommen. Da vor 1700 in Brilon etwa 10 jüdische Familien lebten und auch ein jüdischer Friedhof vor dieser Zeit existierte, vermutet man, daß es schon im 17. Jahrhundert eine Gebetsstätte der Juden gegeben hat. Jedenfalls erklärte im Jahre 1741 eine Witwe Pinnes, daß einer ihrer Söhne die Juden zur Synagoge rufe. Vermutlich wird es sich hierbei um eine Betstube in einem Privathaus gehandelt haben.

Synagoge in der Marktstraße

Im Jahr 1821 erwarb Israel Rothschild von der jüdischen Gemeinschaft ein Wohnhaus in der Judengasse – an der heutigen Marktstraße 16 –, zu dem im Grundbuch von 1850 als Einschränkung eingetragen wurde: „Für die Mitglieder der jüdischen Gemeinde in Brilon das Recht, durch das Wohnhaus auf Flur 22, Nr. 17 zur Synagoge zu gehen, auch sich in der Wohnstube des Hauses wärmen zu dürfen. Eingetragen ex documento vom 12. September 1850 zufolge Verfügung vom 6. December 1850".[186] Laut Urkataster der Stadt Brilon von 1829 war die Synagoge ein Anbau des obengenannten Hauses. In einer Karte aus dem Jahre 1808 ist dieser Anbau allerdings nicht verzeichnet. Also muß dieser Anbau in der Zeit von 1808-1829 errichtet worden sein. Aber erst am 4. März 1891 wurde die Synagogengemeinde Brilon im Grundbuch als Eigentümerin des „Hofraumes mit Synagoge" eingetragen.[187]

Bis 1931 nutzte die Gemeinde diesen Fachwerkanbau als Synagoge. Am 25. Mai 1938 kaufte Klara Fränkel, eine Nachfahrin des Israel Rothschild und Eigentümerin des Hauses, den Anbau der jüdischen Gemeinde ab. Am 1. März 1940 wurde das Wohnhaus mit dem Anbau zusammengefaßt für den nachfolgenden Eigentümer ins Grundbuch eingetragen. Heute befindet sich in diesem Haus die Gastwirtschaft Schreckenberg. Es ist durch zwei Umbauten beträchtlich verändert worden.

Synagoge in der Hubertusstraße

Am 8. Februar 1926 bat die jüdische Gemeinde in einem Schreiben die Stadt Brilon um die kostenlose Überlassung eines Bauplatzes für die Errichtung einer neuen Synagoge. Am 25. Februar schlug der Magistrat der Stadt der Stadtversammlung vor, diesem Antrag stattzugeben und der Synagogengemeinde einen Bauplatz an der Hubertusstraße zur Verfügung zu stellen. Am 1. März 1929 erklärte sich die Stadtverordnetenversammlung damit einverstanden, diesen Bauplatz der jüdischen Gemeinde kostenlos zu überlassen.

Im Februar 1925 hatte die Gemeinde ein mehrere Jahrhunderte altes wertvolles Kunstwerk, ein Löwenkännchen, an den Osnabrücker Antiquar Meyer für 26.000

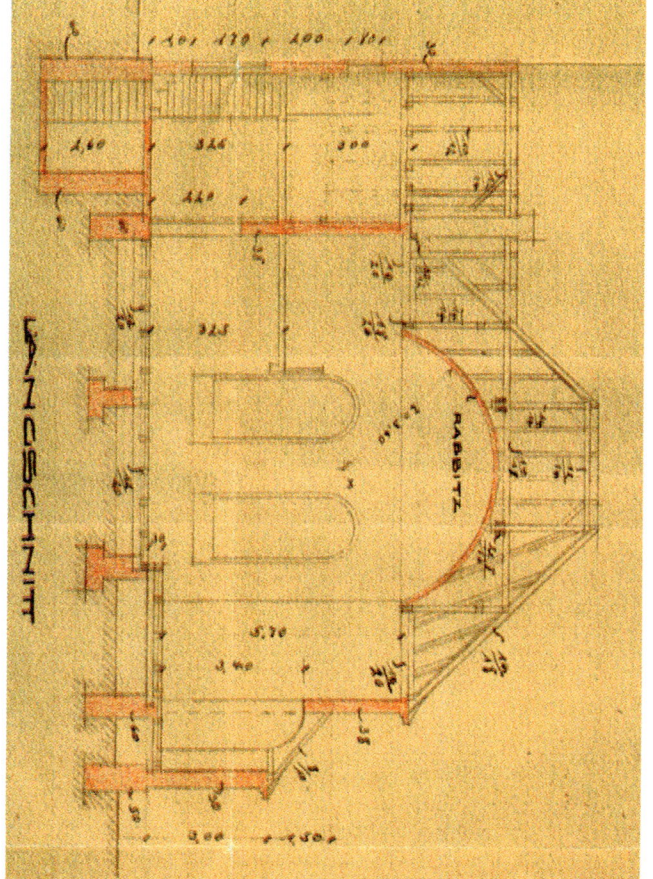

Brilon: Zeichnung zum Synagogenbau (1929)

Reichsmark verkauft. Am 15. April 1926 beschloß die Gemeindeversammlung, diese Summe nur für den Bau der Synagoge zu verwenden, und nicht, wie von einigen Gemeindemitgliedern gefordert, zur Finanzierung des Gemeindeetats.[188]

Am 15. April 1929 war die erste Bauzeichnung der Synagoge fertiggestellt. Da der ausgeführte Bau dieser Zeichnung nicht völlig entsprach, verlangte der Briloner Bürgermeister am 27. August 1930 eine neue Bauzeichnung. „Die Synagoge war ursprünglich größer geplant. Der erste Entwurf sah einen achteckigen Turm von 15,80 Meter Höhe vor. Vermutlich waren es finanzielle Erwägungen, die eine bescheidenere Ausführung nahelegten. Gebaut wurde auf gleicher Grundfläche unter Verzicht von zwei Apsiden. Anstelle des Turms entschied man sich für ein Walmdach mit einer Firsthöhe von 11,10 m. Der Anbau mit Eingang, Schulzimmer und Treppenhaus mit abschließendem Sat-

Werne: Fundamente der Synagoge
(siehe Seite 130)

teldach wurde von ca. 11 auf 9 Meter reduziert."[189]

Der Bau der Synagoge erforderte erhebliche finanzielle Mittel, und so sah sich die Gemeinde gezwungen, zwei Grundstücke zu verkaufen und bei der städtischen Sparkasse einen Kredit aufzunehmen. Die Ausführung des Baues hatte die Firma Louis Kraft übernommen. Die feierliche Einweihung der Synagoge fand am 10. Mai 1931 statt. Die Weihe nahm der Lehrer Meyerhoff aus Niedermarsberg vor. Glückwünsche des Zentralverbandes der jüdischen Gemeinden aus Berlin überbrachte der Münstersche Rabbiner Dr. Steinthal.

„Die neue Synagoge stand leicht erhöht gegenüber dem früheren Kino in der Friedrichstraße, auf der Wiese hinter dem heutigen kleinen Parkplatz zwischen Kreuziger Mauer und Hubertusstraße. Das Fundament war aus Bruchsteinen, die übrigen Wände aus hartgebranntem Ringofensteinen. Die Treppenhausdecken und der Boden der Empore waren Holzbalkendecken mit Spalierputz. Von außen erhielt das Gebäude einen weißen Edelputz. Das Dach war mit Schiefer auf tannener Schalung gedeckt. Zur Friedrichstraße hin war eine Mauer, nur unterbrochen von dem imposanten Treppenaufgang. Es handelte sich um eine breite, sehr solide Podesttreppe mit ca. 18 Stufen. Sie führte hinauf zu der eichenen Eingangstür. Von Innen war die Tür mit weinrotem Samtstoff bezogen. In der Synagoge war in einem Anbau ein Schulraum mit zwei Fenstern. Eine Verbindungstür führte von da ins Innere. Der Schrein, welcher die Tora bewahrte, befand sich in der halbkreisförmigen und von einer Holzkuppel überwölbten Apsis auf der Estrade, die nach Osten gerichtet war. Das Innere wurde erhellt durch vier Rundbogenfenster, die an den Längsseiten paarweise gegenüberstanden."[190]

Die Gemeinde sollte nicht lange Freude an ihrer Synagoge haben. Schon 1937/38 kam es zu Störungen des Gottesdienstes. Auch die Fenster wurden häufig mit Steinen eingeworfen. Am späten Abend des 9. November 1938 wurde die Synagoge von SA- und SS-Männern gestürmt und mit Benzin angezündet. Die Ruine wurde bis zum 13. April 1939 beseitigt, der Platz der Synagoge eingeebnet. Am 6. Juni 1988 wurde hier ein Gedenkstein aufgestellt. Seine Inschrift lautet: „Der Ort, an dem Du stehst, ist heiliger Boden. Ex 3,5. Hier stand seit 1929 die Synagoge der jüdischen Gemeinde Brilon. Sie wurde in der Pogromnacht am 9. November 1938 von Nationalsozialisten zerstört."[191]

Brilon – Alme

Die politische Gemeinde Alme bestand aus den beiden Teilgemeinden Niederalme und Oberalme. Sie gehörte zur Bürgermeisterei Thülen. Als der Kreis Brilon 1854 in drei Synagogenbezirke eingeteilt wurde, kam Alme zum Synagogenbezirk Brilon. Zu diesem Zeitpunkt besaß die jüdische Gemeinde von Alme bereits eine Synagoge. Daher kann davon ausgegangen werden, daß die Gemeinschaft der Juden von Alme ein recht eigenständiges Gemeindeleben führte. Sie wird wohl nur für ihre eigenen Kultuskosten aufgekommen sein und keine Abgaben an die Hauptgemeinde geleistet haben.

Synagoge in der Judengasse

Aus dem ersten Lageplan der Gemeinde Niederalme von 1775 geht hervor, daß zu diesem Zeitpunkt schon eine Synagoge in der Judengasse existierte. Vermutlich hat sie schon um die Mitte des 18. Jahrhunderts bestanden, da 1759 bereits 52 Juden in Alme lebten. Das Gebäude war Eigentum der Grafen von Bocholtz (Meschede) und von der jüdischen Gemeinde für 13 Taler jährlich gemietet worden. Am 22. Oktober 1821 kaufte die Gemeinde dem Grafen die Synagoge für 200 Taler auf Raten nebst Zinsen ab. Schon 1823 mußte der Vorsteher der Judengasse Moses Schild das Gericht um Hilfe ersuchen, um die Beiträge von den Gemeindemitgliedern einzutreiben. 1825 kam es im Zuge der Zahlungen wiederum zu Schwierigkeiten, so daß der Graf beim Vorsteher und zwei weiteren Gemeindemitgliedern Pfändungen vornehmen ließ.

Als die Gemeinde die Synagoge endlich bezahlt hatte, wies das Gericht den Vorsteher am 17. März 1826 an, wegen der schon öfters vom Gericht beklagten Baufälligkeit des Gebäudes eine Gemeindeversammlung abzuhalten. In dieser sollte entschieden werden, ob die Synagoge repariert oder einem Neubau der Vorzug gegeben werden sollte. Der jetzige Zustand sei auf keinen Fall länger hinnehmbar. Nach einigen Schwierigkeiten einigte man sich darauf, die Synagoge durch den Zimmermeister Humpert begutachten zu lassen. Dieser bestätigte den überaus schlechten Zustand. Gleichzeitig bemerkte er jedoch, daß die Reparatur wenig bringen würde und ein Neubau die bessere Alternative sei. Seine Untersuchungen hatten nämlich ergeben, daß „die gesamten Schwellen vollständig verfallen waren, die Mauern darunter, sowie die Wände sämtlich zerstört, die Ständer nach der Ostseite ganz verdorben waren, der Fußboden nicht hergestellt werden könne, weil der Boden wäßrig und bei schlechten Wetter mit Wasser überschwemmt sei. Um den Boden zu trocknen, müßte man ihn erhöhen, dann würden aber die Wände teilweise zu niedrig. Die Synagoge war 16 Fuß lang, ebenso breit und 11 Fuß hoch."[192]

Die neue Synagoge sollte eine Grundfläche von 27 mal 27 Fuß und eine Höhe von 20 Fuß bekommen. Sie sollte „ein Dach mit Ziegelbelag und ein symmetrisches Gewölbe erhalten; an drei Seiten 6 zölligen hohe und breite Fenster mit hölzernem Blei, großen Scheiben aus weißen Glas, mit Schinkelbändern und Brücken, mit den erforderlichen Bekleidungen aufweisen. 2 Eingangstüren, die den Eintritt beider Geschlechter trennen und auch die erforderliche Bekleidung, Kranz und Bänder müssen vorhanden sein, ebenso französische Schlösser. An 3 Seiten muß eine geschlossene Galerie gebaut werden, 3 Fuß hoch und 3 Fuß im Boden – mit Treppe. Fenster und Türen sollen weiß, die Galerie mit roter Ölfarbe angestrichen werden. Der Meister Kramer übernimmt auch die Fertigung der Mauern und Beistände sowie den Beihuß des Fußbodens."[193]

Am 25. April 1826 wurde der Vertrag mit dem Tischlermeister Kramer geschlossen. Er war für den kompletten Bau zuständig. Die Bauabnahme sollte ein Sachverständiger übernehmen. Die für den Bau notwendigen Vorschußzahlungen wurden durch eine Umlage in der Gemeinde aufgebracht. Am 9. Mai 1827 zeigte Moses Schild dem Gericht an, daß der Bau der Synagoge beendet sei und das Gebäude sich in einem tadellosen Zustande befinde. Am 10. Mai fand im Beisein aller Gemeindemitglieder und des Meisters Kramer die Bauabnahme statt. Auf die Hinzuziehung eines Sachverständigen wurde verzichtet, jedoch verpflichtete sich Kramer, einige kleinere Mängel noch zu beheben. Um einen Teil der Baukosten zu decken, versteigerte die Gemeinde die Plätze in der Synagoge.

Synagoge Ecke Schloßstraße / Untere Bahnhofsstraße

Dieses Gutachten kam den Vorstellungen des Vorstehers Moses Schild entgegen, der für einen Neubau plädierte, zumal das Gemeindemitglied Joseph Steinberg hier für in seinem Garten einen Bauplatz zur Verfügung stellen wollte. Am 11. April 1826 sollte die Entscheidung getroffen werden. Alle Mitglieder aus Oberalme stimmten gegen einen Neubau, die aus Niederalme allerdings dafür. So mußte das Gericht die Entscheidung treffen. Dieses entschied am 13. April, daß der Neubau in Angriff genommen werden sollte. Trotz weiterer Einwände seitens Oberalme konnte nunmehr mit dem Bau begonnen werden.

Schon 1836 mußte die Synagoge repariert werden, denn es bestand beim Betreten der Empore Lebensgefahr. Im Jahre 1860 wurde erneut festgestellt, daß das Betreten der Synagoge lebensgefährlich sei. Wahrscheinlich ist sie erneut repariert worden, denn sie wurde vermutlich bis 1910 als Gotteshaus genutzt.

Am 17. Juni 1912 wurde seitens der Synagogengemeinde (vermutlich handelte es sich um die Hauptgemeinde Brilon) der Antrag gestellt, das Synagogengrundstück zu verkaufen, da nur noch zwei jüdische Familien in Alme leben. Am 5. Dezember 1913 wurde dieser Antrag vom Regierungspräsidenten genehmigt. 1914 kaufte ein Nachbar das Grundstück und ließ 1915 die Synagoge abreißen. Bis in die 50/60er Jahre gab es noch die Mauer, die einmal vor der Synagoge verlief. „Heute erinnert nichts mehr an den Platz der Synagoge in Niederalme, Ecke Schloßstraße/Untere Bahnhofstraße. Eine Grünfläche hat alle Spuren verwischt."[194]

Brilon – Madfeld

Um die Mitte des 18. Jahrhunderts hat in Madfeld eine jüdische Gemeinde existiert hat, denn in dieser Zeit wurde der jüdische Friedhof angelegt und der Bau einer Synagoge geplant. Die Gemeinde von Madfeld gehörte zur Synagogenuntergemeinde Padberg an. Sie blieb aber insoweit unabhängig, als sie ihre Kultuskosten selbst aufzubringen, jedoch keine Abgaben an die Hauptgemeinde zu leisten hatte. Die letzten Vorsteherwahlen der Gemeinde fanden am 18. Januar 1911 statt. In der Folgezeit sank die Anzahl der Gemeindemitglieder stark ab. Allerdings gründeten im Jahre 1924 die noch in Madfeld lebenden Juden einen Synagogenverein, der, obwohl die Hauptgemeinde Padberg am 1. Oktober 1931 amtlicherseits aufgelöst worden war, bis zum 10. April 1940 Bestand hatte, als die Gemeinde Madfeld sich das Synagogengrundstück aneignete.

Die erste Erwähnung einer Synagoge in Madfeld stammt aus einem Beschwerdebrief an den Herren von und zu Padberg, der auf die 50/60er Jahre des 18. Jahrhunderts datiert wird. Hier heißt es, daß die Juden vorhätten, entgegen der Judenverordnung von 1700 in der Nähe der Kirche eine Synagoge zu bauen.

Daß die Gemeinde Anfang des 19. Jahrhunderts eine Synagoge gehabt hat, läßt sich daraus entnehmen, daß bei einem Todesfall und einer Geburt in der Familie eines gewissen Jacob Schönewald dieser immer mit dem Zusatz „Jacob Schönewald in der Synagoge" aufgeführt wurde.[195] Die Synagoge hat vermutlich im Zusammenhang mit dem sich auf dem Grundstück des Jacob Schönewald befindlichen Gebäuden, einem Wohnhaus und einem Haus mit Hofraum, gestanden. Denn am 2. Juni 1856 bat der jüdische Gemeindevorsteher den Madfelder Ortsvorsteher um Hilfe bei dem Neubau der Synagoge. Dieser war notwendig geworden, da die Synagoge am 9. November 1855 abgebrannt war. An diesem Tag wurden auch die Gebäude auf dem Grundstück der Schönewalds zerstört.

Obwohl die relativ arme Gemeinde erhebliche finanzielle Lasten zu tragen hatte, konnte am 20./21. August 1858 die neue Synagoge eingeweiht werden. Ihr Aussehen wird wie folgt beschrieben: „Die Synagoge hatte eine Länge von ungefähr 6 Metern und eine Breite von 4 – 5 Metern. Sie war eingeschossig, hatte rechts eine Tür, links davon zwei große Fenster, das Dach war glatt. Innen war sie ganz einfach gehalten, nur mit ein paar Bänken versehen."[196]

1889 wurden die Erben des Hirsch Schönewald als Eigentümer des „Hofraum(es) mit Synagoge" ins Grundbuch eingetragen. Vermutlich hatte die Familie Schönewald nie auf die Eigentumsrechte an dem Grundstück, auf dem die Synagoge stand, verzichtet, sondern es nur unentgeltlich der Gemeinde als Bauplatz zur Verfügung gestellt.

1923 konnten die wenigen in Madfeld noch lebenden Juden die Mittel für die notwendigen Reparaturarbeiten an der Synagoge nicht mehr aufbringen. Auch die Gemeindeverwaltung lehnte eine Hilfe ab. Daraufhin wurde die Synagoge am 3. April 1924 dem Synagogenverein Madfeld überschrieben. Instandgesetzt worden ist die Synagoge wohl nicht mehr, denn in den dreißiger Jahren diente sie als Heulager. Im Zuge der Pogromnacht wurde sie am Abend des 9. November 1938 niedergebrannt.

Am 23. November 1938 meldete der Bürgermeister die Einebnung des Gebäudes als vollzogen. Heute steht auf dem Grundstück das Haus Schützenstraße 6.

Eslohe

Die jüdische Gemeinde von Eslohe gehörte als Synagogenuntergemeinde dem Synagogenbezirk Lenhausen an. Laut Statut dieses Bezirks vom 2. Juli 1855, genehmigt vom Oberpräsidenten von Westfalen am 17. August 1855, hatte Eslohe eine eigene Synagoge und einen eigenen Friedhof. Sie war insoweit von der Hauptgemeinde unabhängig, als sie keine Kultusabgaben an diese leisten mußte, wohl aber verpflichtet war, einen Kantor auf ei-

Hallenberg

Vermutlich um die Mitte des 17. Jahrhunderts haben sich die ersten Juden in Hallenberg auf Dauer niedergelassen. Ihr Betzimmer befand sich seit der zweiten Hälfte des 18. Jahrhunderts in dem Haus eines Gemeindemitglieds am Obertor. Als dieses Haus im Jahre 1830 abgerissen wurde, verlagerte sich das Gemeindeleben in das hessische Bromskirchen. Da die Hallenberger Judengemeinde recht klein war – 1834 waren es 20 Personen – mußte man, um die kultische Vorschrift einzuhalten, daß mindestens 10 religionsmündige Männer zu einem Gottesdienst anwesend zu sein hatten, einen überörtlichen Zusammenschluß suchen. Hierfür bot sich die Bromskirchener Gemeinde an, die trotz ihrer Lage jenseits der Landesgrenzen zu Fuß bequemer zu erreichen war als westfälische Nachbargemeinden. Doch fanden sich hin und wieder auch noch Gottesdienste in einem jüdischen Haus in Quartal Eisenhut in Hallenberg statt.

Im April 1854 teilte die Regierung in Arnsberg den Kreis Brilon nach Beraungen mit der örtlichen Judenschaft in die Synagogenbezirke Brilon, Marsberg und Padberg ein. Die jüdische Gemeinde von Hallenberg gehörte nun mit Thülen, Bigge, Winterberg, Medebach, Liesen und Niedersfeld zum Synagogenbezirk Brilon. Erster Vertreter der Hallenberger Juden in der Repräsentantenversammlung der Hauptgemeinde Brilon war der Kaufmann Isaac Hony. Nach 1905 ist Hallenberg dann eine relativ selbständige Synagogenuntergemeinde des Briloner Bezirks geworden.

Trotz der Zugehörigkeit zum Briloner Synagogenbezirk war das Gemeindeleben wahrscheinlich noch bis 1879 auf die hessischen Nachbargemeinden (Bromskirchen, später auch Frankenberg) hin ausgerichtet. In diesem Jahr stiftete die Witwe des oben erwähnten Isaac Hony testamentarisch 600 Mark für den Bau einer Synagoge. Auch die kultische Mindestzahl stellte kein Problem mehr dar, da sich die Mitgliederzahl der Gemeinde erhöht hatte. Vorläufig jedoch wurde ein Betzimmer im Hause des Kaufmanns Baruch Steß in der heutigen Hauptstraße, finanziert mit den Zinsen des gestifteten Kapitals, eingerichtet. Außerdem stellte die Witwe Hony, eine Tochter des Hausbesitzers, wo sich das Betzimmer bis 1830 befunden hatte, der Gemeinde u.a. zwei Torarollen zur Verfügung. Das Betzimmer wurde 1892 vorübergehend in das Haus Baggereimer (Große Straße 138/Petrusstraße) verlegt, bis es 1910 seinen endgültigen Standort im Hinterhaus des Stefsmannschen Gebäudes fand. "Der Synagogenraum hatte eine Fläche von ca. 45 qm. Seine Einrichtung bestand aus Sitzgelegenheiten für 30–40 Personen (Bänke mit Lesepult, für Frauen und Männer getrennt), dem Vorlesepult etwa in der Mitte des Raumes und dem Toraschrein ... Die Hallenberger Judenge-

Synagoge in Marsberg-Niedermarsberg

Blick auf den Toraschrein der Synagoge in Niedermarsberg

meinde verfügte über mindestens sechs solcher Schriftrollen."[197]

Im Zuge der Pogromnacht von 1938 wurde auch der Hallenberger Gebetsraum mitsamt den meisten Kultgegenständen niedergebrannt. Drei Torarollen, vier Gebetbücher und zwei Gesetzestafeln wurden von der Gestapo konfisziert.

Marsberg – Heddinghausen

Heddinghausen war laut Statut des Synagogenbezirks Niedermarsberg vom 14. Februar 1853 ebenfalls eine Synagogenuntergemeinde dieses Bezirks, die eine eigene Synagoge und einen eigenen Friedhof besaß. Sie stellte als Kultusbeamte einen Kantor und einen Synagogendiener an. Die Synagoge hatte sich auf einem Grundstück an der heutigen Hubertusstraße 38 befunden, das heute zum Eigentum der Familie Bohle gehört, deren Vorfahren etwa um das Jahr 1903/4 dieses Grundstück mit der Synagoge gekauft hatten. Bis 1914 fanden hier noch Gottesdienste statt. 1918 wurde das Gebäude abgebrochen.[198]

Marsberg – Niedermarsberg

Synagoge an der Weist 16

Im Jahre 1844 bestand die jüdische Gemeinde von Niedermarsberg aus 107 Mitgliedern. Zu diesem Zeitpunkt gab es in Niedermarsberg schon eine Synagoge, wie aus einem Schreiben des damaligen Vorstehers der jüdischen Gemeinde Stahlberg

an die Stadt Niedermarsberg hervorgeht, in dem er um die Erlaubnis bittet, die in einem schlechten baulichen Zustand befindliche Synagoge wieder instandsetzen zu dürfen. Die Synagoge lag wohl an der heutigen Weist 16. Am 19. April 1849 wurden diese Synagoge und 70 weitere Gebäude durch einen Großbrand zerstört. Die jüdische Gemeinde baute die Synagoge jedoch wieder auf, wie aus einem Schreiben der Gemeinde an das Bürgermeisteramt vom 29. August 1853 hervorgeht, in dem sie die Auszahlung des restlichen Teils der Brandversicherung erbat: „Die im Jahre 1849 abgebrannte Synagoge von hier ist bereits wieder aufgebaut."¹⁹⁹ In einem Attest des Bürgermeisters Fretlöh vom 16. September 1853 wird dies bestätigt.²⁰⁰

Synagoge an der Weist 18

Doch schon am 11. März 1851 teilte die jüdische Gemeinde der Stadt Niedermarsberg in einem Schreiben mit, daß sie am 9. März 1851 einen Bauplatz an der heutigen Weist 18 erworben habe, und erbat gleichzeitig „die Genehmigung, daß die neue Synagoge auf einer anderen (Unterstreichung im Original) Baustelle als derjenigen, auf welcher die abgebrannte Synagoge stand, wieder aufgeführt werden darf."²⁰¹ Der Neubau an der Weist 18 wurde am 17./18. Oktober 1856 durch den Magdeburger Rabbiner Dr. Philippson feierlich eingeweiht.

An der Feier nahmen neben den Honoratioren der Stadt auch zahlreiche andere nichtjüdische Bürger teil. Zum Schluß des Einweihungsgottesdienstes sprach Dr. Philippson ein Gebet für König und Vaterland. Auch bei dem anschließenden Festkonzert wurden von jüdischer Seite Trinksprüche auf das Wohl des preußischen Königs gemacht.

Die Synagoge hatte eine Fläche von 15,4 Meter mal 11 Meter. Sie war nach Osten hin ausgerichtet. Hier befand sich eine leicht gerundeten Apsis der Aron hakodesch. An den Längsseiten waren je weils drei Rundbogenfenster angebracht. Auch links und rechts neben dem Synagogeneingang befanden sich derartige Fenster. Zusätzlich gab es noch über dem Portal ein Rundfenster. Zum Portal führte eine fünfstufige Freitreppe.

Ein Bild von 1921 zeigt den geschlossenen Toraschrein. „Er wird von einem verzierten Vorhang verdeckt. Davor brennt das immerwährende Licht. Seitlich und oberhalb der Lade ist die Wand mit Davidsternen geschmückt. ... Durch den Mittelgang schaut man auf eine Balustrade, die den erhöhten Platz vor dem Schrein umgrenzt und vom übrigen Synagogenraum abgrenzt. Hinter ihr erkennt man den Gebetstisch, der mit einem durch eine Krone und zwei Buchstaben verzierten Tuch bedeckt ist ... Zwischen Schrein und Tisch ist als kleine Erhebung das schmale Lesepult der Kanzel zu erkennen. Während die Männer unten saßen, versammelten sich die Frauen auf der Frauenempore links und rechts entlang den Fenstern."²⁰²

Seit dem 25. April 1854 bestand der Synagogenbezirk Niedermarsberg mit den Untergemeinden Heddinghausen und Obermarsberg sowie den Ortschaften Canstein, Leitmar, Udorf, Erlinghausen und Borntosten.

In der Pogromnacht 1938 wurde die Synagoge geschändet, die Inneneinrichtung zerstört. Ein Brand richtete jedoch nur geringen Schaden an. Die Synagoge ging in das Eigentum eines Nachbarn über, der daraus einen Lagerraum machte. 1954 baute er das Gebäude zu einem Kino um. 1981 wurde daraus eine Diskothek.

Marsberg – Obermarsberg

Obermarsberg war dem Statut des Synagogenbezirks Niedermarsberg zufolge eine Synagogenuntergemeinde dieses Bezirkes. Sie besaß eine eigene Synagoge und stellte einen Kantor und einen Synagogendiener an. Bereits 1713 wird eine Synagoge für Obermarsberg erwähnt. Sie wird wohl mit der in einem alten Katasterfragment als Synagoge eingezeichneten Gebäude identisch gewesen sein. Im Jahr 1835 wird über dieses Gebäude berichtet, es befände sich in einem sehr schlechten baulichen Zustand und würde platzmäßig für die jüdische Gemeinde – sie bestand in diesem Jahr aus 57 Personen – nicht mehr ausreichen. Außerdem sei das Gebäude für die Gemeindemitglieder nur schwer zu erreichen, da der Zugang durch den Anbau eines davor stehenden Privatgebäudes führte. Die Gemeinde plante daher den Abbruch der alten und – nicht weit davon entfernt – den Bau einer neuen Synagoge mit Frauenempore und Lehrerwohnung. 1836 genehmigte der preußische König als Landesherr den Bau, 1837 fand dann die Einweihung statt. Die Synagoge befand sich weitab von den beiden Obermarsberger Kirchen auf dem von der Mönchhofstraße und der Kohlbetsstraße eingegrenzten Gelände. Wann die Synagoge aufgegeben bzw. das Gebäude abgerissen wurde, ist bisher nicht bekannt. 1893 hatte es jedenfalls noch gestanden. Im Feuerkataster von 1843 wird die Synagoge wie folgt beschrieben: „32 Fuß lang, 17 Fuß hoch, 23 Fuß tief, 2/3 einstöckig, 1/3 zweistöckig, 3/4 Fachwerk, 1/4 massiv, Schieferdach."²⁰³

Marsberg – Padberg

Seit Ende des 18. Jahrhunderts lebten Juden in im Bereich der Herrschaft Padberg. Der älteste erhaltene Schutzbrief datiert aus dem Jahr 1723. 1864 waren es auf dem Gebiet der ehemaligen Herrschaft Padberg 94 Juden, von denen 53 in Padberg, 29 in Beringhausen und 12 in Helmighausen lebten.

1854 war der Kreis Brilon in die Synagogenbezirke Brilon, Padberg und Marsberg eingeteilt worden. Zu Padberg gehörten laut Statut des Synagogenbezirks, das am 20. August 1855 vom Oberpräsidenten von Westfalen genehmigt worden war, die Gemeinden Padberg, Beringhausen, Helmighausen, Giershagen, Messinghausen, Rösenbeck, Bontkirchen und Madfeld. In der Folgezeit wanderten immer mehr Juden in die Städte ab, so daß kurz vor dem Ersten Weltkrieg in Padberg selbst nur noch vier Juden lebten. Zu Beginn der dreißiger Jahre lebten im Synagogenbezirk Padberg nur noch acht männliche Juden, in Padberg selbst keiner mehr. Da die erforderliche Mindestzahl von zehn männlichen religionsmündigen Juden nicht mehr erreicht wurde, wurde der Synagogenbezirk Padberg zum 1. Oktober 1931 aufgelöst.

Der erste Hinweis auf eine Synagoge in Padberg stammt aus dem Jahr 1751 und zwar aus einer Akte mit dem Titel „Streit zwischen den Juden zu Padberg und Beringhausen wegen des Standorts der Synagoge". In beiden Orten gab es damals nicht die erforderliche Mindestzahl an religionsmündigen Männern zur Abhaltung des Gottesdienstes. Die Beringhauser Juden sollten daher ihre Synagoge aufgeben und zum Gottesdienst nach Padberg gehen. Da ihre Synagoge offenbar älter war, legten sie dagegen Beschwerde beim Grafen zu Padberg ein. Dieser entschied daraufhin, daß der Gottesdienst im jährlichen Wechsel in Padberg und Beringhausen stattfinden sollte. Es ist jedoch eher unwahrscheinlich, daß die hier erwähnte Padberger Synagoge mit der erhalten gebliebenen Fachwerksynagoge identisch ist. Denn den bei den Restaurierungsarbeiten entnommenen Holzproben zufolge ist diese etwa 1784/85 errichtet worden.

Wie schon gesagt, wurde die Synagogengemeinde Padberg 1931 aufgelöst. Im Zuge dieser Auflösung wurde die Synagoge mit Grundstück an einen Dachdecker

Restaurierte Synagoge in Marsberg-Padberg

verkauft, der sie als Lagerraum und Werkstatt nutzte und den Innenraum insbesondere durch das Einziehen einer Zwischendecke baulich veränderte. Der äußere Zustand blieb im wesentlichen erhalten. Daß die Synagoge in der NS-Zeit nicht zerstört wurde, ist dadurch zu erklären, daß sie schon vor 1933 nicht mehr als Bet- und Versammlungsstätte genutzt wurde.

In den Nachkriegsjahrzehnten wurde die zusammenhängende Fachwerkbebauung „Am Pumpenstein" durch Abriß und Modernisierung zerstört. Nur die ehemalige Synagoge blieb erhalten.

1979 beschäftigte sich der Rat der Stadt Marsberg erstmals mit dem Plan, die ehemalige Synagoge zu erwerben und sie als Erinnerungsstätte jüdischen Lebens in Padberg einzurichten. Doch nach dem Erwerb stellten sich mit diesem Vorhaben erhebliche Probleme durch die für die Zeit ihrer Erbauung typische Rand- und Hinterhoflage der Synagoge entgegen. Das Synagogengrundstück ist so groß wie der Grundriß der Synagoge. Die ehemaligen Eigentümer hatten es versäumt, sich das Zuwegerecht grundbuchlich absichern zu lassen. Die Verhandlungen der Stadt Marsberg mit dem Eigentümer des die Synagoge umgebenden Grundstücks über ein Wegerecht scheiterten. Daraufhin zog man u. a. in Erwägung, die Synagoge abzubauen und am ehemaligen jüdischen Friedhof wieder zu errichten. Einem solchen Vorhaben stehen jedoch nach jüdischer Überlieferung religiöse Gründe entgegen. Da sich der Grundstücksbesitzer bereiterklärt hatte, im Tausch für das Synagogengrundstück eine gleich große Fläche am Rande seines Besitzes zur Verfügung zu stellen, plante man, die Synagoge auf Räder zu stellen und zu versetzen. Doch dieser Versetzungsplan wurde von allen Instanzen der Denkmalpflege einhel-

lig abgelehnt, da ein zu großer Verlust an alter Bausubstanz zu befürchten war.

Daher wurde der Beschluß gefaßt, die Synagoge an Ort und Stelle zu restaurieren, und am 7. November 1991 der erste Auftrag erteilt. Die Maßnahmen zur Restaurierung sollten wie folgt aussehen: „1. Die Ostwand erhält wieder die beiden originalen Fenster. 2. Der große Torein- bruch wird rückgängig gemacht. 3. Die Klappe im Dachgeschoß und die beiden kleinen Fenster werden geschlossen. 4. Auf der Südseite wird das das nicht zur Frauenempore gehörende Fenster auf die originale Größe gebracht. Dies gilt auch für die beiden Fenster auf der Nordseite. 5. Die Westseite, die verbrettert war, erhält eine Verbretterung. 6. Das Dach soll mit den alten handgestrichenen Tonziegeln auf Docken neu gedeckt werden. 7. Der Schieferfirst, der bei der letzten Instand- setzung aufgebracht wurde, wird wieder entfernt. Die letzte Dachdeckung stammt nach einer datierten Pfanne eines Dachdeckers aus Bleiwäsche von 1880. 8. Dachrinnen dürfen nicht angebracht werden. 9. Der Krüppelwalm wird nicht wiederhergestellt, auch wenn er fotografisch belegt ist. 10. Im Innern wird der Magerbeton herausgehackt. Der neue Boden soll entweder aus Sandsteinplatten oder aus Holzdielen hergestellt werden. 11. Die Treppe zur Empore und die Empore selbst werden rekonstruiert. 12. Die Zwischendecke wird herausgenommen. 13. An eine Rekonstruktion des Muldengewölbes ist nicht gedacht."[204]

Im April 1994 konnte schließlich auch das Zuwegerecht notariell geklärt werden. „Die Medebacher Synagoge war ein bescheidenes Gebäude ...". Sie „stand auf dem Grundstück Oberstraße 15, ca. 14 Meter von der Straße zurückliegend und etwa 2 Meter höher auf einem Hügel, dem jetzigen Hofraum der Familie Müller. Damalige Grundstücksgröße 4,65 mal

Medebach

Seit Beginn des 17. Jahrhunderts lebten dauerhaft Juden in Medebach. 1854, als Medebach dem Synagogenbezirk Brilon zugewiesen wurde, gab es hier ca. 57 Juden.

In behördlich angefertigten Verzeichnissen über die Medebacher Juden aus den Jahren 1812, 1816 und 1818 heißt es, daß die die Juden gemeinschaftlich gehörende Synagoge ein Zimmer im Hause des Emanuel Meyerhoff sei. Dieses stand auf dem Gelände des heutigen Grundstücks Österstraße 15. Ebenso findet sich in einem Nachlaß vom 20. April 1830 ein Hinweis auf Kultgegenstände: „1 silberner Anhang zum Tora und Deuter befindet sich in der Synagoge, soll da bleiben."[205]

Auch in einem Bericht des Medebacher Bürgermeisters aus den vierziger Jahren des 19. Jahrhunderts wird die Synagoge erwähnt und zwar als kleine Stube, das neben dem Friedhof einzige Vermögen der Medebacher Juden. Es wird angemerkt, daß diese keinen Vorsteher und keinen Rabbiner hätten. Ebenso wird erwähnt, daß die Winterberger Juden seit mehreren Jahren nicht mehr zum Gottesdienst gekommen seien, da sie den Bau einer eigenen Synagoge planten.

Anfang der fünfziger Jahre begann die Medebacher Gemeinde mit den Planungen für den Bau einer neuen Synagoge. Sie wurde in den Jahren 1854/55 errichtet. Die Finanzierung erfolgte durch eine Umlage bei den Gemeindemitgliedern.

Regierungsbezirk Arnsberg

Synagoge Meschede

8,2 Meter"[206] Das Grundstück gehörte Helena Weiler, der Witwe des Salomon Weiler.

1883 lehnte die Bezirksregierung in Arnsberg die Auflassung des Grundstücks zugunsten der jüdischen Gemeinde mit der Begründung ab, Medebach bilde keine eigene Synagogengemeinde und daher könne die Auflassung nur zugunsten der Synagogengemeinde Brilon, der Medebach angehöre, geschehen. Um dies zu verhindern, verkaufte Helena Weiler das Grundstück an die Vorsteher Raphael Meyerhof und Meyer Meyerhof.

Aus der Zeit bis 1938 ist bisher nur bekannt, daß die Synagoge 1927 renoviert worden ist.

Am 27. Oktober 1938 wurde das Synagogengrundstück im Zuge der Arisierung jüdischen Besitzes zwangsweise an einen Medebacher Landwirt verkauft Obwohl die Synagoge nicht mehr zu Kultzwecken benutzt wurde, haben sie die Nationalsozialisten am Abend des 10. November 1938 völlig zerstört. Die Kultgegenstände, die dem Vorsteher Sally Stahl zur Aufbewahrung gegeben worden waren, wurden bei der Verwüstung seines Hauses von der SA gestohlen.

Heute befindet sich auf dem ehemaligen Platz der Synagoge eine kleine Gedenktafel.

Meschede

Ende des Jahres 1849 lebten in Meschede 46 jüdische Bürger. Am 24. Februar 1854 wurde der Kreis Meschede in die Synagogenbezirke Meschede und Lenhausen eingeteilt. Zum Bezirk Meschede gehörten die Bürgermeistereien Meschede und Eversberg sowie die Gemeinden Rarbach und Bödefeld. Vor der Einweihung ihrer

neuen Synagoge an der Kampstraße hielten die Mescheder Juden ihren Gottesdienst in einer Betstube in der Mittelstraße, der heutigen Gutenbergstraße (Haus Wilhelm Korthoff), ab.

Am 21. August 1878 wurde der Grundstein der neuen Synagoge gelegt. Dazu aus der Mescheder Zeitung vom 23. August 1878: „.... Der Herr Bauunternehmer J. Pötgen, dem die Oberleitung über den Bau erteilt ist, führte die ersten Hammerschläge auf dem Stein aus ... Nach dem Bauplane zu urteilen, wird die Synagoge ein schönes, zweckdienliches Gebäude, was zur Verschönerung unserer Stadt gewiß auch beitragen wird. Daß der Bau eines solchen Gebäudes für eine kleine Gemeinde wie die hiesige pecuniär nicht leicht ist, läßt sich denken und ist das einheitliche Zusammenhalten der einzelnen Mitglieder ein erfreuliches Zeichen ..."[207]

Knapp ein Jahr später, am 15./16. August 1879, war die feierliche Einweihung. Das große Backsteingebäude, hob sich stark von der umliegenden Fachwerkbebauung ab. Vermutlich wollte sich die jüdische Gemeinde nach der 1869 im Norddeutschen Bund und 1871 im neu gegründeten Deutschen Reich erlangten Gleichberechtigung der Juden mit diesem Gebäude als eigenständige Religionsgemeinschaft, quasi als gleichberechtigte Konfession, innerhalb des Deutschen Reiches darstellen.

In einem Vorbau des Gebäudes gab es eine kleine Wohnung für den Synagogendiener. Im Obergeschoß befanden sich neben der Frauenempore noch ein Schulraum und ein Zimmer für den Lehrer. Der eigentliche Synagogensaal lag hinter dem Vorgebäude. Am Giebel der Synagoge waren die Dekalogtafeln angebracht. Die Straßenfront war symmetrisch gegliedert. Rechts und links von dem Portal waren im Erdgeschoß jeweils zwei bleiverglaste Fenster mit Hufeisenbogen. Sie waren durch ein Pentagramm verziert. In der ersten Etage gab es normale Rundbogenfenster, auch bleiverglast, jedoch ohne Pentagramm. Über dem Portal zur Kampstraße hin befand sich ein großes Rundfenster mit einem in Buntglas gefertigten Pentagramm.

In der eigentlichen Pogromnacht blieb es in Meschede ruhig. Doch am frühen Morgen des 10. November 1938 zerstörten Nationalsozialisten die Inneneinrichtung der Synagoge, am Nachmittag wurden die Gebotstafeln abgeschlagen; in Brand gesetzt wurde die Synagoge jedoch wegen der Gefahr für die umliegenden Gebäude nicht. Kurze Zeit später kaufte die Stadt Meschede das Gebäude mit Grundstück für 1.000 Reichsmark. Bald darauf verkaufte die Stadt das Gebäude an einen Privatmann, der dort eine Schreinerei einrichtete.

Gegen Ende des Zweiten Weltkrieges ist die Synagoge bei einem Bombenangriff schwer beschädigt worden. Nach dem Krieg hat der neue Eigentümer dann die Außenfassade des völlig zerstörten Obergeschoßes abgetragen. 1987 erwarb die Stadt Meschede das Gebäude. Am 22. Februar 1996 gründete sich der Verein „Bürgerzentrum Alte Synagoge", der sich um den Erhalt der ehemaligen Synagoge und eine entsprechende Verwendung bemüht.

Olsberg – Bigge

Aus einem Bericht des Amtmannes Marini vom 17. September 1827 geht hervor, daß sich die ersten Juden um 1750 im früheren Amtsbezirk Bigge niederließen. Ihre Anzahl wuchs von 27 Personen im Jahr 1828, 62 Personen im Jahr 1853 bis auf 70 Personen im Jahr 1858 an. Die letzte Aufzeichnung über die jüdische Bevölkerung aus dem 19. Jahrhundert nennt für das Jahr 1861 61 Personen. Einem Schreiben des Bigger Amtsbürgermeisters an den Landrat in Brilon vom 21. Januar 1936 ist zu entnehmen, daß 50 Personen jüdischen Glaubens im Amtsbezirk lebten. Sie waren als Viehhändler, Metzger, Hausierer und Kaufleute tätig. Außerdem heißt es dort, daß seit 1933 keine Juden aus dem Amtsbezirk abgewandert seien.

Zu der Synagogengemeinde Bigge gehörten neben der Bürgermeisterei Bigge das heutige Olsberg sowie die Orte Altenbüren, Esshoff, Grimlinghausen und Siedlinghausen. Auf Anordnung des Landrates vom 24. April 1854 wurde die Synagogengemeinde Bigge als Untergemeinde mit dem Synagogenbezirk Brilon angegliedert. Laut Statut dieses Bezirks vom 24. August 1855 hatte sie eine eigene Synagoge, einen eigenen Friedhof und stellte einen eigenen Kultusbeamten an. Auch mußte sie keine Zahlungen an die Hauptgemeinde leisten.

Am 30. September 1904 stellte die Untergemeinde Bigge den Antrag auf Bildung eines eigenständigen Synagogenbezirks. Sie begründete diesen Antrag damit, daß sie von der Hauptgemeinde völlig unabhängig sei und sich seit 50 Jahren selbst verwalte. Außerdem reiche auch die Steuerkraft der Gemeindemitglieder zur Bildung eines Synagogenbezirks aus. Dem Gesuch wurde von der Regierung in

Regierungsbezirk Arnsberg

Arnsberg am 26. Mai 1905 mit der Maßgabe stattgegeben, daß der neue Synagogenbezirk nur das Amt Bigge umfassen sollte. Am 23. September 1906 wurde das Statut des neuen Bezirks vom Oberpräsidenten von Westfalen genehmigt, und am 2. April 1911 verabschiedete die Gemeinde eine Synagogenordnung.

Aus einem Bericht vom 30. Mai 1843 des oben erwähnten Amtmann Martini ist zu entnehmen, daß im Jahr 1808 eine Synagoge in Bigge gebaut worden ist. Die Synagoge befand sich am Anfang der Bruchstraße gegenüber der heutigen Sparkasse „Hochsauerland". 1906 wurde ein Anbau an die Synagoge und an das Schulgebäude zur Vergrößerung des Synagensaals errichtet. Dadurch wurden Synagoge und Schule ein Gebäude mit zwei Eingängen. Die durch die Baukosten verursachte Darlehensschuld betrug am 31. Dezember 1938 noch 1.070,89 Reichsmark.

In der Pogromnacht des Jahres 1938 wurde die Synagoge geschändet, jedoch kein Feuer gelegt, da Brandgefahr für die umliegenden Häuser bestand. Kurz darauf wurde die Synagoge abgerissen. Heute erinnert ein Gedenkstein an die Synagoge und die jüdischen Bürger.

Olsberg-Bigge: Blick auf die Synagoge und das Schulgebäud

Schmallenberg

Seit dem Ende des 17. Jahrhunderts haben in Schmallenberg Juden gelebt. Bis ins 20. Jahrhundert lebten sie überwiegend vom Handel und vom Metzgereigewerbe. Besonders hervorzuheben ist der von den Brüdern Michel und Simon Stern 1867 gegründete Betrieb zur Textilherstellung. Die Gebrüder Stern hatten maßgeblichen Anteil am Aufbau der Textilindustrie im Schmallenberger Raum. Der Sternsche Betrieb, dessen Anfänge bis in die zwanziger Jahre des 19. Jahrhunderts zurückreichten und der vielen Einheimischen eine Arbeit gab, blieb bis 1938 im Familienbesitz.

Schon vor 1800 haben die Schmallenberger Juden eine Synagoge im Haus des Isaac Bamberger am Kirchplatz genutzt. Sie ist bei dem Stadtbrand vom 31. Oktober 1822 zerstört worden. Wo sich die jüdische Gemeinde danach bis zur Einweihung der neuen Synagoge 35 Jahre später zur Abhaltung ihrer Gottesdienste versammelt hat, ist nicht bekannt.

Am 24. Februar 1854 wurde der Kreis Meschede in die Synagogenbezirke Meschede und Lenhausen eingeteilt. Schmallenberg gehörte von da an als Untergemeinde zu Lenhausen, blieb aber insofern unabhängig, als sie nur für die eigenen Kultus- und Unterrichtskosten aufkommen mußte und keine Zahlungen an die Hauptgemeinde zu leisten hatte.

1857 errichtete die jüdische Gemeinde an der Nordstraße – der heutigen Synagogenstraße – eine Synagoge. Das Grundstück hatte Isaac Bamberger gestiftet. Die Grundfläche der Synagoge betrug etwa 90 qm. Sie war aus massiven Bruchsteinen gebaut, weiß verputzt und nach Osten hin ausgerichtet. Frauen und Männer betraten das Gebäude gemeinsam von Norden her.

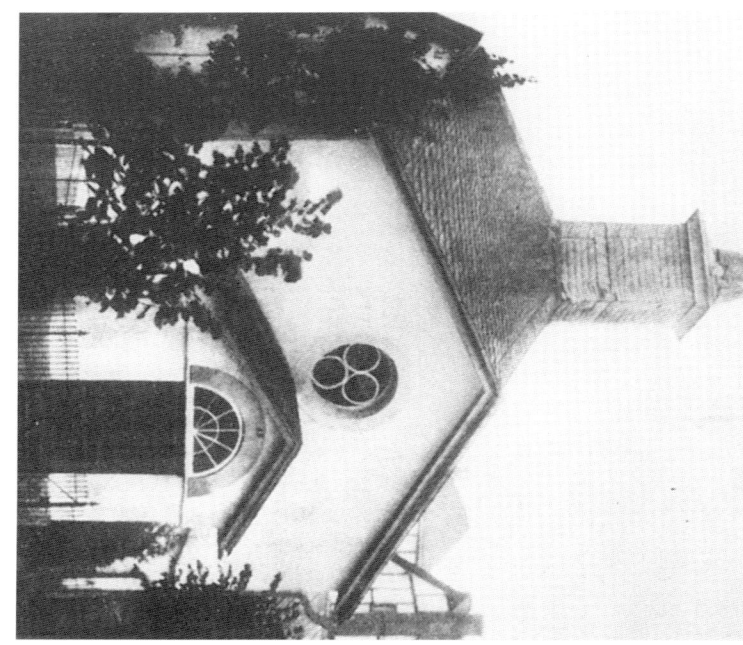

Synagoge Schmallenberg

Von einem Vorraum aus gelangten die Frauen über eine Treppe zur an der Westseite sich befindenden Empore. Licht fiel in die Synagoge durch fünf bunte bleiverglaste Rundbogenfenster und jeweils ein Rundfenster über dem Portal und dem Toraschrein. Die Bima befand sich etwa in der Mitte des Synagogensaals. Die Synagoge bot Platz für etwa 30 Frauen und 30 Männer.

In der Pogromnacht vom November 1938 wurde auch die Schmallenberger Synagoge zerstört. Am 12. November 1938 wurde der stellvertretende Vorsitzende der Gemeinde Albert Stern zum Bürgermeister bestellt. Er sollte ein vorbereitetes Schriftstück unterzeichnen, mit dem die Gemeinde das Synagogengrundstück der Stadt Schmallenberg für gemeinnützige Zwecke unentgeltlich übertragen sollte. Doch Stern zeigte ungewöhnlichen Mut und weigerte sich zu unterschreiben. Daher steht auf dem Schriftstück die Bemerkung „Stern war nicht bereit zu unterschreiben".[208] Am 14. November 1938 wurde Stern wieder vorgeladen. Er wurde aufgefordert, zu veranlassen, daß die Gemeinde auf eigene Kosten die Reste der Synagoge beseitigen ließe. Doch Stern verweigerte auch dies. Daraufhin wurde ein Beamter der Stadtverwaltung als kommissarischer Verwalter für den Abriß der Synagogenruine eingesetzt. Die Bruchsteine der Synagoge wurden als Material für die Stützmauer eines Sportplatzes verwendet. Seit dem 20. Januar 1980 erinnert eine Gedenktafel an die Schmallenberger Synagoge.[209]

Märkischer Kreis

Altena

Der erste Jude mit Geleitbrief hat sich vermutlich 1703 in Altena angesiedelt. Für das Jahr 1738 werden hier 21 Personen jüdischen Glaubens angegeben. In der ersten erhalten gebliebenen Judentabelle aus dem Stadtarchiv Altena aus dem Jahr 1775 werden fünf jüdische Haushaltungen genannt, ebenso 1783. Bis zum Ende des 18. Jahrhunderts bewegte sich die Anzahl der Juden in Altena etwa zwischen 25 und 30 Personen.

Nach der napoleonischen Ära wuchs die Anzahl der in Altena lebenden Juden stetig an. In einer Aufstellung des Jahres 1818 werden 60 Juden aufgeführt. Sie lebten überwiegend vom Handel und dem Metzgereigewerbe. Aber auch Besitzer einer Landwirtschaft hat es gegeben, Handwerker werden jedoch nicht erwähnt. Um die Mitte der vierziger Jahre des 19. Jahrhunderts wird die höchste Anzahl der in Altena lebenden Juden erreicht. Danach verminderte sich ihre Zahl wieder. So waren es 1914 nur noch 11 Familien. 1925 lebten in der Stadt noch 40 Juden, 1939 noch 20. Die Geschichte der Juden in Altena endet laut den Akten am 27. Juli 1942 mit folgender Eintragung: „Heute sind die letzten Juden, und zwar die Eheleute Lehmann Meier, Wwe. Lennhoff und Levi Schnitzler, aus Altena abgewandert und auf behördliche Anordnung umgesiedelt."[210]

Am 29. Dezember 1853 wurde aus dem Kreis Altena – hier lebten zu dieser Zeit

Altena: Synagoge

etwa 202 Juden – die Kreissynagogengemeinde Altena mit den Synagogenuntergemeinden Altena, Plettenberg, Neuenrade, Lüdenscheid und Meinerzhagen gebildet. Am 27. Januar 1856 gab sich der Bezirk ein Statut, das am 12. Januar 1858 vom Oberpräsidenten von Westfalen genehmigt wurde.

Die erste Altenaer Synagoge – eine Betstube in einem angepachteten Haus – hat einem Bericht des Altenaer Bürgermeisters vom 29. Januar 1829 nach schon 1778 bestanden. Im Jahre 1808 haben die Juden dieses Haus gekauft. Wo es sich befunden hat, kann nicht mehr festgestellt werden. Weil sich die Gemeinde vergrößerte, reichte dieser Raum nicht mehr aus. 1828/29 erwarb die jüdische Gemeinde daher für 1.850 Reichstaler das von Heedesche Haus in der Kirchstraße, wo sie die Synagoge, einen Schulraum und eine Wohnstube für den Lehrer einrichtete.

Da dieses Gebäude im Laufe der Zeit baufällig wurde, kaufte die Gemeinde am 12. Mai 1914 das Haus in der Schloßstraße 17, der heutigen Fritz-Thomee-Straße 17, für 22.000 Mark und ließ es zur Synagoge umbauen. Weil hier aber während des Ersten Weltkriegs ein Lazarett eingerichtet wurde, nutzte die Gemeinde das Gebäude an der Kirchstraße weiter. 1918 verkaufte sie dieses für 25.000 Mark an einen Bäckermeister. 1929 wurde hier ein Kino errichtet, heute befindet sich dort ein Parkplatz. Die Synagoge in der Fritz-Thomee-Straße wurde am 9. November 1938 geschändet, aber nicht zerstört. Akten über diese Synagoge sind nur spärlich erhalten. Im Jahre 1935 befand sich das Gebäude im Besitz der „Reichsvereinigung der Juden in Deutschland". Am 1. Juni 1942 wurde eine Anfrage an die Stadtverwaltung von Altena gerichtet, ob ein Ergebnis wegen des Ankaufs des Gebäudes für einen Erweiterungsbau der benachbarten Mädchenoberschule vorliege. Die Stadtverwaltung antwortete am 4. Juni 1942 deportiert. Am 8. August 1943 ein Haus bei dem Schmied Franz Schäfer in der gleichen Straße angemietet. Da die Judenschaft bis zur Jahrhundertwende auf einen Kultussteuerpflichtigen absank, ist anzunehmen, daß es sich um die letzte Betstube der Balver Juden gehandelt hat. Der letzte jüdische Einwohner Balves, David Bondy, zog nach der Pogromnacht ins Israelitische Altersheim nach Unna. Von dort wurde er 1942 nach Theresienstadt deportiert.

Iserlohn

Vermutlich in der 2. Hälfte des 18. Jahrhunderts entstand in Iserlohn eine kleine jüdische Gemeinde. Für das Jahr 1777 wird ein Kantor erwähnt. Seit der Mitte des Jahrhunderts hatten in Iserlohn zwischen zwei und vier Familien mit rund 20 Personen gelebt. Ob die für die Abhaltung des Gottesdienstes erforderlichen zehn religionsmündigen Männer in dieser Zeit allein aus Iserlohn stammten, läßt sich nicht mit Sicherheit sagen. Da von den 1796 in Iserlohn lebenden 26 Juden acht männliche Personen über 13 Jahre namentlich nachweisbar sind, kann mit hoher Wahrscheinlichkeit davon ausgegangen werden, daß um diese Zeit eine eigenständige jüdische Gemeinde existiert hat.

Der erste aktenkundliche Hinweis auf die Existenz einer jüdischen Gemeinde und einer Betstube in einem Privathaus datiert vom 2. August 1819, als der Vorsteher Jacob Ostwalt eine Bekanntmachung hinsichtlich der Gestaltung des Gottesdienstes und der Ordnung in der Synagoge herausgibt. Danach sollte die Synagoge nicht mehr zugleich ein Ort der alltäglichen Zu-

Wie schon erwähnt, wurden die letzten noch in Altena verbliebenen Juden am 27. Juni 1942 deportiert. Am 8. August 1943 berichtete die Stadtverwaltung, daß die Nutzung des Gebäudes für den Erweiterungsbau bis auf weiteres nicht in Frage käme, da die Eigentümerin es an einen Assistenzarzt des städtischen Krankenhauses vermietet habe. Nach 1945 verwaltete das Finanzamt Altena das Gebäude treuhänderisch – laut Grundbuch war die Eigentümerin immer noch die Synagogengemeinde Altena. 1951 wurde das Grundstück mit Gebäude der Jewish Trust Corporation for Germany übereignet. Diese veräußerte es 1954 an einen Privatmann, der es zu einem Wohnhaus umbaute.

Balve

1807 ließ sich mit Salomon Bondy der erste Jude in Balve nieder. 1858 lebten hier drei kultussteuerpflichtige Juden. 1854 wurde Balve dem Synagogenbezirk Arnsberg zugeordnet. Die regelmäßigen Gottesdienste sollten in Arnsberg, Neheim, Hüsten und Warstein abgehalten werden. Doch schon am 27. Juni 1854 hatten die Balver Juden darum gebeten, die bisherige Regelung, wonach die Juden aus Balve und Umgebung ihre Gottesdienste in einer eigenen Betstube in Balve abhielten, bestehen zu lassen. Dies wurde ihnen am 19. Juli 1854 konzediert. Die Betstube der Juden von Balve befand sich bis etwa zum Jahre 1848 in der zweiten Etage des Hauses von Isaac Zimmermann an der heutigen Hauptstraße 27. Danach wurde

Synagoge in Iserlohn: erbaut 1825

sammenkünfte sein, sondern ausschließlich – wie die christlichen Kirchen – der Andacht und dem Gebet dienen. Ostwalt stellte sich damit gegen die Tradition; er verglich die bisherigen Synagogenbräuche mit einem Treffen in einem Wirtshaus. Seiner Auffassung nach sollte jeglicher Lärm beim Betreten oder Verlassen der Synagoge unterbleiben, ebenso jegliches Sprechen und Umhergehen in der Synagoge, welches er mit dem Treiben auf einem Marktplatz oder an der Börse verglich. Zu diesem Zweck sollte jedem Gemeindemitglied ein „bestimmter Stand", also Platz, zugewiesen werden.[211] Zuwiderhandlungen wurden unter Strafe gestellt.

Ostwalt war klar, daß er mit diesen geradezu preußischen Verhaltensmaßregeln auf Widerstand in der Gemeinde stoßen würde, da sie einen Bruch mit den jüdischen Traditionen darstellten. So schrieb er dem Iserlohner Bürgermeister Post am 11. September 1825, daß es in der Synagoge zu Disziplinlosigkeiten gekommen sei, und bat ihn, den Gemeindemitgliedern aufzutragen, sich während des Gottesdienstes gesittet zu benehmen, und ihm die Erlaubnis zu erteilen, den Ruhestörern eine Strafe auferlegen zu dürfen. In seiner Antwort entsprach Post dieser Bitte nicht, sondern forderte Ostwalt auf, ihm jeglichen Einzelfall genau zu schildern, damit er von Amts wegen einschreiten könne, da der Staat in keinem Gotteshause Ruhestörung und Sittenlosigkeit zulassen könne.

Ostwalt stand den Reformansätzen für den Gottesdienst, wie sie seit der Aufklärung und der Zeit des Kasseler Konsistoriums des damaligen Königreichs Westfalen

vertreten wurden, sehr nahe. Der jüdische Gottesdienst sollte aus seiner Nische am Rande der Gesellschaft herausgehoben werden in die bürgerliche Öffentlichkeit. Dazu bedurfte es einer gewissen Anpassung an die Formen christlicher Gottesdienste. Dem Staat wurde demensprechend ein Aufsichtsrecht zugebilligt. Dies ist auf dem Hintergrund des beginnenden Strebens nach Gleichberechtigung seit der Aufklärung und der napoleonischen Ära zu sehen. Oswalt ging allerdings nicht soweit in der Anpassung wie zahlreiche jüdische Gemeinden Westfalens unter der Führung des Soester Obervorstehers Levy Lazar Hellwitz, die Orgel und Predigt einführen sowie für die Liturgie die deutsche Sprache. Er war ein entschiedener Verfechter für die Beibehaltung der hebräischen Sprache und für den Verzicht auf die Predigt. Bei allen Reformgedanken war er doch Traditionalist. Oswalt stand den Gedanken Alexander Haindorfs nahe, der es sich zur Aufgabe gemacht hatte, eine Angleichung der jüdischen Minderheit an die allgemeine Sozialstruktur herbeizuführen.²¹²

Bei der von Oswalt in seiner Bekanntmachung von 1819 angesprochenen Synagoge handelte es sich um eine Betstube, „welche kein Eigentum der jüdischen Gemeinde, sondern in einem angepachteten Hause eingerichtet" war.²¹³ Über ihren Standort ist bisher nichts bekannt.

Vermutlich war Oswalt die treibende Kraft für den Erwerb eines Synagogengebäudes. Als die katholische Kirchengemeinde Anfang 1825 ihre baufällig gewordene Kirche in der Lehmkuhle, heutigen Schillerstraße, abreißen lassen wollte, bot ihr die Gemeinde für den Erwerb 1.500 Taler an, um die Kirche zu einer Synagoge umzubauen. Obwohl die Kirchengemeinde letztlich von einem Un-

ternehmen nur 665 Taler für den Abriß erhielt, lehnte sie das Angebot der Juden ab. Eine christliche Kirche sollte nicht für jüdische Gottesdienste genutzt werden.

Am 3. April 1828 lehnte es die Regierung in Arnsberg ab, die Bitte um Erlaubnis zur Errichtung einer Synagoge an das königliche Kabinett in Berlin weiterzuleiten, da noch keine grundbüchliche Eintragung vorlag. Ebenso verwarf sie die Pläne der Finanzierung. Die Gemeinde hatte nämlich, von jedem gewerbetreibenden und jedem sich neu niederlassenden Juden eine Abgabe zu verlangen.

Nachdem die formalen Voraussetzungen geschaffen waren, reichte die Gemeinde am 22. August 1828 den Antrag, eine Synagoge und eine Schule bauen zu dürfen, erneut beim Bürgermeister zur Protokollnahme und Weiterleitung ein. Die Finanzierung erfolgte durch eine Anleihe, für die der Fabrikant Alexander Romberg bürgte.

Wohl noch 1828 hatte die Gemeinde dann damit begonnen, an der Mendener Straße 15 eine Synagoge zu errichten. Obwohl die Synagoge schon im Jahre 1829 verzeichnet ist, dauerte es bis zur endgültigen Fertigstellung noch zwei Jahre. Wahrscheinlich hatte die Gemeinde noch nicht die königliche Genehmigung erhalten, die sie als geduldete Religionsgemeinschaft für den Bau eines Gotteshauses brauchte. Durch eine Kabinettsordre vom 19. Mai 1831 erhielt sie die Erlaubnis, den Synagogenbau zu vollenden, allerdings nur unter einer Bedingung, die der Oberpräsident von Westfalen von Vincke durchgesetzt hatte, nämlich, daß eine Lehrerstelle eingerichtet und ausreichend fundiert würde. Dies bedeutete die Aufbringung von 190 Talern jährlich und die Einrichtung einer Schule. Die Schule wurde schließlich in einem Fachwerkhaus neben

der Synagoge eingerichtet. Diese Bedingung brachte die Gemeinde in finanzielle Schwierigkeiten, da schon der Bau der Synagoge viel Geld gekostet hatte. Sie trug lange daran.

Die Iserlohner Synagoge war mit Chor und Eingangsbereich 15,60 Meter lang und 7,80 Meter breit. Sie hatte eine schlichtes Äußeres. Trotzdem war zu erkennen, daß der unbekannte Architekt sich an den klassizistischen Rundbogenstil angelehnt hatte. Da der Rundbogenstil in der Reihe der christlichen Stile nur an zweiter Stelle folgt, war es für Juden leichter möglich, ihn für einen Kultbau zu verwenden. Er wahrte eine gewisse Distanz zu den gotischen Kirchen, jedoch nicht soweit, daß er durch Andersartigkeit Auffallen erregt hätte. Im Gegensatz zu den späteren klassizistischen Rundbogensynagogen hat die Iserlohner Synagoge kein Satteldach, sondern ein Walmdach. Ebenso wurden Stilelemente der bergisch-märkischen Bautradition verwendet, wie die Schieferung des gesamten Gebäudes.

1856 wurde aus dem Stadtkreis Iserlohn der Synagogenbezirk Iserlohn gebildet. Am 12. Februar 1856 gab sich die Gemeinde ein Statut, das am 30. Mai 1856 vom Oberpräsidenten von Westfalen genehmigt wurde. Zu diesem Zeitpunkt zählte die Gemeinde etwa 180 Mitglieder.

1899 plante die Gemeinde, auf einem Grundstück an der Bleichgasse eine neue Synagoge und eine Schule zu bauen. Wohl weil sich in unmittelbarer Nähe ein Industriebetrieb befand, wurde dieser Plan nicht weiter verfolgt.

1907 und 1910 wurden einige Umbauarbeiten durchgeführt. 1907 wurde der bisherige dreistufige Unterbau für den Toraschrein um weitere vier Stufen gegenüber dem Synagogenraum angehoben. Der Toraschrein wurde zum Betsaal hin

mit einem Hufeisenbogen, getragen von Rundsäulen mit Basen und orientalischen Kapitellen, abgeteilt. Wie in der spanisch-maurischen Kunst war dieser Hufeisenbogen in ein Rechteck eingesetzt. Bima, Kanzel und Toraschrein wurden in der Höhe gestaffelt. 1910 wurde an der Südseite ein Vorbau zum Eingang zur Frauenempore angebaut. Ein Foto, entstanden um 1910, zeigt die optische Trennung von Toranische und -schrein vom eigentlichen Betsaal durch einen orientalischen Bogen. Kanzel, Bima und Geländer am Aufgang zum Toraschrein zeigen Jugendstilelemente, während der Toraschrein selbst mit den Säulen und den Dekalogtafeln klassizistische Elemente erkennen läßt.

„Der klassizistische Toraschrein und der ihm vorgesetzte orientalische Bogen stellen zwei Stilelemente dar, die schon in Ostwalts Synagogenordnung begegneten: einmal die Anpassung an das Äußere der christlichen Kirchen, die getragen wurde von der Bereitschaft zur Assimilation, und dem Anspruch, der seit der Aufklärung erhoben wurde, daß die jüdische Religion moralisch gleichrangig neben der christlichen Religion stehe. Zum anderen aber die bewußte Betonung der eigenen Kulturtradition, sei es in der Sprache wie in der Baukunst."[214]

In der NS-Zeit wurde allen Assimilationsbemühungen der deutschen Juden ein grausames Ende bereitet. Auch in Iserlohn wurde die Synagoge in der Pogromnacht des Jahres 1938 bis auf die Grundmauern niedergebrannt.

Das Grundstück mußte am 28. November 1938 von der jüdischen Gemeinde zwangsverkauft werden. Der Gebäuderest soll erst um 1965 endgültig abgerissen worden sein.[215]

Im Herbst 1995 wurde die Holztür an der Mendener Straße, hinter der sich der Zugang zur Synagoge befand, entfernt.[216]

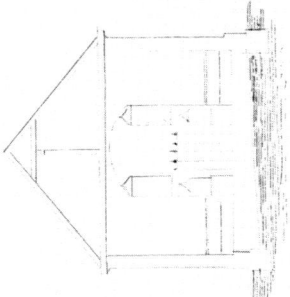

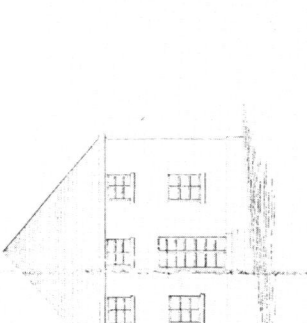

Iserlohn-Oestrich: Bauzeichnungen für Bethaus und Schule
(siehe Seite 100)

Iserlohn – Hennen

Die Juden der Ortschaft Hennen wurden 1865 dem Synagogenbezirk Limburg zugeordnet. Zum 1. April 1908 erfolgte eine Neuordnung dieses Synagogenbezirks, in deren Verlauf Hennen und Ergste aus dem Bezirk Limburg ausschieden und fortan die selbständige Synagogengemeinde Hennen bildeten. Die in der Ortschaft Hennen lebenden Juden besaßen eine Betstube in einem Gebäude am Ohler Weg. Dieses Haus steht heute noch und wird nach einigen Umbauten als Wohnhaus genutzt.[217]

Iserlohn – Oestrich

1841 bestand die jüdische Gemeinde von Oestrich aus 44 Mitgliedern. Bis dahin hatte sie ihre Gottesdienste in einer angemieteten Wohnung im Hause eines Oestricher Bürgers abgehalten. Da dieser das Gebäude wegen Baufälligkeit abreißen lassen wollte, beschloß die jüdische Gemeinde, eine Synagoge zu bauen. Ihrem Antrag zur Genehmigung des Baues vom 21. März 1841 an den Amtsbürgermeister von Limburg Holtschmitt fügte sie den Pachtvertrag für das vorgesehene Grundstück an der Beilstraße bei sowie den von Maurermeister Liesenhof aus Oestrich angefertigten Bauplan. Danach sollte das Gebäude folgende Abmessungen haben: 10,05 Meter Länge, 8,20 Meter Breite und 4,10 Meter Höhe. Der Sockel sollte aus Bruchsteinen, das eigentliche Gebäude aus Ziegelsteinen errichtet werden. Im September 1842 erhielt die Gemeinde die Genehmigung der königlich preußischen Regierung zum Bau der Synagoge zugestellt. Laut Ausführungsplan sollte das Gebäude der Gemeinde am 1. Januar 1844 übergeben werden. Die Synagoge war nach Osten hin ausgerichtet. In dem Gebäude befanden sich außerdem die Frauenempore, der Schulraum und eine Schlafstube für den Lehrer. „Die Nische zur Aufnahme des Toraschreins ist um zwei Stufen gegenüber dem Betsaal überhöht. Ihre Öffnung zu diesem ist durch einen Segmentbogen überdeckt. Der Betsaal, in dessen Mitte der Almemor steht, liegt um eine Stufe niedriger als der Eingangsflur. An den Langseiten des Gebäudes wird der Betsaal durch je zwei hohe Rundbogenfenster belichtet. Auch seitlich der Kultnische sind zwei Fenster angeordnet. Das Gebäude wird von einem unter 40° geneigten Walmdach mit sehr kurzem First überdeckt. An der Ostseite schleppt Liesenhof das Dach über die Kultnische hinweg im Sinne eines Pultdaches ab. Entgegen Liesenhofs Entwurf erhielt das Gebäude ein Satteldach mit Dreiecksgiebeln und die Apsis dadurch ein eigenständiges Walmdach."[218]

Seit 1865 gehörte Oestrich zum Synagogenbezirk Hohenlimburg (bis 1908 hieß er Synagogenbezirk Limburg). 1902 verließen die letzten jüdischen Einwohner Oestrich. Das Gebäude verfiel und wurde zwischen 1910 und 1920 abgerissen.

Lüdenscheid

Die erste Erwähnung von Juden in Lüdenscheid stammt aus dem Jahr 1690. Im Jahr 1802 lebten hier nur die Familien Isaac und Liefmann Lazarus mit zusammen sechs Personen. Sie lebten vom Klein- und Viehhandel, von der Schlachterei und vom Geldverleih.

Bis zum Jahr 1831 stieg die Zahl der jüdischen Bürger Lüdenscheids auf 31 Personen und blieb bis 1853 in etwa auf diesem Stand. Zwischen 1853 und 1902 stieg die jüdische Bevölkerung dann auf

Lüdenscheid. Betsaal der jüdischen Gemeinde im Hotel Jägerhof

102 Personen. Die Juden waren überwiegend als Selbständige, Verkäuferinnen und Handlungsgehilfen in der Damen- und Herrenbekleidung tätig. Daneben gab es aber auch Viehhändler und Metzger, Handwerker und Fabrikarbeiter. Ihren höchsten Stand erreichte die jüdische Gemeinde von Lüdenscheid im Jahr 1932 mit 112 Personen.

Am 29. Dezember 1853 wurde die Kreissynagogengemeinde Altena gebildet; eine von den fünf Untergemeinden dieses Bezirks war die Synagogengemeinde Lüdenscheid. Im Dezember 1922 erklärte sie sich für selbständig. Doch sollte diese Selbständigkeit nur 15 Jahre dauern. Mit dem Jahr 1933 nahm auch in Lüdenscheid der Druck auf die jüdische Bevölkerung zu, so daß durch Emigration und Wegzug 1937 keine zehn religionsmündigen Männer mehr in Lüdenscheid lebten. In diesem Jahr wurde auch der Betsaal, den die Gemeinde seit 1902 im „Jägerhof" in der Luisenstraße 37 genutzt hatte, aufgegeben. Das dort aufgestellte Harmonium wurde am 30. Januar 1938 an ein Mitglied der Freien evangelischen Gemeinde zu Halver verkauft. Die noch in Lüdenscheid wohnenden Juden gingen danach zum Gottesdienst nach Hagen. Wo sich im 19. Jahrhundert die Betstube befunden hat, ist bislang unbekannt. Wahrscheinlich traf man sich in einem Privathaus. Bis 1942 wurden alle noch in Lüdenscheid verbliebenen Juden deportiert. Nur wenige von ihnen kehrten nach dem Krieg hierher zurück. Sie gehörten dann der Hagener Gemeinde an.

Das Gebäude in der Luisenstraße 37 wurde Anfang der achtziger Jahre abgerissen, heute befindet sich dort die Stadtbücherei. Am 12. August 1990 wurde eine Gedenktafel enthüllt, die an das Schicksal der Lüdenscheider Juden erinnert.

Meinerzhagen

Anfang des 19. Jahrhunderts ließen sich die ersten Juden in Meinerzhagen nieder. Laut einer Liste aus dem Jahr 1815 handelte es sich um 15 Personen, deren Familienvorstände als Handelsjuden bezeichnet wurden. Bei Israel Behrmann wird noch zusätzlich angemerkt, er sei der Vorsänger beim jüdischen Gottesdienst. Wo dieser Gottesdienst abgehalten wurde, konnte bisher nicht ermittelt werden. Fest steht aber, daß es zu dieser Zeit keine Synagoge in Meinerzhagen gegeben hat und die Juden hier ihre Gottesdienste nicht alleine abgehalten haben können, da sie die erforderliche Mindestzahl von zehn religionsmündigen Männern noch nicht erreichten.

Aus einem Bericht eines Beamten aus dem heutigen Oberbergischen Kreis von 1816 geht hervor, daß die jüdischen Bewohner der Orte Lieberhausen, Pernze und Bruch der Bürgermeisterei Neustadt zusammen mit den Meinerzhagener Juden in einer dort angemieteten Betstube ihre Gottesdienste abhielten. 1847 berichtet der Bürgermeister von Neustadt dem Landratsamt Gummersbach, daß die Juden von Meinerzhagen und der Bürgermeisterei Neustadt seit 22 Jahren einen gemeinsamen Synagogenverband bildeten und ihre Gottesdienste in Lieberhausen abhielten. Allerdings sollen die Meinerzhagener Juden 1842 ausgetreten sein.

In einer Akte des Landratsamtes Gummersbach aus dem Jahr 1847 heißt es, daß die Juden aus Meinerzhagen im Vorjahr ausgetreten seien und daß es nicht möglich sei, die Gemeinschaft wiederherzustellen. Die Meinerzhagener und die Neustädter Juden haben demnach wohl etwa 20-25 Jahre ihre Gottesdienste in Lieberhausen abgehalten, bevor sie im Streit auseinandergingen. Vermutlich befand sich der Betsaal in dem etwa 200 Jahre alten Haus in der Homertstraße 16. Anfang des 20. Jahrhunderts sollen noch Meinerzhagener Juden hierhin gekommen sein, um die Betstube ihrer Vorfahren zu besichtigen.

Am 29. Dezember 1853 wurde aus dem Kreis Altena – zu dieser Zeit 202 jüdische Einwohner – die Kreissynagogengemeinde Altena gebildet, und zwar mit den Synagogenuntergemeinden Altena, Plettenberg, Neuenrade, Lüdenscheid und Meinerzhagen. Zu Meinerzhagen gehörten Herscheid, Valbert, Kierspe und Rönsahl.

Im Oktober 1856 – die jüdische Gemeinde von Meinerzhagen hatte 30 Mitglieder – bat der Vorsteher der Gemeinde Stern den Landrat, in der Provinz Westfalen eine Kollekte abhalten zu dürfen, um in Meinerzhagen eine Synagoge bauen zu können. Der Betsaal, den er der Gemeinde in seinem Haus zur Verfügung gestellt habe, reiche nicht mehr aus. Der Landrat sah dies anders und lehnte das Gesuch umgehend ab. Wo sich die Betstube der Meinerzhagener Juden in der 2. Hälfte des 19. Jahrhunderts befunden hat, ist nicht bekannt. Um die Jahrhundertwende mietete die Gemeinde dann das Erdgeschoß in „Westens Haus" im Kapellenweg als Betstube und nutzte es bis 1926.

Als 1927 befand sich der Betsaal dann im Obergeschoß einer früheren Metalldreherei an der Hauptstraße 37b. Dieses Haus ist heute noch bewohnt, während der 80er Jahre „Westens Haus" Anfang des Jahre abgerissen wurde. Im Jahr 1938, als es in Meinerzhagen keine zehn religionsmündigen Männer mehr gab, wurden die Einrichtungs- und Kultgegenstände in das Haus des damaligen Vorstehers Nathan Stern gebracht. Dort wurden sie am Vormittag des 10. November 1938 von SS-Männern herausgeholt, im Hof mit Benzin übergossen und verbrannt.

Menden

Bettstube in der Wasserstraße

Etwa seit der Mitte des 17. Jahrhunderts haben in Menden Juden gelebt. 1692 bestand die jüdische Gemeinde aus 30 Personen und besaß wohl schon eine Bettstube in einem Privathaus. Sie befand sich wahrscheinlich an der heutigen Wasserstraße, die damals „Ob der Gotte" geheißen hat. Im Skirballmuseum, Los Angeles, USA, befindet sich ein Toravorhang, der laut einer Zeugenaussage in einer Mendener Synagoge – aber nicht in der 1821 erbauten – hing und von der in Menden wohnenden jüdischen Familie Romberg gestiftet wurde.

Synagoge und Synagogengasse in Menden

Per Dekret vom 20. Januar 1854 richtete die Regierung in Arnsberg im Kreis Iserlohn drei Synagogenbezirke ein, zu denen neben Iserlohn und Limburg auch Menden mit Hemer sowie Dorf und Stift Fröndenberg gehörten.

Synagoge an der Ecke Hochstraße/Synagogengasse

1821 baute die Gemeinde auf einem ihr gehörenden Grundstück an der Ecke Hochstraße/Synagogengasse – damals Watergasse/Süsterstraße – eine Synagoge, die erste im Kreis Iserlohn.

In Bezug auf ihre Lage im Ort stellte die Mendener Synagoge eine Besonderheit für den Kreis Iserlohn dar. Sie befand sich nämlich im Ortskern und in unmittelbarer Nachbarschaft der katholischen St.-Vincenz-Kirche (ca. 150 m). Dies war für eine Synagoge in dieser Zeit durchaus ungewöhnlich.

Das Synagogengrundstück war von einer Mauer umgeben. Man konnte es von der Watergasse her betreten. Aber auch im Norden an der Süsterstraße gegenüber dem Synagogenportal gab es ein Tor in der Mauer. Über dem Synagogeneingang befand sich eine Bohle mit der Inschrift: „Aufgerichtet am 3ten August 1821". Getrennte Eingänge für Männer und Frauen gab es in Menden nicht. Die Frauen gelangten vom Vorraum aus über eine Treppe zur Empore, unter der sich der Schulraum befand, welcher vom eigentlichen Synagogensaal durch eine Fachwerkwand abgetrennt war. Der Toraschrein befand sich an der Ostwand des Synagogensaals auf einem Holzpodest, dessen vier Stufen

in den Synagogensaal hineinreichten. Der Betraum wurde durch sechs große Rundbogenfenster, zwei an jeder Außenwand, beleuchtet, sowie durch ein Rundfenster über dem Toraschrein.

„Bis etwa zur Sohlbankhöhe bestanden die Außenwände aus massivem Bruchsteinmauerwerk. Decke und Dach wurden von Fachwerkwänden getragen, die auf dem massiven Unterbau aufgestanden waren ... Ein verschiefertes Walmdach schloß das Gebäude mit seiner schlichten, aber durchaus repräsentativen klassizistischen Architektur, die sich deutlich von der niedrigeren Wohnbebauung abhob, deckelartig ab ...."[219]

Nach den Erinnerungen einer Zeitzeugin war die Inneneinrichtung der Synagoge schlicht gehalten, die Wände waren weiß und die Bänke hellgrau gestrichen. Auf der Frauenempore stand ein nach dem Ersten Weltkrieg angeschafftes Harmonium. Die Decke war gewölbt und blau gestrichen. Rechts und links vom Allerheiligsten befand sich je ein Vorlesepult. Die Bima hat sich nahe vor den Stufen des Aron hakodesch gestanden. Der Fußboden war aus Holz, nur bei den Männerplätzen war er mit schwarzen Schieferplatten ausgelegt. Die Sitze der Männer hatten in ein Betpult mit kleinen Fächern für die Gebetsbücher und die Gebetsmäntel.

Ein Ewiges Licht hing vor dem Toraschrein von der Decke. „Es konnte vielleicht aus Silber sein. Da die Mendener Synagogengemeinde arm war, gab es in der Synagoge außer handgestickten Samtmänteln und ein paar Kopfständern für die Torarollen (Schild und Glöckchen aus Silber) keine materiellen Werte. Es gab vier wunderschöne Messingleuchter (von der Decke hängend), die von dem Stifter der Synagoge, Rothschild, angebracht wurden. Der in die Mitte der Kuppel angebrachte Kronleuchter war eine Stiftung der Familie Reichenberg."[220]

In der Pogromnacht 1938 wurde die Mendener Synagoge geschändet, die Inneneinrichtung zerstört und das Gebäude in Brand gesetzt. Es brannte jedoch nicht aus, da Nachbarn das Feuer löschten. Am 5. Mai 1939 wurde die Synagoge für 7.000 Reichsmark zwangsverkauft. 1951 mußte der damalige Erwerber nach einem Vergleich 6.000 DM an die Jewish Trust Corporation for Germany zahlen. Außerdem wurde er verpflichtet, das Gebäude bis zum 31. Dezember 1952 abzureißen. Heute erinnert eine Bronzetafel mit der Aufschrift „Hier stand die Synagoge der Synagogengemeinde Menden. Erbaut 1821. Zerstört in der Pogromnacht am 9. November 1938" an die Mendener Synagoge. Auch wurde die an der Synagoge verlaufende Straße in „Synagogengasse" umbenannt.

Plettenberg

Der älteste Hinweis auf jüdische Einwohner findet sich in der Plettenberger Brandakte von 1725, in der in der Liste der niedergebrannten Gebäude auch ein „Judenhäuschen" genannt wird. In der Bevölkerungsstatistik von 1770 werden sechs Juden genannt, jedoch gibt es keine Hinweise auf Berufe und Häuser. Im Anschluß an die napoleonische Ära erfolgte ein stetiges Anwachsen der jüdischen Gemeinde. 1858 lebten in Plettenberg 51 Juden, die überwiegend im Kleinhandel und im Schlachtereigewerbe tätig waren. Die Zahl der Gemeindemitglieder blieb in den folgenden Jahrzehnten relativ konstant.

Im Verlauf der zweiten Hälfte des 19.Jahrhunderts gelang den Juden Plettenbergs der wirtschaftliche und gesellschaftliche Aufstieg. Sie wurden geachtete Bürger ihrer Stadt. Zu nennen sind hier vor allem die Metzgereien Lennhoff, die Kaufhäuser Gebr. Sternberg, Löwenthal und Neufeld sowie der Fabrikant Sternberg. Ihr Engagement galt vor allem dem sozialen Bereich. Sie spendeten erhebliche Mittel für karitative Zwecke und erwarben sich Verdienste bei der Unterstützung armer Familien der Stadt. Ebenso leisteten sie einen großen Beitrag bei der Finanzierung des städtischen Freibads. Doch ihr großes Engagement wurde ihnen nach 1933 nicht gedankt. Sogar der Besuch des Freibads wurde ihnen verboten. Das Schicksal der 57 Juden, die in der NS-Zeit in Plettenberg gelebt haben, kann nicht eindeutig geklärt werden, da die betreffenden Akten der Stadt Plettenberg 1945 kurz vor dem Einmarsch der Alliierten vernichtet wurden. Vermutlich haben nur wenige überlebt.

Die kleine jüdische Kultusgemeinde hat schon vor 1827 einen Betsaal gehabt. Dies geht aus einem Schreiben der Stadt Plettenberg vom 24. März 1827 an den Landrat in Altena hervor, in dem es heißt, die Juden besäßen ein Zimmer, in dem sie ihre Gottesdienste abhielten. Wo sich dieser Betraum befunden hat, ist unbekannt. Seit 1856 gehörte Plettenberg als Untergemeinde zur Kreissynagogengemeinde (Synagogenbezirk) Altena. Um die Jahrhundertwende richtete sich die Gemeinde dann im ersten Stock des Hauses am Lindengraben 10 (dem heutigen Haus Weber) einen Betsaal ein. Dieser bildete bis zum November 1938 den Mittelpunkt des Gemeindelebens. Im Zuge der Pogromnacht 1938 wurden die vorhandenen Akten und Archivalien sowie die vorhandenen Kultgegenstände der Gemeinde, wie z.B. die sieben Torarollen, von der Gestapo beschlagnahmt. Ihr weiterer Verbleib ist unbekannt.[221]

Kreis Olpe

Attendorn

Seit etwa der Mitte des 16. Jahrhunderts läßt sich mit wenigen Unterbrechungen der Aufenthalt von Juden in Attendorn nachweisen. Es waren in der Regel nie mehr als zwei Familien. Noch 1843 berichtet der Magistrat der Stadt von nur zwei jüdischen Familien mit insgesamt 17 Personen.

Ihre erste Betstube hatten die Attendorner Juden, es handelte sich um die Familien May und Lazarus, im Hause des Lazarus. Das Gebäude ist bei dem großen Stadtbrand vom 17. Juli 1783 niedergebrannt. Wo sich die Betstube danach befand, ist nicht bekannt.

Aus dem oben erwähnten Bericht des Magistrats geht hervor, daß sich 1843 die Betstube im Haus des Kaufmanns Ursell befand. Wahrscheinlich hat der Gottesdienst noch bis 1876 hier stattgefunden. Denn in diesem Jahr kam es zu einem Streit in der Gemeinde. Abraham Ursell hatte der Gemeinde den Vorschlag gemacht, ihr den Raum noch für weitere 10 Jahre zur Verfügung zu stellen, wenn die Gemeinde dafür jährlich 50 Taler bezahlen würde. Dieses Geld sollte bei der Sparkasse angelegt werden und den Grundstock für einen späteren Synagogenbau bilden. Die Mehrzahl der Gemeindemitglieder lehnte dies ab, da sie es als Gewohnheitsrecht betrachtete, den Raum im Hause Ursell zu nutzen. Abraham Ursell sperrte daraufhin sein Haus für den Gottesdienst. Wie der Streit ausgegangen ist, weiß man nicht; eine Synagoge ist jedenfalls in Attendorn nie gebaut worden.

Fest steht, daß die Gemeinde – Attendorn war seit 1855 Synagogenuntergemeinde des Synagogenbezirks Lenhausen – in den sechziger Jahren schon plante, wegen des Anwachsens ihrer Mitgliederzahl einen größeren Betsaal einzurichten. Etwa um die gleiche Zeit hatte Joseph Cohn das Haus Plange mit Nebengebäuden in der Breiten Techt gekauft, in dem sich nachweislich vom Ende des 19. Jahrhunderts bis 1938 der Betsaal befunden hat. Vermutlich wurde er jedoch schon im Zusammenhang mit dem oben erwähnten Streit eingerichtet.

Aus der Folgezeit werden die Hinweise auf die Attendorner Juden immer spärlicher. 1891 gründete ein Mitglied der Familie Ursell eine Blechwarenfabrik mit Verzinkerei, die in ihren besten Jahren bis zu 180 Personen beschäftigte. 1926 beschwerte sich der Kaufmann Alfred Cohn über Lärmbelästigung während des Gottesdienstes durch einen nahegelegenen Betrieb. 1931 erfolgte eine Anfrage, ob in der Attendorner Gemeinde das Frauenwahlrecht eingeführt worden sei. Aus dem aber nicht der Fall. Aus dem Antwortschreiben des Attendorner Magistrats geht noch hervor, daß in Attendorn etwa 40 Juden lebten.

Beim Novemberpogrom 1938 wurde auch der Attendorner Betsaal geschändet, das Mobiliar wurde zertrümmert, das Archivmaterial und die Kultgegenstände sichergestellt und der Staatspolizeistelle bzw. dem Sicherheitsdienst des SS, Dienststelle Dortmund, übergeben.

Das Haus in der Breiten Techt wurde 1986 abgerissen. Heute erinnert hier eine Gedenktafel an den Betsaal.[222]

Finnentrop – Lenhausen

Die jüdische Gemeinde von Lenhausen gilt als eine der ältesten im damaligen Herzogtum Westfalen. Über ihre Anfänge ist allerdings nichts bekannt. Vermutlich haben sich hier Juden niedergelassen, Sie lebten hier überwiegend vom Handel mit Textilien und Kurzwaren.

Einer der ersten war der Handelsmann Salomon Itzig. Nach seinem Tod erhielt seine Witwe vom Grafen von Plettenberg die Erlaubnis wieder zu heiraten, und zwar einen Zander Abraham, auf den am 7. August 1764 auch das Geleit des Salomon Itzig übertragen wurde. Zander Abraham heiratete in zweiter Ehe eine Vogel Horn aus Hamm. Dieser Ehe entstammte Zwi (dt.: Hirsch) ben Nessanel (1782 – 1862), der sich ab 1809 Alexander Haindorf nannte. Er machte sich später einen Namen als Arzt, Pädagoge, Schriftsteller und Kunstsammler; besonders bekannt wurde er aber durch die von ihm zusammen mit seinem Schwiegervater Elias Marks in Münster gegründete „Marks-Haindorf-Stiftung" zur Bildung von Elementarlehrern und Beförderung von Handwerkern und Künsten unter den Juden".

Um die Mitte des 18. Jahrhunderts ist wahrscheinlich mit Hilfe der Grafen von Plettenberg die Synagoge der Gemeinde errichtet worden. Es handelte sich um einen Fachwerkbau, der sich zwischen der Bahnlinie und der heutigen B 236 in der Nähe des Schlosses der Grafen von Plettenberg befunden hat.

Den Kindheitserinnerungen Haindorfs nach ist die Synagoge gegen Ende des 18. Jahrhunderts oft das Ziel antisemitischer Ausschreitungen gewesen: „In seinem [d.h. Haindorfs] Geburtsorte ... war ein

strenggläubiger Pfarrer geistlicher Hirt, der, so lange er dort die Herde hütete, die ganze Judengemeinde jeden Ostern nötigte, den Ort auf mehrere Tage, eigentlich die Passionszeit hindurch, zu verlassen und zu einer benachbarten Gemeinde auszuwandern. Denn nach der Passionspredigt am Stillen Freitag stieg der ehrwürdige Priester von der Kanzel, durchschritt die Kirche und ihm folgte die ganze Gemeinde. Dann ging's zur Kirchentüre hinaus, durch das ganze Dorf bis zur Synagoge. Hier ging das Werk der Zerstörung los. Die fest verschlossene Türe wird erbrochen, hinein stürmt der Fanatiker mit seiner Gemeinde und zerbricht alles, reißt die etwa vorhandenen Gebet- und andere Bücher in Fetzen, zieht endlich nach vollbrachtem Werke wieder ab und nagelt vor die Tür eine Speckseite, welche die unglückseligen Märtyrer dann für Geld wieder abnehmen lassen müssen, wenn sie mit Sicherheit zurückkehren durften. Die Ostertagsszene erneuerte sich dazumal jahrzehntelang in jenem echt katholischen Lande."223

1855 wurde der Synagogenbezirk Lenhausen eingerichtet. Laut des am 17. August 1855 vom Oberpräsidenten von Westfalen genehmigten Statuts der Synagogengemeinde Lenhausen gehörten Attendorn, Eslohe, Schmallenberg und Olpe als Untergemeinden zum Bezirk.

Der Synagogenbezirk Lenhausen blieb als Verwaltungseinrichtung noch bis in die NS-Zeit hinein bestehen. Die letzten Repräsentantenwahlen fanden 1934 statt. Die seit Ende des 19. Jahrhunderts nicht mehr genutzte Synagoge verfiel und wurde bereits 1915 abgerissen.

Mit der fortschreitenden Industrialisierung Deutschlands nahm die Zahl der Juden in Lenhausen immer mehr ab, da in den aufstrebenden Städten bessere Erwerbsmöglichkeiten zu finden waren. Zwischen 1900 und 1910 lebten keine Juden in Lenhausen. 1910 ließen sich Meier Max Jacob und seine Frau in Lenhausen nieder. Die Eheleute, ihr Sohn Erich und die Tochter Grete wurden während der NS-Zeit ermordet. Die Töchter Henny und Ilse überlebten. Henny und Ilse wanderten später in die USA aus, Werner Jacob kehrte 1945 nach Lenhausen zurück.

Lennestadt – Oedingen

Die Juden des Ortes Oedingen im heutigen Kreis Olpe, die von 1855 an zum Synagogenbezirk Lenhausen gehörten, waren in den zwanziger Jahren des 19. Jahrhunderts im Besitz einer Betstube.

Olpe

Im Jahr 1813 kam der Jude Abraham Stierstadt aus Lenhausen nach Olpe. Er bezeichnete sich als Handelsmann und Metzger. 1831 – zu dieser Zeit war er nur noch als Metzger tätig – kaufte er das Haus Westfälische Straße 55, das der Familie Stierstadt bis 1868 gehörte. Hier befand sich zeitweise auch ein kleiner Betsaal. Dieses Haus wurde 1959 abgerissen. 1824 ließ sich der Handelsmann Moses Mendelsohn aus Lenhausen, in Olpe nieder. 1846 heiratete Samuel Goldschmidt aus Warstein, der bisher als Gehilfe bei Abraham Stierstadt tätig gewesen war, eine Nichte der Lennebergs und gründete einen eigenen Metzgereibetrieb. 1876 folgte noch Nathan Emanuel aus Neuenkleusheim, ebenfalls ein Metzger. Vermutlich Ende der sechziger Jahre des 19. Jahrhunderts verließen die Angehörigen der Familien Stierstadt und Goldschmidt Olpe. Nur die Familien Lenneberg und Emanuel wurden in Olpe heimisch. Ihre Nachfahren lebten bis zur NS-Zeit als geachtete Bürger in der Stadt. Zwischen 1939 und 1941 emigrierten sie aus Deutschland.

Olpe – Neuenkleusheim

Im Jahr 1782 kam Abraham Moyses als erster Jude nach Neuenkleusheim. Kurze Zeit später folgte ihm sein Bruder Nathan. 1824 lebten vier jüdische Familien am Ort. Diese Zahl blieb in den folgenden Jahren relativ konstant. 1846 gab es 18 Juden in Neuenkleusheim. Seit 1787 befand sich in „Krämers Haus", das Abraham Moyses gehörte, ein kleiner Betraum. Dieses Haus – heute Gasthof Dettmer – steht noch, wurde aber häufig umgebaut.

Zur Synagogengemeinde Neuenkleusheim gehörten um die Mitte des 19. Jahrhunderts die Juden aus Olpe, Burgholdinghausen, Littfeld und bis 1857 aus Siegen mit etwa 40 Personen. Am 24. Mai 1853 wurde die Neuenkleusheimer Gemeinde auf eigenen Wunsch dem Synagogenbezirk Lenhausen zugeordnet. Die Juden in Neuenkleusheim waren als Krämer, Wanderhändler und Metzger tätig. Wirtschaftlich ging es ihnen nicht besonders gut. Wahrscheinlich erfolgte daher ab 1847 die Abwanderung aus dem Ort. 1871 lebten nur noch acht Juden in Neuenkleusheim, 1880 war die Gemeinde erloschen.

Kreis Siegen-Wittgenstein

Bad Berleburg

Die ersten Juden haben sich wohl um die Mitte des 17. Jahrhunderts in Berleburg niedergelassen. Eine Gemeinde hat sich aber wahrscheinlich erst zu Beginn des 18. Jahrhunderts gebildet. Für 1730 wird in Berleburg eine „Schul" erwähnt. Ebenso sprechen die Quellen seit dieser Zeit von Schulmeistern und Personen, die vorstehereähnliche Aufgaben wahrnahmen oder als Vorsteher bezeichnet wurden. In diesen Jahren lebten durchschnittlich etwa 11 bis 13 jüdische Familien am Ort. Bei der „Schul" hat es sich aller Wahrscheinlichkeit nach um eine Beststube in einem Privathaus oder um einen angemieteten Saal gehandelt.

1769 kam es zu einem Streit in der Gemeinde über die Berechtigung, bestimmte Zeremonien, wie das Sprechen des Segens, zu vollziehen. Der damalige Vorsteher hatte das Sprechen des Segens an seinen Schwiegersohn verkauft, der kein Gemeindemitglied war. Die dagegen opponierenden Gemeindemitglieder – der Verkauf der Berechtigung war in Berleburg zu dieser Zeit an sich üblich – wurden von dem Vorsteher mit einer Strafe belegt, was zu einer Beschwerde beim Landesherrn, dem damaligen Grafen von Wittgenstein – Berleburg, führte. Dieser bestätigte die Strafen, der Vorsteher allerdings wurde abgesetzt. Die Erlöse aus dem Verkauf der Berechtigung wurden für die Unterhaltung der Beststube genutzt, die Strafen gingen zu einer Hälfte an die gräfliche Kasse, zur anderen Hälfte an die jüdische Armenfürsorge.

Synagoge an der Ederstraße

Das erste eigenständige Synagogengebäude errichtete die Gemeinde um die Wende vom 18. zum 19. Jahrhundert in der Unterstadt an der heutigen Ederstraße gegenüber dem heutigen Hotel „Kaiser Friedrich". Das Gebäude hatte eine Grundfläche von 75 qm und besaß neben dem Synagogensaal einen Unterrichtsraum und eine Lehrerwohnung. Da das Gebäude zweigeschossig war, gab es wahrscheinlich auch eine Frauengalerie. Diese Synagoge wurde bei dem Stadtbrand vom 20./21. Juli 1825 vollständig zerstört.

Dies geht aus einem Schreiben des Gemeindevorstands vom 11. August 1826 an den Oberpräsidenten von Westfalen von Vincke hervor, in dem Beschwerde gegen den Plan der Reablissementskommission eingelegt wurde, der Gemeinde für den Neubau der Synagoge ein Grundstück außerhalb der Stadt zur Verfügung zu stellen. Der Gemeindevorstand führte an, daß der Platz für Ältere, Kranke und Schulkinder zu weit abgelegen und hier auch kein hinreichender Schutz gegen Diebstahlsversuche gegeben sei. Der Oberpräsident wies die Beschwerde zurück; doch wurde es der Gemeinde freigestellt, innerhalb der Stadt ein geeignetes Grundstück zu kaufen.

Die Neubauplanungen wurden jedoch durch innerjüdische Finanzstreitigkeiten erheblich verzögert. 1830 erfolgte eine Anfrage des Landrates bezüglich des Bauvorhabens. Die Gemeinde lehnte den für sie vorgesehenen Bauplatz wiederum ab, jetzt mit der Begründung, hier seien die Kosten für die Anlage einer Mikwe zu hoch, da eine Wasserleitung gelegt werden müßte, um fließendes Wasser zu erhalten. Diesen Bauplan hatte vermutlich der Landrabbiner Friedländer aus Brilon gefertigt. Es sei angemerkt, daß bei dem später ausgeführten Bau keine Mikwe angelegt wurde.

Synagoge in der Jakob-Nolde-Straße

Die Gemeinde ergriff nun die Initiative und schlug der Reablissementskommission selbst einen Bauplatz vor. Die Kommission lehnte jedoch ab, da dieses Grundstück für den Bau eines Hospitals vorgesehen war. Sie empfahl der Gemeinde das Bettelhäuser Grundstück in der Mittelstraße 22, der heutigen Jakob-Nolde-Straße. Die Gemeinde nahm den Vorschlag an und kaufte das Grundstück für 50 Taler.

Der Bauentwurf für die neue Synagoge und der Kostenvoranschlag des Siegener Architekten Küster lagen im Februar 1832 vor. Der Entwurf fand die Zustimmung der Gemeindevertreter, der Kostenvoranschlag von 3.552 Talern war aber im Vergleich zu den finanziellen Möglichkeiten der Gemeinde zu hoch. Daher entschloß man sich, den Gottesdienstraum und die Frauengalerie auf 50 bzw. 20 Plätze zu verkleinern. Schulraum, Wohnung und ein Raum für die eventuelle Einrichtung einer Mikwe blieben aber in der Planung. Da die hierbei erzielte Einsparung von 200 Talern noch nicht ausreichte, bat die Gemeinde um die Erlaubnis, bei den Juden Westfalens eine Kollekte abhalten zu dürfen.

Am 19. Februar 1834 erteilte die preußische Regierung die Bauerlaubnis. Wann genau der Bau ausgeführt wurde und die Einweihung stattfand, kann nicht mehr eindeutig angegeben werden. Fest steht, daß die Synagoge im Juli 1835 fertiggestellt war. Das Gebäude hatte eine Grundfläche von 90 qm, war dreigeschossig und beinhaltete Synagogenraum, Unterrichtsraum, Frauengalerie und Wohnung. Es

war äußerlich nicht von anderen zu unterscheiden, nur eine hebräische Inschrift über der Eingangstür, die während des Novemberpogroms von 1938 abgeschlagen wurde, deutete auf ein jüdisches Gotteshaus hin. Die Finanzierung der Baukosten erfolgte durch Eigenmittel, Kredite und Hypotheken bei nichtjüdischen Bürgern Berleburgs. Zur Absicherung der Darlehen wurde eine Synagogengesellschaft gegründet, der die jüdischen Hausväter und ihre Ehefrauen angehörten.

1860 wurden die Außenwände der Nord- und Ostseite der Synagoge erneuert. Im gleichen Jahr ging das Gebäude inoffiziell an die Gemeinde über, die seit der Einrichtung des Synagogenbezirks Berleburg im Jahr 1854 den Status einer juristischen Person besaß. Den Kapitaldienst versahen jedoch weiterhin die Mitglieder der Synagogengesellschaft und deren Nachkommen. Die letzten Tilgungen erfolgten in den Jahren 1899/1900. Seit dem 10. April 1900 war die Gemeinde als alleinige Eigentümerin grundbuchlich eingetragen. Im gleichen Jahr erfolgte eine gründliche Renovierung der Synagoge. Dies – ebenso wie die Tilgungen – wurde ermöglicht durch die Stiftung eines in die USA ausgewanderten ehemaligen jüdischen Bürgers Berleburgs, Emil Wolff, der zu der Familie gehörte, der auch der bekannte Neheimer Unternehmer Noah Wolff entstammte.

Die Berleburger Synagoge wurde in der Pogromnacht 1938 geschändet, ein gelegter Brand konnte von Nachbarn gelöscht werden. Inventar und Inneneinrichtung wurden zerstört und auf dem Marktplatz verbrannt. Im März 1939 mußte die Gemeinde die Synagoge verkaufen. 1940 begann der Umbau zu einem Wohnhaus, das heute noch existiert. Nichts deutet darauf hin, daß es sich um ein ehemaliges jüdisches Gotteshaus handelt.

Bad Laasphe

Für das Jahr 1682 werden in den Akten drei jüdische Familien mit insgesamt 19 Personen als in Laasphe wohnhaft genannt. Obwohl schon vorher Juden in Laasphe erwähnt werden, so sind sie doch erst seit dieser Zeit dauerhaft hier ansässig gewesen. 1720 lebten sieben jüdische Familien in der Stadt. In diesem Jahr kam es zu Streitigkeiten innerhalb der Gemeinde, wobei es um Kultusangelegenheiten und die Armenfürsorge ging. Daher wurde der Rabbiner Michael Bär Oppenheim aus Friedberg um Hilfe gebeten. Dieser sandte den Vorsteher der Judenschaft des Herzogtums Köln und Westfalen Michael Can aus Schmallenberg nach Laasphe, um den Streit zu schlichten. Can war der Gemeinde bei der Ausarbeitung einer Synagogen- und Gemeindeordnung behilflich, die schließlich am 14. Januar 1721 verabschiedet wurde.

In diesem Zusammenhang ist zum ersten Mal von einer Synagoge die Rede. Aller Wahrscheinlichkeit nach hat es sich noch nicht um das heute noch existierende Gebäude in der Mauerstraße 44 gehandelt, sondern um einen Betsaal, dessen Lage nicht bekannt ist. 1722 erfolgte die nächste Erwähnung der „Judenschul": Soldaten hatten mit Steinen die Fenster eingeworfen. Aus dem Jahr 1724 ist eine Sitzordnung in der „Judenschul" bekannt.

Bad Berleburg: Gebäude der ehemaligen Synagoge

Für das Jahr 1727 wird ein Kantor erwähnt. 1731 kam es im Verlaufe eines Streits zu einer Schlägerei in der „Judenschul", die Beteiligten wurden daraufhin mit einer Strafe belegt. Ebenfalls in diesem Jahr beklagte sich der Schulmeister und Kantor über zu geringe Bezahlung.

1752 wurde eine neue Gemeindeordnung verabschiedet. Um diese Zeit lebten etwa 12 jüdische Familien in Laasphe. Sie verdienten ihren Lebensunterhalt mit Vieh- und Kleinhandel, im Wandergewerbe, als Metzger und Geldverleiher.

1764 hat die Gemeinde dann ihre Synagoge in der Mauerstraße 44 erworben. Es existiert ein Hypothekenbrief für den Erwerb des für die hiesige „Judenschul" vorgesehenen Gebäudes, in den eine Belastung von 500 Reichstalern eingetragen ist, die für vier Jahre mit jährlich 5% zu verzinsen war. Bei der Ablösung dieser Schuld kam es zu nicht näher bekannten Schwierigkeiten, die erst 1774 mit der vollständigen Bezahlung endeten. Die Synagoge befand sich von nun an in Gemeindeeigentum. Im Erdgeschoß waren der Synagogensaal und der Schulraum. Eine Treppe führte zur ersten Etage mit der Frauenempore und einem Holzlager. Die Synagoge wurde von der Südseite her betreten.

Bis 1843 wuchs die jüdische Gemeinde auf 110 Personen an. 1854 wurde Wittgenstein in zwei Synagogenbezirke eingeteilt: Laasphe und Berleburg. Zum Synagogenbezirk Laasphe gehörten die Stadt Laasphe und die Orte Erndtebrück, Feudingen und Fischelbach.

1869/71 wurde die Synagoge umgebaut. Der Synagogensaal wurde vergrößert und ein separater Eingang für die Frauen geschaffen. Aller Wahrscheinlichkeit nach ist im Erdgeschoß eine Mikwe eingerichtet worden. Denn bei dem in der Bau-

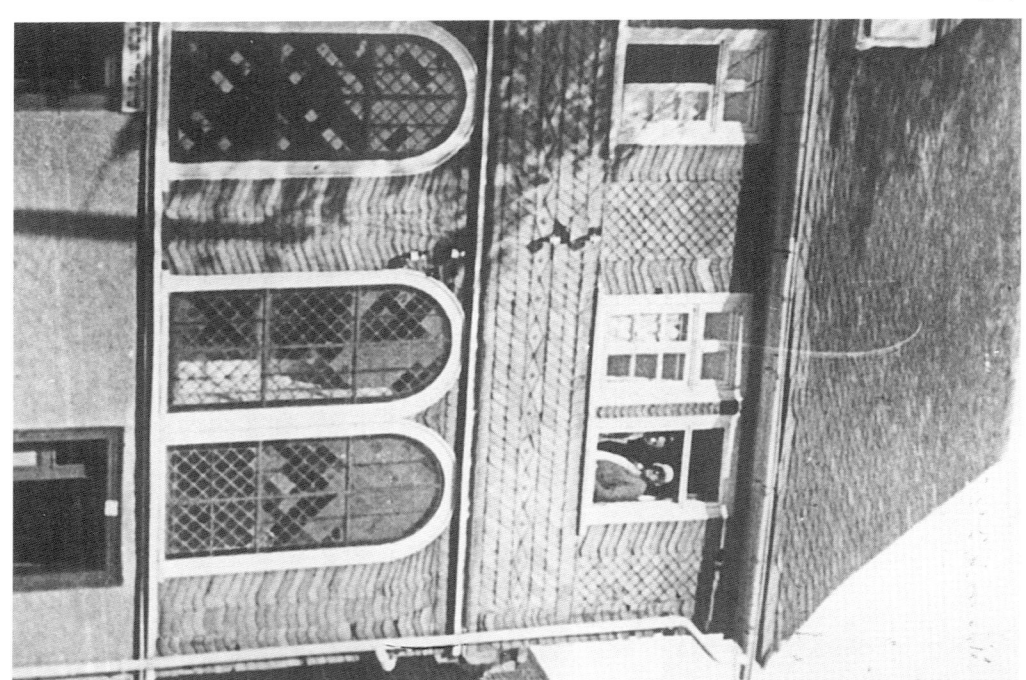

Bad Laasphe: Synagoge (um 1931)

zeichnung als Bad bezeichneten Raum kann es sich nicht um eine Toilette gehandelt haben, da noch 1884 der Schulvorstand der jüdischen Gemeinde die Nachbarn um Erlaubnis fragte, ob die jüdischen Schulkinder deren Aborte mitbenutzen dürften. Die Erlaubnis wurde erteilt. Das Holzlager in der ersten Etage verschwand, und in der zweiten Etage wurden der Schulraum und die Lehrerwohnung eingerichtet. Von außen erhielt das Gebäude das heute noch existierende Aussehen.

1880 erreichte die Laaspher Gemeinde mit 151 Mitgliedern ihren höchsten Stand. Nach 1890 fanden antisemitische Thesen auch in Laasphe Beachtung, da die überwiegend bäuerliche Bevölkerung

in wirtschaftliche Schwierigkeiten geriet. Im April 1892 organisierte sich die antisemitische Bewegung in Laasphe im sogenannten antisemitischen Reformverein. Doch verschwand sie nach 1897 mit dem allmählichen wirtschaftlichen Aufschwung langsam wieder in der Bedeutungslosigkeit, und der Antisemitismus spielte bis zum Beginn der NS-Zeit in Laasphe kaum eine Rolle, so daß sich das Zusammenleben zwischen Juden und Nichtjuden recht problemlos gestaltete.

1904 wurde in der Synagoge die Frauenempore auf Kosten von Schulraum und Lehrerwohnung vergrößert. 1931 wurde die Frauenempore nochmals verändert. Sie verlief jetzt dreiseitig umlaufend über dem Synagogensaal.

Von den am Beginn der NS-Diktatur in Laasphe lebenden jüdischen Bürgern gelang es 53 Personen, zwischen 1935 und 1941 Deutschland zu verlassen. 73 wurden in den Konzentrationslagern umgebracht. Auch die Laaspher Synagoge wurde in der Pogromnacht 1938 geschändet, Inneneinrichtung und Kultgegenstände wurden demoliert und vor dem Gebäude verbrannt. Daß die Synagoge nicht angezündet wurde, verdankt sie lediglich der Tatsache, daß für die umliegenden Gebäude Brandgefahr bestand. Heute befindet sich in der ehemaligen Synagoge eine Schlosserei.[224]

Hilchenbach

Im Jahre 1933 lebten in Hilchenbach 33 Juden, die den Familien Hony, Holländer, Stern und Schäfer angehörten. Hilchenbach war kein Ort, der eine bedeutende jüdische Tradition aufweisen konnte. Um 1869 war mit Koppel Hony der erste Jude in die Gemeinde gekommen. Ihm folgten kurze Zeit später nahe Verwandte. Sie alle stammten aus Erndtebrück im Wittgensteiner Land. Etwa zwischen 1886 und 1889 ließ sich Levy Holländer mit seiner Familie in Hilchenbach nieder. Bald darauf folgten Herz Stern und Gustav Stern, ein naher Verwandter, die beide in die Familie Hony einheirateten. Sie stammten aus Wieseck im Hessischen. Als letzter kam 1913 Karl Schäfer aus Niedermendig im Kreis Mayen im Rheinland nach Hilchenbach, der ein Textilwarengeschäft betrieb. Die Honys und Sterns waren Metzger, die Holländers Viehhändler. Karl Schäfer heiratete in die Familie Holländer ein. In seinem Haus in der Schützenstraße 116, der heutigen Gerbergasse 2, hatte die kleine Gemeinde ihren Betsaal. Betreut wurde sie von einem Lehrer aus Berleburg, der den Kindern auch Religionsunterricht erteilte.

Das Gebäude wurde kurz nach dem Stadtbrand von 1844 errichtet und wird nach verschiedenen Umbauten heute als Wohnhaus genutzt. Eine hölzerne Treppe, deren Geländer mit gedrechselten Stützen versehen und wohl noch im ursprünglichen Zustand ist, führt in den einstigen Betsaal. 1980 wurde an dem Gebäude ein Hinweis auf die ehemalige jüdische Gemeinde angebracht. Zehn der 1933 in Hilchenbach lebenden Juden konnten emigrieren, fünf starben eines natürlichen Todes, die übrigen wurden in den Vernichtungslagern der Nationalsozialisten umgebracht. Am 28. Februar 1943 wurden Gerti Holländer und ihr zehnjähriger Sohn Lothar als letzte jüdische Bürger Hilchenbachs deportiert.

Hilchenbach: Über dem heutigen Geschäft in der Gerbergasse befand sich die Betstube

Siegen

Seit dem 17. Jahrhundert besaß die Stadt Siegen ein fürstliches Privileg, das den Juden die Niederlassung und die Gründung von Geschäften untersagte. Noch bis 1845 wehrte sich der Magistrat der Stadt unter Berufung auf dieses Privileg dagegen, dem Isaac Rosenberg, der sich laut der Urkunde aus dem Grundstein der Synagoge am Obergraben 1815 in Siegen angesiedelt hatte, das Niederlassungs- und Bürgerrecht zu gewähren. Erst durch das Einwirken des preußischen Innenministers von Bodelschwingh konnte der Widerstand überwunden werden.

Die Mitglieder der Familie Rosenberg waren in dieser Zeit die einzigen jüdischen Einwohner Siegens. Isaac Rosenberg starb 1856. Seine Frau zog 1857 weg. Alle Kinder mit Ausnahme einer Tochter, die in Attendorn verheiratet war, wanderten nach Amerika aus, so daß 1859 in Siegen keine Juden mehr lebten.

Siegener Betstuben

Erst 1867 gab es wieder eine jüdische Familie in der Stadt. 1870 waren es dann sieben Familien. Ihre Gottesdienste hielten sie von 1870 bis 1873 in einem angemieteten Raum des Gastwirts Jüngst in der Poststraße ab; von 1873 bis 1889 fanden die Gottesdienste in einem Zimmer des Hintergebäudes der Herren Montanus und Drey in der Hinterstraße statt und von September 1889 bis zur Einweihung der Synagoge Am Obergraben im Hause der Firma Johann Philipp Schuß ebenfalls in der Hinterstraße, der damaligen Lindenstraße.

„Die ... Synagoge der jüdischen Gemeinde in Siegen war ein gemieteter Raum in einem Hause, das damals die Bezeichnung Lindenstraße 21 trug. Es lag an der Stelle, an der sich jetzt der rückwärtige Erweiterungsbau des Bekleidungshauses Gustav Bender befindet. Die Synagoge war in einem 9 mal 7 Meter großen, sehr hellen Raum mit sechs Fenstern eingerichtet. Nach der Einweihung der neuen Synagoge am Obergraben im Jahre 1904 wurde dieser Raum von seinem Eigentümer Johann Philipp Schuß an einen gewerblichen Betrieb vermietet. Wahrscheinlich ist das Gebäude erst im Zweiten Weltkrieg zerstört worden ..."[225]

Erst 1884 konstituierte sich in Siegen eine Synagogengemeinde. Am 24. März 1884 verabschiedete der Gemeindevorstand ein Statut, das am 19. November 1884 vom Oberpräsidenten von Westfalen genehmigt wurde. Der Synagogenbezirk Siegen reichte im Süden bis Niederschelden, im Osten umfaßte er Nephen und im Norden die Orte Weidenau und Geisweid.

Synagoge am Obergraben

Da die jüdische Gemeinde im Laufe des späten 19. Jahrhunderts auf etwa 100 Personen anwuchs, entwickelte sich der Wunsch, eine eigene Synagoge zu errichten. Am 25. März 1891 erwarb der vorsitzende des Synagogenvorstandes Meyer Leeser Stern von Gottfried Brast zu diesem Zwecke ein Grundstück am Obergraben für 8.000 Mark. Doch es sollte noch über ein Jahrzehnt dauern, bis der Plan verwirklicht wurde. Die Gründe hierfür sind nicht bekannt. 1902 konnte dann endlich mit dem Bau begonnen werden. Den Auftrag für den Entwurf zum Bau der Synagoge erhielt der preußische Regierungsbaumeister und Architekt Eduard Fürstenau, der auch die Synagogen in Dortmund und Bielefeld entworfen hatte.

„Die Siegener Synagoge entwickelte Fürstenau aus einem gedrungenen griechischen Kreuz. Der eigentliche Kultraum bestand aus dem zentralen Vierungsquadrat, über dem sich der achteckige Kuppelturm erhob, und dem östlichen Kreuzarm. Dieser enthielt das Allerheiligste, Aron und Bima, sowie Kantor- und Rabbinerzimmer, darüber die Sängerempore. Im Westen, Süden und Norden erweiterte sich der Kultraum im Obergeschoß um die darumgelegten Emporen ... Der westliche Kreuzarm, verbreitert um zwei gedrungene Treppentürme, bildete im Untergeschoß die Vorhalle. Zwei nebeneinanderliegende Portale ermöglichten den getrennten Eintritt für Männer und Frauen ... Der Außenbau zeigte helle Putzmauern mit Sandsteinquaderung an den Gebäudekanten sowie Fenster- und Portaleinfassungen aus Hausstein ..."[226]

Fürstenau gelang es sehr gut, sich mit seinem Entwurf der regionalen Bauweise anzupassen. Dadurch, daß er Kuppel, Turmhauben, Dächer und Giebel verschieferte, paßte sich die Synagoge recht eindrucksvoll dem vom Schiefer beherrschten Stadtbild an. Dadurch hob sich die stärker landschaftlich gebundene Architektur der Zeit, sondern bedeutete nur die Einführung eines bisher nicht für diese Baugattung üblichen Stils ... vor allem die tief über die Mauern der Giebel bzw. der Turmunterbauten gezogenen Schindelflächen ... weisen in eine Richtung der Architektur, die sich wegbewegt vom Historismus ..." Hammer-Schenk äußert in diesem Zusammenhang die Vermutung, daß es besonders bei den Synagogen von Siegen und Bielefeld um

den Versuch gehandelt hat, „den jüdischen Kultbau gerade nicht auf dem Weg des Historismus ... zu integrieren, sondern ... im Sinne einer geographisch-landschaftlichen Identifikation und in historischen Bezügen, die sich auf ein kleines Gebiet beziehen, auf die jeweilige örtliche oder landschaftliche Heimat ..."[227]

Die örtliche Bauleitung übernahm der Siegener Architekt Hermann Giesler. Die Baukosten sollten etwa 26.000 Mark betragen, wovon 22.000 Mark durch ein Darlehen, dessen Laufzeit bis 1931 dauerte, gedeckt wurden und 4.000 Mark aus dem Vermögen der Synagogengemeinde. Am 23. Juli 1903 erfolgte die Grundsteinlegung. Richtfest war im Herbst 1903; am 22. Juli 1904 fand die feierliche Einweihung statt, an der Vertreter der staatlichen und städtischen Behörden sowie der beiden christlichen Konfessionen teilnahmen. Die Festansprachen hielten der Bielefelder Rabbiner Dr. Coblenz – vormals Lehrer der Siegener Gemeinde – und der damalige Lehrer Simon Grünewald.

In dem Bericht der Siegener Zeitung von der Einweihung der Synagoge wird das Gebäude beschrieben: „An der Straße erhebt sich eine Futtermauer, an der eine Treppe zu dem Gebäude selbst emporführt. Zwei hübsch mit Eisenwerk verzierte Türen lassen in das Innere ein, einen luftigen, geräumigen Kuppelbau, dessen Wände eine vornehme, dem Gotteshaus angepaßte Malerei tragen. Gegenüber dem Eingang befindet sich die einfache Kanzel mit Betpult, dahinter, durch einen mit reicher Goldstickerei versehenen rotsamtenen Teppich verborgen, das Allerheiligste. Ein prächtiger Kronleuchter und zwei kleinere Leuchter rechts und links von dem Betpult spenden bei Dunkelheit in reicher Fülle das elektrische Licht. Am Eingang führen zwei Treppen zu geräumigen Galerien empor; hinter der Kanzel erhebt sich gleichfalls eine durch zierliches Messinggitterwerk verdeckte Galerie, auf der auch das Harmonium, das einstweilen die Stelle der Orgel vertritt, Platz gefunden hat. Die ganze innere Ausstattung ist einfach und doch gediegen und wirkt recht stimmungsvoll. In dem Gebäude wird fortan in einem besonderen Raum auch die jüdische Schule untergebracht werden. So ist das neue Gotteshaus ein beredtes Zeugnis für die Opferwilligkeit der jüdischen Gemeinde, andererseits aber auch eine Zierde für den Obergraben und seine Umgebung."[228]

Im November 1938 wollte man das zuletzt Genannte nicht mehr gelten lassen. Am 9. November 1938 wurden in Siegen alle jüdischen Männer verhaftet. Da der zuständige SS-Hauptsturmführer erst seit kurzem in Siegen tätig war und nach eigenem Bekunden nichts von der Existenz einer Synagoge in Siegen wußte, mußte er erst von seinem Vorgesetzten dazu angehalten werden, die Synagoge niederzubrennen. Dies geschah am späten Vormittag des 10. November 1938, nachdem die Inneneinrichtung vollständig zerstört worden war.

1939 wurden die Reste der Synagoge beseitigt und 1941 an dieser Stelle ein Luftschutzbunker für das Stadtkrankenhaus gebaut. Er steht heute noch dort. 1995 wurden in dem ehemaligen Bunker die ersten Räumlichkeiten eines Museums für die jüdische Geschichte und Kultur dieser Region eingeweiht. Seit 1961 befindet sich hier eine Gedenktafel für die Synagoge, seit 1978 auch eine Menora und ein Foto der Synagoge. 1988 wurde zusätzlich eine Tafel mit den Namen und Adressen der während des Nationalsozialismus ermordeten jüdischen Bürger Siegens angebracht.

Kreis Soest

Anröchte

Im Jahr 1854 wurde der Synagogenbezirk Rüthen-Anröchte gebildet. Schon vor 1800 gab es in Anröchte eine Synagoge. Es handelte sich um einen Lehmfachwerkbau an der Teichstraße, den die Familie Schreiber der jüdischen Gemeinde im Jahre 1800 übertrug. Das Gebäude hatte eine Grundfläche von 7,7 Meter mal 7,5 Meter. Es wurde erstmals 1860 gründlich renoviert. Hierbei wurde auch ein Anbau errichtet, der ein Schulzimmer und einen Gemenideraum enthielt.

Die Zeitzeugen Franz und Fritz Gerwe beschreiben die Synagoge so: „Das Gebäude hatte ein Giebeldach mit Giebeln in Nord- und Südrichtung, mit Eingang von Osten her und einer kurzen Steintreppe davor, mit sechs Stufen und Podest. Die Giebel waren mit Holz beschlagen und die Gefache wurden laufend mit heller Kalkfarbe gestrichen. Das Holzfachwerk selbst hatte einen dunklen Anstrich. Im Erdgeschoß befanden sich ein Betraum für die Männer und zwei Zimmer als Lehrerwohnung. Im Obergeschoß war die Frauenempore und ein Raum für Unterrichtszwecke. Die Andachtsräume wurden 1925 abermals renoviert. Bis zur halben Höhe der Wände wurde seinerzeit eine Eichenholzvertäfelung angebracht. Ebenso wurden die Fenster durch neue ersetzt und verglast."[229]

Nachdem die Anröchter Synagoge bereits am 21. März und am 4. April 1938 beschädigt worden war, wurde sie in der Nacht zum 11. April 1938 stark verwüstet. Der damalige Gemeindevorsteher Adolf Schreiber berichtete dem jüdischen Centralverein nach Essen, „daß große Verwüstung angerichtet war. Weitaus die meisten Fenster waren zertrümmert. In der Synagoge waren die Kronleuchter, die ewige Lampe, ein Wandarm ... zerschlagen. Die Kerzenständer am Altar waren abgeschlagen ... Die Altardecke war hergen Orsbehörde auf Abbruch verschenkt, untergerissen, der Vorhang vor der Tora-schrein lag mitten im Raum. Der Opferstock und viele Bänke waren umgeworfen ... innerhalb des Gebäudes (sind) eine Reihe von Beschädigungen am Holzwerk vorgenommen."[230] Danach gingen Teile der Einrichtung, darunter die vier Torarollen, in Privatbesitz über, und die Synagoge wurde zugenagelt. Nach Zeugenaussagen soll sie notdürftig in Stand gesetzt und im Sommer 1938 wieder als Andachtsraum genutzt worden sein.

In der Pogromnacht zerstörten SA-Trupps die restliche Einrichtung und verbrannten sie vor der Synagoge. Das Gebäude selbst wurde wohl aus Angst vor einem Übergreifen des Brandes nicht angesteckt. Danach wurde es von der zuständigen Orsbehörde auf Abbruch verschenkt, das Grundstück ging in den Besitz der Gemeinde Anröchte über. Heute befindet sich dort das Wohnhaus Gerwe-Dickjohann. 1986 wurde in der Nähe ein Gedenkstein mit einer Bronzetafel aufgestellt.

Zwei der vier Torarollen gelangten im Zuge der Emigration der Familien Paul und Max Fritzler nach Moisesville und Las Palmeras in Argentinien. Sie befinden sich heute noch in den Synagogen der Orte. Die Tora, die sich im Besitz von Adolf Schreiber befand, wurde während des Krieges von den Nationalsozialisten

Anröchte: Synagoge an der Teichstraße

entweiht und daher nach dem Krieg auf dem jüdischen Friedhof in Dortmund nach jüdischem Ritus bestattet. Die vierte Torarolle gelangte im Handgepäck von Käthe Stern nach London, wo sie sie zuerst der United Synagogue in London zur Verfügung stellte. 1964, als sie in eine neue Gemeinde verzog, übergab sie die Tora der Middlesex New Synagogue in Harrow/London. Sie befindet sich heute noch dort. Diese Torarolle besitzt einen Toraschild mit der Jahresangabe 1775 und der Ortsangabe Anröchte. Sie befand sich nachweislich zu dieser Zeit schon im Besitz der Vorfahren von Käthe Stern und Siegfried Simon Levi.

Erwitte

Im Jahre 1854 wurde der Altkreis Lippstadt in die Synagogenbezirke Geseke, Lippstadt, Erwitte und Rüthen-Anröchte eingeteilt. Zum Bezirk Erwitte gehörten die Gemeinden Erwitte, Westernkotten, Weckinghausen, Stirpe, Völlinghausen, Eikeloh und Bökenförde. Allerdings lebten nur in Erwitte und Westernkotten Juden. Das erste Statut der jüdischen Gemeinde von Erwitte wurde am 19. September 1857 vom Oberpräsidenten von Westfalen genehmigt. Es wurde 1898 geringfügig geändert und blieb bis zum Ende der Gemeinde in der NS-Zeit in Geltung.

Die Synagoge von Erwitte befand sich seit ihrer Einrichtung in einem Anbau des Hauses Fischbein am heutigen Hellweg Nr. 50, der damaligen Kletterstraße. Wann die Erwitter Synagoge gebaut worden ist, kann nicht mit letzter Sicherheit gesagt werden. In einem Bericht des Amtmannes an den Landrat über die Juden in seinem Bezirk von 1843 heißt es: „In Erwitte besteht seit 50 Jahren wieder (eine der) israelitischen Gemeinde gehörige Synagoge."²³¹ Ob es sich hier schon um die am Hellweg errichtete Synagoge gehandelt hat oder um eine Betstube in einem Privathaus, ist nicht zu klären.

Da die Gemeinde von Erwitte über geringe finanzielle Mittel verfügte, war die Synagoge recht schlicht gehalten und im Inneren auch wenig ausgeschmückt. Jedoch besaß die Gemeinde nach Zeitzeugenaussagen zehn Torarollen, von denen eine erhalten ist.

„Als Robert Sternberg, der jahrelang Vorbeter in der Synagoge gewesen war, im Jahre 1939 nach Rhodesien / Zimbabwe auswanderte, erhielt er von der Gemeinde die Torarolle geschenkt, die sein Großvater, Herz Sternberg, im Jahre 1856 anläßlich seiner Heirat der Synagogengemeinde gestiftet hatte. Diese Rolle wird heute noch von der jüdischen Gemeinde in Gatooma (Zimbabwe) in den Gottesdiensten genutzt."²³²

In der Pogromnacht wurde die Synagoge geplündert und die Einrichtung zerstört. Reste der Torarollen wurden auf dem Hellweg verstreut, das Gebäude selbst jedoch blieb erhalten. Danach wurde in der Synagoge kein Gottesdienst mehr abgehalten. Der neue Besitzer hat das Gebäude dann zu einem Wohnhaus umgebaut. 1982 ist es abgebrochen worden.

Erwitte – Westernkotten

Die Juden aus Westernkotten gehörten zum Synagogenbezirk Erwitte. Die kleine jüdische Gemeinschaft ging nur an den hohen Feiertagen zur Synagoge des Hauptortes. Sonst hielten sie ihre Gottesdienste in einer Betstube ab, die sich im Haus eines Westernkottener Juden befand.

Geseke

Der erste Hinweis auf Juden in Geseke findet sich in einem Ratsprotokoll von 1597. Bei einer Zählung der Wohnhäuser wurden vier von Juden bewohnte Gebäude aufgeführt. In den folgenden beiden Jahrhunderten stieg die Zahl der jüdischen Einwohner weiter an. 1825 lebten in Geseke bereits 148 Juden, 24 Häuser befanden sich in ihrem Besitz. 1858 erreichte die jüdische Gemeinde ihren höchsten Stand mit 174 Personen. Danach setzte ein stetiger Rückgang ein. 1905 waren es noch 89 Personen und kurz vor Beginn des Dritten Reiches lebten nur noch 67 Juden in Geseke. 35 von ihnen gelang die Emigration, 9 starben eines natürlichen Todes – die letzte Beerdigung auf dem jüdischen Friedhof an der Ehringhauser Straße fand 1941 statt – 14 wurden in den Vernichtungslagern umgebracht, das Schicksal von weiteren 9 ist unbekannt.

Die Juden in Geseke lebten hauptsächlich vom Handel (Korn, Vieh, Sonstiges). Besonders der jüdische Kornhandel war für die Stadt von Bedeutung. Es gelang nämlich den Geseker Kornjuden, den Kornhandel von Lippstadt nach Geseke zu verlagern, und so fand 1840 hier der erste Kornmarkt statt.

Vier Jahre später kam es in Geseke und der Nachbargemeinde Störmede zu pogromähnlichen Ausschreitungen. Der 16jährige Sohn eines Juden, der privat von einem katholischen Geistlichen unterrichtet wurde, war von diesem ohne Wissen der Eltern getauft worden. Bald darauf verschwand der Junge. Es lief das Gerücht um, daß er zu einem Rabbiner geschafft worden sei, um ihn wieder zu seinem alten Glauben zu bekehren. Währenddessen bekam der katholische Geistli-

che einen Drohbrief, der nachweislich aus jüdischer Hand stammte. Der in Verdacht geratene jüdische Lehrer Kaufmann mußte fliehen. Gleich zu Beginn dieser Ereignisse war es Anfang Mai 1844 zu Ausschreitungen gegen Juden gekommen, Häuser wurden demoliert, Gärten verwüstet, der Friedhof geschändet. Trotz aller Bemühungen des Magistrats hielten diese Ausschreitungen bis in den November hin an. Erst durch das Eingreifen der königlichen Regierung in Arnsberg wurden Ruhe und Ordnung wiederhergestellt. Neun dingfest gemachte Rädelsführer wurden zu langjährigen Zuchthausstrafen verurteilt.

Diese Ereignisse bildeten den historischen Hintergrund für das Drama „Arthur Aronymus und seine Väter" der Dichterin Else Lasker-Schüler, deren Vorfahren aus Geseke stammten. Ihr Großvater war der Rabbiner und Kaufmann Moises Schüler. Dessen Schwiegervater war der bis 1830 in Geseke amtierende Rabbiner Hirsch Cohen Rapaport, ein Gegenspieler des Landrabbiners von Westfalen Abraham Sutro aus Münster. Noch heute findet sich im Innenstadtbereich von Geseke das Eckhaus Hellweg/Othmerstraße (Schlotmannhaus), in dem Moises Schüler und seine Familie gelebt haben.

1854 wurde Geseke einer der vier Synagogenbezirke, in die der Altkreis Lippstadt eingeteilt wurde. Laut Statut der Synagogengemeinde Geseke in der Fassung von 1871 gehörten zu dem Bezirk die Stadt Geseke, das Amt und die Ortschaft Störmede sowie Verlar und das Amt Boke.

Schon im 17. Jahrhundert hat es in Geseke eine Synagoge gegeben. In einer Akte aus dem Jahre 1667 heißt es: „Die Juden sollen von der Zulassung der Synagoge 100 Thaler und jährlich 5 Thaler, vom ei-

genen Hause 4 1/2 Silbergroschen jährlich zahlen, kann auch Korn geben." Näheres ist nicht bekannt.

Synagoge am Alten Steinweg

Im Jahr 1770 kaufe die Geseker Judenschaft den Erben der Witwe Ludowici das Haus auf dem Alten Steinweg ab und richtete es als Synagoge ein. Es handelte sich um einen einstöckigen, verputzten Fachwerkbau mit Rundbogenfenstern, in dem sich neben dem Synagogensaal auch der Schulraum und zwei weitere Räume befanden. In der Deckenmitte war eine Kuppel. 1877 mußte die Synagoge wegen Einsturzgefahr renoviert werden. Zugleich plante man die Erweiterung der Frauenplätze. Im Winter 1918/19 war in der Synagoge die Schreibstube des in Geseke liegenden Militärs eingerichtet. 1931 waren erneut Reparaturarbeiten fällig. In der Pogromnacht von 1938 wurde die Synagoge geschändet, jedoch nicht zerstört, da sie bereits mehrere Wochen vorher – vermutlich zwangsweise – der Stadt Geseke übereignet worden war. Der Kaufvertrag vom 28. November 1938 enthält als Kaufpreis die Summe von 162 Reichsmark. Im Zweiten Weltkrieg diente das Gebäude zeitweilig als Gefangenenlager. 1952 wurde es abgerissen. Heute befindet sich dort eine Polizeiwache.[233]

Federzeichnung der Synagoge in Geseke

Geseke – Störmede

Aus dem Statut der Synagogengemeinde Geseke in der Fassung von 1871 geht hervor, daß Störmede zum Synagogenbezirk Geseke gehörte. Der Ort hatte eine eigene Synagoge, erhielt jedoch von der Hauptgemeinde keine Zuschüsse für den Erhalt derselben. Ebenso mußten die Juden von Störmede selbst für die Anstellung und den Unterhalt eines Kultusbeamten aufkommen.

Lippetal – Hovestadt

Um 1730 siedelte Graf Josef Clemens von Plettenberg-Lenhausen 30 jüdische Familien in Hovestadt und Herzfeld an. Vermutlich handelte es sich bei den meisten Familienvorständen um nachgeborene Söhne Soester Familien, die in Soest kein Bleiberecht bekommen hatten. Die Juden erhielten das Recht, sich auf vom Grafen zur Verfügung gestellten Grundstücken Häuser zu bauen. Dafür leisteten sie Abgaben an die gräfliche Rentei. Viele Hovestädter Juden waren Kaufleute. Vermutlich hatte der Graf sie ins Land geholt, um mit Hilfe ihrer Handelsbeziehungen seinem Herrschaftsgebiet zu einem wirtschaftlichen Aufschwung zu verhelfen.

Etwa um die Mitte des 18. Jahrhunderts haben die Juden an der Nordwalder Straße, an der Stelle der früheren Hildenhagenschen Brennerei, ihre erste Synagoge gebaut. Aller Wahrscheinlichkeit nach handelte es sich hierbei um einen Fachwerkbau. Die Gemeinde nutzte das Gebäude bis zur Mitte des 19. Jahrhunderts.

Da es sehr baufällig geworden war, entschloß sich die Gemeinde, an der Brückenstraße, der ehemaligen Herzfelderstraße, eine neue Synagoge zu errichten. Diese wurde 1856/57 fertiggestellt. Es handelte sich um einen Ziegelsteinbau mit je drei bleiverglasten Rundbogenfenstern an der Nord- und an der Südseite. Betreten wurde die Synagoge von der Westseite. Der Toraschrein befand sich in einer halbrunden Apsis an der Ostseite. Flankiert wurde er von zwei ebenfalls bleiverglasten Rundbogenfenstern. Direkt über der Apsis gab es noch ein Rundfenster. Die Synagoge bot über hundert Personen Platz. Über ihr Inneres ist bisher lediglich bekannt, daß sie eine Frauenempore besaß.

Im Jahr 1856 wurde der Synagogenbezirk Hovestadt eingerichtet. Laut des am 7. Januar 1856 von dem Oberpräsidenten von Westfalen genehmigten Statuts gehörten hierzu als Hauptgemeinde Hovestadt mit den Ortschaften Weslarn, Dinker, Vellinghausen, Eilmsen und Herzfeld sowie als Untergemeinde die Bürgermeisterei Oestinghausen. Zu dieser Zeit hatte die Gemeinde 141 Mitglieder. In nicht einmal zwanzig Jahren schrumpfte die Gemeinde auf 11 Mitglieder zusammen. Daher verfügte die königliche Regierung in Arnsberg am 15. Mai 1871, daß die Hovestädter Gemeinde künftig als Untergemeinde dem Synagogenbezirk Soest angehören sollte. Am 25. Juli 1871 übersandten die Hovestädter Juden der Gemeinde von Soest Vorschläge darüber, wie sich die künftigen Beziehungen gestalten sollten. Doch Vorstand und Repräsentanten der Soester Gemeinde lehnten die Zuteilung Hovestadts mit der Begründung ab, daß es schon nach dem Anschluß von Körbecke insbesondere bei Wahlen Schwierigkeiten gegeben habe. Am 8. August 1871 hob die königliche Regierung aufgrund des § 36 des Gesetzes über die Verhältnisse der Juden in Preußen den Hovestädter Synagogenbezirk auf und setzte der Soester Gemeinde eine Frist, um ihre Statuten der neuen Situation anzupassen. Doch die Soester ließen die Frist verstreichen. Daraufhin erließ die Regierung am 30. September 1871 ein Reglement, nach dem Hovestadt und Oestinghausen Untergemeinden von Soest wurden.

An der Wende vom 19. zum 20. Jahrhundert verkauften die Hovestädter Juden ihre Synagoge an den Metzger Kleschulte. 1935 wurde das Gebäude abgerissen. Heute befindet sich hier ein Parkplatz. Bis 1938 nutzten die Juden dann eine Bestube im „Sommerschen Haus", welches im heutigen Kreuzungsbereich Brückenstraße / Bahnhofstraße gestanden hat. Die letzten Hovestädter Juden wurden nach Theresienstadt deportiert.[234]

Lippetal – Oestinghausen

Etwa um die Mitte des 18. Jahrhunderts haben sich die ersten Juden in Oestinghausen niedergelassen. Im Laufe der Zeit bildete sich eine kleine jüdische Gemeinde. Daher entstand der Wunsch, eine Synagoge einzurichten. Am 20. Januar 1804 schloß die jüdische Gemeinde von Oestinghausen mit Peter Schröder aus Oestinghausen einen Vertrag über den Bau einer Synagoge. Peter Schröder verpflichtete sich, mit eigenen Mitteln auf seinem Grundstück an der heutigen Kayserstraße eine Synagoge nach Form und Größe der Hovestädter Synagoge bis zum 1. August 1804 zu errichten. Die Juden verpflichteten sich, 330 Reichstaler für den Bau zu bezahlen, und zwar 160 Reichstaler sofort und 70 Reichstaler am 1. Mai 1805. Die restlichen 100 Reichstaler sollten stehen bleiben und mit jährlich 5 % verzinst werden. Der weiße Anstrich

des Gebäudes sollte gesondert bezahlt werden. Das Synagogengebäude ging in das Eigentum der jüdischen Gemeinde über. Das Grundstück hingegen verblieb im Eigentum des Peter Schröder. Hierfür bezahlten die Juden diesem oder seinen Erben 4 Reichstaler jährlich. Am 16. Dezember 1806 nahmen die Oestinghauser Juden bei dem Müller Johann Heinrich Hohoff einen Kredit über 200 Reichstaler auf, um den Synagogenbau bezahlen zu können. Für diesen Kredit bürgten alle Juden gesamtschuldnerisch. 1856 kam die jüdische Gemeinde Oestinghausen als Untergemeinde zum Synagogenbezirk Hovestadt. Als dieser 1871 aufgelöst wurde, teilte die Regierung Oestinghausen als Untergemeinde dem Synagogenbezirk Soest zu. Das Synagogengebäude ist schon vor der NS-Zeit verkauft und abgerissen worden.[235]

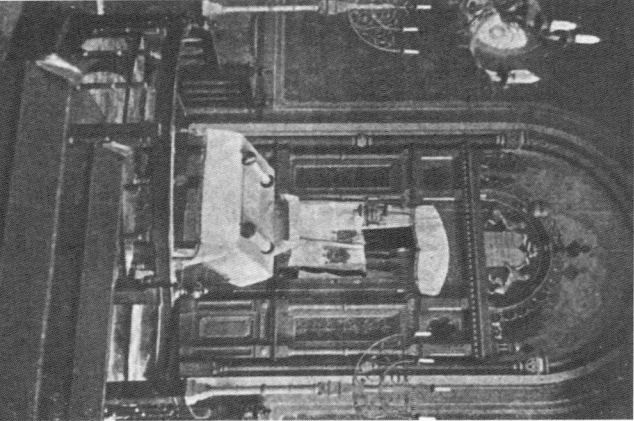

Lippstadt: Blick auf Bima und Toraschrein

Lippstadt

Die ersten in Lippstadt lebenden Juden wurden im Verlaufe des Pestpogroms von 1349/50 aus der Stadt vertrieben. Danach läßt sich erst wieder für die 1. Hälfte des 16. Jahrhunderts die Anwesenheit von Juden in Lippstadt belegen. Unter ihnen war die Familie Gans, aus der 1541 in Lippstadt geborene Gelehrte David Gans stammte.

David Gans hatte in Bonn, Krakau und Frankfurt a. M. rabbinische Wissenschaften studiert und ging ca. 1560 nach Prag, wo er sich als Astronom, Geograph und Historiker betätigte. Er schloß dort Bekanntschaft mit den berühmten Astronomen Regiomontanus, Kepler und Tycho de Brahe. Für diesen übersetzte er die „Alphonsinischen Tafeln" (astronomischen Inhalts) aus dem Hebräischen ins Deutsche. Sein geographisch-astronomisches Hauptwerk ist das „Nechmad wenaim", in dem er sich gegen das Weltbild des Kopernikus zugunsten des ptolemäischen, geozentrischen Hauptwerk war der „Zemach David", in dem er chronologisch geordnet die jüdische Geschichte sowie die Weltgeschichte bis 1592 behandelt. Am 22. August 1613 ist David Gans in Prag gestorben und. Sein Grab auf dem alten jüdischen Friedhof ist bis heute erhalten.

Etwa um 1600 sind die Juden erneut aus Lippstadt vertrieben worden, vermutlich weil die Lippstadter ihre Schulden bei den im Geldverleih tätigen Juden nicht mehr bezahlen konnten und auch wollten. Erst 1659 erhielt ein Jude wieder einen Geleitbrief für die Stadt Lippstadt. Von da an sind Juden durchgehend bis zum Ende der jüdischen Gemeinde von Lippstadt in der nationalsozialistischen Zeit hier ansässig gewesen. Der höchste Stand jüdischer Bürger in Lippstadt wurde 1890 mit 270 Personen erreicht. Im Jahre 1854 wurde der Altkreis Lippstadt in die vier Synagogenbezirke Rüthen-Anröchte, Erwitte, Geseke und Lippstadt eingeteilt.

Synagogen an der Rathausstraße und der Marktstraße

Der erste Hinweis auf eine Synagoge in Lippstadt findet sich im Katasterbuch von 1748. Es handelte sich um eine Betstube im Haus Rathausstraße 20, der ehemaligen Judenstraße. Nach 1782 wurde die Synagoge in der Marktstraße 19/21 errichtet. Dort blieb sie bis zum Jahre 1852.

Synagoge an der David-Gans-Straße

In jenem Jahr wurde die neue Synagoge, die auf dem Grundstück Stiftstraße 7, dem Teil der Stiftstraße, der heute David-Gans-Straße heißt, erbaut worden war, am 30./31. Juli feierlich eingeweiht. Die Festrede hielt der Rabbiner Dr. Philippson aus Magdeburg, ein Vertreter des Reform- und Emanzipationsgedankens war. Die Tatsache, daß die Gemeinde nicht den eigentlich zuständigen orthodoxen Rabbiner Sutro aus Münster einlud, deutet darauf hin, daß die jüdische Gemeinde von Lippstadt eher mit liberalen Vorstellungen sympathisierte.

„Die Synagoge besaß einen rechteckigen Grundriß und lag, 2-3 Meter von der Fluchtlinie der Stiftstraße zurückgesetzt, hinter einem Vorgarten, der durch eine

niedrige Mauer mit einem Eisengitter abgegrenzt war. Die von der Stiftstraße aus sichtbare Fassade (Nordseite) war durch einen Treppengiebel gekrönt und hatte eine Breite von 12,40 Meter. Unterhalb des Giebels war auf einem Spruchband in hebräischer und deutscher Sprache zu lesen: „Mein Haus soll ein Bethaus sein für alle Völker." Der südliche Giebel entsprach in seinen Formen dem an der Nordseite, hatte jedoch eine andere Fenstergliederung. Das Erdgeschoß der Synagoge war in drei Räume aufgeteilt: Flur, Schulzimmer und Gebetsraum."236

An der Ostseite befand sich, gegenüber dem eigentlichen Synagogensaal um mehrere Stufen erhöht, in einem Rundbogen von Säulen und Kapitellen eingerahmt der Toraschrein. Darüber waren in einem kleineren Rundbogen die von zwei Löwen gehaltenen Dekalogtafeln angebracht. Vor dem Toraschrein hing von der Decke das Ewige Licht herab. Direkt vor dem Schrein befand sich die Bima. Aron und Bima waren durch ein an zwei Stellen unterbrochenes Holzgeländer, an dessen Rundseite sich die Sitze der Vorbeter befanden, vom Synagogenraum abgetrennt. Nach den Aussagen einer Zeitzeugin befanden sich die Männerbänke rechts vom Mittelgang, die Bänke der Frauen links davon. In der Synagoge stand auch ein Harmonium, welches von dem Gemeindemitglied Sally Windmüller gestiftet worden war.

Die Tatsache, daß in der Lippstädter Synagoge Aron und Bima zu einer Einheit zusammengefaßt worden waren und es keine Frauenempore gab, deutet ebenfalls auf eine eher liberal eingestellten Gemeinde hin.

1927 feierte die Gemeinde das 75jährige Bestehen der Synagoge. Schon vorher hatte die Gemeinde selbst finanzielle Mittel aufgebracht, um den Innenraum der Synagoge nach einem Entwurf des Zeichenlehrers Mumme zu renovieren und zu verschönern.

Am frühen Morgen des 10. November 1938 wurde auch die Lippstädter Synagoge von den Nationalsozialisten angezündet. Dachstuhl und Innenräume samt Einrichtung brannten völlig aus. Der eigentliche Baukörper blieb jedoch erhalten. 1940 gelangte die Ruine unter ungeklärten Umständen in das Eigentum des Kaufmanns August Sommerkamp. Dieser Eigentumswechsel wurde 1953 rückgängig gemacht, und die Jewish Trust Corporation for Germany erhielt die Eigentumsrechte. Diese verkaufte den Besitz 1954 an den Kaufmann Friedrich Seiger, der die ehemalige Synagoge 1957 zu einem Lagerraum umbaute. Im Vorgarten an der Stiftstraße wurden Garagen errichtet.

Am 8. August 1985 wurde dort eine Gedenktafel angebracht mit der Aufschrift „Hier befand sich die am 9. November 1938 zerstörte Synagoge." Am 25. Oktober 1988 wurden die noch bestehenden Teile der ehemaligen Synagoge unter Denkmalschutz gestellt.

Lippstadt – Lipperode

Seit 1585 läßt sich die Anwesenheit von Juden in Lipperode belegen. In diesem Jahr beklagte sich der Lippstädter Magistrat beim lippischen Landdrosten über unlautere Handelsgeschäfte der Lipperoder Juden in seiner Stadt und verlangte, daß für eine Anzahl von Jahren kein Lipperoder Jude in Lippstadt Handel treiben dürfe. Da der Lippstädter Magistrat jedoch nicht bereit war, hierfür eine Abstandssumme zu bezahlen, versagte der Landdroste seine Unterstützung.

Eine Synagoge ist für Lipperode erstmals 1773 nachweisbar. Am 24. Mai jenes Jahres wurde die Schändung des Gotteshauses beim lippischen Drosten angezeigt. In die Synagoge war eingebrochen worden, und einige Gegenstände waren beschädigt oder gestohlen worden. Diese Synagoge läßt sich heute nicht mehr genau lokalisieren. Sie hat ungefähr in der Ortsmitte gestanden.

Um das Jahr 1820 haben die Lipperoder Juden dann an der heutigen Straße „In den Amtswiesen" gegenüber dem historischen Gasthof Voss eine neue Fachwerksynagoge errichtet. Im Volksmund wurde dieser Bereich die „Drei-Glaubens-Ecke" genannt, da sich in unmittelbarer Nachbarschaft Lipperode, zu der auch der Ort Cappel gehörte, die Synagogengemeinde sowohl die katholische wie die protestantische Pfarrkirche befanden.

Die Juden in Lipperode erhielten erst am 30. Juni 1858 vom Fürstentum Lippe die Gleichberechtigung. Es bildete sich eine Synagogengemeinde Lipperode, zu der auch der Ort Cappel gehörte.

In der Pogromnacht des Jahres 1938 wurde die Synagoge nicht angezündet. Am 5. Dezember 1938 überließ die jüdische Kultusgemeinde die Synagoge samt Grundstück unentgeltlich der Gemeinde Lipperode. Heute ist das Gebäude ein Wohnhaus.[237]

Möhnesee – Körbecke

Dem Statut des Synagogenbezirks Soest vom 16. November 1855 zufolge war die kleine jüdische Gemeinde von Körbecke eine Synagogenuntergemeinde mit eigener Synagoge, eigenem Friedhof und eigenem Kultusbeamten. Sie wurde jedoch noch im gleichen Jahr wegen der geringen Größe aufgelöst und die Gemeindemitglieder

Rüthen

Der erste sichere Hinweis auf einen Rüthener Juden ist nachzulesen im Kämmereiregister von 1447 im Stadtarchiv Rüthen. Ab 1587 läßt sich die kontinuierliche Anwesenheit von Juden in Rüthen nachweisen. Im Jahr 1727 lebten neun Familien am Ort. Sie waren als Metzger bis ins 19. Jahrhundert gab es nur jüdische Metzger in Rüthen – und Händler tätig; für das Jahr 1660 wird auch ein Jude erwähnt, der das Handwerk des Knopfmachens ausübt. Um die Wende vom 18. zum 19. Jahrhundert waren sieben jüdische Familien mit 41 Personen in Rüthen ansässig. In der ersten Hälfte des 19. Jahrhunderts stieg die Größe der jüdischen Gemeinde bis auf 78 Personen an.

Am 15. April 1854 teilte die königliche Regierung in Arnsberg den Kreis Lippstadt in vier Synagogenbezirke ein; einer von ihnen war der Bezirk Rüthen-Anröchte, wobei Rüthen der Hauptort wurde.

In den folgenden Jahrzehnten nahm die jüdische Bevölkerung kontinuierlich ab, 1895 lebten nur noch 37 Juden in der Stadt. 1932 waren es noch sieben Familien mit etwa 19 Personen. Bis zum Beginn der NS-Diktatur nahmen die Rüthener Juden als geachtete Bürger am gesellschaftlichen, kulturellen und wirtschaftlichen Leben der Stadt teil. Sie verdienten ihren Lebensunterhalt im Metzgereigewerbe, im Vieh- und Textilwarenhandel. Nur wenigen von ihnen gelang es, nach 1933 aus Deutschland zu emigrieren. Die meisten aber wurden in den Konzentrationslagern umgebracht.

Synagoge an der Königstraße/Ecke Hochstraße

1835 hat die jüdische Gemeinde dann direkt gegenüber an der Ecke Hochstraße/Königstraße auf dem Grundstück des Gemeindemitglieds Alfred Herzheim eine neue Synagoge in Fachwerkbauweise mit zwei Rundbogenfenstern errichtet. Um die Wende zum 20. Jahrhundert verpachtete die Gemeinde die zur Hochstraße gelegenen Räume  der Soester Gemeinde zugeteilt. Die Körbecker Synagoge ist in einem Urhandriß der Gemeinde von 1828/29 verzeichnet. Sie lag in der Ortsmitte an der Straße, die im weiteren Verlauf nach Berlingsen führt. Vermutlich wurde sie zwischen 1880 und 1890 bei antisemitischen Ausschreitungen niedergebrannt. 1901 wollte sich die Soester Gemeinde als Eigentümerin des Synagogengrundstücks eintragen lassen. Dies gelang jedoch nicht, da die bisherigen Besitzer tot und ihre Erben unbekannt waren. Heute befindet sich dort ein Garten.[238]

Ehemalige Synagoge in Rüthen

Synagoge an der Königstraße

Die erste Synagoge der Rüthener Juden ist anhand der Akten des Rüthener Stadtarchivs seit 1798 nachweisbar. Sie befand sich laut Urkatasterplan der Stadt Rüthen von 1829 im Oesteren Viertel auf dem Grundstück des Meyer Goldenberg zu Rüthen Nr. 662a hinter dem Wohnhaus im Hof. Vermutlich befand sich auch die Mikwe. Beide Gebäude wurden beim Stadtbrand von 1834 ein Raub der Flammen.

lichkeiten im Erdgeschoß an den Gemüseschänder Harnacke. Darüber befand sich in der ersten Etage der Schulraum. Im hinteren Teil des Gebäudes lag der eigentliche Synagogensaal mit Eingang von der Königstraße. Im Frühjahr 1935 war die Synagoge zum ersten Mal das Ziel von Übergriffen; mehrmals wurden die Fensterscheiben eingeworfen. Die Anzeigen der Gemeinde wurden nicht verfolgt. Beim Novemberpogrom 1938 wurde die Synagoge geschändet, jedoch nicht angezündet.

det, da die „arische" Lebensmittelhandlung Harnacke immer noch dort ihr Ladenlokal besaß. Diese Tatsache bewahrte das Gebäude vor dem Abriß, nachdem es zwangsweise in Stadteigentum übergegangen war. Noch heute befindet sich das Lebensmittelgeschäft Harnacke in dem Haus Königstraße 10. Eine kleine Gedenktafel erinnert daran, daß sich hier die Synagoge der ehemaligen jüdischen Gemeinde von Rüthen befunden hat.

Eine Torarolle konnte von dem Verwaltungsbeamten Eickhoff gerettet werden. Der damalige Bürgermeister Pogeller gab sie Pastor Schulte, der sie zum erzbischöflichen Generalvikariat nach Paderborn brachte. 1959 überreichte sie Generalvikar Rhode der jüdischen Gemeinde von Paderborn.[239]

Soest

In Kölner Quellen des 13. Jahrhunderts wird berichtet, daß Juden aus Soest Schutzgelder an den Landesherren, den Kölner Erzbischof, zahlten. Doch im 14. Jahrhundert zog die Stadt Soest das Recht an sich, von den Juden Schutzgelder einzuziehen. Im Gefolge der Pestepidemie von 1349/50 und des darauf folgenden Pogroms wurden wohl auch aus Soest die Juden vertrieben.

Die nächste Erwähnung von Juden in der Stadt datiert aus der Mitte des 15. Jahrhunderts. Es muß zu zahlreichen Ansiedlungen gekommen sein, denn bald darauf erfolgte ein Ratsbeschluß, nach dem jeweils nur zwei jüdische Familien gleichzeitig in der Stadt leben durften. Seit 1665 bestand der Kurfürst von Brandenburg als Landesherr wieder auf dem Recht, gegen Zahlung von Schutzgeldern Geleitbriefe auch für Juden, die sich in Soest ansiedeln wollten, auszustellen. Doch blieb es in der Folgezeit bis 1807 bei jeweils zwei jüdischen Familien mit etwa 20 Personen. Ihren Lebensunterhalt verdienten sie sich mit Klein- und Viehhandel, mit der Metzgerei und dem Geldverleih.

Bis zum Ende der napoleonischen Ära zogen dann sechs weitere jüdische Familien nach Soest. Im weiteren Verlauf des

links: Synagoge in Soest (erstes Gebäude links)

unten: Soest: Innenraum der Synagoge mit Bima, Toraschrein und Kanzel

19. Jahrhunderts nahm die jüdische Bevölkerung stetig zu und erreichte schließlich 1880 mit etwa 300 ihren höchsten Stand. Etwa von der Wende des 19. zum 20. Jahrhundert an nahm ihre Zahl dann kontinuierlich ab. 1932 – kurz vor Beginn der NS-Zeit – waren es noch 156, und 1938, dem Jahr des Pogroms, lebten noch 76 jüdische Bürger in Soest.

Von 1841 bis 1923 kann man durchgehend Juden als Mitglieder des Stadtparlaments nachweisen. 1869 hatte Philipp Stern eine Stiftung zugunsten der Soester Armen- und Waisenhausanstalt eingerichtet, deren Kapital bis 1908 von der Familie Stern immer wieder aufgestockt wurde. 1898 erfolgte testamentarisch eine Stiftung der Eheleute Ursell aus Schweden, Bernhard Ursell war gebürtiger Soester. Noch heute fließen hieraus Mittel zugunsten des Stadtkrankenhauses. 57 Soester Juden wurden im Ersten Weltkrieg eingezogen, acht von ihnen fielen. Die Gedenktafel mit ihren Namen, die in der Synagoge angebracht war, wurde im November 1938 zerstört.

Mit der NS-Zeit begann auch für die Soester Juden die Zeit der Verfolgung und Vernichtung. Die letzte Deportation ging 1942 ins Lager Theresienstadt. Von den in Deutschland verbliebenen Soester Juden haben nur vier die Lagerzeit überlebt.

Betstube in der Thomästraße

Ihr erstes religiöses Zentrum besaß die jüdische Gemeinde von Soest in dem noch heute erhaltenen Fachwerkhaus Thomästraße. 22. Hier befand sich seit Anfang des 18. Jahrhunderts die Betstube. Sie war etwa 22 qm groß, der Raum für die Frauen 4 qm. Als diese Betstube durch das Anwachsen der Zahl der jüdischen Einwohner zu Beginn des 19. Jahrhunderts zu klein geworden war, entschloß sich die Gemeinde, ein eigenständiges Synagogengebäude zu errichten.

Synagoge in der Osthofenstraße

Am 8. November 1819 kaufte die jüdische Gemeinde von Soest ein Grundstück an der Osthofenstraße 52. Am 11. November 1819 bat der Obervorsteher der Judenschaft der Grafschaft Mark Marcus Elias den Bürgermeister von Soest in einem Schreiben unter Hinweis auf die mangelnden Platzverhältnisse in der Betstube darum, hier eine Synagoge und Schule errichten zu dürfen. Da die finanziellen Mittel der Gemeinde recht bescheiden waren, entschloß man sich, die jüdische Gemeinde von Hamm um Hilfe zu bitten. Die dort begonnene Sammlung mußte jedoch auf Einspruch der königlichen Regierung in Arnsberg hin abgebrochen werden, entschloß sich die Gemeinde schließlich durch eine Erhöhung der Beiträge der Gemeindemitglieder sowie durch freiwillige Spenden und eine Anleihe. Die Baukosten betrugen 2.362 Taler. Im August 1822 wurde die Synagoge nebst Schulraum und Wohnung für den Lehrer vom Landrabbiner von Westfalen Abraham Sutro aus Münster eingeweiht. Die Synagoge bot etwa 200 Personen Platz. Zur Ausstattung der Synagoge gehörten u. a. sechs Torarollen mit den dazugehörenden Mänteln, ein silberner Toranzeiger mit Kette, ein ewiges Licht, mehrere Talare, Leuchter aus Messing und Silber, darunter ein Kronleuchter, verschiedenfarbige Altardecken sowie verschiedene Gebetbücher.[240]

Schon 1858 wurde wegen Platzmangels neben der Synagoge ein eigenes Schulgebäude errichtet. Anfang der achtziger Jahre wurde die Synagoge dann wegen des weiteren Anwachsens der Gemeinde erweitert. Ende der achtziger Jahre erhielt eine Orgel das bisher genutzte Harmonium.

Am 18. August 1882 erschien im Soester Kreisblatt ein Bericht über die erweiterte Synagoge: „Die Restaurations-Arbeiten an der hiesigen Synagoge sind nunmehr vollendet. Die Synagoge hat durch den neuen Anbau um etwa das Doppelte an Raum gewonnen. Ist ihr Äußeres auch nicht weniger als imposant, so um so schöner ist ihr Inneres. Wandmalereien (Teppichmalerei im orientalischen Stil) schmücken die Wände und Sterne auf blauem Grund den Plafond. Das Gotteshaus macht durch die Anordnung der Farben und die feine Ausstattung des Crystallkronleuchters usw., einen durchaus freundlichen Eindruck."[241]

Laut Sally Katzenstein, der von 1924 bis 1934 Lehrer in Soest war, wurde die

Auszug aus der Synagogenordnung der israelitischen Gemeinde zu Soest, 1856/57

§ 7

Beförderung der Eintracht unter seinen Gemeindegliedern, sowohl zwischen ihnen, als anderen religionsverwandten, muß dem Vorstand vorzüglich am Herzen liegen. Er muß stets sein Augenmerk dahin richten, daß zwischen seiner und anderen Religionsparteien keine Zwietracht entstehe, kein Ärgernis geben, sondern gutes Einverständnis erhalten, damit die Wahrheit allgemein anerkannt werden möge, daß alle Religionen, die ein einziges Wesen verehren, im Grunde nur Schwestern, alle Menschen aber Kinder eines Vaters sind.

Synagoge in einem Stil errichtet, der die Verbundenheit der Soester Juden mit ihrer Stadt und westfälischen Heimat ausdrücken sollte.[242]

Das letzte Kapitel der Geschichte der jüdischen Gemeinde von Soest begann am Morgen des 10. November 1938, zur Zeit der weit über die Stadt hinaus bekannten Soester Allerheiligenkirmes. Einheimische und auswärtige Nationalsozialisten brannten die Synagoge und die Schule in der Osthofenstraße 50/52 bis auf die Grundmauern nieder. Die herbeigerufene Feuerwehr verhinderte nur ein Übergreifen des Feuers auf die umliegenden Gebäude. Kurz darauf mußte die Gemeinde das Grundstück zwangsweise verkaufen. Der evangelische Pastor Jansen aus Schwefe konnte eine kleine Torarolle mit sechs Mäntelchen, sowie einen Messing- und einen Zinn-Sabbaleuchter retten. Diese Kultgegenstände wurden 1952 der Kölner Synagogengemeinde übergeben.

Eine Gedenktafel am Platz der zerstörten Synagoge erinnert heute an die jüdische Gemeinde und die damaligen Ereignisse.

Warstein

Die erste urkundliche Erwähnung von Juden in Warstein datiert von einem Rauchsteuerregister des Jahres 1664. Von dieser Zeit an lebten bis zum Jahre 1939 Juden kontinuierlich im heutigen Stadtgebiet von Warstein.

Im Verlauf der ersten Hälfte des 19. Jahrhunderts stieg die Zahl der Juden in Warstein stetig an. 1808 lebten drei jüdische Familien in der Stadt, 1830 waren es zehn Familien mit 63 Personen.

1855 wurde Warstein als Synagogenuntergemeinde des Synagogenbezirks Arnsberg konstituiert, nach zum Teil heftigen Auseinandersetzungen. So verlangte noch 1856 der damalige Vorsteher der Synagogengemeinde Warstein, Menke Ostwald, mit der Begründung der zweihundertjährigen Existenz seiner Gemeinde die Bildung eines eigenständigen Synagogenbezirks. An der Zugehörigkeit zum Synagogenbezirk Arnsberg änderte sich jedoch bis zur Auflösung der Warsteiner Synagogengemeinde 1938/39 nichts. Zu der Untergemeinde Warstein gehörten auch die Juden in den Orten Allagen, Belecke, Hirschberg und Sichtigvor.

In der 2. Hälfte des 19. Jahrhunderts nahm die Zahl der jüdischen Familien in Warstein ständig ab, im Jahre 1906 lebten hier noch zwei Familien, in Sichtigvor nur noch eine und in Allagen, Belecke und Hirschberg keine mehr. 1932 gehörten zur Synagogengemeinde Warstein noch drei kultussteuerpflichtige Juden mit insgesamt 15 Personen. Es handelte sich um die Familien Cohn, Kaufmann und Arensberg. Nach dem Novemberpogrom von 1938 wanderten im Juni 1939 die Familie Cohn, im September die Familie Kaufmann nach Argentinien aus. Irmgard und Julius Gonsenhäuser aus der Familie Arensberg und Berta Kaufmann gelang die Flucht nicht mehr.

Vermutlich schon im 17. Jahrhundert hat in Warstein eine Synagoge existiert. Sie ist wohl während des großen Stadtbrands vom 31. Dezember 1802 abgebrannt. Innerhalb der nächsten beiden Jahrzehnte hat die jüdische Gemeinde dann aus eigenen Mitteln auf den an der damaligen Synagogengasse zwischen Rangestraße und Salzbörnchen gelegenen Grundstück eine Synagoge gebaut. Sie wurde in der damals üblichen Bauweise, nämlich in Fachwerk mit Schieferdach, errichtet. Sie war zweigeschossig mit einer Empore für die Frauen und besaß im Inneren eine farbige Ausmalung.

In der Pogromnacht 1938 wurde die Inneneinrichtung völlig zerstört, die Synagoge aber wegen der Brandgefahr für die benachbarten Häuser nicht angezündet. Unmittelbar danach wurde das Gebäude an einen Landwirt zwangsverkauft, der es als Scheune und Lagerraum nutzte. Nach dem Zweiten Weltkrieg wurde die ehemalige Synagoge weiterhin bis zu ihrem Abbruch 1970 landwirtschaftlich genutzt.

Warstein – Belecke

Seit 1855 gehörten die Juden aus Belecke zu der Synagogenuntergemeinde Warstein des Synagogenbezirks Arnsberg. In Belecke befand sich hinter dem Haus Böttcherstraße 4, das 1805 erbaut worden war, und in dem 1815 der Jude Salomon Ostwald wohnte, eine Synagoge. Was aus ihr geworden ist, blieb bisher unbekannt. Seit 1906 lebten in Belecke keine Juden mehr.[243]

Werl

Seit der Mitte des 16. Jahrhunderts läßt sich durchgehend eine jüdische Bevölkerung in Werl nachweisen. Im Jahr 1895 erreichte die Gemeinde mit 135 Personen ihren Höchststand. Danach verringerte sich die Anzahl stetig. Die Werler Juden bestritten ihren Lebensunterhalt hauptsächlich durch den Handel und das Metzgereigewerbe.

1811 kam Philipp Abraham Rosenthal aus Westönnen nach Werl und eröffnete hier eine Tuch- und Kolonialwarenhandlung. Sein Sohn Abraham Rosenthal erweiterte das Geschäft mit einem Porzel-

lan- und Glaswarenhandel. 1880 löste er das Geschäft in Werl auf und zog mit seiner Frau Emilie nach Bonn. Ihrer beider Sohn Philipp Rosenthal ging 1871 nach Amerika und war dort im Porzellan- und Glaswarenhandel tätig. Nach seiner Rückkehr 1879 gründete er die später weltweit bekannte Porzellanfabrik Philipp Rosenthal & Co., Erkersreuth bei Selb.

Am Beginn der NS-Zeit lebten in Werl 41 jüdische Bürger. Von denen, die in die Vernichtungslager deportiert wurden, hat niemand überlebt.

1854 richtete die Regierung in Arnsberg den Synagogenbezirk Werl ein. Laut Statut der Synagogengemeinde Werl, das am 14. Februar 1856 vom Oberpräsidenten von Westfalen genehmigt wurde, umfaßte der Synagogenbezirk Werl den Magistratsbezirk und die Landbürgermeisterei Werl sowie die zu den Bürgermeistereien Cörbecke und Schwefe gehörenden Ortschaften Bilme, Bittingen, Bremen, Gerlingen, Höingen, Hünningen, Himmelpforten, Lüttringen, Parsit, Ruhne, Volbringen, Waltringen, Ostönnen, Flerke, Meierich und Welver. Außer in Werl lebten noch in Büderich, Scheidingen und Ostönnen Juden. Um diese Zeit wohnten 116 jüdische Bürger in Werl.

Schon Mitte des 17. Jahrhunderts wird in den Annalen der Werler Kapuziner eine Synagoge erwähnt, wobei es sich wahrscheinlich um eine Betstube in einem Privathaus gehandelt hat. Ihre Lage kann nicht mehr rekonstruiert werden. 1723 und 1738 wird in den Ratsprotokollen der Stadt ein Bethaus der Werler Juden

Werl: Blick auf den Toraschrein

erwähnt, allerdings ohne entsprechende Ortsangabe. Es hat sich hierbei aller Wahrscheinlichkeit nach um das seit 1679 existierende Gebäude an der heutigen Steinerstraße 28 gehandelt (jetziges Haus Rinsche), an dem heute noch folgende Inschrift zu lesen ist: „Mein Bund war mit ihm das Leben und der Friede. Siehe, ich lenke wie einen Strom Frieden ihr zu. Gesegnet seist du bei deiner Ankunft und gesegnet seist du bei deinem Ausgang (hebräisch). Gott segne dein Eingang und dein Ausgang (deutsch)."[244]

1811 hat die jüdische Gemeinde dann an der Bäckerstraße 20 eine eigene Synagoge errichtet. Die Datierung läßt sich rückschließen aus der Tatsache, daß im Herbst 1911 das hundertjährige Jubiläum der Synagoge feierlich begangen wurde. Das Gebäude hatte ein schlichtes Äußeres und beherbergte neben dem eigentlichen Synagogenraum auch den Schulraum. Bis zum Umbau im Jahr 1897 gab es auch eine Frauenempore. 1868 wurde zudem noch eine Orgel angeschafft. Die Synagoge war nicht an der Bäckerstraße etwas zurückversetzt gebaut worden.

Da nur ein Foto aus dem Innenraum der Werler Synagoge vorhanden ist, kann man Rückschlüsse auf das Gebäude nur aufgrund der Bauzeichnungen ziehen, die der Hammer Architekt D. Vogt am 22. Juli 1897 für Umbau und Erweiterung der Synagoge fertigstellte. Die Kosten von 11.000 Mark für diesen Um- bzw. Erweiterungsbau wurden überwiegend durch eine Kollekte bei den Juden der Provinz Westfalen aufgebracht.

Vor dem Umbau befand sich der Aron hakodesch leicht erhöht in einer rechteckigen, an der östlichen Giebelseite gelegenen Apsis. Die Ostausrichtung des Gebäudes geht aus einer Katasterzeichnung von 1934 hervor.[245] Der Almemor befand sich in der Mitte des eigentlichen Gottesdienstraumes. Dieser wurde von Norden und Süden von je zwei Rundbogenfenstern beleuchtet. Man betrat die Synagoge von der Nordseite, der Frontseite, her und gelangte in einen Vorraum, in dem sich an der linken Seite die Tür zum Gottesdienstraum befand, an der rechten Seite der Eingang zum Schulraum und die Treppe zur Frauenempore. Diese bekam ihr Licht durch drei kleine Rundbogenfenster, während die Fenster des Vor- und des Schulraums rechteckig waren.

Der Umbau war notwendig geworden, da die Reparatur- und Renovierungsarbeiten sich häuften. Ebenso hatte sich die Anzahl der Gemeindemitglieder erhöht und machte somit eine Vergrößerung nötig. Da 1892 eine jüdische Elementarschule in unmittelbarer Nachbarschaft gebaut worden war, konnte man den bisherigen Schulraum sowie den Vorraum problemlos für die Erweiterung nutzen.

Die Frauenempore fiel durch den Umbau weg. Der Eingang wurde von der Frontseite zur westlichen Giebelseite verlegt. Er wurde von zwei Säulen eingefaßt. Über der Tür befand sich ein halbrundes Fenster. Mittig über diesem war ein Frauenkopf aufgebracht, der an die Skulpturen der griechisch-römischen Antike erinnert. Dieser Frauenkopf und die Kapitelle der Säulen wurden 1987 bei Bauarbeiten auf einem Grundstück gefunden. Die Besitzerin dieses Grundstücks erinnerte sich daran, daß ein Teil der Synagogentrümmer auf diesem Gelände als Füllmaterial verwendet worden war. Nach der Bauzeichnung handelt es sich um Reste des Synagogenportals.

Im rückwärtigen Teil der Synagoge wurden an der Front- und Rückseite je zwei weitere Rundbogenfenster angebracht, so daß der Gottesdienstraum jetzt durch acht Fenster beleuchtet wurde. Die vier Fenster der Frontseite waren aufwendiger gestaltet. An der Frontseite und der westlichen Giebelseite verlief ein aus kleinen Rechtecken bestehender Dachfries. Die Fenster der Frauenempore und des Vor- und Schulraums fielen weg. Durch die Vergrößerung verlagerte sich der Almemor von der Mitte des Raumes mehr zum Aron hakodesch hin. Eine Zeitzeugin beschreibt die Synagoge wie folgt: „Die Synagoge in Werl hatte einen verzierten Altar ... Im Hintergrund war eine Wand mit einer viereckigen großen Öffnung sehr vergoldet und geschmückt ... Die Gemeinde wurde vom Altar durch ein niedriges Gitter getrennt. Zu beiden Seiten des Raumes waren Holzbänke, wo die Gemeinde saß und auch die Gebetbücher auflegen konnte. Ich glaube, Männer und Frauen saßen in der Synagoge getrennt. Ein ewiges Licht brannte über dem Altar."[246]

Die Verzierung des Toraschreins muß nach einer Malerrechnung von 1822 folgendermaßen ausgesehen haben: „Zwei Engel, auf der Bundeslade befindlich, mit echtem Gold in Glanz vergoldet ... Eine Sonne daselbst, die Strahlen glanzvergoldet und das Innere versilbert ..."[247]

Im Zuge der Pogromnacht wurde die Werler Synagoge am Morgen des 10. November 1938 niedergebrannt und völlig zerstört. Die Kultgegenstände waren jedoch schon vorher bei der in der benachbarten ehemaligen jüdischen Schule wohnenden nichtjüdischen Familie Krüger in Sicherheit gebracht worden, wo sie den Zweiten Weltkrieg unbeschadet überstanden. Sie sollen sich heute im Besitz der jüdischen Kultusgemeinde von Dortmund befinden. Seit 1979 befindet sich an der Stelle, die ehemals Platz der Werler Synagoge war, eine Gedenkplatte.

Kreis Unna

Kamen

Synagoge an der Kämerstraße

Ihr erstes Bethaus besaß die jüdische Gemeinde von Kamen an der Mühlenstraße, der heutigen Bahnhofstraße. Im Frühsommer des Jahres 1689 hat die jüdische Gemeinschaft dann an der Kämerstraße 1, der heutigen Nr. 39, eine Fachwerksynagoge errichtet. Über dem Eingang war folgende Inschrift angebracht: „Dieses Versammlungshaus ist entstanden zur Ehre Gottes im 3. Monat (Siwan) des Jahres 5450". Das Synagogengrundstück hatte eine Grundfläche von 1 Ar, 56 qm. In der Folgezeit wurde das Gebäude umgebaut und erweitert, und beinhaltete schließlich auch Lehrerwohnung und Schulzimmer. Die Baukosten von 1.500 Talern konnte die Gemeinde selbst aufbringen. Dieses Gebäude wurde am 20. Dezember 1901 nach der Einweihung der neuen Synagoge verkauft. Es war zuletzt ein Wohnhaus und wurde ab 1930 von dem ersten Kamener SA-Führer bewohnt. Das Gebäude wurde erst 1973 abgerissen.

Synagoge an der Gartenstraße

1854 wurde Kamen eigenständiger Synagogenbezirk. Im Jahre 1893 bewog das weitere Anwachsen der Gemeinde – laut Volkszählung vom 1. Dezember 1900 lebten 130 jüdische Bürger in Kamen – den Synagogenvorstand, einen Neubau zu planen. Der Entwurf dazu stammte von dem Dortmunder Architekten Max Lorf, der als bauleitender Architekt auch am Bau der Dortmunder Synagoge beteiligt gewesen war.[248] 1900 konnte mit dem Bau der neuen Synagoge an der Gartenstraße begonnen werden, der allerdings nicht ohne Probleme vonstatten ging, da während des Baus eine Seitenwand einstürzte. Am 15./16. November 1901 fand die feierliche Einweihung statt. Im Sommer des Jahres 1926 wurde die Synagoge renoviert.

Die auf 20 Mitglieder abgesunkene und dadurch verarmte Gemeinde bot am 21. Juli 1938 der Stadt Kamen die Synagoge mit Grundstück zum Kauf an. Am 26. Juli beschloß der Rat der Stadt, die Synagoge und das Grundstück für 3.600 Reichsmark zu kaufen. Gleichzeitig wurde der Abbruch des Gebäudes bestimmt. Am 27. Oktober 1938 wurde der Kaufvertrag abgeschlossen. Bereits am 23. September 1938 waren die Abbrucharbeiten mit der Entfernung des Davidsterns auf der Synagoge begonnen worden. Kurz darauf waren sie abgeschlossen. Heute erinnert ein Gedenkstein in der Nähe des ehemaligen Synagogenplatzes an die jüdischen Bürger von Kamen.

Kamen: Die Synagoge im Hintergrund

Lünen

Seit dem 17. Jahrhundert waren jüdische Familien in Lünen ansässig. Anfang des 19. Jahrhunderts bestand die kleine Gemeinschaft aus ca. 50 Personen. Im Jahre 1811 errichtete die Gemeinde mit Hilfe eines Darlehens der katholischen Pfarrgemeinde St. Marien auf einem von der evangelischen Kirche zur Verfügung gestellten Grundstück an der Kirchstraße 30 eine Synagoge. Es handelte sich um einen Fachwerkbau, der äußerlich nicht als Sakralbau zurückversetzt lag und sich in nichts von den ihn umgebenden Gebäuden unterschied.

Zu der Synagoge gehörten der eigentliche Synagogenraum, der Schulraum und eine Wohnung, die an einen Nichtjuden vermietet wurde, der zu Hausmeisterdiensten angestellt war. Dieser mußte u.a. täglich den Schulraum säubern und sich um den Ofen kümmern. Zur Beschneidung kam entweder ein Mohel aus Dortmund oder aus Lüdinghausen.

An der Ostseite des Synagogenraums, der vom Hausflur her durch eine Tür an der Westseite betreten wurde, befand sich leicht erhöht in einem rechteckigen, provisorischen Vorsprung der Toraschrein. Direkt davor stand das Vorleserpult. Die Lünener Synagoge hatte keine Frauenempore. Daher saßen Männer und Frauen in voneinander getrennten Bankreihen im Synagogensaal.

1833 genehmigte der Münstersche Landrabbiner Sutro eine Synagogenordnung. Die Gemeinde besaß einen gewählten Vorstand, dessen Mitglieder aber des öfteren in Auseinandersetzungen über finanzielle Dinge und Wahlen gerieten. Um dies zu verhindern, wurde 1855 die „Constitution der Lüner Israelitischen

Schwerte

Seit etwa 1750 hielten die jüdischen Einwohner von Schwerte ihre Gottesdienste in einem Privathaus an der späteren Hellpothstraße 7 ab. Am 25. Juni 1805 wurde ihnen amtlicherseits die Genehmigung zur Errichtung einer Synagoge erteilt. In einer Chronik der Jahre 1822 – 1827 heißt es, daß die Judenschaft ihren Betsaal bei dem Bürger Wortmann am Kirchhof eingerichtet hat. Wegen des schlechten Bauzustandes dieses Gebäudes faßte die Gemeinde 1854 den Entschluß, das alte Anwesen zu veräußern und ein neues zu erwerben.

Synagoge an der Großen Marktstraße

Am 28. Juni 1854 erwarben die Kaufleute Joseph Reifenberg und Isaak Hecht für 950 Taler ein Grundstück mit Gebäuden, Nebenhaus, Garten und Brandteich an der Großen Marktstraße 9, welche schon im Feuerstättenverzeichnis von 1786 verzeichnet sind. Bis Ende August 1854 erfolgte der Umbau zu einer Synagoge. Am 1. September 1854 fand die feierliche Einweihung statt. 1880 hinterließ Reifenberg testamentarisch die Synagoge den Vorstehern Herz Blumenfeld und Emil Felsenthal.

1928 fand an der Synagoge ein Umbau statt. Man verlegte den seitlich gelegenen Eingang zur Straßenseite. Den Entwurf dazu hatte der Schwerter Architekt Carl H. J. Schmitz angefertigt.

In der Pogromnacht verwüsteten die Nationalsozialisten die Synagoge, das Innere brannte teilweise aus. Kurz darauf wurde das Gebäude dem Roten Kreuz zur Verfügung gestellt. Heute stehen nur noch die Grundmauern. Am 9. November 1995 ist hier eine Gedenkstätte eingeweiht worden.

Gemeinde" festgelegt. Um diese Zeit muß es auch zur Bildung des Synagogenbezirks Lünen gekommen sein.[249]

Das Zusammenleben zwischen Christen und Juden gestaltete sich recht gut. Dies zeigte sich u.a. darin, daß jüdische und christliche Familien in den sogenannten Straßennachbarschaften zusammenarbeiteten, die sich bei einer eventuellen Notlage gegenseitigen Beistand gewährten.

1930 zog die Gemeinde in Betracht, an der Wilhelmstraße eine neue Synagoge mit Schule und Lehrerwohnung zu errichten. Zur Ausführung dieses Planes ist es allerdings nicht gekommen.

Nach 1933 begann sich auch in Lünen die Situation der jüdischen Bürger zusehends zu verschlechtern. In der Pogromnacht 1938 wurde die Synagoge gestürmt, geplündert und in Brand gesetzt. Das Feuer wurde aber von dem damaligen nichtjüdischen Hausmeister Küster gelöscht. Durch einen Bombenangriff am 11. November 1944 wurde das Gebäude zerstört. Heute befindet sich auf einem Teil des Grundstücks ein evangelisches Gemeindezentrum, über einen anderen verläuft teilweise die Stadttorstraße. Am 9. November 1978 wurde hier auf der verbliebenen Rasenfläche von der Stadt Lünen ein Mahnmal errichtet. Besonders hervorzuheben ist die Ermordung von vier jüdischen Bürgern in der Pogromnacht. An der Lippebrücke, wo zwei von ihnen ums Leben kamen, befindet sich mittlerweile ebenfalls ein Mahnmal. Ein weiteres Mahnmal befindet sich auf dem ehemaligen jüdischen Friedhof Münsterstraße / Ecke Goethestraße.

Selm – Bork

1847 lebten 68 Juden in Selm-Bork. Die jüdische Gemeinde von Bork, zu der auch die im Nachbarort Selm lebenden Juden zählten, gehörte neben Lüdinghausen als Untergemeinde dem Synagogenbezirk Olfen an, wie aus dem am 26. Mai 1856 verfaßten Synagogenstatut von Olfen hervorgeht. Sie war aber insoweit von der Hauptgemeinde unabhängig, als sie keine Kultusabgaben an diese zu leisten, jedoch ihre eigenen zu tragen hatte. Seit Oktober 1920 war Lüdinghausen die Hauptgemeinde, da in Olfen keine Juden mehr lebten.

In der Ortschronik des Dorfes Bork vom Jahre 1852 heißt es: „Für die Synagoge wurde(n) von der jüdischen Kultusgemeinde 500 Silbergroschen aufgebracht." Hieraus geht allerdings nicht hervor, ob diese Mittel für einen Neubau oder in ein bereits bestehendes Gebäude aufgewendet wurden. Tatsache aber ist, daß das Synagogengebäude bereits im Häuserverzeichnis von 1818 und im Urkataster von Bork aus dem Jahr 1824 verzeichnet ist.[250]

Die an der Hauptstraße neben dem Haus Nr. 10 etwa 10 Meter von der Straße zurückversetzt liegende ehemalige Synagoge von Bork ist eine der wenigen noch erhaltenen Landsynagogen im Münsterland. Es handelt sich um einen Fachwerkbau mit Walmdach. „Fachwerksynagogen dieser Zeit sind zweifellos auf die geringe Finanzkraft der kleinen Gemeinden zurückzuführen. Sie passen sich allerdings auch so stark dem lokalen Wohnhausstil an, und nicht dem Kirchenbau ab, sich auch der Wunsch, sich von Kirchen zu unterscheiden und vor allem das Bemühen, nicht aufzufallen, eine große Rolle bei diesen Bauten gespielt haben wird.

Für diese Annahme spricht auch die Tatsache, daß diese Synagogen im Innern oft sehr reich ausgestattet waren."[251]

Der Innenraum der Borker Synagoge wird von einem ehemaligen Gemeindemitglied so beschrieben: „Es war ein schlichtes Gotteshaus ... Das gewölbte Synagogendach war einem Himmel gleich blau ausgemalt, auf dem goldene Sterne glänzten. Eine hölzerne Treppe führte rauf zur Frauenempore. An der östlichen Wand war der Toraschrein untergebracht."[252]

Während des Novemberpogroms von 1938 wurde auch die Borker Synagoge geplündert und demoliert. Die jüdische Gemeinde wurde gezwungen, das Gebäude zu verkaufen, und zwar an einen Kohlenhändler, der es in der Folgezeit als Lagerraum nutzte.

Nachdem die ehemalige Synagoge 1983 in die Denkmalsliste eingetragen worden war, begann man 1991 mit den Restaurierungsarbeiten. Hierbei kam die Decken- und Wandbemalung wieder zum Vorschein. Auch wurden Gebetbücher entdeckt, die wahrscheinlich zu Beginn des 19. Jahrhunderts entstanden sind. Am 18. Mai 1994 wurde die ehemalige Synagoge als Kulturstätte „mit mahnendem Charakter" der Öffentlichkeit übergeben.[253]

Nach ihrer Restaurierung zeigt sich die Synagoge wieder als Fachwerkbau mit Walmdach. Das äußere Erscheinungsbild ist geprägt durch große, auf der Süd- und Ostseite sichtbare Rundbogenfenster. Ziegel und Fachwerk wurden entsprechend dem historischen Befund wieder hergestellt; die Ausfachung wurde mit einem leichten Putz versehen, mit rötlicher Farbe gestrichen, die Fugen mit dem Fugeisen profiliert und mit einem aufgemalten weißen Strich betont, die Fenster entsprechend dem Befund mit einteiligen Klappläden versehen. Von den 76,5 qm Gesamtfläche beansprucht 40 qm der eigentliche Betraum. Hinter einem kleinen Vorgarten versteckt, befindet sich das Gebäude etwa 10 Meter von der Straße entfernt.

Das Innere greift den ländlich schlichten Stil auf. Der mit einer dünnen Kalkschicht überzogene Lehmputz endet in Kopfhöhe mit einem breiten Rankenfries. Der gesamte Deckenraum ist als Himmel – blau mit goldenen Sternen – gestaltet. Gehalten wird der obere Bereich von einer besonderen Sprengwerk-Konstruktion. Die Frauenempore konnte an hand vorgefundener Zapfenlöcher in ihrem ursprünglichen Zustand wiederhergestellt werden. Der Zugang zur Frauenempore erfolgte durch den Vorraum der Synagoge an der Nordseite, welcher als Schulraum genutzt wurde, durch einen eigenen Eingang an der Westseite, der heute durch eine Blindtür sichtbar ist. Der Eingang für die Männer, ebenfalls an der Westseite, wird heute als Notausgang genutzt.[254]

Ehemalige Synagoge Selm-Bork – Zustand vor der Restaurierung (siehe die Abbildung auf Seite 76, die die Synagoge nach ihrer Restaurierung zeigt.)

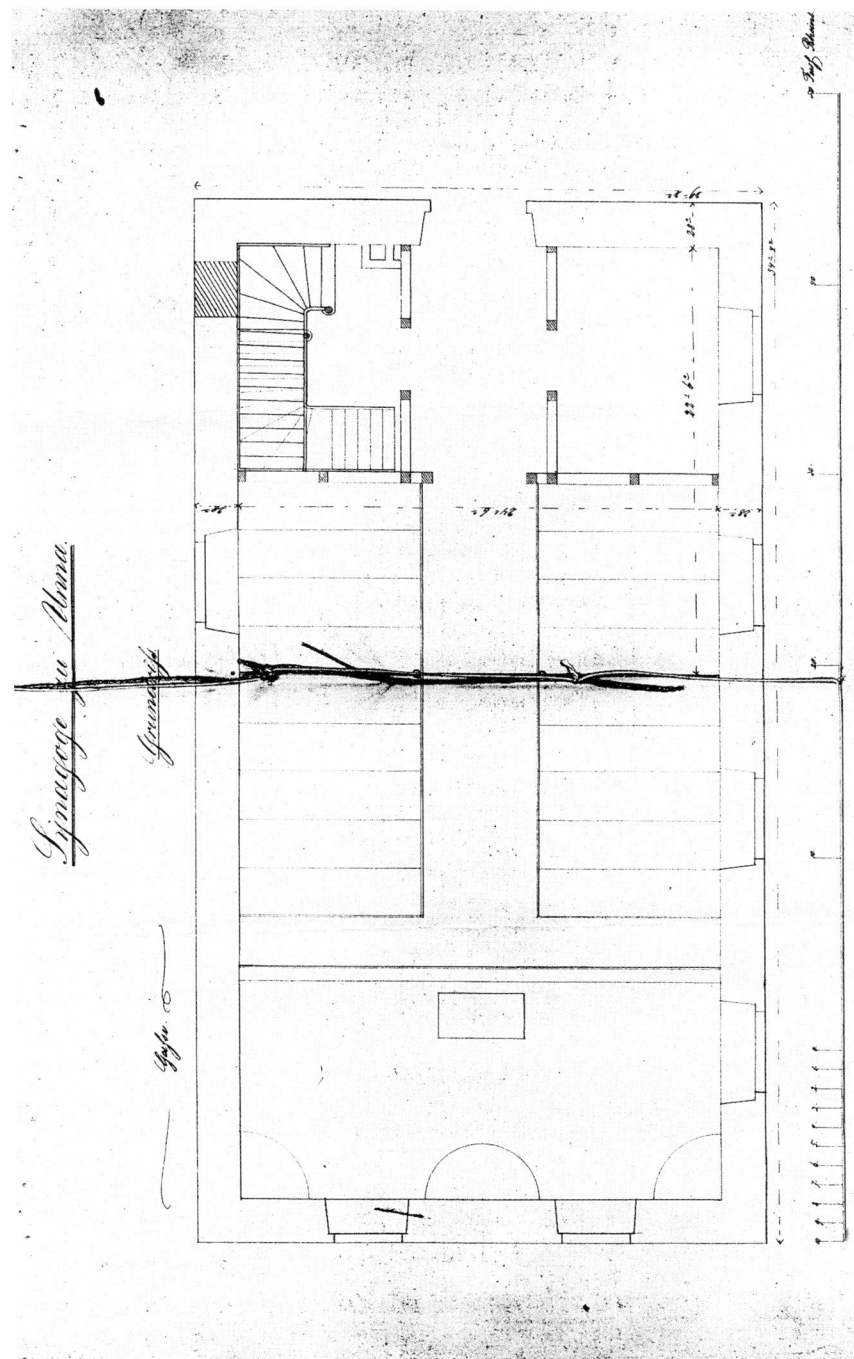

Unna: Grundriß der Synagoge

Unna

Unna gehört zu den Orten, in denen sich frühe Ansiedlungen von Juden in Westfalen nachweisen lassen. Der älteste noch erhaltene Geleitbrief datiert auf den 15. April 1336. Doch auch hier wurden die Juden im Gefolge der großen Pestepedemie um die Mitte des Jahrhunderts als vermeintlich Schuldige ermordet oder vertrieben. Erst nach dem Dreißigjährigen Krieg ließen sich wieder einige wenige jüdische Familien in Unna nieder. Sie lebten in der Hauptsache vom Kleinhandel und der Schlachterei. Im Zuge der Emanzipation der Juden seit dem Beginn des 19. Jahrhunderts entwickelte sich auch in Unna ein stärkeres jüdisches Gemeindeleben. Gegen Ende des Jahrhunderts lebten bereits über 200 jüdische Bürger in Unna. Sie verdienten ihren Lebensunterhalt überwiegend im kaufmännischen Bereich.

Am 15. April 1854 wurde auf Vorschlag der Regierung in Arnsberg der Synagogenbezirk Unna eingerichtet. Laut Statutur aus dem Jahr 1855 bestand er aus dem Magistratsbezirk Unna und den Gemeinden Lünern, Stockum, Hemmerde, Dellwig, Langschede, Billmerich, Wickede und Asseln.

Die jüdische Gemeinde in Unna verfügte schon am Ende des 18. Jahrhunderts über eine Betstube in der Wohnung eines Gemeindemitglieds. Im Jahre 1805 erwarb die Gemeinde am Stadtwall zwischen Hertinger Straße und Wassertor, am heutigen Südwall, ein Haus, das ab 1806 mit behördlicher Genehmigung als Synagoge eingerichtet wurde. Doch schon

1808 konnte es wegen Baufälligkeit nicht mehr genutzt werden und wurde verkauft. Für viele Jahre wurden die Gottesdienste dann im Hause des Meyer Simon, eines Gemeindemitgliedes, abgehalten. 1822 kam es zu Meinungsverschiedenheiten in der Gemeinde, in deren Verlauf der eher liberal eingestellte Eigentümer des Hauses die jüdische Gemeinde kurzerhand vor die Tür setzte, die Kultgegenstände einbehielt und mit vier anderen jüdischen Familienoberhäuptern versuchte, eine eigene Gemeinde zu gründen, wobei sie den bisherigen Synagogenraum weiter nutzten, während die eigentliche Gemeinde in dem Haus des Unnaer Bürgers Bothe eine neue Betstube einrichtete. Durch Vermittlung städtischer Behörden und der evangelischen Kirche konnte der Streit schließlich beigelegt werden.

Im Jahre 1829 kaufte die Gemeinde dann einen Teil des Wiegerschen Hauses an der Hertingerstraße, das 1827 der jüdische Kaufmann Samuel Salomon gekauft hatte, und zwar den nach dem Hofe hin gelegenen „Teil, „18 3/4 Fuß lang und 28 Fuß breit, incl. obere Etage und Boden",255 wo sie in der Folge ihre Gottesdienste abhielten.

1849 reichte diese Synagoge für die Gemeinde nicht mehr aus – es lebten mittlerweile 103 Juden in Unna. Die Gemeinde konnte schließlich über einen Mittelsmann die Kapelle des ehemaligen St. Katharinen-Klosters am Klosterwall – heutige Klosterstraße 45 – erwerben. Als das Generalvikariat in Paderborn erfuhr, wer die Kapelle zu welchem Zweck gekauft hatte, versuchte es nachträglich noch, den Umbau zu einer Synagoge zu verhindern, jedoch vergeblich. Bei diesem Umbau wurden die gotischen Elemente entfernt. Aron hakodesch und Bima waren in der Synagoge zu einer Einheit zusammengefaßt, was auf eine eher liberal eingestellte Gemeinde schließen läßt. Ebenfalls wurde eine Frauenempore eingerichtet. Unterstützung bei der Errichtung der Synagoge kam auch von der christlichen Nachbarschaft. Der Oberstvorsteher Hellwitz aus Soest spendete 100 Taler. Am 14. November 1851 erfolgte die feierliche Einweihung durch den Aachener Rabbiner Dr. Rothschild. Die Abschiedsfeier in der alten Synagoge hielt der Kantor der Gemeinde Bernhard Alsbach. Dr. Rothschild wies in seiner Rede auf die bisher durch falsche Anschuldigungen erlittenen Anfeindungen der Juden hin und forderte die zahlreichen christlichen Gäste mit den städtischen Behörden an der Spitze auf, ihre bisherigen Vorurteile abzulegen und zu einem einträchtigen Zusammenleben mit der jüdischen Minderheit zu kommen.

Im Zuge der Pogromnacht vom November 1938 kam es auch in Unna zu Ausschreitungen gegen jüdische Einrichtungen und ihre Einrichtungen. Gegen Mitternacht drang ein Trupp Nationalsozialisten in die Synagoge ein, zerstörte die Inneneinrichtung und legte einen Brand. Trotz Anwesenheit schritt die Polizei nicht ein. Die Feuerwehr griff erst ein, als die Flammen durch den Dachstuhl schlugen und Gefahr für die umliegenden Gebäude bestand. Sie konnte den Brandherd schnell eindämmen, das Feuer löschen und somit das Gebäude, zwar beschädigt, retten.

Das Gebäude wurde daraufhin vom letzten Vorsteher der Synagogengemeinde Unna noch im Jahr 1938 an einen Privatmann verkauft. Der Erlös des Verkaufs diente dazu, einem Teil der Bewohner des „Israelitischen Altersheim für Westfalen" die Emigration zu ermöglichen. Heute befindet sich in dem Gebäude eine Druckerei. Nur eine Tafel erinnert an die Geschichte des Hauses.

Israelitisches Altersheim für Westfalen in Unna

Angeregt wurde der Bau eines jüdischen Altersheim durch die Gemeinden Rietberg – Neuenkirchen aus dem damaligen Landkreis Wiedenbrück gegen Ende des letzten Jahrhunderts. Doch schnell erkannte man, daß dieses Projekt die Möglichkeiten von einzelnen Gemeinden überstieg. Es müßte eine breitere Basis geschaffen werden, sollte der Plan verwirklicht und das Altersheim auf Dauer gesichert sein.

So stellte man das Vorhaben auf dem 7. ordentlichen Gemeindetag des Verbandes der Synagogengemeinden Westfalens in Münster 1897 zur Diskussion. Der Vorsteher der Wittener Gemeinde Jacob Ostwalt als juristische Person gegründet und nahm seinen Sitz in Dortmund. Ihm gehörten 31 Gemeinden aus Westfalen an; später traten noch Essen und einige Gemeinden aus dem Rheinland dem Verein bei.

Nachdem man durch Sammlungen, Spenden und Beiträge 145.000 Mark angespart hatte, suchte man ein geeignetes Grundstück. Wohl weil man der Kassierer des Vereins Sally Steinweg als Magistratsmitglied der Stadt Unna am Orte einigen Einfluß besaß, wählte der Verein Unna als Standort für das Altersheim. Am 8. November 1903 entschied man sich für das Grundstück an der Düppelstraße 7, der heutigen Mühlenstraße. Das Grundstück lag nur wenig von dem 1854 eröffneten jüdischen Friedhof an der Massener Straße entfernt. Hier wurde in der Folge ein eigenes Gräberfeld für verstorbene Heimbewohner eingerichtet.

Israelitisches Altersheim in Unna

Nach einem Gemeindetagsbeschluß vom 23. Oktober 1903 wurde mit den Bauarbeiten im März 1904 begonnen. Die Bauausführung lag nach dem ausgeschriebenen Architektenwettbewerb in den Händen des Bochumer Architekten Heinrich Robert. Am 29. Mai 1904 war die Grundsteinlegung, und am 9. Juli 1905 fand die feierliche Einweihung statt, an der die Bielefelder Rabbiner Dr. Coblenz und der Dortmunder Synagogenchor mitwirkten.

„Die gesamte zur Verfügung stehende Fläche beträgt 8.500 Quadratmeter, die Wege allein nehmen 1.000 Quadratmeter ein. Die ganze Anlage ist in waldartigem Charakter gedacht; die Fläche vor dem Asyl ist mehr als Ziergarten ausgebildet. Das Erdgeschoß des Heims enthält einen Speisesaal für 40 Personen, Tagesraum, Badezimmer, ein Spielzimmer, Terrassen, Veranden und 8 Zimmer für zusammen 15 Betten. In der Etage befindet sich ein Betsaal für 50 Personen, Lesezimmer, Badezimmer, ein Krankenzimmer und 11 Zimmer für 18 Betten."[256]

Bis zum 25-jährigen Bestehen des Altersheims 1930 wuchs die Zahl der Heimbewohner von 9 Personen im Jahr 1905, 16 Personen 1907 und 32 Personen 1911 auf 42 Personen an. Bei den Jubiläumsfeiern wurde auch das Vorhaben angesprochen, das Altersheim durch einen Anbau zu vergrößern. Doch dazu kam es nicht mehr.

Wie schon erwähnt, ermöglichte der Verkauf der Synagoge in Unna 1938 einem Teil der Heimbewohner die Emigration. Der Käufer der Synagoge organisierte die Ausreise mit einem Autobus aus seiner Heimatstadt Borken über das grenznah gelegene Kloster Groß-Burlo in die Niederlande. Im Juli 1942 wurde das Altersheim aufgelöst, die letzten 68 Bewohner wurden nach Theresienstadt deportiert; nur eine Heimbewohnerin überlebte die NS-Zeit.

Noch bis Juli 1942 wurden jüdische Feste und Gottesdienste in der kleinen Synagoge im ersten Stock gefeiert. Hierzu kamen auch die in Unna noch lebenden Juden zum Altersheim. Die seelsorgerliche

Betreuung hatten seit 1941 Emanuel Goldschmidt, ein führendes Mitglied der Dortmunder Gemeinde, und der Lehrer Siegmund Nußbaum übernommen. Die Stadt Unna kaufte der Reichsvereinigung der Juden in Deutschland das Altersheim ab und richtete dort das Wehrmeldeamt ein. Nach dem Krieg verpachtete sie es zu Krankenhauszwecken an die katholische Katharinengemeinde. Die Jewish Trust Corporation for Germany erkannte die Eigentumsrechte der Stadt Unna nicht an und verkaufte das Gebäude 1956 an die Katharinengemeinde, die es ab 1959 als „Bonifatius-Alten- und Pflegeheim" nutzte. Der ehemalige Betsaal ist heute die Altersheimkapelle. Aller Wahrscheinlichkeit nach befand sich in der heute noch zu erkennenden apsisartigen Ausbuchung an der Ostseite der Toraschrein.

Werne

Am Beginn des 19. Jahrhunderts leben in Werne 56 Juden. In den Werner Akten schaft Herbern, wie aus dem am 20. Juli 1856 verabschiedeten Statut für die Synagogengemeinde Werne hervorgeht, das dieser Zeit gibt es nur einen Hinweis auf die Existenz einer Synagoge. Es heißt dort: „Die hiesige Synagoge ist neu erbaut, und in gutem Zustande und im Eigenthum der sämtlichen Judenschaft."257 Weiter heißt es, daß sie Am Markt 3 gelegen war und das Gehalt des Kantors 50 Reichstaler bei freier Kost betrug.

Die Synagoge war ein schlichtes Haus, vermutlich ein Fachwerkbau, in dem Aron und Bima zu einer Einheit zusammengefaßt nach Osten ausgerichtet waren. Die Männerbänke befanden sich in der Mitte und im Süden, die Frauenbänke an der Nordseite. Vor jedem Platz befand sich ein Pult mit Gebetbuch und Gebetschal.

Die Synagogengemeinde Werne umfaßte neben der Stadt Werne auch die Ortschaft Herbern, wie aus dem am 20. Juli 1856 verabschiedeten Statut für die Synagogengemeinde Werne hervorgeht, das in einer neuen Fassung am 11. August 1889 veröffentlicht wurde.258

In der Pogromnacht 1938 wurde die Synagoge verwüstet und angezündet, wegen der Brandgefahr für die umliegenden Gebäude aber wieder gelöscht. In den vierziger Jahren wurde sie abgerissen. Heute erinnert hier eine Gedenktafel an die Geschichte dieses Ortes. Dem letzten Vorsteher der Werner Synagogengemeinde Albert Heimann gelang es, die Torarolle zu retten und bei der Emigration mit in die USA zu nehmen. Sie befindet sich heute im Besitz der Deutsch-Jüdischen Gemeinde Hebrew Tabernacle in New York.

Bielefeld

Erste Synagoge am Klosterplatz

Seit dem Ende des 16. Jahrhunderts siedelten Juden kontinuierlich in Bielefeld. Anfangs waren es zwei Familien. Sie mieteten am Klosterplatz Nr. 5, Ecke Hagenbruchstraße den Wendtschen Hof, ein von dem Möhlerschen Hof abgezweigtes, an eine Klostermauer stoßendes Gebäude, das die jüdische Gemeinde als Wohnhaus und Synagoge nutzte. 1705 erwarb der Schutzjude Wolff Joseph für 210 Reichstaler diesen Hof vom Freiherrn Franz Egon von Wendt. Das Gebäude war abgabenfrei, da es auf ehemals adligem Grundbesitz stand. 1753 kaufte der Gemeindevorsteher Nathan Spanier den Hof, der 1800 von seiner Witwe an die jüdische Gemeinde weiterverkauft wurde. Dies Gebäude war also die erste Synagoge Bielefelds. Vermutlich handelte es sich um ein schlichtes Fachwerkgebäude, das auch eine Mikwe hatte.

Zweite Synagoge am Klosterplatz

Die jüdische Gemeinde vergrößerte sich auf 150 Personen, und da der Wendtsche Hof zudem allmählich baufällig wurde, entschloß sich die Gemeinde 1845 zu einem Neubau. Um die Finanzierung zu sichern, veranstaltete man eine Sammlung bei den jüdischen Gemeinden in Westfalen. Ein Spendenaufruf ging sogar nach Amsterdam, hatte jedoch keinen Erfolg. Mit der Bauplanung beauftragte die Gemeinde Friedrich Wilhelm Mannstaedt, Ingenieur der Köln-Mindener Eisenbahn und Zeichenlehrer an der Gewerbeschule. Er nahm sich die 1839 von dem jüdischen Architekten Alfred Rosengarten errichtete

Synagoge am Klosterplatz (1847)

Kasseler Synagoge zum Vorbild, die eine Kuppel hatte.

So entstand im Jahre 1847 an der Stelle der baufälligen ersten Synagoge ein Zentralbau auf quadratischem Grundriß im neoromanischen Stil. Über dem Gebäude wölbte sich eine breite gerippte Kuppel mit einem spitzen Kuppelaufsatz. Verschiedene Bauelemente, wie das kastenförmige, turmlose Gebäude, die Konstruktion der Kuppel, die turmspitzenartigen Gesimsaufsätze, das ausgeprägte Gesims mit Rundbogenfries sowie die Fenster mit Eselsrücken und Kleeblattbögen, gaben dem an sich neoromanischen Synagogenbau einen dezent orientalischen Ausdruck.

Im Osten hatte der Betsaal der Synagoge eine halbkreisförmige Apsis, in der sich

Synagoge an der Turnerstraße

Mit zunehmender Industrialisierung Bielefelds wuchs auch die jüdische Gemeinde auf fast 1.000 Personen an, so daß an hohen jüdischen Feiertagen die Synagogenplätze nicht ausreichten. Man entschloß sich zu einem Neubau. Wegen der zentralen Lage dachte man zunächst daran, auf dem Gelände der alten Synagoge eine größere neue zu errichten. Dieser Plan mußte aber aufgegeben werden, da es nicht möglich war, dort weiteren Grundbesitz zu erwerben. Also kaufte man mit Hilfe eines städtischen Darlehens ein Grundstück an der Turnerstraße. Der aus Marburg stammende Architekt Eduard Fürstenau wurde 1904 mit dem Bau beauftragt. Er hatte neben administrativen Zweckbauten und einigen Kirchen im Elsaß bereits die Synagogen in Dortmund und Siegen errichtet.

Er wählte für Bielefeld – wie schon für Dortmund und Siegen – einen zentralen Kuppelbau auf quadratischem Grundriß im Neorenaissancestil, der vor allem für Profanbauten, wie Rathäuser, Verwaltungsgebäude und Bahnhöfe, der bestimmende Stil der Zeit war. Kennzeichnend waren die hohen geschwungenen Giebel der Fassaden und ihre riesigen Rundbogenfenster mit Buntverglasung, die durchbrochenen Balustraden sowie die Haubenvierung der Türme der Eingangsfassade. Über der Kuppel wölbte sich die große gerippte Kuppel mit einer mächtigen Laterne.

Im Innern ruhte die Kuppel auf vier Sandsteinpfeilern. Unter ihr stand der Toraschrein – mit einer Miniaturnachbildung der Hauptkuppel gekrönt und mit einem Toravorhang verhüllt, der von der Bielefelder Kunstgewerbeprofessorin Gertrud Kleinhempel entworfen war. Vor dem Toraschrein stand der Almemor in Form eines Ambos[259], auf dem das Vorlesepult stand. Das Synagogengestühl war auf die architektonische Einheit von Toraschrein und Almemor ausgerichtet und umfaßte 450 Sitzplätze.

Entlang der Seitenwände verliefen die Emporen, die jedoch nur an hohen Feiertagen von den Frauen genutzt wurden und 350 Plätze hatten. Hinter dem Toraschrein befand sich die Empore für den Chor und für die imposante Orgel. Die der Toraschrein befand. Davor standen der Almemor mit dem Vorlesepult und die Sitzbänke der Männer. Die Frauen saßen auf den Emporen der Längsseiten. Der Betsaal war in Weiß und Gold gehalten und erhielt später eine Orgel. In den ersten Jahren befand sich im Obergeschoß der Westfassade ein Schulzimmer, das dann dem Ausbau der Frauenempore zum Opfer fiel. Im Erdgeschoß wurde ein Sitzungssaal für die Gemeindevertreter eingerichtet. 1860 erhielt das mit Bäumen und Sträuchern begrünte Synagogengelände eine Steinmauer.

Damit besaß die mit 150 Personen keineswegs große jüdische Gemeinde in Bielefeld einen recht stattlichen zentralen Kuppelbau im neoromanischen Stil – eine Seltenheit für den Synagogenbau zur damaligen Zeit, jedoch richtungsweisend für die Zukunft. Er entsprach der zunehmenden Bedeutung der jüdischen Bevölkerungsgruppe in Bielefeld, der liberal-emanzipatorischen Aufbruchstimmung der revolutionären vierziger Jahre des 19. Jahrhunderts und der Reformfreudigkeit der Bielefelder Synagogengemeinde. Ein Beispiel für letztere ist Salomon Blumenau aus Bünde, der von 1855 bis 1890 als Kantor und Lehrer in Bielefeld wirkte und 1879 ein weitverbreitetes jüdisches Gesangbuch herausgab.

An dem neuen Synagogengebäude in der Turnerstraße zeigte sich das Selbstbewußtsein der ständig wachsenden jüdischen Gemeinde und ihrer wirtschaftlich prosperierenden Mitglieder: Man beauftragte einen namhaften Architekten mit dem Bau eines monumentalen Gebäudes, das den prächtigsten Innenraum und den höchsten Turm der Stadt haben sollte, der wiederum mit einem vergoldeten Davidstern bekrönt war. Mit ihrer großen Orgel als Blickfang und dem Synagogenchor auf der Orgelempore verriet die Synagoge auch etwas von dem Selbstverständnis der Bielefelder Juden als religiös-liberaler Gemeinde.

Hieran hatte Dr. Felix Coblenz regen Anteil. Er war seit 1890 Prediger und später Rabbiner der Gemeinde. Vermutlich gab er den Ausschlag bei der Entscheidung für den Synagogenentwurf von Eduard Fürstenau, dessen Arbeit er aus Siegen kannte, wo Coblenz zuvor Prediger gewesen war. Coblenz, der ein begabter Redner war, hielt selbst die Einweihungspredigt im Jahre 1905, die er unter das Thema „Unser Leben sei Religion, unsere Religion sei Leben" stellte.

Unter dem Rabbiner Dr. Hans Kronheim (1917–1938), dem Nachfolger von Coblenz, führte die jüdische Gemeinde in Bielefeld bereits 1928 das Gemeindewahlrecht für Frauen ein. In der neuen Synagoge hatten die Frauen von Anfang an nur an den hohen jüdischen Festtagen auf der Empore ihren Platz, während sie sonst bei den Männern im Erdgeschoß saßen. Die Synagoge an der Turnerstraße dien- durchbrochenen Balustraden der Westfassade fanden sich bei den Emporen wieder. Der ganze Innenraum war in Blau und Gold gehalten. Hierbei wirkte das Deckengewölbe wie ein stilisierter Sternenhimmel.

Bielefeld: Synagoge an der Turnerstraße

te bis 1938 als Gotteshaus. In der Nacht zum 10. November 1938 wurde sie von Nationalsozialisten zuerst ausgeräumt und dann angezündet. 1940 wurden die letzten Ruinen beseitigt. Seit 1978 erinnert eine Gedenktafel an die zerstörte Synagoge.

Betsaal im Gemeindezentrum an der Stapenhorststraße

Nach dem Zweiten Weltkrieg bildete sich wieder eine kleine jüdische Gemeinde von ungefähr 50 Personen, deren Versammlungsort zunächst ein Raum im Hause des Guttemplerordens in der Kurfürstenstraße war. Die britische Besatzungsmacht stellte Gebetbücher und jüdische Soldaten als Vorbeter zur Verfügung. Auch erhielt die Gemeinde die von einem Polizeibeamten geretteten Kultusgegenstände der ehemaligen Gemeinde in Werther.

Im Jahre 1951 erwarb die Gemeinde aus dem Verkaufserlös des Synagogengrundstücks an der Turnerstraße ein Gebäude an der Stapenhorststraße, das früher als jüdisches Altersheim gedient hatte. Hier wurde ein neuer Betraum eingerichtet. Die Sitzreihen sind auf den Toraschrein an der Ostwand ausgerichtet. Er ist aus hellem, glattpolierten Holz gearbeitet. Sein spitzer Giebel trägt einen Davidstern. Vor dem Schrein steht das Vorlesepult, von zwei siebenarmigen Leuchtern flankiert. Über dem Pult hängt die Ewige Lampe. Hinter dem Schrein erhebt sich ein mehr als mannshohes Ziergitter.

Die Ausgestaltung des neuen Betsaales orientiert sich am Stil der fünfziger Jahre, der eine funktional-nüchterne Ausstattung bevorzugte; seine Größe entspricht der Gemeindestärke, die nur einen Bruchteil der Vorkriegsgemeinde ausmacht.

Bielefeld-Schildesche

Seit dem Beginn des 19. Jahrhunderts lebten dauerhaft Juden in Schildesche. Sie mieteten in der Johannisstraße vom Tischlermeister Johann Becker, der auch den Stiftskrug besaß, ein kleines Haus, das hinten an das Haupthaus, etwas zur Straße versetzt, angebaut war. Tischlermeister Becker verrichtete für die Juden des Ortes auch zahlreiche Arbeiten, wie aus seinem Geschäftsbuch hervorgeht. So stellte er „die laubern hütten hin und wieder weg". Bei dem gemieteten Anbau handelte es sich wie bei dem Haupthaus um einen Fachwerkbau mit Satteldach. Das einräumige Gebäude diente bis 1889 als Synagoge und zeitweise auch als Schule. Nachdem die Zahl der jüdischen Einwohner von Schildesche auf 17 Personen zurückgegangen und ein Gottesdienst nicht mehr möglich war, führen diese mit der neuen Straßenbahn zur Bielefelder Synagoge. Das Fachwerkgebäude wurde von den Juden aufgegeben und diente seitdem seinem Besitzer als Tischlerwerkstatt. Es steht heute noch und erhielt 1988 eine Gedenktafel zur Erinnerung an seine ehemalige sakrale Funktion.

Bielefeld-Schildesche: Synagoge im Anbau des Fachwerkhauses

Kreis Gütersloh

Borgholzhausen

1691 hat sich der erste Jude in Borgholzhausen niedergelassen. In den folgenden Jahren entwickelte sich eine jüdische Gemeinde, die 1750 einen Friedhof einrichtete. Die Borgholzhausener Juden lebten vornehmlich vom Handel und der Schlachterei. Seit 1828 gibt es Belege über jüdische Lehrer. 1836 erreichte die Mitgliederzahl mit 76 Personen ihren höchsten Stand. Vermutlich zu dieser Zeit haben die Borgholzhausener Juden die Synagoge am Klingenhagen 131, der heutigen Nummer 4, eingerichtet. Laut Inventar gab es hier zwei Torarollen mit Mänteln, einen Kristalleuchter, der Messingkronleuchter und neun kupferne Wasserkessel waren Geschenke von F. J. Steinfeld. Der mit schwarzem Samt bordierte Toravorhang war ein Geschenk von A. B. Schönbaum aus Neuenkirchen. Zusätzlich gab es noch zwölf blecherne Leuchter, einen Klingelbeutel und sieben Gebetbücher. Eine Mikwe wurde ebenfalls genutzt.

1856 wurde das Statut der Synagogengemeinde Borgholzhausen verabschiedet. Zum Borgholzhausener Synagogenbezirk gehörte auch die Ortschaft Bad Rothenfelde. Durch Wegzug in die größeren Städte verminderte sich die Mitgliederzahl der Gemeinde in den folgenden Jahren. Schon während der Weimarer Republik war der Minjan nicht mehr gewährleistet. 1930 ist die Synagoge verkauft worden. Die Kultgegenstände wurden von Rabbiner Dr. Kronheim aus Bielefeld in Verwahrung genommen. Die letzten neun im Bezirk Borgholzhausen lebenden Juden sind 1931/32 weggezogen. Die ehemalige Synagoge ist heute nach mehrfachen Umbauten ein Wohnhaus.

Gütersloh

In der zweiten Hälfte des 16. Jahrhunderts wurden die ersten Juden in Gütersloh ansässig. Sie lebten überwiegend vom Klein- und Viehhandel sowie vom Geldverleih.

Betstube an der Münsterstraße

1722/23 gab sich die Gütersloher Judenschaft eine Gemeindeordnung, da es in der Synagoge öfters zu Streitigkeiten gekommen war. Bei dieser Synagoge handelte es sich vermutlich um einen angemieteten Raum in einem Privathaus. Im Jahr 1752 befand sich der Betsaal im Haus des Daniel Linde an der Münsterstraße. Die Gemeinde hatte diesen Saal für die jährliche Summe von fünf Reichstalern bis 1763 angemietet. Aller Wahrscheinlichkeit nach wurde der Betsaal schon vor dieser Zeit genutzt.

Synagoge an der Daltropstraße

Zwischen 1762 und 1765 haben die Gütersloher Juden dann an der Göbenstraße 5, der heutigen Daltropstraße, eine neue Synagoge errichtet. Den Bauplatz hatte der Landesherr der Herrschaft Rheda zur Verfügung gestellt. Die Gemeinde zahlte bis 1850 eine Pacht. Danach ging das Grundstück in den Besitz der Gemeinde über. Baumeister waren Joseph Riediger und ein Meister Adolph, die sich die Detmolder Synagoge als Vorlage genommen hatten.

Das Synagogengebäude war ein zweistöckiger Fachwerkbau mit einer Grundfläche von 15 mal 11 Meter. Ne-

Gütersloh: Die Synagoge und rechts daneben die jüdische Schule (etwa 1930)

ben dem eigentlichen Synagogensaal gab es noch die Frauenempore, eine Wohnung, ein Dienstzimmer und eine Mikwe im Gebäude. Nach 1890 wurde an der Westseite ein Schulzimmer angebaut. Der Synagogensaal hatte an der Nordseite zwei über drei Meter hohe Fenster, die sich aus etwa 50 einzelnen bunten Glasscheiben zusammensetzten. An der Südseite befanden sich drei schmale Fenster mit ähnlichem Aufbau, über denen Oberlichter mit dem Davidstern angebracht waren. An der Ostseite war eine Apsis angebaut, die den Toraschrein aufnahm. Dieser wurde im Inneren von zwei Holzsäulen flankiert, über denen ein Brett angebracht war. Auf diesem Brett saßen zwei Löwenfiguren, die die Dekalogtafeln hielten. Darüber brannte das Ewige Licht.

Vor dem Toraschrein befand sich der um zwei Stufen erhöhte und mit einem Holzgitter umgebene Almemor. Unmittelbar vor dem Holzgitter stand ein Harmonium. Nach dem Ersten Weltkrieg wurde neben dem Toraschrein eine Tafel mit den Namen der Gefallenen der jüdischen Gemeinde Gütersloh befestigt.

Seit Beginn des 20. Jahrhunderts wurde die Frauenempore nicht mehr genutzt. Die Frauen nahmen wie die Männer im eigentlichen Synagogenraum am Gottesdienst teil. Im Ersten Weltkrieg verfolgten von hier aus jüdisch-russische Kriegsgefangene den Gottesdienst. Später wurde ein Teil der Empore abgeteilt und als Archiv genutzt. An Einrichtungs- und Kultgegenständen besaß die Gemeinde u.a. sieben Torarollen, die dazu gehörenden Mäntel, fünf Messingkronleuchter, einen Armleuchter, einen kupfernen Kessel und fünf kleinere Leuchter. Auch die Güterloher Synagoge wurde beim Novemberpogrom von 1938 niedergebrannt. Die Synagogentrümmer mußte die jüdische Ge-

meinde auf eigene Kosten beseitigen lassen. Das Grundstück wurde 1940 für 1.300 Reichsmark zwangsweise an die Stadt verkauft. Das Archivmaterial der Gemeinde wurde zum Sicherheitsdienst nach Bielefeld geschafft. Heute erinnert ein Gedenkstein an die Synagoge und die jüdischen Bürger von Gütersloh.

Halle

Seit 1767 läßt sich durchgehend die Anwesenheit von Juden in Halle nachweisen. In den folgenden Jahrzehnten bildete sich hier eine jüdische Gemeinschaft. Die Haller Juden lebten überwiegend von Handel. Im Jahr 1840 gründeten sie mit den Juden aus Brockhagen eine Synagogengemeinschaft. Ihre Gottesdienste hielten sie anfangs in Räumlichkeiten ab, die sie vom Metzger Landwehr, Lange Straße 39, angemietet hatten. 1854/56 wurde der Altkreis Halle in die vier Synagogenbezirke Borgholzhausen, Werther, Versmold und Halle eingeteilt. Zum Bezirk Halle gehörten die Juden aus Halle, Brockhagen, Hörste und Steinhagen. Zu dieser Zeit lebten hier 74 Juden. Am 14. Mai 1859 wurde dann ein eigenständiges Synagogengebäude eingeweiht. Es befand sich auf dem Grundstück an der damaligen Viehstraße 24, der heutigen Oldendorfer Straße. Der Synagogensaal war etwa 10,5 Meter lang und 7 Meter breit, der Fußboden mit Steinplatten ausgelegt. Jedoch war auch dieses Gebäude nur angemietet, und zwar für 50 Taler jährlich.

In der zweiten Hälfte des 19. Jahrhunderts nahm die jüdische Bevölkerung von Halle durch Abwanderung in die größeren Städte immer mehr ab. 1903 mußte die Synagoge schließlich aufgegeben werden, da die für die Abhaltung von Gottesdiensten notwendige Anzahl von 10 religionsmündigen Männern nicht mehr erreicht wurde. Seit 1913 gingen die letzten sieben Juden aus Halle zum Gottesdienst

Synagoge in Halle, Oldendorfer Straße

nach Werther. 1924/25 wurde dann auch der Synagogenbezirk Halle aufgelöst. Die Geschichte der Haller Juden endete am 30. Juli 1942 mit der Deportation. Nur einer Frau aus Brockhagen gelang noch die Flucht am Bahnhof Bielefeld, die anderen wurden ermordet. Ein gemeinsamer Gedenkstein der Gemeinden Halle und Werther auf dem jüdischen Friedhof von Werther erinnert an sie.[260]

Rheda – Wiedenbrück

1660 stellte der Landesherr der Herrschaft Rheda, der Fürst zu Bentheim-Tecklenburg, den ersten Schutzbrief für einen Juden in der Stadt Rheda aus. Obwohl 1688 von fürstlicher Seite ein Niederlassungsverbot von Juden in Rheda ausgesprochen wurde, durften sich doch ab 1704 wieder Juden in der Stadt niederlassen. Wahrscheinlich haben wirtschaftliche Gründe den Landesherrn dazu bewogen. Im Laufe der folgenden Jahrzehnte entwickelte sich hier eine jüdische Gemeinde, die um 1780 etwa 10 Familien umfaßte. Sie lebten überwiegend vom Handel und von der Metzgerei.

Anfang des 19. Jahrhunderts trug sich die jüdische Gemeinde mit dem Plan, eine Synagoge zu bauen. Zu diesem Zweck nahm sie am 29. März 1802 bei dem jüdischen Bankier Jakob Löb Eltzbacher aus Neuenkirchen ein Kapital von 500 Reichstalern auf. Diese wurden als Hypothek auf die Häuser der steuerpflichtigen Gemeindemitglieder ins Grundbuch eingetragen und 1830 wieder gelöscht. Am 30. März 1802 verkaufte der Landesherr der Gemeinde für 200 Reichstaler einen Bauplatz, der in seinem Schloßgarten, später Am Steinweg 3, gelegen war. Gleichzeitig versprach er den Juden, hier noch im gleichen Jahr ein Gebäude für 1.300 Reichstalern zu errichten. Die hatte ein Vorfahr des Landesherrn in Burgsteinfurt gehandelt. Von der Gesamtsumme von 1.500 Reichstalern bezahlte die Gemeinde 500 Reichstaler sofort, die restlichen 1.000 Reichstaler waren in jährlichen Raten an den Landesherren zu entrichten. Die Synagoge, ein einfaches Fachwerkgebäude direkt neben der katholischen Kirche, wurde am 27. September 1802 eingeweiht.

1843 wurde die Synagoge erstmalig renoviert. Dabei wurden neue Männersitze aufgestellt, und zwar je sechs Bänke zu drei Sitzen an der Nord- und an der Südseite, und zwei Bänke zu vier Sitzen an der Westseite. Jeder Sitz bekam ein verschließbares Pult. Das Innere der Synagoge wurde neu verputzt und weiß angestrichen. Die Decke, ein Tonnengewölbe, bekam einen himmelblauen Anstrich. Der von einem Geländer umrahmte Almemor wurde um eine Stufe niedriger als bisher gelegt und mit weißer und grauer Ölfarbe gestrichen. Die den Toraschrein flankierenden Säulen wurden weiß lackiert, ihre Kapitelle und Untergliederungen mit Blattgold verziert.

1845 wurde auch die Frauenporte erneuert. Diese hatte bis dahin Sitze gehabt, auf denen die Frauen mit dem Rücken zum Gottesdienstraum saßen. Das wurde nun geändert.

1853/55 wurde der Synagogenbezirk Rheda eingerichtet, der neben der Stadt Rheda auch die Gemeinden Wiedenbrück, Herzebrock-Clarholz und Langenberg umfaßte.

1860/61 wurde die Synagoge erneut gründlich renoviert und um einen Schulraum nebst Lehrerwohnung erweitert. Aufträge erhielten neben ortsansässigen Handwerkern die Meister Eustermann und Büscher aus Wiedenbrück, die später auch am Bau der zweiten Neuenkirchener Synagoge beteiligt waren. Im Zusammenhang mit den Renovierungs- und Erweiterungsmaßnahmen verhandelte die Gemeinde mit dem Fürsten zu Bentheim-Tecklenburg über ein neues Synagogengrundstück. Dieser bot den Juden an, die Synagoge und das Grundstück Am Steinweg für 1.800 Reichstaler zu kaufen. Zum Vertragsabschluß kam es jedoch nicht.

Wahrscheinlich ist 1888 in der bis dahin ungeheizten Synagoge eine Heizungsanlage eingerichtet worden. Zur Feier des hundertjährigen Bestehens der Synagoge am 27. September 1902 wurde die Synagoge nochmals renoviert. Nach dem Ersten Weltkrieg wurde eine Tafel mit den Namen der Gefallenen der jüdischen Gemeinde in der Synagoge angebracht.

Mit dem Beginn der NS-Herrschaft begann auch für die Rhedaer Juden die Zeit der Entrechtung, Verfolgung und Deportation. Am 10. November 1938 gegen 7.00 Uhr morgens wurde die Rhedaer Synagoge von den Nationalsozialisten vollständig niedergebrannt. Der Schaden für die Gemeinde belief sich auf 5.380 Reichsmark.

Zwei Torarollen aus der Synagoge wurden dem Staatsarchiv Münster übergeben. Im Oktober 1975 übergab Werner Weinberg, ein ehemaliges Gemeindemitglied, dem Hebrew Union College in Cincinnati, Ohio, eine Torarolle, die ebenfalls aus Rheda stammte. Sein Großvater Isaac Stern hatte diese von dem Schreiber Meir Danziger anfertigen lassen. Am 21. Juni 1845 war sie geweiht worden. Kurz vor der Pogromnacht holte sie der Schwager Weinbergs, Robert Werner, aus der Synagoge und bewahrte sie so vor der Vernichtung. Im Frühjahr 1939 nahm sie

Werner Weinberg mit ins Exil nach Apeldoorn in Holland. Im November 1942 übergab er sie der Amsterdamer Synagoge am Jonas-David-Meyer-Platz. Im Dezember 1943 schafften die Nationalsozialisten sie nach Frankfurt. Von dort erhielt sie Werner Weinberg kurz nach dem Ende des Zweiten Weltkriegs zurück.

Am 23. Juni 1939 wurde das 298 qm große Synagogengrundstück für 1.192 Reichsmark an den Fürsten Adolf zu Bentheim-Tecklenburg verkauft. 450 Reichsmark durfte der Käufer für je einen zerstörten Eisen- und Holzzaun einbehalten. Von dem Rest gingen 400 Reichsmark an die Reichsvereinigung der Juden in Deutschland. 346 Reichsmark wurden der Instandhaltung des jüdischen Friedhofs Rheda zugedacht.

Heute befindet sich an der Stelle der ehemaligen Synagoge ein Teich. Ein in unmittelbarer Nähe aufgestellter Gedenkstein erinnert an sie.[261]

Rietberg – Neuenkirchen

Seit der ersten Hälfte des 18. Jahrhunderts haben sich vermehrt Juden in der Grafschaft Rietberg niedergelassen. Der damalige Landesherr wollte die wirtschaftliche Lage der Grafschaft, und damit seine Einkünfte, durch die Handelsbeziehungen der Juden stärken. Er gewährte ihnen daher Vorteile, die sie in den benachbarten Landesherrschaften nicht genossen. Im Laufe der Zeit entwickelte sich in Neuenkirchen, dem verkehrsgünstigsten Ort der Grafschaft Rietberg, eine jüdische Gemeinde.

Am 4. Oktober 1753 erhielt Salomon Levi den Schutzbrief für Neuenkirchen und ein vom Landesherrn errichtetes Haus, das sogenannte „Judenhaus", zur Miete angewiesen. 1757 wurde dieses Haus ausgebaut. Unter dem Dach wurde eine Betstube eingerichtet. Auch ein Bad befand sich im Haus, vermutlich eine Mikwe. Am 2. Januar 1758 wurde diese

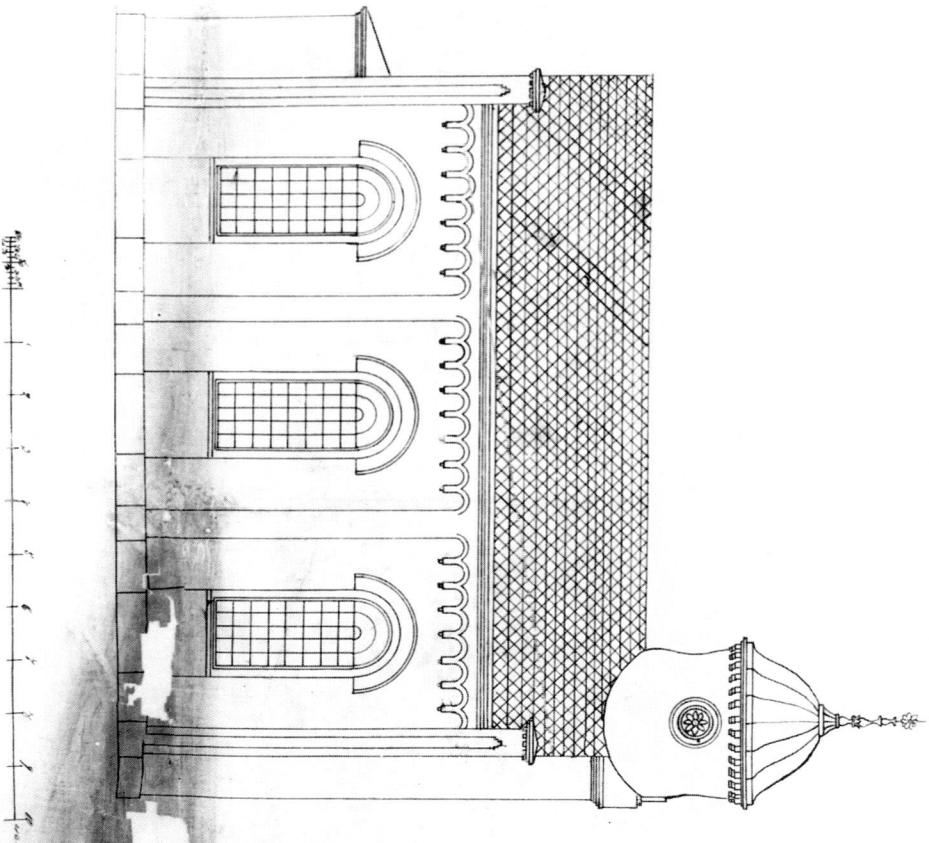

Rietberg-Neuenkirchen: Nordansicht der Synagoge

Betstube bei der Regierung angemeldet. Am 25. Januar 1758 nahm die Regierung dies zur Kenntnis und bestimmte, daß die beiden in dem Haus wohnenden Juden Salomon und Itzig Levi 30 Reichstaler Miete bezahlen sollten, die ganze Judenschaft 20 Reichstaler für die Betstube. Dieses Haus befand sich an der früheren aus Rietberg kommenden Straße.

Synagogen an der Lange Straße

Die Räumlichkeiten hier reichten der wachsenden Gemeinde schon bald nicht mehr aus. Im Jahr 1768 baten die Juden den Landesherren um die Genehmigung zum Bau einer neuen Synagoge. Dieser erteilte am 7. März des Jahres die Erlaubnis. Er stellte den Juden einen Bauplatz auf fürstlichem Grund mitten im Dorf gegenüber der Stadlerschen Brennerei an der heutigen Lange Straße 120 zur Verfügung. Ebenso lieferte er das Baumaterial und gewährte einen Kredit. Für diese Leistungen mußten die Juden 25 Reichstaler jährlich an die fürstliche Rentkammer zahlen. Der schon erwähnte Salomon Levi, mittlerweile Vorsteher der Neuenkirchener Juden, stiftete 100 Reichstaler für den Bau. Am 11. Juni 1768 sah sich der Landesherr gezwungen, einen Schutzbrief auf die Synagoge auszustellen. Der Anlaß waren vermutlich Proteste nichtjüdischer Einwohner gegen den Bau einer Synagoge in der Nähe der Kirche. Ende 1768 war das Gebäude fertiggestellt. Die Synagoge, vermutlich ein Fachwerkbau, lag ein Stück von der Straße zurückversetzt. Sie war nach Osten ausgerichtet und hatte sieben Rundbogenfenster.

Rietberg-Neuenkirchen:
Die 1938 zerstörte Synagoge

Im Herbst 1825 bat der Vorsteher die Regierung, die Rietberger Juden der Neuenkirchener Gemeinde einzugliedern, da die Erweiterung der Synagoge einen bedeutenden Kostenaufwand darstelle. Mittlerweile besuchten etwa 80 Personen regelmäßig die für nur 43 Personen ausgelegte Synagoge. Am 6. November 1825 erklärten sich die Rietberger Juden bereit, einen Beitrag zu den Kosten zu leisten, lehnten es aber ab, Neuenkirchen beizutreten. Am 24. August 1827 baten die Neuenkirchener Juden den Bankier Rothschild in London um Hilfe für die Erweiterung der Synagoge. Eine Antwort ist nicht überliefert. Aller Wahrscheinlichkeit nach ist der Erweiterungsbau realisiert worden.

Anfang 1853 plante die Gemeinde die Anschaffung einer Orgel. Der Kostenanschlag von F.Barckhoff, einem Orgelbauer aus Wiedenbrück, betrug 415 Reichstaler. Am 27. April 1853 rief die Gemeinde zu einer Spende auf. Am 25. Mai 1853 stiftete Isaac Löwenstein 100 Reichstaler für den Orgelbau. Mit dem Bau wurde jedoch der Orgelbauer Speith aus Rietberg beauftragt. Daraufhin verklagte Barckhoff die Gemeinde auf Schadenersatz, hatte jedoch keinen Erfolg. Meister Speith baute dann die Orgel mit fünf Registern für 185 Reichstaler. Als Organistin wurde Bertha Löwenstein angestellt.

Am 23. Juli 1855 wurde das Statut der Synagogengemeinde Neuenkirchen genehmigt. Der damit gebildete Synagogenbezirk umfaßte neben Neuenkirchen die Orte Rietberg, Verl, Kaunitz und Mastholte. Zu dieser Zeit lebten im Bezirk etwa 155 Juden.

In der ersten Hälfte des Jahres 1880 wurde die Synagoge bei einem Stadtbrand völlig zerstört. Die Gemeinde beschloß noch im gleichen Jahr, eine neue Synagoge an gleicher Stelle, jedoch direkt an der Straße, zu errichten. Am 20. August 1880 schloß die Gemeinde einen Vertrag über den Bau mit dem Maurermeister Eustermann aus Wiedenbrück. Die Summe seines Kostenanschlags betrug 5.002,76 Mark. Im September des Jahres konnte der Vorsteher der Gemeinde, Simon Porta, den Gemeindegremien schon einen Bauplan vorlegen. Am 29. November 1880 lieferte der Zimmermeister Franz Büscher aus Wiedenbrück Zeichnungen für die Verzierungen der Kuppel des Turmes.

Bereits am 4. Juli 1880 hatte der schon erwähnte Orgelbauer Speith einen Kostenanschlag von 1.600 Mark für die neue Orgel abgegeben, die er dann auch baute. Die Orgelfassade lieferte Friedrich Meyer, ein Orgelbauer aus Herford am 14. Juni 1881 für 270 Mark. 205 Mark hiervon bezahlte die Gemeinde am 1. Juli mit einem Wechsel.

1882 wurde die Synagoge eingeweiht. Es handelte sich um einen neoromanischen Steinbau, der an den Längsseiten je drei Rundbogenfenster hatte. An der Westseite befand sich auf dem Dach ein kleiner Rundturm mit Kuppel und vier Rundfenstern. Ebenso war an der Westseite neben dem eckigen Vorbau ein Rundbogen- und ein Rundfenster je ein Rundbogen. Der Vorbau besaß ein Rundbogenfenster und darüber ein Rundfenster. An der Ostseite befand sich eine halbrunde Apsis für den Toraschrein. 1892/93 wurden die Heizungsanlage renoviert und neue Öfen angeschafft. Am 29. Januar stellte die Gemeinde Neuenkirchen der Synagogengemeinde Oerlinghausen Baupläne ihrer Synagoge zur Verfügung.

Seit Beginn des 20. Jahrhunderts verminderte sich die Zahl der Gemeindeglieder durch Abwanderung in die größeren Städte. Am Beginn der NS-Zeit lebten noch 14 Juden in Neuenkirchen. Am 10. November 1938 legten die Nationalsozialisten in der Synagoge Feuer. Sie brannte völlig aus, nur die Außenmauern blieben stehen, wurden jedoch bald darauf abgetragen. Am 23. Mai 1940 wurde die Synagogengemeinde Neuenkirchen der „jüdischen Kultusvereinigung Synagogengemeinde Gütersloh" zugewiesen. Am 14. Juli 1941 wurde die dann der „Reichsvereinigung der Juden in Deutschland, Bezirksstelle Westfalen in Bielefeld" angegliedert. Im Juli 1942 wurden die letzten Neuenkirchen lebenden Juden deportiert. 1988 ist am Platz der ehemaligen Synagoge ein Gedenkstein aufgestellt worden.[262]

Versmold

Seit 1689 haben sich Juden in Versmold niedergelassen. In den folgenden Jahren bildete sich hier eine kleine jüdische Gemeinde. Die Versmolder Juden lebten vom Handel und von der Fleischerei.

Synagoge am Ohler Weg

Am 30. Juni 1830 pachteten die Mitglieder der jüdischen Gemeinde Samuel Aron Weinberg, Benjamin Sternberg, Abraham Meyer, Bendix Heilbron und Levi Weinberg von Friedrich Wilhelm Claus Loxten eine Ackerfläche von der Größe eines Berliner Scheffels. Das Grundstück lag im Esch, am heutigen Ohler Weg 6. Mit dem gleichen Vertrag mieteten sie dort nach einer gesonderten Vereinbarung noch im gleichen Sommer zu errichtende Kottengebäude. Dabei handelte es sich um ein zweistöckiges Fachwerkgebäude mit Walmdach. Das Haus hatte eine fast quadratische Grundfläche. An der Nord- und an der Südseite gab es je zwei Fenster,

Synagoge an der Mittelstraße

1898/99 erwarb die Gemeinde an der heutigen Mittelstraße 12 ein 434 qm großes Grundstück, um hier eine neue Synagoge zu errichten. Im Februar 1899 fertigte der Maurermeister Brüwer aus Versmold die Zeichnungen für den Bau. Laut seiner Wertermittlung vom 7. August 1899 mit einem Nachtrag vom 28. Oktober 1899 sollten sich die Kosten des Baues auf 3.575,88 Mark belaufen. Am 14. Januar 1900 beschloß die Gemeindeversammlung, bei der städtischen Sparkasse Versmold eine Anleihe von 3.000 Mark aufzunehmen. Am 1. Februar 1900 genehmigte der Regierungspräsident dies mit der Maßgabe, daß bis zur Tilgung das Datum der Aufnahme und der Zinsfuß der Anleihe im Gemeindeetat ausgewiesen werden sollten.

Am 14. September 1900 wurde die neue Synagoge eingeweiht. Die Synagoge hatte eine quadratische Grundfläche von 8,8 mal 8,8 Meter. Ihre Höhe betrug 5 Meter. Die Umfassungsmauern wurden massiv aus Ziegelsteinen errichtet, beide Dachgiebel ebenfalls. Das Dach wurde mit Falzziegeln gedeckt. Das Gewölbe bestand aus einer mittels Stabbrettern gebildeten Decke. Der Fußboden wurde mit einer Zementbetonschicht gedeckt, auf der sich drei kleine Backsteinsäulen als Auflage für die eigentlichen Fußbodenbretter befanden, um die Feuchtigkeit des Bodens abzuhalten. Beleuchtet wurde die Synagoge von sechs 1 Meter breiten und 2 Meter hohen Spitzbogenfenstern. Jeweils zwei davon befanden sich an der Nord- und Südseite, die anderen beiden links

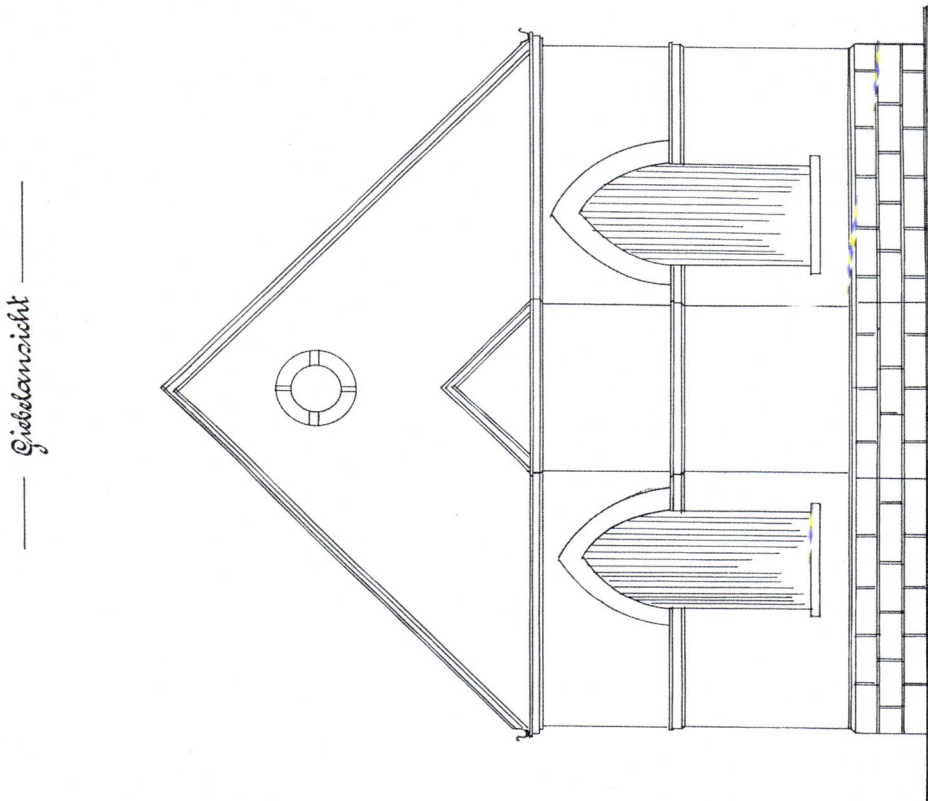

Versmold: Giebelansicht der Synagoge, 1899

an der Ostseite links und rechts vom Toraschrein zwei weitere. Der Synagogensaal wurde durch einen Vorraum von der Westseite her betreten. Von hier aus gelangte man auf die Frauenempore. Vorraum und Empore hatten ebenfalls je zwei Fenster. Die Bima befand sich in der Mitte des Synagogensaals. Miete und Pacht für das Gebäude betrugen 30 Reichstaler. In diesem Gebäude hielt die Gemeinde bis zur Einweihung ihrer neuen Synagoge an der Mittelstraße ihre Gottesdienste ab. Heute befindet sich hier ein Wohnhaus.

Am 26. April 1856 genehmigte der Regierungspräsident von Minden das Statut der Synagogengemeinde Versmold. Der damit gebildete Synagogenbezirk umfaßte neben der Stadt Versmold die Gemeinden Bockhorst und Hesselteich. Zu dieser Zeit lebten etwa 44 Juden in Versmold.

Werther

Etwa seit dem Beginn des 18. Jahrhunderts haben Juden in Werther gelebt. Seit dem 4. Dezember 1820 befand sich ihre Synagoge auf dem Grundstück des Viehhändlers Salomon Marcus Grewe, Werther Nr. 21, der heutigen Ravensberger Straße 37. 1840 wurde hier mit den Mitteln des Aron Bendix Weinbergschen Legats von 120 Reichstalern eine neue Synagoge errichtet und am 11./12. September 1840 eingeweiht. Der Neubau hatte einen fast quadratischen Grundriß und besaß und rechts neben dem Toraschrein. Zu dieser Zeit gab es eine Aufnahme des Toraschreins war eine 1,2 Meter breite Apsis an die Ostwand angebaut. Der Synagogensaal wurde durch einen Anbau an der westlichen Giebelseite betreten. Der Saal hatte eine Grundfläche von 48 qm und bot Platz für 32 Personen. Zu dieser Zeit gab es aber nur noch 15 regelmäßige Gottesdienstbesucher.

Am 10. November 1938 wurde die Synagoge von den Nationalsozialisten bis auf die Umfassungsmauern niedergebrannt. Heute befindet sich hier ein Wohnhaus.

eine Frauenempore. Zu dieser Zeit gab es 111 Juden in Werther. 1854 wurde die 78 qm große Fläche, auf der die Synagoge stand, als gesonderte Parzelle ausgewiesen, obwohl das Gebäude nur über das Restgrundstück zu erreichen war. Eigentümerin der gesonderten Fläche wurde die Israelitische Gemeinde. 1854 wurde auch der Synagogenbezirk Werther eingerichtet, der die Stadt Werther umfaßte. Das Synagoge umgebende Grundstück wechselte in der Folgezeit mehrmals den Eigentümer, blieb aber in jüdischem Besitz. Im Jahr 1918 wurde es von Moses Alexander an Friedrich Kaufmann verkauft, die Synagogengemeinde erhielt das Wegerecht.

Am 11. November 1938 wurde die Synagoge von SS-Leuten verwüstet, einige Einrichtungsgegenstände zerstört. Am 12. November räumte der amtierende Vorsteher der jüdischen Gemeinde die Synagoge auf. Die zerstörten Metallgegenstände brachte er in den Lagerraum seines Hauses, die Torarolle sowie Gebetbücher, Teppiche und Vorhänge übergab er dem Amtsbürgermeister zur Aufbewahrung ebenso zwei kleine Torarollen aus seinem Privatbesitz. Als er diese beiden wenig später zurückhaben wollte, wurde ihm dies verweigert. Ende 1939 wurden die Metallgegenstände gegenüber einer Spendenaktion zur Verfügung gestellt. Die Kultgegenstände wurden im Tresor der Kreissparkasse im Gebäude der Kreisverwaltung in Halle aufbewahrt, Teppiche und Vorhänge im Amtshaus in Werther. Nach dem Ende des Zweiten Weltkrieges kehrte der früher in Werther ansässige Artur Sachs, der die Konzentrationslager überlebt hatte, nach Bielefeld zurück. Im November 1945 wurden ihm die in Halle und Werther gelagerten Gegenstände übergeben. Sie befinden sich heute in der Synagoge und im Gemeindehaus der jüdischen Kultusgemeinde von Bielefeld.

Synagoge und Grundstück gingen laut Grundbuch 1954 von der Israelitischen Gemeinde Werther in das Eigentum der Jewish Trust Corporation for Germany über. Diese verkaufte es noch im gleichen Jahr an den Eigentümer des die Synagoge umgebenden Grundstücks Friedrich Kaufmann. Dieser errichtete hier durch teilweisen Abbruch sowie Um- und Neubau zwei Garagen. Seit 1994 erinnert eine in unmittelbarer Nähe angebrachte Bronzetafel an das Schicksal der Synagoge und der jüdischen Gemeinde von Werther.[263]

Kreis Herford

Bünde

Seit 1687 lebte eine jüdische Familie in Bünde. Bis zum Anfang des 19. Jahrhunderts kamen fünf weitere Familien hinzu. Im Jahre 1815 errichteten sie ein Synagogengebäude auf einem Grundstück hinter den Häusern an der Eschstraße. 1836 wurde der Synagogenbau um ein Schulzimmer erweitert, in dem bis 1908 eine jüdische Privatschule untergebracht war. In den zwanziger Jahren des 20. Jahrhunderts hielten die Gemeinden von Bünde und Vlotho den Gottesdienst im wöchentlichen Wechsel. Im November 1938 wurde die Inneneinrichtung auf Befehl des Landrats von Herford zertrümmert und auf dem Marktplatz verbrannt. Später riß man das Gebäude nieder. Ein Mahnmal auf dem alten jüdischen Friedhof erinnert seit 1988 an die Synagogengemeinde von Bünde.

quadratisches Synagogengebäude im Fachwerkstil mit einem ziegelgedeckten Krüppelwalmdach errichten. Hierbei diente die alte Synagoge im Ort Lage, die einige Jahre zuvor errichtet worden war, sowohl der Größe, dem Aussehen als auch der Ausstattung nach weitgehend als Vorbild.

Der Eingang auf der Rückseite führte in ein winziges Treppenhaus, von wo die Frauen nach links zur Frauenempore hinaufstiegen und die Männer geradeaus in den Vorraum gingen, sich dort an einem Waschbecken die Hände wuschen und durch eine weitere Tür den Betsaal betraten. Er war quadratisch und enthielt in einer Apsis der Ostwand gegenüber dem Eingang den hölzernen Toraschrein, der von einem dunklen Vorhang mit einer hebräischen Inschrift und einer aufgestickten Krone verhüllt war und zwei gedrechselte Holzsäulen hatte.

Enger

Seit 1689 sind Juden in Enger nachweisbar. 1812 kauften sieben jüdische Familienvorstände, die sich als „Handelsmänner" bezeichneten, vom Bäckermeister Gottlieb Diederich Barmeyer ein Gartengrundstück von 125 qm hinter der heutigen Besitzung Althoff. Es war von der Breite Straße (heute: Bünder Straße) durch Wohnhäuser getrennt und nur durch einen Zugang zu erreichen. Auf ihm ließ Barmeyer im Auftrag der jüdischen Gemeinde ein 58 qm großes, fast

Enger: Verlassene Synagoge (1927)

Unmittelbar vor dem Schrein stand der Almemor, der von einer Holzbalustrade eingefaßt war und auf dem das Vorlesepult mit zwei großen Kerzenhaltern stand. Zu beiden Seiten des Toraschreines befand sich je ein größeres rechteckiges Fenster mit bunter Bleiverglasung. Von der Decke herab hing ein Kronleuchter. Die Frauenempore war vom Betsaal nicht nur durch eine Balustrade, sondern zunächst durch ein rautenförmiges großes Holzgitter getrennt, das aber gegen Ende des 19. Jahrhunderts abgenommen wurde.

Die Anzahl der jüdischen Gemeindemitglieder ging zurück. Deshalb wurde die Synagoge seit 1897 nicht mehr benutzt und 1927 an einen Bauern verkauft, der sie abbauen und an der Pievitzstraße 92 als Lagerschuppen wieder aufbauen ließ. Heute dient sie als Doppelgarage.

Herford

Seit der Mitte des 17. Jahrhunderts wohnten Juden in Herford. Nachdem sie zuerst ihre Gottesdienste in jüdischen Privathäusern abgehalten hatten, bauten sie sich 1851 eine Synagoge an der Komturstraße 23. Der kleine Backsteinbau mit quadratischem Grundriß und mit Satteldach wurde 1892/93 um einen Anbau mit neuem Vorraum und Treppenaufgang zur Frauenempore erweitert. Hierdurch paßte sich die Synagoge besser der Straßenflucht an. Auch gestaltete man das Gebäude im Sinne der norddeutschen Backsteingotik um, obwohl die Gotik ein selten verwendeter Baustil für den Synagogenbau war, da sie als christliche Sakralkunst galt.

Der Eingangsbereich sowie die Nord- und Südseite des Betsaales erhielten hohe Spitzbogenfenster mit Maßwerk und Verstabung sowie Strebepfeiler an den Gebäudeecken. Im Giebel des Eingangsvorbaus wurde eine Fensterrose angebracht. Als jüdische Symbole befanden sich über dem Eingang ein Schriftband in Form einer entrollten Torarolle und über dem Giebel des Vorbaus ein eiserner Davidstern. Die Ostseite hatte eine halbrunde Apsis für den Toraschrein. Über die Inneneinrichtung des Betsaales ist nur noch bekannt, daß es eine Orgel gab.

Am 12. April 1934 wurde nachts gegen 1.00 Uhr von drei alkoholisierten SA-Männern Feuer in der Synagoge gelegt, das auf die Orgel sowie Teile der Inneneinrichtung übergriff und einen Schaden von 20.000 Reichsmark anrichtete, bis es von der Feuerwehr gelöscht werden konnte.

Im November 1938 zerstörten Nationalsozialisten die Inneneinrichtung durch Brand. Dach und Mauerwerk blieben erhalten. Auf Anordnung der Stadtverwaltung mußte die jüdische Gemeinde jedoch das Gebäude abtragen lassen und das Grundstück an die Stadt verkaufen. Ein Gedenkstein erinnert heute an die ehemalige Synagoge.

Erhalten geblieben ist die Grundsteinurkunde der Synagoge. In der Brandnacht wurde sie einem evangelischen Pastor von Unbekannten auf der Straße in die Hand gedrückt. Sie enthält unter anderem den hebräischen Text des jüdischen Glaubensbekenntnisses Sch'ma Jisrael sowie 24 Unterschriften von Herforder Juden.

Herford: Synagoge an der Komturstraße (1851)

Im Jahre 1945 gründeten 40 überlebende Juden eine neue Gemeinde in Herford, zu der heute auch die jüdischen Einwohner von Rahden, Bad Oeynhausen, Detmold und Bad Salzuflen gehören. Im jüdischen Gemeinde- und Schulhaus, einem Backsteinbau aus dem Jahre 1893, der trotz seiner Lage neben dem einstigen Synagogengebäude die NS-Zeit und den Krieg überstanden hatte, richteten sie sich einen kleinen Betsaal mit 35 Plätzen ein.

Vor dem Toraschrein an der Ostwand steht der Almemor mit dem kleinen Vorbeterpult in Richtung Toraschrein und dem Vorlesepult mit Richtung zur Gemeinde. Das Vorlesepult ist mit einer roten Decke überzogen. Vorbeter- und Vorlesepult werden durch ein Holzgitter getrennt, auf dem Kerzenhalter angebracht sind.

Der Toraschrein bildet das Mittelstück der holzgetäfelten Ostwand und wird von ihr durch ein stilisiertes antikes Säulenportal hervorgehoben. Es wird von einem hölzernen Architrav bekrönt. Auf dem Architrav steht in goldenen hebräischen Lettern der zweite Satz des jüdischen Glaubensbekenntnisses: „Gelobt sei der Name der Herrlichkeit seines Reiches immer und ewig". Die Schreintüren sind mit einem dunkelblauen Vorhang verhängt, die folgende Ornamentik zeigt: Zwei Löwenfiguren als Symbol für den Stamm Juda tragen die Dekalogtafeln, die mit einer goldenen Krone geschmückt sind. Über dem Almemor hängt ein Kronleuchter. Der Schrein als Aufbewahrungsort der Tora und der Almemor mit dem Vorlesepult als Verkündigungsort der Tora bilden also an der Stirnseite des Betsaales eine sakrale Einheit, auf die das Gestühl im Saal ausgerichtet ist. Dies ist der für Deutschland im 20. Jahrhundert vorherrschende Synagogentypus.

Vlotho

Am Ende des 17. Jahrhunderts siedelten drei jüdische Familien in Vlotho. Sie waren Schlachter sowie Garn- und Leinenaufkäufer. Bis zur Mitte des 19. Jahrhunderts wuchs ihre Zahl auf ungefähr 150 Personen an, die in Privathäusern zum Gottesdienst zusammenkamen.

Im Jahr 1849 erhielt die jüdische Gemeinde Vlotho die Erlaubnis, zum Neubau einer Synagoge bei den jüdischen Familien der Provinz Westfalen eine Hauskollekte abzuhalten.[264]

1851 bauten sie die neue Synagoge hinter dem bereits 1844 erworbenen Schulgebäude an der Langen Straße. Es handelte sich um einen verputzten Massivbau mit rechteckigem Grundriß und einem Satteldach. Nord- und Südseite hatten jeweils drei hohe Rundbogenfenster mit halbrunden Stürzen und barockem Maßwerk. An der Ostseite war jeweils ein Fenster links und rechts der sechseckigen Apsis, die mit einem kleinen Dach aus Falzziegeln gedeckt war. Über der Apsis befand sich ein kleines kreisrundes Fenster.

In das Gebäudeinnere führte eine große Eingangstür aus massiver Eiche. Entlang der gesamten Westfassade befand sich die Frauenempore, die über eine Treppe zu

Vlotho: Die verwüstete Synagoge

erreichen war. Auf der Empore hatten neben den Mädchen und den jüngeren Frauen auch der Synagogenchor und das Harmonium ihren Platz. Die älteren Frauen und Witwen saßen hinter den Männern im Betsaal. Dieser hatte in der Mitte einen Almemor mit einem Holzgitter, auf dem das Vorlesepult stand. Zu beiden Seiten des Almemors standen etwa zehn einfache Holzbänke mit insgesamt 68 Sitzen, die Pulte für die Gebetbücher und Gebetschals hatten und auf den hölzernen Toraschrein in der Mitte der Ostwand ausgerichtet waren. Ihn schmückte ein dunkelblauer goldbestickter Vorhang. Almemor und Toraschrein waren durch eine hölzerne Plattform verbunden, auf der auch das Pult für den Prediger stand und über der die Ewige Lampe hing. Den Betsaal erhellten zusätzlich ein großer Deckenkronleuchter und die Rundbogenfenster, deren aufgeklebte bunte Papiermuster farbiges Schleifglas nachahmen sollten.

Im November 1938 wurde die Synagoge verwüstet, jedoch nicht angezündet. Sie mußte zusammen mit dem Schulhaus und dem Grundstück unter Wert für 11.500 Reichsmark verkauft werden. Das Gebäude diente später bis zu seinem Abriß im Jahre 1959 als Schuppen. Heute erinnert eine Gedenktafel an die ehemalige Synagoge in Vlotho.

Kreis Höxter

Bad Driburg

Der erste jüdische Einwohner Bad Driburgs wird in einer Steuertabelle aus dem Jahr 1652 erwähnt. Im 17. und 18. Jahrhundert lebten hier nur wenige Juden. In dieser Zeit – Driburg gehörte zum Fürstbistum Paderborn – gingen die Juden zum Gottesdienst zur Synagoge in Pömbsen. 1818 erhielten die ersten zwei der in der Stadt lebenden Juden das Bürgerrecht. 1853/54 wurde der Synagogenbezirk Driburg eingerichtet. Zu ihm gehörten neben der Stadt Driburg die Ortschaften Herste, Alhausen, Reelsen, Altenbeken und Schwaney. Zu dieser Zeit lebten 46 Juden in der Stadt. Nach 1933 verließen mehrere jüdische Familien die Stadt, so daß 1938 nur noch 13 wahlberechtigte Juden in Bad Driburg lebten. Acht von ihnen wurden zusammen mit ihren Angehörigen in den Konzentrationslagern ermordet.

Erste Synagoge an der Schulstraße

Ihre erste Synagoge haben die Driburger Juden um 1809 an der Schulstraße errichtet. Dies geht aus einem Schreiben der Gemeinde aufgrund einer amtlichen Erhebung von 1811 hervor. Darin ist vermerkt, es existiere „hier erst seit zwei Jahren ein Tempel, welcher durch den Vorschuß des Meyer Bernd Levide erbaut ist."265 Im Jahr 1876 ist sie während eines Stadtbrandes, bei dem etwa 65 Häuser an der Pyrmonter-, Bach-, Schul- und Nordstraße abbrannten, zerstört worden.

Zweite Synagoge an der Schulstraße

In der zweiten Hälfte des Jahres 1878 ist die Synagoge dann an der Schulstraße 30 – mit roten und hellen Ziegelsteinen in Sandstein eingefaßt – neu errichtet worden. Die Synagoge umfaßte 747 cbm umbauten Raum. An der Nord- und an der Südseite befanden sich je drei Rundbogenfenster. Der Saal wurde von der Nordseite her betreten. Aron hakodesch – hier waren die fünf Torarollen der Gemeinde untergebracht – und Bima waren an der

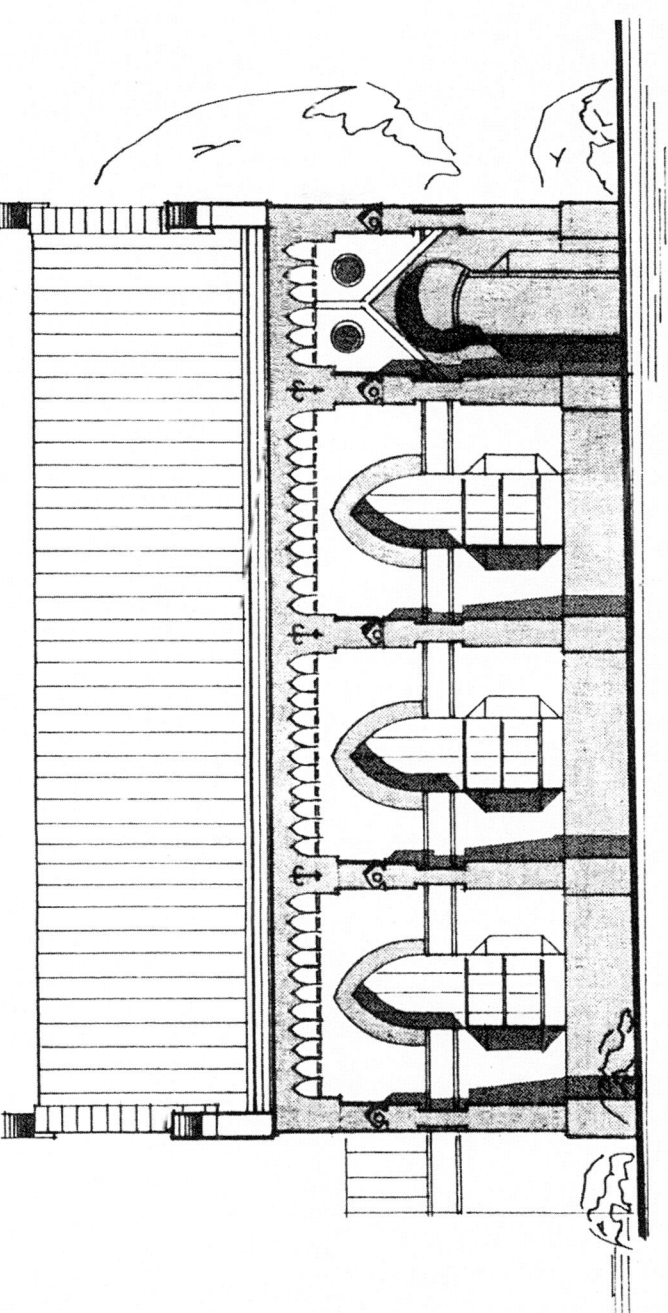

Bad Driburg: Synagoge, Ansicht Schulstraße

Osteite zu einer Einheit zusammengefaßt. Rechts neben dem Toraschrein befand sich eine Gedenktafel für die Verstorbenen der Gemeinde. Für die Männer standen im Synagogensaal 15 Bänke zur Verfügung, für die Frauen sieben Bänke auf der Empore. Auch ein Harmonium stand in der Synagoge. An weiterem Inventar gab es u.a. zwei siebenarmige Leuchter, einen Kronleuchter, ein Ewiges Licht, einen kupfernen Kessel zum Hän-

dewaschen, zwei Zierdecken, mehrere Kerzenhalter sowie etwa 20 Gebetbücher.

In der Pogromnacht vom November 1938 wurde auch die Driburger Synagoge geschändet. SA-Männer schlugen die Fenster ein, zerrissen die Torarollen, zerstörten das Harmonium und setzten die Inneneinrichtung in Brand. Obwohl die Feuerwehr das Feuer mehrmals löschte, wurde es immer wieder entfacht, so daß die Synagoge im Innern schließlich völlig

zerstört wurde. Am 7. Dezember 1939 verkaufte die jüdische Gemeinde das Gebäude an einen Nachbarn. Die Stadt genehmigte diesen Kaufvertrag jedoch nicht, da er Käufer als judenfreundlich und politisch unzuverlässig galt, und eignete sich das Gebäude selbst an. 1941 wurde das Gebäude zum Feuerwehrgerätehaus umgebaut. Hierbei wurde die Vorderfront völlig neu errichtet. Heute dient das Gebäude teilweise den portugiesischen Bürgern Bad Driburgs als Versammlungsraum.[266]

Bad Driburg: Trauung in der Synagoge

Bad Driburg – Dringenberg

Im Paderborner Generalschutzbrief von 1704 wird erstmals auch eine in Dringenberg lebende jüdische Familie verzeichnet. Im Jahr 1800 befand sich eine Beerstube im Haus des Salomon Herzfeld.

Bad Driburg – Pömbsen

Im Generalschutzbrief für die Juden des Fürstbistums Paderborn von 1704 wird eine jüdische Familie in Pömbsen aufgeführt. Zu Beginn des 19. Jahrhunderts lebten dann drei Familien am Ort.

Im Jahr 1809 wird erstmals eine Synagoge erwähnt. Auf eine amtliche Anfrage hin erklärte der Gemeindevorsteher, die Synagoge sei „an ein Haus gebaut, aber gegenwärtig sehr baufällig. Die armen Familien sind auch nicht im Stande, solche in Reparation zu erhalten. Falls die hiesige Synagoge eingehen dürfte, so möchte das Gebäude verkauft werden, und in diesem Falle könnte die Gemeinde nirgends anders als nach Nieheim, eine kleine Stunde von hier, verlegt werden, da Brakel von Pömbsen drei Stunden entfernt liegt."[268]

Um 1850 wurde die Synagogengemeinde Pömbsen gebildet. Zu dieser Zeit lebten 46 Juden im Ort. Ihre Betstube hatten sie im Haus des Isaac Rose, eines wohlhabenden Kaufmanns, eingerichtet. Im Keller des Gebäudes befand sich eine Mikwe.

1880 schenkte Isaac Rose der Gemeinde einen Bauplatz an der Kreuzstraße, keine hundert Meter von der Mariä-Himmelfahrt-Kirche entfernt. 1886 wurde die neue Synagoge eingeweiht. Die Kosten für den Bau hatte die Gemeinde nahezu ganz aus eigenen Mitteln gedeckt. Nach Adolf Diamant war „die Synagoge, ein aus dem Rahmen der übrigen Synagogenbauten fallender, achteckiger Bau aus Backsteinen, für die ländliche Gegend ein stolzer Prachtbau. Mit seinem Kuppeldach ragte er über die übrigen Häuser. Das Gotteshaus umfaßte vierzig Männer- und dreißig Frauensitzplätze, die auf einer Holzempore mit Holzsäulen untergebracht waren. Der kunstvoll gearbeitete Toraschrein war aus Holz gefertigt. Mehrere Synagogenfenster waren in Buntglas und in Blei gefaßt."[269]

Am 11. Juli 1936 feierte die Gemeinde das fünfzigjährige Bestehen ihrer Synagoge. Hierzu wurden auch die ehemals in Pömbsen wohnhaften Juden eingeladen. Die Anzahl der Gemeindemitglieder hatte bis dahin so stark abgenommen, daß der Minjan nicht immer gewährleistet war. In diesem Jahr kam es auch zu den ersten Übergriffen auf die Synagoge, wobei die Fensterscheiben eingeschlagen wurden.

Beim Novemberpogrom 1938 wurde die Synagoge von Driburger SA-Männern vollständig zerstört. Die Torarollen konnten jedoch von dem Vorstandsmitglied Richard Schönstädt gerettet und in seinem Haus versteckt werden. Über ihren Verbleib ist nichts bekannt. 1939 verkaufte die jüdische Gemeinde die Ruine an die Ortsgemeinde Pömbsen. Kurze Zeit später wurden die Reste abgetragen und die Steine vermutlich zum Hausbau genutzt. Anfang der vierziger Jahre wurden die letzten sechs noch in Pömbsen lebenden Juden deportiert.

Bad-Driburg-Pömbsen:
Synagoge

Beverungen

Vermutlich gegen Ende des 16. Jahrhunderts haben sich die ersten Juden in Beverungen niedergelassen. Sicher ist, daß 1652 drei jüdische Familien am Ort lebten. Bedingt durch die Bedeutung der Stadt Beverungen für den Weserhandel ließen sich in der Folgezeit immer mehr Juden in der Stadt nieder, so daß zu Beginn des 19. Jahrhunderts bereits 132 Juden hier lebten. Bis zur Mitte des Jahrhunderts stieg ihre Zahl auf 201 Personen an. Danach erfolgte ein stetiger Rückgang der Mitgliederzahl der Gemeinde. 1932 lebten noch 61 jüdische Bürger in Beverungen. Während der NS-Zeit wurden auch sie entweder aus der Heimat vertrieben oder in den Konzentrationslagern ermordet.

Bemerkenswert für die jüdische Gemeinde Beverungen ist die Tatsache, daß die beiden Männer, die jeweils für die orthodoxe und für die liberale Richtung im westfälischen Judentum standen, eine persönliche Beziehung zu der Stadt besaßen. Abraham Sutro, der spätere Landrabbiner von Westfalen und Verfechter der eher orthodoxen Linie, war von 1811-1815 Rabbinatsadjunkt in Beverungen. Er hat in dieser Zeit geheiratet und wurde Vater zweier Kinder. Levy Lazar Hellwitz, der Vertreter der liberaleren Richtung, der die Assimilation als einen wichtigen Schritt zur Erlangung der Emanzipation betrachtete, wurde 1786 in Beverungen geboren. 1813 zog er nach Werl und später nach Soest. Kurz vor seinem Tode 1860 kehrte Hellwitz nach Beverungen zurück. Vermutlich haben sich beide Männer bereits in Beverungen kennengelernt.

1719 wird erstmals eine Synagoge in Beverungen in einer Beschwerde der christlichen Einwohner über den vermeintlichen Prunk der Juden erwähnt: "... Wunder siehet man an Ihren Sabbathen wie sie vor Joseph Iziges Hauss, alo wohinter sie ihre Sinagoge haben, versamlen, gestalten die Weiber mit goldenen, silbernen und seydenen Kleidungen Stolziren, und die Männer mit ihren Mänteln, als wenn Ihnen die strasse zu enge, sich heraus breiten ..."[270] Die Gemeinde hatte das Gebäude von Joseph Itzig gepachtet. 1787 gab es Streitigkeiten über die Eigentumsrechte an der Synagoge. 1795 kaufte die Gemeinde die Synagoge dem Jordan Meyer ab, dem Schwiegersohn des Joseph Itzig. Bereits 1821 wurde ein Werl und später nach Soest. Kurz vor seinem Neubau, vermutlich an gleicher Stelle, errichtet.

Angesichts der wachsenden Gemeinde in den folgenden Jahrzehnten reichte dieses Gebäude nicht mehr aus. Daher verkaufte die Gemeinde es und baute 1850/51 an der Langen Straße eine neue Synagoge. Es handelte sich um einen im Rundbogenstil errichteten Backsteinbau mit schiefergedecktem Satteldach, der eine Grundfläche von 20,47 mal 9,80 mal 8 Meter hatte. 1892 wurde eine Orgel angeschafft. Bis 1938 wurden in dieser Synagoge die Gottesdienste der jüdischen Gemeinde von Beverungen abgehalten. Die Gemeinde verfügte ebenfalls über eine Mikwe.

In der Pogromnacht 1938 wurde die Synagoge geschändet, jedoch nicht in Brand gesetzt. Alle Einrichtungsgegenstände wurden von den Nationalsozialisten herausgeholt und an der Weser verbrannt. Hierbei wurden vermutlich auch ein Beschneidungsstuhl aus dem Jahre 1734 und zwei silberne Toraschilde von 1766 und 1775 vernichtet, von denen noch Fotos existieren. Nach dem Zweiten Weltkrieg war in dem Gebäude zeitweilig ein Möbelgeschäft untergebracht. Im Jahr 1969 wurde die ehemalige Synagoge abgerissen.

Beverungen: Ehemalige Synagoge als Möbellager

Beverungen – Amelunxen

Im Jahr 1660 wird der erste Jude aus Amelunxen in der Corveyer Schutzgeldtabelle aufgeführt. Zu Beginn des 19. Jahrhunderts lebten hier sieben jüdische Familien, die über einen Betsaal verfügten. 1854 wurde die Synagogengemeinde Amelunxen gebildet, zu der auch die Ortschaften Bruchhausen, Ortbergen, Erkeln und Godelheim gehörten. Der erwähnte Betsaal befand sich in dem Haus in der heutigen Amelunxenstraße 27. Er war 20 qm groß und bot bis zu dreißig Personen Platz. 1871 trug die Gemeinde sich mit dem Gedanken, eine neue Synagoge zu bauen. Doch die fortschreitende Abwanderung der Juden aus den Landgemeinden machte diesen Plan zunichte. Obwohl noch in den ersten beiden Jahrzehnten des 20. Jahrhunderts Juden in Amelunxen lebten, ist ein regelmäßiger Gottesdienst vermutlich schon vor 1900 nicht mehr möglich gewesen. Heute befindet sich in dem Haus Amelunxenstraße 27 eine Bäckerei.[271]

Borgentreich

Um die Mitte des 17. Jahrhunderts wurden die ersten Juden in Borgentreich ansässig. In den folgenden Jahrzehnten bildete sich hier eine jüdische Gemeinde. Ihre Mitglieder lebten überwiegend vom Handel, von der Schlachterei und von Geldgeschäften.

1752 erwarb der Händler Joseph Heinemann Hausen Haus und Grundstück des Bauern Hermann Langen an der Gossenstraße/ Ecke Lehmtorstraße im Rahmen eines Pfandgeschäftes. 1753 wurde dann in dem Garten hinter dem Haus eine Synagoge gebaut, die noch im Verlauf des 18. Jahrhunderts in das Eigentum der jüdischen Gemeinde überging. Sie war etwa 8 Fuß breit und 23 Fuß lang.

1806 fiel diese Synagoge einem großen Stadtbrand zum Opfer. Kurze Zeit später errichtete die Gemeinde eine neue Synagoge an gleicher Stelle, jedoch auf einer größeren Fläche und mit einem Eingang direkt an der Gossenstraße. Zum Gottesdienst kamen nach dem Abbruch der Synagoge in Bühne um 1900 auch die Juden aus diesem Ort sowie aus Manrode und Muddenhagen.

1840 erreichte die jüdische Gemeinde ihre höchste Mitgliederzahl mit 104 Personen. 1854 wurden die Juden von Borgentreich trotz Protestes dem Synagogenbezirk Borgholz angegliedert. 1929 wurde dieser aufgelöst, da in Borgholz nur noch wenige Juden lebten. Borgentreich wurde daraufhin Hauptort des neuen Synagogenbezirks Borgentreich, der die gleichen Ortschaften umfaßte wie der ehemalige Bezirk Borgholz.

Beim Novemberpogrom von 1938 wurde die Synagoge von den Nationalsozialisten geschändet, wegen der Brandgefahr für die umliegenden Häuser jedoch nicht zerstört. Allerdings wurden die Inneneinrichtung und die Kultgegenstände vor dem Gotteshaus verbrannt.

Danach wurde das Gebäude an einen Nachbarn verkauft und diente seitdem als Abstellraum. Es überstand auch die weitgehende Zerstörung der Stadt Borgentreich durch US-Truppen im April 1945. Erst einige Jahre später wurde die ehemalige Synagoge im Rahmen des Wiederaufbaus der Stadt abgerissen.

Borgentreich: Skizze der ehemaligen Synagoge

Beverungen – Herstelle

Die ersten Juden haben sich Mitte des 17. Jahrhunderts in Herstelle niedergelassen. Seit dem 18. Jahrhundert gab es eine Betstube in einem Privathaus, welches später Eigentum der Gemeinde wurde. Wo es sich befunden hat, ist nicht bekannt. 1854 wurde die Synagogengemeinde Herstelle eingerichtet. Aller Wahrscheinlichkeit nach konnte der Minjan nicht mehr erreicht werden, sodaß die Gottesdienste hier eingestellt wurden.

Borgentreich – Borgholz

In der ersten Hälfte des 17. Jahrhunderts haben sich Juden in Borgholz niedergelassen. In der Folgezeit entstand hier eine jüdische Gemeinde. Am Beginn des 19. Jahrhunderts hatte sie 64 Mitglieder. Um diese Zeit besuchten die Borgholzer Juden eine Synagoge, die sich für 1771 erstmals nachweisen läßt. Sie lag hinter den Häusern an der Ecke Natzunger Straße / Kleine Straße und hatte eine Größe von circa 9 mal 6 Meter. Das Gebäude gehörte einem Gemeindemitglied. 1807 kaufte die Gemeinde es dem Besitzer ab.

Am 11. August 1836 wurde diese Synagoge bei einem Stadtbrand zerstört. 1838 errichtete die Gemeinde fast an gleicher Stelle eine neue Synagoge in Fachwerkbauweise. Sie war nach Osten ausgerichtet und hatte eine Frauenempore. An der Ost-, Süd- und Nordseite gab es je zwei Rundbogenfenster. Betreten wurde die Synagoge über eine Treppe von der Westseite her.

1854 wurde der Synagogenbezirk Borgholz eingerichtet. Er umfaßte laut Statut vom 16. August 1855 neben Borgholz auch Borgentreich, Bühne, Körbecke, Lütgeneder, Manrode, Muddenhagen, Natzungen, Fronhausen, Natingen, Auenhausen, Drankhausen und Hampenhausen. In den folgenden Jahrzehnten wanderten Juden aus dieser ländlichen Region ab. 1925 lebten nur noch vier männlichen Personen in Borgholz. Daher wurde der Bezirk Borgholz aufgelöst und ein neuer Bezirk Borgentreich eingerichtet, der jedoch vom räumlichen Umfang her keine Veränderung gegenüber dem Bezirk Borgholz erfuhr.

Beim Novemberpogrom von 1938 wurde die Synagoge von den Nationalsozialisten geschändet, aber nicht zerstört. Danach wurde das Gebäude an einen Nachbarn verkauft und wird seitdem als Garage und Lagerhalle genutzt. Heute gehört die ehemalige Synagoge der Stadt Borgentreich. Es ist geplant, das Gebäude zu restaurieren und hier eine Mahn- und Begegnungsstätte einzurichten.

Borgentreich – Bühne

Im Paderborner Generalschutzbrief vom 4. Oktober 1661 werden vier jüdische Haushalte in Bühne angegeben. Am Beginn des 19. Jahrhunderts lebten 37 Juden hier. Für diese Zeit läßt sich auch erstmals die Existenz der Bühner Synagoge nachweisen. Sie lag hinter dem heutigen Grundstück Bühne Nr. 123 und gehörte dem Beer Rosenstein, der es der jüdischen Gemeinde verpachtet hatte. Zum Gottesdienst kamen auch die Juden aus Manrode und Muddenhagen nach Bühne.

1854 kam Bühne zum Synagogenbezirk Borgentreich. Bis zur Wende des 19. zum 20. Jahrhundert verließen Juden den Ort, sodaß kein Gottesdienst mehr abgehalten werden konnte. Die Synagoge wurde daraufhin abgerissen und die verbliebenen Juden gingen zum Gottesdienst nach Borgentreich.

Borgentreich – Großeneder

Seit der Mitte des 17. Jahrhunderts haben Juden in Großeneder gelebt. 1843 hatte die kleine Gemeinde 41 Mitglieder. Sie lebten überwiegend vom Korn- und Viehhandel sowie vom Geldverleih. 1854 wurde Großeneder dem neugebildeten Synagogenbezirk Peckelsheim eingegliedert. In den folgenden Jahrzehnten verließen immer mehr Juden Großeneder. 1925 lebten nur noch zwei Juden hier, die den Ort aber schon vor 1933 verließen.

Um 1824 hat die kleine Gemeinde sich eine Synagoge in Großeneder gebaut. Sie befand sich hinter "Hoppens" altem Haus an der Rosenstraße und hatte eine Grundfläche von 7 mal 10 Meter. Es handelte sich um einen Fachwerkbau mit Walmdach. An der zur Straße liegenden Seitenwand befanden sich drei bleiverglaste, schmale Fenster. Es gab keinen separaten Eingang für die Frauen. Sie gelangten über eine Treppe im Inneren auf die Empore. Die Bima befand sich in der Mitte des Raumes. Zum Gottesdienst kamen auch die Juden aus Lütgeneder, Dössel, Eissen und Hohenwepel.

Als die Gemeinde nur noch zwei Mitglieder hatte, nahm im Jahr 1929/30 Nathan Löwenstein die Kultgegenstände aus der Synagoge und verkaufte das Gebäude an den Nachbarn Hoppe.

Borgentreich – Körbecke

Für das Jahr 1652 lassen sich erstmals Juden in Körbecke nachweisen. Am Beginn des 19. Jahrhunderts lebten 29 Juden hier. Zu dieser Zeit hatten sie eine Betstube im Haus eines Gemeindemitglieds. 1854 wurde die kleine jüdische Gemeinde von Körbecke mit 64 Personen dem Synagogenbezirk Borgholz angegliedert. Seit dieser Zeit haben die Körbecker Juden ihre Gottesdienste in einem gemieteten Saal in einem Haus am Mühlentor/Ecke Bockshof abgehalten. Beim Novemberpogrom von 1938 wurde dieser Betsaal geschändet.

Borgentreich – Rösebeck

Um 1700 haben sich die Juden in Rösebeck niedergelassen. Ihre Gottesdienste hielten sie zuerst in Privaträumen von Gemeindemitgliedern ab. In der ersten Hälfte des 19. Jahrhunderts besuchten die Rösebecker Juden den Gottesdienst in Daseburg. 1850 errichteten sie dann eine eigene Synagoge in Rösebeck. Sie befand sich dort, wo heute das Haus Zur Höte 3 steht. 1854 kam Rösebeck zum Synagogenbezirk Warburg, der Gottesdienst wurde jedoch weiterhin zusammen mit den Daseburger Juden in Rösebeck abgehalten. Wegen des Rückgangs der Mitgliederzahl der kleinen Gemeinde im Verlauf des 19. und 20. Jahrhunderts ist die Synagoge schon vor 1933 aufgegeben und verkauft worden.

Brakel

Seit 1560 haben Juden in Brakel gewohnt. Bis zum Jahr 1651 stieg ihre Zahl auf sieben Familien an. Sie lebten überwiegend vom Handel. Im Zusammenhang eines Prozesses vor dem Reichskammergericht im Jahr 1691 werden eine Synagoge und eine Mikwe erwähnt. Diese hatte die jüdische Gemeinde aber nur gemietet. Einer Lokalisierung dieser Räumlichkeiten ist heute nicht mehr möglich. 1829 richtete der Vorsteher der Gemeinde eine Beschwerde an den Rat der Stadt Brakel über ungebührliches Verhalten in der Synagoge. Der Rat lehnte jegliches Eingreifen ab.

Um 1840 plante die Gemeinde den Bau eines größeren Synagogengebäudes, da ihre Mitgliederzahl seit dem Beginn des 19. Jahrhunderts stark zugenommen hatte. Es lebten zu dieser Zeit etwa 170 Juden in Brakel.

Die Regierung genehmigte den Bau der Synagoge an der Ostheimer Straße 14 mit den Auflagen, daß sich das Gebäude nicht von den anderen Häusern unterscheiden dürfe und in angemessener Entfernung zu den christlichen Kirchen zu stehen komme. 1841 war die Grundsteinlegung, zwei Jahre später war das Gebäude fertiggestellt. Die Gemeinde hatte den Bau aus eigenen Mitteln finanziert.

Im Vorderteil des zweigeschossigen Gebäudes befanden sich die Lehrerwohnung und der Versammlungsraum der Kultusgemeinde. Der eigentliche Synagogensaal war im rückwärtigen Teil untergebracht und wurde von Osten her über den Flur des Vorderhauses betreten. Der Toraschrein befand sich an der Westseite. An der Nord- und Südseite gab es je zwei Fenster im gotischen Stil. Die Frauenempore an der Ostseite wurde über das Treppenhaus im vorderen Teil des Hauses erreicht. Über dem Eingang stand der Spruch „Haben wir nicht alle einen Vater, hat nicht ein Gott uns geschaffen".

1857 wurde der Synagogenbezirk Brakel gebildet. Er umfaßte neben der Stadt Brakel die Orte Erkeln und Riesel.

Beim Novemberpogrom von 1938 wurden die Fenster der Synagoge eingeschlagen. Das Gebäude ging danach vermutlich zwangsweise in den Besitz eines Bauern über, der es als Stall nutzte. Danach kam es an einen Tischlermeister und wurde eine Werkstatt. Anfang der siebziger Jahre wurden in der ehemaligen Synagoge Wohnungen eingerichtet.

An das Schicksal der jüdischen Bürger Brakels während der NS-Zeit erinnert ein Gedenkstein auf dem jüdischen Friedhof.

Höxter

Seit 1550 haben Juden dauerhaft in Höxter gelebt. 1618 bestand die kleine Gemeinschaft aus 48 Personen. Bis zum Beginn des 19. Jahrhunderts stieg ihre Zahl auf 66 Personen an. 1836 gab sich die Gemeinde eine Synagogenordnung, die der Landrabbiner von Westfalen und Oberrabbiner von Paderborn Abraham Sutro begutachtete und akzeptierte, worauf sie von der Regierung genehmigt wurde.

Mitte der fünfziger Jahre des 19. Jahrhunderts wurden auf dem Gebiet der heutigen Stadt Höxter die folgenden vier Synagogenbezirke eingerichtet: Höxter, bestehend aus dem Polizeibezirk der damaligen Stadt Höxter; Albaxen mit Stahle und Lüchtringen; Fürstenau mit Bödexen, Brenkhausen und Löwendorf; Ovenhausen mit Bosseborn. Die ebenfalls zur Stadt Höxter gehörenden Orte Bruchhausen, Ortbergen und Godelheim kamen zum Synagogenbezirk Amelunxen. Ihre höchste Mitgliederzahl erreichte die jüdische Gemeinde von Höxter 1895 mit 206 Personen, nahm in der folgenden Zeit jedoch wieder ab. 1932 gab es noch 65 Juden in der Stadt.

Die jüdischen Bürger Höxters lebten fast ausschließlich vom Handel. In den Jahrzehnten des Kaiserreichs und der Weimarer Republik gehörten sie zur bürgerlichen Mittelschicht und waren gesellschaftlich voll integriert. Mit Beginn der NS-Zeit begann auch ihr Leidensweg. Bis zum Novemberpogrom 1938 emigrierten 26 Juden aus Höxter, weitere 32 verzogen innerhalb Deutschlands. Im November/Dezember 1939 wurden auf Anordnung der Regierung alle Juden des damaligen Kreises Höxter in einem Synagogenverein zusammengefaßt, alle noch bestehenden Synagogenbezirke aufgelöst.

Einigen wenigen Höxteraner Juden gelang danach noch die Flucht aus Deutschland. Zwischen Oktober 1941 und August 1942 wurden die restlichen im Kreis Höxter verbliebenen Juden in die Konzentrationslager verschleppt. Nur einer von ihnen überlebte.

Synagoge in der Judengasse

Bereits im Jahr 1620 hat es in Höxter eine Synagoge gegeben. Wahrscheinlich handelte es sich hierbei um eine Betstube in dem hinteren Anbau eines Hauses in der Judengasse, in unmittelbarer Nachbarschaft der Kiliankirche. Vermutlich war hier auch eine Mikwe vorhanden. Denn bei Ausgrabungen im Jahr 1993 auf dem Areal der Judengasse wurde eine eckige Beckenanlage gefunden. Da in der Nähe auch ein Bach fließt, könnte es sich um eine Mikwe gehandelt haben. 1647 verhafteten Nachbarn Juden in der Ratsherren der Stadt Höxter Juden aus der Synagoge heraus, um von ihnen Kontributionen zu erpressen.

1661 kam es zum Streit in der Gemeinde darüber, wo die Gottesdienste abgehalten werden sollten, ob im Betsaal des Itzig oder dem des Gottschalck. Ein Rabbiner entschied, daß die Gottesdienste im halbjährigen Wechsel bei dem einen und dem anderen stattfinden sollten. Elf Jahre später kam es dann im Rahmen dieses Wechsels zu einem Streit über die Herausgabe der Torarolle. Diesmal entschied ein Rabbinergericht in Hildesheim den Fall. Wo diese Betstuben gelegen haben, ist nicht bekannt.

Später wurden die Gottesdienste dann in dem Haus Westerbachstraße 17 abgehalten. Als der Eigentümer das Haus im Jahr 1812 verkaufte, wurde die Synagoge in ein angemietetes Steinhaus in der Rosenstraße (heute der Bereich des erweiterten Gehsteigs links vom Amtsgericht) verlegt. Eingeweiht wurde diese Synagoge im gleichen Jahr von Abraham Sutro. Die Gemeinde zahlte für die Synagoge eine Miete von 11 Talern, für das „Gemeinde-Bad" 2 Taler.[272]

Synagoge an der Nagelschmiedstraße

1823 wurde ein „Verein zum Bau einer neuen Synagoge" gegründet, da „die bisherige kein Eigenthum der Gemeinde, blos ein durch viele Kosten aufgestelltes und doch nur für wenige Jahre gesichertes Local ist"[273] Um 1834 ist die Synagoge in der Nagelschmiedstraße 8, der ehemaligen Faulebachstraße, eingeweiht worden. Es handelte sich um einen Fachwerkbau. Im rechten Teil befand sich der Synagogensaal mit der Frauenempore, im linken Teil der Schulraum und die Lehrerwohnung. 1846 wurde der hinter der Synagoge liegende Garten gekauft und dort eine Mikwe angelegt.

Am Morgen des 10. November 1938 wurde auch die Höxteraner Synagoge geschändet. Die Fenster und die Inneneinrichtung wurden völlig zerstört. Weil die Nachbarn wegen der engen Bebauung Angst um ihre Häuser hatten, hinderten sie die SA-Männer daran, die Synagoge in Brand zu setzen. Jedoch wurden zahlreiche Gebetbücher und Akten auf dem Marktplatz verbrannt.

Bis zur letzten Deportation diente die Synagoge dann Juden, die aus ihren Häusern oder Wohnungen vertrieben worden waren, als Notquartier. Schon im Dezember 1938 hatte die Gemeinde das Gebäude einem Nachbarn zum Kauf angeboten. Dieser nahm das Angebot auch an. Der am 13. Dezember 1938 abgeschlossene Kaufvertrag wurde jedoch nicht rechtsgültig, da die Behörden den Käufer als politisch unzuverlässig einschätzten. So blieb die Gemeinde laut Grundbuch auch weiterhin Eigentümerin. 1945 wurde das Gebäude in den letzten Kriegstagen durch Bomben beschädigt.

1947 wurde der baufällig gewordene rechte Teil mit der eigentlichen Synagoge abgerissen. Am 1. September 1952 verkaufte die Jewish Trust Corporation for Germany das Gebäude an den Sohn des ehemaligen Kaufinteressenten. Heute ist das Gebäude ein Wohnhaus. Eine Bronzetafel erinnert hier an die ehemalige Synagoge.

Höxter – Albaxen

Gegen Ende des 17. Jahrhunderts ließen sich die ersten Juden in Albaxen nieder. Schon um die Mitte des 18. Jahrhunderts hat es eine Betstube gegeben. Denn 1754 verbot die Fürstabt von Corvey den Juden von Albaxen und Stahle, eine Synagoge im Ausland – vermutlich in Holzminden – zu besuchen. Er verwies sie stattdessen auf die Betstube am Ort, die sich im Haus des Moses Mathias befand. Die Juden weigerten sich jedoch, da Mathias wegen angeblich unreinen Schlachtens vom Corveyer Judenvorsteher mit einem Bann belegt worden war. Erst als sich seine Unschuld erwies, kamen sie wieder zum Gottesdienst in sein Haus.

1853 wurde der Synagogenbezirk Albaxen gebildet. Zu ihm gehörten auch die Juden aus den Orten Stahle und Lüchtringen. Die Regierung hatte anfangs Bedenken gehabt, Albaxen auszuwählen, da die Synagoge am Ort sehr klein und baufällig war. So wurde Albaxen nur deshalb bestimmt, weil der Ort genau in der Mitte zwischen Stahle und Lüchtringen liegt. Ob es sich bei dieser Synagoge schon um das von dem Bauern Wilhelm Schreggel

gemietete Gebäude gehandelt hat und wo es sich befunden hat, ist unbekannt. Jedenfalls mußte die Gemeinde 1858 vier Taler und 15 Silbergroschen Miete bezahlen. Zu diesem Zeitpunkt lebten in Albaxen 27 Juden, in Lüchtringen und Stahle jeweils zwölf.

Im Verlauf der zweiten Hälfte des 19. Jahrhunderts nahm die Zahl der in Albaxen lebenden Juden rapide ab. 1905 stellte der letzte Vorsteher der Albaxener Synagogengemeinde bei der Regierung den Antrag, die Synagogengemeinde aufzulösen. Er führte an, daß in Albaxen nur noch er mit seiner Familie leben würde, in Lüchtringen und Stahle zusammen noch vier Juden. Seit zehn Jahren sei kein Gottesdienst mehr abgehalten worden, da die erforderliche Anzahl nicht mehr erreicht würde. Daher hätte er die vorhandenen Kultusgegenstände in Verwahrung genommen. Die Regierung lehnte ab.

1938 lebte dann noch ein älteres Geschwisterpaar in Albaxen. Der Mann kam bei dem Novemberpogrom 1938 ums Leben, seine Schwester wurde deportiert.

Höxter – Bruchhausen

Seit der Mitte des 17. Jahrhunderts haben in Bruchhausen Juden gelebt.

Bekannt geworden ist Bruchhausen durch den 1789 hier geborenen Salomon Ludwig Steinheim. Von 1846 bis zu seinem Tod 1866 lebte er in Rom. Neben verschiedenen medizinischen und naturwissenschaftlichen Arbeiten veröffentlichte er eine Reihe religionsphilosophischer Schriften. Sein Hauptwerk ist „Die Offenbarung nach dem Lehrbegriff der Synagoge", 4 Bände, 1835-65. Zu seinen Ehren ist 1986 an der Universität Duisburg das „Salomon-Ludwig-Steinheim-Institut" für Forschungen zur deutsch-jüdischen Geschichte eingerichtet worden.

1854 wehrte sich die Bruchhausener Gemeinde vergeblich gegen ihre Eingliederung in den Synagogenbezirk Amelunxen. Sie legte dazu eine Urkunde der Corveyer Regierung von 1768 vor, in der ihr die Errichtung einer Synagoge erlaubt worden war. Die Synagoge, die nahe Steinheims Elternhaus gelegen hat, ist insofern interessant, als sie neben dem eigentlichen Synagogensaal einen Raum für die Frauen besaß. Durch ein Fenster konnten die Frauen am Gottesdienst teilhaben. Steinheim berichtet in seinen „Kindheitserinnerungen" davon, daß er des öfteren wegen eines Vergehens in der Synagoge eingesperrt worden ist. Seine Großmutter hat ihn dann immer durch das Fenster zur Frauensynagoge befreit.

Das Gebäude wurde schon 1863 an einen christlichen Bürger Bruchhausens verkauft. Dieser verpflichtete sich, weiterhin jüdische Gottesdienste zuzulassen. Bereits 1878 ist der letzte Bruchhausener Jude gestorben. Die Kultusgegenstände wurden daraufhin nach Amelunxen gebracht.

Höxter – Fürstenau

Aus einem Corveyer Schutzbrief von 1683 geht hervor, daß sich in diesem Jahr der erste Jude in Fürstenau niedergelassen hat. Zu Beginn des 19. Jahrhunderts lebten fünf jüdische Familien am Ort. Ihre höchste Mitgliederzahl erreichte die kleine Gemeinde 1846 mit 56 Personen. Dies waren gut fünf Prozent der damaligen Einwohnerschaft Fürstenaus. Die Fürstenauer Juden lebten hauptsächlich vom Kleinhandel und der Metzgerei. Zu dieser Zeit verfügten sie im Haus Fürstenau Nr. 42 über eine angemietete Betstube.

1853 wurde der Synagogenbezirk Fürstenau eingerichtet. Zu ihm gehörten auch die Juden aus den Ortschaften Löwendorf, Bödexen und Brenkhausen. Etwa zu dieser Zeit haben die Fürstenauer Juden auch eine Synagoge an der heutigen Schwerter Straße errichtet. Sie hatte eine Grundfläche von etwa 8 mal 10 Meter und war von außen nicht als Synagoge zu erkennen.

In der Folgezeit nahm die Zahl der in Fürstenau lebenden Juden kontinuierlich ab. Ihre Berufsstruktur änderte sich während des Kaiserreiches dahingehend, daß sie nahezu ausschließlich vom Viehhandel lebten. Bis weit in die NS-Zeit hinein gab es nur jüdische Viehhändler am Ort.

Im Zusammenleben zwischen Juden und Nichtjuden hatte es bis dahin im allgemeinen keine Probleme gegeben. In der Nacht vom 22. auf den 23. August 1938 jedoch wurde in die Synagoge eingebrochen. Die Kultgegenstände wurden beschädigt und teilweise im Ort verstreut. Beim Novemberpogrom von 1938 wurden die Kultgegenstände dann völlig zerstört, die Synagoge brannte teilweise aus.

Danach sollten die Juden die Ruine auf eigene Kosten abreißen lassen, da die Ortsverwaltung plante, hier einen Kindergarten zu bauen. Auf Vermittlung eines Pfarrers hin erbot sich aber ein benachbarter Fuhrunternehmer, das Synagogengebäude zu kaufen, um dort eine Garage einzurichten. Trotz Widerstandes der Kreispropagandaleitung der NSDAP erhielt er von der Bezirksregierung in Minden die Kaufgenehmigung, jedoch mit der Auflage, es solle nach dem Umbau zur Garage nichts mehr auf die frühere Verwendung des Gebäudes hindeuten. Die ehemalige Synagoge steht, wenn auch mehrmals umgebaut, heute noch. Sie liegt direkt hinter der Volksbank.

Die am Beginn des Zweiten Weltkrieges in Fürstenau noch lebenden 26 Juden sind bis auf einen in den Konzentrationslagern ermordet worden.

Höxter – Lüchtringen

Im Jahr 1657 haben sich die ersten Juden in Lüchtringen niedergelassen. Bis 1822 sind sie zum Gottesdienst nach Höxter gegangen. Danach haben sie bis ungefähr 1840 über eine eigene Betstube verfügt. Diese hat sich mit sehr großer Wahrscheinlichkeit dort befunden, wo heute das Haus Lange Straße 12 steht. Bis etwa Mitte des Jahrhunderts sind sie wieder nach Höxter gegangen. 1853 wurde Lüchtringen dem Synagogenbezirk Albaxen angegliedert, wo sie von da an auch ihre Gottesdienste feierten. Bereits kurz nach Beginn des 20. Jahrhunderts haben keine Juden mehr in Lüchtringen gelebt.[274]

Höxter – Ovenhausen

Der erste Jude zog 1702 von Brakel nach Ovenhausen. In den folgenden Jahrzehnten bildete sich eine kleine Gemeinde, die zu Beginn des 19. Jahrhunderts etwa 50 Personen zählte. Sie lebten überwiegend von Handelsgeschäften. 1853/54 wurde der Synagogenbezirk Ovenhausen eingerichtet. Zu ihm gehörten auch die Juden in dem Ort Osseborn. Die Betstube befand sich in dem vor wenigen Jahren abgerissenen Haus Heiligenberg 11. Ab der zweiten Hälfte des 19. Jahrhunderts begann die Gemeinde, kontinuierlich Mitglieder zu verlieren. Die elf am Beginn der NS-Zeit noch in Ovenhausen lebenden jüdischen Bürgerinnen und Bürger wurden bis auf eine Person, die 1942 verstarb, in die Konzentrationslager deportiert und ermordet. Anzumerken ist, daß in Ovenhausen jener Soestman Berend lebte, dessen Ermordung im Jahr 1783 die Vorlage für Annette von Droste-Hülshoffs Novelle „Die Judenbuche" abgab.

Höxter – Stahle

Wohl gegen Ende des 17. Jahrhunderts haben sich die Juden in Stahle niedergelassen. 1765 wurde die Gemeinde vom Corveyer Abt aufgefordert, zum Gottesdienst nicht ins Ausland, d.h. nach Holzminden, zu gehen, sondern die Betstube in Albaxen zu besuchen. Am Beginn des 19. Jahrhunderts hat sich die nie sonderlich große Gemeinde dann eine eigene Betstube eingerichtet. Nachdem Stahle 1853 dem Synagogenbezirk Albaxen angegliedert worden war, besuchten die Juden dort den Gottesdienst. Bereits kurz nach Beginn unseres Jahrhunderts haben keine Juden mehr in Stahle gelebt.

Marienmünster – Hohehaus

Vermutlich hat es in Hohehaus auch einen Raum für Gottesdienste gegeben, da die hier lebenden Juden Ende des 18. Jahrhunderts verschiedentlich einen Lehrer anstellten, der zugleich als Vorsänger tätig war.

Marienmünster – Löwendorf

1723 ließ sich der erste Jude in Löwendorf nieder. In der Folgezeit entwickelte sich eine kleine jüdische Gemeinde, die sich 1859 befand sich diese im Haus des Sigenbezirk Fürstenau angegliedert zu werden. Die Gemeinde führte dazu an, daß sie schon immer eine eigene Betstube gehabt habe: „Außerdem, daß wir im Besitze eines Betsaales sind, haben wir zwei vollständige Toras, auf Pergamenttafeln geschrieben, und besitzen wir sämtliche zu unserm Gottesdienste gehörenden Utensilien."[275] Zu diesem Zeitpunkt lebten etwa 30 Juden in Löwendorf. Die Regierung wies die Einwände jedoch zurück. Eine größere Zukunft hätte eine eigenständige Gemeinde Löwendorf nicht gehabt, da schon 1890 keine Juden mehr im Ort lebten.

Vermutlich war der Betsaal in dem heute als Abstell- und Lagerraum genutzten Gebäude untergebracht, das zwischen den Häusern Löwendorf Nr. 24 und Nr. 26 liegt. Dieses Gebäude befand sich nachweislich bis in die zweite Hälfte des 19. Jahrhunderts hinein in jüdischem Eigentum. Das baulich nicht veränderte Haus verfügt im Erdgeschoß über einen auffällig großen Raum, der als Betsaal gedient haben könnte.

Marienmünster – Vörden

Seit dem Jahr 1704 haben sich in Vörden Juden angesiedelt. Am Beginn des 19. Jahrhunderts lebten hier fünf Familien mit 25 Personen am Ort. Im Juli 1855 wurde der Synagogenbezirk Vörden eingerichtet. Zu ihm gehörten auch die Juden aus den Ortschaften Bredenborn und Papenhöfen. Zu dieser Zeit wohnten in Vörden selbst sieben Familien mit 21 Personen. Sie lebten ausschließlich vom Handel.

Eine Synagoge besaß die kleine Gemeinde nicht. Zu den Gottesdiensten traf man sich in einer im Haus eines Gemeindemitglieds untergebrachten Betstube.

Borgentreich-Borgholz: Ehemalige Synagoge
(siehe Seite 152)

mon Goldschmidt in Vörden, Haus Nr. 54. Die Ausstattung der Betstube wurde folgendermaßen inventarisiert: „2 Toras, 13 Stühle, 1 Tisch, 1 Bank, 2 blecherne Leuchter, 7 blecherne Wandleuchten, 1 Gebetbuch, das Buch Esther auf Pergament, 12 Torabänder, 1 Horn, 5 Vorhänge aus diversen Stoffen, 5 große und 3 kleine Tischdecken, 1 Decke und 2 Strikke zur Todtenbahre, 17 Stück Rollhölzer, 4 eiserne Rollen".[276]

Die Gemeinde zahlte für die Betstube eine Miete von drei Talern, ein Drittel des gesamten Gemeindeetats. Damit auch andere jüdische Familien in den Genuß dieser Mieteinnahmen kommen konnten, wechselte der Standort der Betstube in der Folge mehrfach. 1938/39 befand sie sich im Haus der Familie Bacharach, Vörden Haus Nr. 62 (heutige Marktstraße 3). Beim Novemberpogrom von 1938 wurden auch hier wie bei anderen jüdischen Wohnhäusern die Fensterscheiben eingeschlagen. Anfang 1940 wurde das Haus der Familie abgenommen. Bis 1944 lebte hier dann der Ortsgruppenleiter mit seiner Familie. Danach wurde es für Evakuierte aus dem Ruhrgebiet genutzt. 1954 wurde das Gebäude teils abgerissen, teils zur Zweigstelle der Kreissparkasse Höxter umgebaut.

Von den während der NS-Zeit in Vörden und Bredenborn lebenden Juden wurden die meisten in den Konzentrationslagern ermordet, einigen gelang die Emigration, nur vier kehrten zurück.

Höxter: Gedenktafel
(siehe Seite 152)

Nieheim

Seit der Zeit des Dreißigjährigen Krieges haben jüdische Familien in Nieheim gelebt. 1796 stellte der Paderborner Fürstbischof den 15. Geleitbrief für Nieheim auf Nathan Abraham aus. Dies führte zu Protesten der christlichen wie auch der jüdischen Einwohnerschaft. Der Vater des neuen Einwohners hatte jedoch ein Kapital von 300 Talern testamentarisch für gute Zwecke hinterlassen. Der Sohn stellte dieses nun der Gemeinde zinslos für die Errichtung einer Synagoge zur Verfügung. Er verlangte nur, daß jeweils am Todestag seines Vaters dessen gedacht wurde. Ein Teil der Nieheimer Juden lehnte dies ab. Gleichwohl bat der Gemeindevorsteher die fürstbischöfliche Regierung am 30. April 1798 um Erlaubnis, auf einem bisher ungenutzten Grundstück ein Haus bauen und unter dem Dach eine Betstube anlegen zu dürfen. Es handelte sich um ein 44 Fuß langes und 30 Fuß breites Grundstück an der heutigen Marienstraße 4. Am 4. August 1798 erteilte der Fürstbischof die Genehmigung. Ein Jahr später war das Gebäude fertiggestellt. Da es noch immer Streit in der jüdischen Gemeinde gab, bat der Vorsteher die Regierung um Schutz während der Einweihungsfeiern. Zu Störungen kam es jedoch nicht.

Am 10. November 1938 wurde die Inneneinrichtung der Synagoge zerstört. Die Kultgegenstände wurden von Nieheimer Bürgern gerettet und im Rathaus in einer Kiste verwahrt. Nach 1945 wurde diese Kiste dem aus dem Konzentrationslager zurückgekehrten ehemaligen Mitglied der jüdischen Gemeinde Nieheim Paul Braunschild übergeben. Die ehemalige Synagoge wurde umgebaut und dient heute als Wohnhaus. Zur Zeit plant die Stadt Nieheim, in unmittelbarer Nähe der ehemaligen Synagoge einen Gedenkstein aufzustellen.

Steinheim

Etwa zu Beginn des 17. Jahrhunderts haben sich Juden in Steinheim niedergelassen. In der Folgezeit entwickelte sich eine jüdische Gemeinde, deren Mitgliederzahl

Steinheim: Synagoge Rochusstraße 90 (Zeichnung: Victor Schmitt)

Bielefeld: Synagoge an der Turnerstraße (1904) (siehe Seite 132)

im Jahr 1788 54 Personen betrug. Sie lebten überwiegend vom Handel mit landwirtschaftlichen Produkten und vom Geldverleih.

Synagoge an der Rochusstraße

Für das Jahr 1794 läßt sich zum erstenmal eine Synagoge in Steinheim lokalisieren. Das Gebäude, das um 1750 gebaut worden war, lag an der heutigen Rochusstraße 90. Es handelte sich um einen zweistöckigen Fachwerkbau mit Strohdach, der etwa 30 Fuß lang und tief war und etwa 13 Fuß hoch. 1828 beschloß die Gemeindevertretung mehrheitlich, ein vorhandenes Kapital für den Umbau der Synagoge einzusetzen. Die Minderheit hatte vorgeschlagen, stattdessen zu den bereits vorhandenen sieben Torarollen eine weitere hinzuzukaufen. Da die Gemeinde das Gebäude bisher nur im Rahmen eines Pfandgeschäftes in Besitz hatte, wollte sie es vor dem Umbau kaufen. Dies geschah am 8. Mai 1829. Bald darauf wurde mit den Arbeiten begonnen. Es standen hierfür 289 Taler zur Verfügung, die sich aus dem vorhandenen Kapital sowie aus Spenden und Darlehen zusammensetzten. Nach dem Umbau war das Gebäude einstöckig und enthielt neben dem Betsaal auch eine Lehrerwohnung. Im weiteren Verlauf der

Nutzung sind das Strohdach durch ein Ziegeldach ersetzt und die Innenwände mehrfach versetzt worden. 1844 wurde ein Schulraum eingerichtet.

Nach dem Bau der neuen Synagoge 1884 befanden sich in dem Gebäude bis 1925 die jüdische Schule und die Wohnung des Kantors. Um 1930 wurde die ehemalige Synagoge verkauft. Der neue Eigentümer baute das Gebäude in ein massives Wohnhaus um. Erst 1971 wurde die ehemalige Synagoge beim Bau der Ringstraße abgerissen.

1854/55 wurde der Synagogenbezirk Steinheim eingerichtet. Laut Statut vom 1. Dezember 1855 umfaßte er neben der Stadt Steinheim die Orte Ottenhausen, Vinsebeck, Bergheim, Sandebeck und Sommersell. Später kamen noch Wöbbel und Belle hinzu. Zu dieser Zeit lebten 131 Juden in der Stadt.

Besonders durch ihre gute Position im Vieh- und Getreidehandel erfuhren die Steinheimer Juden in der zweiten Hälfte des 19. Jahrhunderts einen wirtschaftlichen Aufschwung. Dadurch bedingt kam es zu einem weiteren Anstieg der jüdischen Bevölkerung Steinheims.

Steinheim: Synagoge Marktstraße (rechts im Bild)

Synagoge an der Marktstraße

Für die nun erreichte Zahl der Gemeindemitglieder war die alte Synagoge zu klein geworden. Die Gemeinde beschloß daher Anfang der achtziger Jahre des 19. Jahrhunderts, eine neue Synagoge zu errichten. Zu diesem Zweck kaufte sie ein 571 qm großes Grundstück an der Markstraße / Ecke Schulstraße für 7.110 Mark. Der Bau selbst kostete 20.000 Mark, und auch die Inneneinrichtung erforderte erhebliche Mittel. Die Finanzierung erfolgte durch drei Anleihen sowie durch eine Verlosung. Die Anleihen hatten eine Laufzeit von 46 Jahren. Auch eine Orgel sollte angeschafft werden, doch begnügte man sich wegen der hohen finanziellen Belastung bis 1891 mit einem geliehenen Harmonium. Erst in diesem Jahr kaufte die Gemeinde eine eigene Orgel.

Die neue Steinheimer Synagoge war ein neoromanischer Bau mit quadratischem Grundriß. Das Mauerwerk bestand aus gelben Klinkersteinen. Über den Gottesdienstraum wölbte sich eine achteckige Kuppel mit dem Davidstern. Die Synagoge erregte Aufsehen, da es in der näheren und weiteren Nachbarschaft Steinheims kein vergleichbares Bauwerk gab. Am 1./2. August 1884 wurde die Synagoge eingeweiht. Zu den Gästen gehörten auch die Honoratioren der Stadt Steinheim sowie Vertreter der beiden christlichen Konfessionen. Die Festpredigt mit anschließendem Gebet für Kaiser und Vaterland hielt der Steinheimer Kultusbeamte und Prediger Bendix. An den Festlichkeiten beteiligten sich auch der Synagogenchor und die Kapelle eines Infanterieregiments.

Die Plätze in der Synagoge wurden nicht verpachtet oder versteigert, sondern dem Alter der Mitglieder nach vom Vorstand vergeben.

1901 bereitete die Lage der Synagoge an der Marktstraße Probleme. Bei einem Gasthaus neben der Synagoge befand sich die einzige Schweinewaage der Stadt. Beim Wiegen kam es zu Störungen des Gottesdienstes. Der Bürgermeister untersagte daraufhin das Wiegen am Sabbat und den jüdischen Feiertagen in der Zeit von neun bis elf Uhr.

Auch die Steinheimer Synagoge wurde ein Opfer des nationalsozialistischen Terrors. Schon vor dem eigentlichen Novemberpogrom kam es 1938 zu mehreren Einbrüchen in die Synagoge. Dabei wurden die Fenster zerschlagen, die Inneneinrichtung verwüstet, Bücher zerrissen und der Toraschrein beschmutzt. Auch ein historisch wertvolles Toraschild wurde gestohlen und ist seitdem verschwunden.

In der Pogromnacht 1938 versuchten SA-Männer vergeblich, in die Synagoge einzudringen. Danach fuhren sie nach Nieheim und versuchten dort, die Synagoge in Brand zu setzen. Doch wurden sie von Nieheimer Bürgern daran gehindert und mußten unverrichteter Dinge nach Steinheim zurückkehren. Hier brachen sie am Morgen des 10. November 1938 die Synagogentür auf und zerstörten die Inneneinrichtung und die Kultgegenstände. Die Orgel wurde in den Nachbarort Ottenhausen gebracht, wo sie noch heute in der Kirche steht. Aus den Bänken der Synagoge wurden später Lampenhalterungen gemacht. Danach bohrten die SA-Männer Löcher in die Pfeiler der Synagoge und brachten hier Sprengladungen an, jedoch wurde das Gebäude nur schwer beschädigt und stürzte nicht ein. Erst am 12. Dezember 1938 führten Fachleute der Wehrmacht die Sprengung der Kuppel durch.

Sodann forderte die Steinheimer Stadtverwaltung die jüdische Gemeinde auf, die Ruine abzutragen. Da die Gemeinde dies aus finanziellen Gründen nicht konnte, kaufte die Stadt das Grundstück und beglich mit dem Kaufpreis die anfallenden Kosten der Beseitigung der Ruine. Später wollte sie hier einen Parkplatz einrichten. Doch dazu kam es wegen des Krieges nicht mehr. Nach dem Krieg wurde dort ein Geschäftshaus gebaut. Ein Gedenkstein erinnert an die ehemalige Synagoge.

In den letzten Jahren vor dem Ersten Weltkrieg hatte der wirtschaftliche Niedergang der Steinheimer Juden durch die Konkurrenz bäuerlicher Genossenschaften und nichtjüdischer Händler begonnen. Dies führte zu zahlreichen Geschäftsaufgaben und damit verbundener Abwanderung vieler Juden aus der Stadt.

Am Beginn der NS-Zeit lebten noch 59 Juden in Steinheim. 22 von ihnen gelang die Flucht aus Deutschland, 32 wurden in den Konzentrationslagern ermordet, nur fünf überlebten den Holocaust.

Warburg

Seit der Mitte des 16. Jahrhunderts durften sich Juden in Warburg niedergelassen. Der in dem ersten erhaltenen Schutzbrief des Paderborner Fürstbischofs vom 3. Januar 1559 genannte Simon von Cassel ist der Ahnherr der bekannten jüdischen Familie Warburg.

Im Laufe der Zeit entwickelte sich in Warburg eine jüdische Gemeinde, deren Mitglieder anfangs vom Kleinhandel und der Metzgerei lebten. Im Jahr 1603 wurde den Juden der bedeutende Warburger Salzhandel übertragen. Später handelten sie zusätzlich noch mit landwirtschaftlichen Produkten.

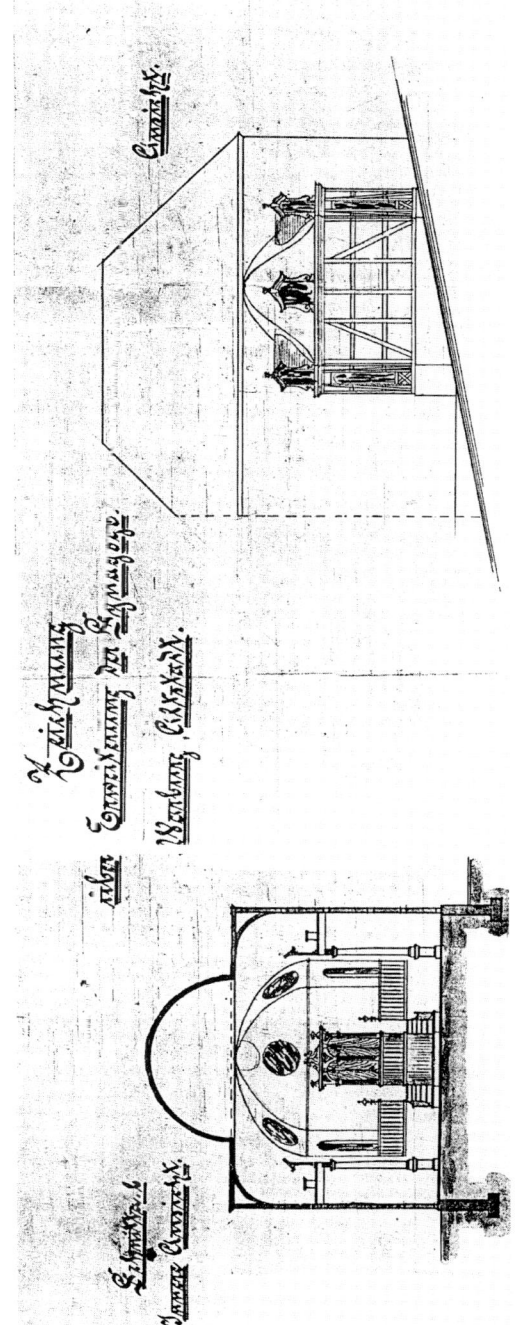

Warburg: Bauzeichnung zur Erweiterung der Synagoge (1903)

Warburg: Entwurf und Skizzen zum Innenraum der Synagoge (1912/13)

Seit der zweiten Hälfte des 17. Jahrhunderts war Warburg der geistig-religiöse und organisatorische Mittelpunkt der Juden des Fürstbistums Paderborn. 1686 wurde Mathias Hirsch aus Frankfurt Landesrabbiner des Fürstbistums. Aus seiner Ernennungsurkunde geht hervor, daß Warburg schon vorher Sitz des Landesrabbiners gewesen war. Letzter Landesrabbiner in Warburg war Mendel Steinhardt, der 1814 nach Paderborn umzog.

1853/54 wurde der Synagogenbezirk Warburg eingerichtet. Er umfaßte neben der Stadt Warburg die Ortschaften Daseburg, Rösebeck, Hohenwepel, Ossendorf, Nörde, Menne, Rimbeck, Scherfede, Bonenburg, Welda, Wormeln, Germete, Herlinghausen, Dalheim, Calenberg und Dössel. Ende des 19. Jahrhunderts wurde der Synagogenbezirk neu geordnet. Rösebeck mit Daseburg, Ossendorf mit Nörde und Menne, Rimbeck mit Scherfede und Bonenburg, Herlinghausen mit Dalheim und Calenberg wurden Filialgemeinden.

Für das Jahr 1648 ist erstmals ein Gebetsraum der Warburger Juden dokumentiert. Es handelte sich um eine Betstube in einem Privathaus am Altstädter Markt. 1693 erhielt die jüdische Gemeinde in der Warburger Altstadt die fürstbischöfliche Genehmigung zum Bau eines Synagogengebäudes. Kurz darauf wurde die Synagoge An der Burg, einer engen, steil ansteigenden Seitengasse in der Warburger Altstadt, errichtet. Es handelte sich um ein 6,75 Meter hohes Fachwerkgebäude mit Krüppelwalmdach. Der Eingang befand sich auf der Südseite. Über einen Vorraum gelangte man von Westen her in den eigentlichen Synagogensaal. Ebenfalls vom Vorraum aus kam man über eine Treppe zu der galerieartig an der Nord- und Südseite über den Männersitzen angebrachten Frauenempore. Der Synagogensaal hatte eine fast quadratische Grundfläche von 7,6 mal 7,4 Meter. An der Ostseite stand der Toraschrein. Das Innere der Synagoge wurde umgebaut und dient heute als Wohnhaus. Erhalten geblieben sind die Eingangstüren, die unter Denkmalschutz stehen. Eine am Gebäude angebrachte Gedenktafel erinnert an die ehemalige Synagoge.

Im Jahr 1900 erhielt die Synagoge eine elektrische Beleuchtung. 1903 wurde die Synagoge um eine drei Meter tiefe und 5,2 Meter breite trapezförmige Apsis an der Ostseite erweitert. Die Apsis war um sechs Stufen höher gelegt als der Synagogensaal. Sie wurde von einem halbkuppelförmigen Dach bedeckt. In diesem befanden sich Rundfenster. An den Längsseiten der Apsis gab es je ein Rundbogenfenster. Die von einem Holzgeländer eingerahmte Bima ragte vorn von der Apsis aus halbkreisförmig in den Synagogensaal hinein. Rechts und links von ihr führte je eine Treppe in die Apsis. An der Rückwand der Apsis stand der hölzerne Toraschrein, dessen Decke von drei Holzsäulen getragen wurde. Auf der Decke waren Schrifttafeln angebracht. An der Decke des Synagogensaals wurden in der Mitte die Dekalogtafeln angebracht.

1905 wurde eine neue Stützmauer am Treppenaufgang zur Synagoge angebracht, und ein Jahr später wurde der blaue Anstrich der Kuppel erneuert. 1912 ist der Anstrich im Innern der Synagoge nochmals erneuert worden.

Auch für die Warburger Juden begann mit der NS-Herrschaft die Zeit der Entrechtung, Vertreibung, Deportation und Ermordung. Am Abend des 10. November 1938 stürmten Nationalsozialisten die Warburger Synagoge und setzten sie in Brand. Dabei wurden die Kuppel und ein Teil der Umfassungswände zerstört. Torarollen, Gebetbücher, Gebetsmäntel und das Mobiliar wurden auf dem Altstädter Markt verbrannt. 1945 wurde die Synagoge notdürftig wieder hergerichtet. Einige Jahre fanden hier noch Gottesdienste statt, doch konnte letztlich eine neue jüdische Gemeinde mangels Mitgliedern nicht aufrechterhalten werden. Das Gebäude

Warburg – Daseburg

Um 1740 haben sich die ersten Juden in Daseburg niedergelassen. Seit 1774 läßt sich eine Synagoge – wahrscheinlich eine Betstube in einem Privathaus – nachweisen, zu der auch die Juden aus Rösebeck kamen. Ebenso beteiligten sie sich an den Unterhaltungskosten. Um 1850 haben die Rösebecker Juden dann eine eigene Synagoge gebaut. 1854 kamen die beiden Ortschaften zum Synagogenbezirk Warburg. Zu diesem Zeitpunkt wurde die Daseburger Synagoge aufgegeben, und die Juden des Orres gingen nach Rösebeck.

Warburg – Herlinghausen

Etwa seit dem 17. Jahrhundert haben Juden in Herlinghausen gelebt. Rechtlich unterstand der Ort dem Fürstbistum Paderborn, faktisch jedoch den Herren von der Malsburg, die auch das Judenregal an sich gezogen hatten. Die chronischen Finanzschwierigkeiten dieser Herren führten dazu, daß die Juden in ihr Territorium holten, sodaß um 1800 121 Juden in Herlinghausen lebten, was 30,6% der Gesambevölkerung ausmachte. Die Synagoge der Herlinghauser Juden befand sich dort, wo heute die Garagen der Familie Gröschell, Knickhagen 6, stehen. Wann sie errichtet wurde, ist nicht bekannt. Be-

dingt durch den Mitgliederschwund der Gemeinde während des 19. Jahrhunderts wurde das Synagogengebäude im Jahr 1900 verkauft. Die Juden behielten sich aber weiterhin das Recht vor, dort Gottesdienste abzuhalten. Wenige Jahre später gab es dafür jedoch nicht mehr genug Juden am Ort. Das Gebäude ist dann abgerissen worden.

Warburg – Hohenwepel

Seit dem Ende des 17. Jahrhunderts waren Juden in Hohenwepel ansässig. Laut Herausgabe einer Torarolle ging, besaßen sie schon im 18. Jahrhundert eine Synagoge, wahrscheinlich einen Betsaal. Als Hohenwepel 1854 zum Synagogenbezirk Warburg kommen sollte, wehrten sich die Hohenwepeler Juden mit der Begründung dagegen, sie hätten eine eigene Synagoge. Dieser Protest war jedoch vergeblich.

Warburg – Ossendorf

Im Generalgeleitbrief von 1704 des Fürstbischofs von Paderborn werden vier jüdische Familien für Ossendorf aufgeführt. Da der Ort verkehrsgünstig gelegen war, wuchs die Zahl der jüdischen Einwohner weiter an. Schon im 18. Jahrhundert besaßen sie eine Synagoge. Um 1800 haben sie einen Neubau errichtet. 1849 – zu dieser Zeit lebten 83 Juden im Ort – bauten die Ossendorfer Juden wiederum eine neue Synagoge an der heutigen Rimbecker Straße 10, der damaligen Nr. 21. In ihr fanden etwa 120 Personen Platz. Zwischen 1850 und 1860 verlor Ossendorf durch die Verlagerung des Durchgangsverkehrs und der Post seine verkehrsgünstige Lage. Viele Juden verließen den Ort und gingen nach Warburg oder Kassel. Gegen Ende des 19. Jahrhunderts wurde Ossendorf zusammen mit Nörde und Menne Filialgemeinde des Synagogenbezirks Warburg. Doch nahm die Zahl der Gemeindemitglieder weiter ab. Kurz nach dem Beginn der Weimarer Republik ist die Synagoge dann aufgegeben worden. Das Gebäude wurde 1924 abgebrochen. Die Steine sind vermutlich für einen Neubau an der Rimbecker Straße 29 verwendet worden. Heute befindet sich auf dem Grundstück der ehemaligen Synagoge ein Geschäftshaus.[277]

Synagoge Warburg-Rimbeck (Erinnerungszeichnung)

Warburg – Rimbeck

Die ersten Juden haben sich zu Beginn des 19. Jahrhunderts in Rimbeck niedergelassen. Seit dem Ende des 19. Jahrhunderts gehörte Rimbeck mit Scherfede und Bonenburg als Filialsynagogengemeinde zum Synagogenbezirk Warburg. Im Jahr 1853 haben die Rimbecker Juden in der Ortsmitte, am Hagebrunnen in einem Garten etwa 100 Meter von der St. Elisabeth-Kirche entfernt, eine Synagoge eingeweiht. Beim Bau kam es zu Schwierigkeiten mit der Ortsverwaltung, da die Treppe zur Eingangstür auf Gemeindegrund angelegt worden war. Daraufhin ließ die Verwaltung die Treppe abreißen. Erst nachdem die jüdische Gemeinde 10

Reichstaler gezahlt hatte, durfte die Treppe wieder errichtet werden. Das Gebäude war quadratisch in Fachwerkbauweise errichtet. Beleuchtet wurde es von Kristallleuchtern. Eine Frauenempore war ebenfalls vorhanden. Erst 1875 hat die Gemeinde das 50 qm große Synagogengrundstück gekauft. 1928 wurde die Synagoge von außen verputzt. Vorher war nur die Eingangsfront mit Putz versehen. Am 10. November 1938 wurde die Synagoge geplündert, das Gebäude 1940 auf behördliche Anweisung hin abgerissen. Die Grundmauern sind heute noch als Gartenmauern erhalten. Am Platz der ehemaligen Synagoge befindet sich eine Gedenktafel.[278]

Willebadessen

Kurz nach dem Ende des Dreißigjährigen Krieges haben sich die ersten Juden in Willebadessen niedergelassen. Schon vor dem Jahr 1800 gab es einen Betraum in einem jüdischen Haus, wo sich auch eine Mikwe befand. 1853/54 kam Willebadessen zum Synagogenbezirk Peckelsheim. Die Willebadessener Juden benutzten aber weiterhin ihren eigenen Betraum. Sie versuchten in der Folgezeit, sich von Peckelsheim zu lösen. Dem stand jedoch der fortschreitende Mitgliederschwund der kleinen Gemeinde entgegen. Zwischen 1875 und 1890 ist der Betraum aufgegeben worden.

Willebadessen – Löwen

In Löwen, wo sich die ersten Juden in der Mitte des 17. Jahrhunderts niedergelassen haben, existierte im 18. Jahrhundert ein Betraum in einem jüdischen Haus. Seit dem Beginn des 19. Jahrhunderts gingen die Löwener Juden zum Gottesdienst nach Peckelsheim.

Willebadessen – Peckelsheim

Etwa seit der Mitte des 16. Jahrhunderts haben Juden in Peckelsheim gelebt. In den Jahren nach dem Dreißigjährigen Krieg entwickelte sich das Dorf zu einem Handelszentrum mit mehreren bedeutenden Jahrmärkten. Daher ließen sich weitere Juden in Peckelsheim nieder. In diese Zeit fiel auch die Errichtung der ersten Synagoge. Es handelte sich um einen Fachwerkbau im Garten eines jüdischen Hauses an der Langen Straße gegenüber der heutigen Apotheke. Diese Synagoge wurde bei einem Stadtbrand 1688 zerstört. Im 18. Jahrhundert betrug der jüdische Bevölkerungsanteil in Peckelsheim etwa 12,4%. Durch den Vieh-, Korn- und Wollhandel gelangten die Juden zu einigem Wohlstand. Im Jahr 1783 hinterließ ein Marcus Aron der Gemeinde testamentarisch ein Kapital von 325 Talern zur Errichtung einer Synagoge. Mit Hilfe der politischen Gemeinde Peckelsheim gelangte dies auch zur Ausführung. Das Gebäude enthielt neben dem Betsaal auch den Schulraum und die Lehrerwohnung. Da die Mitgliederzahl der Gemeinde bis zur Mitte des 19. Jahrhunderts anstieg, zu dieser Zeit lebten etwa 180 Juden in Peckelsheim, baute die Gemeinde um 1850 an der Rosenstraße 6 eine neue und größere Synagoge, welche auch die jüdische Volksschule enthielt. 1853/54 wurde der Synagogenbezirk Peckelsheim eingerichtet, der neben Peckelsheim auch die Orte Dringenberg, Willebadessen, Altenheerse, Neuenheerse, Gehrden, Helmern, Fölsen und Ikenhausen umfaßte.

Am 10. November 1938 wurden die synagogalen Einrichtungsgegenstände von den Nationalsozialisten zerstört. Wegen der Gefahr für die umliegenden Häuser wurde die Synagoge nicht niedergebrannt. Sie wurde bis lange nach dem Zweiten Weltkrieg von der Realschule Peckelsheim genutzt. Danach diente sie als Lagerraum. Heute steht sie leer.[279]

Kreis Lippe

Bad Salzuflen

Seit der zweiten Hälfte des 17. Jahrhunderts lebten Juden durchgehend in Bad Salzuflen. 1760 erwarben sie von Johann David Mosel ein Hinterhaus der Langen Straße 19-20 und benutzten es in den folgenden Jahren als Synagoge und als Schule. 1855 wurde es abgerissen und eine neue Synagoge an der Mauerstraße errichtet. Die Bad Salzufler Juden finanzierten das Synagogengebäude mit Hilfe einer Hauskollekte bei den Lipper Juden. Außerdem hatte der Magistrat das Bauholz geliefert. Es handelte sich um einen kleinen, fast quadratischen Fachwerkbau mit Satteldach. In den Betsaal gelangte man durch das Schulzimmer. 1891 erhielt das Gebäude nach den Plänen des Architekten Fr. Seiff eine neue Fassade aus Massivsteinen mit gekuppelten hufeisenförmigen Fenstern in der ersten Etage.

Im November 1938 wurde die Synagoge im Inneren zerstört und später abgebrochen. Seit 1982 erinnert ein Gedenkstein an das Gotteshaus. Die jüdische Gemeinde besaß auch eine Mikwe.[280]

Bad Salzuflen-Schötmar

Vermutlich gegen 1800, als der jüdische Hofagent Joseph Leeser Besitzer des Rittergutes Schötmar war, wurde auf dem Grundstück der ehemaligen Erbkötterstätte des Rittergutes an der heutigen Aechternstraße 19 eine kleine Synagoge von 5,5 Meter Breite und 7,5 Meter Länge erbaut, der eine kleine Hoffläche von 7 Meter Tiefe vorgelagert war.

Im Jahre 1887 entschloß sich die jüdische Gemeinde zum Bau einer neuen Synagoge an gleicher Stelle. Architekt Seiff aus Salzuflen hatte die Baupläne entworfen, und Maurermeister Grefe führte das Projekt für 6.000 Mark aus. Bei dem 1888 errichteten Bauwerk handelte es sich um einen kleinen zweigeschossigen Kuppelbau aus massivem Mauerwerk auf quadratischem Grundriß von 6,8 Metern Seitenlänge im maurisch-orientalisierenden Stil. Die Gesimshöhe betrug 6,8 Meter, und die Kuppel mit Tambour maß 3,5 Meter. Sie war, um Kosten zu sparen, aus Holz gefertigt. Die Fassade der neuen Synagoge stand unmittelbar an der Straße und bildete mit den Nachbarhäusern eine gemeinsame Front. Den Eingang umrahmte ein Portal mit dorischen Säulen, über die sich ein Rundbogen wölbte, der ein Giebeldach trug.

Die Fassade des Erdgeschosses besaß je ein gekuppeltes Rundbogenfenster beiderseits des Eingangs. Die Fassade des ersten Stockwerks hatte über dem Eingangsportal ein Ochsenauge und zu beiden Seiten je ein großes Rundbogenfenster. Auffällig an der Westfassade war auch das Hauptgesims mit seinem breiten Zinnenfries und das markante Gesims zwischen Erdgeschoß und erstem Stockwerk. Vor allem der Zinnenfries gab der Synagoge zusammen mit der kastenartigen Fassade und der breiten Kuppel das orientalische Aussehen. An das Synagogengebäude schloß sich auf der Rückseite und von der Straße aus nicht zu erkennen das Schulhaus mit einfachem Satteldach an.

Als 1929 die mit Holzschindeln gedeckte Kuppel baufällig geworden war, wurde sie entfernt und durch ein Satteldach ersetzt, dessen Giebel zur Aechternstraße der Fassade angeglichen wurde. Er erhielt mehrere Giebelaufsätze, ein gekuppeltes

Bad Salzuflen: Giebelansicht der Synagoge

Rundbogenfenster und zwei Davidsterne. Im November 1938 brannten Nationalsozialisten die Synagoge nieder. 1939 erwarb ein Spediteur die Synagoge und nutze sie nach Wiederherstellung des Daches als Lagerhaus. 1974 wurde das Gebäude zum Wohnhaus umgebaut. Seitdem ist der ehemalige sakrale Zweck baulich nicht mehr zu erkennen.

Bad Salzuflen-Schötmar: Synagoge (2. Haus von links)

Barntrup

Im Jahre 1910 lebten in Barntrup nur noch drei jüdische Familien. Die jüdische Gemeinde bestand jedoch formal weiter. Ihr Betsaal war in einem Wohnhaus untergebracht, er war allerdings wegen der geringen Mitgliederzahl schon damals nicht mehr in Benutzung, sondern diente als Abstellraum. Aber selbst dieser Abstellraum wurde in der Pogromnacht im November 1938 nicht übersehen; jedoch wurde nur geringer Schaden angerichtet.

Barntrup-Alverdissen

In Barntrup-Alverdissen gab es in den zwanziger Jahren eine Synagoge, die von der jüdischen Familie Arensberg gebaut worden war. Über ihre weitere Geschichte ist nichts mehr bekannt.[281]

Barntrup: In diesem Gebäude befand sich früher der Betsaal

Blomberg

Nach der Vertreibung der Juden aus Lippe im Jahre 1614 siedelten erst wieder 1661 Juden in Blomberg und Umgebung. Ihre Gottesdienste hielten sie im Laufe der Jahre in verschiedenen gemieteten Räumen ab. So gab es im „Judenhaus" in der Dorfmitte von Reelkirchen einen Versammlungsraum. In Kleinenmarpe trafen sich Juden bei der Familie Herzberg. In Wellentrup soll ein Rabbiner in früherer Zeit einen Gebetsraum eingerichtet haben. In Wöbbel gab es einen ähnlichen Kultraum.

Auch in Blomberg mieteten die Juden im Laufe der Zeit verschiedene Räume an. Ein Mietvertrag aus dem Jahre 1741 lautet: „Hiesige zwey Schutzjuden, nemlich Samson Schmuhl Isaac Katzenstein und Meyer Heinemann, welche mir meinen Saal zu Haltung ihrer Synagoge abgeheuert, selbige haben mir heute dato die Heuer mit ... fünf Reichsthaler bis michaeli 1742 voraus bezahlt. Bescheinigt hiermit H. Pustkoke, Blomberg den 6. Februar 1741".

Da die Nutzung von gemieteten Räumen mit zahlreichen Schwierigkeiten verbunden war, entschlossen sich die Blomberger Juden im Jahre 1808 zum Bau einer Synagoge. Der Magistrat stimmte einem Synagogenbau unter der Bedingung zu, daß der Zimmermann Ernst Krüger, der die Synagoge bauen sollte, auch der Besitzer des Gebäudes sein und die jüdische Gemeinde das Haus nur zur Miete nutzen sollte. Erst 1812 erwarb sie die Synagoge Im Siebenbürgen 1a für 112 Taler.

In ihr versammelten sich in den folgenden Jahrzehnten die Blomberger Juden zum Gottesdienst. Seit dem Jahre 1890, als der Höchststand von 50 Gemeindemitgliedern erreicht wurde, sank die Zahl der Blomberger Juden durch Wegzug erheblich, sodaß nach der Jahrhundertwende kein Gottesdienst mehr stattfinden konnte. Trotzdem wurde ein Antrag der Blomberger Juden auf Auflösung der Gemeinde im Jahre 1912 abschlägig beschieden. In den zwanziger Jahren lebten nur noch zwei jüdische Familien in Blomberg. Im Herbst 1937 wurde das Synagogengebäude an den Blomberger Sattler August Geise verkauft. Es entging daher im November 1938 einer Zerstörung durch die Nationalsozialisten und überstand auch den Zweiten Weltkrieg. Danach diente es als Lagerschuppen und blieb bis heute erhalten. Deshalb konnte, als sich in den achtziger Jahren die Stadtverwaltung für das Gebäude interessierte, eine ausführliche bauhistorische Untersuchung des Gebäudes durchgeführt werden.

„Das Gebäude der früheren Synagoge ist ein schlichter, giebelständiger Fachwerkbau von nur etwa 5,75 Meter Breite und 15,25 Meter Länge, der als Wandständerbau von 9 Fachen (10 Gebinden)

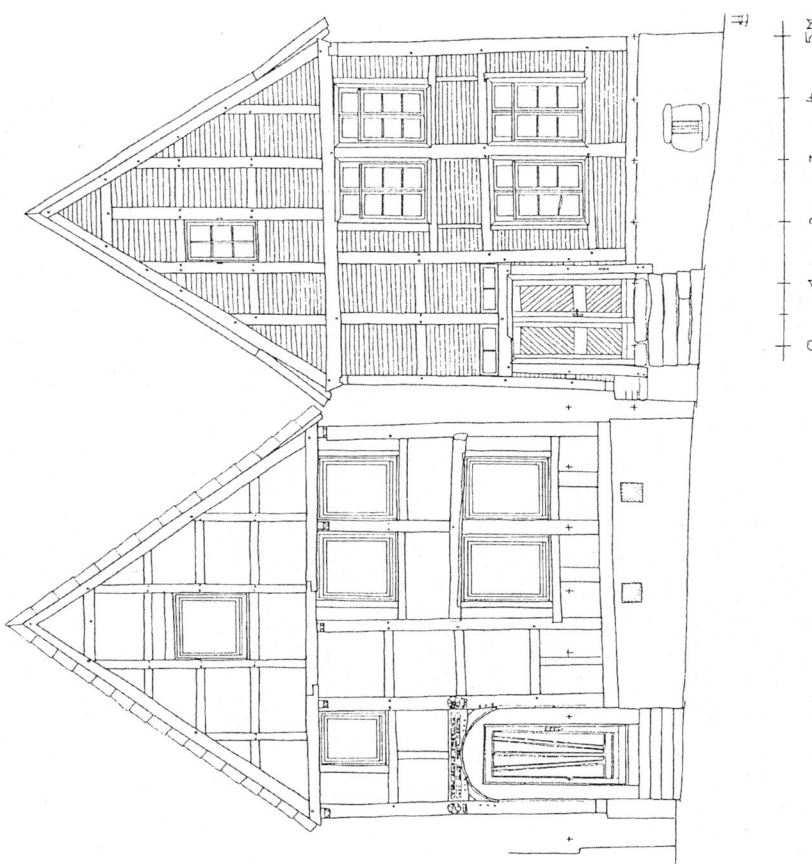

Blomberg: Straßenansicht der Synagoge (rechts im Bild – Zeichnung von Dr. Heinrich Stiewe, Blomberg)

mit aufgekämmten Dachbalken errichtet ist. Die Sparrenpaare mit je einem Kehlbalken stehen auf den Balkenenden und werden in Längsrichtung durch untergenagelte diagonale Windrispen stabilisiert. Das Dach ist mit roten Hohlpfannen in Kalkmörtel gedeckt. Die innere Queraussteifung des Gebäudes wird durch Querwände im dritten, vierten und fünften Gebinde sowie durch lange Kopfbänder im Deckenbereich des Saales gewährleistet. Dennoch sind aufgrund von Fundamentschwächen die Außenwände teilweise seitlich ausgewichen und zum Teil erhebliche Setzungen eingetreten.

Das Außenfachwerk zeigt drei Riegelreihen mit einfacher Vernagelung; Traufwände und Rückgiebel werden durch je zwei gebogene, nach außen weisende Fußstreben ausgesteift. Der straßenseitige Giebel ist ganz in Fachwerk ausgeführt und mit unverputzten Handstrichziegeln in Kalkmörtel ausgemauert, besitzt aber keine Vorkragung. Die übrigen Wände des Hauses wurden mit luftgetrockneten Lehmsteinen ausgemauert und verputzt. Das rückwärtige Giebeldreieck ist verbrettert. Aufgrund der leichten Hanglage zur Straße erhebt sich der vordere Teil des Gebäudes auf einem etwa 1,20 Meter hohen Bruchsteinsockel, der im vorderen Bereich einen kleinen Keller mit einem schmalen Fenster zur Straße enthält. An der linken Seite des Giebels führen fünf ausgetretene Sandsteinstufen zu einer zweiflügeligen Eingangstür hinauf. Darüber liegen zwei schmale Oberlichter zur Belichtung des Flures. Die Schwellen der Türpfosten des Eingangs gezapft. An der rechten Seite der Giebelwand befinden sich je zwei relativ große Flügelfenster mit Oberlichtern zur Belichtung von Stube und darüberliegender Kammer ...

Im vorderen Bereich des Hauses befinder sich die ... Mietwohnung. Sie besteht aus einem linksseitigen Flur, der durch die Eingangstür von der Straße betreten wird und am Ende in den Synagogensaal führt. Rechts führt eine Zweifüllungstür in die relativ kleine Stube mit zwei Fenstern zur Straße. Hinter der Stube liegt die teilweise haushohe Rauchküche. ... Über eine sehr schmale und steile Treppe im Flur wird die Frauenempore erschlossen: Eine anschließende, winzige Galerie führt zu der vorderen Kammer im Obergeschoß, die in voller Hausbreite über der Stube und dem vorderen Teil des Flures liegt ...

Seite eines babylonischen Talmuds des 18. Jahrhunderts aus der Blomberger Synagoge

Die eigentliche Synagoge befand sich im hinteren Bereich des Hauses, der durch eine zweiflügelige Tür vom Eingangsflur aus betreten wird. Der ehemalige Betsaal ... nimmt die letzten fünf Fache des Hauses ein und erstreckt sich über beide Geschosse. Er besaß eine Fußbodenpflasterung aus Ziegelsteinen und wird von einer segmentbogenförmigen Tonnendecke überspannt, die von langen, weit ausgreifenden Kopfbändern zwischen Wandständern und Deckenbalken gebildet wird. Die Deckenfüllungen zwischen diesen Kopfbändern bestanden aus Wellerhölzern, die mit Stroh umwickelt und mit Lehm verputzt waren ...

Nach widersprüchlichen Aussagen älterer Anwohner soll die gewölbte Saaldecke entweder blau mit goldenen Sternen oder weiß mit goldenen Ornamenten bemalt gewesen sein. Durch eine restauratorische Untersuchung konnten an den Unterseiten der Kopfbänder unter jüngeren weißen Kalktünchen hellblaue Anstrichreste nachgewiesen werden. Die Wände waren ehemals mit einem dicken Lehmputz mit zahlreichen Kalkfarbschichten überzogen. Zwei hochrechteckige Fenster in der östlichen Längswand und zwei nachträglich verkleinerte Fenster in der nördlichen Giebelwand sorgen für eine ausreichende Belichtung des Saales.

Zwischen den beiden Fenstern der Ostwand befindet sich als einziges erhaltenes Ausstattungsstück der Synagoge der hölzerne Tora-Schrank, der ... bündig mit der Außenkante der Wand nach Osten eingebaut ist. Es handelt sich um einen schlichten, graugrün gefaßten Kasten aus Eichenholz, dessen Türen nicht mehr vorhanden sind. Er besaß ehemals einen ausgesägten, geschweiften Giebel, an dessen Vorderseite eine aufgesetzte Verzierung oder Inschrift angebracht war, von der

Blomberg-Cappel

Die Cappeler Juden hielten gegen Mitte des 19. Jahrhunderts ihren Gottesdienst in einem gemieteten Raum, der bereits baufällig und dessen Miete hoch war. Deshalb baten sie 1844 um die Genehmigung zum Bau einer Synagoge. Sie wurde als schlichtes, fast quadratisches Gebäude mit Walmdach errichtet. Die Nord- und Südseite war 10 Meter lang und die West- und Ostseite 7,50 Meter breit.

Der Eingang lag auf der Westseite. Er führte in einen kurzen Flur, der rechter Hand zum Wohnraum hatte. Auf der linken Seite ging eine Treppe hinauf zur Frauenempore, die über dem Eingangsbereich und das Treppenhaus in einen modernen Baukörper aus Glas und Stahl und die Verwaltungsräume in einen neuen Anbau. Schließlich erhielt das Stadtarchiv nicht nur gleichsam den gesamten Baukörper der Synagoge in Verwahrung, sondern auch einen Fund aus der ehemaligen Synagoge, den man während der Aufräumungsarbeiten machte: die Doppelseite eines babylonischen Talmuds aus dem 18. Jahrhundert, der einen Traktat über das jüdische Familien- und Eherecht enthält.

aber nur noch ein Abdruck auf dem Holz zu erkennen ist. Unter dem zweitletzten Deckenbalken des Saales befindet sich noch ein schmiedeeiserner Haken, an dem vermutlich ein Leuchter aufgehängt war. 1836 werden als Einrichtung der Synagoge ‚die Kanzel, ein Schrank, Stühle, Bänke und Pulte, die Frauen Sitze und Lampen' sowie ‚die Kronen' (Kronleuchter) genannt. Von der beweglichen Ausstattung, die 1937 noch bestanden haben soll, ist nichts mehr erhalten.

An der Südseite des Saales befindet sich im Zwischengeschoß die ehemalige Frauenempore, die über eine schmale Treppe vom Flur aus betreten wird. ... Ursprünglich besaß die Empore eine hölzerne Brüstung, die aber im Detail nicht mehr rekonstruiert werden konnte und daher durch ein modernes Geländer ersetzt worden ist. Belichtet wird der Emporenraum durch zwei hochliegende Fenster an der östlichen Traufwand. Das von außen gesehen linke der beiden Fenster stammt noch aus der Bauzeit von 1808; es besitzt eine Bleiverglasung mit grünen Scheiben und nur einen zu öffnenden Flügel mit Winkelbändern, einem Knopf und zwei Vorreihern; außerdem ist ein kleiner, eiserner Flügel mit klarer Verglasung im oberen Teil vorhanden. Später wurde das Fenster durch ein hinzugefügtes zweiflügeliges Holzsprossenfenster auf volle Gefachbreite vergrößert."

Nach dieser Bestandsaufnahme wurde beschlossen, das Gebäude sowohl in seiner bisherigen Bausubstanz zu erhalten und zu schonen als auch gleichzeitig ihm eine moderne Funktion als Stadtarchiv zu geben. Daher verblieb nur der Lesesaal im Synagogengebäude, während alle anderen funktionalen Teile eines Archivs in moderne Anbauten ausgelagert wurden: das Magazin in neue Kellerräume, der Ein-

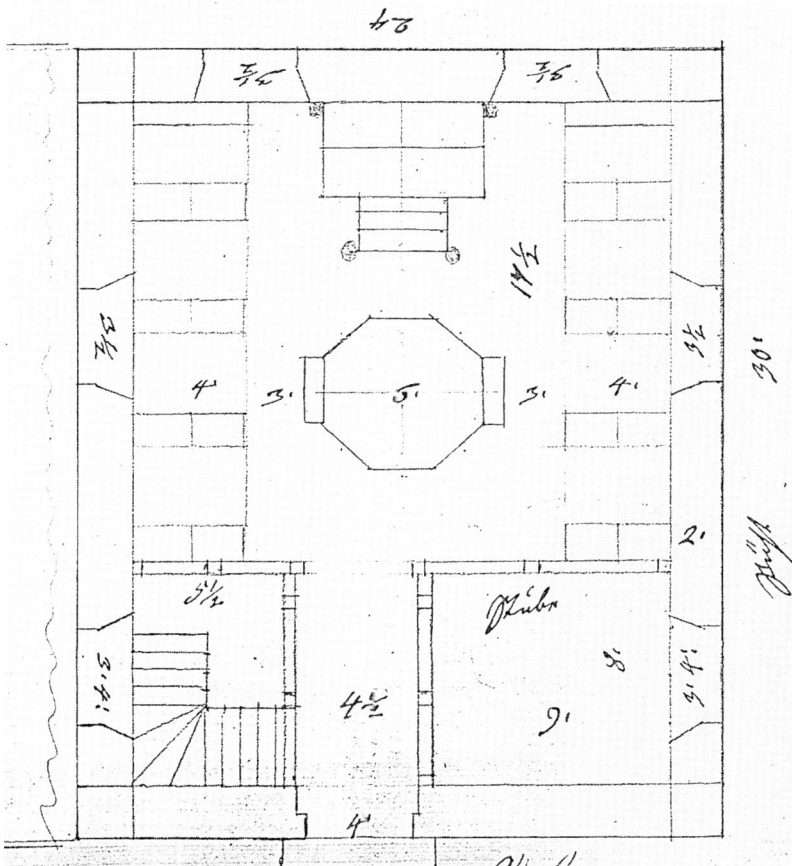

*Blomberg-Cappel:
Grundriß der Synagoge*

Detmold

Synagoge an der Exterstraße

Im Jahre 1614 wurden die in der Grafschaft Lippe lebenden Juden, insgesamt 28 mit einem Geleitbrief versehene Personen, vertrieben. Erst die starke Finanznot des Lippischen Grafen und die erstarkende absolutistische Herrschaftsform, die kaum mehr Rücksicht auf die Wünsche der städtischen Oberschicht nahm, ermöglichten seit der Mitte des 17. Jahrhunderts die dauerhafte Ansiedlung von Juden in Detmold. 1670 erhielt die Detmolder Judenschaft gegen Zahlung von zwei Reichstalern jährlich das Recht zur Abhaltung regelmäßiger Gottesdienste. Dies sollte jedoch „heimlich und ohne jenige Ärgernis"[282] geschehen.

Seit 1712 war das Spangenbergsche Haus, Krumme Gasse 28, als Synagoge gemietet worden. Als der Besitzer des Hauses wechselte, bat der jüdischen Gemeinde die Lippische Fürstin Johannette Wilhelmine im Jahre 1742, „ein geringes Häußgen, an etwa einem abgelegenen und stillen Orthe dieser löblichen Stadt käuflich an unß bringen"[283] zu dürfen. Der Detmolder Magistrat erlaubte daraufhin den Juden, sich in einer 1683 errichteten Scheune in der heutigen Exterstraße 8a eine Synagoge einzurichten.

Die Scheune, die einige Schritte von der Straße zurücklag, wurde für die neuen Zwecke umgebaut. Es war ein Fachwerkgebäude mit Krüppelwalmdach. Zumindest eine Längsseite war aufgelockert durch wenigstens fünf hohe und zwei kleine Sprossenfenster mit Flachbögen. Der Toraschrein der Synagoge befindet sich heute im Lippischen Landesmuseum in Detmold. Im Jahre 1804 errichtete die jüdische Gemeinde – wie aus einer Giebelinschrift hervorgeht – vor der Synagoge und direkt an der Exterstraße ein Wohnhaus als Schule und Lehrerwohnung.

Seitenansicht der alten Detmolder Synagoge an der Exterstraße

gangsflur und dem Schulzimmer lag. Der Flur mündete geradeaus in den Betsaal, der recht klein und quadratisch war (ungefähr 7,5m mal 7,5 m). Dadurch stand der Almemor mit dem Vorlesepult zwangsläufig in der Mitte des Raumes. In einer Nische der Ostwand – dem Eingang gegenüber – war der Toraschrein eingemauert, zu dem drei Stufen hinaufführten. Vor dem Toraschrein befand sich ein Vorbeter- oder Predigerpult. Das Gestühl (jeweils vier Bänke) stand entlang der Nord- und Südseite des Betsaals und war auf den Toraschrein ausgerichtet.

Das Gebäude diente bis zum Jahre 1896 als Gotteshaus und wurde dann wegen der stark gesunkenen jüdischen Einwohnerzahl verkauft und abgebrochen.

Synagoge an der Lortzingstraße

Im Laufe des 19. Jahrhunderts stieg die jüdische Einwohnerschaft Detmolds an. Ihren Höchststand erreichte sie um 1900 mit 240 Personen. Auch gelang den meisten Juden der Aufstieg in den Mittelstand. Sie ließen sich zumeist auf der Lange Straße, der Hauptgeschäftsstraße, als Kaufleute nieder. Aufgrund der demographischen und der wirtschaftlichen Entwicklung sowie der geringen Größe des in die Jahre gekommenen Gotteshauses ent-

schlossen sich die jüdische Gemeindevertreter zum Neubau einer repräsentativen Synagoge an der Lortzingstraße. Sie wurde 1907 nach Plänen des Architekten Ludwig Blecher fertiggestellt. Er wählte einen Zentralbau mit kreuzförmigem Grundriß aus bossierten Quadern. Die Kreuzarme hatten ein Satteldach, an ihren Fassaden im Erdgeschoß kleine Rundbogenfenster und darüber große Fensterrosen. Ihre Giebel zierten mächtige Aufsätze. Oberhalb der Vierung erhob sich über vier Trompen der sechseckige Tambour in Form einer Zackenkrone und mit einem Kranz von Rundbogenfenstern zur Belichtung des Kuppelraumes. Über dem Tambour wölbte sich die hohe gerippte Spitzkuppel.

Zu dem wuchtigen und kompakten Eindruck, den das Synagogengebäude machte, trugen neben den bossierten Quadern und der geringen Auflockerung der Baumassen auch die beiden gedrungenen Westtürme und der Ostturm bei. Die Westtürme besaßen ein Glockendach, und der Ostturm hatte ein geripptes Kuppeldach. Dieser klobig-gedrungene Stil aus bossiertem zyklopischen Mauerwerk war Ausdruck von Monumentalität während der Jahrhundertwende. Er ist aus der nationaldeutschen Denkmalarchitektur dieser Zeit hervorgegangen. Beispiele sind das Kyffhäuser Denkmal oder die Kaiser-Wilhelm-Denkmäler am Deutschen Eck und an der Porta Westfalica bei Minden. 1913 wurde die neue Essener Synagoge im gleichen Stil, jedoch mit einer großen Flachkuppel, errichtet.

Durch gedrungene und mit schweren Metallbeschlägen verzierte Eingangstüren gelangte man in das Synagogeninnere. Soweit eine Fotografie den Betsaal festhält, liefen Gestühl und Mittelgang auf den Almemor zu, der die Form eines Podiums hatte. Vorlesepult und Predigerpult wur-

Detmolder Synagoge an der Lortzingstraße

den von zwei Kerzenhaltern beleuchtet. Über beiden hing die Ewige Lampe, und dahinter erhob sich der mächtige hölzerne Toraschrein, der an die Ostwand angebaut war. Er hatte die Form eines Portals mit Rundbogen und flachem Zwiebeldach. Er enthielt mindestens fünf Torarollen mit Toraschmuck. Schrein und Almemor verschmolzen zu einer architektonischen Einheit. Diese bildete den Fluchtpunkt des Synagogenraumes, auf den das Gestühl (242 Sitze) und der Mittelgang zuliefen und über den sich die gerippte und als Sternenhimmel ausgemalte Kuppel wölbte. Außer dem Betsaal enthielt das repräsentative Synagogengebäude unter anderem auch einen Konferenz- und einen Schulraum.

Die Baukosten betrugen 85.000 Mark. Da der Verkauf des alten Gebäudes nur 19.000 Mark einbrachte, belastete der Ko-

stenaufwand die jüdische Gemeinde auf Jahre, und das in besonderem Maße, da sie um 1900 mit 250 Personen ihren Höchststand erreicht hatte. Zur Einweihung der neuen Synagoge am 17. Mai 1907 erschien neben den Honoratioren von Stadt und Land auch das Lippische Fürstenpaar. Das Gebäude wurde im November 1938 von Nationalsozialisten niedergebrannt und die Ruine später abgetragen. Eine Säule der zerstörten Synagoge ist erhalten geblieben und in die 1988 angelegte Gedenkstätte für die Opfer des Nationalsozialismus integriert.

Nach dem Zweiten Weltkrieg bildete sich eine kleine jüdische Gemeinde. Sie richtete sich im Jahre 1955 einen Betsaal im Hause Allee 13 ein. Gegenüber den Sitzreihen befand sich an der Ostwand des Raumes der Toraschrein, davor stand der Almemor mit zwei dreiarmigen Leuchtern, darüber hing ein Kronleuchter. Im Jahre 1971 wurde der Betsaal wegen Mitgliederschwundes aufgegeben.

Extertal-Bösingfeld

Detmolder Synagoge an der Lortzingstraße – Innenansicht mit Toraschrein

Seit dem Ende des Dreißigjährigen Krieges siedelten Juden in Bösingfeld. Anfang des 19. Jahrhunderts hielten die sieben jüdischen Familien ihren Gottesdienst bei ihrem Gemeindemitglied Dannenberg in einer für acht Reichstaler gemieteten, engen Kammer ab. Nachdem das Haus verkauft worden war, erwarb die jüdische Gemeinde für 160 Reichstaler die Stätte Nr. 74 in Bösingfeld von dem Straßenkötter Johann Friedrich Korf. Das Grundstück umfaßte einen kleinen Hofraum mit Garten.

Anstelle des verfallenen Wohnhauses errichtete die jüdische Gemeinde einen Neubau mit Raum für zwei Familien, eine Kammer für den Lehrer und mit einem Betsaal. Eine Wohnung sollte vermietet werden und die nötigen 500 Reichstaler für den Bau durch eine Kollekte bei den Juden Westfalens sowie ein Darlehen bei der Lippischen Landesregierung aufgebracht werden. Im August 1824 wurde das neue Synagogengebäude geweiht.

Im Jahre 1903 baute die jüdische Gemeinde eine neue Synagoge an der Südstraße. Sie war zwölf Meter lang, acht Meter breit und sechs Meter hoch, hatte ein steiles Satteldach und große Bogenfenster. Auf der Mitte des Dachfirstes befand sich ein kurzer schlanker Turm. Sie diente bis zum Jahre 1938 für Kultus- und Schulzwecke, wurde dann umgebaut und bis zu ihrem Abriß 1988 anderweitig genutzt.

Synagoge von Extertal-Bösingfeld

Horn – Bad Meinberg

Im Jahre 1670 erlaubte der Lipper Graf Simon Heinrich den Juden in Horn die Abhaltung von regelmäßigen Gottesdiensten. Sie fanden in den folgenden Jahren in verschiedenen Häusern von Horn statt. Seit dem 19. Jahrhundert besaß die Gemeinde eine Synagoge an der Burgstraße 29, die hinter dem Fachwerkbau des Schulhauses lag. Im Jahre 1857 wurde das baufällige Haus für 2.000 Reichstaler durch einen Neubau ersetzt. Im Zuge dieses Neubaus verschwand das Gitter vor der Frauenempore. Im November 1938 wurden im Innern des Gebäudes Beschädigungen angerichtet. Es übersteht die NS-Zeit und dient heute als Wohnhaus.[284]

Kalletal-Hohenhausen

Mit dem Tode des Hohenhausener Juden Jakob Arensberg im Jahre 1918 verschwand der letzte Zeuge der jüdischen Gemeinde in Hohenhausen. Bemerkenswert ist, daß eines ihrer Mitglieder, nämlich Aron Nathan Steinberg, nach 1870 sogar einige Jahre Vorsteher der politischen Ortsgemeinde gewesen war. Um diese Zeit hatte die jüdische Gemeinde 62 Mitglieder, die von zwei Kultusbeamten und einem Lehrer betreut wurden. Dieser unterrichtete dreizehn Kinder in einem

Kalletal-Hohenhausen: Haus des letzten jüdischen Einwohners mit der Synagoge als „Anklapp" am rechten Bildrand

Lage

Seit ungefähr 1680 lebten Juden in Lage. Im Jahre 1809 war ihre Zahl auf 50 Personen angestiegen. Auch besaßen sie bereits um diese Zeit in der Langen Straße 87 eine Synagoge, deren Baujahr jedoch nicht bekannt ist. Es handelte sich um einen Fachwerkbau, der im wesentlichen mit der 1812 gebauten Synagoge in Enger identisch war, da letztere nach dem Vorbild der Lager Synagoge gebaut worden ist.

Mit Zunahme und steigender Prosperität der jüdischen Einwohnerschaft entschlossen sich die Gemeindevertreter im Jahre 1878 zum Bau einer neuen und größeren Synagoge an der Ecke Friedrichstraße und Schulstraße. Es war ein Bruchsteingebäude auf quadratischem Grundriß mit 14 Metern Seitenlänge im neoromanischen Stil mit ziegelgedecktem Satteldach. Die Eingangsfassade zur Friedrichstraße hatte einen Vorbau mit einer Fensterrose aus Buntglas und mit großen Aufsätzen an den Giebelseiten und auf der Giebelspitze. Über dem Eingang, den ein weiterer Giebel krönte, stand in goldenen hebräischen Lettern: „Mein Haus wird ein Bethaus heißen für alle Völker" (Jesaja 56,7). Rechts und links vom Eingangsvorbau befanden sich im Erdgeschoß gekuppelte Fenster und darüber Fensterrosetten. Das Hauptgesims zierte ein aus hellem Sandstein gefertigtes Zackenband.

Durch die Eingangstür kam man in einen Vorraum. Hier standen Schränke für die Gebetbücher, und eine Treppe führte zur Empore, auf der ungefähr 40 Frauensitzplätze angebracht waren, die mit Wachskerzen beleuchtet wurden. Vom Vorraum führte auch eine Tür in den Betsaal, in dem rechter und linker Hand vom Mittelgang sechs Bankreihen für insgesamt 60 Männer standen. Sie waren auf den Toraschrein in der Ostwand ausgerichtet. Er bestand aus Holz und war hinter einem schweren Samtvorhang verborgen. In ihm wurden mindestens sechs

Lage: Nicht mehr genutzte Synagoge im Jahre 1937

gemieteten Schulhaus. 1846 war eine Synagoge am Markt errichtet worden, deren Fassade wie ein ortsübliches Wohnhaus mit steilem Satteldach ausgesehen hatte. Durch Abwanderung und Tod verlor die jüdische Gemeinde immer mehr Mitglieder.

In Kalletal-Varenholz gab es in den siebziger Jahren des 19. Jahrhunderts eine „genietete Synagoge".

Rollen im Toraschmuck aufbewahrt. Der Betsaal wirkte sehr hell. Die Synagoge hatte mehrere Seitenfenster mit Buntverglasung in Gestalt von verschobenen Vierecken in den Farben Rot, Weiß, Grün und Gelb. Die Wände waren weiß getüncht, und von der Deckenmitte hing ein großer Kronleuchter.

Das Gebäude diente bis zum Jahre 1928 als Gotteshaus. Danach konnte der Minjan nicht mehr erreicht werden, und die Juden aus Lage fuhren zum Gottesdienst nach Detmold. In den folgenden Jahren verfiel das Synagogengebäude, bis es im Oktober 1938 von der Stadtverwaltung für 6.000 Reichsmark erworben wurde. Es wurde daher auch während des Novemberpogroms nicht zerstört, im Laufe desselben Monats jedoch von städtischen Arbeitern abgerissen.

Dasselbe Schicksal ist dem jüdischen Gemeindehaus neben der Synagoge widerfahren. In einem Kellergeschoß befand sich eine Mikwe, die in Lage allgemein als „Judenbad" bekannt war. Der eigentliche Baderaum war 12 qm groß, das Bassin selbst 9 qm. Der Wasserspiegel erreichte Brusthöhe. In das Bassin führten Stufen hinab. Neben dem Baderaum befand sich ein kleiner Umkleideraum Im Kellerflur stand eine Pumpe mit einem Rost für den Abfluß. In den zwanziger Jahren verschwand das Bassin unter einer Betondecke, und das „Judenbad" diente danach als Kellerraum.

In den siebziger Jahren des 19. Jahrhunderts gab es in Lage-Heiden im Hause des Gemeindevorstehers einen Betraum.

Lemgo

Im Lemgo durften sich bis 1848 nur jeweils drei jüdische Familien niederlassen. Erst danach stieg die jüdische Einwohnerschaft kontinuierlich bis zum Jahre 1900 auf 111 Personen an, um bis 1933 auf die Hälfte zurückzugehen. Nachdem die Juden Lemgos bereits in den sechziger und siebziger Jahren des 19. Jahrhunderts für ein Gotteshaus bei jüdischen Gemeinden in Lippe und Westfalen gesammelt hatten, konnten sie sich 1883 in der Neue Straße ein Synagogengebäude errichten lassen.

Die Lippische Post berichtete über die Einweihung der Synagoge am 19. Okto-

Synagoge von Lemgo

ber 1883: „Nachdem im alten Gotteshause hies(igen) eine Abschiedspredigt seitens des Predigers Saphra gehalten, zogen die Gemeindeglieder, voran die Toraträger, und begleitet von einer Deputation der Stadtvertretung und verschiedenen Festteilnehmern zu der neuen Synagoge. Dieselbe steht leider an einer etwas abgelegenen Grabenstraße, an der neuen Straße, ihr Bau ist ein durchweg stattlicher und in seinen inneren Räumen reich verzierter. Nachdem dort die ewige Lampe angezündet, hielt Herr Blumenau aus Bielefeld die Weihrede über 1. Moses 28 (Jakob flieht vor Esau und schaut die Himmelsleiter.). Der Redner hob namentlich in ausführlicher Rede die drei Teile: 1. Dies Haus ist ein Haus des Friedens; 2. es ist ein Ort wahrer Menschenliebe und 3. ein Ort gläubiger Gottesverehrung in würdiger Weise hervor und schloß dann mit der Fürbitte für den Landesvater und Austeilung des Segens an die Gemeinde. Der Kirchenchor trug zur Erhebung der Feier wesentlich bei."

Bei dem Bauwerk handelte es sich um einen schlichten Quaderbau mit Rundbogenfenstern. Zum Eingang stieg man über eine Treppenstufen hinauf und trat durch eine große Tür in den Vorraum. Links führe eine Treppe auf die Orgelempore, geradeaus gelangte man in den Betsaal. Hier saßen durch einen Mittelgang getrennt die Männer auf der linken und die Fauen auf der rechten Seite. Der Mittelgang lief auf den Almenor zu, der ein halbrundes Holzgitter hatte. Es folgte in der Ostwand der Toraschrein hinter einem roten Vorhang.

Im November 1938 wurde die Synagoge von Nationalsozialisten in Brand gesteckt und später abgetragen. Heute erinnert an der Stelle des ehemaligen Gotteshauses eine Bronzetafel an die alte Synagoge.

Lügde

Seit dem späten 16. Jahrhundert siedelten Juden in Lügde. Sie hielten ihren Gottesdienst im 17. und 18. Jahrhundert in verschiedenen gemieteten Wohnhäusern. 1764 erwarben die zwölf jüdischen Familien angewachsen – inzwischen auf acht Familien – im Hause des Amtsrats Rötteken. Dort hatten sie einen Raum gemietet und mit den rituellen Gegenständen für den jüdischen Gottesdienst ausgestattet.

In das Wohnhaus des Johann Heinrich Hardelaub in der Mühlenstraße, heute: Hintere Straße 19, und richteten dort einen Betsaal und ein Schulzimmer mit Lehrerwohnung ein. Dieses Gebäude blieb bis zum Ende der jüdischen Gemeinde in der NS-Zeit die Synagoge von Lügde.

Im 19. und 20.Jahrhundert hatte sie folgendes Aussehen: Es handelte sich um einen massiven fast quadratischen Steinbau mit Satteldach, Rundbogenfenstern und einem Eingangsportal mit einer doppelflügeligen Tür. Im Erdgeschoß befanden sich eine Wohnung und der Treppenaufgang zum Betsaal in der ersten Etage. Er umfaßte vierzig Sitzplätze, jeweils zwanzig Plätze in zehn Sitzreihen links und rechts vom Mittelgang, der auf den Almenor zulief. Dahinter stand in der Ostwand der Toraschrein. Die Decke des Betsaales war blau gestrichen und mit Stuckelementen in Form von Mond und Sternen verziert.

Nach dem Rückgang der jüdischen Einwohnerzahl von 26 Familien im Jahre 1864 auf fünf bis zum Ende des Jahrhunderts, verkaufte die jüdische Gemeinde das Synagogengebäude im Jahre 1926 für 4.500 Reichsmark an die jüdische Familie Hirsch-Behrens. Sie wohnte bis zu ihrer Deportation dort und hielt den Betsaal für die Gemeinde zur Verfügung, die jedoch 1928 zum letztenmal ihren Vorstand gewählt hatte. Das Haus in der Hinteren Straße 19 ist im November 1938 nicht zerstört oder beschädigt worden, wurde aber später abgetragen.

Oerlinghausen

Seit dem Ende des Dreißigjährigen Krieges siedelten Juden in Oerlinghausen. Ihren Gottesdienst hielten sie am Ende des 18. Jahrhunderts – inzwischen auf acht Familien angewachsen – im Hause des

Im Jahre 1803 bauten die Oerlinghauser Juden eine Holzsynagoge. Hierzu wurde ihnen von der Witwe des Meyer David ein Grundstück an der Tönsberger Straße zur Verfügung gestellt. Grundrisse oder Beschreibungen der Holzsynagoge sind nicht mehr vorhanden. 1832 entschloß sich die Gemeinde zu einem Neubau der inzwischen baufälligen Synagoge, für den auch eine Kollekte bei den Lippischen Juden beantragt wurde. Unklar bleibt, ob tatsächlich ein Neu- oder Umbau durchgeführt wurde.

Jedenfalls ließen die Oerlinghauser Juden im Jahre 1890 die alte Synagoge abbrechen, und die jüdische Einwohnerschaft hatte ihren Höchststand erreicht. Es wurde 1893 ein neues Synagogengebäude errichtet, das den Gemeindeetat trotz einer Haussammlung bei den Lippischen Juden mit 2.000 Mark belastete. Mit der Jahrhundertwende setzte der Niedergang der jüdischen Gemeinde von Oerlinghausen durch den Wegzug von vier Familien ein.

Das Synagogengebäude war ein rechteckiger Bau mit Satteldach, das von einem Tambour mit flacher Kuppel gekrönt wurde. Die Synagoge war damit ein Längsbau mit Kuppeldach – eine selten vorkommende Kombination im deutschen Synagogenbau. Neu in der Synagogenarchitektur war die Bauweise aus bos-

Ehemalige Synagoge in Oerlinghausen – heute Sitz des Kunstvereins

sierten Quadern. Sie gab dem Gebäude trotz seiner geringen Ausmaße ein klobiges und wuchtiges Aussehen. Dieser Baustil ist aus dem national-deutschen Denkmalstil hervorgegangen (zum Beispiel Kyffhäuser Denkmal und Deutsches Eck in Koblenz) und erhielt durch die Detmolder und Essener Synagoge seine bekanntesten Vertreter im Synagogenbau. Beide Giebel der Oerlinghauser Synagoge besaßen ein rundes Fenster. Die Eingangstür an einer Giebelseite führte direkt in den Betsaal, der ein Tonnendach hatte. An der gegenüberliegenden Giebelseite befanden sich zwei Fenster sowie an den beiden Längsseiten jeweils drei Fenster. Die Inneneinrichtung ist nicht mehr rekonstruierbar, da Pläne und Beschreibungen fehlen.

Nachdem die jüdische Einwohnerschaft Oerlinghausens durch Abwanderung in die Großstädte beständig zurückging, fanden seit dem Ende der zwanziger Jahre keine Gottesdienste mehr in der Synagoge statt. Allein bei Trauerfeiern wurde die Synagoge noch benutzt. Trotz verschiedener Versuche der jüdischen Gemeinde, das Gebäude zu veräußern, fand sich kein Käufer, bis schließlich im Juli 1938 der staatenlose Schuhmacher und Fahrradhändler Johann Sikka die Synagoge für 1.300 Reichsmark erworben hat, da ihm die Werkstatt an der Hauptstraße von der Stadtverwaltung gekündigt worden war. Vom NS-Pogrom im November 1938 blieb das Gebäude daher verschont, die Stadtverwaltung machte es dem neuen Besitzer jedoch zur Auflage, die Kuppel entfernen zu lassen, um dem Gebäude den auffälligen Charakter zu nehmen. Nach dem Tode des Besitzers in den siebziger Jahren erwarb die Stadt die ehemalige Synagoge an der Tönsbergstraße und restaurierte das vor allem im Innern verfallene Gebäude. Heute nutzt es der örtliche Kunstverein als Ausstellungsraum.

Schieder-Schwalenberg

Seit dem späten 17. Jahrhundert siedelten Juden in Schwalenberg. Anfang des 19. Jahrhunderts waren es elf Familien. Sie hatten für ihre Gottesdienste im Laufe der Zeit in verschiedenen jüdischen und christlichen Häusern Räume gemietet, zuletzt in einem Hinterhaus des Gemeindemitgliedes Feist Michaelis. Im Jahre 1852 oder 1853 erwarben sie für 500 Taler das Haus am Klingenberg 10 und ließen es zu einer Synagoge mit Schulraum und Lehrerwohnung umbauen.

Der vordere Teil mit der Wohnung bestand aus Fachwerk, der hintere Teil mit dem Betsaal war aus Massivsteinen. Das Gebäude hatte ein Krüppelwalmdach. Die Fassade zum Klingenberg sah wie die umliegenden Häuser aus. Durch den Eingang des Gebäudes gelangte man in einen Flur der geradeaus in den doppelstöckigen saalartigen Betraum führte, den drei große Rundbogenfenster erhellten. Ob der Betsaal über eine Frauenempore verfügte, ist nicht bekannt. Auch über die Inneneinrichtung gibt es keine Überlieferungen.

Mit dem Rückgang der jüdischen Einwohnerschaft Schwalenbergs wurde die Synagoge Anfang des 20. Jahrhunderts verkauft und später endgültig durch Einzug einer Zwischendecke im ehemaligen Betsaal und Verkleinerung der Rundbogenfenster zum Wohnhaus umgebaut, was sie auch heute noch ist.

Schlangen

Seit dem 17. Jahrhundert wohnten Juden in Schlangen. In der ersten Hälfte des 19. Jahrhunderts hatten sie nach mündlicher Überlieferung einen Betsaal in einem Häuschen am Göbelsgraben zwischen

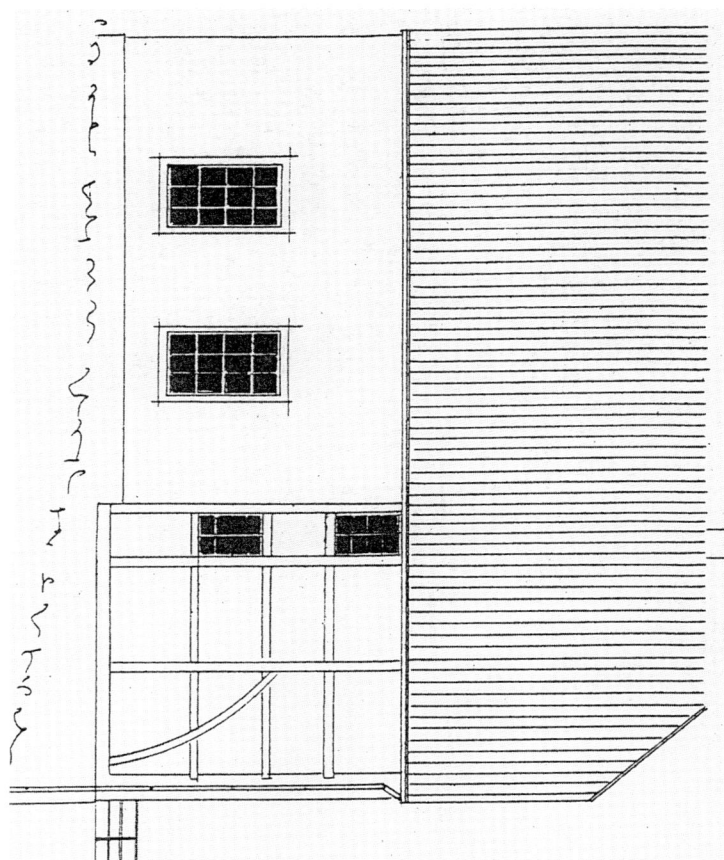

Synagoge von Schieder-Schwalenberg

Hausnummer 60 und 65. Im Jahre 1867 bauten sie sich eine kleine Synagoge, ebenfalls am Göbelsgraben. Die lippische Landesregierung gewährte hierzu ein Darlehen von 200 Reichstalern, für das sich der Kaufmann Meier aus Schlangen verbürgte.

Das Synagogengebäude war ein rechteckiger Backsteinbau mit Satteldach und rechteckigen Fenstern. Er maß ungefähr 10 mal 8,50 Meter. Über der mit Sandstein eingefaßten Eingangstür war ein hebräischer Spruch zu lesen. Das Synagogeninnere bestand aus einem Vorraum und dem Betsaal. Vom Vorraum führte eine Treppe ins Obergeschoß und auf die Frauenempore des Betsaales. Ebenfalls vom Vorraum aus erreichte man den quadratischen Betsaal, der 4,70 Meter hoch und 33 qm groß war. Das Gestühl stand rechts und links vom Mittelgang und war auf den Toraschrein an der Wandmitte gegenüber dem Eingang ausgerichtet, der sechs Torarollen enthielt. Über dem Schrein befand sich ein Rundfenster mit dem Davidsternmotiv. Vor dem Schrein stand der Almemor. Die Seitenwände hatten je ein über zwei Meter hohes Fenster. Die Wände waren hell gestrichen und schmucklos. Ein Kronleuchter erhellte die Dunkelheit die Synagoge.

Mit dem Rückgang der jüdischen Einwohnerschaft fand Anfang der dreißiger Jahre dieses Jahrhunderts kein Gottesdienst mehr in der Synagoge statt. 1937 wurde das Gebäude verkauft und zu einem Wohnhaus ausgebaut. Im Betsaal wurden eine Decke eingezogen, eine neue Eingangstür und mehrere Fenster hinzugefügt. Das Gebäude fiel 1973 dem Ausbau der Bundesstraße 1 zum Opfer.

Kreis Minden-Lübbecke

Bad Oeynhausen

Nach Gründung des Staatsbades Bad Oeynhausen um die Mitte des 19. Jahrhunderts bildete sich auch eine jüdische Gemeinde im Ort. Um 1860 war sie auf ungefähr 50 Personen angestiegen und mietete in einem Wohnhaus an der Mindener Straße, das dem Kaufmann Grundmann aus Vlotho gehörte, einen Betsaal. Kurze Zeit später zog sie in die Kandidatenschule um und verlegte bereits vor 1867 erneut ihr Domizil in ein Wohnhaus der Heinrichstraße. Nach 1890 löste sich die Oeynhausener Synagogengemeinde auf und schloß sich der jüdischen Gemeinde in Vlotho an.

Bad Oeynhausen: Postkartenmotiv „Jüdisches Bethaus" an der Mindener Straße

Bad Oeynhausen-Bergkirchen

Um die Mitte des 19. Jahrhunderts gab es in Bergkirchen, einem Ort mit 180 Einwohnern, einen Betraum für zwölf Juden, die sich gegen den Anschluß an die Synagogengemeinde in Minden zur Wehr setzten.

Lübbecke

Seit dem Ende des 17. Jahrhunderts siedelten ununterbrochen Juden in Lübbecke. Ihre Zahl wuchs von ungefähr 20 Personen auf 131 im Jahre 1837. Im Jahre 1854 erwarben die Juden das bisher zu Unterrichts- und Kultuszwecken genutzte Wohnhaus in der Bäckerstraße. An den massiven einstöckigen Steinbau mit Satteldach, der weiterhin als Schule diente, bauten sie ein einstöckiges Synagogengebäude im Fachwerkstil mit steilem Walmdach.

Das Synagogeninnere war ebenfalls schlicht gehalten. Das Gestühl, durch einen Mittelgang getrennt, lief auf den Almemor mit dem Vorlesepult zu, das mit einer schwarzen Tuchdecke mit kostbarer Spitze bedeckt war. Ähnlich verhielt es sich mit dem Predigerpult, das vor dem Toraschrein stand. Dieser befand sich in der Ostwand und enthielt hinter einem schlichten Vorhang elf Torarollen. Über dem Predigerpult und dem Almemor hing die Ewige Lampe, auf dem Vorlesepult standen links und rechts zwei hohe kupferne Kerzenhalter, und von der Synagogendecke herab hing ein Kronleuchter. Weitere Beleuchtungskörper befanden sich an den Wänden.

Tageslicht erhielt die Synagoge durch jeweils zwei Rundbogenfenster mit einfacher Verglasung an jeder Wand – mit Ausnahme im Westen, wo sich der Eingang befand. Wertvollstes Stück der Synagoge war ein alter Chanukka-Leuchter, dessen Standort im Lauf der Zeit wechselte. Der Fußboden bestand teilweise aus weißen und schwarzen Marmorplatten, über die Läufer ausgerollt waren; das Gestühl stand jedoch auf einem Holzfußboden. Da die Synagoge über keine Empore verfügte, saßen die Frauen im Betsaal hinter den Männern in der Nähe des Eingangs.

Im Jahre 1896 brach in der benachbarten Gerberei ein Feuer aus, das auf das Gotteshaus übergriff. Juden und christliche Nachbarn retteten daraufhin aus der Synagoge die Torarollen und die kostbare Decke des Lesepultes sowie andere Einrichtungsgegenstände und löschten zusammen mit der Feuerwehr den Brand. Als man im nächsten Frühjahr nach der Ausbesserung des Daches feststellte, daß das Fachwerk angefault war, wurde das Dach abgestützt und die Fachwerkmauern durch massive Steinmauern ersetzt.

Jüdisches Bethaus.

Lübbecke: Links das Schulhaus, rechts die Synagoge

Innenansicht der Synagoge in Lübbecke (um 1925)

Auch gestaltete man das Innere der Synagoge zum Teil neu. Die Wände wurden hellgrau gestrichen und erhielten entlang ihres Deckenrandes eine Stukkatur. Die Decke bekam einen hellfarbigen Anstrich und wurde mit Stuckkränzen geschmückt. Dem Toraschrein wurden zwei vergoldete Säulen zur Seite gestellt, über die ein kunstvoller Bogen gewölbt wurde. Das Halbrund zwischen Bogen und Oberkante des Toraschreines wurde blau ausgemalt und mit vielen Sternen verziert. Den Schrein verbarg nun ein wertvoller Vorhang aus rotem, schwerem Samt mit Goldstickereien in Gestalt des Davidsternes, eines Bibelspruches und einer Krone. Er war die Schenkung eines wohlhabenden Gemeindemitgliedes und eigens in einem hannoveraner Kunstgewerbeatelier hergestellt. Das Gestühl bekam einen neuen Anstrich, und die sechs Rundbogenfenster erhielten farbige Fenster mit Bleiverglasung. Ob das halbrunde Holzgitter des Almemors sich schon vor dem Brand in der Synagoge befunden hatte oder damals hinzugefügt worden ist, bleibt ungewiß.

In den Jahren 1926 bis 1928 wurde anläßlich einer erneuten Renovierung der Innenraum von dem Trierer Maler Max Lazarus neu ausgestaltet, der mehrere Synagogen, vor allem im rheinischen Raum, ausgemalt hatte. Die erhalten gebliebenen Abbildungen zeigen, daß der Sternenhimmel über dem Toraschrein entfernt und durch die Dekalogtafeln – umgeben von einem Strahlenkranz – ersetzt wurde. Die Synagogendecke malte Lazarus als Himmelsgewölbe. „Von ihrer Mitte", so berichtet das Israelitische Familienblatt im Jahre 1926, „gehen farbige, immer größer werdende Winkel aus, die sich in Dreiecken erschöpfen. In diesen Dreiecken sind in einfacher Strichführung dargestellt: das Waschbecken der Priester, der Tisch mit den Schaubroten, der Tempelleuchter, die Bundeslade und das ganze liturgische Jahr".

Im November 1938 wurden die Synagoge und das Schulhaus von Nationalsozialisten niedergebrannt und das Grundstück im April 1939 für 511 Reichsmark an die Stadt Lübbecke zwangsverkauft.

Minden

Bereits im 14. Jahrhundert gab es eine jüdische Gemeinde in Minden, die eine Synagoge besaß. Über den Standort und das Aussehen des Gebäudes ist nichts bekannt. Mit den Pestunruhen um 1350 verschwand auch die jüdische Gemeinde in Minden. In den folgenden zwei Jahrhunderten lebten hier nur sehr wenige Juden. Erst Ende des 16. Jahrhunderts erlaubte der Rat der Stadt einer kleinen Anzahl die Ansiedlung. Ihre Gottesdienste feierte die kleine Gemeinde im 17. Jahrhundert im Hause des Bankiers Berend Levi in der Greisenbruchstraße.

Synagoge an der Videbullenstraße

Im 18. Jahrhundert erwarb die Judenschaft, die aus zehn Familien bestand, das Haus Videbullenstraße 15. Es handelte sich um ein langgestrecktes Fachwerkgebäude mit Krüppelwalmdach. Im vorderen Teil befand sich vermutlich die Schule mit der Lehrerwohnung und dahinter der Betsaal. Hier feierten die Mindener Juden 1746 das für Preußen siegreiche Ende des Zweiten Schlesischen Krieges „unter Paucken- und Trompeten-Schall".[285]

Zu dieser Zeit besaßen die jüdischen Einwohner Mindens in einem der Häuser am Deichhof auch eine Mikwe. Vermutlich handelte es sich um das Haus an der Stadtmauer, das auf einem Stadtplan aus dem 17. Jahrhundert abgebildet ist. Unter diesem Gebäude floß der Bach Stadtbecke hindurch, der hier noch sauberes Wasser führte.

Alte Synagoge an der Kampstraße

Mit dem Anstieg der jüdischen Einwohnerzahl auf fast 200 Personen in der Mitte des 19. Jahrhunderts ließ die jüdische Gemeinde eine neue Synagoge in der Kampstraße 6 errichten. Der längsgerichtete zweigeschossige Quaderbau hatte einen Vorbau mit drei Hufeisenfenstern und eine Fensterrose im Obergeschoß. Das Gesims des Vorbaus zierten ein Zinnenband, ein breiter lilienförmiger Fries und zwei türmchenartige Eckaufsätze. Dasselbe Motiv mit Ausnahme der Zinnen wiederholte sich am Giebel: erneut der lilienähnliche Giebelfries mit den Türm-

Alte Mindener Synagoge an der Kampstraße

chen und im Giebel selbst ein rundes Fenster. Diese architektonischen Details vor allem gaben dem Gebäude ein orientalisierendes Gepräge.

Das Innere der Basilika, das durch eine Vorhalle erreicht wurde, setzte diesen Eindruck fort. Das Synagogengestühl, durch einen Mittelgang getrennt, war auf das Ensemble von Toraschrein und Almemor in der halbrunden Apsis ausgerichtet, die sich unter einer hufeisenförmigen Öffnung befand. Auch der hohe, helle und kastenförmige Toraschrein hatte eine hufeisenartige Öffnung, die von einem dunklen Vorhang mit dem Emblem der Dekalogtafeln bedeckt war. Die Apsis zierte auf halber Höhe ein breites Ornamentband.

Vor dem Vorlesepult auf der Höhe der Apsisöffnung stand ein Ziergitter, dessen beide Enden mehrarmige Leuchter trugen. Entlang der Seitenwände verliefen die Frauenemporen, die von schlanken weißen Säulen getragen wurden. Auch das Deckengewölbe ruhte auf solchen Säulen und weitgeschwungenen Strebebögen. Der an sich schon in hellen Tönen gehaltene Raum erhielt sein Licht durch zahlreiche Rundbogenfenster im Erdgeschoß und im Emporengeschoß sowie von einem großen Kronleuchter in der Synagogenmitte.

Die Hufeisenformen, die hohe kastenartige Gestalt des Toraschreines, die betonte Rundung der Apsis, verstärkt durch das Ornament, gaben auch dem Innenraum ein orientalisierendes Aussehen, das die grazilen Säulen und schlanken hellen Verstrebungen noch verstärkten. Die Mindener Synagoge wurde am 25. März 1865 eingeweiht. Der Bielefelder Kultusbeamte Salomon Blumenau hielt die Predigt. Das Gebäude diente bis zum 10. November 1938 als Gotteshaus. An diesem Tag wurde es von Nationalsozialisten niedergebrannt und später abgetragen.

Minden: Alte Synagoge an der Kampstraße – Innenansicht

Neue Synagoge an der Kampstraße

Nach dem Zweiten Weltkrieg bildete sich wieder eine kleine Gemeinde in Minden. Sie richtete sich im erhalten gebliebenen Gemeindehaus in der Kampstraße ein.

1958 gab sie eine neue Synagoge an der Stelle des 1938 zerstörten Gebäudes in Auftrag. Der Architekt war Karl Gerle (1903-1962), ein Christ, der neben Hermann Guttmann und Helmut Goldschmidt die meisten Synagogen in Deutschland nach 1945 gebaut hat, unter anderem in Paderborn, Hagen und Recklinghausen.

Gerle errichtete einen fast kubischen Bau mit flachem Pyramidendach und einer runden Apsis an der Ostwand. Wenn man von dem Davidstern auf dem Dach absieht, fehlt dem Bau jedes schmückende und die Baumasse auflockernde Element, das nicht aus der bloßen funktionalen Verwendung des Baustoffes unmittelbar abgeleitet werden kann. Das Synagogenäußere ist damit Produkt der „modernen Sachlichkeit" der fünfziger und sechziger Jahre.

Den Synagogensaal erreicht man durch einen Vorraum, von dem eine Treppe zur Empore führt. Durch eine glattpolierte doppelflüglige Tür des Vorraumes betritt man den Saal. Sein Grundriß entspricht fast einem Dreieck, in dessen Spitze gegenüber dem Eingang sich der Toraschrein aus dunklem Holz befindet. Dieser hat in seinem oberen Teil weiße Dekalogtafeln, die von einem Strahlenkranz umgeben sind. Der Schrein ist hinter einem großen dunkelbraunen Vorhang verborgen, der mit Goldstickereien verziert ist. Sie stellen Löwenfiguren dar, die Dekalogtafeln tragen – das Zeichen des Stammes Juda. Über den Tafeln schwebt eine Krone. Die Einfassung des Toraschreines stilisiert und trägt die Inschrift: „Die Lehre Adonais ist vollkommen und erquickt die Seele" (Psalm 19,8).

Vor dem Schrein befindet sich das Vorlesepult (Schulchan), vom siebenarmigen Leuchter (Menora) erhellt. Es trägt auf seinem Sockel einen großen goldenen Stern. Etwas vom Pult entfernt steht ein Chanukka-Leuchter. Das Vorlesepult umgibt nur ein kleiner durch eine Stufe erhöhter Freiraum (Almemor). Es folgen dicht darauf die Sitzreihen, die ein Mittelgang, der vom Almemor zum Ausgang führt, in zwei Blöcke trennt. Die Seitenwände des Synagogenraumes laufen wie Schenkel eines Dreiecks in Zick-Zack-Form auf den Toraschrein zu. Sie sind bis zur Kopfhöhe mit glatten Holzflächen getäfelt. Darüber erheben sich in den Knickfalten, die auf den Toraschrein hindeuten, die hohen Fenster, die abstrakt-modern gestaltet sind und bis fast zur Saaldecke reichen. Diese wird indirekt beleuchtet.

Durch die ziehharmonikahafte Gestaltung der Seitenwände ergibt sich für den Besucher der Synagoge je nach Standpunkt ein unterschiedliches Bild vom Inneren der Synagoge. Steht der Betrachter vor dem Toraschrein oder dem Vorlesepult und blickt auf die Bankreihen, so sieht er an den Seitenwänden die hohen bunten und durch das Tageslicht erleuchteten Glasfenster sowie die indirekt beleuchtete Synagogendecke. Kommt der Betrachter aber durch die Eingangstür, geht den Mittelgang entlang und setzt sich in eine der Bankreihen, so sieht er über der mannshohen Holztäfelung nur weiße schmucklose Wände, die zudem konzentrisch auf die beiden einzigen schmuckvollen Gegenstände im Raum, den Toraschrein und das Vorlesepult, zulaufen. Der Besucher soll damit die Möglichkeit haben, sich ohne Ablenkung auf den vor dem Toraschrein und dem Vorlesepult stattfindenden Gottesdienst zu konzentrieren.

Darüber hinaus geben die Dreiecksform des Grundrisses, die Ausrichtung des Raumes auf den Toraschrein in der Dreieckspitze, die faltenartige Auflösung der Wandfronten, die geschwungene Form der Sitzreihen und die indirekte Deckenbeleuchtung dem Synagogenraum einen feierlichen Charakter trotz seiner ansonsten nüchtern-funktionalen Ausgestaltung. Dies war die Absicht Gerles, der – wie er selbst formulierte – bei der Gestaltung seiner Synagogensäle darauf bedacht war, eine Atmosphäre zu schaffen, die es dem Besucher erleichtern sollte, sich in eine Gott zugewandte Stimmung zu versetzen.

Petershagen

Die jüdische Gemeinde Petershagen gehörte zu den ältesten Landgemeinden in Minden-Ravensberg. 1548/49 wurden erstmals jüdische Einwohner erwähnt. Gut hundert Jahre später ist bereits von einer Synagoge die Rede, die sich vermutlich – wie in anderen Landgemeinden – zunächst in einem Privathaus befunden hat. Zu Beginn der achtziger Jahre des 18. Jahrhunderts wird ein erstes Synagogengebäude errichtet. Im Jahre 1846, als die Gemeinde auf ihre Größe von 77 Personen angewachsen war, war ein neues Gotteshaus baute, wurde. Das Gebäude war ein rechteckiger eingeschossiger Ziegelbau mit Satteldach. Er hatte sowohl an der Straßenseite mit der Eingangstür als auch an der Gartenseite jeweils vier hohe rechteckige Fenster, die heute auf der Gartenseite mit Holzstäben vergittert sind. An der Westseite schloß sich das Schulgebäude an.

Im November 1938 verzichteten Nationalsozialisten nach dem Protest von Christen auf ein Niederbrennen der Synagoge und beschränkten sich auf die Zerstörung der Inneneinrichtung. Das Gebäude wur-

Petershagen-Schlüsselburg

Seit dem Ende des 17. Jahrhunderts siedelten Juden in Schlüsselburg. 1817 richteten sich eine Betstube in einem Wohnhaus ein. Nachdem die jüdische Gemeinde im Jahre 1853 auf 23 Personen angewachsen war, stellte sie einen Antrag zum Bau einer Synagoge, der jedoch abgelehnt wurde.

Erst ein zweiter Antrag im Jahre 1876 hatte Erfolg. M. Hildesheimer bat darum, seinem Haus in der Hohe Straße 122, heute Hohe Straße 9, einen nördlichen zweigeschossigen Anbau anfügen zu dürfen, den der Zimmermeister Falldorf aus Stolzenau entworfen hatte und ausführen wollte. Der Anbau sollte 20 mal 26 Fuß betragen. Für das Erdgeschoß waren drei Räume geplant. Im ersten Stockwerk sollte der eigentliche Betsaal eingerichtet werden. Die Stelle für den Toraschrein war wegen der Lage des Wohnhauses und des Grundstückes in einer Apsis der Nordwand vorgesehen. Vor ihm sollte der Almemor stehen. Im Keller des Hauses befand sich vermutlich eine Mikwe.

Nach dem Rückgang der jüdischen Einwohnerschaft von acht Familien im Jahre 1895 auf drei im Jahre 1925 wurde die Synagoge im selben Jahr verkauft und abgebrochen.

Petershagen: Synagoge (2. Haus von links)

Petershagen-Frille

Um 1900 hatte der Ort Frille 18 jüdische Einwohner, die sich in einem Betraum im Haus Nr. 17 zum Sabbatgottesdienst trafen. An den Feiertagen besuchten sie die Synagoge in Petershagen. Der Betraum in Frille wurde bis 1938 genutzt. Frille gehörte zum Synagogenbezirk Petershagen.

de später verkauft und diente als Lagerschuppen. 1988 hat die Stadt das Gebäude erworben und unter Denkmalschutz gestellt. Zur Zeit wird die Synagoge an der Goebenstraße restauriert. Reste der originalen Deckenbemalung und der Bodenplatten sind erhalten.

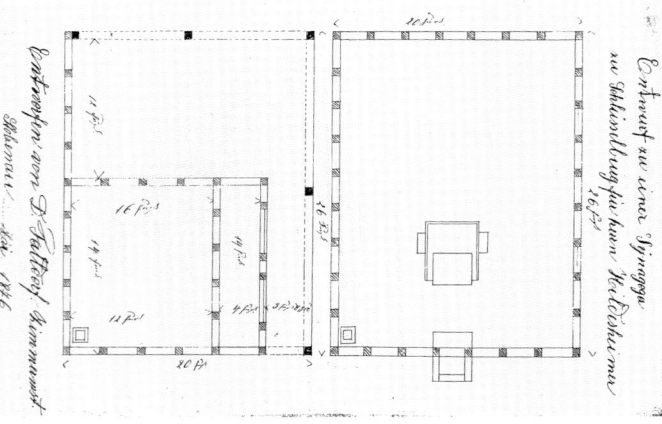

Petershagen-Schlüsselburg: Grundriß der Synagoge

Petershagen-Windheim

Mitte des 19. Jahrhunderts besaßen die 25 jüdischen Einwohner von Windheim einen Betraum im Ort und wehrten sich

wegen der Entfernung und der obligatorischen Sabbatruhe gegen einen Anschluß an die Gemeinde Petershagen. Da die Voraussetzungen für eine selbständige Gemeinde nicht gegeben waren, wurde Windheim im Jahr 1853 mit Schlüsselburg, Ovenstädt, Heimsen, Frille, Quetzen und Bierde dem Synagogenbezirk Petershagen zugeordnet.

Porta Westfalica-Hausberge

Seit dem 17. Jahrhundert lebten Juden in Hausberge. Ihre Zahl stieg bis zum Jahre 1895 auf den Höchststand von 43 Personen an. Vor 1853 baute Moses Michelsohn in seinem Garten eine kleine Synagoge, die er der Gemeinde zur Verfügung stellte und 1853 durch eine Schenkungsurkunde übertrug. Darin beanspruchte er für seine Familie „die beiden Manns-Stände rechts, als auch die erste Frauen-Loge links". Ferner bestimmte er, für sich und seine Ehefrau nach dem Tode das jährliche Gebet für die Verstorbenen (Kaddisch) zu lesen. Versäumnisse sollten mit einem Geldbetrag von bis zu einem Taler Strafe geahndet werden, der an bedürftige Juden verteilt werden mußte. Den Zugang zur Synagoge sollten seine Nachkommen jederzeit verändern können, und bei Auflösung der Gemeinde würde das Synagogengebäude an seine Familie zurückfallen. Im Jahre 1932 ist es bereits verkauft und abgebrochen. Der Standort der Synagoge soll sich im Garten der alten Amtssparkasse Hausberge, Hauptstraße 21, befunden haben.[286]

Preußisch Oldendorf

Ende des 17. Jahrhunderts kam die erste jüdische Familie auf Dauer nach Preußisch Oldendorf. Bis zur Mitte des 19. Jahrhunderts stieg die jüdische Einwohnerschaft auf 58 Personen an. Um 1838 bauten sie sich eine kleine Synagoge, wie ein erhalten gebliebener Bauplan zeigt. Sie lag etwas zurückgesetzt neben der jüdischen Schule, die vermutlich in einem Wohnhaus untergebracht war. Der Bauplan zeigt ein kleines, vermutlich massiv errichtetes Gebäude mit Satteldach und zwei Rundbogenfenstern auf jeder Längsseite.

Ein kleiner Vorbau diente als Vestibül. Im Betsaal stand das Gestühl entlang der Seitenwände und zwar auf den Toraschrein ausgerichtet, der an der Ostwand gegenüber dem Eingang in einer auch am Außenbau sichtbaren Apsis angebracht war. Im Jahre 1840 enthielt er acht Torarollen, die mit 500 Reichstaler bei der Colonia in Köln versichert waren. Er stand drei Stufen erhöht und wurde von jeweils zwei Säulen eingerahmt, auf denen ein kunstvoller Bogen ruhte, der den Schrein überspannte. Zu beiden Seiten des Toraschreines befand sich ein Rundbogenfenster. Vor dem Schrein stand im Mittelgang der Almemor. Wegen der geringen Ausmaße des Betsaales lag der Almemor mitten im Synagogenraum.

Im Jahr 1860 wandte sich die sehr arme Gemeinde an die Regierung mit dem Hinweis, ihre Synagoge sei so baufällig, daß dringend ein Neubau erforderlich sei. Selbst wenn man das alte Baumaterial verkaufen würde, bliebe eine Summe von 800 Talern für einen Neubau zu finanzieren. Der Oberpräsident bewilligte darauf hin eine Hauskollekte in Westfalen für den Synagogenneubau.[287] Unklar ist, ob es zum Neubau kam.

Mit dem Rückgang der jüdischen Einwohnerschaft in Preußisch Oldendorf Ende des 19. Jahrhunderts fanden in der Synagoge keine Gottesdienste mehr statt.

Entwurf einer Synagoge für Preußisch-Oldendorf (1838)

Rahden

Seit dem Ende des 17. Jahrhunderts siedelten Juden in Rahden. Ihre Zahl stieg bis zur Mitte des 19. Jahrhunderts auf ungefähr 100 Personen an. Nachdem sie lange Zeit das Nebengebäude eines Bauernhofes gemietet hatten, bauten sie sich 1852 eine Synagoge in der Lange Straße. Zur Mitfinanzierung des Neubaus wurde der Gemeinde eine Hauskollekte bei den jüdischen Familien in Westfalen bewilligt.[288] Das Synagogengebäude war ein massiver verputzter Steinbau. Er hatte ein Satteldach und Spitzbogenfenster mit normaler Fensterverglasung.

Der Innenraum wirkte durch die großen Fenster recht hell und war außerdem überwiegend in weißer Putzverkleidung und weißgestrichenem Holz gehalten. Entlang der Nord- und der Südwand stand das Synagogengestühl, das auf den Toraschrein in der Mitte der Ostwand ausgerichtet war. Er wurde von einem antiken Säulenportal eingerahmt, das die Dekalogtafeln trug. Zwei Löwenfiguren hielten die Tafeln, die eine Krone zierte. In der Nähe des Toraschreines hing die Ewige Lampe. Vor dem Schrein stand das Vorbeterpult in Gestalt einer weißen sechseckigen Holzkanzel. Es folgte der Almemor mit einer weißen Holzbalustrade, der fast in der Mitte des Raumes stand. Darüber hing ein sechseckiger Kronleuchter. An der Nordwand wurde 1927 eine Gedenktafel für die jüdischen Gefallenen des Ersten Weltkrieges angebracht. Das Synagogengebäude diente bis zum November 1938 als Gotteshaus, dann wurde es von Nationalsozialisten zerstört und abgetragen.

Innenraum der Synagoge in Rahden

Stemwede-Levern

Seit Anfang des 19. Jahrhunderts siedelten ununterbrochen Juden in Levern. 1813 hatten sie ihren Betraum im Hause eines Schuhmachers, 1873 baute sich die auf 60 Personen angestiegene jüdische Gemeinde in der damaligen Judenstraße und heutigen Hügelstraße eine Synagoge, die auch über ein Schulzimmer und eine Lehrerwohnung verfügte. Das Gebäude war – im Gegensatz zu der ortsüblichen Fachwerkbauweise – aus massivem Mauerwerk und hatte ein Satteldach. Die Vorderansicht glich derjenigen eines normalen Wohnhauses. Allein die bunten Fenster und eine kleine Kuppel wiesen auf ihren sakralen Charakter hin. Über der Eingangstür befand sich ein Segensspruch auf Kaiser Wilhelm I.

Im Jahre 1896 bemühte sich die Leverner Judenschaft noch – allerdings vergeblich – um die Anerkennung als eigenständige öffentlich-rechtliche Einrichtung. Jedoch mit dem Rückgang der jüdischen Einwohnerschaft auf elf Personen in den zwanziger Jahren dieses Jahrhunderts hörten auch die Gottesdienste in der Leverner Synagoge auf, und die Generalversammlung der Gemeinde tagte zum letztenmal. Im Oktober 1938 legte ein Schüler in der ungenutzten Synagoge Feuer. Sie wurde bereits vor dem November 1938 verkauft, diente später als Scheune und ist heute ein Wohnhaus. Die Torarolle der Synagoge hat auf dem Speicher im Hause des letzten Vorsitzenden der jüdischen Gemeinde, Karl Hurwitz, die Zeiten überdauert und befindet sich heute im Heimathaus von Levern.[289]

Torarolle aus der Synagoge von Stemwede-Levern

Kreis Paderborn

Büren

Schon im 13. Jahrhundert haben Juden in Büren gelebt. Um 1290 wurden an der heutigen Kapellenstraße, der früheren Blutstraße, Juden wegen angeblicher Hostienschändung von Bürener Bürgern ermordet. 1292 erlegte der Paderborner Fürstbischof als Schutzherr der Juden in seinem Territorium der Stadt Büren den Bau einer Kapelle am Tatort als Strafe für die Ermordung auf. Noch heute befindet sich hier die Sakramentskapelle.

Ab 1551 wohnten Juden dauerhaft in der Stadt Büren. Im Laufe der Zeit entwickelte sich hier eine kleine jüdische Gemeinde. Im Jahr 1704 bestand sie aus 27 Personen. Diese Zahl blieb bis zum Beginn des 19. Jahrhunderts relativ konstant. Die Bürener Juden lebten überwiegend vom Handel, der Schlachterei und dem Geldverleih.

In der ersten Hälfte des 19. Jahrhunderts nahm die Zahl der Bürener Juden stark zu. Am 8. November 1853 wurde der Synagogenbezirk Büren eingerichtet. Er umfaßte neben der Stadt Büren auch die Ortschaften Bremken, Siddinghausen und Weiberg. 1863 erreichte die Mitgliederzahl der jüdischen Gemeinde mit 122 Personen ihren Höchststand. Danach nahm ihre Zahl kontinuierlich ab.

Betstube an der Burgstraße

Im Jahr 1702 wurde dem Bürener Juden Joseph Schmuel ein Privileg für den Malzhandel erteilt. Er wohnte in dem Haus Burgstraße 44, welches seitdem den Namen „Schmuels Haus" trug. Hier hatte die jüdische Gemeinde seit alters her ihren Betraum. Ein Nachkomme des Joseph Schmuel, Gottschalk Aronstein, bestimmte 1821 in seinem Testament, daß die Synagoge von dem Rabbiner Heidenheim eingeweiht. Zuvor hatte es Streit mit dem eigentlich für Büren zuständigen Oberrabbiner von Westfalen Sutro gegeben, der die Einweihung selbst vornehmen wollte. Die Gemeinde hielt ihn dafür jedoch für zu alt und zahlte ihm eine Abstandsgebühr. An der Einweihung nahm neben dem Bürener Bürgermeister auch der Landrat von Brenken teil.

Die Baukosten der Synagoge betrugen 5.800 Taler. 300 Taler kamen durch die Ablösung der Verpflichtung aus dem Testament des Gottschalk Aronstein zusammen. 700 Taler brachte die Gemeinde auf, der Rest wurde durch Kredite gedeckt, die innerhalb von 15 Jahren getilgt wurden.

Die Synagoge war ein rechteckiger Ziegelbau mit Natursteinfundament und lag dicht an der Straße. In der Mitte der zur Straße gerichteten Seite befand sich ein

das Haus der jüdischen Gemeinde immer in diesem Haus der Betraum zur Verfügung stehen solle. Die Kosten für die Unterhaltung sollten die Erben übernehmen.

Synagoge an der Detmarstraße

Mit dem raschen Anstieg der Gemeindemitgliederzahl in der ersten Hälfte des 19. Jahrhunderts wurde der Betraum in der Burgstraße zu klein. Daher beschloß die Gemeinde 1858, eine neue Synagoge zu bauen, die auch einen Schulraum haben sollte. Zu diesem Zweck kaufte man das Grundstück Detmarstraße 16. Nachdem die Gemeinde die Genehmigung der Regierung eingeholt hatte, beauftragte sie den Regierungsbaumeister Kaupisch, einen Entwurf zu erstellen. 1859 wurde der Bau begonnen. Am 3. August 1860 wurde

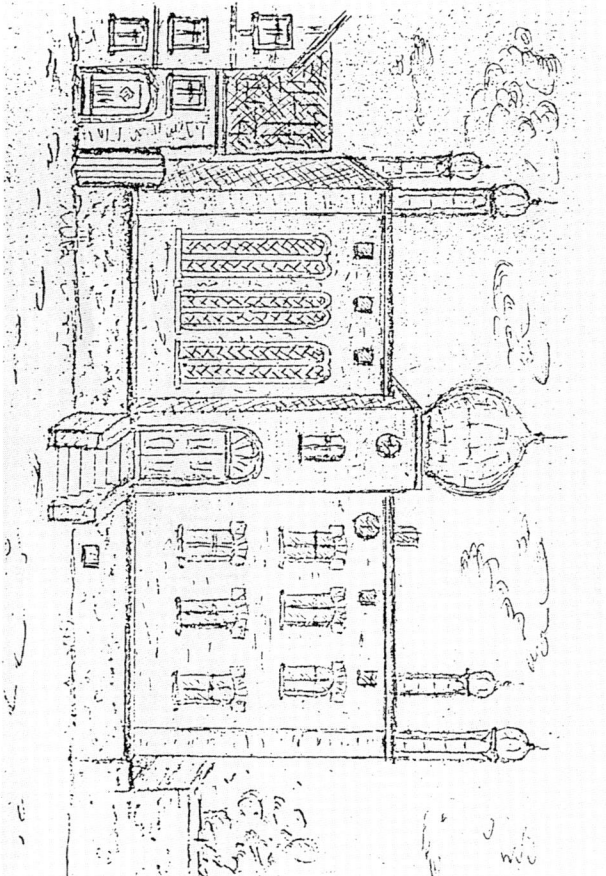

Synagoge Büren – Erinnerungszeichnung

Lichtenau

Seit dem Dreißigjährigen Krieg haben sich Juden in Lichtenau niedergelassen. Es entwickelte sich hier eine jüdische Gemeinde, die 1778 die Zahl von zwölf Familien erreichte. 1797/98 wird in den Quellen erstmals eine Synagoge in Lichtenau erwähnt. Vermutlich handelte es sich um eine Betstube in einem Privathaus.

1805 bis 1807 wurde dann die erste Synagoge an der Mühlenstraße 123 errichtet. Für diesen Bau nahmen die Juden ein Darlehen von 1.000 Reichstalern auf. Als Sicherheit boten sie die Synagoge und ihren gesamten Besitz. Diese Synagoge hatte Platz für 28 Personen. Bei dem Stadtbrand vom 10. Oktober 1831 ist sie vollständig zerstört worden.

Zwischen 1831 und 1834 haben die Juden an gleicher Stelle eine größere Synagoge gebaut. Es handelte sich hierbei um ein auf einem Mauersockel aufgestandertes Fachwerkgebäude. Es hatte eine Grundfläche von 10,8 mal 8,16 Meter. Die Synagoge war fünf Meter hoch und wurde von einem Krüppelwalmdach gedeckt. Der Eingang befand sich an der nördlichen Seite direkt an der Mühlenstraße. Von einem Flur aus gelangte man in den Betsaal und über eine Treppe auf die Frauenempore. Der Betsaal hatte eine Fläche von etwa 7,8 mal 7,7 Meter. Er bot Platz für 42 Sitze, die mit den Namen und Hausnummern der Besitzer versehen waren. Der Toraschrein war an der Ostseite des Betsaales angebracht.

Da die Gemeinde seit der zweiten Hälfte des 19. Jahrhunderts durch Abwanderung immer mehr Mitglieder verlor, wurde es zu Beginn der dreißiger Jahre des 20. Jahrhunderts immer schwieriger, den Minjan zu erreichen. Schließlich wurde die Synagoge am 19. August 1938 von den letzten Mitgliedern der Synagogengemeinde Lichtenau an einen Nachbarn verkauft. Dies bewahrte sie vor der Zerstörung während des Novemberpogroms von 1938. Die ehemalige Synagoge wurde 1939 umgebaut und diente danach als Abstellraum. Gegen Ende der fünfziger Jahre wurde sie wegen Baufälligkeit abgerissen. Heute stehen auf dem Grundstück Garagen.

Seit 1988 erinnert ein Mahnmal an das Schicksal der jüdischen Bürger Lichtenaus während der NS-Herrschaft.[290]

Ehemalige Synagoge Lichtenau (um 1950)

Anbau, der von einer Zwiebelkuppel gekrönt wurde. Darunter befand sich der Eingang. Von hier aus gelangte man linker Hand in den zweigeschossigen Gottesdienstraum. Nach rechts ging es in den Schulraum und die Lehrerwohnung. Der Betraum wurde durch hohe schmale Fenster beleuchtet. Die vier Ecken der Synagoge zierte je ein schmales Türmchen. Die Plätze in der Synagoge wurden dem Alter der Gemeindeglieder nach vergeben, der teuerste Platz kostete 8 Taler. 1878 stellte die Gemeinde fest, daß das Synagogengrundstück noch nicht ins Grundbuch eingetragen worden war und ließ dies nachholen.

Auch die Bürener Synagoge überstand die NS-Zeit nicht. Im November 1934 wurden zum erstenmal mehrere Fenster eingeworfen. In den Abendstunden des 9. November 1938 wurden die Fenster der Synagoge erneut zerstört. Am Morgen des 10. November drangen Jugendliche in die Synagoge ein und verwüsteten sie. Die Inneneinrichtung und die Kultgegenstände wurden vor der Synagoge verbrannt. Am Nachmittag setzten die Nationalsozialisten ihr Zerstörungswerk fort. Die Kuppel und die Ecktürmchen wurden heruntergeworfen. In der Nacht vom 10. auf den 11. November wurde die Synagoge schließlich niedergebrannt, nachdem die Feuerwehr die umliegenden Häuser zur Brandsicherung mit Wasser bespritzt hatte.

1944 gelangte die Stadt unentgeltlich in den Besitz des Synagogengrundstücks. Am 25. November 1952 einigte sich die Stadt mit der Jewish Trust Corporation for Germany auf einen Kaufpreis von 2.400 DM. Die Ruine der Synagoge wurde abgerissen, das Gelände 1954 eingeebnet und in einen Parkplatz umgewandelt. Heute erinnert ein Denkmal an die Bürener Synagoge.

Paderborn

Seit der Mitte des 16. Jahrhunderts haben Juden dauerhaft in Paderborn gelebt.

Synagoge in der Padergasse

Im Jahr 1767 wird im Zusammenhang mit antijüdischen Ausschreitungen erstmals eine Synagoge in Paderborn erwähnt. Während des Gottesdienstes wurden die Fensterscheiben der Synagoge eingeschlagen. Auch mußten die Juden den Rat der Stadt um die Gestellung von Schildwachen bitten, damit die Gottesdienstbesucher ungefährdet nach Hause kamen. Bei der Synagoge handelte es sich um das Haus Nr. 449 an der Padergasse. Im hinteren Teil des Gebäudes lag der Betsaal, vorne befanden sich die Wohnungen des Lehrers und des Synagogendieners. 1784 wurden erneut die Fenster zerstört, doch handelte es sich in diesem Fall um eine Trunkenheitstat.

Zur Zeit der Säkularisierung des Fürstbistums Paderborn zu Beginn des 19. Jahrhunderts lebten etwa 160 Juden in der Stadt Paderborn. Sie handelten mit landwirtschaftlichen Produkten, mit Tuch und Wolle und betrieben Geldgeschäfte.

Mit dem Beginn der preußischen Herrschaft wurden die früheren Organisationsformen in den wiedergewonnenen Gebieten nicht weitergeführt. Weder bestand die Korporation der Landjudenschaft des Fürstbistums mit einem Landesrabbiner an der Spitze weiter noch das in der Zeit des Königreichs Westfalen eingeführte Kasseler Konsistorium. Obwohl die preußische Regierung kein Interesse an einer übergeordneten Organisation der jüdischen Gemeinden hatte, setzte sie 1815 Mendel Steinhardt als Oberrabbiner des Paderborner Rabbinatsbezirkes ein. Aus finanziellen Gründen wehrten sich einige Gemeinden dagegen. Doch brauchte die Regierung einen Ansprechpartner für die Regulierung der Korporationsschulden der ehemaligen Paderborner Landjudenschaft. Nach dem Tode Steinhardts 1824 wurde der Bielefelder Rabbiner Friedheim, wieder gegen den Widerstand einiger Gemeinden, sein Nachfolger. Nach Friedheims Tod 1826 kam es zu einer zweijährigen Vakanz, da man sich nicht auf einen Nachfolger einigen konnte. 1828 wurde der Landrabbiner Sutro aus Münster zum Oberrabbiner von Paderborn ernannt, der schließlich auch von den Gemeinden anerkannt wurde. Mit seinem Tod 1869 endete diese Tradition der westfälischen Land- und Oberrabbiner.

Am 16. November 1855 wurde das Statut der Synagogengemeinde Paderborn von der Regierung genehmigt. Der hierdurch eingerichtete Synagogenbezirk Paderborn umfaßte neben der Stadt Paderborn die Ortschaften Neuhaus, Lippspringe, Neuenbeken sowie Nord- und Kirchborchen. Zu dieser Zeit lebten im Bereich des Bezirks etwa 440 Juden. Die Paderborner Juden waren während des Kaiserreichs voll in das wirtschaftliche und gesellschaftliche Leben der Stadt integriert.

Synagoge Am Busdorf

Mittlerweile befand sich die alte Synagoge an der Padergasse innen wie außen in einem sehr schlechten Zustand. Bereits 1860 hatte sich ein Paderborner Jude kurz vor seinem Wegzug nach Hamburg dazu bereiterklärt, der Gemeinde auf einem von ihr bereitzustellenden Grundstück eine neue Synagoge zu errichten. Im gleichen Jahr kaufte die Gemeinde ein Grundstück am Busdorf. Doch erst knapp zwanzig Jahre später konnte der Synagogenneubau verwirklicht werden. Am 15. November 1879 berichtete eine Zeitung, daß die jüdische Gemeinde nördlich von dem 1860 erworbenen Grundstück ein weiteres gekauft habe. So könne nun mit dem Bau der neuen Synagoge begonnen werden. Die Zeitung bekräftigte ausdrücklich die Notwendigkeit eines Neubaus, hielt jedoch die Wahl des Platzes in unmittelbarer Nachbarschaft der Busdorfkirche für bedauerlich. Das etwa 820 qm große Synagogengrundstück lag Am Busdorf, an der späteren Kasseler Straße 5. Grundsteinlegung war am 15. März 1881. Am 25./26. August 1882 wurde die Synagoge dann eingeweiht. Unter zahlreicher Teilnahme offizieller Vertreter und der nichtjüdischen Paderborner Bevölkerung wurden die Torarollen aus der alten Synagoge geholt und in einem feierlichen Zug in die neue Synagoge gebracht. Die Festpredigt hielt der Kölner Rabbiner Dr. Frank. Der Gottesdienst endete mit einem Gebet für Kaiser und Vaterland. Anschließend gab es ein Konzert der Kapelle des Infanterie-Regiments Nr. 131. Am darauf folgenden Tag, einem Sabbat, wurde am Morgen zunächst ein Gottesdienst gefeiert. Die Festlichkeiten zur Synagogeneinweihung endeten am Abend mit einem Festball. Hierbei waren ebenfalls viele offizielle Vertreter und nichtjüdische Bürger Paderborns anwesend.

Die neue Paderborner Synagoge war ein recht imposantes Bauwerk. Es handelte sich um einen achteckigen Zentralbau mit breiter Laterne über der Mitte. Das Gebäude war mit gelben Ziegelsteinen errichtet und hatte bis zur Traufe eine Höhe von 10 Metern. Das Dach war aus Kupfer. An jeder Seite des Achtecks befand sich ein großes Rundfenster aus farbigem Glas. Jede der acht Ecken des Gebäudes wurde durch eine schlanke Säule betont, die von einem

Synagoge Am Bussdorf mit Bussdorfkirche

Synagoge im Jüdischen Waisenhaus Paderborn

Zwiebeltürmchen bekrönt wurde. Dadurch bekamen die Säulen ein minarettähnliches Aussehen. Auf dem Dach gab es eine achteckige Kuppel, ebenfalls mit einem Zwiebeltürmchen. Die Synagoge bot für etwa 190 Männer Platz, für die Frauen befanden sich auf einer Empore etwa 100 Plätze. Aron und Bima waren zu einer Einheit zusammengefaßt an der Ostwand. Über dem Toraschrein stand in großen Buchstaben „Wisse, vor wem du stehst". Der Toraschrein wurde von einem goldbestickten Purpurvorhang verhüllt. In der Paderborner Synagoge gab es auch eine Orgel, die von einem christlichen Organisten gespielt wurde.

Gleichzeitig mit der Synagoge war ein Gemeindehaus errichtet worden. Die alte Synagoge wurde verkauft und zu einem Wohnhaus umgebaut. Einem Zeitungsbericht zufolge gingen hierbei Archivalien der Gemeinde verloren.

Bis zum Ende der Weimarer Republik lebten die Paderborner Juden als geachtete Bürger in der Stadt. Mit dem Beginn der NS-Herrschaft begann auch für sie die Zeit grenzenlosen Leids. In der Nacht vom 9. auf den 10. November 1938 drangen die Nationalsozialisten in die Synagoge ein und zerstörten die Inneneinrichtung. In den Mittagsstunden des 10. Novembers haben sie die Synagoge dann niedergebrannt.

Am 30. Dezember 1938 übernahm die Stadt Paderborn neben anderem Grundbesitz der jüdischen Gemeinde auch das Grundstück mit den Ruinen der Synagoge und des Gemeindehauses. Jedoch zahlte die Stadt keinen Kaufpreis, sondern übernahm die auf dem Gemeindeeigentum lastende Hypothek und trug die Kosten für die Beseitigung der Ruinen. 1946 beschloß der Rat der Stadt, der jüdischen Gemeinde ihren Grundbesitz zurückzuer-

Paderborn: Synagoge Pipinstraße

statten. Dieser Beschluß löste einen gerichtlichen Prozeß aus, der sich bis 1957 hinzog. Am Ende des Verfahrens verzichtete nicht etwa die jüdische Gemeinde Paderborn gegenüber der Stadt auf die Rückerstattung des Synagogengrundstücks, sondern die Jewish Trust Corporation for Germany gegen Zahlung von 17.720 DM. Heute befindet sich hier am Platz „An der alten Synagoge" ein Mahnmal.

Jüdisches Waisenhaus in Paderborn

Nach der Zerstörung ihrer Synagoge verlagerte sich das soziale und religiöse Leben der Paderborner Juden in das jüdische Waisenhaus Leostraße 3/Ecke Husener Straße, da sich hier auch ein Betsaal befand. Das Waisenhaus war 1855 von der Paderborner Jüdin Fanny Nathan für Waisen aus Westfalen ins Leben gerufen worden, und befand sich anfangs im Privathaus der Fanny Nathan am Domplatz 14. Im August 1855 verlieh der preußische König der Stiftung, die das Waisenhaus trug, Korporationsrechte. 1857 wurde das Waisenhaus auch für elternlose Kinder aus der preußischen Rheinprovinz geöffnet. 1861 war die Grundsteinlegung für das neue Gebäude an der Leostraße, und 1863 wurde es eröffnet. Es bot etwa 60 -70 Waisen beiderlei Geschlechts Platz. Fanny Nathans Anliegen war, ihre Zöglinge zu guten Juden und guten Deutschen, zu Staatstreue und Vaterlandsliebe zu erziehen. Auch ihre Nachfolgerinnen in der Leitung des Hauses blieben diesem Grundsatz nach Fanny Nathans Tod 1877 stets verbunden. Indes machte der nationalsozialistische Terror selbst vor dem Waisenhaus nicht Halt. Im Frühjahr 1942 übernahm der Kreis Paderborn zwangsweise das Gebäude und stellte es der Nationalsozialistischen Volkswohlfahrt zur Verfügung. Die zu diesem Zeitpunkt hier noch lebenden Kinder sind wahrscheinlich alle in Auschwitz ermordet worden.

Synagoge an der Pipinstraße

Nur wenige Paderborner Juden haben die Zeit der NS-Herrschaft überlebt. Diejenigen von ihnen, die in ihre Heimatstadt zurückkehrten, gründeten schon 1945 eine neue Gemeinde. 1953 wurde die Paderborner Gemeinde, der die Kreise Bü-

Regierungsbezirk Detmold

ren, Höxter, Warburg, Lippstadt und Soest zugeordnet wurden, zu einer Körperschaft öffentlichen Rechts. Da die Gemeinde zunächst über keinen Gebetsraum verfügte, gingen ihre Mitglieder zum Gottesdienst zu den Gemeinden Minden, Münster und Detmold.

Am 29. November 1959 konnte dann schließlich an der Pipinstraße 32 eine neue Synagoge in Paderborn eingeweiht werden. Den Entwurf zu dem Bau hatte der Recklinghausener Architekt Karl Gerle geliefert, der auch die Synagogen von Minden, Hagen und Bremen sowie die Betsäle in Recklinghausen, Aachen und Mühlheim a.d. Ruhr geplant hat.

Bei der Paderborner Synagoge hat Gerle eine zeitgenössische Architektur verwendet. Beim Blick auf das dreigeschossige Gebäude fallen besonders die halbrunde, gegliederte Eingangsfront sowie die farbige Fensterverglasung auf. Im Erdgeschoß des Gebäudes befinden sich der Versammlungssaal, eine Küche und ein Büroraum. In der zweiten Etage gibt es zwei Wohnungen. Der eigentliche Synagogensaal wurde in der ersten Etage angelegt. Zusammen mit der Frauenempore und dem angeschlossenen Vorraum bietet er etwa 70 Personen Platz. Kernstück ist der holzverkleidete Toraschrein mit einem in Rot und Gold gehaltenen Toravorhang, auf dem zwei überkrönte Löwenfiguren abgebildet sind, die die Gesetzestafeln halten. Über dem Toraschrein befinden sich in einem stilisierten Davidstern ebenfalls die Gebotstafeln. Ende 1996 hat die jüdische Gemeinde von Paderborn 53 Mitglieder.

Minden: Neue Synagoge an der Kampstraße (Innenansicht)
(siehe Seite 184)

Salzkotten

Etwa seit Beginn des 17. Jahrhunderts haben sich Juden in Salzkotten niedergelassen. Sie lebten überwiegend vom Handel mit Vieh, Korn und Textilerzeugnissen. Am 19. September 1856 wurde das Statut der Synagogengemeinde Salzkotten verabschiedet. Der Synagogenbezirk Salzkotten umfaßte neben dem Stadtgebiet auch die Ortschaften Uerne, Upsprunge, Scharmede, Obern- und Niederntudorf. Seit Beginn des 20. Jahrhunderts verlor die Gemeinde durch Abwanderung in größere Städte verstärkt Mitglieder. 1935 lebten im Bezirk Salzkotten noch 69 Juden. Auch sie erlitten im nationalsozialistischen Deutschland das gleiche Schicksal wie ihre Glaubensbrüder und -schwestern: Vertreibung, Deportation und Ermordung. Die letzte Deportation aus Salzkotten fand am 28. Juli 1942 statt.

Die erste Synagoge der Salzkottener Juden lag an der heutigen Vielser Straße 11. Im Jahr 1823 kaufte die Gemeinde dem Tischlermeister Drolshagen sein 94 qm großes Grundstück an der heutigen Vielser Straße 153 ab. In den Jahren 1824/25 wurde hier eine neue Synagoge errichtet. Es handelte sich um ein zweistöckiges Fachwerkgebäude mit Zementbewurf. Die Grundfläche betrug 12,2 mal /,6 Meter. Im Erdgeschoß befanden sich der eigentliche Synagogensaal und ein Raum für Kohlen, in der ersten Etage ein Schulraum und die Frauenempore. Die Synagoge bot Platz für etwa 64 Männer und 36 Frauen. Der Toraschrein war leicht erhöht und in den Saal vorspringend an der Ostwand angebracht. Direkt davor befand sich die Bima. Auch ein Harmonium stand in der Synagoge. Um 1920 ist die Synagoge renoviert worden.

Synagoge Salzkotten (2. Haus von rechts)

Am 29. Juni 1934 kam es zu ersten Ausschreitungen der Nationalsozialisten gegen das Gotteshaus der Salzkottener Juden, die Fensterscheiben wurden eingeworfen. Beim Pogrom von 1938 wurde kurz nach Mitternacht am 10. November erstmals in die Synagoge eingebrochen; Einrichtungs- und Kultgegenstände wurden zerstört. Am frühen Morgen des gleichen Tages wurde die Synagoge erneut aufgebrochen und geplündert. Kurz darauf unternahmen die Nationalsozialisten den Versuch, das Gebäude mit Zugmaschinen einzureißen, da bei einer Brandlegung die Gefahr für die umliegenden Häuser groß war. Der Versuch scheiterte jedoch. Am frühen Abend des 10. November wurde die Synagoge dann doch niedergebrannt, während die Feuerwehr die umliegenden Häuser schützte. Wenig später ließ die Stadtverwaltung die Reste abtragen und den Platz einebnen. Am 8. Mai 1939 verkaufte die jüdische Gemeinde das Grundstück an die Stadt, der Kaufpreis wurde mit den Kosten für die Beseitigung der Ruine verrechnet.

Nach der Schätzung eines Sachverständigen aus dem Jahr 1958 belief sich der Gesamtschaden der Gemeinde auf 54.410 DM. Demnach verfügte die Gemeinde u.a. über folgende Kultgegenstände: drei Torarollen mit Kronen, Schilden, Mänteln und Zeiger, zwei silberne Leuchter, ein silberner Kiddusch-Becher, zwei silberne Dosen, Bessamim und Esrog, ein ewiges Licht, ein Channuka-Leuchter, eine Megilla Esther, ein Schofarhorn, ein Trauthimmel sowie diverse Vorhänge und Decken.

Das Synagogengrundstück diente seit seinem Verkauf als Parkplatz und Abstellfläche. Am 29. Juni 1986 ist hier ein Mahnmal zur Erinnerung an die ehemalige Synagoge enthüllt worden.

Salzkotten – Niederntudorf

Seit Beginn des 17. Jahrhunderts haben Juden in Niederntudorf gelebt. Etwa um die Mitte des 19. Jahrhunderts besaßen sie eine eigene Synagoge an der Ecke Altmarweg / Antoniusstraße. Da die Zahl der Gemeindemitglieder in den folgenden Jahren durch Abwanderung in größere Städte abnahm, wurde die Unterhaltung der Synagoge zu kostspielig, auch der Minjan wurde kaum noch erreicht. Um 1914 ist die verfallene Synagoge dann aufgegeben worden. Sie diente danach noch als Lagerraum, später wurde sie abgerissen. 1931 verließ der letzte jüdische Einwohner Niederntudorf.

Wünnenberg

In der zweiten Hälfte des 18. Jahrhunderts haben sich Juden in Wünnenberg niedergelassen. Ihre Synagoge befand sich in einem Nebengebäude des heutigen Hauses Josef Ebbers an der Schäferstraße 2.[291]

Wünnenberg – Haaren

In Haaren haben sich erst in der zweiten Hälfte des 18. Jahrhunderts Juden niedergelassen. Ihre Betstube hatten sie in dem heutigen Haus Kirchweg 6. Die Betstube wurde am 10. November 1938 von den Nationalsozialisten zerstört.

Recklinghausen:
Synagoge Recklinghausen 1997
oben: Eingangsportal
unten: Einheben der Torarollen
(siehe Seite 235)

Kreis Borken

Ahaus

Synagoge am Domhof

Seit 1678 wohnten Juden in Ahaus. Anfang des 19. Jahrhunderts lebten fünf Familien mit insgesamt 23 Personen in der Stadt. 1818 hatten sie bereits eine eigene Synagoge. Es handelte sich um ein sehr kleines Gebäude von weniger als 14 qm, das am Domhof lag. Es war nur mit 150 Talern versichert, während die Versicherungssummen der jüdischen Wohnhäuser zwischen 350 und 800 Talern lagen.

Beim großen Stadtbrand von 1863 brannte die Synagoge nieder. Auch die gesamte Inneneinrichtung wurde ein Raub der Flammen. Daraufhin wandte sich die Gemeinde an das Oberpräsidium in Münster mit der Bitte, eine Hauskollekte für einen Synagogenbau zu erlauben. Die Provinzregierung willigte ein, weil die durch den Brand geschädigte Gemeinde mit 12 Familien nicht in der Lage war, die erforderlichen 2.560 Taler aufzubringen.[292]

Synagoge an der Marktstraße

Nach dem Verkauf des alten Grundstücks erwarb die Gemeinde 1864 vom Auktionator Heinrich Grasshoff für 610 Taler ein über 2 Ar großes Grundstück in bester Stadtlage und in unmittelbarer Nähe des Rathauses an der Marktstraße. Dort entstand 1869 ein neues Synagogengebäude. Da es einige Meter hinter der Straßenfront zurücklag, hatte es einen kleinen Vorhof.

In den dreißiger Jahren dieses Jahrhunderts sah die Synagoge nach Zeitzeugenberichten folgendermaßen aus: „Der Vorhof war durch eine niedrige Mauer und einen Eisenzaun von der Marktstraße getrennt. Der nur neun Meter breite Backsteinbau zeigte eine reich gegliederte verputzte Front, gestaltet durch Elemente in Sichtmauerwerk und einen Mittelrisalit, der den Eingangsbereich betonte. Eine Galerie auf der gesamten Frontlänge wurde begrenzt durch hohe Pilaster, die – so die Erinnerungen – die Gesetzestafeln Moses' trugen. Neben der zweiflügligen Rundbogentür – ältere Ahauser erinnern sich an eine gelbe Tür – waren an jeder Seite zwei Rundbogenfenster. Links hinter der Fassade lag der Schulraum, etwa 3,60 Meter im Quadrat und 4,50 Meter hoch. Getrennt vom Eingangsflur lag rechts der Wohnraum des Lehrers, später Aufenthalts- und Umkleideraum, über dem sich anschließend an die Frauenempore ein sehr niedriges (1,80 Meter hoch) Schlafzimmer des Lehrers befand. Frauenempore und Schlafraum wurden belichtet durch Fenster an den Seiten.

Durch einen Flur zwischen Klassenzimmer und Wohnraum erreichte man den Betsaal der Synagoge. In seiner Ostwand flankierten je ein großes Fenster den sehr kostbar gestalteten Toraschrein, der auf einem Podest stand. Abgesetzt davon zur Raummitte hin war das zwei Stufen erhöhte Podium für die Toralesung mit dem Lesepult, umgeben von einer Galerie schlanker gedrechselter Säulchen aus Edelholz. Der Vorbeter stand ebenfalls nach Osten – mit dem Rücken zur Gemeinde gewandt. Der Raum wurde mit einer Gasheizung beheizt. Es gab elektrisches Licht. Natürlich gehörten zur Ausstattung das Ewige Licht und der siebenarmige Leuchter (Menora). Der gegenüber der Frontbreite rund 2,25 Meter schmalere Raum bot etwa 30 Personen Platz in Bänken, die jeweils über ein kleines Fach für die Aufbewahrung des Gebetsmantels und eines Kerzenhalters verfügten. Damit verbunden war, daß die Plätze je nach Rang der Mitglieder fest zugeteilt waren. Auch auf der Bühne war für rund 30 Frauen Platz."[293]

Hinter der Synagoge befand sich ein Hofraum, der von je einem Durchgang auf beiden Seiten der Synagoge von der Straße aus zu erreichen war. Auf diesem Hofraum ließ die Gemeinde im Jahre 1898 eine Mikwe erbauen, indem an die rückwärtige Mauer der Synagoge ein fünf mal drei Meter großes Gebäude angebaut wurde.

Zwischen 1886 und 1923 betrieb die Ahauser Synagogengemeinde auch eine jüdische Elementarschule mit einem Lehrer. Die Schule war im Vorbau der Synagoge untergebracht. Einen eigenen Friedhof besaß die Gemeinde bereits seit 1820.

Bis zum November 1938 diente das Synagogengebäude an der Marktstraße als Gotteshaus. Bereits am 30. November 1934 war von Mitgliedern der HJ und einem SA-Mann eine Explosion in der Ahauser Synagoge verursacht worden, die den Toraschrein zerstört und Teile der In-

Siegelabdruck

Hawdalabecher des Landrabbiners Abraham Sutro (siehe Seite 255)

neneinrichtung beschädigt hatte. Am 10. November 1938 wurde die Synagoge niedergebrannt und später abgetragen. Heute erinnert eine Bronzetafel an den Standort der Synagoge.

Bocholt

Seit dem Ende des Dreißigjährigen Krieges siedelten Juden für mehrere Generationen in Bocholt. Ihren Gottesdienst hielten sie im 18. Jahrhundert in einem Privathaus. Zunächst richteten sie sich in einem der schönsten Häuser der Stadt, das der Witwe Israel Leffmann gehörte und am Markt gegenüber der Nordseite des historischen Rathauses lag, einen Gebetsraum ein. Diesen besuchten auch die Juden der Nachbargemeinden. Gegen Mitte des 18. Jahrhunderts verlegten sie den Gebetsraum in das Haus des damaligen Vorstehers der jüdischen Gemeinde, Israel Fuldauer, der in der Nobelstraße wohnte und wie die Witwe Leffmann der kleinen wohlhabenden Händleroberschicht angehörte.

Im Jahre 1798, als Bocholt in den Einflußbereich des revolutionären Frankreich geriet, erlaubte die Salm-Salmsche Regierung den Bocholter Juden, die mittlerweile auf dreizehn Familien angewachsen waren, den Bau eines Synagogengebäudes. Es durfte jedoch nicht an der Straße liegen. So baute man die Synagoge – wobei man sich erheblich verschuldete – auf einem Grundstück hinter dem Haus des Israel Fuldauer, das ebenfalls von der jüdischen Gemeinde erworben wurde und später als Schulhaus diente. Erst 1898 wurde es abgebrochen, und die Synagoge war seitdem von der Straße aus frei einsehbar. Das Synagogengebäude wurde 1881 erweitert und 1925 renoviert.

Die Synagoge umfaßte rund 190 qm bebaute Fläche und maß an den Giebelseiten 10,60 Meter und 8,56 Meter sowie an den Längsseiten 18,62 Meter. Die vorgegebenen Grundstücksgrenzen bestimmten diese Asymmetrie. Das Gebäude war mit beachtlichen Fundamenten von solider Bauweise und hatte eine Backsteinfassade, die in ihrer äußeren Schlichtheit an die Vorderfront der Bocholter Liebfrauenkirche erinnerte und sich den Häusern der Umgebung anpaßte. An der südlichen Längsseite befanden sich zwei Türmchen sowie der Eingang mit der Doppeltür, über der im Jahre 1925 die Dekalogtafeln mit der hebräischen Fassung der Gebote angebracht worden sind. Sie waren aus feinkörnigem Gabbro gefertigt und maßen 70 cm mal 40 cm. Die 7 bis 10 cm hohen Buchstaben waren vertieft eingemeißelt. Einige Fragmente dieser Tafeln sind 1982 bei Ausgrabungen wiederentdeckt worden. Die Buchstaben des fünften Gebotes „Du sollst nicht töten" sind als einzige fast vollständig erhalten geblieben.

Durch den Eingang gelangte man in den Vorraum, von dem aus linker Hand eine Treppe zur Frauenempore führte. Gegenüber dem Eingang befand sich im frühen 19. Jahrhundert eine Mikwe, ein Frauenbad zur rituellen Reinigung, das jedoch später abgebrochen wurde. Der quadratische und 4,23 Meter lange Raum diente daraufhin als Besprechungszimmer. Vom Eingang aus ging es nach rechts in

Synagoge von Bocholt (Dach mit zwei Türmchen unter der Mitte des Zeppelins)

Bocholt: Innenraum der Synagoge

den Betsaal. Er maß 13,80 Meter mal 8 Meter und hatte entlang der Südwand zwei jeweils 3,10 Meter breite Fenster.

Nach der letzten Renovierung im Jahre 1925 standen im Betsaal drei Bankblöcke, zwei Blöcke mit 13 Bänken und ein mittlerer Block mit 10 Bänken. Die Bänke waren auf den Schrein ausgerichtet, der die Torarollen enthielt und an der Ostwand der Synagoge stand. Der Vorhang vor dem Schrein trug eine hebräische Inschrift. An der Wand über dem Toraschrein stand, vom Ewigen Licht beleuchtet, ebenfalls in hebräischen Schriftzeichen der Psalmspruch „Ich habe den Ewigen immer vor Augen. Wenn er mir zur Rechten steht, werde ich nicht wanken" (Psalm 16,8). Das Vorlesepult war durch eine halbhohe Holzbrüstung vom Toraschrein getrennt. Auf beiden Seiten des Pultes standen Bänke für die an der Liturgie beteiligten Männer.

Nach den beiden Renovierungen von 1881 und 1925 befand sich das Vorlese-

Synagoge von Borken

pult nicht mehr in der Mitte des Raumes, sondern vor dem Toraschrein, auch war die Mikwe entfernt worden. Dennoch blieb die Liturgie der Bocholter Synagoge orthodox, also nach althergebrachtem jüdischen Ritus, da es sich um eine „Einheitsgemeinde" handelte, in der die Mehrheit der Gläubigen konservativer Glaubensrichtung war. Es dominierte der Sprechgesang der Gebete in hebräischer Sprache. Lieder wurden nicht gesungen; deswegen gab es weder einen Chor noch eine Orgel.

Da die Synagogengemeinde Bocholt keinen eigenen Rabbiner beschäftigte, wurde der Gottesdienst von dem Lehrer der jüdischen Schule, der bis zum Jahre 1932 gleichzeitig auch Vorbeter war, und vom Kantor (Vorsänger) geleitet.

Die Inneneinrichtung und die Fenster der Synagoge sind am 10. November 1938 demoliert worden. Zerstört wurde das Gebäude schließlich durch einen schweren alliierten Bombenangriff im März 1945. Der Rat der Stadt Bocholt hat 1980 eine Gedenkplatte am Standort der ehemaligen Synagoge anbringen lassen.

Außer der Synagoge besaß die jüdische Gemeinde eine Schule, die sich bis zu ihrem Abriß 1898 auf dem Grundstück der Synagoge befand und später in ein Gebäude am Nordwall verlegt wurde. Die Schülerzahlen sanken allmählich bis auf zehn Personen im Jahre 1933, da die Eltern ihre Kinder zunehmend auf die christlichen Schulen schickten. Besonders die weiterführenden Schulen wurden von überproportional vielen jüdischen Schülern besucht. Im November 1938 wurde die Schule geschlossen.

Seit dem Synagogenstatut von 1856 gehörten die jüdischen Gemeinden Bocholt und Anholt zum Synagogenbezirk Bocholt.

Borken

Seit 1658 siedelten wieder kontinuierlich Juden in Borken. Nachdem ihre Zahl im Jahre 1816 auf 13 Familien angewachsen war, gelang es der Gemeinde zwei Jahre später, sich in einem Teil des ehemaligen Klosters Marienbrink am Nonnenplatz eine Synagoge und eine Schule einzurichten. Bei diesem Gebäude erinnern nur die hohen Bogenfenster von außen an ein Gotteshaus.

Eine Innenaufnahme zum hundertjährigen Bestehen der Synagoge aus dem Jahre 1918 zeigt den nach Osten ausgerichteten Toraschrein zwischen zwei hohen, mit Glasmalerei verzierten Bogenfenstern. Der Schrein ist mit den Zehn Geboten und dem Davidstern gekrönt. Vor dem Schrein steht das Lesepult des Vorbeters. Rechts im Bild sieht man das Vorlesepult für die Toralesung. Es steht auf einem Postdest, das von einer reichverzierten Holzbalustrade umschlossen ist. Die vor dem rechten Fenster heruntergehängte Lampe enthielt das Ewige Licht. Am rechten oberen Bildrand ist ein Teil der Frauenempore zu erkennen.

Die Fünfzigjahrfeier und auch die Hundertjahrfeier der Synagoge konnte die jüdische Gemeinde mit einem festlichen Umzug durch die Stadt, einem feierlichen Gottesdienst und einem Festball unter Teilnahme zahlreicher Honoratioren der Stadt begehen. Am 10. November 1938 wurde das Innere der Synagoge verwüstet, und die Einrichtungsgegenstände wurden vor dem Gotteshaus verbrannt. Das Gebäude selbst fiel später den alliierten Kriegsbomben zum Opfer.

Seit 1856 gehörte die jüdische Gemeinde in Borken zum Synagogenbezirk Borken. In den Jahren 1930 bis 1934 war Borken Sitz eines Rabbinats. Dr. Max Köhler, Bezirksrabbiner für die konservativen Gemeinden des westlichen Münsterlandes, wohnte und wirkte zu dieser Zeit in Borken. 1934 wurde der Sitz des Rabbinats nach Recklinghausen zurückverlegt.

Borken-Gemen

Seit Anfang des 19. Jahrhunderts befand sich im Hause der Familie Löwenstein ein jüdischer Gebetsraum. Im Jahre 1912 ließ sich die jüdische Gemeinde, die aus acht Haushaltungen bestand, von dem „Gräflichen Baumeister"[294] A. Kampshoff ein eigenständiges Synagogengebäude errichten. Es stand auf freiem Gelände und war von der Straße etwas zurückgesetzt. Zwei David-sterne schmückten das Gebäude, das sonst schmucklos war und einen eher funktionalen Eindruck machte.

Auch der Innenraum war nüchtern, mit sparsamen klassizistischen Elementen ausgestattet. Der Toraschrein wurde von Säulen umrahmt. Davor stand das Vorlesepult auf einem Podest, das von einer schmucklosen Holzbalustrade umrahmt wurde. An den Längsseiten der Synagoge, auf den Toraschrein ausgerichtet, stand

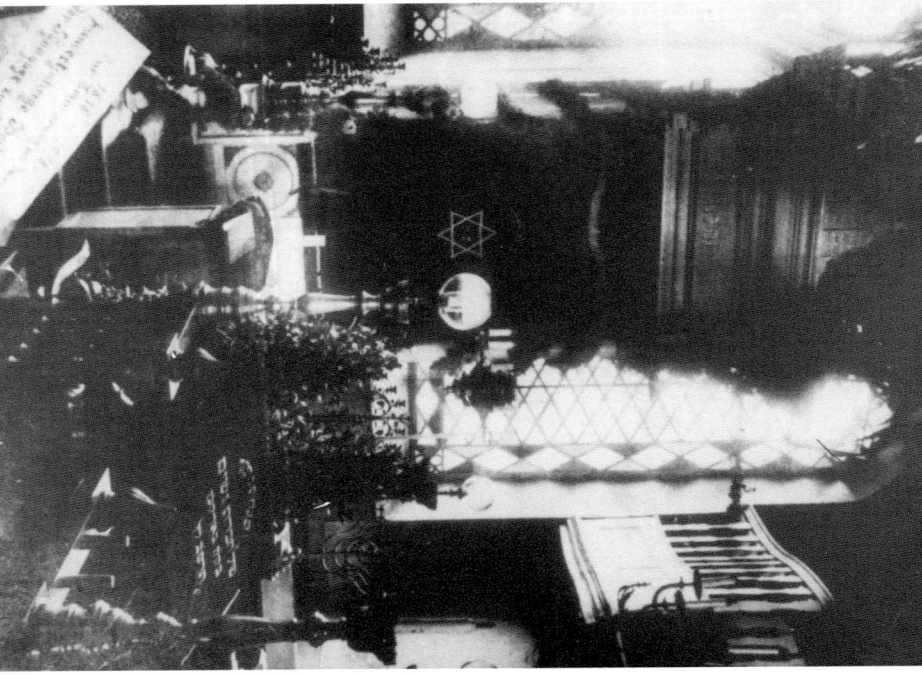

„Zum hundertjährigen Bestehen": Innenansicht der Synagoge von Borken

das Gestühl. Es handelte sich um – vermutlich abschließbare – Gebetpulte. Über den Bänken befand sich die Frauenempore. Vor dem Toraschrein hing von der Decke herab die Lampe mit dem Ewigen Licht. An der Ostwand – rechter Hand vom Toraschrein – war eine Tafel angebracht, die einen Segensspruch für den deutschen Kaiser enthielt – ein Indiz für die nationale Gesinnung der damaligen Zeit, zu der sich auch die Angehörigen der jüdischen Gemeinde in Gemen bekannten. Im November 1938 wurde das Synagogengebäude niedergebrannt und später abgebrochen.

Seit 1856 gehörte die jüdische Gemeinde von Gemen zum Synagogenbezirk Borken.

Gescher

Seit Mitte des 18. Jahrhunderts lebten ununterbrochen Juden in Gescher. Im Jahre 1816 befand sich eine Betstube in der Wohnung eines jüdischen Einwohners mit Namen Spier. Im 20. Jahrhundert lag der Betraum der Juden in Gescher im Erdgeschoß des Nebenhauses von Textilkaufmann Julius Stein an der Armlandstraße 1. Ein Augenzeuge schildert den Betraum als „ein einfaches, einzelnes Zimmer ... mit einem Tisch und Kerzen darauf".[295] Am 10. November 1938 wurde die Inneneinrichtung von Nationalsozialisten zerstört und zum Teil im Hof verbrannt. Sowohl das Wohnhaus der Familie Stein, dessen Giebelspitze ein Davidstern zierte, als auch das Nebenhaus sind heute noch vorhanden und in Privatbesitz.

Von 1856 bis 1912 gehörte die jüdische Gemeinde Gescher als selbständige Untergemeinde zum Synagogenbezirk Coesfeld, seit 1912 zum Synagogenbezirk Borken.

Gronau

Seit 1803 siedelten wieder Juden in Gronau und seit 1805 in Epe. Anfangs hielten sie ihre Gottesdienste in Wohnhäusern ab. Später versammelten sie sich in „einem kleinen dunklen Raum hinter Eggers alter Schmiede". Der Zugang zur Betstube war „ein schmaler, dunkler Gang zwischen dem Tormynschen Haus und der Wirtschaft Mörs".[296]

Jahrzehnte später kam es zwischen den Gronauer und den Eperaner Juden zu Streitigkeiten über die Umlagen für die Betstube. Die Eperaner mieteten daraufhin um 1890 einen eigenen Betsaal an und bauten 1907 eine Synagoge.

In Gronau wurde erst 1926 nach Überwindung vieler Schwierigkeiten eine Synagoge an der Wallstraße 48 errichtet. Es handelte sich um den letzten Synagogenbau im Kreis Borken. Im November 1938 wurde die Gronauer Synagoge verwüstet und später abgebrannt. Zwei Eperaner Synagoge abgebrannt. Zwei Gedenksteine erinnern seit 1980 an die Standorte der beiden Gotteshäuser.

Die Synagogengemeinde Gronau, einschließlich Nienborg und Epe, gehörte seit 1856 als selbständige Untergemeinde zum Synagogenbezirk Ahaus.

Borken-Gemen: Synagoge

Innenansicht der Synagoge von Borken-Gemen

Gronau-Epe

Seit 1803 siedelten Juden in Gronau und seit 1805 in Epe. Anfangs besaßen sie gemeinsam einen Betsaal in Gronau. Da es jedoch später zwischen den Gronauern und den Eperaner Juden zu Streitigkeiten über die Umlagen der Kosten für den Betraum gekommen ist, an denen sich die Eperaner Juden nicht beteiligen wollten, mieteten letztere schließlich vor 1890 ei-

nen eigenen Betsaal in Epe an. 1907 erwarben sie – trotz der geringen Gemeindestärke von fünf Familien – ein Grundstück und errichteten eine Synagoge in der Eperaner Wilhelmstraße.

Isselburg-Anholt

Anfang des 19. Jahrhunderts wurde der Gottesdienst der zehn jüdischen Familien Anholts in einem Privathaus abgehalten. 1831 ließ die jüdische Gemeinde in der Niederstraße eine Synagoge errichten, die der Lehrer Abraham Mayer aus Anholt mit einem festlichen Gottesdienst einweihte. Über das Synagogengebäude berichtete der Prediger der Gemeinde Anfang dieses Jahrhunderts:

„Das einfache, schmucklose, den Nachbarhäusern sich anschließende Gebäude, dessen Fassade verputzt und gestrichen ist, ist aus Backsteinen hergestellt, die zum Teil die hebräischen Namen der Gemeindemitglieder tragen, und enthält vorn rechts und links je einen Wohnraum, links die Treppe zur Frauenempore und in einer Nische ein kunstvoll in antiken Formen aus Kupfer hergestelltes Waschbecken.

Der Innenraum weist die in jüdischen Gotteshäusern üblichen Geräte und Gegenstände auf, von denen wir besonders den schweren, alten Kronleuchter in der Mitte des Schiffes als wertvoll nennen, eine Gebetstafel, die unter den preußischen und fürstlichen Wappen das an jedem Sabbat vorzutragende Gebet für den König von Preußen und den Fürsten zu Salm-Salm in hebräischer und deutscher Sprache enthält... Im Vorraum lesen wir in hebräischer Sprache die Worte, anspielend an die einstige Errichtung der Stiftshütte in der Wüste (Exodus 40): Und so ward vollendet die ganze Arbeit und eingeweiht das Haus des Ewigen am Sabbat des Weihefestes Chanukah, Schriftabschnitt Mikez, im Jahre ‚Seh Schaar haschamajim' (= Jahreszahl 5592) = (das ist das Tor des Himmels')... Über dem Eingang steht die bei Gotteshäusern sonst übliche Inschrift: ‚Dies ist die Pforte Adonais; die Gerechten mögen durch sie hindurchkommen'. (Psalm 118, 20)."[297]

Wegen der Verringerung der Gemeindezahl von 25 auf drei Familien Anfang dieses Jahrhunderts wurde nur am höchsten jüdischen Feiertag, dem Versöhnungsfest, Gottesdienst gehalten. Der Novemberpogrom fand in Anholt nicht statt. Weder die Synagoge noch die Wohnungen der beiden jüdischen Einwohner, die damals in Anholt lebten, wurden beschädigt. Erst das alliierte Bombardement vor dem Einmarsch der amerikanischen Truppen im März 1945 zerstörte die Synagoge. Administrativ gehörte die Anholter Gemeinde seit 1856 zum Synagogenbezirk Bocholt.

Raesfeld

Seit Mitte des 17. Jahrhunderts sind jüdische Familien in Raesfeld ansässig. Anfang des 19. Jahrhunderts handelte es sich um zwei Familien mit insgesamt 16 Personen. Sie mieteten 1812 einen Raum in der Scheune des Küsters und Schulmeisters Johann Spangemacher als Betsaal an. Nachdem die jüdische Bevölkerungszahl auf 27 Personen Mitte des 19. Jahrhunderts angestiegen war, drängte vor allem der Vorsteher der jüdischen Gemeinde, der Kaufmann Levi Rosenheim, zum Bau einer Synagoge. Am 15. Dezember 1860 erwarb die Gemeinde vom Faßbinder Gybkes für 105 Taler ein Gartengrundstück von 35 Ruten (497 qm) in der Nähe der neuerbauten Pfarrkirche und begann sofort mit den Bauarbeiten. Am 26. Juni 1863 wurde die neue Synagoge mit einem Festzug vom alten Betsaal zum neuen Synagogenbau sowie einem anschließenden Gottesdienst im neuen Gebäude festlich eingeweiht und am Abend des nächsten Tages mit einem Festball gefeiert.

Das Synagogengebäude lag nicht direkt an der vorbeiführenden Straße, sondern war von ihr durch ein weiteres Gebäude getrennt. Als Backsteinbau paßte sich die neue Synagoge der Architektur der Umgebung an. Sie bestand aus einem zweistöckigen Querhaus und dem Betsaal. Über dem Eingang, der durch ein giebelverziertes Mittelstück besonders hervorgehoben wurde, war eine Tafel mit dem jüdischen Glaubensbekenntnis (Sch'ma Israel) in hebräischer Schrift angebracht: „Höre Israel, Adonai ist unser Gott, Adonai allein ..." (5.Mose 6,4).

Der Eingang führte in einen kleinen Flur, vor dem links in den Lehrraum für den Religionsunterricht und rechts in die Mikwe gelangte. Gleichzeitig führte eine Treppe vom Flur aus auf die Frauenempore. Am Ende des Flures war der Eingang zum Betsaal, der etwas tiefer als das Querhaus lag und fast quadratischen Grundriß hatte. Ihn prägten schlichte neugotische Stilelemente, wie die spitz zulaufenden hohen Fenster und Pfeiler. Gegenüber dem Eingang in einer Apsis an der Ostwand der Toraschrein hinter einem Vorhang verborgen. Davor schwebte ein kleines Vorbeterpult. Es folgte fast in der Mitte des Raumes auf einem Podest mit achteckiger Brüstung das Vorlesepult. Links und rechts vom Podest und auf den

Synagoge von Raesfeld

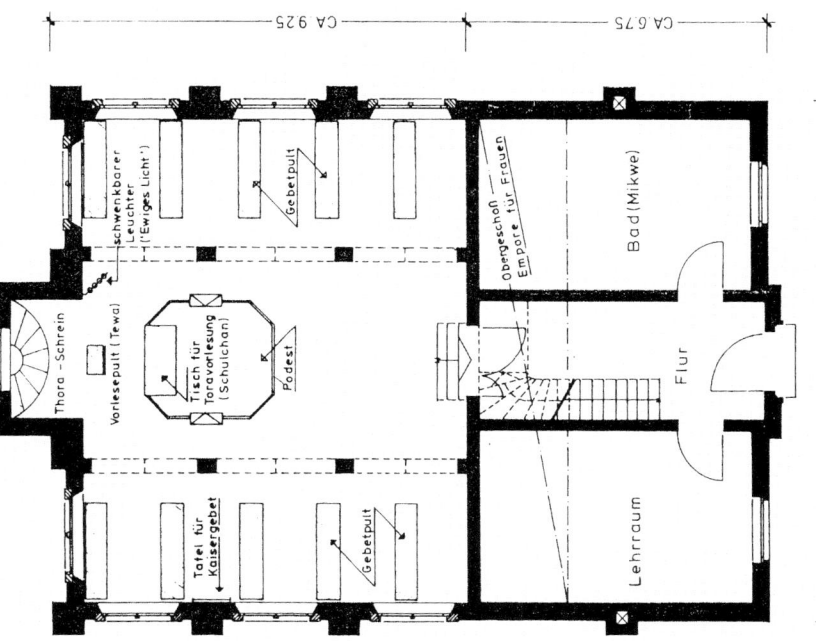

Grundriß der Synagoge von Raesfeld, rekonstruiert von P. Friedrich

Toraschrein ausgerichtet standen die Bauke mit den Gebetpulten.

Bis zum November 1938 diente das neue Synagogengebäude, das zur Fünfzigjahrfeier ein neues Ziegeldach und einen neuen Anstrich erhalten hatte, als Gotteshaus. Am 10. November 1938 wurde es niedergebrannt, und im Frühjahr 1939 trug man die Grundmauern ab. 1987 errichtete die Stadtverwaltung Raesfeld an der Stelle der ehemaligen Synagoge einen Gedenkstein.

Von 1835 bis ca. 1880 betrieb die jüdische Gemeinde in Raesfeld eine zweiklassige Volksschule gegenüber dem Hause des Kaplans an der Borkener Straße. Seit 1856 gehörte die jüdische Gemeinde in Raesfeld zum Synagogenbezirk Borken.

Reken

Im Jahre 1863 erwarben die Juden von Reken ein Wohngebäude, das neben der heutigen Fleischerei Röhling in Groß-Reken lag, und nutzten einen Raum als Betsaal. In den weiteren Räumen lebte eine Familie, die den Betraum betreute und ein Tabakgeschäft führte. Im März 1938 wurde das Wohnhaus verkauft und der Betsaal ausgeräumt.

Seit 1856 gehörte die jüdische Gemeinde Reken als selbständige Untergemeinde zum Synagogenbezirk Borken.

Rhede

Seit Anfang des 18. Jahrhunderts wohnten Juden in Rhede. Im Jahre 1818 verfügten sie über einen Betsaal in einem Wohnhaus, vermutlich im Hause des Samuel Herz Onger, Markt 4.

Im Jahre 1846 erwarben die Rheder Juden als Besitzergemeinschaft vom Uhrmacher Seelbach ein Haus in der heutigen Nordstraße 10 und richteten dort einen Betsaal ein. 1861 wurde die Straßenfront des Hauses renoviert. Obwohl das Haus – vermutlich nach dem Wegzug einer jüdischen Familie im Jahre 1872 – an den Apotheker Starrig verkauft worden war, wurde der Betsaal bis 1904 weiter von der verbliebenen Gemeinde benutzt.

Eine jüdische Privatschule bestand nur für einige Jahre Anfang des 19. Jahrhunderts. Zunehmend schickten die Juden ihre Kinder in die christliche Ortsschule. Seit 1856 gehörten die Rheder Juden zum Synagogenbezirk Bocholt.

Synagoge von Stadtlohn

Stadtlohn

Seit Beginn des 18. Jahrhunderts wurde in Stadtlohn im Hause der Witwe Bischoff „nach der Judenart gebetet und Gesänge gehalten".[298] Seit 1856 wurde zum Ahauser Synagogenbezirk eine eigenständige jüdische Gemeinde Stadtlohn gezählt. Im Jahre 1871 baute die Stadtlohner Kultusgemeinde in der Hagenstraße ein kleines Synagogengebäude mit Walmdach. Es unterschied sich von den Nachbarhäusern nur durch die größeren Fenster.

Im November 1938 beschädigten es Nationalsozialisten schwer. Hierbei wurden – wie Stadtlohner berichten – auch die Kultgegenstände entweiht: „Die Tora wurde ausgerollt und die Hagenstraße hinaufgeschleift. SA-Männer sprangen auf die Rolle und spuckten auf das Pergament".[299] Später riß man die Ruine ab. Seit 1981 befindet sich am Standort der ehemaligen Synagoge eine Gedenktafel.

Südlohn

Erst seit 1803 siedelten Juden in Südlohn. 1822 waren es 20 Personen. Im Laufe des 19. Jahrhunderts waren sie als Textil-, Vieh- und Lederhändler tätig. Seit 1856 gehörte Südlohn als Untergemeinde zum Synagogengebäude Stadtlohn und zum Synagogenbezirk Ahaus.

Um 1880 erhielt die Untergemeinde Südlohn ein Synagogengebäude. Nicht zu ermitteln ist, ob es sich um ein zum Zwecke des Gottesdienstes neu errichtetes Gebäude oder um den Umbau eines bestehenden Hauses handelte. Die Synagoge stand für sich allein mitten in einer sehr engen Gasse im Zentrum von Südlohn. Das 24 qm große Gebäude hatte einen gelben Außenputz, der Steinquader nach-

Vreden

Von 1654 bis 1942 lebten nachweislich Juden in Vreden. Im 18. Jahrhundert war zur Ausübung des Gottesdienstes ein Zimmer im Hause des wohlhabenden Kaufmanns Levi Isaac als Gebetsraum eingerichtet, in dem sich an den Feiertagen die kleine Gemeinde versammelte. Nachdem das westliche Münsterland Anfang des 19. Jahrhunderts in den Machtbereich des revolutionären Frankreichs geraten war, wünschte sich die jüdische Bevölkerung, dem Gottesdienst durch den Bau einer Synagoge eine würdigere Form zu geben.

So baten auch die Vredener Juden die Salm-Salmsche Regierung, auf deren neugeschaffenem Territorium Vreden im Jahre 1805 lag, vom Schulzen Röring ein Haus mit dahinterliegendem Grundstück an der Twickeler Straße erwerben zu dürfen. Auf dem Grundstück, das von der Straße abgeschirmt war, wollten sie eine Synagoge errichten und zu diesem Zweck in den umliegenden Orten und in den Niederlanden eine Kollekte veranstalten. Die Regierung genehmigte das Vorhaben, nachdem sowohl vom örtlichen Magistrat als auch aus der christlichen Bevölkerung keine Einwände vorgebracht worden waren und sich der Ortsrichter durch einen Lokaltermin von der Abgelegenheit des Baugrundstückes überzeugt hatte.

Die Synagoge, für deren Bau die jüdische Gemeinde 400 Reichstaler und 500 Gulden aufgenommen hatte, wurde 1808 erbaut. Schilderungen ihres Zustandes in den dreißiger Jahren dieses Jahrhunderts beschreiben sie als ein rechteckiges, fast zweistöckiges Gebäude aus Feldbrandsteinen und mit einem Walmdach aus roten Hohlpfannen. Die Westseite besaß in ihrer Mitte eine zweiflüglige Eingangstür, die je-

ahmte, und ein steiles Dach mit zwei Holzgiebeln. Es war mit einem Davidstern geschmückt. An der Türschwelle befand sich der schmale Aufgang zur Frauenempore. Das Gebäude bestand aus einem einzigen Raum, der die wichtigsten Elemente einer Synagoge enthielt: Bänke, an der Wand der Toraschrein und davor das Vorlesepult. Im November 1938 wurde die Südlohner Synagoge verwüstet und einige Zeit später abgerissen. Ein beteiligter Zollbeamter verunglückte beim Abbruch, als er gerade den Davidstern abnehmen wollte. Heute erinnert eine Gedenktafel an das Gotteshaus.

Rückansicht der Synagoge von Südlohn

doch nur zu besonderen Anlässen, wie zum Beispiel Hochzeiten, geöffnet wurde. Rechter Hand befand sich die einflüglige kleine Eingangstür, über der ein Davidstern angebracht war. Die drei kleinen Fenster der Westfassade über den beiden Eingangstüren besaßen zugemauerte Bögen und je einen Sandstein als Sturz. Die Südseite hatte zwei hohe Rundbogenfenster, deren Verglasung am oberen Ende jeweils ein Davidstern zierte. Auf der Nordseite befanden sich ebenfalls zwei hohe Fenster, jedoch waren – wie bei den Fenstern der Westfassade – die Bögen zugemauert. Die Ostseite hatte keine Fenster. An sie war im Laufe des 19. Jahrhunderts ein Schornstein angebaut worden, um den Innenraum heizen zu können.

Abbildungen der Synagoge sind nicht vorhanden. Anhand von Augenzeugenberichten hat der Vredener Architekt Guido Leeck ein Modell angefertigt und die Inneneinrichtung wie folgt beschrieben:

An der Ostwand stand der Toraschrein hinter einem Vorhang aus rotem Samt, den eine goldgestickte Krone zierte. Zu den hohen jüdischen Feiertagen wurde ein weißer Vorhang mit goldfarbenen Stikkereien benutzt. Flankiert wurde der Toraschrein von zwei Tafeln, den Dekalogtafeln in hebräischer Sprache und Schrift.

Unter den Gebotstafeln stand jeweils eine Bank, die mit einer Holzbrüstung und einer Schwingtür eingefaßt war. Auf der Bank links vom Schrein hatte in den letzten Jahren die Familie Leffmann-Herz und rechts die Familie Mogendorff ihre Plätze. Vor dem Toraschrein brannte in einer von Hand gefertigten Hängelampe aus Messing das Ewige Licht. In der Nähe der Bank der Familie Leffmann-Herz stand ein Gußofen. Er war an einen Schornstein angeschlossen, der sich außen an der Ostwand befand. Es folgte die Bank der Familie Mogendorff. Vor dem Toraschrein stand das Vorbeterpult.

Den zentralen Punkt der Synagoge bildete der Almemor, ein um zwei Stufen erhöhtes Podest mit einer Holzbrüstung. Darauf stand das Vorlesepult, an dem aus der Tora vorgelesen wurde. Neben dem Pult befanden sich zwei Stelen, auf denen während des Lesens der Torarollen die Toramäntel und die Toraaufsätze aufgestellt wurden. Unmittelbar über dem Lesepult hing ein Kronleuchter aus Messing. Er war reich verziert und wurde später für elektrisches Licht umgearbeitet. An der Südwand standen zuletzt die Sitzbänke der Familien Liebreich, Herz und Rosen-

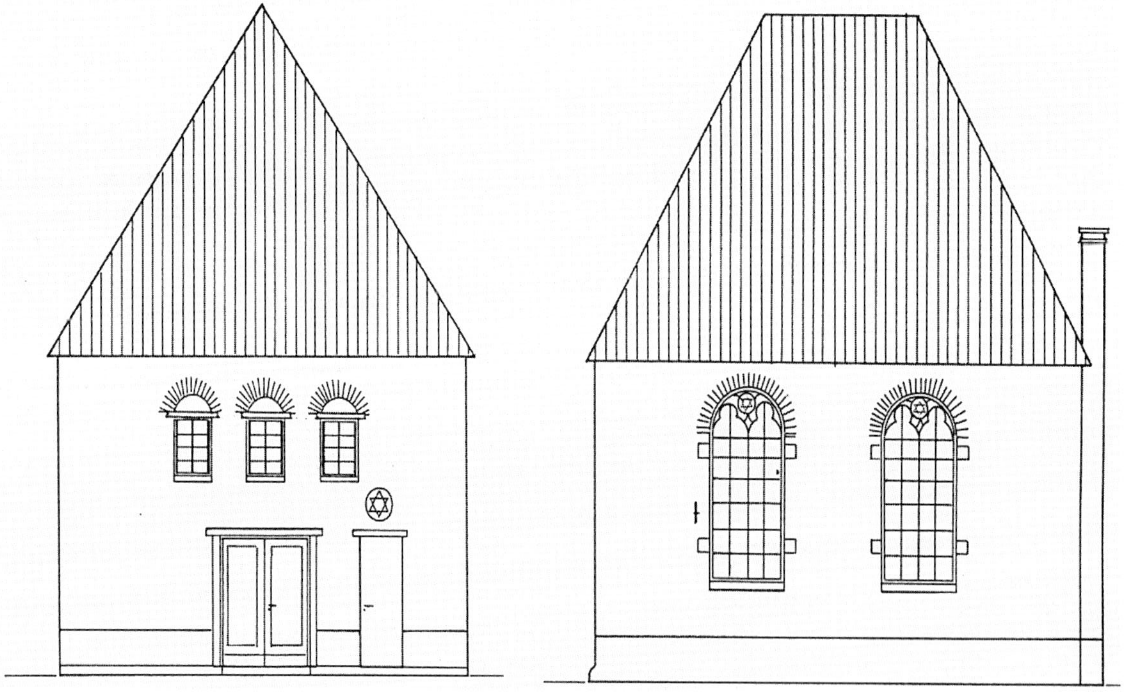

Rekonstruktion der Vredener Synagoge, Guido Leeck, Vreden

thal. Zwischen den Fenstern hing eine Gedenktafel aus schwarzem Marmor, die an Moritz Rosenthal erinnerte, der als Soldat im Ersten Weltkrieg am 23. Mai 1915 gefallen war. Auf den Bänken an der Nordwand fanden die Familien Wolff, Cohen und Heimann Platz.

Wie in den meisten Synagogen herrschte auch in Vreden Geschlechtertrennung. Das bedeutete, daß die oben beschriebenen Bänke lediglich den männlichen Familienmitgliedern vorbehalten waren. Die Frauen hingegen saßen auf der Empore, die sich über den Eingängen an der Westwand befand. Über eine schmale Wendeltreppe in der Südwestecke des Gebäudes war die Frauenempore erreichbar. Sie hatte Stühle für etwa zwanzig Personen. An der Wand befand sich ein Halter für Gebetbücher. Wie überall im Synagogenraum, so waren auch auf der Empore seitlich an den Wänden Messinglampen angebracht. Der Hauptträgerbalken der Empore war in die Süd- und in die Nordwand eingelassen und mit eisernen Maueranker gesichert.

Unter der Empore standen Stühle für Jungen, die das dreizehnte Lebensjahr noch nicht erreicht hatten und deshalb nicht bei den Männern sitzen durften. Ebenso stand unter der Empore zwischen den beiden Türen eine Handwaschschüssel auf einem Ständer.

Gegenüber der Synagoge befand sich das 1805 erworbene Küsterhaus mit der einräumigen Schule und einer Wohnung, in der zeitweise der Küster oder der Lehrer lebten. An das Küsterhaus war eine Mikwe angebaut, die man jedoch nicht mehr nutzte. Im Zweiten Weltkrieg wurde die Synagoge, die am 10. November 1938 wegen der Brandgefahr für die umliegenden Häuser nicht angezündet wurde, durch alliierte Fliegerbomben zerstört und

Modell der Vredener Synagoge, Guido Leeck, Vreden

1944 abgetragen. Nach dem Krieg hat der Rat der Stadt Vreden der neuen Passage zwischen der Wüllener Straße und der Twickeler Suaße an der Stelle der alten Synagoge den Namen „Zur Synagoge" verliehen und eine Gedenktafel angebracht.

Die Synagogengemeinde Vreden besaß auch lange Zeit eine eigene Privatschule. Bereits 1773 unterrichtete ein Lehrer 15 jüdische Kinder in der Wohnung von Levi Isaak Cohen, genannt „Levi Katz", in der Wüllener Straße. Seit 1805 befand sich die Schule in der Stube eines Hauses, das die Gemeinde erworben hatte. Ein von der Gemeinde angestellter Lehrer, der auch im Hause wohnte, unterrichtete bis in die siebziger Jahre des vorigen Jahrhunderts sieben bis fünfzehn Schüler in jüdischer Religion und den Elementarfächern Lesen, Schreiben und Rechnen.

Mit Beginn der Emanzipation der Juden in in den zwanziger Jahren des 19. Jahrhunderts schickten zunehmend mehr jüdische Eltern ihre Kinder vor allem auf weiterführende christliche Schulen, wo sie bald, gemessen am jüdischen Bevölkerungsanteil, überdurchschnittlich vertreten waren. Diese Entwicklung sowie der Rückgang der Gemeindemitglieder erzwangen die Schließung der jüdischen Schule in Vreden Ende der siebziger Jahre des vorigen Jahrhunderts. Die jüdischen Schüler gingen daraufhin in eine evangelische Schule. Ein auswärtiger Lehrer hielt stundenweise den Religionsunterricht.

Seit 1853 gehörte die jüdische Gemeinde in Vreden als selbständige Untergemeinde zum Synagogenbezirk Ahaus.

Bottrop

1847 lebten in Bottrop und Osterfeld (letzteres gehört heute zu Oberhausen) zwei jüdische Familien und ein alleinstehender Jude, insgesamt elf Personen. Den Gottesdienst besuchten sie in Oberhausen-Holten.

Durch das „Gesetz zur Regelung der Verhältnisse der Juden" von 1847 wurden sie der Synagogengemeinde Dorsten zugewiesen, zu der sie allerdings ein ziemlich distanziertes Verhältnis behielten. 1910 trug die Regierung der Tatsache Rechnung, daß die Gemeinden am Nordrand des Ruhrgebietes sehr schnell wuchsen und mehrfach so groß wie die Gemeinde Dorsten geworden waren. Die Synagogengemeinde Dorsten wurde also aufgeteilt in die Hauptgemeinde Dorsten und drei Untergemeinden, nämlich Gladbeck, Buer und Bottrop.

Der Betsaal in Bottrop lag in angemieteten Räumen an der Helenenstraße 11, der jetzigen Tourneaustraße. „Der Betsaal war ein kleiner, sehr niedriger Raum, vielleicht fünf mal sechs oder sechs mal sechs Meter groß. Auf etwa sechs Bankreihen bot er ungefähr 50 Personen Platz. In der Mitte des Raumes stand, etwas erhöht und von einer Art Umzäunung eingefaßt, ein Tisch, wo man die Thorarolle drauflegen konnte. Gegenüber dem Thoratisch befand sich an der Ostwand ein weiterer kleiner Tisch für den Kantor, den Vorbeter. Daneben an der Ostwand stand ein Schrank, in dem die Thorarollen aufbewahrt wurden. Es gab in Bottrop vielleicht fünf oder sechs Thorarollen, die alle in Privatbesitz waren ... Es gab noch einen sehr kleinen Nebenraum für die Frauen. Die Frauen kamen während des ganzen Jahres kaum zum Gottesdienst, nur zu den hohen Feiertagen. Für die üblichen Gottesdienste während des Jahres war der Betsaal groß genug. Links grenzte an den Betsaal ein großer Lagerraum. Man muß sagen, der Betsaal war primitiv, man konnte darauf nicht stolz sein."[300]

1932 wurde Bottrop selbständige Synagogengemeinde und war mit nicht mehr als 200 Mitgliedern durchaus nicht klein. Aber einer förderlichen Entwicklung stand entgegen, daß es in ihr zwei Gruppen gab: Einerseits gab es da die Juden,

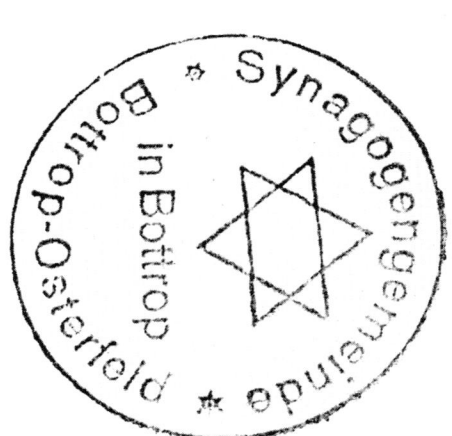

(Quelle: Staatsarchiv Münster)

nach dem Ersten Weltkrieg viele sogenannte Ostjuden als Bergleute nach Bottrop. Sie feierten ihren Gottesdienst nach polnischem Ritus. Einer von ihnen, der Schächter Marjan Sperling aus Lemberg, gründete eine eigene Talmud-Tora-Schule in seinem Haus an der Prosperstraße.

Zwischen den beiden genannten Gruppen kam es zum Zerwürfnis, als 1925 der amtierende liberale Vorstand das Gesuch der Dorstener Gemeinde bei der Regierung unterstützte, den ausländischen Juden das innergemeindliche Wahlrecht zu entziehen. Bei der nächsten Vorstandswahl wurde dieser Vorstand nicht wiedergewählt, und seine maßgeblichen Mitglieder verließen die Gemeinde, was dieser erhebliche finanzielle Einbußen brachte.

1932 wurde der Synagogenverband Dorsten aufgelöst und Bottrop selbständige Gemeinde. Sie schloß sich dem Rabbinat des „Vereins zur Wahrung der religiösen Interessen des Judentums in Westfalen" an.

Von dem Betsaal ist möglicherweise nur ein Bild erhalten geblieben. Die SA-Standarte 15 aus Bottrop hat ein Fotoalbum über ihre Einsätze im Jahre 1938 angelegt. Eines dieser Fotos zeigt einen verwüsteten Betraum: zerschlagene Fenster, umgekippte Betbänke und herumgeworfene Bücher.[302]

Im Januar 1989 wurde in Bottrop ein Nachlaß versteigert. Zu ihm gehörte eine Kiste, die wohl 50 Jahre ungeöffnet auf dem Dachboden des Hauses in der Kirchhellener Straße 46 gestanden hat. Sie enthielt über 150 jüdische Bücher, teils liturgische Werke, teils Auslegungsliteratur, teils Lehr- und Schulbücher. Einige der Bücher tragen den Stempel: „Bethausverwaltung Bottrop i.W." Heute gehört dieser Bestand zum Jüdischen Museum

die schon im 19. Jahrhundert nach Bottrop gekommen waren und als Kaufleute oder Metzger arbeiteten. Sie feierten ihren Gottesdienst nach deutschem Ritus und führen, wenn möglich, zu den hohen Feiertagen nach Essen („Mutter sah es nicht mit guten Augen, daß wir mit ‚Ostjuden' verkehrten. Juden also, die aus Polen zugezogen waren".[30]) Andererseits kamen Westfalen in Dorsten.

Kreis Coesfeld

Ascheberg-Herbern

Seit Mitte des 18. Jahrhunderts lebten Juden in Herbern. Ihre Gottesdienste hielten sie in einem Privathaus, zuletzt am Kirchplatz in dem Gebäude Nr. 112, das Wolff Levy gehörte. Mitte des 19. Jahrhunderts wurde ein kleines Synagogengebäude in der Südstraße hinter dem Hause des Juden Levi – vermutlich neu – errichtet, jedenfalls weist auch heute das ursprüngliche Fachwerk keine Änderungen auf. Das Gebäude bestand aus einer Privatwohnung auf zwei Stockwerken im Nordteil des Gebäudes und einem Synagogenraum.

„Der Synagogenraum nahm auf der Südseite die volle Höhe des Fachwerkhauses ein. Die Holzdecke war farbig ausgemalt. An der Ostseite befand sich etwas erhöht der Toraschrank, der an beiden Seiten von Säulen flankiert war. Während die Männer in Bänken, die sich links und rechts im Synagogenraum befanden, Platz nehmen konnten, durften die Frauen an der rückwärtigen Westseite auf einer Empore an dem Gottesdienst teilnehmen".[303] Im November 1938 blieb die Synagoge unversehrt, da den Zerstörungstrupps mitgeteilt wurde, sie sei bereits verkauft. Heute ist sie Privatbesitz.

Eine Elementarschule besaß die Gemeinde Herbern nur in den Jahren 1846 und 1847. Seit 1856 gehörte Herbern zum Synagogengemeindebezirk Werne.

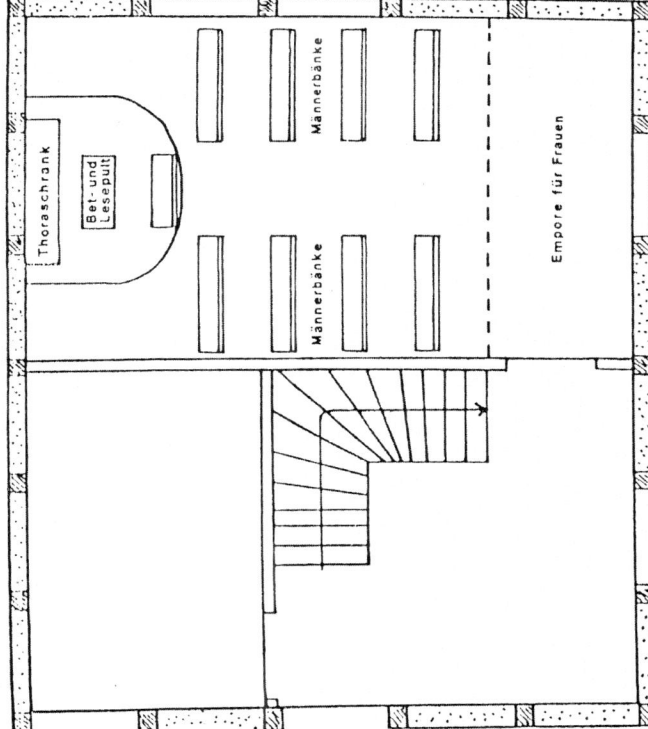

Grundriß der Synagoge in Ascheberg-Herbern (Josef Farwick, Ascheberg) – (Quelle: Farwick: Die jüdische Gemeinde in Herbern-Ascheberg)

Billerbeck

Seit ungefähr Mitte des 18. Jahrhunderts trafen sich die Billerbecker Juden zum Gottesdienst im Privathaus der Familie Bendix in einem als Betstube eingerichteten Raum.

Seit 1856 gehörte die jüdische Gemeinde Billerbeck zum Synagogenbezirk Coesfeld.

Coesfeld

Seit Mitte des 17. Jahrhunderts siedelten Juden kontinuierlich in Coesfeld. 1812 bauten sie sich ihre erste Synagoge in der Weberstraße. Der zweigeschossige Backsteinbau beherbergte im vorderen Teil den Schulraum und dahinter, kenntlich an zwei Bogenfenstern, den Betraum. In ihm befand sich an der Ostseite ein von Säulen umrahmter Toraschrein, zu dem eine Treppe einige Stufen hinaufführte. In der Mitte der Treppe stand ein mit einer Holzverkleidung versehener eiserner Ofen.

Im November 1938 wurde die Synagoge im Innern verwüstet, obwohl sie kurze Zeit zuvor für 1.000 Reichsmark an einen Privatmann verkauft worden war. Das Gebäude selbst überstand Verfolgung und Krieg. Es dient heute einer evangelischen Freikirche als Gotteshaus, wobei der Toraschrein beibehalten wurde. Eine Gedenktafel über die Verfolgung befindet sich an der Vorderseite des Gebäudes.

Eine jüdische Elementarschule unterhielt die Synagogengemeinde Coesfeld zwischen 1876 und 1892 sowie zwischen 1902 bis ungefähr 1925 im vorderen Teil des Synagogengebäudes.

Coesfeld: Innenansicht der früheren Synagoge (1962)

Dülmen

Im Jahre 1801 erwarben acht jüdische Familien aus Dülmen ein Gebäude an der Kötteröde und richteten dort einen Betsaal und einen Schulraum ein. Nachdem die Gemeinde auf 28 Familien angewachsen war, kaufte sie ein Wohngebäude mit Grundstück an der Münsterstraße und ließ dort eine neue Synagoge bauen, die 1864 eingeweiht wurde. Im November 1938 brannte das Gebäude nieder und wurde später abgetragen. Seit 1988 erinnert eine Gedenktafel an den Standort des ehemaligen Synagogengebäudes.

Im 19. Jahrhundert verfügte die jüdische Gemeinde Dülmen auch über eine Elementarschule. Zusammen mit der jüdischen Gemeinde Haltern bildete die Synagogengemeinde Dülmen seit dem Synagogenstatut von 1855 den Synagogenbezirk Haltern.

Dülmen: Synagoge (das mittlere Haus)

Lüdinghausen

Erst seit 1807 durften sich Juden in Lüdinghausen niederlassen. Ihre Zahl stieg 1827 auf 27 Personen. Ihren Gottesdienst hielten sie im Hause des Selig Levy Auerbach. 1839 baute die Gemeinde ein eigenes schlichtes Synagogengebäude in der Hinterstraße (heutige Hermannstraße). Im Eingangsbereich waren der Schulraum und die Lehrerwohnung untergebracht. Dahinter befand sich der kleine Betsaal, von außen erkennbar an den (später zugemauerten) hohen Bogenfenstern. Im November 1938 wurde die Synagoge zwar beschädigt, jedoch erst in den sechziger Jahren abgerissen.

Eine jüdische Elementarschule besaß die Gemeinde in den Jahren 1834 bis 1836 und 1864 bis 1873. Er mußte je-

nis) nach Art eines Tabernakels, worin eingeschlossen wurden, zwei Rollen aus Pergament gefunden wurden, ebenso an den Wänden befestigte Tafeln mit hebräischen Inschriften, ebenso ein Schleier, den sie sich während des Gebetes über den Kopf ziehen und sich damit einhüllen".[304]

Die Schilderung der kleinen Gebetstube enthält fast alle Insignien des jüdischen Gottesdienstes: den Toraschrein, in dem sich die Torarollen mit den fünf Büchern Moses befinden, das Vorlesepult, auf dem die Torarollen während des Gottesdienstes entrollt werden, einen Gebetsschal sowie den Wandschmuck mit Bibelversen in hebräischer Sprache. Die hebräischen Torarollen waren von einem Juden bei Wesel mit der Hand geschrieben worden. Auch über einen jüdischen Religionslehrer verfügte die kleine Gemeinde bereits. Es handelte sich um den Schwiegersohn des Abraham Simon.

Der Gottesdienst im Hause Simon wurde zur Anzeige gebracht, und vom Sendgericht verboten. Aus diesem Grunde und weil wohl auch später der Minjan nicht mehr erreicht werden konnte, gingen die Nottulner Juden lange Zeit zum Gottesdienst nach Billerbeck. Erst 1777 richtete Abraham Simon wieder eine Betstube in seinem neuen Hause ein. Jetzt konnte der Minjan wieder erfüllt werden, auch wurde den Juden trotz erneuter Anzeige die Ausübung des Gottesdienstes gestattet.

Mit der Einführung der Synagogenbezirke im 19. Jahrhundert gehörte Nottuln seit dem Synagogenstatut von 1857 zum Synagogenbezirk des Kreises Münster.

Die Synagoge von Lüdinghausen vor dem Abriß

doch aus Geldmangel und wegen geringer Schülerzahl eingestellt werden.

Die Synagogengemeinde Lüdinghausen gehörte seit dem Synagogenstatut von 1856 zum Synagogenbezirk Olfen mit den Gemeinden Olfen, Lüdinghausen und Selm-Bork. Bedingt durch den Rückgang der jüdischen Bevölkerung in Olfen und die Zunahme derselben in Lüdinghausen, wurde 1920 der Bezirk in Synagogenbezirk Lüdinghausen umbenannt.

Nottuln

Seit den siebziger Jahren des 17. Jahrhunderts siedelten Juden in Nottuln. Bis 1738 hatten sich zwei jüdische Familien niedergelassen. Abraham Simon, der Viehhandel betrieb und unter anderen auch das Nottulner Stift mit Fleisch versorgte, richtete daraufhin in seinem am Stiftplatz 3 gelegenen und vom Stift gepachteten Hause eine ständige Betstube ein, die auch von den Juden der Umgebung besucht wurde.

Ein Augenzeuge hielt die Einrichtung der Betstube fest: „Hierin befand sich ein Tisch aufgestellt, ferner ein Gelaß (Behält-

Olfen

Die jüdische Gemeinde Olfen wurde 1856 Hauptsitz des Synagogenbezirks Olfen, der außerdem die Gemeinden Lüdinghausen und Bork umfaßte. Um dieselbe Zeit erreichte die Synagogengemeinde Olfen ihren Höchststand an Mitgliedern mit 51 Personen. Im gleichen Jahr (1860) errichtete sie in der Kirchstraße ein Synagogengebäude, das vorne einen Schulraum mit einer Lehrerwohnung enthielt, während sich dahinter der Betsaal mit den hohen Bogenfenstern befand. Gekrönt wurde das Gebäude durch einen kleinen schlanken Turm am vorderen Giebel.

Eine eigene Elementarschule unterhielt die Gemeinde bereits seit 1845. Mit dem stetigen Rückgang der jüdischen Bevölkerung durch die Abwanderung der Jungen und den Tod der Älteren änderte sich die Situation der Gemeinde zusehends. Im Jahre 1880 – die Gemeinde umfaßte 30 Mitglieder – mußte die Elementarschule aufgegeben werden, da nur noch zwei Schüler vorhanden waren. Bis 1899 war die Gemeinde auf ungefähr 20 Mitglieder geschrumpft; deshalb wollte man die Synagoge veräußern, fand jedoch keinen Käufer. Schließlich beschloß man 1914 – die Gemeinde umfaßte noch 12 Mitglieder – den Abbruch des Gebäudes und den Verkauf des Grundstückes, was 1916 erfolgte. Im Jahre 1920 gab es nur noch zwei Mitglieder. Deshalb wurde das Statut des Synagogenbezirks Olfen geändert: Hauptort wurde nun Lüdinghausen, dessen Namen auch der Synagogenbezirk fortan trug. 1924/25 lebte noch eine einzelne Familie im Ort. Spätestens 1931 wohnten in Olfen keine Juden mehr. Die Synagogengemeinde Olfen ist ein deutliches Beispiel für den Auszehrungsprozeß der jüdischen Landgemeinden zugunsten der Großstadtgemeinden.

Die Synagoge von Olfen um 1910 (am rechten Bildrand)

Gelsenkirchen

Gelsenkirchen

Lehrer Max Abraham, genannt Kaufmann, schrieb 1924 zum 50-jährigen Jubiläum der Synagogengemeinde Gelsenkirchen: „Die Entwicklung unserer jüdischen Gemeinde vollzog sich parallel der Entwicklung unseres lieben Heimatortes. Gelsenkirchen, die größte Kohlenstadt des Kontinents mit über 200.000 Einwohnern, mit seinen großen Straßen und Plätzen, mit seinen glänzenden Kaufhäusern war vor etwa 100 Jahren ein kleines Dorf mit etwa 500 Einwohnern."[305]

In der von Kaufmann angesprochenen Zeit, also 100 Jahre vor dem Datum der Jubiläumsschrift, wurden in einer Liste, die Auskunft über die Vermögensverhältnisse der Juden in Wattenscheid geben sollte, drei Gelsenkirchener Juden genannt, alle drei mit „mittleren Vermögensverhältnissen" und „zur Zahlung eines jährlichen Beitrages (für die Besoldung des Landrabbiners Abraham Sutro) im Stande."[306]

Die Gelsenkirchener Juden gehörten also zur Gemeinde Wattenscheid, die wiederum Untergemeinde von Hattingen war. Eine Generation später sahen die Verhältnisse anders aus: Gelsenkirchen war an die neugebaute Köln-Mindener Eisenbahnlinie angeschlossen, und die ersten Zechen waren abgeteuft. Die Einwohnerzahl wuchs. 1865/66 erklärten die Juden in Gelsenkirchen den zuständigen Behörden, die Zahl ihrer Familien sei von „kaum drei" auf „circa neun" angewachsen, so daß sie nun „unter Abtrennung von dem bisherigen Verbande", also von der Synagogengemeinde Wattenscheid, eine eigene Schule eröffnen wollten.

Diese Familien feierten ihren Gottesdienst seit 1863 in den für zwölf Jahre an-

Gelsenkirchen: Gedenkmünze, 1865 zur Finanzierung der Synagoge geprägt

gemieteten Räumen im Hause Hochstraße 34 (heute Hauptstraße). „In der oberen Etage war nach dem Hofe zu ein Zimmer für den Gottesdienst eingerichtet. Eine finstere Treppe führte hinauf. Die Frauen fanden in den Nebenraume ihre Plätze. Noch heute (1924) zeugen große, bunte Fenster von der einstmaligen Bedeutung dieser Räume."[307]

Betsaal an der Neustraße

Schon nach wenigen Jahren scheinen die Räumlichkeiten in der Hochstraße nicht mehr für die wachsende Gemeinde gereicht zu haben. Um 1867 erwarb oder bebaute sie ein Gemeindehaus in der Neustraße 4 (heute Gildenstraße) mit einem anliegenden Eckgrundstück. In dem zweigeschossigen Gebäude wurden ein Betsaal mit etwa 50 Sitzplätzen, ein Klassenzimmer für die jüdische Schule, eine Mikwe und die Hausmeisterwohnung eingerichtet.[308]

Auch dieser Betsaal wurde nach einigen Jahren zu eng. Die jüdische Gemeinde Gelsenkirchen war 1873 zur selbständigen Synagogengemeinde ernannt worden. Als eines ihrer ersten Vorhaben sollte ein neues Bethaus auf dem Grundstück hinter dem Gemeindehaus Neustraße 4 gebaut werden.

Die Baukosten wollten die Gemeindevertreter 1876 durch eine Lotterie aufbringen. Vorgesehen waren im Finanzierungsplan:[309]

15.000 Lose à 3 Mk	45.000 Mk
abzüglich Verkaufsprovision	9.000 Mk
abzüglich Inserate	2.250 Mk
abzüglich Druckkosten	750 Mk
abzüglich Gewinne	15.000 Mk
Verbleibender Überschuß	18.000 Mk

Aber die Bezirksregierung in Arnsberg genehmigte die Verlosung nicht und blokkierte dadurch die Verwirklichung des Synagogenbaus. Die Gemeindevertretung diskutierte noch eine Zeitlang über einen provisorischen Anbau an das Gemeindehaus, entschloß sich dann aber, eine neue, massive Synagoge auf dem Grundstück neben dem Gemeindehaus zu errichten.

Synagoge an der Neustraße

Der Bau der Synagoge hatte sich schon – wie oben beschrieben – durch die nicht genehmigte Lotterie verzögert. Auch der neue Plan, das Eckgrundstück zu bebauen, führte zu Komplikationen: Architekt Drull hatte Pläne entworfen, die aber nicht verwirklicht werden konnten, weil die Materialien zu den vorgesehenen Preisen nicht erhältlich waren. Architekt Zindel entwarf neue Pläne, für die Geldmittel in doppelter Höhe, gemessen an Drulls Kostenvoranschlag, nötig waren. Schließlich erhöhte sich die Bausumme „durch Verschönerung der Front und sonstige unvorhergesehene Mehrarbeiten" auf fast

den dreifachen Betrag, nämlich 44.000 Mk.310 Die Gemeinde brachte das Geld durch Spenden und eine Anleihe auf.

Das vorhandene Eckgrundstück war nicht sehr groß, und Zindel führte den Baukörper bis an die Baufluchtlinien bzw. an die nachbarliche Bebauung, um wenigstens auf der Grundfläche von 23 mal 13 Metern bauen zu können.

Zindel schuf laut seiner Baubeschreibung 428 Sitzplätze. Dadurch wurde es im Inneren sehr eng. Die drei Gänge, die zwischen den Gebetsbänken nach vorne führten, waren nur gut einen Meter breit. Auch die Querreihen neben der Bima standen dicht beieinander, die erste Etage hatte zwei Seitenemporen für die Frauen und eine weitere Empore für den 40-köpfigen Chor.

Großzügiger bemessen war mit 5 mal 6 Metern nur der erhöhte Absatz mit dem Lesepult und dem Toraschrein. Diesen Bereich umgab ein kunstvoll geschmiedetes Gitter. Der Toraschrank war aus massivem Holz gebaut, etwa 5 Meter hoch und reichte mit seiner Kuppel bis unter ein großes rundes Buntglasfenster, das den Davidstern zeigte.

Die Fassade der Synagoge hatte Zindel als Zweiturmfassade eingerichtet. Damit schloß er sich dem Vorbild der Bochumer Synagoge an, ging aber im Unterschied zu dem Architekten der Bochumer Synagoge mit maurischen Elementen recht sparsam um.

Am 21./22. August 1885 wurde die Synagoge eingeweiht. Die Predigt hielt Rabbiner Dr. Frank aus Köln.

Zu den Gottesdiensten in der neuen Synagoge schrieb der damalige Lehrer der jüdischen Gemeinde: „Der Gottesdienst wurde nach modernen, fortschrittlichen Grundsätzen geordnet, ein gemischter Chor führte die Gesänge an Sabbat- und Festtagen aus, ein Harmonium unterstützte den Synagogengesang. Eine Orgel sollte bald angeschafft werden. Der Orgelbauer Großjohann erbot sich, eine Orgel gratis 2 Jahre zur Verfügung zu stellen, wenn ihm die Lieferung der neuen Orgelzusgesprochen wird. Die Gemeindevertretung war damit einverstanden."311

An dieser Stelle bahnte sich ein Konflikt an: Die Repräsentanten der Gemeinde waren relativ junge Männer, mehrheitlich in den dreißiger Jahren, davon lebend „einen Händlerberuf neuen Typs auszuüben, ein Beruf des modernen Kaufmanns, der nicht mehr umherziehend dieses und jenes Lieferbare feilbot, sondern in seinem Geschäft, hinter dem Thresen stehend, ein spezielles Warensortiment führte".312 In die Synagoge dieser fortschrittlichen Gruppierung sollten nun auch die Ostjuden kommen, die von den Zechen angeworben worden waren, die aber in einer ganz anderen Frömmigkeitstradition aufgewachsen waren. Sie hatten eine andere Gottesdienstordnung und waren der Überzeugung, daß durch das Orgelspiel eine religionsgesetzliche Bestimmung verletzt würde.

In Gelsenkirchen traten im Zusammenhang mit der Anschaffung der Orgel drei Familien aus der Synagogengemeinde aus. Erst seit 1876 gab es die rechtliche Möglichkeit, aus einer Synagogengemeinde auszutreten; vorher war jeder Jude automatisch Mitglied der Gemeinde, in deren Synagogenbezirk er wohnte.

Der Konflikt zwischen den unterschiedlichen Frömmigkeitstraditionen und Lebenswelten wurde auch in den folgenden Jahrzehnten nicht geregelt, sondern erhielt immer wieder neuen Anschub durch zuwandernde neue Ostjuden. In den Jahren nach dem Ersten Weltkrieg gab es neben der großen Gemeinde in Gelsenkirchen –

nach Dortmund war sie die zweitgrößte jüdische Gemeinde in Westfalen – drei einflußreichste orthodoxe „Gemeinden". Die einflußreichste unter ihnen stellte 1920 beim Regierungspräsidenten den Antrag auf Gründung einer israelitischen Religionsgesellschaft Adass Jissroel. Der Antrag wurde abgelehnt. Die gründungswilligen Mitglieder gaben aber nicht auf und erreichten, daß der Sitz des Rabbinates des „Vereins zur Wahrung des religiösen Interessen des Judentums in Westfalen" 1922 von Recklinghausen nach Gelsenkirchen verlegt wurde, vermutlich weil sie einen Großteil der Kosten für den Rabbiner übernahmen. Rabbiner des Vereins war jedenfalls Dr. Weiß, und 1922 hat die Firma Rothmann in Gelsenkirchen für die Familie Meyer – vier Mitglieder dieser Familie hatten den oben genannten Antrag auf Gründung der Adass Jissroel unterschrieben – auf die Dauer von sieben Jahren einen eigenen Rabbiner angestellt, nämlich jenen Dr. Weiß.313

Rabbiner der Synagogengemeinde war seit 1914 Dr. Siegfried Galliner aus Beuthen. Als Schächter und Synagogendiener arbeitete seit 1891 Joseph Israel aus Groß-Gerau in Gelsenkirchen („ein frommer, im jüdischen Schrifttum gelehrter Mann")314, 1923 wurde dann Josef Bandel aus Delmenhorst als Schächter und Kantor angestellt.

Um 1860 soll es schon einmal eine jüdische Schule in Gelsenkirchen gegeben haben. Später mußten die jüdischen Kinder täglich nach Wattenscheid gehen. 1874 wurde die jüdische Schule in Gelsenkirchen als einklassige Privatschule mit 20 Kindern wieder gegründet. Die Schülerzahl wuchs schnell, so daß um 1883 „Gelsenkirchen den Ruhm hatte, die größte jüdische einklassige Privatschule (mit über 50 Schülern) zu besitzen". Auch

Regierungsbezirk Münster 217

Gelsenkirchen: Aaron hakodesch der Synagoge von 1885

Gelsenkirchen: Lichtkuppel in der neuen Synagoge

als 1886 schon 120 Schüler gezählt wurden, war die Schule noch einklassig, wenn auch nicht mehr Privatschule. „Es war keine leichte Arbeit, alle Altersklassen vom 6. bis 14. Jahre gleichzeitig in einem unangenehmen, überfüllten Klassenlokal zu unterrichten. Denn die Schule lag nach der unruhigen Neustraße, so daß beim Unterricht die Fenster geschlossen bleiben mußten. Trotz der unangenehmen und den Unterricht erschwerenden Umstände hielt der Lehrer tapfer aus, bis die Schulgemeinde finanziell so gekräftigt war, daß sie einen den Erfordernissen der Hygiene und der Pädagogik entsprechenden Neubau herstellen konnte."[315] 1894 wurde in der Ringstraße 44 ein neues Schulhaus gebaut, in dem dann auch mehrere Klassen unterrichtet wurden.

Das Gemeindeleben der jüdischen Gemeinde zerbrach 1938. In der Nacht des 9. Novembers wurden die Synagoge und das

nebenan liegende Gemeindehaus angezündet. Die Feuerwehr war anwesend, griff aber nicht ein, so daß beide Gebäude ausbrannten. Am 10. November ordnete die Baupolizei an, „sofort die baufällige Synagoge Stürmerstr. Nr. 6 und das daneben liegende baufällige Gemeindehaus Stürmerstr. Nr. 4 abzubrechen". Am 15. November gab der Vorstand der Synagogengemeinde den Auftrag zum Abbruch mit der Verpflichtung: „Die Abbrucharbeiten müssen heute, Dienstag, den 15. November 1938, begonnen und in kürzester Frist durchgeführt werden."[316]

Kurz nach dem Ende des Zweiten Weltkrieges lebten 69 Juden in Gelsenkirchen. Wenige waren aus den Konzentrationslagern zurückgekehrt, andere, sogenannte displaced persons, waren nach der Freilassung aus der Zwangsarbeit nicht mehr in ihre Heimat in Osteuropa zurückgekehrt. Die überlebenden Mitglieder der früheren Gemeinde gründeten 1945 das „Gelsenkirchener Jüdische Hilfskomitee", dessen erste Aufgabe es war, Lebensmittel, Kleidung und Wohnungen zu besorgen. Bald darauf wurde die Gemeinde gegründet.

Zum Gottesdienst trafen sich die Mitglieder der Gemeinde dreizehn Jahre lang in provisorischen Räumlichkeiten, bis sie 1958 eine neue Synagoge einweilen konnten.

Synagoge von-der-Recke-Straße

Der Neubau der Synagoge war seit 1946 angestrebt worden. Ursprünglich sollte er an der Stelle der verbrannten Synagoge errichtet werden. Aber es stellte sich heraus, daß die Jewish Trust Corporation, der die Rechte am Eigentum der zerstörten Gemeinden zugesprochen waren, das Grundstück der alten Synagoge an die Stadt verkauft hatte. Die Gemeinde mußte schließlich ein anderes Haus in der Nähe kaufen, in dessen Erdgeschoß sie Schulraum, Büro, Bücherei und Gemeindesaal unterbrachte. Die oberen Etagen des Hauses wurden als Wohnungen vermietet. Die Synagoge entstand als Neubau im Hinterhof des Hauses.

Der Gelsenkirchener Architekt C. H. Quacken baute einen schlichten Raum mit Bänken für rund 80 Gemeindeglieder.

Die erste wurde von einem Mitglied der Gemeinde vor der Zerstörung versteckt und 1945 wiedergefunden. Die zweite kaufte die Gemeinde aus holländischem Privatbesitz. Die dritte gehörte der jüdischen Gemeinde Herford, der es gelungen war, fast den gesamten reichen Torabestand im November 1938 zu retten.

1970 konnte der Vorstand der jüdischen Gemeinde in Gelsenkirchen noch berichten, daß der Minjam zum Gottesdienst stets vorhanden sei. Sorgen bereite aber folgendes: „Die Jugend ist noch nicht da und gewillt, an unsere Stelle zu treten." Diese Sorge vergrößerte sich von Jahr zu Jahr. Ende der achtziger Jahre war zu befürchten, daß die Gemeinde in absehbarer Zeit aussterbe. Aber dann kamen nach der Öffnung der Ostgrenzen russische Juden, und die Gemeinde wuchs, sodaß sie 1997 den Gemeindesaal (nicht die Synagoge) umbauen und vergrößern ließ.

Durch die besondere Lage bedingt hat die Synagoge nur eine Fensterreihe auf der Südseite, die in Buntglas Symbole aus der Bibel darstellt. Weiteres Licht fällt durch eine Glaskuppel, die die Decke über der Bima durchbricht. Als Frauenabteilung sind – nur bei genauerem Hinsehen kenntlich – die hinteren Bänke in der Synagoge etwas abgesetzt.

Die Rollen, die zur Einweihung am 29. Juni 1958 in den Toraschrank gehoben wurden, haben je ihre eigene Geschichte:

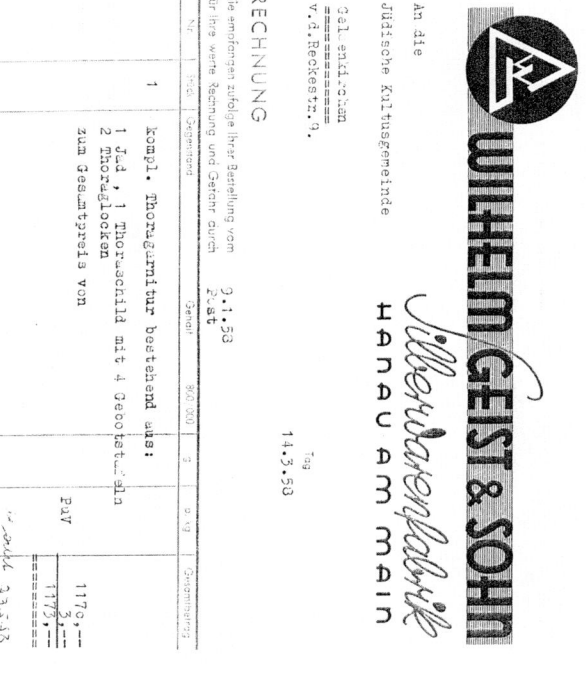

Rechnung über Kultsilber, 1958

Gelsenkirchen-Buer

Die erste Nachricht über jüdische Gottesdienste in Buer stammt aus dem Jahre 1906 und steht im Zusammenhang mit einer Beschwerde der Synagogengemeinde Dorsten, zu der Buer gehörte. Die Dorstener sahen durch separate Gottesdienste in Buer ihre eigenen Gottesdienste, weil nicht mehr 10 Männer zusammenkamen, gefährdet.

Isidor Alexander aus Gelsenkirchen-Erle argumentierte im Sinne der Juden aus Buer, obwohl er in Dorsten Repräsentantenvorsteher war: „Für die Ortschaften Buer, Erle, Resse, Horst und Horstermark, welche zur Synagogengemeinde Dorsten gehören, wird alljährlich an den hohen Hauptfeiertagen in Buer als dem Mittelpunkt dieser Plätze Gottesdienst abgehalten. Zu diesem Zwecke wird ein Saal gemietet und für diesen Kultus hergestellt. Wenn auch sich die Synagoge in Dorsten befindet, so kann ein Gottesdienst dort nicht abgehalten werden, weil erstens die zum Gottesdienst erforderliche Anzahl erwachsener männlicher Personen in Dorsten nicht vorhanden ist und zweitens uns nach unserer religiösen Vorschrift an diesen Feiertagen Eisenbahn- wie auch Wagenfahrt streng verboren ist. – Dorsten ist von den angeführten Plätzen ca. 4 Stunden entfernt. – Drittens uns zu dem Gange zur Synagoge nur ein Weg von 100 Ellen erlaubt ist. Die Richtigkeit meiner Angaben wird Rabbiner Dr. Marx in Recklinghausen bestätigen".[317]

1913 beantragten die Juden in Buer (sie bildeten seit 1910 zusammen mit Westerholt und Horst eine Untergemeinde der Synagogengemeinde Dorsten) die Selbständigkeit. Sie verwiesen wieder auf die große Entfernung nach Dorsten und auf die unzureichende Erteilung des Religi-

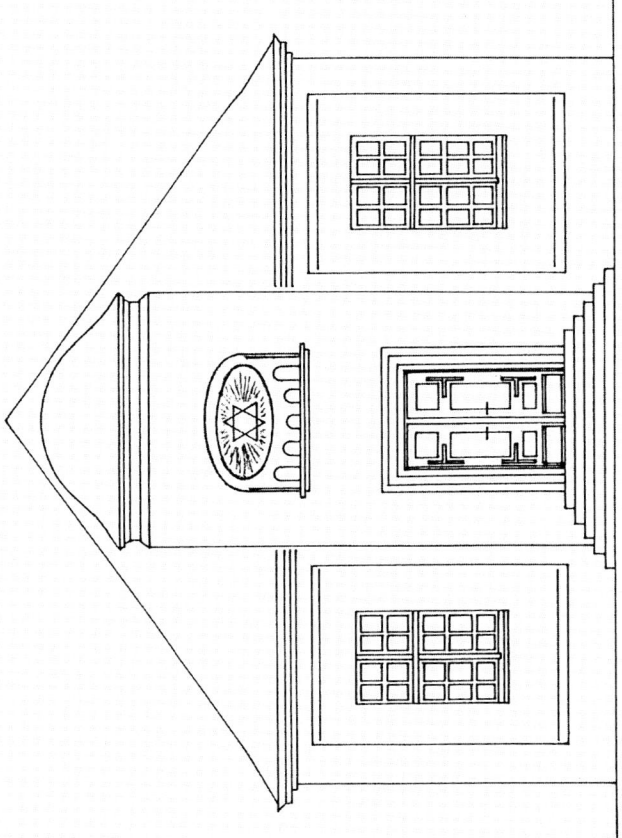

Gelsenkirchen-Buer:
Straßenansicht der Synagoge

onsunterrichtes: „Es ist ein Religionswanderlehrer vorhanden. Derselbe hat an folgenden Plätzen zu unterrichten: Buer, Gladbeck, Dorsten, Bottrop, Osterfeld, Horst, Vreden, Stadtlohn, Velen, Raesfeld, Gemen, an letzterem Platze hat der Lehrer seinen Wohnsitz, wo er gleichzeitig Vorbeter ist. Nach unserem dafürhalten ist der Unterricht der Lehrer der Art überlastet, daß der Unterricht an den einzelnen Plätzen durchaus nicht genügt ... Die Filialgemeinde Buer hat zirka 50 steuerpflichtige Mitglieder, und Buer wünscht, eine selbständige Synagogengemeinde zu werden; denn wir befinden uns in der Lage, die Kosten für einen Lehrer aufzubringen."[318]

Noch während in einem umständlichen Verfahren über den Antrag auf Selbständigkeit entschieden wurde, gelang es der Untergemeinde in Buer, sich einen entscheidenden Vorteil zu verschaffen: Im Oktober 1913 zog der Lehrer und Prediger Gustav Bär mit seiner Familie von Gemen nach Buer um und stand der Untergemeinde Buer regelmäßig für deren Gottesdienste zur Verfügung.

Der Antrag auf Selbständigkeit wurde schließlich abgelehnt, nicht etwa, weil die Buerer Gemeinde zu klein oder zu finanzschwach gewesen wäre, sondern weil „die Leistungsfähigkeit der Gemeinde Dorsten durch ein Ausscheiden von Buer in unerwünschter und nicht unbedenklicher Weise geschwächt werden würde".

1925 stellte die Gemeinde Buer erneut den Antrag auf Selbständigkeit und argumentierte: „Während Dorsten nur ca. 25 Seelen aufweist, hat Buer jetzt allein über 150 Seelen." Auch dieser Antrag wurde abgelehnt. Erst 1932 kam das Anliegen

Buers im Rahmen der Auflösung der Synagogengemeinde Dorsten zum Zuge.

Synagoge an der Maelostraße

Die ersten Jahre nach dem Wechsel Gustav Bärs von Gemen nach Buer waren durch den Krieg 1914-18, durch die sich anschließenden wirtschaftlichen Schwierigkeiten und die Inflation geprägt. 1922 wagte sich die (Unter-)Gemeinde an den Bau eines Betsaals heran. Der Essener Architekt G. Dellweg erarbeitete Pläne für den eingeschossigen, fast 200 qm großen Betsaal.

Ein Chronist beschrieb das Gebäude: „Die Zeitumstände erheischen es, daß beim Bau alles Prunkhafte vermieden, und ein jedes auf das Praktisch-Notwendige beschränkt werden mußte. Dabei ist es doppelt bemerkenswert, daß die Synagoge einen äußerst stimmungsvollen Charakter trägt. Beschaulich liegt das Gotteshaus mit einem turmähnlichen Vorbau inmitten gärtnerischer Anlagen

Gelsenkirchen-Buer: Synagoge nach der Renovierung

da. Ueber dem Eingang stehen in Stein die Worte: ‚Mein Haus ist ein Haus der Gebete für alle Völker.' Durch einen Vorraum tritt man in das Innere des Tempels. Ein weiter, schlichter Raum voll Stimmungsgehalt und einer ausgezeichneten Akustik. Gedämpft fällt das Licht durch die bleiverglasten bunten Fenster mit Glasmalereien, die die zehn Gebote Moses und die jüdischen Embleme (zwei gestürzt aufeinander gelegte gleichschenkelige Dreiecke) darstellen. Die Decke wölbt sich zu einem blaubemalten Himmel, aus dem die Sterne golden leuchten. Läufer ziehen sich über den mit Holzasphalt belegten Fußboden. Das Gestühl, durch einen breiten Mittelgang geteilt, bietet rund 300 Personen Platz. Eine breite Treppe führt hinan zum Pult des Orchesters[319] und zum Heiligenschrein. Dunkelblauer Samt bedeckt das Pult und ein schwerer Vorhang aus gleichartigem Stoff in derselben Farbe trennt das Allerheiligste."[320]

Die Einweihung der Synagoge fand am 12. November 1922 statt. Die städtische Prominenz war anwesend. Der Essener Rabbiner Dr. Hahn aus Essen hielt die Festpredigt, und der Lehrer Gustav Bär sagte den Weihespruch über den drei Torarollen. Schließlich stellte der anwesende Oberbürgermeister die Synagoge in den Schutz der Stadt.

Dieser Schutz währte nur wenige Jahre. Am späten Abend des 9. Novembers 1938 sperrten SA-Leute die Maelostraße ab. Nur die nächsten Nachbarn konnten sehen, daß die Synagoge angezündet wurde. Die Brandstifter holten eine Leiter, rissen Dachpfannen von der Synagoge und gossen brennbare Flüssigkeit in den Innenraum. Die Feuerwehr schützte die Häuser neben der Synagoge. Die Synagoge selbst wurde nicht gelöscht und brannte bis auf die Reste der Außenmauern ab.

Im Grundbuch des Grundstückes, auf dem die Synagoge stand, ist unter dem 12. Oktober 1939 eingetragen. „Überführung nach Acker infolge Abbruch des Gebäudes"

50 Jahre später, 1988, wurde ein Mahnmal am Ort der Synagoge (neben dem heutigen Hallenbad) errichtet und der Verlauf der Grundmauern der Synagoge durch eine Steinreihe in der Grünanlage dauerhaft markiert.

Gelsenkirchen-Horst

Horst an der Emscher, später zu Gelsenkirchen eingemeindet, gehörte zum Synagogenbezirk Dorsten. In den Wahllisten der dortigen jüdischen Gemeinde von 1899 werden drei Wahlberechtigte aus Horst genannt. An den hohen Feiertagen besuchten sie und ihre Familien den Gottesdienst in Buer, die Kinder nahmen dort auch am Religionsunterricht teil.

Im Jahre 1919 teilten die Horster Juden dem Regierungspräsidenten mit, eine eigene jüdische Gemeinde gegründet zu haben. Dieses war dem Gesetz nach nicht möglich, denn die Bildung und Einteilung von jüdischen Gemeinden oblag der Regierung. Immerhin erreichten die Horster, daß sie 1920 – wie schon zuvor Buer, Gladbeck und Bottrop – als Untergemeinde von Dorsten eine partielle Selbständigkeit erlangen konnte.

1932 standen weitere Teilungsverhandlungen an. In deren Verlauf erklärte die Untergemeinde Horst, einen eigenen Begräbnisplatz zu haben und den Gottesdienst an den hohen Festtagen in einem von der evangelischen Kirchengemeinde gemieteten Betsaal zu feiern.

Die Synagogengemeinde Dorsten wurde 1932 in fünf selbständige Gemeinden aufgelöst, von denen eine Gelsenkirchen-Horst mit 90 Seelen war.

Nach 1933 schrumpfte die Gemeinde durch Auswanderungen. Etwa 1936 gab sie die Gottesdienste in dem angemieteten Betsaal, damalige Adresse Franzstraße 3, heute im Bereich der Hoffläche hinter dem Haus Industriestraße 100, auf. Die verbliebenen Mitglieder besuchten die Synagogen in Gelsenkirchen und Essen.

Der o.g. eigene Begräbnisplatz war als Teil des Horster Südfriedhofes 1920 eingerichtet worden und wurde am 12./13. Juni 1944 durch Bomben völlig zerstört. 1944/45 sind an dieser Stelle russische Zwangsarbeiter in Massengräbern beerdigt worden.[321]

Münster

Synagoge in der Nähe des Rathauses

Seit ungefähr Mitte des 12. Jahrhunderts siedelten Juden in Münster. Sie wohnten hinter dem Rathaus am Prinzipalmarkt in der Gegend des heutigen Syndikatsplatzes, wo sie auch eine Synagoge, eine Mikwe (rituelles Frauenbad) und eine Scharne besaßen (Ladenlokal zum Verkauf von Fleisch rituell geschlachteter Tiere). Einen Friedhof hatten sie jenseits des Flusses Aa an der Stelle des heutigen Gymnasiums Paulinum am Bispinghof. Die jüdische Gemeinde muß auch über einen Rabbiner, einen Gerichtsschreiber und einen jüdischen Gerichtshof verfügt haben, da in ihr Scheidebriefe ausgestellt wurden.

Das „Judenviertel" hinter dem Rathaus war kein von der christlichen Obrigkeit aufgezwungenes Ghetto, sondern eine freiwillige Ansiedlung in bevorzugter Wohnlage. Bei den Münsteraner Juden handelte es sich überwiegend um Geldverleiher und Händler, die über zum Teil überregionale Verbindungen und beträchtliche Vermögen verfügten, was Dokumente des zeitgenössischen Wirtschaftslebens und ein mittelalterlicher Münzfund aus dem „Judenviertel" anschaulich belegen. Die jüdische Gemeinde in Münster war dank ihrer Einrichtungen auch für die Juden in den umliegenden Ortschaften des Münsterlandes ein Zentrum jüdischen Lebens.

All dies fand während der großen mittelalterlichen Pestwelle der Jahre 1348 bis 1351 sein Ende. Über das Ende der jüdischen Gemeinde in Münster um das Jahr 1350 fehlen zeitgenössische Berichte. Ein unbekannter Münsteraner Chronist behauptet hundert Jahre nach dem Ereignis:

„Wie hier wurden allerwegen die Juden getötet, denn man gab ihnen die Schuld an der Seuche".322 Da sich die Menschen die Pestkatastrophe nicht erklären konnten, wurde die Parole ausgegeben, daß die jüdische Bevölkerung die Brunnen vergiftet hätte. Ob alle Münsteraner Juden getötet wurden oder ob einige fliehen konnten oder vertrieben wurden, darüber schweigen die Quellen. Wie viele Menschen sich an der Tötung oder Vertreibung der Juden beteiligt haben, ob es zahlreiche Einwohner waren oder nur eine aggressive oder gar von der Obrigkeit geduldete oder gedungene Minderheit, ist ebenfalls unbekannt.

In den Jahren nach der Pest wurden die Synagoge, die Scharne und der Friedhof vom Fürstbischof von Münster eingezogen und an seine Getreuen verteilt. Genaue Lage, Größe und Aussehen der mittelalterlichen Synagoge sind nicht mehr zu ermitteln, weil sie nur in wenigen Dokumenten erwähnt wird.

Synagoge an der Loerstraße und Marks-Haindorf-Stiftung

Nach der Pestkatastrophe gab es bis zum Beginn des 19. Jahrhunderts kein jüdisches Gemeinwesen in Münster mehr. Bis zu dieser Zeit haben Juden nur noch vereinzelt und zeitlich eng befristet in Münster gelebt und mußten tägliche Aufenthaltsgenehmigungen einholen, weil sich der Rat der Stadt, beherrscht von den Zünften, einer dauerhaften Ansiedlung von Juden aus wirtschaftlichen Gründen durch die Jahrhunderte erfolgreich widersetzte. Einige Juden siedelten sich deshalb vor den Toren Münsters in Wolbeck an.

Erst nachdem die Stadt in der napoleonischen Zeit an das Großherzogtum Berg gefallen war, wurde der widerstrebende Münsteraner Magistrat im Jahre 1810 von der Landesregierung gezwungen, Juden ein unbefristetes Aufenthaltsrecht in Münster zu gewähren. Es bildete sich rasch eine jüdische Gemeinde, die zu ihren Gottesdiensten im Hause der Gebrüder Nathan-Elias und Philipp-Elias Metz zusammenkam.

Wiederholte Versuche, ein geeignetes Gottesdienstgebäude zu finden, scheiterten an der abweisenden Haltung des Magistrats und der Regierung. Erst am 1. Mai 1826 konnte die jüdische Gemeinde ein Wohnhaus in der Loerstraße 23 erwerben, in dessen erster Etage die Synagoge untergebracht wurde. Mit dem Anwachsen der Gemeinde auf ungefähr 130 Personen war der Betsaal zu klein geworden. Die jüdische Gemeinde baute daraufhin 1830 im Garten hinter dem Hause in der Loerstraße 23 einen bescheidenen Neubau, nachdem die Bezirksregierung dazu die Genehmigung erteilt hatte. Es handelte sich hierbei um den ersten Münsteraner Synagogenbau seit dem Mittelalter. Über die Architektur dieses Baues ist nichts bekannt. So weiß man auch nicht, ob er als Synagoge erkennbar war oder ob er wie ein Wohnhaus aussah. Jedenfalls war er nur durch das Vorderhaus zu erreichen, in dem sich eine später nicht mehr benutzte Mikwe und ein Wasserkessel befanden. Auch mußte er schon nach einigen Jahren gegen Einsturz gesichert werden.

Ein Jahr vor der Einrichtung des Betsaales an der Loerstraße gründete der jüdische Arzt Dr. Alexander Haindorf (1782 bis 1862) mit finanzieller Unterstützung seines Schwiegervaters, des Kaufmanns Elias Marks, einen „Verein zur Beförderung von Handwerken unter den Juden und zur Errichtung einer Schulan-

Münster: Alte Synagoge an der Klosterstraße

stalt", die spätere „Marks-Haindorf-Stiftung". Ihr gehörten Juden und Christen an. Prominentestes Mitglied war der amtierende Oberpräsident der Provinz Westfalen, Freiherr von Vincke.

Die Stiftung hatte es sich zur Aufgabe gemacht, junge und zumeist bedürftige Juden entweder zu Handwerkern oder zu Lehrern auszubilden. Dies geschah in Form einer darlehensartigen Unterstützung. Die Lehrer wurden in einem mehrjährigen Lehrgang an einer eigens eingerichteten jüdischen Elementarschule in Münster in einer Reihe von Fächern ausgebildet. Allein bis zum Jahre 1871 verließen 244 Lehrer und 346 Handwerker die Einrichtung. Dadurch steigerte sich vor allem das Bildungsniveau der jüdischen Lehrer, die bisher zumeist ausländische Talmudschüler gewesen waren und nur über sehr geringe Deutsch- und Allgemeinkenntnisse verfügt hatten. Die Stiftung, eine einzigartige Einrichtung in Deutschland, ermöglichte vor allem unbemittelten Juden den sozialen Aufstieg.

Synagoge an der Klosterstraße

Mit dem weiteren Anstieg der jüdischen Gemeinde in Münster von ungefähr 150 Personen im Jahre 1830 auf fast 400 im Jahre 1870 erwies sich bald die schlichte und später baufällige Synagoge an der Loerstraße als zu klein. Die Suche nach einem geeigneten Grundstück für einen Neubau gestaltete sich erneut als recht schwierig und langwierig, bis die Stadtverwaltung schließlich 1877 der jüdischen Gemeinde auf Anfrage ein zentral und landschaftlich schön gelegenes Grundstück zwischen der Promenade und der Klosterstraße für 25.600 Mark zum Kauf anbot.

Nachdem die jüdische Gemeinde zugestimmt hatte, schrieb sie bis zum 1. April 1878 einen Architektenwettbewerb aus. Von den 32 eingereichten Entwürfen wählte man, obwohl sich darunter „meh-

rere sehr anerkennenswerthe Arbeiten"³²³ befunden hatten, den Entwurf des dreiundzwanzigjährigen Architekten Carl Hofmann aus Herborn in Hessen-Nassau aus, da vermutlich sein Honorar als Berufsanfänger niedriger ausfiel und er sich bei seinem Erstlingswerk an die sparsam kalkulierten Auflagen der Ausschreibung gehalten hatte, die „einen kleinen Bau für 350 Sitzplätze von einfachster Ausstattung" vorsahen, „dessen Gesammtkosten incl. Einrichtung, Orgel etc. die Summe von 30.000 M(ark) nicht überschreiten"³²⁴ sollten.

Hofmann errichtete einen Backsteinrohbau, der einen Eingangsbereich und das Betsaalgebäude umfaßte. Der Eingangsbereich bestand aus einem viereckigen, wuchtigen Turm in Form eines Bergfrieds und aus zwei eingeschossigen Anbauten rechter und linker Hand des Turmes. Aufgelockert wurde die kompakte Bauweise des Eingangsturmes sowohl durch das rosettenähnliche Fenster über dem Eingangsportal als auch durch den Turmaufsatz, der aus kleiner Kuppeln über den vier Turmecken und aus der Zentralkuppel bestand, die über einem schlanken, hohen Sockel aufragte. Hinter dem Eingangsbereich folgte das Betsaalgebäude, ein schmuckloser rechteckiger Bau im Stil westfälischer Landsynagogen mit Rundbogenfenstern auf beiden Geschoßebenen und einem Satteldach. Nur die kleine Apsis besaß als Verzierung zwei Türmchen mit Kuppeldach.

Durch den Haupteingang gelangte man in einen Vorraum, von dem eine Treppe auf die über dem Eingang zum Betsaal gelegene Empore führte, die für die Orgel und den Synagogenchor bestimmt war. Eine Tür führte vom Vorraum in den Betsaal, von dem es weder Baupläne noch Bilder gibt. Eine erhalten gebliebene Sitzordnung läßt erkennen, daß an der dem Eingang gegenüberliegenden Wand der Toraschrein gestanden hat. Davor befand sich das Vorlesepult. Es folge eine Bank, auf der die zur Toralesung aufgerufenen Männer Platz nahmen.

Rechts und links vom Toraschrein standen die Bänke für die Funktionsträger der Gemeinde und für die Elementarschüler und -schülerinnen. Das Gestühl der restlichen Gemeindemitglieder füllte den Betsaal rechts und links vom Mittelgang und war auf den Toraschrein und das Vorlesepult ausgerichtet. Die Männer saßen innen und die Frauen außen, nur durch jeweils einen Holzbalken voneinander getrennt, der sich über der Rückenlehne der letzten Männerbank befand. Die Plätze wurden vermietet und waren mit Pulten versehen. Die Platzmiete verringerte sich, je weiter man vom Toraschrein entfernt saß. Die letzten vier Plätze wurden kostenlos an bedürftige Gemeindemitglieder vergeben.

Der Synagogenneubau in Münster ergab sich also zunächst – wie gezeigt wurde – aus der dringlichen Notwendigkeit, für die wachsende jüdische Gemeinde genügend Plätze zum Gottesdienst bereitzustellen und das inzwischen baufällig gewordene Gebäude an der Loerstraße zu ersetzen. Gleichzeitig spiegelte er auch das gestiegene Selbstbewußtsein der jüdischen Gemeinde, zumindest ihrer Repräsentanten. Es gründete sich vor allem auf drei Faktoren: zum einen auf die Zunahme der Anzahl der Gemeindemitglieder, die sich dank des Zuzugs von Juden nach Münster stark erhöht hatte; zum zweiten auf den gestiegenen Wohlstand der Mehrzahl der Gemeindemitglieder, den die damalige wirtschaftliche Hochkonjunktur und Industrialisierungswelle ermöglichten; zum dritten auf die rechtliche Emanzipation der Juden in Deutschland, die mit der Verfassung des Norddeutschen Bundes vom Juli 1869 die volle rechtliche Gleichstellung mit der christlichen Mehrheitsbevölkerung brachte.

Das gewachsene Selbstbewußtsein der Münsteraner Gemeinde und vor allem ihrer Vertreter zeigte sich in der Wahl eines Grundstücks in bester Stadtlage, das die Stadtverwaltung der Münsteraner Judengemeinde jedoch nicht schenkte, wie in anderen Städten manchmal geschehen, sondern das teuer erworben werden mußte. Das neue Selbstbewußtsein äußerte sich auch in dem Wunsch der Gemeindevertreter, „einen Bau auszuführen, welcher der Provinzialhauptstadt zur Zierde gereichen und ... einen monumentalen Werth haben"³²⁵ sollte.

Gleichzeitig – vermutlich weil sie für das repräsentative Grundstück an der Promenade – schon eine Menge Geld ausgeben mußten, und erteilten den Zuschlag dem jungen Architekten Carl Hofmann, der – aus der dringlichen Notwendigkeit, zum Beispiel die Kuppeln, auf den Turmaufsatz und die Apsis beschränkte und ein kompaktes und durch die kaum aufgelockerten Baumassen etwas wuchtig wirkendes Synagogengebäude im damals vorherrschenden monumentalen und historisierenden Architekturstil errichtete. Auch sollte die Amortisation der Bausumme von 30.000 Mark auf 50 Jahre gestreckt werden, was die Bezirksregierung jedoch durch Festsetzung der Laufzeit auf 40 Jahre verkürzte.

Die festliche Einweihung der Synagoge fand nach dreijähriger Bauzeit am 27. und 28. August 1880 statt. Die Absicht des Gemeindevorstands, mit dem Synagogenbau auch „das Interesse unserer städti-

schen Behörde sowie unserer Mitbürger ... (zu) erwecken",[326] erfüllte sich zumindestens hinsichtlich des offiziellen Münster jedoch nicht. Weder der Regierungspräsident noch der Bürgermeister nahmen an der Einweihung teil, und der örtlichen Presse, die das Spiegelbild der offiziellen Meinung einer Stadt ist, war das Ereignis nur eine vierzeilige Notiz wert.

Das Synagogengebäude an der Promenade diente bis zum Jahre 1938 als Gotteshaus der Münsteraner Gemeinde, in der die beiden Rabbiner Dr. Fritz Steinthal (1917-1938) und Dr. Julius Voos (1938-1942) tätig waren. Eine gründliche Renovierung anläßlich der Fünfzigjahrfeier im Jahre 1930 wurde durch die Weltwirtschaftskrise vereitelt. In den frühen Morgenstunden des 10. November 1938 zündeten Nationalsozialisten die Münsteraner Synagoge an. Sie brannte vollständig aus. Die Synagogengemeinde mußte die Ruine auf eigene Kosten abbrechen lassen. Die Stadtverwaltung erzwang im März 1939 den Verkauf des Synagogengrundstücks durch die jüdische Gemeinde für 28.000 Reichsmark, obwohl das Finanzamt einen an sich schon zu niedrigen Einheitswert von 52.000 Reichsmark errechnet hatte. Eine weitere Nutzung des 1.000 qm großen Grundstücks verhinderten bis 1945 die unterschiedlichen Interessen der rivalisierenden Münsteraner Institutionen.

Nach dem November 1938 benutzten die Münsteraner Juden den Betsaal im Hause der Marks-Haindorf-Stiftung. Dies geschah bis zu einem nicht mehr feststellbaren Zeitpunkt, an dem im Rahmen der zwangsweisen Unterbringung der jüdischen Bevölkerung in bestimmten „Judenhäusern" jeder Raum des Gebäudes als Wohnung für jüdische Familien gebraucht wurde.

Betsaal am Kanonengraben

Nach dem Ende des NS-Regimes kehrten Siegfried Goldenberg und Hugo Spiegel im Sommer 1945 ins Münsterland zurück und gründeten zusammen mit ebenfalls nach Münster zurückgekehrten und in der Umgebung der Stadt lebenden Juden im Jahre 1946 die „Jüdische Kultusgemeinde Münster", die anfangs 28 Mitglieder zählte. Beide Gründungsinitiatoren gehörten ten, nicht zerstörten Warendorfer Synagoge ein. Am 7. September 1945, dem jüdischen Neujahrsfest des Jahres 5706, hielten die Juden der neuen Synagogengemeinde Münster in Anwesenheit vieler Persönlichkeiten des öffentlichen Lebens der britischen Besatzungszone einen ersten Gottesdienst. Um die notwendige Zahl von zehn männlichen Personen über zwölf Jahren (Minjan) für den Gottes-

Münster: Neue Synagoge und Gemeindezentrum an der Klosterstraße

viele Jahre dem Gemeindevorstand an. Hugo Spiegel erhielt 1945 Torarollen und Gebetbücher der ehemaligen Warendorfer Gemeinde, die von Christen versteckt worden waren, und richtete mit Hilfe der Stadt Warendorf einen Betsaal in der al- dienst zu erreichen, mußten jüdische Soldaten der britischen Armee einspringen.

Bis zum Jahre 1947 kamen die Mitglieder der neuen jüdischen Gemeinde in der Warendorfer Synagoge zusammen. Danach stellte Siegfried Goldenberg den Wohnraum seiner Münsteraner Wohnung für den Gottesdienst zur Verfügung. Dieses Provisorium endete 1949, als ein neues Gemeindezentrum auf dem Gelände der völlig zerstörten Marks-Haindorf-

Das Gemeindezentrum und die neue Synagoge an der Klosterstraße

In den fünfziger Jahren entwickelte sich wieder ein reges Gemeindeleben mit Gottesdiensten, Religionsunterricht, Gemeindefeiern und Vereinen wie Frauenverein, Männerverein und Jugendgruppe. Die Anzahl der Gemeindemitglieder pendelte sich auf ungefähr 130 Personen ein. Für die gewachsene Münsteraner Gemeinde waren die Räumlichkeiten am Kanonengraben zu klein geworden, und man entschloß sich zum Neubau eines Gemeindezentrums auf dem Gelände der ehemaligen Münsteraner Synagoge an der Klosterstraße, das am 12. März 1961 vom Landesrabbiner Dr. Hans Chanoch Meyer eingeweiht wurde. Der Architekt ist Helmut Goldschmidt, ein bekannter Synagogenbauer der Zeit, der auch Synagogen und Betsäle in Dortmund, Koblenz, Bonn, Wuppertal, Mönchengladbach und Köln-Ehrenfeld errichtet hat.

Größtes Gebäude des Gemeindezentrums ist die Synagoge, in Sichtbetonkonstruktion errichtet, die mit roten Klinkersteinen ausgefacht wurde. Architektonisch paßt sie sich in ihrer kühlen, nüchternen, funktionalen Schlichtheit, die aus der Bauhaus-Architektur stammt, an den Baustil der Sakralarchitektur der sechziger Jahre an. Die ohne schmückende Bauelemente und in Form eines rechteckigen Hauszeltes errichtete Synagoge mit sehr flachem Satteldach besteht aus dem eigentlichen Betsaal und einer geräumigen Treppenhalle, über die man die Frauenempore im Obergeschoß, den Gemeindesaal mit der Garderobe im Souterrain und den Betsaal im Erdgeschoß erreicht.

Der Betsaal ist ein Raum von 200 qm Grundfläche und acht Metern Höhe mit einer stufenförmig ansteigenden Empore, die über der Vorhalle liegt und 50 Frauen Platz bietet. Im Erdgeschoß des Betsaales befinden sich Sitzplätze mit Gebepulten für 96 Männer. Sie sind in zwei Blöcken sowie durch einen Mittelgang getrennt angeordnet und auf den Toraschrein ausgerichtet. Er steht dem Eingang gegenüber in einer Apsis der Ostwand, die als hohe stilisierte Zeltwand[327] gestaltet ist und mit den Dekalogtafeln geschmückt wurde. Das Vorlesepult steht auf einem dreistufigen Podest (Almemor) unmittelbar vor dem Toraschrein und bildet mit ihm eine Einheit. Rechter und linker Hand vom Podest des Vorlesepultes steht je ein siebenarmiger Leuchter (Menora).

Die herausragende Bedeutung der Einheit von Toraschrein und Vorlesepult mit Almemor – von Aufbewahrungsort und Verkündigungsort der Tora – als Herzstück und Fluchtpunkt der gesamten Synagoge wird durch die beiden raumhohen bunten Glasfenster der Ostwand auf beiden Seiten des Toraschreines verstärkt. Sie zieren an ihrem oberen Ende jeweils ein Davidstern. Die feierlich-monumentale Stimmung des Innenraumes wird durch diese starke Konzentration der Fluchtlinien auf das als Einheit konzipierte Arrangement von Toraschrein und Vorlesepult an der Ostwand erreicht.[328]

Die seinerzeitige Modernität und die gediegene Ausstattung der Innenarchitektur kommen im Vorherrschen großer glattpolierter Holzflächen zum Ausdruck, die ohne Ornamentalik sind und deren einziger Schmuck die Holzmaserung ist. Dies zeigt sich bei der Synagogendecke, der Ostwand, der langen Nord- und Südwand mit ihren großen und kleinen aufgesetzten glatten Holzflächen sowie ihren kleinen und versetzten Fenstern und dem glattflächigen, schmucklosen, rein funktionalen Synagogengestühl.

Seinen unverkennbar synagogalen Charakter erhält der Betsaal durch die zumeist in stilisierter Form und sparsam verwendeten jüdischen Symbole, wie zum Beispiel die Dekalogtafeln, den Bibelspruch in hebräischen Schriftzeichen auf dem Toraschrein, die beiden siebenarmigen Leuchter, den Davidstern.[329]

Im Souterrain der Synagoge liegt der Gemeindesaal mit 160 Tischstrplätzen, wo die Gemeindemitglieder außer zu Sitzungen auch zu den jüdischen Feiertagen zusammenkommen können. Eine Bühne ermöglicht Theateraufführungen, Vorträge und Filmvorführungen, und eine Küche mit Nebenräumen dient der Bewirtung der Besucher. In dem ebenerdigen Gemeindetrakt neben der Synagoge sind weitere Räume des Gemeindelebens untergebracht: ein Betraum, der für den täglichen Gebrauch bestimmt ist und die Einrichtung des alten Gemeindebetsaals am Kanonengraben erhielt, ein Unterrichtsraum für 20 Kinder, ein Jugendkeller, Büros und eine kleine Mikwe, die nach den religiösen Vorschriften eingerichtet wurde.

Stiftung in Münster, Am Kanonengraben 4, eröffnet und von Rabbiner Dr. Eschelbacher, der vor dem Krieg in Düsseldorf gelebt hatte, feierlich eingeweiht wurde. Es bestand aus einem Betsaal, einem Versammlungsraum, einem Schulraum und einigen Wohnungen für jüdische Familien. Der Betraum besaß einen Toraschrein mit einem dunkelblauen Vorhang, den zwei aufgestickte Löwen mit den Dekalogtafeln zierten. Davor stand das Vorlesepult mit zwei Kerzenhaltern. Es folgten zwei Blöcke mit Gestühl, die durch einen Mittelgang voneinander getrennt waren. Den Raum erhellte ein großer Kronleuchter sowie die hohen Fenster mit Butzenscheiben rechter Hand vom Toraschrein.

Münster: Innenansicht der von Helmut Goldschmidt entworfenen Synagoge

Das jüdische Gemeindezentrum in Münster, bestehend aus ebenerdigem Gemeindetrakt und Synagogengebäude, ist um einen Innenhof gruppiert, der allein den Zugang zum Gemeindezentrum ermöglicht und der durch ein Gitter von der Außenwelt abgeschirmt ist. Das schafft ein Gefühl „innerer Abgeschlossenheit", wie es der Architekt Helmut Goldschmidt formulierte.[330] Diese Vorstellung steht in bezeichnendem Gegensatz zu der sowohl in baulicher Hinsicht eher offenen Position des deutschen Judentums vor dem Beginn des Dritten Reiches. Damit zeigt sich selbst in der baulichen Konzeption des jüdischen Gemeindezentrums in Münster der geistige Unterschied zwischen den Juden vor und nach dem Holocaust: Damals fühlten sie sich als deutsche Juden, heute eher als Juden in Deutschland.

Von 1856 bis 1939 bildete die jüdische Gemeinde in Münster einen eigenen Synagogenbezirk.

Münster-Wolbeck

Seit 1739 sind Juden dauerhaft in Wolbeck nachweisbar. Sie richteten sich eine Betstube ein, die erstmals 1808 erwähnt wird. Das Jahr, in dem sie eine Synagoge in der Wallstraße bauten oder erwarben, ist unbekannt. Es existieren weder Bilder noch Baupläne, noch Beschreibungen des Gebäudes. Auch ist es nicht sicher, ob es sich um ein eigenständiges Bauwerk oder um einen Betsaal in einem Wohnhaus gehandelt hat. Am 10. November 1938 ist die „Synagoge" angezündet und 1941 abgebrochen worden.

Eine jüdische Schule, deren Gründungsjahr und Standort ebenfalls unbekannt sind, besaß Wolbeck bereits vor dem Jahre 1839. Aus Lehrermangel wurde die Schule 1852 geschlossen. Zu einem ebenfalls unbekannten Zeitpunkt vor dem Jahre 1885 ist sie wiedereröffnet und im Jahre 1900 wegen Schülermangels endgültig aufgelöst worden.

Seit 1857 gehörte die Synagogengemeinde Wolbeck als selbständige Untergemeinde zum Synagogenbezirk „Landkreis Münster".

Kreis Recklinghausen

Castrop-Rauxel

Der Synagogenbezirk Castrop umfaßte laut Statut von 1857 die Juden der Bürgermeisterei Castrop und der Ortschaften Mengede, Bodelschwingh und Deusen. 1901 wurde der Bezirk um die Ortschaften Rauxel, Habinghorst, Merklinde, Frohlinde, Sodingen, Holthausen und Börnig erweitert.

Die Synagoge in Castrop wurde 1845 in der Ortsmitte gebaut. Sie lag in der Trasse der jetzigen Verbindungsstraße zwischen der Münsterstraße und dem Busbahnhof. Von den umgebenden Fachwerkhäusern unterschied sie sich nicht sonderlich; allerdings wurde das Gebäude in späteren Jahren mit Platten verkleidet. Die Grundfläche betrug 13,5 mal 8,5 Meter.

Der Eingang führte in den kleineren Schulraum und den nach Osten ausgerichteten Betsaal. Dieser hatte an den Seiten hohe, gefächerte Rundbogenfenster und an der Stirnseite eine Apsis, so daß der Toraschrein mit seinen reichgeschnitzten Holztüren in die Vorderwand eingelassen schien. Die Wände waren bis zur Decke mit Kacheln in Ornamentmustern bedeckt, im unteren Teil allerdings – wahrscheinlich wegen der Akustik – mit Tüchern verhängt. Die Bima stand vor dem Toraschrein, ebenfalls nach Osten ausgerichtet. Über ihr hing die Ewige Lampe. Wegen der Breite des Raumes waren drei Bankreihen aufgestellt. Dazwischen gab es zwei Durchgänge zur Bima und dem Toraschrein. Über dem hinteren Teil des Betsaals erhob sich die Frauengalerie.

Dieses Aussehen war vermutlich das Ergebnis einer umfassenden Renovierung im Jahre 1922. In diesem Zusammenhang wurde auch ein Harmonium angeschafft und aufgestellt.

Die „Israelitische Gemeinde Castrop", wie sie sich im Briefkopf nannte, hatte in diesen Jahren etwa 130 Mitglieder. Sie zählte zu den ärmsten jüdischen Gemeinden in Westfalen und erhielt regelmäßig einen Zuschuß des Landesverbandes, um den Schuletat decken zu können.

In der Nacht vom 9. zum 10. November 1938 wurde die Synagoge in Brand gesteckt. Tags darauf veranlaßte die Baupolizei den vollständigen Abbruch. Im Januar 1939 beschloß der Rat, das Grundstück zur Verbreiterung der Straße „Im Ort" anzukaufen. Seit 1970 erinnert ein Gedenkstein an die frühere Synagoge.

Castrop-Rauxel: Synagoge

„Zeichnung zu einer neuen Synagoge und Schulgebäude für die Judenschaft zu Castrop" von Zimmermeister Prein

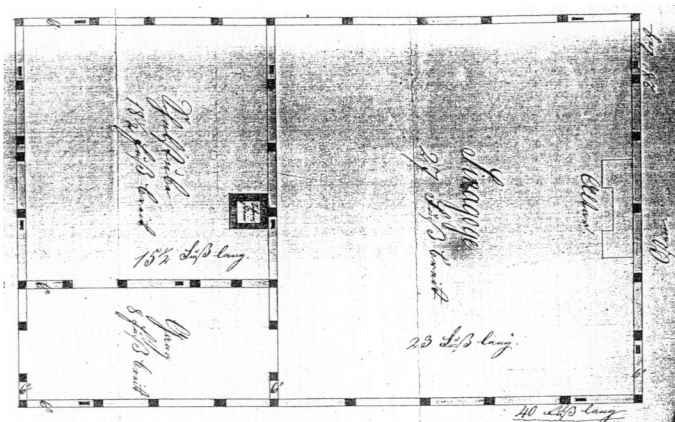

Datteln

Die jüdischen Einwohner der Stadt Datteln trafen sich seit Beginn des 19. Jahrhunderts mit denen aus Ahsen und Horneburg in angemieteten Räumen, zuerst am Alten Markt, später in der Türkenstraße und an der Hohen Straße. Datteln gehörte als Untergemeinde zur Synagogengemeinde Recklinghausen, aber wegen der Entfernung zwischen Datteln und Recklinghausen trafen sich die Dattelner Juden am eigenen Ort.

Im Jahre 1912 kauften die Juden in Datteln ein Baugrundstück nahe der Ecke Marktstraße/Türkenstraße (heute: Türkenort). Dort wurde jedoch erst im Jahr 1929 eine kleine Synagoge errichtet. Die Gemeinde selber bezeichnete ihren Bau als ein „Provisorium". Das Gebäude war einstöckig und auf der Eingangsseite durch einen Treppengiebel geschmückt. Durch den Vorraum betrat man den Betsaal. In fünf Bankreihen waren 40 Sitzplätze eingerichtet. Der Toraschrank war in die Apsis eingebaut, und die Grundfläche des gesamten Gebäudes betrug nicht mehr als 55 qm.

Architekt und Bauherr hatten eine besondere Schwierigkeit zu lösen: Das gekaufte Grundstück, auf dem auch eine Straßenflucht einzuhalten war, ließ eine Ausrichtung der Synagoge nach Osten nicht zu. Schließlich wählte die Gemeinde folgende Lösung: Die Synagoge lag mit der Apsis an der Baufluchtlinie der Türkenstraße. Am Straßenrand war eine Einfriedungsmauer mit zwei Eingängen. Von diesen führten Wege auf die Rückseite des Gebäudes, wo sich die Eingangstür unter dem Treppengiebel befand.

Am 16. Dezember 1929 wurde die Synagoge durch den Rabbiner Dr. Steinthal aus Münster eingeweiht und seitdem von der Gemeinde genutzt.

Dann zeichnete sich aber infolge der nationalsozialistischen Judenpolitik ab, daß die Dattelner Judenschaft zahlenmäßig schrumpfte. Im neunten Jahr nach der Einweihung der Synagoge mußte Rabbiner Dr. Auerbach aus Recklinghausen die Gemeinde am 23. Oktober 1938 zum letzten Gottesdienst in diesem Raum begrüßen. Der Verkauf der Synagoge an einen ortsansässigen Bäcker wurde am 4. November 1938, also wenige Tage vor der Pogromnacht, im „Dattelner Anzeiger" mitgeteilt. Dennoch wurden am 10. November Teile der verbliebenen Inneneinrichtung angezündet.

Das Gebäude blieb jedoch erhalten und diente als Garage und Lagerraum, bis es 1984 abgerissen wurde.

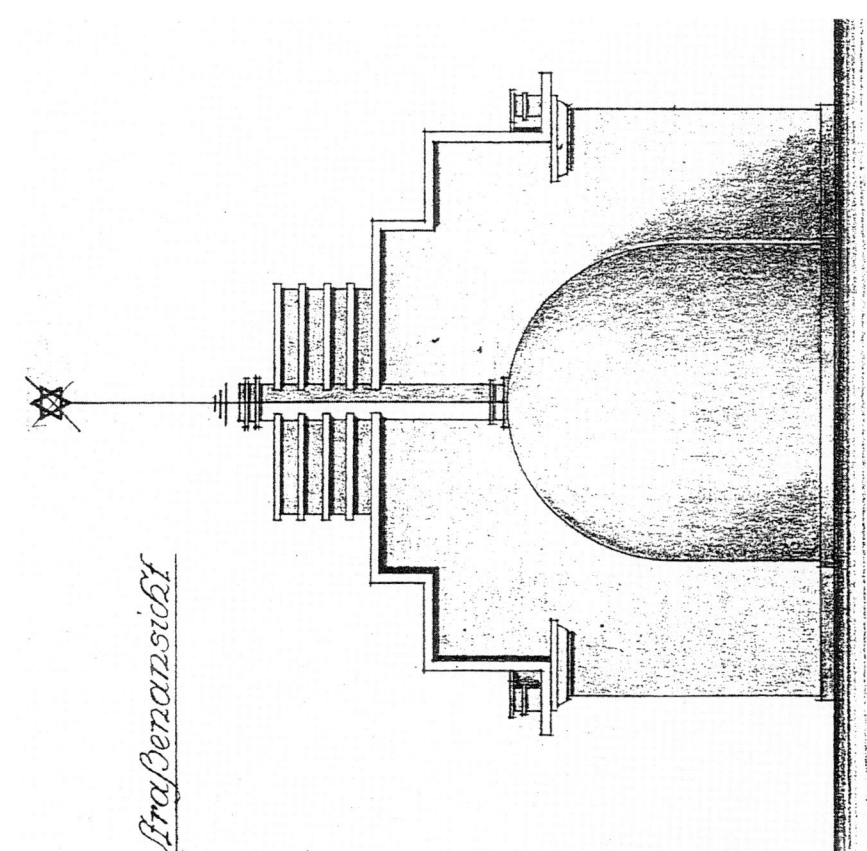

Datteln: Der Davidstern auf der Synagoge wurde in der Baugenehmigung durchgestrichen.

Dorsten

Anfang des 19. Jahrhunderts lebten in Dorsten mehrere jüdische Familien, die sich im Haus des Christen Laurenz Vanführen an der Wiesenstraße einen Gebetsraum einrichteten. Die Initiative ergriff Moyses David, der eine Torarolle kaufte. Die Kultgeräte wurden dann gemeinsam angeschafft. Dies geschah im Jahr 1809.

1820 beschwerten sich vier jüdische Männer schriftlich beim Bürgermeister, daß vier andere, darunter Samson Nathan Eisendrath, ihren eigenen Gottesdienst in dessen Haus feierten, sodaß zu den Gottesdiensten im ursprünglichen Betraum nicht mehr die notwendige Anwesenheit von zehn Männern gesichert war.

Der Bürgermeister untersuchte die Sache und stellte fest, daß neben dem Betraum im Hause Vanführen in der Wiesenstraße 14 in Dorsten nur sechs jüdische Familien mit insgesamt 29 Mitgliedern lebten, war in der Tat an beiden Adressen kaum ein Minjan zu erreichen. Zeit in Dorsten nur sechs jüdische Familien mit insgesamt 29 Mitgliedern lebten und Unterricht gegeben wurde. Da zu jener Zeit in Dorsten nur sechs jüdische Familien mit insgesamt 29 Mitgliedern lebten, war in der Tat an beiden Adressen kaum ein Minjan zu erreichen.

Hieraus ergab sich ein längerer Streit, den der Bürgermeister nicht schlichten konnte. Der Landrabbiner Abraham Sutro wurde eingeschaltet und kam nach Dorsten. Als die jüdischen Familien seine Reisekosten bezahlen sollten, weigerten sie sich, „weil der Landrabbiner ihre Streitpunkte nicht hinlänglich geschlichtet ... habe".

Noch 1853 schrieb der Bürgermeister an den Landrat, daß „seit mehreren Jahren in Folge eingetretener Differenzen zwei Juden-Synagogen ... bestehen, in welchen die hier wohnhaften Juden ihre Gottesdienste halten". Die Streitereien waren inzwischen so komplizierter geworden, daß nicht einmal mehr der Bürgermeister Auskunft geben konnte, wer nun Vorsteher der Gemeinde sei.

Die dringend notwendige Schlichtung wurde erst möglich, als durch das Gesetz die Verhältnisse der Juden betreffend (1847) geregelte Wahlen unter der Aufsicht des Bürgermeisters stattfanden.

1869 kaufte die jüdische Gemeinde das Haus Wiesenstraße 24.

Die Räume im Parterre des Hauses waren als Wohn- und Geschäftsräume vermietet. Im ersten Stockwerk befand sich eine etwa 100 qm große Synagoge. Der Raum hatte vier Fenster und war schlicht eingerichtet. Vor der Stirnwand, der Ostseite, die ein großes Wandgemälde, den Urvater Abraham darstellend, in voller

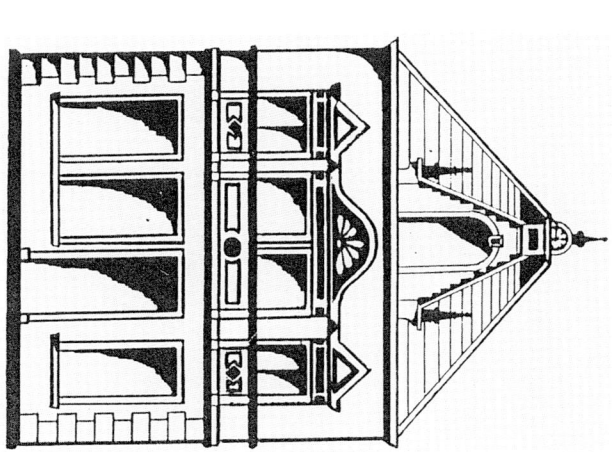

Dorsten: Retuschierte Architekturzeichnung der Synagoge

Breite bedeckt haben soll, stand ein Tisch mit dem siebenarmigen Leuchter. An den Wänden hingen Gebetsmäntel. Die Frauen saßen in einem abgeteilten Zimmer.

Zwar war der Streit zwischen den Dorstener Juden im wesentlichen beigelegt, aber das Verhältnis zu den anderen Ortschaften im Synagogenbezirk wurde immer schwieriger. Der Synagogenbezirk Dorsten war mit einer ursprünglichen Ausdehnung über die Stadt Dorsten und die Ämter Buer, Bottrop, Kirchhellen, Lembeck, Altschermbeck und Marl außerordentlich groß. Die Juden aus den entfernteren Ortschaften kamen weder zum Gottesdienst noch zu anderen synagogalen Angelegenheiten nach Dorsten, weil die einfache Wegstrecke bis zu 2,5 Stunden betrug. Ungeachtet dieser Ausdehnung muß der Dorstener Bürgermeister 1873 berichten, „daß zu dem diesseitigen Synagogenbezirk überhaupt nur 16 selbstständige Juden gehören, wovon in Dorsten 10, in Lembeck 3, in Wulfen 1, in Erle 1 und in Gladbeck 1 Wohnsitz haben, und daß die Synagoge nie besucht wird. Eine Wahl von Repräsentanten-Stellvertretern kann nicht erfolgen, weil sämmtliche Juden in hiesiger Stadt mit Ausnahme eines Einzigen – Ezechiel Heß – bereits Stellen bekleiden, und die Auswärtigen an den Geschäften keinen Theil nehmen".[331]

Die Zahl der Dorstener Juden verringerte sich weiter durch die Auswanderung der Familie Eisendrath. Andererseits war im Zuge der Industrialisierung die Zahl der jüdischen Bewohner in Bottrop, Buer und Horst um das Mehrfache angewachsen. So wurden 1910 in einem neuen Statut innerhalb der Synagogengemeinde Dorsten vier Untergemeinden gebildet, nämlich Dorsten, Buer, Gladbeck und Bottrop. 1920 wurde Horst die fünfte Untergemeinde im

Synagogenbezirk Dorsten. 1932 wurde schließlich die Synagogengemeinde Dorsten in ihrem alten Bestand aufgelöst, und es wurden alle oben genannten Gemeinden selbständige Synagogengemeinden. Die Dorstener Volkszeitung schrieb damals: „Aus der Asche einer aufgelösten, alten Gemeinde erheben sich aufstrebende, moderne Gemeinden, die sozialen, kulturellen und religiösen Geist der Neuzeit in die Tat umsetzen werden".[332]

Diese Hoffnung blieb nicht lange bestehen. Am 9. November 1938 drangen Uniformierte in die Synagoge ein und warfen Schriftrollen, Bücher und Mobiliar durch die zerstörten Fenster in den Hof. Danach wurde alles auf den nahegelegenen Marktplatz getragen und dort verbrannt.

Gladbeck

Die Juden in Gladbeck bildeten von 1911 bis 1932 eine Untergemeinde der Synagogengemeinde Dorsten. Ab 1932 waren sie selbständige Synagogengemeinde. Wie in der Nachbarstadt Bottrop war die jüdische Gemeinde gespalten: In den Wahllisten zu den Repräsentantenwahlen 1925 wurden 19 Gladbecker Juden als „reichsdeutsch" bezeichnet, weitere 62 waren aus Osteuropa zugezogen.

Der Gottesdienst wurde in dem Haus Horster Straße 54 abgehalten, wo das Gemeindemitglied Kaufmann einen Raum zur Verfügung stellte. Das Aussehen dieses Raumes ist nicht mehr bekannt. Ein Teil der Gemeinde fuhr an den hohen Feiertagen zur Synagoge nach Essen.

Heute erinnert eine Tafel im Eingangsbereich des Hauses Horster Straße 54 an den Betraum der Gladbecker Gemeinde.

Haus Horster Straße 54
Ein Symbol wechselvoller Gladbecker Geschichte

Gebaut in den Jahren 1909/1910, befand sich hier lange Jahre die Apotheke Schmitten, bevor 1924 Max Kaufmann das Haus erwarb. Kaufmann war Jude und stellte, als die Nationalsozialisten ihre menschenverachtende Rassenpolitik gegen die jüdischen Bürger begannen, der kleinen jüdischen Gemeinde in Gladbeck einen Raum in seinem Haus als Betsaal zur Verfügung.

Nach den Ausschreitungen gegen die wenigen noch in Gladbeck verbliebenen Juden in der Pogromnacht vom 9. auf den 10. November 1938 mußte Kaufmann Gladbeck verlassen. Der Betsaal wurde geschlossen. Kaufmanns Eigentum ging in städtischen Besitz über.

Kurze Zeit später schon eröffnete die NSDAP-Ortsgruppe Gladbeck Mitte 1 in dem Haus eine Partei-Geschäftsstelle. Die religiöse und kulturelle Heimstatt der Gladbecker Juden war also zu einer Zentrale ihrer Häscher und Mörder geworden.

Nach 1945 richtete Isidor Kahn hier ein Herren-Konfektionsgeschäft ein. Kahn war wie Kaufmann Jude und hatte die Zeit von 1938 bis zum Ende des Deutschen Faschismus, von mehreren Familien versteckt, in Gladbeck und Umgebung überlebt.

Anschließend nutzten die Möbelgeschäfte Janes und Schlagheck die Räume des Hauses, bis es in den Besitz der Familie Wältermann überging.

Das Haus Horster Straße 54 ist durch seine bewegte Vergangenheit ein Symbol für die wechselhafte Geschichte unserer Stadt und ihrer Menschen. Es ist auch ein Mahnmal für die schändlichen Verbrechen, die der Deutsche Faschismus unseren jüdischen Bürgern angetan hat.

Gedenktafel in Gladbeck, Horster Straße[333]

Siegelabdruck

Haltern

Seit Mitte des 17. Jahrhunderts waren ständig jüdische Familien in Haltern ansässig. 1703 erwarben sie ein Haus mit dahinterliegender Scheune in der Rekumer Straße. Das Haus diente als Schulraum und zeitweise auch als Lehrerwohnung. In der Scheune richteten sie einen Betsaal ein, der im Jahre 1773 bereits verfallen war, so daß ein neuer Fachwerkbau errichtet wurde.

Mitte des 19. Jahrhunderts war auch dieser so baufällig, daß die Frauenempore wegen Einsturzgefahr nicht mehr benutzt werden konnte. Die jüdische Gemeinde beschloß daraufhin im Jahre 1859 die Renovierung des Gebäudes und beauftragte den Münsteraner Bauinspektor von Alemann, eine Bauzeichnung anzufertigen. Den Zuschlag für die Renovierungsarbeiten erhielt der Halterner Maurermeister Korber, der mit 389 Talern den günstigsten Kostenvoranschlag eingereicht hatte. Zu Beginn der Reparatur kamen ihm jedoch Bedenken, und er bewog die jüdischen Gemeindevertreter zu einem Neubau.

Die Einweihung fand am 24. April 1860 statt. Es handelte sich nun nicht mehr um ein Fachwerkhaus, sondern um einen massiven rechteckigen Backsteinbau mit Satteldach, der sich den Gebäuden der Umgebung anpaßte. Er besaß an der Ostseite eine Apsis mit Walmdach. Die anderen Seiten hatten Rundbogenfenster, zwei an der Westseite, vier an der Nordseite und drei an der Südseite. Den Giebel der Westseite zierte ein schlankes Türmchen. Die Westfassade war etwas breiter als die Ostseite. Der Eingang befand sich auf der Südseite, wo anstelle des westlichen Rundbogenfensters, wie es an der Nordseite zu finden war, eine Eingangstür eingelassen war. Sie führte in einen Vorraum, über dem sich die Frauenempore befand.

Durch den Vorraum gelangte man in den Betsaal, an dessen Ostseite der reichverzierte Toraschrein in der Apsis stand. Er war verdeckt von einem blau-violetten Samtvorhang, auf den mit goldenen hebräischen Lettern der Gottesname und darüber eine Krone gestickt waren. Vor dem Toraschrein stand das Vorlesepult, über dem das Ewige Licht in einer Lampe brannte. An der Südseite befand sich ein dreisitziges Gestühl, an dem ein Leuchter befestigt war. Hier fand die Beschneidung der Knaben statt, und hier wurde der Leuchter beim Jahresgedächtnis für einen Verstorbenen entzündet. Den Betsaal erhellte ein flämischer Leuchter, der in der Deckenmitte hing. Das Synagogendach trugen sieben Rundbogenstreben auf 14 Säulen. Diese Konstruktion gab dem Betsaal einen hallenartigen Charakter.

Im November 1938 wurden Fenster, Eingangstür und Inneneinrichtung der Halterner Synagoge schwer beschädigt. Im Zweiten Weltkrieg wurde das Gebäude abgerissen. Seit 1980 erinnert eine Gedenktafel an den Standort der ehemaligen Synagoge.

Während bereits seit Beginn des 18. Jahrhunderts Religionsunterricht in einem Schulraum beim Betsaal erteilt wurde, besaß Haltern von ungefähr 1840 bis ungefähr 1900 eine eigene Elementarschule. Seit 1855 bilden die jüdischen Gemeinden Haltern und Dülmen den Synagogenbezirk Haltern.

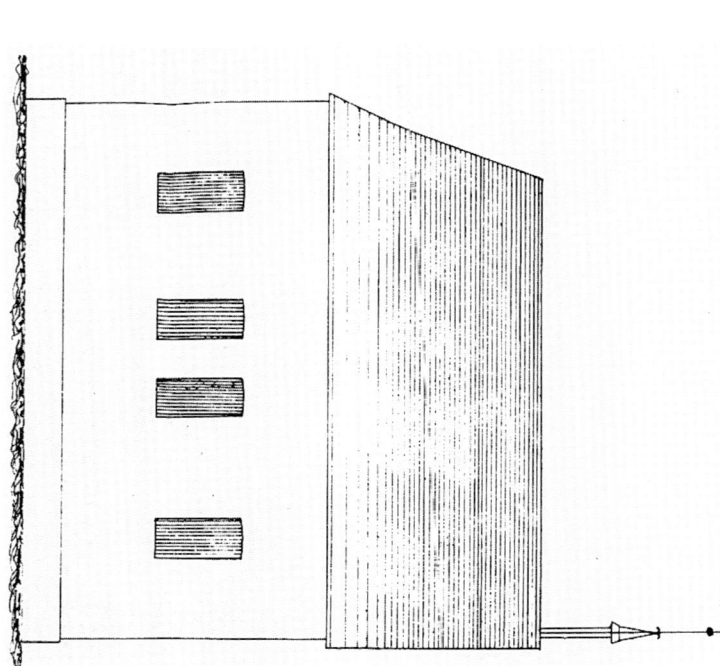

Synagoge von Haltern

Recklinghausen

Von jüdischen Gottesdiensten in Recklinghausen wird erstmals zu Beginn des 19. Jahrhunderts im Zusammenhang mit Levi Michel berichtet. Michel war 1824 aus dem Lipperland nach Recklinghausen gekommen und hatte hinter dem von ihm angemieteten Haus in der Breite Straße einen Betraum eingerichtet. Dort war er der Vorbeter. Die Betstube Michels wird vom Bürgermeister in Recklinghausen als „dunkles, beschmutztes und an den Wänden abgestoßenes Zimmer" bezeichnet, das für eine „gottesdienstliche Handlung nicht anständig" sei.[334]

1826 kam es zu Streitigkeiten über die Liturgie in Michels Betstube. Die Gemeinde spaltete sich. Ein zweiter Betsaal wurde eingerichtet, bis die Recklinghäuser Juden am 1. Mai 1827 miteinander einen Vertrag über die Gründung der jüdischen Gemeinde abschlossen. Sie verpflichteten sich, auf 12 Jahre den von Levi Michel eingerichteten Betraum anzumieten. „Da zum Gottesdienst die Anwesenheit von 10 erwachsenen jüdischen Männern notwendig war ..., mußten alle 7 in Recklinghausen wohnenden erwachsenen männlichen Juden zum Gottesdienst erscheinen oder einen Stellvertreter entsenden ... Außerdem mußten noch 3 Juden von auswärts hinzugezogen werden, die als Gegenleistung dafür reihum bei den Recklinghäuser Juden freie Unterkunft und Verpflegung sowie eine Vergütung ihrer Reisekosten erhielten".[335] Später wurde dann der Gottesdienst in verschiedenen anderen gemieteten Räumen abgehalten.

Um die Mitte des 19. Jahrhunderts wurde der Synagogenbezirk Recklinghausen, der die Stadt und das Amt Recklinghausen und die Ämter Datteln und Waltrop umfaßte, eingerichtet. Datteln und Waltrop waren finanziell unabhängige Untergemeinden, standen aber unter der Aufsicht des Vorstandes der Gesamtgemeinde.

Synagoge an der Klosterstraße/Herzogswall

1877 zählte Recklinghausen 56 jüdische Einwohner. Diese planten den Bau einer eigenen Synagoge. Die Finanzierung war nicht einfach: Eine Hauskollekte bei den Juden in der Provinz Westfalen erbrachte den Betrag von 1.495,45 Mark, die Gemeinde spendete etwa dieselbe Summe, und für die restlichen 2.100,00 Mark wurde eine Anleihe aufgenommen. Wegen der knappen Finanzlage wurde der Anbau an die Synagoge, der als Schulgebäude dienen sollte, aus dem Bauplan herausgenommen, schließlich aber 1892 verwirklicht.

„Die kleine Synagoge wurde ... unter Leitung von Bauinspektor Balzer von einheimischen Handwerkern erbaut. Das einstöckige, schlichte Gebäude konnte am 20./21. August 1880 unter starker Beteiligung der Behörden und der nichtjüdischen Öffentlichkeit durch Prediger Laubheim aus Bochum eingeweiht werden".[336]

Als 24 Jahre später die neue Synagoge an der Limperstraße gebaut worden war, verkaufte die jüdische Gemeinde die alte Synagoge an die Stadt Recklinghausen. Heute steht auf diesem Gelände die Feuerwache.

Synagoge an der Limperstraße

Zwei Jahrzehnte nach der Einweihung der Synagoge Klosterstraße/Herzogswall war die jüdische Gemeinde auf die vierfache Größe angewachsen und fand in der Synagoge längst nicht mehr ausreichend Platz. Die Gemeinde erwarb 1903 ein Grundstück an der Ecke Hedwigstraße/Westerholter Weg, heute Limperstraße

Recklinghausen: Postkartenansicht der Synagoge Limperstraße

39, und ließ vom Architekten Pohlig eine neue Synagoge errichten. Diese stellte sich im neoromanischen Stil als recht kirchenähnliches Gebäude auf einer Grundfläche von 300 qm dar, allerdings trug sie einen Zwiebelturm und Fensterpartien im maurischen Stil. Als 1920 gewichtige Bauschäden auftraten, ließ die Gemeinde das Äußere der Synagoge überarbeiten und die Balustraden am Turm entfernen.

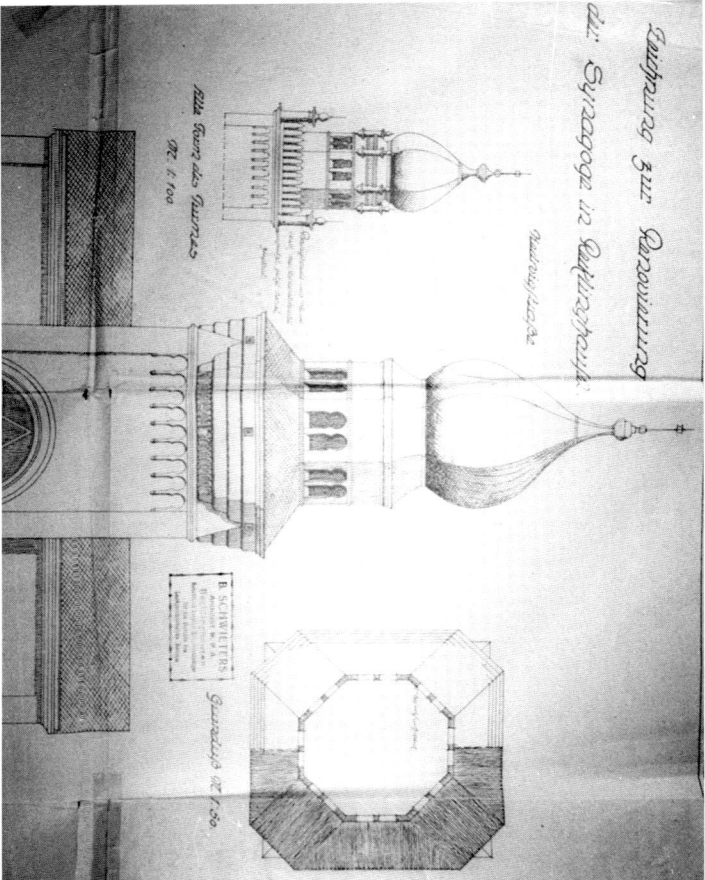

Recklinghausen: Plan zur Renovierung

Orgel, wie es die Reformgemeinden praktizierten, wurde von der orthodoxen Gemeinde abgelehnt".[337] Rabbiner Dr. Moses Marx, der Rabbiner des „Vereins zur Wahrung der religiösen Interessen des Judentums in Westfalen", leitete den Festgottesdienst zur Einweihung. Zeitweise hatte dieser Verein seinen Sitz in Recklinghausen (1903 – 1938), 1922 und dann wieder 1934 – 1938),

Gottesdienste wurden jeden Schabbos abgehalten. Wochentagsgottesdienste fanden jeden Abend statt sowie morgens am Sonntag, Montag und Donnerstag, Rosch Chodesch, Halbfeiertage, Selichothtagen und in der Teschuwah-Woche".[338]

Die Ostjuden in Recklinghausen hatten sich zu einem Ostjüdischen Verein zusammengeschlossen, der bis 1934 in Privathäusern regelmäßig eigene Gottesdienste abhielt. Danach schlossen sich die Ostjuden enger an das Gemeindeleben an Rabbiner Auerbach an, aber sie feierten im Umfeld der hohen Feiertage weiterhin eigene Gottesdienste nach dem polnischen Ritus. Übrigens hatten für diese Tage auch die einheimischen Juden aus Recklinghausen-Süd einen eigenen Gottesdienst im evangelischen Gemeindehaus Recklinghausen-Süd, weil ihnen die Beachtung der Vorschriften über die erlaubte Weglänge an diesen Tagen besonders wichtig war.[339]

In der Pogromnacht 1938 wurde die Synagoge angezündet. Sie brannte aber nur teilweise aus und wurde in einer eiligst einberufenen Ratssitzung am 10. November 1938 für abbruchreif erklärt. Auf dem Gelände der zerstörten Synagoge steht heute das Finanzamt Recklinghausen.

Mit dem Verkauf der alten Synagoge hatte die Gemeinde auch die Schule abgegeben. 1908 wurde Am Steintor 5 die neue Israelitische Volksschule gebaut. Zu ihr gehörten auch eine Lehrerwohnung und im Keller eine Mikwe.

1929 baute die Gemeinde schließlich ein Jugend- und Gemeindehaus in unmittelbarer Nähe zur Synagoge. In diesem Haus erhielten der Kantor und ab 1930 der Rabbiner ihre Wohnungen. Am 9./10. November 1938 wurde auch dieses Gebäude in Brand gesteckt, aber die Feu-

"Das Innere, von Kirchenmaler Schröder ausgemalt, bot für das Auge einen „sehr erfreulichen Ausdruck', Gerühmt wurde auch die vorzügliche Akustik der als großen Halle angelegten Synagoge. Entsprechend dem orthodoxen Synagogentyp besaß die Recklinghäuser Synagoge eine dreiseitige Galerie, die den Frauen vorbehalten war. Die Aufstellung einer

und nicht zuletzt deswegen war das gottesdienstliche Leben sehr rege. Der letzte Rabbiner in Recklinghausen, Dr. Selig Auerbach, erinnerte sich: „Regelmäßige

erwehr löschte den Brand, während sie an der Synagoge nicht eingriff.

Diese beiden Gebäude, die Schule und das Gemeindehaus, blieben über die nationalsozialistische Zeit hinaus erhalten. Von ihrer Bedeutung für die Nachkriegsgemeinde wird noch zu reden sein.

Nach 1938 feierte die jüdische Restgemeinde ihren Gottesdienst in einem Privathaus in Recklinghausen.

Betsaal am Polizeipräsidium

Im Oktober 1945 kehrten 10 Mitglieder der ehemaligen Synagogengemeinde Recklinghausen, die die Deportation und die Konzentrationslager überlebt hatten, in die Stadt zurück. Zusammen mit den Wenigen, die der Verfolgung entronnen waren, weil sie in einer Mischehe lebten, gründeten sie eine neue Gemeinde und hielten 1946 in einer Privatwohnung den ersten Gottesdienst mit einer geretteten Torarolle. Auch in Bochum und Herne hatten sich wieder Gemeinden gebildet. Wegen der geringen Mitgliederzahl der neuen Gemeinden wurde der Gottesdienst abwechselnd in Bochum und Recklinghausen gehalten. An den hohen Feiertagen jedoch stellte die Stadt Recklinghausen einen Raum im städtischen Saalbau zur Verfügung.

1952/53 schlossen sich die Gemeinden Bochum, Herne und Recklinghausen zu einer Gesamtgemeinde zusammen. Hintergrund für diese Vereinigung war, die von der Regierung geforderte Mindestzahl an Gemeindemitgliedern zu erreichen, um als Körperschaft des öffentlichen Rechtes anerkannt zu werden. Diesen Status erhielt die Gemeinde Bochum-Herne-Recklinghausen am 18. Mai 1953.

In demselben Jahr wurde mit dem Anbau an das erhaltene Gemeindehaus Am Polizeipräsidium 3 begonnen. In ihm wurden ein Betraum und ein Gemeindesaal untergebracht. Das Land Nordrhein-Westfalen unterstützte den Bau. Der Betsaal, der etwa 60 Personen Platz bot, wurde von dem Recklinghäuser Architekten Karl Gerle ausgestaltet, der später auch die Synagogen in Hagen, Minden, Paderborn und Bremen sowie die Betsäle in Aachen und Mülheim an der Ruhr entwarf. Auf die Einrichtung einer Frauenempore verzichtete man wegen der geringen Mitgliederzahl der Gemeinde. Ein Harmonium wurde aus traditionellen Gründen nicht angeschafft. Am 10. Juli 1955 wurde der Betsaal von dem Kölner Rabbiner Dr. Asaria feierlich eingeweiht.

Synagoge Am Polizeipräsidium

In der Folgezeit schwankte die Mitgliederzahl der Gemeinde zwischen 40 und 80 Personen. Seit 1990 jedoch nahm die Gemeinde durch die Zuwanderung aus Osteuropa sehr stark zu.

Der kleine Betsaal reichte längst nicht mehr aus, ebensowenig wie der in Bochum genutzte Betraum. An hohen Feiertagen mußte man sich mit anderen Räumlichkeiten behelfen. Daher entschloß sich die jüdische Gemeinde, eine neue Synagoge zu bauen. Finanziert wurde der Bau mit Mitteln des Landes Nordrhein-Westfalen, des Landesverbandes der Jüdischen Kultusgemeinden von Westfalen-Lippe, der eigenen Gemeinde und durch Spenden.

Am 26. Januar 1997 wurde die neue Recklinghäuser Synagoge von Landesrabbiner Dr. Henry G. Brandt feierlich eingeweiht. Teilnehmer an dem Festakt waren u.a. der Ministerpräsident von Nordrhein-Westfalen Dr. Johannes Rau. Die neue Synagoge, entworfen von Architekt Nathan Schächter aus Münster, ist wiederum ein Anbau an das alte Gemeindehaus. Letzteres enthält jetzt neben dem alten Betraum zwei Wohnungen und ein Büro.

Die Eingangsfront der neuen Synagoge wird durch vorgesetzte Metallrundbögen verziert, wobei sich im mittleren Rundbogen direkt über dem Portal ein Davidstern befindet. Der eigentliche Synagogensaal hat eine quadratische Grundfläche und bietet 157 Personen Platz. Bei Bedarf kann er durch den danebenliegenden Festsaal auf etwa 450 Plätze erweitert werden. Die Bima steht in der Mitte des Raumes, das Geländer stammt aus dem alten Betsaal. Der Toraschrein an der Ostwand, in dem die drei Torarollen der Gemeinde stehen, ist gegenüber dem Synagogenraum eine Stufe erhöht. Über ihm sind die Dekalogtafeln angebracht. Vor ihm steht das Predigerpult. Die bleiverglasten Fenster stammen ebenfalls aus dem alten Betraum. Unter ihnen befinden sich Tafeln mit Zitaten zu den in den Fenstern dargestellten biblischen Szenen. Auf eine Frauenempore wurde verzichtet.

Einige Monate später, im Sommer 1997, stellte die Stadt die jüdische Gemeinde das Gebäude der ehemaligen jüdischen Schule zur Verfügung. Lange Jahre war es als Deutsch-Türkisches Vereinhaus genutzt worden. In dem renovierten Haus soll künftig Religionsunterricht erteilt werden. Auch die Mikwe ist wieder hergestellt worden. Die Tochter des letzten Rabbiners in Recklinghausen befestigte die Mesusa an der Tür des Hauses, das nun den Namen „Rabbi-Selig-Auerbach-Haus" trägt.

Waltrop

Die Kölner Judenordnung von 1700 verbot die Ansiedlung von Juden im gesamten Vest Recklinghausen. Erst später, unter der preußischen Regierung, siedelten sich einige jüdische Familien in Waltrop an.

Als das Gesetz über die Verhältnisse der Juden 1847 die Bildung von Synagogengemeinden anordnete, erklärten die Waltroper Juden nach einem Bericht des Bürgermeisters, „im Dorf Waltrop befinde sich keine Synagoge ...., wohl aber eine Betstube, worin die Juden unter Vorstand eines Vorsängers ihre religiösen Versammlungen abhalten." Diese Betstube lag in der Dortmunder Straße 11, später in der Bahnhofstraße 20.

Waltrop war also damals in derselben Lage wie das benachbarte Datteln, insofern als wegen der geringen Gemeindegliederzahl und der dementsprechend schwachen Finanzlage ein eigener Synagogenbau nicht denkbar war. Die Judenschaften an diesen beiden Orten hatten dann dieselbe Idee: Wenn die Nachbarn sich uns anschließen würden, könnten wir eine Synagoge bauen und eine selbständige Synagogengemeinde werden! – Aber keiner wollte seine Selbständigkeit aufgeben. Die Konsequenz war, daß die Waltroper keine Synagoge bauen konnten und in ihrer Betstube blieben und daß Recklinghausen die Synagogengemeinde wurde, der Datteln und Waltrop als Untergemeinden zugeordnet wurden.

Die Untergemeinde Waltrop blieb klein, 1924 hatte sie 15, 1932 hatte sie 18 Mitglieder. Die Beziehung zur Gemeinde in Recklinghausen scheint sehr locker gewesen zu sein. Zu Festgottesdiensten und Kasualien wurde der Dortmunder Rabbiner nach Waltrop gebeten.

Kreis Steinfurt

Hopsten

Vor dem Jahre 1847 richteten sich die Hopstener Juden in einem „versteckt liegenden winzigen Gebäude"[340] einen Betraum ein.

Seit 1864 bildete Hopsten zusammen mit Ibbenbüren den Synagogenbezirk Ibbenbüren und Hopsten.

Horstmar

Bis Mitte des 19. Jahrhunderts feierte die jüdische Gemeinde in Horstmar ihre Gottesdienste in einem Privathaus. Dann entschloß sie sich zum Neubau einer Synagoge. Um die Baukosten zu decken, holte sie sich von der „Königl. hohen Regierung zu Münster" die Erlaubnis zu einer Hauskollekte „bei unseren Glaubensgenossen im hiesigen Regierungsbezirke", 1853 schrieben sie in dieser Angelegenheit die Ge-Synagoge.

meinden in der Umgebung an.[341]

Die Antworten ermutigten die sieben jüdischen Familien in Horstmar, im März 1854 den Neubau zu beschließen und einen Plan für die Aufteilung der Folgekosten zu vereinbaren. Pläne oder Bilder der Synagoge sind nicht mehr bekannt. 1924/25 wurde die Gemeinde Horstmar im „Handbuch der jüdischen Gemeindeverwaltung und Wohlfahrtspflege" als Synagogen-Untergemeinde mit 44 Mitgliedern beschrieben. Die Untergemeinde verfügte über einen Friedhof und über eine Synagoge, die sich in der heutigen Gossenstraße befand.[342] Horstmar gehörte zum Synagogenbezirk Burgsteinfurt.[343]

Eine Auflistung der Synagogengemeinden aus den Jahren 1932/33 läßt erkennen, daß bis dahin in Horstmar die Zahl der Gemeindemitglieder auf 30 geschrumpft war. Von diesen waren nur drei Personen kultussteuerpflichtig. In der Pogromnacht im November 1938 wurde die Synagoge zerstört.

Um die Gemeindeverhältnisse der hiesigen Judenschaft zu regeln und zu ordnen wurden heute die gesetzlich selbständigen Mitglieder der Judenschaft versammelt, um darüber zu beraten und zu beschließen. Es kam nach ausführlicher Berathung und Austausch der Meinungen folgender Beschluß zustande, der nur im gesetzlichen Wege Änderung künftighin erleiden kann, aber auch dann nur, wenn zwei Drittheile der Mitglieder dies für nothwendig finden und solches höheren Orts genehmigt werden kann.

1. Es soll der Neubau eines eigenen Behauses auf dem von Ruck dafür angekauften Platze an der Gossenstraße stattfinden und zwar nach dem bereits angefertigten Plane und Zeichnung.

2. ...

Verhandelt
Horstmar, den 7ten März 1854, in der Behausung des Vorstehers Leeser Buchheimer.

aus dem Stadtarchiv Horstmar

Ibbenbüren

Im Jahre 1906 entschloß sich die Synagogengemeinde Ibbenbüren, die 25 Familien umfaßte, zum Bau eines neuen Gotteshauses, nachdem das alte Gebäude, ein 1871 erworbenes und bereits vorher gemietetes ehemaliges Wohnhaus, baufällig geworden war.

Nach einer Kollekte in Ibbenbüren sowie im Rheinland und in Westfalen erwarb die Gemeinde im Jahre 1912 an der damaligen Ringstraße, der späteren Schulstraße, vom Schneidermeister Friedrich Hantelmann für 2.925 Mark ein Grundstück und ließ in den Jahren 1912/13 darauf ein neues Synagogengebäude aus Ziegelsteinen und mit roten Dachpfannen errichten.

Die Giebel der Westfassade erhielten als Schmuck die Gesetzestafeln sowie darunter in hebräischen Lettern den Spruch „Öffnet euch, ihr Tore, damit einziehen kann ein Volk der Gerechtigkeit".

Die Einweihungsfeier der neuen Synagoge fand am 30. April 1913 statt. In Anwesenheit zahlreicher Glaubensbrüder und der Honoratioren der Stadt hielt Rabbiner Dr. Cohn aus Essen die Festpredigt, umrahmt von Gesangsvorträgen des Synagogenchores der Osnabrücker Gemeinde. Das Gebäude diente bis zum November 1938 als Gotteshaus. Am 10. November 1938 wurde es angezündet und brannte aus.

In den Jahren 1838 bis 1876 besaß Ibbenbüren auch eine jüdische Elementarschule. Die Synagogengemeinde Ibbenbüren umfaßte die Stadt Ibbenbüren sowie den Ort Hopsten und bildete seit 1864 den Synagogenbezirk Ibbenbüren und Hopsten.

Synagoge von Ibbenbüren

Lengerich

Die ersten unbefristet ansässigen Juden in Lengerich kamen Ende des 17. Jahrhunderts in den Ort. Ihre Zahl stieg auf elf Familien mit 54 Personen Anfang des 19. Jahrhunderts an. 1820/21 bauten sie eine Synagoge auf einem Grundstück, das hinter einem Haus an der Münsterstraße nicht weit vom Rathaus entfernt lag. Dieses Gebäude erwarben die Lengericher Juden als Gemeindehaus. Die Synagoge wurde auf diese Weise abseits der Verkehrsstraßen errichtet. Sie sollte als solche nicht sofort erkennbar sein. Weder über das Äußere noch das Innere des Synagogenbaus liegen Bilder oder Pläne vor. Es gibt nur einen Augenzeugenbericht über das Aussehen der Synagoge in der NS-Zeit, auf dem die folgende Beschreibung beruht.

Danach war die Synagoge auf einer Grundfläche von 15 mal 9 Metern errichtet worden. Sie hatte an jeder Längsseite drei mit Sandsteinen eingefaßte und mit bunter Bleiverglasung versehene abgedichtete Spitzbogenfenster. Zwischen den Fenstern befanden sich vorgesetzte, nach oben leicht verjüngende Sandsteinpfeiler, die das Gewicht und die auftretenden waagerechten Kräfte der freitragenden, aufwendigen Dachkonstruktion abfangen sollten. Die Synagoge hatte ein ziegelgedecktes, relativ steiles Krüppelwalmdach. Das ganze Gebäude war konstruktiv der Gotik nachempfunden. Der Eingang der Synagoge befand sich unter einem Vordach zwischen dem Bethaus und dem davorstehenden Schulhaus.

Betrat man die Synagoge durch die Doppeltür, stand man in einer kleinen Eingangshalle, von der links eine Garderobe und ein Vorraum abgetrennt waren. Von der Eingangshalle führte eine Treppe zur Frauenempore hinauf. Diese war mit Eichenbänken ausgestattet und durch ein Gitter aus Eichenstäben vom Betsaal getrennt. Von der Eingangshalle führte eine weitere Doppeltür im Erdgeschoß zum Betsaal, wo die Männer der Gemeinde sich zum Gottesdienst versammelten. Die Holzdecke war ohne Pfeiler in den Dachstuhl hineingewölbt. Einen Schornstein gab es nicht, so daß der Betsaal nicht geheizt werden konnte. Der gesamte Raum war mit Sandsteinplatten gepflastert und mit schweren Teppichen ausgelegt. An seinen beiden Längsseiten standen Eichenbänke für jeweils vier Männer. In der Mitte des Betsaales befand sich ein durch drei Stufen erhöhtes, hölzernes, achteckiges Podest, der Almemor.

Im November 1938 wurde die Synagoge schwer verwüstet und ein Jahr später abgebrochen. Im Jahre 1990 enthüllte die Stadtverwaltung Lengerich eine Gedenktafel für die vertriebenen und getöteten Lengericher Juden.

Von 1830 bis 1874 unterhielt die jüdische Gemeinde im Haus an der Münsterstraße eine Elementarschule mit einem Schulraum, der gleichzeitig das Wohnzimmer des Lehrers bildete.

Ochtrup

Die Ochtruper Juden Salomon Heimann und Meyer Meyer erwarben 1868 ein Wohnhaus am Kniepenkamp 11, in dem sie ein Zimmer als Betraum einrichteten. 1904 wurde das Haus für Gumpel Heimann umgebaut. Der Betraum blieb jedoch erhalten. Er „war 4,50 m breit und 8,50 m lang. Man betrat ihn vom Kniepenkamp. Rechts neben der Tür standen zwei Reihen Bänke für die Frauen, die durch ein Holzgitter vom übrigen Raum abgetrennt waren. An den beiden Längsseiten standen sich die Gebeschemel der Männer gegenüber. Mitten im Raum stand der mit einem schwarzen Tuch abgedeckte Toraschrein, in dem die Torarollen und ein Schofarhorn aufbewahrt wurden. An der Decke hing ein Kronleuchter. Beheizt wurde der Raum durch einen Eisenofen in der Ecke. Im Haupteingang lag ein Teppichläufer. Die Wände waren nicht angestrichen, sondern erst nach dem Zweiten Weltkrieg abgeglichen.

Am 10. November 1938 wurde die Betstube verwüstet. Das Haus wurde jedoch nicht angezündet.[344]

Mit der Neuorganisation der Synagogengemeinden Mitte des 19. Jahrhunderts wurde Ochtrup Untergemeinde im Synagogenbezirk Burgsteinfurt.

Rheine

Synagoge An der Thiemauer

Seit 1678 sind in Rheine jüdische Einwohner kontinuierlich nachweisbar. Im 18. Jahrhundert hielten sie ihren Gottesdienst im Privathaus des Heymann Markus ab, das in der Straße „An der Thiemauer" lag. Da mittlerweile die Betstube zu klein geworden war, genehmigte die bischöfliche Verwaltung in Münster im Jahre 1768 auf Antrag der jüdischen Gemeinde den Bau einer kleinen „Juden-Kirche",[345] mit der Maßgabe, daß dies „ohne Ärgernis der Christen in eins der entlegensten Häuser geschehen soll".[346]

Die Gemeinde erhielt daraufhin von der Stadt Rheine die Erlaubnis, ein städtisches Grundstück an der Stadtmauer in

fenstehende Fenster nach der Stadtseite gemacht werden sollen".[347]

Die Synagoge bestand aus einem Betsaal, der an die Stadtmauer angebaut war, und einem Zimmer für die Lehrerwohnung, das auch als Unterrichtsraum diente. Beide Räume waren durch einen Gang zum Marktplatz hin abgeschirmt. 1802 wurde der Betsaal in die Stadtmauer hinein verbreitert. Bei der Bentheimschen Brandsozietät war die Synagoge mit einer Summe von 812 Reichstalern versichert. Über hundert Jahre diente sie der jüdischen Gemeinde als Versammlungsort.

Synagoge an der Salzbergener Straße

Am 3. Juni 1887 wurde eine neue Synagoge an der Ecke Neuenkirchener Straße/Salzbergener Straße eingeweiht. Auffällig war hier der Kontrast zur Einweihung der alten Synagoge. Hatte diese noch unter dem bewußten Ausschluß der Öffentlichkeit stattgefunden, so wurde die Einweihung der neuen Synagoge mit einem Zug durch den Ort gefeiert, und es nahmen die Honoratioren der Stadt, angeführt vom Bürgermeister und vom Landrat, teil. Auch die christliche Bevölkerung war zu einem Festkonzert und einem Festball am nächsten Tag herzlich eingeladen.

Auch das Synagogenbauwerk zeugte von der zunehmenden Akzeptanz von Juden als gleichberechtigter Teil der Gesellschaft und dem gewandelten Selbstverständnis der Synagogengemeinde. Die Synagoge war nicht mehr verschämt hinter Mauern und Häuserfronten verborgen, sondern stand frei auf einem Platz an der Straße. Die stolze Betonung der Eigenständigkeit zeigte sich auch in der Übernahme des für diese Region unüblichen, ebenerdigen und quadratischen Kuppelbaus im maurischen Stil.

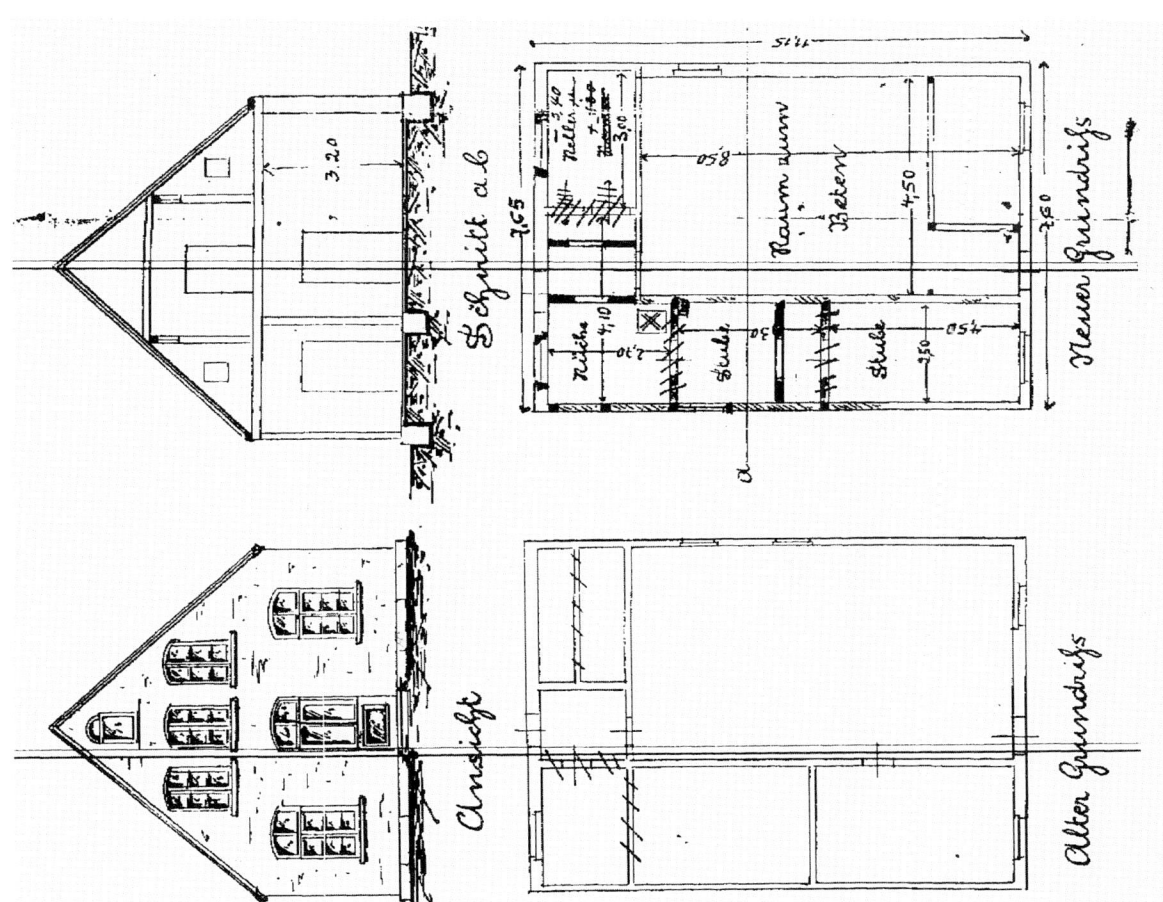

Grund- und Aufriß eines ehemaligen Wohnhauses mit Betraum in Ochtrup

der Thiestraße für einen Reichstaler jährlich zu pachten und darauf auf eigene Kosten eine kleine Synagoge von 20 Quadratfuß bauen zu dürfen, „dergestalt, daß darin keine offengehende Türe noch of-

Im Innern war die Kuppel blau und hatte goldene Sterne als Verzierung. Im Betraum standen jeweils zwei Bankblöcke rechts und links vom Mittelgang. Sie waren auf den Schrein mit den Torarollen (Aron hakodesch) an der Ostwand ausgerichtet, vor dem das Vorlesepult (Schulchan) stand, auf dem während des Gottesdienstes die Torarollen ausgebreitet wurden. Die Frauen saßen entlang der rechten und der linken Seitenwand. Die Ostausrichtung des Toraschreines wahrte die jüdische Synagogentradition. Es fehlte jedoch eine Frauenempore oder eine Trennwand zwischen Männer- und Frauenbänken, und das Vorlesepult war von der Mitte des Raumes bis vor den Toraschrein gerückt. Auf diese Weise drangen liberale Einflüsse in die Ausgestaltung des Synagogenraumes ein.

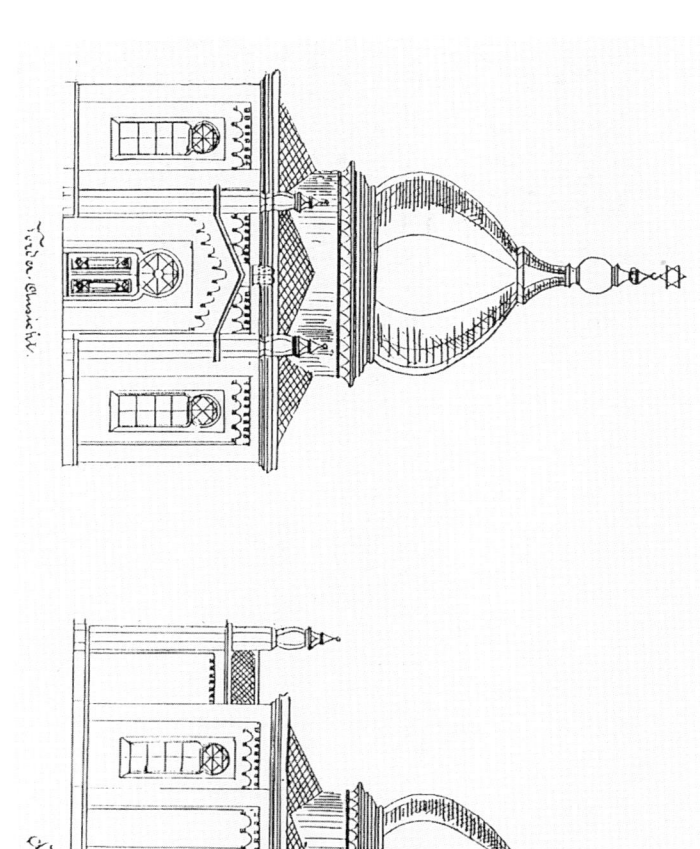

Auch die Liturgie machte einen Wandel durch. Man ging in Rheine zum reformierten Gottesdienstes über. Es wurde zum Teil auf deutsch gebetet. Es wurden von der Gemeinde im Gottesdienst den Kirchenliedern ähnliche Lieder auf deutsch gesungen. Es gab einen Synagogenchor. Zwar fehlte in Rheine noch die Orgel, bei Bedarf – zum Beispiel bei Hochzeiten – wurde jedoch ein Harmonium hereingeschafft. Es trat auch ein nationales Element hinzu, das Gebet für Kaiser und Reich.

Gleichzeitig sorgte eine Synagogenordnung für einen möglichst störungsfreien und feierlichen Gottesdienst, in dem immer mehr der Kantor und Vorbeter (Chasan) den Gang der Liturgie bestimmte: Noch nicht schulpflichtige Kinder durften nicht in den Gottesdienst mitgebracht werden. Während des Gottesdienstes sollte nicht mehr untereinander getuschelt werden; es durften die Plätze nicht mehr gewechselt werden. Überlautes Beten und unzeitiges oder lautes Singen mit dem Kantor waren verboten. Nicht einmal das Kaddisch durfte ohne den Kantor gesprochen werden. Einerseits hatte der Gottesdienst auf diese Weise an Feierlichkeit gewonnen, andererseits verlor er gleichzeitig auch etwas von seinem individuellen und spontanen Charakter, der für den jüdischen Kultus kennzeichnend war.

Die neue Synagoge diente bis zum Jahre 1938 als Gotteshaus. Am 10. November 1938 wurde sie von Nationalsozialisten angezündet und in den folgenden Tagen abgebrochen. 1961 enthüllte die Stadtverwaltung Rheine an der Stelle der ehemaligen Synagoge einen Gedenkstein.

Im maurischen Stil – die Synagoge von Rheine

Bis zum Jahre 1933 besaß die Synagogengemeinde Rheine auch eine eigene Schule, in der der Elementarunterricht abgehalten wurde. Anfangs befand sich der Klassenraum im Gebäude der alten Synagoge. Später erwarb man ein Haus mit Lehrerwohnung (heutiges Arbeitervereinshaus). Schließlich zog die jüdische Schule in einen zweistöckigen Backsteinbau neben der neuen Synagoge an der Salzbergener Straße. 1933 wurde die Schule, die seinerzeit zehn Kinder besuchten, zwangsweise aufgelöst und der Lehrer aus dem Ort vertrieben.

In den Jahren 1855 bis 1885 gehörte die jüdische Gemeinde in Rheine zum Synagogenbezirk Burgsteinfurt. Danach bildete sie einen eigenständigen Synagogenbezirk.

Steinfurt-Borghorst

Seit 1720 lebten Juden in Borghorst. 1854 bauten sie sich dank eines Darlehens von 2.500 Talern, das der Kaufmann Joseph Kock gewährt hatte, eine Synagoge an der Lechtestraße. Es handelte sich um ein kleines, fast quadratisches Gebäude mit Walmdach und Rundbogenfenstern. Im November 1938 wurde es niedergebrannt und später abgetragen. Heute erinnert ein Gedenkstein an den Standort der ehemaligen Synagoge.

Seit 1855 gehörte Borghorst zum Synagogenbezirk Burgsteinfurt.

Steinfurt-Burgsteinfurt

Seit 1662 waren wieder kontinuierlich jüdische Familien in Burgsteinfurt ansässig. Bereits Anfang der dreißiger Jahre des 18. Jahrhunderts feierten sie ihre Gottesdienste im Hause des Israel Salomon, später in der Wohnung des Godfried Israel.

Im Jahre 1763 entschloß sich Carl Paul Ernst, Graf zu Bentheim-Steinfurt, den Juden seiner Hauptstadt Burgsteinfurt eine Synagoge zu bauen. Die zehn jüdischen Familien mußten jedoch ihrem Landesherrn für die schlüsselfertige Übergabe 2.000 Reichstaler zahlen. 1.000 Reichstaler waren bis zum Ende des Jahres fällig, und 1.000 weitere Taler konnten „unablöslich stehen bleiben". Dafür sollte ein jährlicher Zins von 50 Reichstaler an die Regierungskasse gezahlt werden. Die Juden mußten sich im Gegenzug verpflichten, die Synagoge zu unterhalten und einen Brunnen zu bauen. Beides sollte zu Lasten der Judenschaft geschehen, jedoch sollten die Brunnensteine kostenlos vom Landesherrn geliefert werden.

Bevor jedoch der Bau beginnen konnte, mußte der Landesherr den Protest der „Hohen Schule", auf deren Nachbargrundstück die Synagoge errichtet werden sollte, abwehren. Sie hatte Einspruch erhoben, weil sie eine Beeinträchtigung des Unterrichtes befürchtete, da doch „die Juden bekanntermaßen ihren Gottesdienst mit großem Geschrei abhielten". Auch über die Einwände zweier verwandter Fürsten, die von der „Hohen Schule" aufgeboten wurden, setzte sich Carl Paul Ernst hinweg, so daß die Synagoge gebaut und am 11. April 1764 eingeweiht werden konnte. Das Gebäude umfaßte außer dem Betsaal, einem Raum mit rechteckigem Grundriß, auch eine Schule und eine Lehrerwohnung. Über die Innenge-

Bauzeichnung der Synagoge von Steinfurt-Borghorst aus dem Jahre 1871

staltung ist wenig bekannt: Gegenüber dem Eingang befand sich der Toraschrein. Vor ihm stand der Almemor. Das Gestühl stand entlang der beiden Längsseiten und war auf den Toraschrein ausgerichtet. Die Synagoge entwickelte sich schnell zu einem geistlichen Mittelpunkt für die Juden in der gesamten Region.

Um dem Gottesdienst in der neuen Synagoge eine in seinen Augen würdigere Form zu geben, erließ der Graf von Steinfurt einige Zeit später eine Synagogenordnung, die bei Mißachtung Geldstrafen androhte. Nicht nur im religiösen Bereich sorgte der Graf von Steinfurt auf außergewöhnliche Art für „seine Juden". Um ihre wirtschaftliche Situation zu verbessern, erwirkte er beim Fürstbischof von Münster, daß die Steinfurter Juden in dem umfangreicheren Münsteraner Territorium ungehindert Handel treiben konnten. Bei dem guten Verhältnis zwischen dem Landesherrn und den jüdischen Untertanen ist es nicht verwunderlich, daß die Steinfurter Juden 1804 zum Regierungsantritt des letzten Grafen von Steinfurt ein Huldigungsgedicht vortrugen.

In preußischer Zeit (seit 1855) umfaßte der Synagogenbezirk Steinfurt neben Burgsteinfurt die Untergemeinden Rheine (bis 1885), Borghorst, Laer, Horstmar, Metelen und Ochtrup.

Bis zum November 1938 diente die Burgsteinfurter Synagoge, die im Jahre 1910 gründlich renoviert worden war, als Gotteshaus. Im November 1938 wurde sie angezündet und brannte aus.

Die bisherige Burgsteinfurter Religionsschule wurde 1829 in eine Elementarschule umgewandelt und erhielt bereits 1841 die Anerkennung als öffentliche jüdische Volksschule.

Steinfurt-Burgsteinfurt: Die Synagoge trug einen Davidstern am Giebel

Westerkappeln

In Westerkappeln, wo seit dem 18. Jahrhundert Juden lebten, war die jüdische Gemeinde im Jahre 1816 auf 25 Personen angewachsen. Sie erwarb ein Wohnhaus mit Gartengrundstück vom Eigentümer Niehaus und errichtete 1829/30 auf dem Grundstück hinter dem Haus eine Synagoge, die von der Straße abgeschirmt war. In Anwesenheit von Landrabbiner Abraham Sutro wurde sie am 6. August 1830 feierlich eingeweiht. Sie diente der jüdischen Gemeinde für ein Jahrhundert als Gotteshaus, bis sie am 14. Januar 1929 wegen zurückgehender Gemeindezahl an zwei Christen verkauft wurde. Dies geschah mit der Auflage, sie bis zum 1. Januar 1930 abzureißen, vermutlich um eine unwürdige Nutzung des ehemaligen Gotteshauses zu verhindern. Sie wurde jedoch erst 1932 abgebrochen.

Bilder oder Baupläne von der Synagoge sind nicht vorhanden, mit Ausnahme einer etwas verschwommenen Fotografie, auf der die hellen Holztüren des Toraschreines sowie das Vorlesepult, das vor dem Schrein stand, zu sehen sind. Der Schrein wird von vier glatten Säulen mit klassischen Kapitellen flankiert, die einen Zierbalken mit dem hebräischen Psalmspruch tragen: „Ich habe den Ewigen immer vor Augen" (Psalm 16,8). Darüber erkennt man die Dekalogtafeln, ebenfalls in hebräischer Schrift.

Eine jüdische Elementarschule gab es – mit Unterbrechungen – von 1840 bis 1921. Einen jüdischen Friedhof gab es bereits im 19. Jahrhundert.

Westerkappeln bildete seit 1856 den Synagogenbezirk Cappeln.

Kreis Warendorf

Ahlen

Seit 1683 lebten durchgehend Juden in Ahlen. Über ihre Anzahl ist wenig bekannt, außer, daß es im Jahre 1763 sieben Familien gab. Aber schon vorher, nämlich im Jahre 1757 durften sie sich eine Synagoge im Ortszentrum am Kattenbusch, (später Wandmacherstiege) bauen. Es handelte sich um ein rechteckiges 50 qm großes Gebäude mit steilem Dach und mit je zwei Bogenfenstern auf jeder Längsseite in der hinteren Hälfte. Ein Eingangsvorbau führte sowohl in den ebenerdigen Betraum als auch auf die Frauenempore.

Der Innenraum hatte in den dreißiger Jahren dieses Jahrhunderts folgendes Aussehen: In der Mitte der Ostseite befand sich der hölzerne Toraschrein. Er war mit einem reich bestickten dunkelblauen Samtvorhang geschmückt und von zwei Löwen bekrönt, welche die Dekalogtafeln hielten. Rechts neben dem Toraschrein hing eine steinerne Gedenktafel für die im Ersten Weltkrieg gefallenen Soldaten der jüdischen Gemeinde. An der linken Seitenwand des Toraschreins war der sogenannte „Bohnenkasten", ein Holzkasten mit numerierten Fächern, angebracht. Da am Sabbat kein bares Geld gegeben werden durfte, legte man als Ersatz eine Bohne in das eigene Fach, wenn für jemanden – zum Beispiel einen Angehörigen oder Verstorbenen – während des Sabbatgottesdienstes ein Segensspruch gesprochen werden sollte. Die angefallenen Bohnen wurden dann an einem Werktag ausgezählt und die Beträge bei den Gemeindemitgliedern eingesammelt.

Vor dem Toraschrein stand auf einem Podest das Pult für den Vorbeter. Über dem Pult hing von der Decke herab eine

Westerkappeln: Die neuen Besitzer lassen sich in der Synagoge von Westerkappeln fotografieren (1932)

Ahlen: Erinnerungszeichnung vom Synagogenraum (Kurt Richter)

Mahnmal für die jüdische Gemeinde ist 1985 an der Klosterstraße errichtet worden.

In der Zeit von 1835 bis 1922 sowie von 1930 bis 1939 besaß Ahlen eine jüdische Elementarschule in der Klosterstraße. Einen Friedhof hatte die Gemeinde von 1788 bis 1938 an der Ostenpromenade gegenüber dem Ahlener Bahnhof. 1938 wurde er auf einen Teil des städtischen Friedhofs an der Friedhofstraße verlegt, der heutigen Parkstraße.

Seit dem Synagogenstatut von 1855 bildete die Gemeinde Ahlen den Synagogenbezirk Ahlen. 1909 wurde er um die Gemeinden Drensteinfurt und Sendenhorst erweitert.

Lampe, vermutlich das Ewige Licht. Auf das Pult folgte, ebenfalls auf einem kleinen Podest, das Vorlesepult mit zwei Leuchtern. Davor stand eine Bank, auf der die zur Toraverlesung aufgerufenen Männer während des Gottesdienstes Platz nahmen. Toraschrein, Vorbeterpult, Vorlesepult und Bank der zur Toralesung aufgerufenen Männer füllten den Mittelteil des Betraumes aus. An den Längswänden, die auf jeder Seite zwei hohe Bogenfenster hatten, stand das Synagogengestühl. Jeweils zwei Männer teilten sich eine Bank, die über zwei Pulte verfügte. Dort verwahrten sie ihre während des Gottesdienstes benötigten Gegenstände, wie zum Beispiel Gebetsschal und Gebetbuch. Ihre Sitzplätze hatten sie gemietet. Es waren oft über Generationen dieselben. Im November 1938 brannten Nationalsozialisten die Synagoge nieder, und die Trümmer wurden wenig später abgerissen. Ein

Beckum

Seit 1678 ist eine durchgehende Ansiedlung jüdischer Einwohner in Beckum nachweisbar. Im Jahre 1743 entschlossen sich die sieben jüdischen Familien Beckums aus „eigner Kraft" und „unter großen Opfern und schwierigen Verhältnissen", wie eine Chronik vermerkt,[348] ein Synagogengebäude zu errichten. Im Vorderhaus zur Nordstraße hin befand sich eine Wohnung, dahinter lag der Betsaal. Seit Ende des 18. Jahrhunderts erhielten die Kinder in der Wohnung Religionsunterricht. 1835 wurde dort eine Elementarschule eingerichtet. Seit 1844 wohnte im Vorderhaus des Gebäudes der Lehrer. Mit der Zunahme der jüdischen Bevölkerung auf 87 Personen im Jahre 1855 entschloß man sich zu einer vollständigen Renovierung und Vergrößerung von Vorderhaus und Betsaal, was einem Neubau gleichkam. Die Einweihung des neuen Synagogengebäudes samt Schulraum und Lehrerwohnung konnte im Jahre 1867 gefeiert werden. Die Straßenfront zur Nordstraße glich den Wohnhäusern der Straße. Nur der Vers „Mein Haus ist ein Bethaus für alle Völker" (Jesaia 56, 7), erinnerte an den sakralen Charakter. Der Betsaal war ein schlichter Backsteinbau mit steilem Dach und Bogenfenstern. Aufnahmen und Beschreibungen vom Inneren der Synagoge sind nicht vorhanden. Im November 1938 wurde das Synagogengebäude beschädigt, später verkauft, renoviert und als Parteidienststelle genutzt. Erst 1967 wurde es – inzwischen im städtischen Besitz – abgerissen. Ein Mahnmal erinnert seit 1975 in den städtischen Parkanlagen an die jüdische Gemeinde von Beckum.

Seit 1855 bildete Beckum einen eigenständigen Synagogenbezirk.

Drensteinfurt

Um 1870 war die jüdische Gemeinde in Drensteinfurt auf sieben Familien und 32 Personen angewachsen. Malchen Reinhaus, die Witwe des ehemaligen Synagogenvorstehers Leser Reinhaus, erwarb um diese Zeit einen Teil des Obstgartens vom Schuster Eberhard Klaverkamp für 210 Taler. Das Grundstück grenzte direkt an einen namenlosen Weg, der die Münsterstraße mit dem Kirchplatz verband und später zur Gasse geworden ist. Auf diesem Grundstück errichtete die jüdische Gemeinde 1872 eine Synagoge. Um die Baukosten von 1.690 Talern aufbringen zu können, veranstaltete man eine Geldsammlung bei den Juden der Provinz Westfalen. Das Synagogengrundstück fiel der Gemeinde 1890 durch Erbgang zu.

Der zehn mal zehn Meter große, in landesüblicher Bauweise errichtete Ziegelsteinbau mit Walmdach stand direkt an der Gasse. Nur das hohe Bogenfenster und der in hebräischen Lettern gemeißelte Psalmspruch über der doppelseitigen Eingangstür ließen auf ein sakrales Gebäude schließen. Der Psalm war in die runde Sandsteinrahmung eingelassen und lautete: „Dies ist die Pforte Adonais, die Gerechten mögen durch sie hindurchkommen" (Psalm 118,20).

Das Innere des Gebäudes bestand aus einem Raum mit hell getünchten Wänden und einem Holzfußboden. „Durch Fensteröffnungen an drei Seiten, die mit Metallsprossen gestaltet waren, wurde der einzige Raum der Synagoge belichtet. Eine Holzdecke, die ursprünglich bemalt war, trennte das Dach von dem Kultraum ab".[349] An der Ostseite stand der Toraschrein, daneben ein Tisch mit einem Leuchter und davor das Vorlesepult für die Tora. Es folgte – den Raum ausfüllend

Beckum: Synagoge Nordstraße

Ennigerloh-Enniger

Um 1860 lebten 40 Juden in Enniger, die ihren Gottesdienst in Privathäusern feierten. Nachdem sie eine Haussammlung in Westfalen durchgeführt hatten, errichteten sie um 1870 eine Synagoge für über 2.000 Reichstaler auf dem heutigen Grundstück von Anstreichermeister Heinz Fleiter. Es handelte sich um ein für die Größe der Gemeinde recht stattliches Gebäude im neoromanischen Stil mit Satteldach.

Drensteinfurt: Innenraum der Synagoge vor der Renovierung

Der einräumige Bau hatte einen fast quadratischen Grundriß mit einer runden Apsis gegenüber der Eingangsfassade. Auf beiden Seitenwänden befanden sich – von drei Pilastern eingerahmt – jeweils zwei bleiverglaste Rundbogenfenster, die noch einmal von zwei schlanken Säulen eingefaßt waren. Die Apsis hatte drei bleiverglaste Fenster und ein schräges Dach. In ihr stand vermutlich der Toraschrein. Die Eingangsfassade besaß in ihrer Mitte eine doppelflüglige Tür mit Kassettenmustern, die von einem Rundbogenportal umrahmt wurde. Darüber befand sich ein Rundbogenfenster und im Giebelbereich eine Fensterrose. Die Synagoge bestand bis 1891. Nach dem Rückgang der jüdischen Einwohnerzahl wurde sie verkauft und zum Bau eines Wohnhauses abgerissen.[350]

In den Jahren 1856 bis 1889 gehörte die jüdische Gemeinde von Enniger zum Synagogenbezirk Sendenhorst, danach zum Synagogenbezirk Drensteinfurt-Sendenhorst.

– das auf den Toraschrein ausgerichtete Gestühl der Männer. Dahinter befand sich an der dem Toraschrein gegenüberliegenden Wand die Frauenempore.

Im November 1938 wurde die Inneneinrichtung der Synagoge verwüstet. 1939 mußte das Gebäude für 1.000 Reichsmark verkauft werden. Danach wurde sie als Lagerschuppen zweckentfremdet. Auf diese Weise blieb sie jedoch unverändert erhalten, bis sie 1984 von der Stadtverwaltung aufgekauft und bis 1988 restauriert wurde, ohne daß jedoch die fehlenden Kultusgegenstände ersetzt wurden. Sie dient heute als Beggnungs- und Veranstaltungsstätte.

Seit dem Synagogenstatut von 1856 gehörte Drensteinfurt zum Synagogenbezirk Werne. Mit der stetigen Zunahme der jüdischen Bevölkerung wurde 1885 ein eigenständiger Synagogenbezirk Drensteinfurt gebildet. Mit dem Rückgang der Bevölkerungszahl seit 1890 wurden 1908 Verhandlungen mit Werne zwecks Wiedervereinigung beider Bezirke aufgenommen. Dazu kam es allerdings nicht, vielmehr schloß sich die Synagogengemeinde Drensteinfurt 1909 als selbständige Untergemeinde dem Synagogenbezirk Ahlen an.

Oelde

Synagoge an der Lange Straße

Seit ungefähr 1670 lebten ununterbrochen Juden in Oelde. Ihre Zahl stieg im Laufe des 18. Jahrhunderts so sehr an, daß sie sich entschlossen, ein Synagogengebäude zu errichten. Nachdem die fürstbischöfliche Regierung in Münster die Genehmigung erteilt hatte, errichtete Berend von Gahlen im Garten des Nathan Samuel, Lange Straße 166 – heute Nr. 21 –, im Jahre 1742 eine kleine einstöckige Synagoge. Dafür waren jährlich fünf Reichstaler Unterhalt zu zahlen. Das Gebäude wurde mit 200 Reichstalern in der Brandsozietätskasse versichert.

Synagoge an der Ruggestraße

Während noch 1816 das kleine Gebäude „in mittelmäßigem Stand"[351] war, verfiel es in der Folgezeit so sehr, daß eine andere Lösung gefunden werden mußte. Dazu wurde das Haus Bäumker an der Ruggestraße 132 – heute Nr. 10 – erworben. In dem Hausteil, der zur Straße hin lag, sollten ein Schulzimmer und eine Lehrerwohnung untergebracht und an der Gartenseite eine geräumige Synagoge angebaut werden.

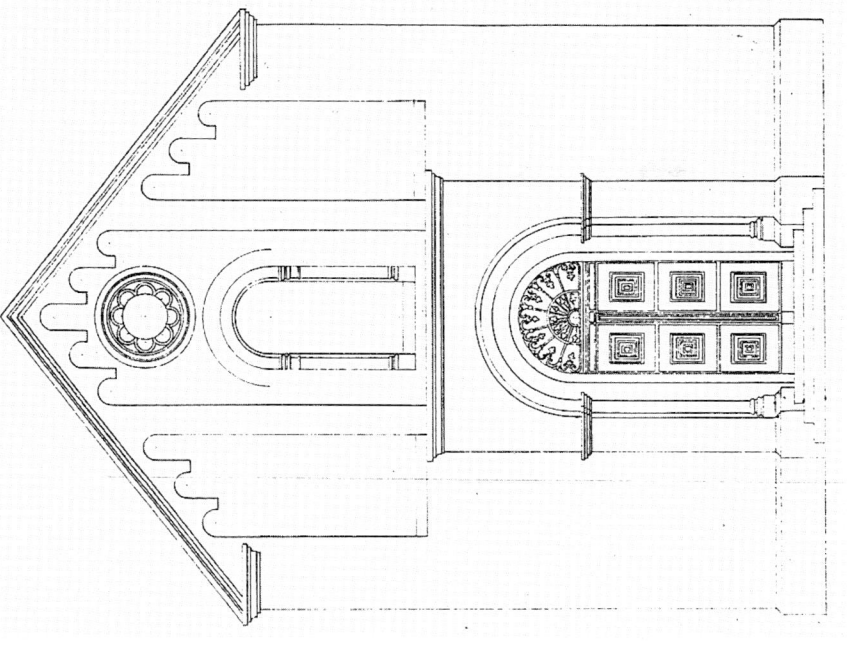

links: Renovierte Synagoge von Drensteinfurt
oben: Aus der Bauzeichnung der Synagoge von Ennigerloh-Enniger

Da die Nachbarn Wolfhoff und Schuster Schmitz keine Einwendungen machten, konnte umgehend die Synagoge gebaut und 1829 vom Landrabbiner Abraham Sutro eingeweiht werden. Der Bau kostete 1.628 Reichstaler. 700 Reichstaler wurden als Darlehen aufgenommen. Noch 1848 trug die jüdische Gemeinde in

Oelde an den Zinsen für das aufgenommene Kapital. Das Synagogengebäude, das in den siebziger Jahren des 19. Jahrhunderts eine neue Fassade erhielt, diente bis zum November 1938 als Gotteshaus. Am 10. November 1938 verwüsteten Nationalsozialisten die Inneneinrichtung der Synagoge. Das Gebäude wurde anschließend für 12.000 Reichsmark an Schneidermeister Düding verkauft.³⁵²

Von Beginn des 19. Jahrhunderts bis zum Jahre 1922 besaß die jüdische Gemeinde in Oelde – mit kurzen Unterbrechungen – eine Elementarschule, die jedoch durch eine extrem hohe Fluktuation der Lehrer gekennzeichnet war.

Verwaltungstechnisch bildete seit dem Synagogenstatut von 1856 Oelde zusammen mit Wadersloh, Ennigerloh und Stromberg (letzteres bis 1903) den Synagogenbezirk Oelde.

Sendenhorst

Seit Ende des 17. Jahrhunderts lebten Juden in Sendenhorst. Im Jahre 1806 hatten sie bereits eine Synagoge am Schlabberpohl auf dem Grundstück des Kaufmanns Leffmann. Das Gebäude war mit 300 Reichstalern versichert. Einen Friedhof besaßen die Sendenhorster Juden seit dem Ende des 18. Jahrhunderts auf dem Wallstück zwischen Rondeil und Osttor. 1900 fand die letzte Beerdigung statt. Anfang des 20. Jahrhunderts erlosch die Gemeinde durch Abwanderung. Eine Bronzestele erinnert heute an der Stelle der nicht mehr vorhandenen Synagoge an die einstige jüdische Gemeinde von Sendenhorst.

In verwaltungstechnischer Hinsicht hatte Sendenhorst eine wechselvolle Geschichte. 1856 bis 1889 bildete es zusammen mit Enniger den Synagogenbezirk Sendenhorst, 1889 bis 1909 gehörte es zum Synagogenbezirk Drensteinfurt-Sendenhorst, 1909 kam es zum Synagogenbezirk Ahlen.

Telgte

Synagoge an der Steinstraße

Seit dem späten 17. Jahrhundert siedelten Juden dauerhaft in Telgte. Ihre erste Synagoge, deren Baujahr unbekannt ist, diente bis zum Jahre 1874 als Gotteshaus und stand auf dem Hof der Familie Auerbach in der Steinstraße. Es handelte sich um ein kleines eingeschossiges Fachwerkgebäude von 38 qm mit Spitzdach und hohen Giebeln. Im Innern waren die Wände und die Decke des kleinen Betsaales mit blauer Farbe ausgemalt.

In den sechziger Jahren des vorigen Jahrhunderts war das Gebäude baufällig. Von Nachteil war auch, daß die Synagogenbesucher durch die Wohnung der Familie Auerbach gehen mußten, um in den Betsaal zu gelangen. Die Gemeinde entschloß sich daraufhin zum Verkauf der kleinen Synagoge für 250 Taler an den Metzger Mendel Auerbach, der sich in §4 des Kaufvertrages) zu folgender Regelung bereitfinden mußte: „Sobald von dem Verreter der Judengemeinde Telgte der Abbruch der alten Synagoge verfügt wird, erlaubt der Ankäufer den Transport der Baumaterialien der alten Synagoge durch das Wohnhaus seiner Mutter, durch das Wohnhaus seines Mutteris(pectivé) übernimmt, diese hierzu willig zu machen".³⁵³ Entweder hat die Gemeinde sich entschließlich auf einen Abriß verzichtet oder die Mutter des Käufers war renitent, jedenfalls wurde das Gebäude nicht abgerissen. Es diente dem Metzger Auerbach später als Schlachthaus und als Stall. Das Dach ist heute abgetragen und durch ein Flachdach ersetzt. Auf diese Weise ist der Nachwelt, wenn auch in stark veränderter Form, erhalten geblieben.

Synagoge an der Königstraße

Nach dem Verkauf der alten Synagoge erwarb die jüdische Gemeinde ein Grundstück an der Königstraße und ließ dort vom Maurer Verspohl, vom Schlosser mann Gerdemann, vom Schlosser Longinus und vom Maler Beiker für 1.150 Taler im Jahre 1874 eine neue Synagoge errichten. Es handelte sich um einen rechteckigen Bau mit hohen Bogenfenstern, der an seiner Vorderfront mit dem Davidstern im Giebel verziert und von einem Türmchen gekrönt wurde. Die Synagoge bot in den dreißiger Jahren dieses Jahrhunderts folgendes Bild: Sie „lag etwa 5 – 6 Meter von der Straße entfernt und war von einer niedrigen Mauer und einem Vorgarten begrenzt. Zum Judengäßken (Judengasse) hin war ein halbhoher Drahtzaun. An der Rückseite der Synagoge war später ein Stall angebaut worden. Der Eingang zur Synagoge befand sich auf der Seite zum Judengängsken hin."³⁵⁴

Der Türsturz aus Sandstein über der Eingangstür trug die hebräische Inschrift: „Mein Haus ist ein Bethaus für alle Völker" (Jesaia 56,7)." „Von einem Flur und Treppenhaus aus ging es rechter Hand in den Betsaal. Geradeaus in die unteren Räume der Wohnung, und links führte eine Treppe zu den oberen Wohnräumen, die als Schlafzimmer benutzt wurden. Der in der Bauzeichnung als ‚Schule' bezeichnete Raum war in späterer Zeit, als die jüdische Schule eingegangen war, durch eine Mauer aufgeteilt und in zwei Wohnräume umgewandelt worden, so daß die Familien eine geräumige 5-Zimmer-Wohnung hatten".³⁵⁵ Der Betsaal selbst maß 9,15 Meter in der Länge, 7,95 Meter in

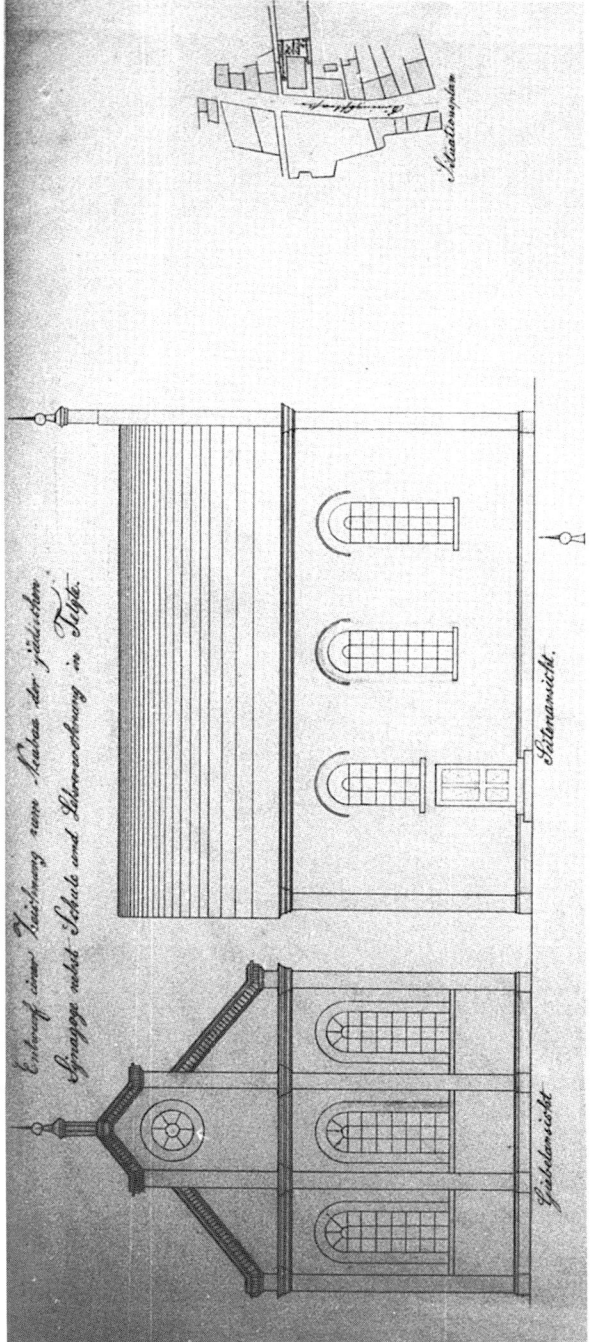

Telgte: Bauzeichnung der Synagoge von 1874

der Breite und 8,80 Meter in der Höhe. „An der linken Wandseite standen Regale mit alten Folianten, Büchern und Urkunden ... Die Torarolle wurde in einem Schrank an der Stirnseite des Raumes, die mit einem roten, kostbaren Samtteppich geschmückt war, aufbewahrt. Davor befand sich ein Lesepult. Im Raum selbst standen etwa fünf Eichenbänke rechts und links. Die Wände waren einfach weiß gekälkt und die Fenster bunt verglast. Mitten im Raum hing ein Kristalleuchter von der Decke herab."[356]

Bis zum 10. November 1938, an dem die Synagoge niedergebrannt wurde, fand in ihr – in jüngster Zeit jedoch nur noch sporadisch – der Gottesdienst statt. Heute erinnert der Name der Verbindungsgasse zwischen Ritter- und Königstraße, die seitlich an der Synagoge vorbeiführte, an das jüdische Gotteshaus. Sie trägt im Volksmund seit langer Zeit und neuerdings auch offiziell die Bezeichnung „Judengängsken".

Eine jüdische Elementarschule gab es in Telgte nur in den Jahren 1877 bis 1886. Die Juden bestatteten ihre Angehörigen seit ungefähr 1770 auf dem „Wallock", den abgetragenen Stadtbefestigungen. Verwaltungstechnisch gehörte Telgte zusammen mit den Ortschaften Norruln, Wolbeck und Havixbeck seit 1857 zum Synagogenbezirk des Kreises Münster.

Wadersloh

Die Wadersloher Juden richteten sich im 19. Jahrhundert einen Betsaal im Privathaus Überwasserstraße 9 ein. 1928 verlegte man den Betsaal in das Haus von Louis Gutmann an der Überwasserstraße 5. Im November 1938 wurde das Gebäude demoliert und später abgebrochen. 1984 enthüllte der Stadtrat eine Gedenktafel.

Einen jüdischen Friedhof gibt es seit ungefähr 1850 „An der Kirchstiege". Seit 1856 gehörte die jüdische Gemeinde in Wadersloh zum Synagogenbezirk Oelde.

Warendorf

Seit der zweiten Hälfte des 17. Jahrhunderts lebten Juden durchgehend in Warendorf. Im 18. Jahrhundert gab es dort bereits eine Synagoge. Sie lag im Hof eines Hauses an der Frechendorfer Straße 7, das als Schulraum und als Lehrerwohnung genutzt wurde. Über das Aussehen des Synagogengebäudes ist nichts bekannt. Vermutlich handelte es sich um ein kleines Fachwerkhaus. Es wurde 1808 abgerissen und durch ein neues eingeschossiges Fachwerkhaus mit Walmdach und länglichen Rundbogenfenstern ersetzt. Der Grundriß war trapezförmig, wobei die

Gebäudelänge der Westseite 8,53 Meter und die der Ostseite nur 7,83 Meter betrug. Die lange Nord- und Südseite maß jeweils 11,70 Meter. An der Ost- und Westseite befand sich je ein Dachhäuschen. An der Westseite lag auch der Eingang. Vom Inneren der Synagoge ist bekannt, daß der Toraschrein in einer Nische an der Ostseite gestanden hat.

Ende des 19. Jahrhunderts war das Synagogengebäude so baufällig, daß die Wände einzustürzen drohten. Deswegen erwirkte der Bürgermeister von Warendorf eine gründliche Renovierung des Bauwerkes, die von der Warendorfer Baufirma Carlé im Jahre 1897 ausgeführt worden ist und die jüdische Gemeinde fast 2.500 Mark gekostet hat. Hierbei wurden die Fachwerkmauern durch massives Ziegelmauerwerk ersetzt. Nord-, Süd- und Ostseite hatten je zwei Rundbogenfenster. Die Westfassade besaß mit dem Eingang in Türhöhe zwei kleinere rechteckige Fenster, darüber befanden sich drei Rundbogenfenster. Vermutlich haben die beiden rechteckigen Fenster zu einem niedrigen Vorraum gehört, über dem sich die Frauenempore befunden hat.

Dank der zahlreichen Fenster war der Betsaal sehr lichtdurchflutet. Er hatte auf der Ostseite in einer Nische den Toraschrein. Die Decke war mit Sternen bemalt und mit sechs Kronleuchtern aus Messing geschmückt. An den Wänden hingen zehn Wandleuchter, ebenfalls aus Messing. Die Leuchter wurden Anfang des 20. Jahrhunderts verkauft. Der Fußboden bestand aus Metlacher Plattenbelag. Im November 1938 wurden die Inneneinrichtung und die Fensterscheiben der Synagoge zerstört. Am 15. November 1938 veräußerte die jüdische Gemeinde das Gebäude an einen Kürschnermeister. Da der neue Besitzer in dem Gebäude eine Werkstatt einrichten wollte und der Regierungspräsident in Münster den Verkauf des Gebäudes nur mit der Auflage genehmigt hatte, daß der Bau in Zukunft seinen ursprünglichen sakralen Zweck nicht mehr erkennen lassen dürfe, wurde

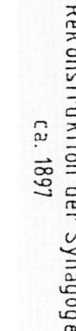
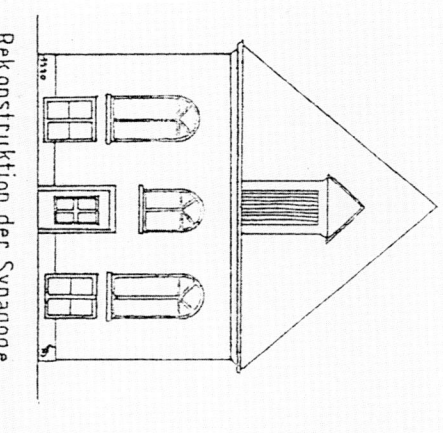

Rekonstruktion der Warendorfer Synagoge ca. 1897 (Alfred Smieszchala, Münster)

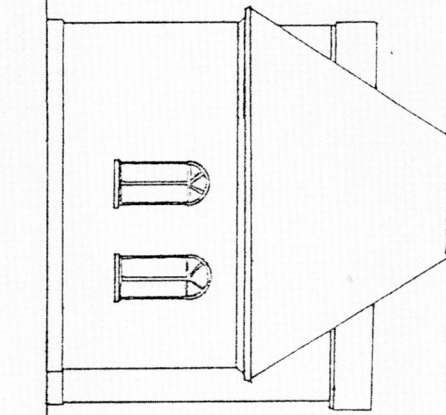

das Gebäude 1940 umgebaut. Der Toraschrein wurde abgerissen und die Nische zugemauert. Der Fußboden wurde tiefer gelegt und eine Zwischendecke eingezogen. Beide Geschosse wurden mit verkleinerten Fenstern versehen. Die Fenster wurden verkleinert und die Rundbögen beseitigt. Neue Fenster wurden für das Erdgeschoß eingebrochen. Nach dem Zweiten Weltkrieg erhielten die Ostwand einen Spitzgiebel und die Westseite ein Viertelwalm. So sieht das ehemalige Synagogengebäude noch heute aus.

Am ersten jüdischen Neujahrsfest nach dem Kriegsende – am 7. September 1945 – fand in einem der Räume dieses Gebäudes der vermutlich erste jüdische Gottesdienst im Münsterland in einem einstigen Synagogengebäude nach dem Ende der NS-Zeit statt. Ein Raum des Gebäudes war als Betsaal hergerichtet worden. Er blieb erhalten, bis das neue Gemeindezentrum der münsterländer Juden im Jahre 1947 nach Münster verlegt wurde.

Eine jüdische Elementarschule bestand seit Anfang des 19. Jahrhunderts bis zum Jahre 1845, danach erst wieder seit 1867. Die Warendorfer Gemeinde bildete seit 1856 einen eigenständigen Synago-

Teil C:
Rabbiner in Westfalen und Lippe

Rabbiner nach 1847

Henoch J.A. Fahrenbach

Henoch Joseph Abraham Fahrenbach wurde am 11. April 1810 in Detmold als Sohn des aus Fürth stammenden Vizerabbiners von Detmold, Abraham Fahrenbach, geboren. Nach dem Besuch des Detmolder Gymnasiums studierte er in Würzburg und Berlin Philosophie. Gleichzeitig machte er in Berlin eine Rabbinerausbildung und erhielt vom westfälischen Landrabbiner Abraham Sutro das Rabbinats-Diplom. Nach dem Tode seines Vaters wurde er im März 1845 Vizerabbiner und führte seit 1861 den Titel Landrabbiner von Lippe.

Fahrenbach gehörte zu den Reformrabbinern in Deutschland. So führte er bereits im April 1845 Trauscheine, Scheidebriefe sowie ein Fürbittengebet für den Landesherrn in deutscher Sprache ein. 1846 sorgte er für eine häufigere Verwendung der deutschen Sprache im Synagogengottesdienst von Lippe, gründete in Detmold einen gemischten Synagogenchor und führte die „Konfirmation" von Mädchen (Batmizwa) ein. Auch geriet er 1849 bei der Abschaffung des täglichen Gottesdienstes in der Synagoge mit dem reformfeindlichen Detmolder Vorstand in heftige Auseinandersetzungen.

Fahrenbach ging es bei seinen Reformmaßnahmen um eine Angleichung des jüdischen Kultus an die moderne Umwelt der zunehmend „deutscher" werdenden Juden.

Joseph Abraham Friedländer

Joseph Abraham Friedländer wurde 1753 in Kolin (Böhmen) geboren. Er war der Neffe von David Friedländer, der zusammen mit Moses Mendelssohn im Königreich Preußen die jüdische Aufklärung und die Reform des Judentums anregte. Von seinem Onkel erhielt J.A. Friedländer seinen ersten talmudischen Unterricht. Danach studierte er bei Ezekiel Landau in Prag, später auch in Preßburg. 1784 ging er nach Brilon und war dort sowie in Padberg als Lehrer tätig. 1832 wurde er als ein entschiedener Vertreter der Reformbewegung im Alter von 79 Jahren auf Betreiben von Levy Lazar Hellwitz als Nachfolger von Hirsch Cohen Rapaport zum Landrabbiner des ehemaligen Herzogtums Westfalen ernannt. Friedländer führte in seinem Rabbinatsbezirk den deutschen Choralgesang und die deutsche Predigt ein. Ebenso trat er für die Einführung einer Orgel im Gottesdienst ein, für das Beten ohne Kopfbedeckung, für die Abschaffung des Schofarhornblasens und der nichtmosaischen Feiertage. Er begriff die Zeit, in der er lebte, als eine Zeit des Übergangs. Seinen orthodoxen Kritikern hielt er entgegen, daß die grundsätzlichen Lehren des Judentums seiner Ansicht nach einer Weiterentwicklung nicht im Wege stünden. Es sei daher notwendig und möglich, willkürliche und nicht auf dem Wesen des Judentums fußende Formen den Gegebenheiten der Zeit anzupassen. Friedländer starb fast hundertjährig im November 1852 in Brilon.

Salomon Friedländer

Salomon Friedländer wurde am 23. Oktober 1825 in Brilon geboren. Er war der Enkel vom Landrabbiner des ehemaligen Herzogtums Westfalen Joseph Abraham Friedländer. Er studierte in Bonn und Heidelberg Philosophie und promovierte 1844 zum Doktor der Philosophie. Danach lehrte er an der Marks-Haindorf-Schule in Münster. Gleichzeitig war er Rabbinatsadjunkt bei seinem Großvater in Brilon.

In Münster hatte sich die jüdische Gemeinde in Reformer und Orthodoxe gespalten. Die Reformgruppe hatte Friedländer, der ebenso wie sein Großvater zu der Reformbewegung zählte, 1844 als Prediger angestellt. Alle vierzehn Tage hielt er Vorträge in der Synagoge. 1846 nahm Friedländer in Vertretung seines Großvaters an der Konferenz im Münsteraner Schloß teil, bei der die Regierung die Meinung von Repräsentanten der westfälischen Juden zu dem geplanten Gesetz über die Verhältnisse der Juden in Preußen einholte. Da es der Reformgruppe in Münster nicht gelang, die ganze Gemeinde auf ihre Seite zu ziehen, eskalierte der Streit. Die Reformgegner, eine Minderheit in der Gemeinde, die sich um den orthodoxen Landrabbiner Sutro geschart hatte, besetzten sogar die Synagoge, um den Gottesdienst zu verhindern. Sie wehrten sich vor allem gegen die in deutscher Sprache gehaltenen Predigten, obwohl diese erst im Anschluß an den eigentlichen Gottesdienst, der weiterhin traditionell in hebräischer Sprache stattfand, gehalten wurden. Vor allem Friedländer, der 1847 eine Zeitlang auch Hilfsprediger bei der Reformgemeinde Berlin war, war das Ziel ihrer Angriffe. Friedländer gab daraufhin sein Predigeramt auf, studierte Me-

dizin und promovierte 1855 in Berlin zum Dr. med. Im gleichen Jahr wanderte er nach Amerika aus. Da er sich dort als Arzt nicht durchsetzen konnte, nahm er 1860 in Chicago eine Lehrerstelle an und wirkte dort gleichzeitig als Prediger in der Gemeinde Kehilla Anshe Maarav. Am 22. August 1860 ist er in Chicago gestorben. Er verfaßte u. a. eine „Geschichte des israelitischen Volkes" und eine „Geschichte des Münster'schen Seminars".

Levy Lazar Hellwitz

Levy Lazar Hellwitz wurde 1786 in Beverungen geboren. Geistig geprägt wurde er durch den liberalen Israel Jacobson, den Vorsteher des jüdischen Konsistoriums zu Kassel im ehemaligen Königreich Westphalen. 1813 zog Hellwitz nach Werl. Er lebte vom Geldhandel. 1826, bei der Vermögensanlagung zur Judenschaftskasse, betrug sein Vermögen 18.000 Reichstaler. 1827 zog Hellwitz nach Soest. Auch hier lebte er vom Geldhandel. 1856 ging er mit seinem Geschäft bankrott. Die Verluste betrugen etwa 200.000 Reichstaler. In diesem Zusammenhang wurde ihm das Ehrenamt des Obervorstehers der Juden im Herzogtum Westfalen und der Grafschaft Wittgenstein aberkannt. Hellwitz zog zurück nach Beverungen und ist dort 1860 gestorben.

Wie im übrigen Deutschland standen sich auch in der preußischen Provinz Westfalen im Zeichen der Emanzipation der Juden Orthodoxe und Reformer gegenüber. Hauptvertreter der beiden Richtungen waren der orthodoxe Landesrabbiner Sutro aus Münster einerseits und Levy Lazar Hellwitz andererseits. Von zentraler Bedeutung waren die Fragen nach dem jüdischen Selbstverständnis und die Haltung zu den überlieferten Traditionen.

1826 reichte Hellwitz ein Gutachten an die westfälischen Provinziallandstände ein. Er ging hier von der Auffassung aus, daß durch die Emanzipation eine ganze Bevölkerungsgruppe, die seit den Kreuzzügen vom gesellschaftlichen Leben ausgeschlossen geblieben und dadurch in ihrer Entwicklung gehemmt worden war, wieder in die Gesellschaft hätte integriert werden können. Nach seiner Auffassung mußten die Bemühungen um die Emanzipation von einer Reform in den jüdischen Gemeinden ausgehen. Daher forderte er eine Einrichtung ähnlich dem Kasseler Konsistorium, die sich vor allem um die Verbesserung der Gemeindeordnungen, des Kultus und der Schulen kümmern sollte. Hellwitz Ideal war die Verfassung des Kasseler Konsistoriums, wonach der Vorsteher nicht nur verwaltungstechnische Aufgaben verrichtete, sondern auch kultische Funktionen wahrnahm. Einrichtungen dieser Art sollten in allen preußischen Provinzen geschaffen werden. Für sich selbst strebte er wohl das Vorsteheramt der Provinz Westfalen an.

Für Hellwitz bedeutete die Emanzipation kein juristisches Probelm, sondern war eine Frage der Aufklärung. Dies bedeutete die Überwindung der rabbinischen Orthodoxie, die „von dem Buchstaben der als heilig und unantastbar vorausgesetzten Tradition" ausging „.... und so jede freie, eigene, lebendige Bewegung des Geistes" hemmte, „jedes vernünftige, selbständige Begreifen der wahren, unendlichen Idee unmöglich" machte. Somit hatte die Assimilierung als erster Schritt auf dem Wege der Emanzipation in erster Linie von den Juden selbst auszugehen. Sie sollten sich aus ihrer jahrhundertelangen Erstarrung lösen und sich mit dem Kultur- und Bildungsstand ihrer nichtjüdischen Umwelt öffnen und allmählich angleichen. Auch sollten

sie sich verstärkt von ihren traditionellen Berufen, wie etwa dem Handel und dem Geldverleih ab- und anderen Berufssparten wie z. B. dem Handwerk zuwenden. Hierzu forderte er die „Vereinigung der denkenden Gelehrten, der aufgeklärten Volkslehrer, (die) mit gesetzgebender Gewalt versehen, einen großen Teil talmudischen Unsinns abschaffen." Er räumte also dem Staat ein Mitspracherecht ein.

Die Emanzipationsbestrebungen der Juden konnten der christlichen Umwelt nicht verborgen bleiben. Dies führte zu teilweise heftigen Streitigkeiten zwischen Befürwortern und Gegnern der Emanzipation. In Werl kam es hierbei zu den schwersten Auseinandersetzungen in Westfalen. Ausgangspunkt war 1826 der Antrag von Hellwitz auf Aufnahme in einen Schützenverein. Da die Mitgliedschaft in einem Schützenverein und die Teilnahme am Schützenfest eine große gesellschaftliche Rolle in einer Stadt spielte, stellte sich hier die Frage, ob die Juden im gesellschaftlichen Leben einer Stadt völlig gleichberechtigt waren oder nicht. Die Befürworter einer Aufnahme von Hellwitz vertraten die Ansicht, daß die Unterscheidung nach Religionen ein Relikt aus grauer Vorzeit sei. Die Gegner hingegen beriefen sich darauf, daß die Juden keine gleichberechtigten Staatsbürger seien. Als Hellwitz und die Befürworter den Festplatz betraten, kam es zu schweren Krawallen, in deren Verlauf ein Befürworter erschlagen wurde. Hellwitz verzog daraufhin nach Soest, das Schützenfest wurde für einige Jahre verboten.

In Soest beantragte Hellwitz erst ein halbes Jahr später die Aufnahme in die dortige jüdische Gemeinde, jedoch unter dem Vorbehalt, an keine Verpflichtungen der Gemeinde gegenüber gebunden zu sein. Doch ist sein Name untrennbar mit

der Entwicklung der Soester Gemeinde verbunden. In seinen Werler Jahren hatte er das Ehrenamt eines Obervorstehers der Juden im Herzogtum Westfalen verliehen bekommen. Da sein Ideal die jüdische Konsistorialverfassung des ehemaligen Königreichs Westphalen war, hatte er sich vom zuständigen Rabbiner des ehemaligen Herzogtums Westfalen, Hirsch Cohen Rapaport aus Geseke, zum Prediger ernennen lassen. Da Soest aber zur Grafschaft Mark und somit zum Rabbinatsbezirk des Landrabbiners Sutro gehörte, ließ Hellwitz sich auch von ihm zum Prediger autorisieren. Zu diesem Zeitpunkt waren die Gegensätze zwischen den beiden noch nicht ausgeprägt, da Sutro Hellwitz Vorstellungen hinsichtlich des Kasseler Konsistoriums, dem er selbst angehört hatte, recht aufgeschlossen gegenüberstand. In der folgenden Zeit näherte sich Hellwitz stark den Vorstellungen der Berliner Reformbewegung an, was ihn zwangsläufig zum Gegner Sutros machte. Hellwitz führte in Soest, das durch sein Wirken zu einer der fortschrittlichsten Gemeinden Westfalens wurde, eine Reihe von Neuerungen im Kultus, aber auch in der Organisation ein, die auf den entschiedenen Widerstand Sutros und eines Teils der Gemeindemitglieder stießen. So führte er die deutsche Sprache und die Orgel, die er der Gemeinde schenkte, in den Gottesdienst ein. Er stellte es den Mitgliedern frei, den Kopf beim Gebet zu bedecken. Wahrscheinlich schaffte er auch die nichtmosaischen Feiertage ab.

Auch die Organisation der Gemeinde trug seine Handschrift. In einem Statutenentwurf vom 11. April 1829 wurde festgelegt, daß die Spitze der Gemeinde aus dem Vorsteher und zwei Beigeordneten bestehen sollte. Rechtlich waren die Vorsteher und die Beigeordneten aber dem Beigeordneten geordnet. Am 23. Juli 1829 wurde Hellwitz zum Vorsteher gewählt, trat das Amt aber nicht an, da nach altem allgemeinen Landrecht, das seinen Niederschlag im evangelischen Kirchenrecht gefunden hatte, Prediger und Vorsteher nicht ein und dieselbe Person sein durften. Das evangelische Kirchenrecht diente Hellwitz hierbei bei den meisten seiner Reformvorschläge als Vorbild. Daraufhin führte Hellwitz die Neuerung ein, daß der Vorstand aus dem Vorsteher, dem Rendanten und – einzig in Westfalen – dem Prediger bestehen sollte. Auch sollte der Prediger ständiges Mitglied des Vorstandes sein, die beiden anderen sollten dagegen nur wählbare Mitglieder sein. Am 11. September 1829 wurde Hellwitz als Prediger in den Vorstand gewählt. Direkt nach der Wahl geriet er in Streit mit seinen Kollegen, als er die Führung des Vorstandes für sich beanspruchte. Auch hierbei berief er sich auf die evangelische Kirchenordnung. Der Streit wurde erst am 4. Februar 1833 durch einen Vorstandsbeschluß beigelegt, nach dem der Prediger Präses in Kultus-, Ritus- und Schulangelegenheiten wurde, der Vorsteher in allen ökonomischen und finanziellen Belangen wurde. Am 27. August 1833 trat Hellwitz zurück, da seine Kritiker die Rechtmäßigkeit des Statutes – es war von keiner Gemeindeversammlung gebilligt worden – und die von ihm gewollte kirchenrechtliche Stellung der Gemeinde bestritten.

Erst zwei Jahre später wurden die Statuten vom größten Teil der Gemeinde gebilligt. Am 30. Mai 1835 wurde Hellwitz erneut als Prediger an die Spitze eines dreiköpfigen Vorstandes gewählt. Nun machte er sich daran, die Verbindung der Gemeinde zum Rabbinatsbezirk Sutros, der sich in der Zwischenzeit des öfteren bei der Regierung über das Wirken von Hellwitz beschwert hatte, zu lösen. Bereits in einem Gutachten von Hellwitz verfaßten Statutenanhang von 1833, war der Landesrabbiner für die Streitigkeiten in der Gemeinde verantwortlich gemacht und die Loslösung beschlossen worden. Eine Gemeindeversammlung hatte Sutro eine Versöhnung angeboten, die jedoch gescheitert war. 1835 verpflichtete Hellwitz jedes Gemeindemitglied persönlich auf die Loslösung von Sutro. Es handelte sich jedoch nur um eine de facto-Loslösung. Die Gemeinde war sich wohl bewußt, daß de jure die Verbindung zu Sutro noch gegeben war. Sie zahlte ihm sein Gehalt weiter, jedoch unter der Bezeichnung „Pension". Hellwitz hatte die Loslösung zum einen aus religiöser Gegnerschaft zum orthodoxen Rabbiner Sutro betrieben. Zum anderen ließen sich seine Ambitionen auf die Position eines Vorstehers der Juden der Provinz Westfalen schwerlich mit dem Unterstellungsverhältnis des Soester Predigers Hellwitz vereinbaren.

Hellwitz scheiterte letztlich mit seinem Versuch, eine jüdische Behörde ähnlich den Kirchenbehörden einzurichten. Nicht nur der preußische Staat stand diesem Vorhaben äußerst reserviert gegenüber. Auch bei der Mehrheit seiner Glaubensbrüder konnte er sich in dieser Frage nicht durchsetzen, da sie um die Unabhängigkeit der einzelnen Gemeinden fürchteten. Auch die Reformierung der westfälischen Gemeinden nach den Vorstellungen der Berliner Reformbewegung gelang nicht. Darüber hinaus erwarb er sich in der öffentlichen Debatte Verdienste, indem er die Vorurteile vieler Politiker und Publizisten durch Veröffentlichungen überzeugend widerlegte.

Abraham Sutro

Abraham Sutro wurde am 14. August 1784 als ältestes Kind des Samuel Abraham und seiner Ehefrau Esther Baruch, die noch nicht den Familiennamen Sutro angenommen hatten, im mittelfränkischen Ort Bruck (Amt Baiersdorf) geboren. Es folgten bis zum frühen Tode des Vaters drei weitere Söhne und drei Töchter.

Abraham, der eine traditionelle religiöse Erziehung genossen hatte und dieser ein Leben lang treu bleiben sollte, besuchte die Talmudhochschulen in Fürth, Prag und Aschaffenburg, wo er in den Jahren 1799, 1805 und 1806 von seinen Lehrern Chower-Diplome erhielt, die talmudisch gelehrten Männern verliehen wurden und als Vorstufe zum Rabbinats-Diplom galten.

Im Jahre 1810 zog er in das drei Jahre zuvor von Napoleon gebildete Königreich Westfalen. Hier hatten die Juden gesetzliche Gleichberechtigung erhalten, und es war ein „Konsistorium der Israeliten" in der Hauptstadt Kassel eingerichtet worden. Es sollte das jüdische Religions- und Schulwesen reformieren, indem es staatlich anerkannte Rabbinate und Lehrerstellen schuf, die nicht länger von dem Mitwillen der Gemeindevorsteher abhängig waren. Auch sollte es sogenannte Rabbinats-Adjunkten ernennen, die in den einzelnen Orten die Aufsicht in den religiösen Angelegenheiten auszuüben, zum Beispiel Trauungen zu vollziehen hätten. Mitglied des Kasseler Konsistoriums, das über die Vergabe von Rabbiner- und Lehrerstellen entschied, war der aus Fürth stammende Rabbiner Mendel Simon Steinhardt.

Seine Beziehungen zu diesem Landsmann dürften Abraham Samuel bewogen haben, nach Westfalen zu ziehen und sich um eine Anstellung zu bewerben. Hier nahm er aufgrund einer Ministerialverfügung den Nachnamen Sutro an. Er erhielt dann auch auf Empfehlung des Konsistoriums 1810 zuerst eine Lehrerstelle in Reichensachsen bei Eschwege und im selben Jahr eine neue Stelle in Beverungen unter gleichzeitiger Ernennung zum Rabbinats-Adjunkten des Sprengels Warburg, in dem sein Landsmann Steinhardt Rabbiner war. Sein festes Gehalt betrug 100 Reichstaler als Lehrer und 100 Reichstaler als Rabbinats-Adjunkt. Dank dieses sicheren Einkommens konnte er mit 27 Jahren heiraten. Aus dieser Ehe mit Rebecca, geborene Kulp, gingen 3 Kinder hervor.

Nach der Niederlage Frankreichs im Jahre 1814 paßte sich Sutro schnell den neuen Realitäten an. Als für die ganze Region am zweiten Ostertag ein Dankfest für den Sieg der Alliierten über Napoleon angeordnet wurde, hielt er, ohne dazu aufgefordert worden zu sein, in der Synagoge von Beverungen am letzten Tag des Pessachfestes eine Ansprache über den Sieg der Verbündeten und deren Einzug in Paris, die er drucken ließ und vermutlich an verschiedene führende Personen der neuen preußischen Zivilverwaltung sandte. Dieses teils opportunistische, teils seiner konservativ-patriotischen Gesinnung entsprechende Verhalten war sicherlich ein Glied in einer Kette von Ereignissen, die ein Jahr später mit der Ernennung Abraham Sutros zum Landrabbiner der jüdischen Gemeinden des Münsterlandes, der Mark und von Rheda ihr Ende fand und die, wie folgt, verlief:

Zwar waren die Preußen nicht bereit, die Kasseler Konsistorialverfassung zu übernehmen, zumal weite Teile ihres Geltungsbereiches, darunter auch Kassel, nicht preußisch geworden waren, jedoch hielt der neue Zivilgouverneur Freiherr von Vincke, der für die Verwaltung des preußischen Westfalens zuständig war, die Existenz von regional zuständigen Rabbinern zur Durchführung religiöser Ritualhandlungen und Angelegenheiten für notwendig, zumal da sich die einzelnen kleinen jüdischen Gemeinden in Westfalen keinen eigenen Rabbiner leisten konnten. Nachdem Vincke bereits 1814 den ehemaligen Konsistorialrabbiner Mendel Steinhardt zum Oberrabbiner für das ehemalige Fürstbistum Paderborn ernannt hatte, sollten auch die Juden im Münsterland einen Rabbiner erhalten.

Da diese sich nun nach einer Anfrage der Verwaltung weigerten, zum Bereich des Rabbiners in Bielefeld zu gehören und lieber – wie zur fürstbischöflichen Zeit – einen eigenen Landrabbiner haben wollten, fiel die Wahl auf Abraham Sutro, der sich bereits beim Vorsteher der Gemeinde Warendorf für die Stelle beworben hatte. Ob dies auf Anraten des jüdischen Arztes Alexander Haindorf, eines Bekannten Vinckes, oder auf Empfehlung des Oberrabbiners Steinhardt geschah, bleibt im Dunkeln. Jedenfalls schlossen die Obervorsteher der Judenschaft von Münster, Mark und Limburg, die zur Tilgung der Schulden der münsterländer Juden aus fürstbischöflicher Zeit reaktiviert worden waren, am 16. Mai 1815 mit Sutro, der bereits nach Warendorf übergesiedelt war, einen Anstellungsvertrag als Landrabbiner. Bevor Sutro jedoch seine Tätigkeit aufnehmen konnte, verlangte Vincke die Vorlage eines Rabbinats-Diploms, das Sutro bisher immer noch nicht besaß. Hierbei half ihm Oberrabbiner Steinhardt, der ihm im August 1815 ein Diplom ausstellte. So erhielt Sutro die Stelle eines Landrabbiners aufgrund seiner Bemühungen, günstiger Umstände und durch Patronage.

Daraufhin wurden im Westfälischen Amtsblatt vom 16. August 1815 die Landräte und Bürgermeister beauftragt, die jüdischen Einwohner über den neuen Landrabbiner zu unterrichten und sie anzuweisen, „sich in ihren religiösen, in den Unterricht ihrer Jugend betreffenden und überhaupt in allen den Angelegenheiten, bei denen es der Einwirkung eines Rabbis ... bedarf, an den gedachten Sutro zu wenden".357 Diese allgemein gehaltene Zuständigkeit des Landrabbiners wird im Anstellungsvertrag vom 16. Mai 1815 genauer beschrieben. Es sind jedoch nur diejenigen Ausführungen der Urkunde erhalten geblieben, welche die gebührenpflichtigen Amtshandlungen des Landrabbiners betreffen. So war er für die Ausstellung von Trauscheinen, Scheidebriefen, die Verleihung eines Gelehrten-Titels (Morenu bzw. Chower), die Approbation der Schächter und die Prozedur der Chaliza358 zuständig. Für diese Tätigkeiten war er befugt, einklagbare Gebühren zu erheben, die ihm zusätzlich zu seinem Gehalt von 350 Reichstalern jährlich zuflossen. Das Gehalt mußte von den jüdischen Familien aufgebracht werden und wurde von den Obervorstehern des Münsterlandes und der Mark über die jüdischen Gemeinden eingezogen, was häufig sehr schleppend geschah. Die allgemeine Bekanntmachung an die Landräte und die erhalten gebliebenen Teile des Anstellungsvertrages zeigen also, daß die preußischen Behörden in der Institution des Landrabbiners ausschließlich eine Einrichtung sahen, die zur Erbringung religiöser Dienste da war, die von den Gläubigen in Anspruch genommen werden konnten, wenn sie es wollten oder mußten. Zu diesen Diensten gehörten auch Synagogeneinweihungen und gutachterliche Auskünfte in Religions- und Kultusfragen.

Sutro, hingegen, wollte nicht nur Kultusaufgaben übernehmen, die bei Bedarf in Anspruch genommen werden konnten. Er hatte vor, mit autoritärer Rückendeckung des Staates in das jüdische Gemeindeleben einzugreifen und es zu verändern. So forderte er von Vincke generell für sich amtsähnliche Vollmachten und konkret den Erlaß von Synagogenordnungen und Richtlinien zum jüdischen Schulwesen, da er ohne staatliche Unterstützung keine Möglichkeit sah, einen andachtsvollen und störungsfreien Gottesdienst in den Synagogen durchzusetzen und vorhandene Mißstände im jüdischen Schulwesen zu beheben. Das Berliner Innenministerium machte jedoch in einem Schreiben vom 5. September 1816 Sutros Absichten zunichte, indem es ihm mit Hinweis auf die unbefristete Verschiebung einer allgemeinen Regelung hinsichtlich des „Kirchen- und Schulwesens der Juden" die staatliche Autorität verweigerte und ihn darauf beschränkte, antichristlichen und staatsfeindlichen Unterricht an den jüdischen Schulen zu verhindern. Nicht einmal bei der Zulassung von jüdischen Privatschulen zogen die preußischen Behörden den Landrabbiner zu Rate.

Damit unterschied sich die Funktion des preußischen Landrabbiners Abraham Sutro zum Teil erheblich von derjenigen des fürstbischöflichen Landrabbiners von Münster, der zwischen 1771 und 1803 amtiert hatte. Dieser hatte gegenüber den jüdischen Gemeinden Weisungsrecht besessen und außerdem die niedere Gerichtsbarkeit gegenüber Juden bei Kleindelikten, Ehestreitigkeiten, Nachlaßfestsetzungen, Erbstreitigkeiten und bei Verhängung des Banns ausgeübt.

So wie Sutro, der 1828 nach dem Tode Steinhardts auch zum Oberrabiner des ehemaligen Fürstbistums Paderborn gewählt wurde, mit der Ausweitung seiner Kompetenzen nicht weiterkam, hatte er auch bei der Durchsetzung seiner Vorstellungen über die Gestaltung des Gottesdienstes, Schwierigkeiten. Auf diesem Gebiet begannen sich seit Anfang des 19. Jahrhunderts die Verhältnisse zu verändern:

Die jüdische Emanzipation seit Beginn des 19. Jahrhunderts bewirkte das allmähliche Verschwinden jüdischer Sonderrechte und die schrittweise Entwicklung der Juden von einer Randgruppe zu Mitgliedern der bürgerlichen Gesellschaft. Dieser Prozeß wurde durch die Industrialisierung beschleunigt. Mit dem Hineinwachsen der Juden in die moderne Kulturgemeinschaft ging auch – vor allem in den Städten – eine Übernahme der bürgerlichen Anschauungen im privaten und geschäftlichen Bereich einher. Auf der anderen Seite war das religiöse Leben von der jahrhundertelangen Isolation der jüdischen Existenz geprägt. Sowohl vollstümliche Bräuche als auch sehr individuelle religiöse Praktiken oder menschliche Verhaltensweisen, wie lautes und ergriffenes Mitbeten, Durcheinandersingen, Plaudern oder häufiger Platzwechsel fanden Eingang in den Gottesdienst.

Diese sehr individuellen und vollstümlichen Formen des Gottesdienstes paßten so gar nicht zur bürgerlichen Wohlanständigkeit, rationalen Aufgeklärtheit und ästhetischen Bildung der neuen Zeit. Die Folge war, daß vor allem die wirtschaftlich erfolgreichsten und mit der modernen Kultur am vertrautesten jüdischen Kreise in den Städten auf Änderungen im Gottesdienst drängen. Die Intensität der Änderungen war innerhalb der einzelnen jüdischen Gemeinden sehr unterschiedlich und hing oft von der Größe der jeweiligen Stadt ab. Insgesamt lassen sich aber drei

qualitativ unterschiedliche Stufen der Veränderung des Gottesdienstes ausmachen.

Die erste Stufe betraf das allgemeine Verhalten während des Gottesdienstes. Die städtischen Kultusgemeinden erließen immer häufiger Synagogenordnungen, die den Synagogenbesuch von kleinen Kindern und die genannten individuellen und volkstümlichen Praktiken während des Gottesdienstes verboten. Diese Maßnahmen sollten dem Gottesdienst mehr Würde und Ordnung verleihen.

In dieselbe Richtung zielte auch eine Gruppe weiterer Maßnahmen, die aber insofern eine neue Stufe der Veränderungen bildeten als sie eine bewußte Annäherung an den formale christlichen – vor allem protestantischen – Gottesdienst darstellten: Es wurde in den hebräischen Gottesdienst eine deutschsprachige Predigt des Rabbiners oder Vorbeters eingeführt, um zur geistigen Erbauung der Gemeinde beizutragen. Es wurden vermehrt deutschsprachige Gebete gesprochen. Es wurden eine Orgel oder ein Harmonium in der Synagoge aufgestellt und ein gemischter Synagogenchor gebildet, der Liedgut in deutscher Sprache vortrug. Es wurde die Barmizwa, also die Aufnahme der dreizehnjährigen Knaben in die Gemeinde, die ursprünglich ein recht formloser Vorgang war, immer mehr im Sinne einer protestantischen Konfirmation mit Lesung des Knaben aus der Tora in der Synagoge und Prüfung vor der Gemeinde ausgestaltet sowie eine Batmizwa für Mädchen eingeführt. All diese Neuerungen waren Ausdruck der zunehmenden gesellschaftlichen Verschmelzung des Judentums mit seiner Umgebung, die als Assimilation bezeichnet wurde und eine Folge der jüdischen Emanzipation in rechtlicher und gesellschaftlicher Hinsicht war.

Einige wenige Gemeinden gingen in ihrem Reformeifer noch weiter zu einer dritten Stufe qualitativer Veränderungen. Sie führten neue Gebetbücher ein, in denen alle Gebete für den Messias als Person und für eine nationale Wiederherstellung Israels gestrichen waren. Sie verzichteten völlig auf das Hebräische im Gottesdienst, stellten den Sinn der Beschneidung für das Judentum in Frage und führten den Sonntagsgottesdienst ein.

All diese Reformen wurden erst im Zuge zumeist jahrelanger Streitigkeiten innerhalb der Gemeinden zwischen Reformanhängern und Reformgegnern durchgesetzt. Hierbei wirkte der Landrabbiner Abraham Sutro nicht als ausgleichender Vermittler der zerstrittenen Parteien, sondern bezog eindeutige Stellung. Während er die Maßnahmen der ersten Stufe der Reformen, die auf Würde und Ordnung im Gottesdienst zielten, eindeutig unterstützt und auch die Bezirksregierung in Münster zu dementsprechenden Verordnungen gedrängt hat, bekämpfte er vehement alles, was auch nur eine formale Ähnlichkeit mit dem christlichen Gottesdienst hatte. Vor allem wandte er sich gegen die Predigt, die Orgel und die zur Konfirmation ausgeweitete Barmizwa. Er war der Überzeugung, daß letztere nur deshalb so beliebt sei, weil „das theatralische Deklarieren ... beim öffentlichen Gottesdienste in der Synagoge der Eitelkeit der Mütter schmeichelt".[359] Die Maßnahmen der dritten Reformstufe, die er mit Sicherheit ebenfalls bekämpft hätte, hatten Westfalen zur Zeit Sutros noch nicht erreicht.

Durch seine eindeutige Stellungnahme wurde er in die Streitigkeiten der einzelnen Gemeinden hineingezogen, ja wurde geradezu die Galionsfigur der Reformgegner in Westfalen, und war damit auch Anfeindungen von liberal-reformerischer Seite ausgesetzt. In Münster, zum Beispiel, hatte ein reformerisch gesinnter Vorstand im Jahre 1847 den ebenfalls reformfreigen Prediger Dr. Salomon Friedländer aus Brilon angestellt, der alle zwei Wochen eine Predigt in deutscher Sprache halten sollte. Mit dieser Anstellung hatte sich der Vorstand den Widerspruch der Reformgegner zugezogen, die bis zur Synagogenbesetzung und Verhinderung der Predigt schritten. Als im Zuge dieser Auseinandersetzung, die in aller Öffentlichkeit geführt wurde, die Wiederwahl des reformfreudigen Vorstandes von den Reformgegnern angezweifelt wurde, berief Landrabbiner Sutro, obwohl er keine Abgaben an die Gemeinde entrichtete und damit nicht stimmberechtigt war, eine Wahlversammlung der Münsteraner Gemeinde ein, auf der ein reformgegnerischer Vorstand gewählt wurde. Der alte reformerisch gesinnte Vorstand hatte, wie er selbst formulierte, nur „aus Schonung und Gewohnheit" und weil Sutro „Familienvater" sei,[360] den Münsteraner Beitrag zum Gehalt des Landrabbiners weiter gezahlt.

Auch in Soest bewilligte 1835 der Gemeindevorstand unter dem Einfluß des reformeifrigen Predigers Levy Lazar Hellwitz, der einige Jahre zuvor noch die Predigerlizenz von Sutro erhalten hatte, daß der Landrabbiner wegen seines in Wort und Tat reformfeindlichen Verhaltens seine ihm vom Staat zuerkannten Bezüge nicht mehr als Gehalt, sondern nur mehr als Pension bekommen sollte und die Gemeinde seine Dienste hinfort nicht mehr in Anspruch nehmen würde. Seinem Widersacher Hellwitz antwortete Sutro mit dem Traktat „Widerlegung der Schrift des Herrn H.B.H. Cleve (das ist Hellwitz; d. Verf.), das er neben einigen hebräischen Schriften und einem Buch mit dem Titel

„Der Geist des Rabbinismus aus Bibel und Talmud" (1823) verfaßt hat. In Dülmen weigerte sich der Vorstand, die Einweihung der neuen Synagoge in Gegenwart des westfälischen Landrabbiners durchzuführen, und bat vielmehr einen rheinischen Rabbiner, die Einweihungspredigt zu halten.

Trotz der bisweilen starken Turbulenzen, welche die Reformstreitigkeiten innerhalb einzelner Gemeinden hervorriefen, darf nicht übersehen werden, daß es sich hierbei um ein rein städtisches Phänomen der auch politisch sehr bewegten dreißiger und vierziger Jahre des 19. Jahrhunderts handelte. Die Masse der westfälischen Landgemeinden blieb davon unberührt und konservativ, das heißt, sie hing weiterhin dem traditionellen Gottesdienst an. Insofern hatte das konservative Beharren des Landrabbiners Sutro durchaus eine Berechtigung.

Mittelfristig betrachtet, verschoben sich jedoch im Laufe des 19. Jahrhunderts die Verhältnisse zu Ungunsten Sutros, da die ländlichen Gemeinden durch die allmähliche Abwanderung der jüdischen Einwohner in die Städte abnahmen und die städtischen, meist gemäßigt reformierten Gemeinden stetig wuchsen. Diese bevorzugten – in der zweiten Hälfte des 19. Jahrhunderts durch die Industrialisierung zu Wohlstand gekommen – den modernen akademisch gebildeten Rabbiner, der neben seiner Rabbinerausbildung ein Universitätsstudium absolviert und häufig darin promoviert hatte. Auf diese Weise endete mit Abraham Sutro die Ära der Nur-Talmudisten, das heißt der jüdischen Gelehrten, die allein auf Talmudhochschulen ausgebildet worden waren.

Konnte sich Sutro auch mittelfristig in Fragen des Gottesdienstes in manchen Gemeinden nicht durchsetzen, so hatte er doch letztendlich auf einem anderen Gebiet – der rechtlichen Emanzipation der Juden. Hier entfaltete er eine beträchtliche Aktivität. Mit seinen zahlreichen Eingaben wandte er sich an die höchsten preußischen Stellen. So bat er 1842 in einer leidenschaftlichen Petition den König, die öffentlich geäußerten Absicht aufzugeben, die Juden von der allgemeinen Wehrpflicht auszuschließen. Sutro konnte sich ausmalen, daß im preußischen Militärstaat ein Ende des jüdischen Militärdienstes auch jeder weiteren rechtlichen und gesellschaftlichen Emanzipation der Juden einen Riegel vorgeschoben hätte. Weitere Petitionen des Landrabbiners „im Namen aller Juden in Westfalen" an die preußische Regierung und 1859 auch an das preußische Abgeordnetenhaus richteten sich vor allem gegen den Artikel 14 der preußischen Verfassung von 1850, der in Kombination mit einer Reihe von Ministerialerlassen die jüdischen Einwohner Preußens von allen Ämtern des Justiz- und Schulwesens ausschloß, obwohl Artikel 12 derselben Verfassung die Religionsfreiheit gewährleistete.

Wenn Sutro auch nicht mit allen Petitionen und Eingaben sofort Erfolg hatte und bei den Beratungen zum Gesetz vom 23. Juli 1847 über die Verhältnisse der Juden nur der Form halber hinzugezogen wurde, ohne wirklich Einfluß auf die Gestaltung des Gesetzes nehmen zu können, durfte er dennoch in seinem letzten Lebensjahr erleben, wie durch die neue Verfassung des Norddeutschen Bundes von 1869 alle rechtlichen Beschränkungen für Juden aufgehoben wurden.

Es war wohl vor allem sein Eintreten für die jüdische Emanzipation in seinen letzten Lebensjahren, das zu einer Annäherung zwischen Landrabbiner und Münsteraner Gemeinde führte, wozu sicherlich auch der Wegzug einiger Gegner Sutros aus Münster beigetragen hat. So kam es, daß im Jahre 1861 die jüdische Kultusgemeinde von Münster Abraham Sutro anläßlich seines fünfzigjährigen Dienstjubiläums für den preußischen Roten Adlerorden vierter, also unterster Klasse vorschlug. Wenn dabei auch nur ein Orden vierter, also unterster Klasse herauskam, so zeigt diese Ehrung doch den emanzipatorischen Wandel der jüdischen Verhältnisse in Preußen, da eine Ordensverleihung an einen Rabbiner bei Sutros Amtsantritt im Jahre 1815 ganz undenkbar gewesen wäre.

Nach dem Tode Sutros am 10. Oktober 1869 wurde die Besetzung der Stelle des westfälischen Landrabbiners vom preußischen Staat nicht mehr angemahnt und von den jüdischen Gemeinden aus Gründen der Kostenersparnis auch nicht mehr vorgenommen.

Rabbiner nach 1890

Ernst Appel

Ernst Appel (1884-1973) kam 1927 aus Bingen nach Dortmund. 1904 hatte er in München mit der Arbeit „Exegetisch-kritische Beiträge zu Corrippus mit besonderer Berücksichtigung des vulgären Elements seiner Sprache" zum Dr. phil. promoviert. Der liberal eingestellte Mann engagierte sich u.a. bei der Herausgabe des „Jüdischen Gemeindeblatts für Dortmund und Umgebung". Neben seiner Rabbinertätigkeit betreute er zusammen mit seiner Frau Marra (1894-1985) die Gemeindemitglieder in sozialer Hinsicht. Trotz wachsendem Druck und ständiger Überwachung der Gemeindearbeit durch die Gestapo blieb er bis 1937 als Rabbiner in Dortmund. Im April des Jahres wurde er zusammen mit seiner Frau verhaftet, als die Gestapo die jüdische Bne-Briss-Loge auflöste, deren Vorsitzende die beiden waren. Nach der Freilassung floh die Familie im Mai nach Holland und emigrierte von dort zu Verwandten in die USA. Hier war Ernst Appel noch bis 1969 in Jackson (Tennessee) als Rabbiner tätig.

Rabbiner Dr. Ernst Appel (1884-1973)

Felix Coblenz

Felix Coblenz wurde im Saarland geboren und kam 1890 als Lehrer und Prediger von Siegen nach Bielefeld. Seine pädagogische Ausbildung hatte er an der Marks-Haindorfschen Stiftung in Münster absolviert. Die Gemeinde Bielefeld finanzierte ihm die Rabbinerausbildung in Berlin. Er kam als promovierter Reformrabbiner zurück in seine Gemeinde. Während seiner Amtszeit wurde Bielefeld zur Hochburg des jüdischen Liberalismus in Westfalen. Coblenz hielt neben den üblichen Sabbatgottesdiensten auch Gottesdienste an Sonntagen und benutzte selbstverständlich das liberale Vogelsteinsche Gebetbuch. 1908 entzündete sich an der Veröffentlichung seines Lehrbuches „Jüdische Religion" eine öffentliche Kontroverse mit seinem Dortmunder Kollegen Benno Jacob. Jacob schrieb vernichtende Kritiken zu Coblenz' Publikation. Coblenz hatte in seinem Schulbuch die Offenbarungen Gottes an die Propheten als seelische Vorgänge interpretiert und mit den Begabungen großer Dichter und Denker verglichen. Im Zentrum seiner Gotteslehre stand die vollkommene Sittlichkeit. „Die Natur und die sittliche Welt in ihrer Gesamtheit spiegeln die vollkommene Gottheit wider" (S. 17) Konsequent interpretierte er die jüdische Religion nicht als Volks-, sondern als Weltreligion. Die biblischen Forderungen und Verheißungen beziehen sich nach seinem Verständnis auf die gesamte Menschheit. Das Verhältnis von Judentum und Christentum beschrieb er als Mutter- und Tochterreligion, wobei dem Judentum die Aufgabe zufalle, „den reinen Gottesbegriff ... vor jeder Trübung zu bewahren". (S. 97)

In die Amtszeit von Coblenz fiel die Gründung des Verbandes der Synagogen-

gemeinden Westfalens 1891 mit Sitz in Bielefeld, der sich als Dachverband um einheitliche Regelungen der Kultus- und Verwaltungsangelegenheiten bemühte. Sowohl in diesem Gemeindeverband wie im westfälischen Rabbinerverband kam es durch die Kontroversen zwischen Reformern und Traditionsbewußten zu heftigen Turbulenzen mit Austritten von Gemeinden und Rabbinern. In Bielefeld selbst bildete sich neben der Synagogengemeinde ein konservativer „Betverein".

Im Jahr 1917 wechselte Coblenz in die Berliner Reformgemeinde in der Johannisstraße. Er liegt begraben auf dem Jüdischen Friedhof in Berlin-Weißensee.

Moritz David

Moritz David wurde am 12. Dezember 1875 in Gimbsheim bei Worms geboren. Seine philologische Dissertation lieferte er schon mit 21 Jahren in Erlangen ab. Sie trug den Titel: „Das Targum scheni zum Buch Esther361 nach Handschriften herausgegeben und mit einer Einleitung versehen". In Bochum nahm er seinen Dienst als erster Rabbiner der Synagogengemeinde 1901 auf. 1934 ließ er sich in den Ruhestand versetzen. Für kurze Zeit betreute er noch im Jahre 1938 das vakante Rabbinat in Dortmund, dann gelang ihm durch die Vermittlung von Leo Baeck die Emigration nach England. In Manchester starb er am 16. Januar 1956. Drei Jahre später enthüllten Mitglieder der Synagogengemeinde für ihn eine Gedenktafel auf dem jüdischen Friedhof in Bochum an der Wasserstraße.

Rabbiner Dr. Moritz David

Rabbiner Dr. Siegfried Galliner

Siegfried Galliner

Im Mai 1914 wurde Dr. Siegfried Galliner als erster Rabbiner der Synagogengemeinde Gelsenkirchen eingeführt.

Galliner wurde am 26.1.1875 in Zinten bei Königsberg geboren. Sein Vater, Jonas Galliner, war der Kantor der Gemeinde Zinten, sein Bruder Julius wurde Rabbiner der Synagoge an der Fasanenstraße in Berlin, sein Bruder Arthur arbeitete als Kunsthistoriker am Philanthropin, der bekannten jüdischen Schule in Frankfurt am Main.

Siegfried Galliner besuchte das Gymnasium in Posen. In Berlin studierte er Philosophie, orientalische Sprachen und Literaturgeschichte. Seine Dissertation schrieb er über „Saadia Al-fajjumi's arabische Psalmenübersetzung". Am Rabbinerseminar in Berlin erhielt er die Rabbinerautorisation und unterrichtete an der Schule der orthodoxen Gemeinde Adass Jisroel.

Seit 1904 war er Leiter und Rabbiner der israelitischen Religionsschule in Beuthen/Schlesien. Für die Festschrift der Synagogengemeinde Gelsenkirchen 1924 verfaßte Siegfried Galliner einen Aufsatz über „Die Bedeutung der jüdischen Theologie und ihre Gegenwartsaufgabe".362 Am 28.4.1938 emigrierte Siegfried Galliner nach London. Dort starb er am 3.3.1960.

Benno Jacob

Benno Jacob wurde als Sohn eines Lehrers 1862 in Breslau geboren. Dort besuchte er das Jüdisch-theologische Seminar und die Universität; er wurde an der Universität Leipzig promoviert mit einer Arbeit über das Buch Esther in der Septuaginta. 1888 ging er als Rabbiner nach Göttingen, ehe er am 1. März 1906 als Gemeinderabbiner in Dortmund sein Amt antrat. Hier hat er 23 Jahre gewirkt. Seinen Ruhestand hat er zunächst in Hamburg verbracht, ehe er 1938 nach London floh, wo er 1945 verstarb. Die Grabinschrift faßt sein Lebensmotto in die Worte „Lernen und Lehren – Kämpfen und Helfen".

Sechs Jahre nach der Einweihung der großen Synagoge am Hiltropwall hatte die Gemeinde endlich einen eigenen Rabbiner. Vorher hatte die Dortmunder Gemeinde Prediger angestellt. Benno Jacob predigte an jedem Sabbat und an den Feiertagen, er erteilte pro Woche oft 20 und mehr Stunden Religionsunterricht, setzte sich während des Ersten Weltkrieges für die jüdischen Zwangsarbeiter und später für die Zuwanderer aus Osteuropa ein. Er war Lehrer und Seelsorger seiner Gemeinde.

Dr. Benno Jacob ist zweifellos die herausragende Gestalt unter den Rabbinern Westfalens. Die Liste seiner Veröffentlichungen umfaßt mehr als 100 Aufsätze und Bücher. Internationale Beachtung hat er mit seinem Genesis-Kommentar gefunden, der 1934 noch im Schocken-Verlag publiziert werden konnte. Auf über 1.000 Seiten legt er Vers für Vers das erste Buch der Bibel aus, setzt sich kritisch mit den protestantischen Hochschullehrern auseinander, die den Pentateuch mit ihrer Theorie der Quellenscheidung in drei unterschiedliche Quellenschriften zerlegen. Benno Jacob kommt zu dem Ergebnis:

Rabbiner Dr. Benno Jacob

„Die Grundlage dieser Scheidungen besteht in lauter exegetischen und sachlichen Mißverständnissen" (S. 987). Der wichtigste Interprer der Bibel ist die Bibel selbst. Auch wenn das Material der Tora aus unterschiedlichen Quellen stammt, so ist es doch zu einem einheitlichen homogenen Werk zusammengewachsen, das Jacob genial interpretiert. Im Verlagsprospekt von 1934 heißt es: „Die Anregung zu dem Kommentar hat einst Franz Rosenzweig gegeben, der so früh verstorbene jüdische Denker und Künder, mit dem gemeinsam Martin Buber die Schrift neu zu verdeutschen unternommen hat. Mit diesen beiden war der Verfasser einig in dem sehnlichen Wunsch, dem jüdischen Volk seine Tora zurückzugeben, damit sie auch unserem Geschlechte werde, was sie in all der vergangenen Zeit war: geistige Heimat, Trost und Kraftquelle in Verfolgung und Leiden, „Leben und Dauer unserer Tage"."

Jacob selbst sagte über sich: „Ich bin ein liberaler Rabbiner, aber kein Rabbiner der Liberalen". Sein Hauptinteresse galt der Auslegung der Hebräischen Bibel. Sein Bibelkommentar zum Buch Exodus, den er während seines Ruhestandes in Hamburg und London bis 1944 weitgehend fertigstellte, wurde zu seinen Lebzeiten nicht mehr verlegt; er erschien erst 1992 in den USA in englischer Übersetzung und 1997 erstmals in deutscher Sprache. Benno Jacob fand unter jüdischen Theologen weitaus mehr Beachtung als unter christlichen Bibelwissenschaftlern. Seine Berufung auf einen Lehrstuhl an der Hebräischen Universität in Jerusalem scheiterte in den dreißiger Jahren nicht an seiner wissenschaftlichen Qualifikation, sondern an seinem hohen Lebensalter.

Benno Jacob war ein entschlossener Kämpfer gegen den Zionismus seiner Zeit. Aufgrund seines Patriotismus und seiner Loyalität als deutscher Bürger war es für ihn unvorstellbar, eine jüdische Heimstatt außerhalb Deutschlands zu bauen. Selbst der religiöse Zionismus konnte ihn nicht überzeugen, denn für ihn war das messianische Reich keine Sache der Politik, sondern des Gebets. Erst nach 1933 änderte er allmählich seine Meinung in dieser Frage.

Der verdeckte und offene Antisemitismus in Deutschland veranlaßte ihn immer wieder, öffentlich dagegen aufzustehen. In Zeitungsartikeln und Aufsätzen, auf öffentlichen Veranstaltungen und in Vorträgen brandmarkte er den Antisemitismus als das, was er war: ein gefährliches, sich

ausbreitendes Vorurteil. Die Bundesgenossen der Antisemiten sind „Unverstand, Kurzsichtigkeit, Denkfaulheit und die Leidenschaft ungezügelter Instinkte". „Wenn Antisemiten in ihrer Polemik angebliche Talmudzitate brachten, stellte er sie öffentlich zur Rede und wies ihnen nach, daß sie vom Judentum nichts verstanden hatten. Tausende von Nichtjuden besuchten seine Vorträge in der Dortmunder Synagoge.

Seine Frau Helene, geb. Stein, nahm sich zusammen mit ihrem Mann der zahlreichen sozialen Aufgaben in der Gemeinde an. Die Familie wohnte in der Arndtstraße 73. Sohn Ernst, später „Ernest", hat seine Rabbinerausbildung in Deutschland abgeschlossen, war Rabbiner in Saarbrükken und Augsburg, wurde 1938 in Dachau inhaftiert, emigrierte 1939 nach Großbritannien, 1940 in die USA und war dort als Rabbiner tätig. Der Enkel Walter Jacob amtierte ebenfalls als Rabbiner in Pittsburgh/USA. Sohn und Enkel haben sich um den Nachlaß von Benno Jacob verdient gemacht.[363]

Vorlesungen über das Judentum

von Rabbiner Dr. Jacob

in der Synagoge zu Dortmund

Sonntag Vormittag 11 Uhr.

1. Vorlesung: Sonntag, den 17. Oktober 1920

Die zehn Gebote ⟨Moral und Religion⟩

Die zehn Gebote im Judentum und Christentum = Aeltere Urteile, Augustinus, Luther = Neuere Urteile, die Bibelkritik, Friedrich Delitzsch = Die Einteilung des Dekalogs = Das einzig Neue an ihm = „Ich bin der Herr, dein Gott" = Das „Du" im Dekalog = „Du sollst dir kein Bildnis machen" = „Der ehrfurvolle Gott" = Die Sünden der Väter = Der Name Gottes = Der Sabbat = Arbeit und Werk = Die Genialität des Sabbatgebotes = Die Eltern = „Damit du lange lebest und es dir wohlergehe" = Das fünfte bis zehnte Gebot = Der Nächste = „Du sollst nicht gelüsten" = Die Architektonik des Dekalogs = Die zwei Tafeln = Moral und Religion = Fremdgesetzliche und eigengesetzliche Moral = Der Dekalog als „Gotteswerk" und „Gottesschrift".

———

Die zweite Vorlesung:

„Moses und der Sozialismus" findet am 24. Oktober statt.

Rabbiner Dr. Benno Jacob hat sonntags öffentliche Vorträge in der Dortmunder Synagoge gehalten

Josef Kliersfeld

Josef Kliersfeld wurde 1908 in Stettin geboren. Die Familie Kliersfeld zog einige Jahre später nach Duisburg-Hamborn. Dort besuchte Josef Kliersfeld die Schule bis zum Abitur 1930, unterbrochen durch zwei Jahre, in denen er sich in seinem Lebenslauf als „Werktätiger" bezeichnet. In Berlin und Würzburg studierte er Neuere Geschichte, Wirtschaftsgeschichte, Philosophie und Semitistik. 1933 promovierte er über „Die Haltung Kaiser Wilhelms II zur Arbeiterbewegung und zur Sozialdemokratie". In dieser Arbeit beschreibt er Wilhelm II als „Freund der Arbeiter".[364] Jedoch „der Klassenhaß und die Verhetzung waren es, gegen die der Kaiser ankämpfte und die er doch nicht besiegen konnte ... Es ist geradezu die Tragik in der Sozialpolitik des Kaisers, daß er, der den deutschen Arbeitern von jeher zugetan war ..., die politische Verrretung der Arbeiterschaft die größte Arbeiterpartei, bekämpfen mußte."[365]

1935 legte J. Kliersfeld das Rabbinerexamen ab. Im folgenden Jahr wurde er in Bochum als Nachfolger von Rabbiner Moritz David eingeführt. 1939 emigrierte er nach Palästina.

Über seinen weiteren Lebenslauf sind nur spärliche Einzelheiten bekannt: 1949 änderte er seinen Namen in Joseph Kalir. 1955-57 war er Rabbiner in Göteborg und in den folgenden Jahren Dozent und Professor für Religionswissenschaften an verschiedenen Hochschulen Kaliforniens.[366]

Hans Enoch Kronheim

Nach dem Weggang von Rabbiner Dr. Coblenz nach Berlin im Jahr 1917 übernahm Dr. Hans Enoch Kronheim das Rabbinat in Bielefeld und zugleich die Geschäftsführung des Verbandes der Synagogengemeinden Westfalens. Im Vergleich zu seinem Vorgänger war er gemäßigt reformorientiert und erwarb sich besondere Verdienste durch seine historischen Forschungen zur Geschichte der jüdischen Gemeinden in Minden-Ravensberg. Im Gemeindeverband trat er für einen Finanzausgleich zwischen kleineren Landgemeinden und den finanzkräftigeren Gemeinden ein und machte sich für die Anstellung von Religionslehrern stark: „Der Verbandsausschuß will dahin wirken, daß tunlichst kein jüdisches Kind in Westfalen ohne Religionsunterricht aufwächst".367

Dr. Kronheim legte ebenfalls ein Inventarverzeichnis des Gemeindearchivs Bielefeld an, das leider verloren gegangen ist. 1939 emigrierte Kronheim in die USA.

Fritz Steinthal

Fritz Leopold Steinthal wurde am 4. August 1889 als Sohn von Heinrich Steinthal und Clara Wiesenthal in Berlin geboren. Nach dem Abitur an der Kaiser-Friedrich-Schule in Charlottenburg im Jahre 1907 besuchte er die liberal-reformerisch geprägte Berliner Hochschule für die Wissenschaft des Judentums, an der er das Rabbiner-Examen ablegte. Gleichzeitig studierte er an der Universität Berlin Geschichte, Germanistik und semitische Philologie und promovierte 1911 zum Doktor der Philosophie. 1913/14 war er Hilfsrabbiner in Berlin, 1914 bis 1917 Feldrabbiner an der Westfront, wofür er das Eiserne Kreuz erhielt. 1917 bis 1918 wirkte er als zweiter Rabbiner neben Professor Bloch in Posen, das er im November 1918 fluchtartig vor den einrückenden Polen verlassen mußte.

1919 bis 1938 war er Stadt- und Bezirksrabbiner von Münster. Sein Bezirksrabbinat umfaßte die Ortschaften Ahlen, Billerbeck, Borghorst, Buer, Burgsteinfurt, Coesfeld, Dülmen, Drensteinfurt, Epe, Haltern, Havixbeck, Horstmar, Ibbenbüren, Lengerich, Nottuln, Telgte, Warendorf, Westerkappeln und Wolbeck.368 Gleichzeitig leitete er das jüdische Lehrerseminar der Marks-Haindorf-Stiftung in Münster und arbeitete bis 1933 im Sozialausschuß und in der Friedhofskommission der Stadt Münster. Er war „ein Rabbiner religiös-forschrittlicher Richtung mit einem starken Gefühl für Tradition".369 Er heiratete Gertrud Abraham. Aus der Ehe gingen zwei Kinder hervor.

Am 9.November 1938 wurde er für acht Tage verhaftet und wanderte am 9. Dezember 1938 nach Argentinien zu seinem Sohn aus, wo er 1939 die liberale jüdische Gemeinde Culto Israelita de Belgrano gründete und die Leo-Baeck-Synagoge in Buenos Aires errichten ließ. Nach zwanzig Jahren als dortiger Rabbiner und nach zehn Jahren Ruhestand starb er am 12. Oktober 1969 während des Festgottesdienstes anläßlich der Dreißigjahrfeier „seiner" Synagoge an einem Herzanfall. Steinthal verfaßte eine Geschichte der Augsburger Juden und eine Reihe von Artikeln im Jüdischen Lexikon (1927 – 1930), in der (unvollständigen deutschsprachigen) Encyclopedia Judaica (1928 – 1932) und in einigen Zeitschriften.

Rabbiner Dr. Fritz Steinthal (1919-1938 Stadt- und Bezirksrabbiner in Münster)

Julius Voos

Julius Voos wurde am 3. April 1904 in Kamen geboren. Er besuchte nach der evangelischen Volksschule in Kamen das Lehrerseminar der Marks-Haindorf-Stiftung in Münster unter Rabbiner Dr. Fritz Steinthal und bestand dort 1924 das Religionslehrer- und Kantorexamen. Anschließend legte er am evangelischen Lehrerseminar in Hamm die erste staatliche Prüfung zum Volksschullehrer ab und war von 1924 bis 1928 Religionslehrer und Kantor in Meisenheim bei Bad Kreuznach und gleichzeitig Lehrer an der evangelischen Volksschule.

Nachdem er sich privat auf das Abitur vorbereitet hatte, bestand er die Prüfung an der Oberrealschule in Idar-Oberstein. Anschließend studierte er in Berlin und Bonn Philosophie, Pädagogik und Religionsgeschichte und promovierte in Bonn zum Doktor der Philosophie über ein Thema aus der mittelalterlichen jüdischen Religionsgeschichte. Schon während seiner Berliner Studienzeit hatte er die liberal-reformerisch geprägte Hochschule für die Wissenschaft des Judentums besucht, um sich zum Rabbiner ausbilden zu lassen. Nach bestandener Promotion in Bonn ging er als Religionslehrer und Kantor nach Guben und beendete gleichzeitig in Berlin seine Rabbinerausbildung mit dem Examen.

Im Januar 1939 trat er unter sich ständig verschlechternden Bedingungen als Rabbiner die Nachfolge von Steinthal in Münster an und wurde auch Leiter der dortigen Marks-Haindorf-Schule. Im April 1942 mußte er zum Arbeitseinsatz nach Bielefeld. Außerhalb der Arbeitszeit war er auch dort als Rabbiner tätig. Im März 1943 wurde er zusammen mit Ehefrau Stephanie Fuchs und Sohn Danny nach Auschwitz deportiert, wo er als Häftling am 2. Januar 1944 im Krankenbau von Monowitz verstarb.

Kurt Wilhelm

Kurt Wilhelm wurde am 9. Mai 1900 in Magdeburg geboren. Er studierte an verschiedenen deutschen Universitäten, am jüdischen-theologischen Seminar in Breslau und in New York. Am 4. März 1923 promovierte er in Würzburg mit der Dissertation „Berufe und Gewerbe bei den Assyrern" zum Dr. phil. Er war seit 1925 als Rabbiner tätig. Am 4. November 1928 erwarb Wilhelm mit seiner Familie die palästinische Staatsbürgerschaft. Am 22. November 1929 verließ er seine Stelle als Landesrabbiner in Braunschweig und übernahm das Rabbinat in Dortmund. Er wohnte hier mit seiner Frau Ilka und seinen drei Kindern zuerst in der Poststraße, später in der Kaiserstraße 99. Bis zu seiner Auswanderung nach Palästina am 20. September 1933 war er als Rabbiner in Dortmund tätig. 1936 gründete er in Jerusalem die liberale Gemeinde Emet ve-Emunah, der er bis 1948 als Rabbiner diente. Danach wurde er als Oberrabbiner von Schweden nach Stockholm berufen. Neben seiner Rabbinertätigkeit hielt er auch Vorlesungen über jüdische Themen an der Stockholmer Universität. Er vertrat einen gemäßigten Liberalismus, ähnlich dem des konservativen Judentums. Wilhelm gehörte zu einem Kreis, der sich um die arabisch-jüdische Verständigung bemühte. Daneben engagierte er sich auch in der Förderung des Dialogs zwischen den Religionen. Er veröffentlichte eine Reihe wissenschaftlicher Abhandlungen, so z. B. „Jüdischer Glaube" und „Wissenschaft des Judentums". 1965 ist er in Stockholm gestorben.

Die Rabbiner des „Vereins zur Wahrung der religiösen Interessen des Judentums in Westfalen"

1891 wurde der „Verband der Synagogengemeinden Westfalens" mit Sitz und Geschäftsstelle in Bielefeld gegründet. Der Verband verstand sich als Zusammenschluß möglichst aller jüdischen Gemeinden in Westfalen. Es stellte sich aber bald heraus, daß nicht alle Gemeinden die Entscheidungen des Verbandes, in dem die liberalen Großgemeinden dominierten, mittragen wollten. Insbesondere die Einführung des Gebetbuches von Rabbiner Vogelstein durch den „Verband der Synagogengemeinden Westfalens" gab zu massiver Kritik und einer entsprechenden Gegenbewegung Anlaß. Rabbiner A. Michalski brachte es auf die einfache Formel: „Die Großgemeinden öffneten die Pforten der Synagogen den Reformbestrebungen; die Kleingemeinden aber wahrten der jüdischen Tradition die Treue und schlossen sich zu einem Verein zusammen, um dem Ansturm der Reform widerstehen zu können".[370]

1896 wurde der „Verein zur Wahrung der religiösen Interessen des Judentums in der Provinz Westfalen" gegründet.[371] Maßgeblichen Anteil an dieser Gründung hatte der Wittener Kaufmann Samuel Kahn. Er war 1873 aus der Wittener Synagogengemeinde ausgetreten und hatte in seinem eigenen Haus eine orthodoxe Synagoge eingerichtet.[372] Erster Präsident des Vereins wurde der Sanitätsrat Dr. Rubens aus Gelsenkirchen. Die Landgemeinden des Münsterlandes und aus dem Gebiet Höxter-Warburg bildeten in der Anfangszeit den Kern des Vereins. Später gewann der Verein auch unter Zusammenschlüssen der orthodoxen Zuwanderer aus den Ostgebieten, die in das Ruhrgebiet strömten, neue Mitglieder.[373]

Es gelang dem „Verein zur Wahrung der religiösen Interessen des Judentums in Westfalen" bereits im Gründungsjahr, einen Vereinsrabbiner zu bestellen. 1930, nach einer längeren Vakanz, wurde das Bezirksrabbinat Borken gebildet. Einige Jahre später, als mit einem neuen Rabbiner der Sitz des Rabbinates nach Recklinghausen verlegt wurde, hieß es im Briefkopf „Bezirksrabbinat Recklinghausen".[374] Die Gemeinden Vreden, Epe, Stadtlohn und Borken kämpften aus naheliegenden Gründen gegen diese Verlegung, und Borken schied schließlich aus dem Bezirksrabbinat des Vereins zur Wahrung der religiösen Interessen des Judentums im Rheinland.[375]

Die Liste der Rabbiner des „Vereins zur Wahrung der religiösen Interessen des Judentums in Westfalen" läßt sich nicht mehr mit völliger Sicherheit aufstellen. Erster Amtsinhaber war Dr. Gerson Lange mit Amtssitz in Warburg. Am 1.4.1901 erteilte Gerson Lange unter dem Briefkopf des Vereins der Synagogengemeinde Warburg mit, daß er seine Stellung in Westfalen verlasse.[376] Als neuer Direktor der Samson-Raphael-Hirsch-Realschule wechselte er nach Frankfurt am Main.

Ihm folgte Dr. Moses Marx, geb. 1876 in Darmstadt. Seine Amtseinführung fand am 20. November 1901 in Dortmund statt.[377] Unter ihm wechselte der Sitz des Rabbinates nach Recklinghausen.[378] Moses Marx wurde 1910 zum Großherzoglichen Landesrabbiner in seine Geburtsstadt berufen.[379]

Von 1910-1912 hatte Dr. David Brader, geb. 1879 in Ichenhausen, Bayern, das Rabbinat des Vereins in Recklinghausen inne. Er verließ es, um Distriktrabbiner in Ansbach zu werden.[380]

Sein Amtsnachfolger in Recklinghausen wurde ab 1913 Dr. Abraham Michalski, geb. 1889 in Berlin. 1918 verließ Michalski Recklinghausen und wechselte in eine Stelle in Burgpreppach. Dort übernahm er das unterfränkische Bezirksrabbinat. 1924 wurde er als Rabbiner nach Karlsruhe berufen. Nach der Haftzeit im KZ Dachau wanderte er nach Israel aus. In Tel Aviv starb er 1961.

Unter Dr. Joseph Weiß wurde 1922 das Rabbinat nach Gelsenkirchen verlegt. Dr. Weiß scheint aber den Schwerpunkt seiner Tätigkeit auf die Betreuung der Ostjuden im Ruhrgebiet und besonders in Gelsenkirchen gelegt zu haben, so daß die Aktivitäten des Vereins so weit zurückgingen, daß er sich schließlich auflöste.[381]

In den folgenden Jahren betreute Dr. Benedikt Wolf, Rabbiner des Rheinischen Vereins zur Wahrung der religiösen Interessen des Judentums, von Köln aus die früheren Vereinsgemeinden, soweit dies gewünscht wurde.[382]

1930 unternahm der Preußische Landesverband jüdischer Gemeinden einen Vorstoß zur Erhaltung der Kleingemeinden, indem er die Gründung von Bezirksrabbinaten vorantrieb. In diesem Zusammenhang wurde in Westfalen das Bezirksrabbinat Borken gebildet, und Dr. Max Köhler, zuvor Religionslehrer in Frankfurt am Main, wurde als Rabbiner nach Borken berufen. Köhler hatte 1925 in Marburg mit einer Arbeit über „Die Sozial- und Wirtschaftsgeschichte der Juden von Halberstadt und Umgebung während des 17. und 18. Jahrhunderts" promoviert. Seinem Rabbinat unterstellten sich fast alle Synagogengemeinden im Kreis Borken, so daß in dieser Zeit die Idee des Be-

zirksrabbinates noch am ehesten verwirklicht war.

Über seine Arbeit berichtete Max Köhler 1932: „Das Bezirksrabbinat in Borken i. W., das als eines der ersten im Januar 1930 geschaffen wurde, hatte einen sehr schweren Standpunkt, um sich durchzusetzen und den geistigen Aufbau von Gemeinden durchzuführen. Als der erste Bezirksrabbiner in Borken hatte ich anzuknüpfen an alte, aber unterbrochene Traditionen, den westfälischen Verein zur Erhaltung der religiösen Interessen und an das von diesem Verbande unterhaltene, aber seit ca. 8 Jahren aufgelöste Rabbinat, das den Sitz in Warburg, Recklinghausen und Gelsenkirchen zu verschiedenen Zeiten gehabt hatte. Trotzdem hatte ich in ganz anderer Weise vorzugehen wie meine Amtsvorgänger, die Beamte eines Vereins waren und nicht in der Weise alle Richtungen im Judentum zu betreuen hatten, wie es meine Aufgabe als Bezirksrabbiner ist."[383] Er verwies dann in einzelnen auf den Kantorenkurs, den er durchgeführt hatte, und auf die beiden ausgebildeten Schächter, die im Bezirk arbeiten. Auch der Wanderlehrer könne die Schechitah ausüben. „Andere, ungeeignete Schochtim müssen mit der Zeit zurücktreten, damit diese heilige Arbeit nur von berufenen Kräften ausgeübt werden kann." Weiter seien „rituelle einwandfreie Mittagstische eingerichtet, die im Verzeichnis des Hamburger rituellen Speisevereins aufzufinden sind." 1934 verließ Dr. Köhler Borken und trat eine neue Stelle in Schweinfurt an.

Ihm folge im gleichen Jahr Rabbiner Dr. Selig Auerbach, zuvor Rabbiner in Würzburg. Mit ihm wurde der Sitz des Rabbinates wieder nach Recklinghausen verlegt und das Bezirksrabbinat Recklinghausen gegründet (woraufhin Borken aus dem Rabbinat ausschied). S. Auerbach, aus der berühmten Halberstädter Rabbinerfamilie stammend und zudem Neffe von B. Wolf (s.o.), erinnerte sich: „Eine meiner ersten Aufgaben war es, die abspenstigen Gemeinden wieder für das Bezirksrabbinat zu gewinnen".[384] Immerhin konnte er 19 Synagogengemeinden aus dem Münsterland und dem Ruhrgebiet in seinem Bezirksrabbinat zusammenführen. Im Dezember 1938 flüchtete S. Auerbach nach Holland. Damit endete die Geschichte des Vereins zur Wahrung der religiösen Interessen des Judentums in Westfalen und auch die Geschichte der Bezirksrabbinate in Westfalen. 1997 starb Auerbach – einen Monat bevor die Schule der jüdischen Gemeinde in Recklinghausen als „Rabbi-Selig-Auerbach-Haus" wiedereröffnet wurde.

Verein zur Wahrung der religiösen Interessen des Judentums in der Provinz Westfalen.

=== Einladung ===

zur Feier der offiziellen Amts-Einführung des neugewählten Rabbiners Herrn Dr. Marx

verbunden mit der

Abschieds-Feier für den bisherigen Rabbiner Herrn Director Dr. G. Lange

sowie zur

=== General-Versammlung ===

am **Mittwoch, den 20. November 1901 (Buss- und Bettag) zu Dortmund „Vogell's Restaurant"**

Anfang 10 Uhr Vormittags.

I. Fest-Programm.

1) Begrüssung der Anwesenden seitens des Vorsitzenden.
2) Abschieds-Rede des bisherigen Rabbiners Herrn Director Dr. G. Lange.
3) Abschieds-Worte des Vorsitzenden an denselben.
4) Ansprache des Herrn Rabbiner Dr. B. Wolf, Cöln, über dessen interimistische Verwaltung des Vereins-Rabbinats seit April 1901.
5) Amts-Einführung des Herrn Rabbiner Dr. Marx durch Herrn Director Dr. G. Lange.
6) Begrüssung desselben durch den Vorsitzenden.
7) Antritts-Rede des Herrn Rabbiner Dr. Marx.

II. General-Versammlung.

Tages-Ordnung:

1) Eröffnung derselben durch den Vorsitzenden.
2) Bericht des bisherigen Vorsitzenden Herrn Director Dr. G. Lange über dessen jährigen Amts-Dauer.
3) Bericht des Herrn Rabbiner Dr. B. Wolf, Cöln, über dessen interimistische Verwaltung des Vereins-Rabbinats seit April 1901.
4) Bericht über den Stand des Vereins seitens des Vorsitzenden.
5) Kassen-Bericht seitens des Rechnungsführers und Decharge-Ertheilung.
6) Berathung über vorliegende Anträge.
7) Wahlen.
8) Aufnahme neuer Mitglieder.

Fest-Essen.

Der Vorstand
A. Lewertoff, Haxter (wart.)
I. Vorsitzender.

NB. Gäste sind willkommen.

Einladung zur Amtseinführung von Rabbiner Dr. Moses Marx

Rabbiner nach 1950

Dov-Levy Barsilay

Dov-Levy Barsilay wurde am 30. November 1947 in Te lAviv geboren. Ende 1961 übersiedelte er mit seinen Eltern in die Bundesrepublik. Von 1968 bis 1972 leistete er seinen Wehrdienst in Israel. Während dieser Zeit absolvierte er auch eine Ausbildung zum Kantor. Von 1972 bis 1977 war er Kantor und Religionslehrer der jüdischen Gemeinde in Mainz. Zwischen 1973 und 1975 war er zusätzlich Religionslehrer der jüdischen Gemeinde Koblenz. Von 1977 bis 1987 war er Kantor und Religionslehrer der jüdischen Kultusgemeinde Groß-Dortmund. Während dieser Zeit bereitete er sich auf die Prüfung zum Rabbiner vor. 1987 wurde er zum Landesrabbiner von Westfalen-Lippe ernannt. 1993 ging er als Rabbiner zur jüdischen Gemeinde Hamburg. Bald darauf wurde er Landesrabbiner von Hamburg und Schleswig-Holstein.

Henry G. Brandt

Henry G. Brandt wurde 1927 in München geboren. 1939 emigrierte er nach Palästina. 1948 bis 1950 diente er als Marineoffizier in der israelischen Armee. Ab 1951 studierte er Nationalökonomie an der Queens University in Belfast. 1955 schloß er diese Studien als Bachelor of Science ab. Nach weiteren Studien am Leo-Baeck-College in London wurde er dort zum Rabbiner ernannt. Danach übernahm er verschiedene Rabbinate in England, der Schweiz und in Schweden. Von 1983 bis 1995 war er Landesrabbiner von Niedersachsen. Er ist jüdischer Präsident des Deutschen Koordinierungsrates der Gesellschaften für christlich-jüdische Zusammenarbeit. Neben anderem ist er auch als Lehrbeauftragter der Universitäten Marburg und Hannover tätig. Von der Universität Marburg wurde er zum Ehrendoktor ernannt. Seit Juli 1995 ist er Landesrabbiner von Westfalen-Lippe mit Sitz in Dortmund.

Bernhard Brilling

Bernhard Brilling wurde am 3. Juni 1906 in Tremessen, Provinz Posen, als Sohn des Religionslehrers und Kantors Samuel Brilling geboren. Das Abitur machte er 1924 am Gymnasium in Prenzlau. An den Universitäten in Berlin und Breslau studierte er in den Jahren 1924 bis 1933 klassische Philosophie, Geschichte und Nationalökonomie und promovierte zum Doktor der Philosophie. Gleichzeitig besuchte er 1924 bis 1926 das orthodoxe Rabbinerseminar in Berlin und 1927 bis 1932 das Jüdisch-theologische Seminar in Breslau, wo er das Rabbiner-Diplom erhielt.

Sein vorrangiges Interesse galt der Geschichte der Juden in Deutschland. Für seine ersten Forschungen zur Geschichte der schlesischen Juden erhielt er den Graetz-Preis für jüdische Geschichte vom Breslauer Rabbinerseminar. Sein wissenschaftliches Interesse führte dazu, daß er nie die Funktion eines Gemeinderabbiners ausübte. Seit 1927 war er im Archiv der Synagogengemeinde Breslau, nach dem Zweiten Weltkrieg im Institutum Judaicum Delitzschianum und der Universität Münster als Wissenschaftler tätig. In der Zeit von 1928 bis 1978 hat er mehr als 350 größere und kleinere Artikel zur Geschichte des deutschen Judentums, vor allem in Schlesien und in Westfalen, verfaßt. 1982 erhielt er den Leo-Baeck-Gedächtnispreis des Zentralrates der Juden in Deutschland. Fünf Jahre später starb Bernhard Brilling.

Seine Bibliographie ist in den Jahrbüchern des Institutum Judaicum Delitzschianum veröffentlicht worden,[385] sein wissenschaftlicher Nachlaß befindet sich im Jüdischen Museum Frankfurt am Main.

Emil Davidovic

Emil Davidovic wurde am 30. Dezember 1912 in Chust in der Karpato-Ukraine geboren. Von 1925 bis 1932 besuchte er neben anderen Rabbinatsschulen in der ehemaligen Slowakei fünf Semester lang die Rabbinatshochschule zu Preßburg. Von 1932 bis 1935 ging er auf das deutschsprachige Gymnasium in Brünn, wo er das Abitur ablegte. Danach schrieb er sich an der philosophischen Fakultät der Masaryk-Universität in Brünn ein, wo er acht Semester lang Vorlesungen in Germanistik, Philosophie, Soziologie und Psychologie besuchte. Im Wintersemester 1937/38 war er gleichzeitig an der Jüdisch-theologischen Lehranstalt in Wien eingeschrieben. Als diese 1938 nach dem Anschluß Österreichs an das Dritte Reich geschlossen wurde, bekam er ein Stipendium des Obersten Rates der jüdischen Kultusgemeinden in Böhmen und Mähren, und ging an die Hochschule für die Wissenschaft des Judentums in Berlin. Von 1939 bis 1944 beendete er seine Rabbinatsstudien am Rabbinerseminar in Budapest. Danach wurde er von den Nationalsozialisten in die Konzentrationslager Auschwitz und Buchenwald verschleppt, wo er zwei Kinder verlor. Nach der Befreiung 1945 war er bis 1949 Rabbiner der jüdischen Gemeinde in Warensdorf im heuti-

gen Tschechien. 1949 wurde er nach Prag berufen, wo er bis 1962 Kreisrabbiner und Stellvertreter des Oberrabbiners von Prag war. 1962/63 lebte er mit seiner Familie in Israel und arbeitete als Bibliothekar an der judaistischen Abteilung der National- und Universitätsbibliothek in Jerusalem. 1963 wurde er zum Landesrabbiner von Westfalen-Lippe berufen. Nach 23jähriger Tätigkeit in diesem Amt starb er am 16. Januar 1986 in Dortmund. Ein Teil seines Nachlasses befindet sich im Zentralarchiv zur Erforschung der Geschichte der Juden in Deutschland in Heidelberg.

*Emil Davidovic,
Landesrabbiner
1963-1986*

Paul Holzer

Dr. Paul Holzer wurde am 18. Dezember 1898 in Krotoszin in der damaligen Provinz Posen geboren. Am 28. Oktober 1924 promovierte er mit der Dissertation „Carl Leonhard Reinholds Wandlungen" in Erlangen zum Dr. phil. Bis zum 31.12.1938 und auch nach dem Krieg war er als Rabbiner in Hamburg tätig. 1951 wurde er vom „Verband der jüdischen Gemeinden in Nordwest-Deutschland" (ehemalige britische Besatzungszone) zum Rabbiner berufen. Er nahm seinen Sitz in Dortmund, hatte aber bis 1956 seinen Hauptwohnsitz in London. Dann zog er nach Dortmund in die Prinz-Friedrich-Karl-Straße 9. Später wurde dieses Rabbinat geteilt, und Dr. Holzer wurde Landesrabbiner von Nordrhein und Westfalen. 1958 schied er aus diesem Amt und zog mit seiner Frau nach England, wo seine Kinder lebten. Dort ist er in den sechziger Jahren gestorben.

Hans Chanoch Meyer

Hans Chanoch Meyer wurde am 3. Oktober 1909 in Crone in der damaligen Provinz Posen geboren. Nach dem Besuch der Volksschule und des Gymnasiums in Berlin studierte er bis 1933 Judaica, Geschichte und Pädagogik in Frankfurt a.M. und Berlin. Hier promovierte er zum Dr. phil. Danach absolvierte er eine Ausbildung zum Rabbiner. Ende der dreißiger Jahre emigrierte er nach Palästina. In den Jahren 1948/49 diente er in der israelischen Armee. Anschließend war er Schuldirektor in Haifa und Antwerpen. In den fünfziger Jahren kehrte er nach Deutschland zurück. 1958 wurde er zum Landesrabbiner von Westfalen-Lippe mit Sitz in Dortmund berufen. 1963 kehrte er nach Haifa zurück, wo er Anfang der neunziger Jahre starb.

Teil D: Anhang

Allgemeine Quellen und Literatur

Quellen

Allgemeine Wochenzeitung der Juden in Deutschland (= Allgemeine)

Amtsblatt der Königlich Preußischen Regierung zu Arnsberg (= Amtsblatt Arnsberg)

Bericht an die Regierung in Kleve vom 12. April 1650, Hauptstaatsarchiv Düsseldorf, Kleve-Mark, Akten Nr. 6.10

Der Babylonische Talmud, Übersetzung: Goldschmidt, Lazarus, 12 Bde, 4.Aufl., Nachdruck, Frankfurt a.M. 1996

Gesamtarchiv der deutschen Juden, Stiftung „Neue Synagoge Berlin – Centrum Judaicum" (=CJA)

Gesetz über die Verhältnisse der Juden vom 23. Juli 1847, Gesetzsammlung für die Königlichen Preußischen Staaten, Nr. 30, Berlin 1847

Staatsarchiv Münster, Juden 2627.2

The Central Archives for the History of the Jewish People, Jerusalem, NWD 138

Literatur:

Alvarez, Thea: Das jüdische Rituelle Tauchbad und: Synagogen in Hessen – Was geschah seit 1945; Teil II, Königstein 1994

Alvarez, Thea: Synagogen in Hessen – Was geschah seit 1945; Königstein 1988

Altmann, Alexander: The German Rabbi: 1910-1939, in Leo Baeck Institut Yearbook 19, London 1974

Aschoff, Diethard: Juden in Westfalen, 2.Aufl., Münster 1989

Auerbach, H.B: Die Geschichte des „Bund gesetzestreuer jüdischer Gemeinden Deutschlands" 1918-1938, Tel Aviv 1972

Barkai, Avraham: jüdische Minderheit und Industrialisierung, Demographie, Berufe und Einkommen der Juden im westdeutschen Industriegebiet 1850-1914, Tübingen 1988

Ben-Avner, Yehuda: Zur Darstellung der Tätigkeit gesetzestreuer Rabbiner in Deutschland. Aus der Korrespondenz ihrer letzten Generation 1920-1938, in: Udim – Zeitschrift der Rabbinerkonferenz in der Bundesrepublik Deutschland, Bd. XI-XII. 1981/82

Birnbaum, Max P.: Staat und Synagoge 1918-1938. Eine Geschichte des Preußischen Landesverband's jüdischer Gemeinden, Tübingen 1981

Brilling, Bernhard: Abraham Sutro (1784-1869). Ein Beitrag zum Leben und Wirken des letzten münsterschen Landrabbiners, in: Westfälische Zeitschrift Bd.123 Jg.1973, S.51-64

Brilling, Bernhard: Beiträge zur Bibliographie des letzten Landrabbiners von Münster, Abraham Sutro (1784-1869), in: Udim, Bd.3, Jg. 1972, S.31-64

Brilling, Bernhard: Das Judentum in der Provinz Westfalen 1815-1945, in: Beiträge zur Geschichte der preußischen Provinz Westfalen, Bd.II, Kirchen und Religionsgemeinschaften in der Provinz Westfalen, Münster 1978, S.106-143

Brilling, Bernhard: Die jüdischen Gemeinden, in: Kohl, Wilhelm (Hg.): Westfälische Geschichte, Bd.2, S.418-429 Düsseldorf 1983

Buber, Martin: Die Erzählungen der Chassidim, Zürich 1949

Central-Verein deutscher Staatsbürger jüdischen Glaubens e.V. (Hg.): Friedhofsschändungen in Deutschland 1923-1932, o.O., 5.Aufl. 1932

Coblenz, Felix: Jüdische Religion – ein Lehrbuch, Leipzig 1908

Davidovicz, David: Wandmalereien in alten Synagogen. Das Wirken des Malers Eliser Sussmann in Deutschland, Hameln/Hannover 1969

Davidovic, Emil: Laudatio anläßlich der Verleihung des Leo-Baeck-Gedächtnispreises 1980/81, in: Udim Bd.11/12 Jg.1981/82 S.47-49

Deutsch-Israelitischer Gemeindebund/Zentralwohlfahrtsstelle der deutschen Juden (Hg.): Handbuch der jüdischen Gemeindeverwaltung und Wohlfahrtspflege 1924/1925, Berlin 1925

Diamant, Adolf: Zerstörte Synagogen vom November 1938. Eine Bestandsaufnahme, Frankfurt a.M. 1978

Eisler, Max: Bau und Einrichtung der Synagoge, in: Jüdische Rundschau Mai/Juni 1946, S.29-35

Elbogen, Ismar: Der jüdische Gottesdienst in seiner geschichtlichen Entwicklung, 3. Aufl., Frankfurt, 1931, Nachdruck 1995

Encyclopedia Judaica. Das Judentum in Geschichte und Gegenwart, Bd.1-10, Berlin 1927-1934

Eschelbacher, Max: Rabbiner Siegfried Galliner sel. A., in: Mitteilungsblatt für die jüdischen Gemeinden in Westfalen, Nr.4, April 1960

Allgemeine Quellen und Literatur

Eschwege, Helmut: Die Synagoge in der deutschen Geschichte, Dresden/Wiesbaden 1980

Faassen, Dina van/Hartmann, Jürgen: „... denn noch Menschen von Gott erschaffen". Die jüdische Minderheit in Lippe von den Anfängen bis zur Vernichtung, Bielefeld 1991

Festtägliches Gebetbuch, geordnet und übersetzt von Heidenheim, Wolf – Band 1: Gebete für das Pessachfest, Rödelheim 1905

Freund, Susanne: Jüdische Bildungsgeschichte zwischen Emanzipation und Ausgrenzung. Das Beispiel der Marks- Haindorf-Stiftung in Münster, 1825 bis 1942, Forschungen zur Regionalgeschichte, Bd. 23, Paderborn 1997

Gebetbuch für das Neujahrsfest, bearbeitet von Heidenheim, Wolf/Bamberger, Selig, 100. Auflage, Frankfurt a.M. (o.J.)

Goldenberger, Kurt: Der Kultus- und Profanbau der Juden, Diss., Dresden 1922

Hammer-Schenk, Harold: Synagogen in Deutschland. Geschichte einer Baugattung im 19. und 20. Jahrhundert, Teil I und II, Hamburg 1981

Heid, Ludger/Schoeps, Julius H. u.a. (Hg.): Wegweiser durch das jüdische Rheinland, Berlin 1992

Herzig, Arno: Judentum und Emanzipation in Westfalen, Münster 1973

Hirsch, Peter/Lopez, Billie: Reiseführer durch das jüd. Deutschland, München 1995

Honigmann, Peter: Quellensicherung in Heidelberg. Aus der Arbeit des Zentralarchiv zur Erforschung der Geschichte der Juden in Deutschland, in: Freiburger Rundbrief, N.F., 2.Jg., Heft 4, 1995

Israelitisches Gebetbuch, bearbeitet von Vogelstein, Heinemann, Rödelheim 1894

Jacob, Benno: Das Buch Exodus, hg. im Auftrag des Leo Baeck Instituts von Shlomo Mayer, Stuttgart, 1997

Jacob, Benno: Das erste Buch der Tora, Berlin 1934

Jüdisches Lexikon, begründet von Herlitz, Georg/Kirschner, Bruno, 4 Bände, Berlin 1927

Kern-Ulmer, Brigitte: Rabbinische Responsen zum Synagogenbau, Teil 1 – Die Responsentexte, Hildesheim, Zürich, New York, 1990

Kulturforum Warburg e.V. (Hg.): Jüdisches Leben in Westfalen und Lippe – eine Bibliographie, Warburg 1995

Künzl, Hannelore: Islamische Stilelemente im Synagogenbau des 19. und frühen 20. Jahrhunderts, Frankfurt a.M./ Bern/New York/Nancy 1984

Lau, Israel M.: Wie Juden leben. Glaube, Alltag, Feste, Gütersloh 1988

Löwenthal, Ernst Gottfried (Hg.): Bewährung im Untergang. Eine Gedenkbuch, Stuttgart 1965

Magonet, Jonathan: Jüdische Gebete für Schabbat und Wochentage, München 1996

Maor, Harry: Über den Wiederaufbau der jüdischen Gemeinden in Deutschland seit 1945, Mainz 1961

Meyer, Hans Chanoch (Hg.): Aus Geschichte und Leben der Juden in Westfalen, Frankfurt a.M. 1962 (= Meyer, H.Ch.)

Meyer, Michael A.(Hg.): Deutsch-jüdische Geschichte in der Neuzeit, 4 Bände, München 1996-1997

Obst, Dieter: „Reichskristallnacht". Ursachen und Verlauf des antisemitischen Pogroms vom November 1938, Frankfurt a.M./Bern/New York/Paris 1991

Ophir, Baruch Z./Wiesemann, Falk (Hg.): Die jüdischen Gemeinden in Bayern 1918-1945. Geschichte und Zerstörung, München/Wien 1979

Puvogel, Ulrike (Hg.): Gedenkstätten für die Opfer des Nationalsozialismus, Bonn 1987

Reicher, Benno: Jüdische Geschichte und Kultur in NRW. Ein Handbuch, Essen 1993

Rohde, Saskia: Zwischen Verfolgung und Shoa. Die Zerstörung der Synagogen in Westfalen, in: Herzig, Arno u.a. (Hg.): Verdrängung und Vernichtung der Juden in Westfalen, Münster 1994, S.76-90

Sassenberg, Marina: Von Steinheim, Haindorf, Wolff und anderen ... Jüdisches Leben im Westfalen des 19. und 20. Jahrhunderts (unveröffentlichtes Manuskript)

Schlautmann-Overmeyer, Rita: Archivalien zur westfälisch-jüdischen Geschichte im Bundesarchiv, Abteilungen Coswig, jetzt zugänglich, in: Archivpflege in Westfalen und Lippe, Heft 36, Oktober 1992

Schoeps, Hans-Joachim (Hg.): Salomon Ludwig Steinheim zum Gedenken. Ein Sammelband, Leiden 1966

Schoeps, Julius H. (Hg.): Neues Lexikon des Judentums, Gütersloh/München 1992

Schwarz, Hans-Peter (Hg.): Die Architektur der Synagoge, Frankfurt a.M. 1989

Staatsarchiv Münster (Hg.): Oberpräsidium der Provinz Westfalen. Kirchen, Schulen, Juden. Findbuch bearbeitet von Wolf, Manfred, Münster 1991

Staatsarchiv Münster (Hg.): Quellen zur Geschichte der Juden in Westfalen. Spezialinventar zu den Akten des nordrhein-westfälischen Staatsarchivs Münster, bearbeitet von Schnorbus, Ursula, Münster 1983

Stegemann, Wolf/Eichmann, Johanna (Hg.): Der Davidstern – Zeichen der Schmach, Symbol der Hoffnung, Dorsten 1991

Stoecker, Adolf: Das Salz der Erde. Ein Jahrgang Zeitpredigten, Berlin 1892

Stratmann, Hartmut/Birkmann, Günter: Jüdische Friedhöfe in Westfalen und Lippe, Düsseldorf 1987

Täubler, Eugen (Hg.): Mitteilungen des Gesamtarchivs der deutschen Juden, Jg. 1ff., Leipzig 1909ff.

Trepp, Leo: Der jüdische Gottesdienst. Gestalt und Entwicklung, Stuttgart 1992

Verband der Jüdischen Gemeinden in der DDR (Hg.): Damit die Nacht nicht wiederkehre. Gedenken an die faschistische Pogromnacht vom 9. November 1938, Berlin 1988

Welker, Barbara: Das Gesamtarchiv der deutschen Juden, in: „Tuet auf die Pforten". Die Neue Synagoge 1866/1995, Berlin 1995, S.227-234

Wilhelm, Kurt: Benno Jacob, a Militant Rabbi, in: Leo Baeck Institut Yearbook VII, 1962, S 75-94

Zacharias, Sylvia: Synagogengemeinden 1933. Ein Wegweiser zu ihren Spuren in der Bundesrepublik Deutschland, Teil I, Berlin 1988

Zentralwohlfahrtsstelle der deutschen Juden (Hg.): Führer durch die jüdische Gemeindeverwaltung und Wohlfahrtspflege in Deutschland 1932-33, Berlin 1933

Zeugnisse jüdischer Kultur. Erinnerungsstätten in Mecklenburg-Vorpommern, Brandenburg, Berlin, Sachsen-Anhalt, Sachsen und Thüringen, Berlin 1992

Zimmermann, Michael (Hg.): Geschichte der Juden im Rheinland und in Westfalen, Stuttgart 1997

Regierungsbezirk Arnsberg

Bochum

Quellen:

Stadtarchiv Bochum Bo 00 und 38

CJA 1, 75 A, Bo 2, Nr.5

Literatur:

Jüdisches Gemeindeblatt für die Britische Zone, 2. Jg., 1947

Keller, Manfred/Wilbertz, Gisela (Hg.): Spuren im Stein. Ein Bochumer Friedhof als Spiegel jüdischer Geschichte, Bochum 1997

Oppenheim, S.: 100 Jahre Synagogengemeinde Wattenscheid. Festgabe zur Feier des 100-jährigen Bestehens der Synagoge in Wattenscheid, Wattenscheid 1929

Ueberhorst, Horst: Wattenscheid: Die Freiheit verloren. Eine Sozialgeschichte, Düsseldorf 1985

Wilbertz, Gisela: Synagogen und jüdische Volksschulen in Bochum und Wattenscheid. Ein Quellen- und Lesebuch, Bochum 1988

Dortmund

Quellen:

Stadtarchiv Dortmund Besand 3 Nr.1821, 2942, 3534

Stadtarchiv Dortmund Besand 12 Nr.103

Stadtarchiv Dortmund Besand 15 Nr.10, 527, 917

Stadtarchiv Dortmund Besand 518 Nr.28

Stadtarchiv Dortmund Gebäudeakte Hiltropwall 3

Archiv der Stadt Castrop-Rauxel Akten Amt Castrop 647, 886

Staatsarchiv Münster Kreis Dortmund Landratsamt Nr.1265, 1266, 1269, 1282

Staatsarchiv Münster Staatsanwaltschaft Dortmund Nr.1231, 1237

CJA 1, 75 A, Ha 1, Nr.18

Dortmunder Zeitung vom 8./9.6.1900

Hörder Volksblatt vom 15.9.1898; 8.1.1900; 9.8.1929; 5.10.1929

Generalanzeiger vom 8.6.1900

Westdeutsche Landeszeitung – Rote Erde vom 13.7.1938; 8.9.1938; 14.9.1938; 22.9.1938; 22.10.1938

Westfälische Rundschau vom 19.9.1987

Literatur:

Bitzel, Uwe: Damit kein Gras darüber wächst. Ereignisse um die Pogromnacht 1938 in Dortmund, Dortmund 1988

Brilling, Bernhard: Geschichte der Juden in Dorstfeld und Huckarde 1731-1942, in: Beiträge zur Geschichte Dortmunds und der Grafschaft Mark, Nr.57, 1960, S.131-167

Feldmeyer, Dirk: Juden in Hörde, Dortmund 1988

Fürstenau, Eduard: Die neue Synagoge von Dortmund, in: Zentralblatt der Bauverwaltung, Nr.84, o.O. 1904

Fürstenau, Gesche: Architekt im preußischen Staatsdienst. Eduard Fürstenau (1862-1938) und seine Sakralbauten, Magisterarbeit, Frankfurt a.M. 1988

Fürstenau, Gesche: Die Synagoge in Dortmund, in: Beiträge zur Geschichte Dortmunds und der Grafschaft Mark, Nr.80, 1989, S.65-97

Habel, Werner: Die Zerstörung der Synagoge 1938. Didaktische Überlegungen zur deutsch-jüdischen Geschichte, in: Mannzmann, Anneliese (Hg.), Historie heute 2. Judenfeindschaft in Altertum, Mittelalter und Neuzeit, Königstein 1981, S.113-142

Heimberg, Siegfried: Von 1945 bis 1961 – ein kurzer Rückblick, in: Meyer, H.Ch., S.137-142

Heinze, Julius: Beiträge zur Geschichte von Hörde, Dortmund 1909

Högel, Günther (Hg.): Widerstand und Verfolgung in Dortmund 1933-1945. Katalog zur ständigen Ausstellung des Stadtarchivs Dortmund, Dortmund 1992

Klotzbach, Kurt: Gegen den Nationalsozialismus. Widerstand und Verfolgung in Dortmund. Eine historisch-politische Studie, Hannover 1969

Knipping, Ulrich: Die Geschichte der Juden in Dortmund während der Zeit des Dritten Reiches, Dortmund 1977

Knippschild, Dieter/Kremer, Peter: Mengede mit weißen/braunen Flecken. Ein Beitrag zur Stadtgeschichte, Dortmund 1994

Loewenberg, Jakob: Die Einweihung der neuen Synagoge in Dortmund (1900), in: Meyer, H.Ch., S.81-88

Michalak, Tim: Endstation Belzec. Das Schicksal des Dortmunder Lehrers und Predigers Siegmund Nußbaum, in: Heimat Dortmund. Stadtgeschichte in Bildern und Berichten, 1/96, Jüdisches Leben in Dortmund, Dortmund 1996, S.21-23

Neumeister/Haeberle (Hg.): Deutsche Konkurrenzen, VI. Band, Heft 7, Leipzig 1896

Noczynsky, Wolfgang: Die jüdische Gemeinde im Amt Aplerbeck 1815-1945, Dortmund 1995

Pfeiffer, Ernst: Die Juden in Dortmund, Dortmund 1986

Prümer, Karl: Bilder aus Alt-Dortmund, Frankfurt a.M. 1980 (unveränderter Nachdruck von 1925/26/29)

Schäfer, Sigrid: Rosch Haschanah 1945. Neubeginn jüdischen Gemeindelebens in Dortmund, Dortmund 1995

Schilp, Thomas: Geleit-Emanzipation-Verfolgung. Zur Geschichte der Juden in Hörde, in: Högl, Günter /Schilp, Thomas (Hg.): Hörde. Beiträge zur Stadtgeschichte. 650 Jahre Stadtrecht Hörde (1340-1990), Dortmund 1990, S.68-75

Sylvanus, Erwin: Die Tore der Gerechtigkeit, in: Westfalenspiegel, Heft 3, 1958

Ennepe-Ruhr-Kreis

Hattingen

Quellen:
Central Archives for the History of the Jewish People Jerusalem NWD 138 37a/37d Archiv der evangelischen Kirchengemeinde Hattingen A 4.10
Stadtarchiv Hattingen Judaica I Bauzeichnung der Synagoge 28. 3.1871

Literatur:
Szigan, Christoph: Juden in Hattingen, in: VHS Hattingen (Hg.): Alltag in Hattingen 1933-1945. Eine Kleinstadt im Nationalsozialismus, Essen 1985, S.208-217

Herdecke

Quellen:
CJA 1, 75 A, Ha 1, Nr.18

Literatur:
Die Juden in Herdecke, in: Behrendt, Bernd u.a.: 250 Jahre Stadt Herdecke 1739-1989, Essen 1989, S.168-178

Schwelm

Quellen:
Stadtarchiv Schwelm Karten- und Plansammlung Plan vom September 1827
Staatsarchiv Münster Kreis Schwelm Landratsamt Nr.495

Literatur:
Helbeck, Gerd: Juden in Schwelm. Geschichte einer Minderheit von den Anfängen im 17. Jahrhundert bis zum Nationalsozialismus, Schwelm 1988

Kappel, Rolf: Unbekannt wohin verzogen. Jüdinnen und Juden in Gevelsberg, Gevelsberg 1991

Wollmerstädt, Kurt: Aus der Geschichte der Juden in Schwelm, Schwelm 1980

Witten

Quellen:
Stadtarchiv Witten 8 80 Ia 7 Bd.1
Stadtarchiv Witten 8 80 Ia 7 Bd.2 Urkunde über die Geschichte der jüdischen Gemeinde zu Witten und den Bau ihres neuen Tempels
Stadtarchiv Witten, Wittener Zeitung vom 1.12.1885

Literatur:
Ahland, Frank: Probleme der Integration der Wittener jüdischen Bevölkerung am Beispiel des „Bredde-Viertels" in Witten von der Gründerzeit bis zur Jahrhundertwende, Bochum 1993
Dürmann, Jürgen/Scheibe, Axel: „Unser Dorf ist judenrein." Die Geschichte der jüdischen Gemeinde Herbede im 20. Jahrhundert, in: Jahrbuch des Vereins für Orts- und Heimatkunde in der Grafschaft Mark, hg. von Schoppmeyer, Heinrich, 87.Jg., Witten/Ruhr 1989, S.167-211
Kliner-Fruck, Martina: Chronik der jüdischen Gemeinde Witten, Witten 1993 (unveröffentliches Manuskript)
Kliner-Lintzen, Martina/Pape, Siegfried: „...und vergessen kann man das nicht". Wittener Jüdinnen und Juden unter dem Nationalsozialismus, Bochum 1991
Süssenbach, Peter: Wegweiser Information Empfehlung für die historische Beschäftigung mit der jüdischen Kultur in Witten, Witten 1988

Hagen

Quellen:
CJA 1, 75 A, Ha 1, Nr.32
CJA 1, 75 A, Ho 4, Nr.6
Staatsarchiv Münster Kreis Iserlohn Landratsamt Nr.648
Synagogengemeinde Hagen (Hg.): Bericht über die Entwicklung der Synagogen-Hauptgemeinde Hagen in den letzten 50 Jahren, bearb. von S. Merländer, Präses des Vorstandes, Hagen 1898
Hagener Zeitung vom 1.7.1895
Allgemeine Jüdische Wochenzeitung vom 16.9.1960
Westfälische Rundschau vom 17.12.1975

Literatur:
Aleveld, Norbert: Der Sakralbau im Kreis Iserlohn vom Klassizismus bis zum Ende des Historismus, Altena 1989
Böning, Adalbert/Zabel, Hermann: Gedenkschrift zu Ehren der ehemaligen jüdischen Mitbürger Hohenlimburgs, Hagen 1988
Esser, Hermann: Die Limburger Juden, in: Heimatblätter für Hohenlimburg und Umgebung, Hohenlimburg 1930, Heft 1, S.161-176
Gase, Barbara: Geschichte der Juden in Hagen, Hagen 1986
Hartmann, Elmar: Kirchen und Synagoge in Hohenlimburg, Hagen 1990
Lavan, Tanja: Die Hagener Jüdische Synagogengemeinde. Einst 630, jetzt 38 Mitglieder, in: Heimatbuch Hagen und Mark, 1994, S.125-126
Zabel, Hermann (Hg.): Mit Schimpf und Schande aus der Stadt, die ihnen Heimat war. Beiträge zur Geschichte der jüdischen Gemeinde Hagen, Hagen 1994

Hamm

Quellen:
Städtisches Bauamt Hamm Bauakte M – Lutherstraße 5a
CJA 1, 75 A, Ha 7, Nr.3

Literatur:
Brand, Mechtild: Die jüdische Gemeinde von Hamm als Beispiel für die Geschichte der Juden in Deutschland, in: Der Märker, 24.Jg., S.79-81; 25.Jg., S.8-11, 37-39, 55-57, 83-85, Altena 1976
Dartmann, Anna: Die soziale, wirtschaftliche und kulturelle Entwicklung der jüdischen Gemeinde in Hamm 1327-1943, Hamm 1977
Fuchs, Rolf: Rekonstruktion der Synagoge, in: Stadtarchiv Hamm (Hg.): Spuren zur „Reichskristallnacht" in Hamm, Hamm 1988
Skopnik, Andreas: Öffnet die Pforten der Gerechtigkeit. Bau und Abbruch der neuen Synagoge in Hamm 1868 und 1938, Hamm 1995

Herne

Quellen:
Stadtarchiv Herne Synagoge Herne
Stadtarchiv Herne Bauakte Schäferstraße 32
Stadtarchiv Herne Synagogengemeinde Wanne-Eickel 01 und 04

Literatur:
Erinnerung an die Einweihungs-Feierlichkeiten der Synagoge zu Herne, Herne 1911
Fritzler, Max: Erinnerungen an Anröchte und Wanne-Eickel, in: Meyer, H.Ch., S.111-113
Hegler, Gustav (Hg.): Eickel-Wanne einst und jetzt. Geschichte der Gemeinden beider Ämter, Siegen 1903, Nachdruck Herne 1981
Sie werden nicht vergessen sein. Geschichte der Juden in Herne und Wanne-Eickel, Herne 1987

Lokale Quellen und Literatur

Hochsauerlandkreis

Arnsberg

Quellen:
Stadtarchiv Arnsberg 18/3407
Staatsarchiv Münster Kreis Arnsberg Nr.412, 509

Literatur:
Gosmann, Michael (Hg.): Juden in Arnsberg. Eine Dokumentation, (Städtekundliche Schriftenreihe über die Stadt Arnsberg, Bd.18), Arnsberg 1991
Herbold, Hermann: Die städtebauliche Entwicklung Arnsbergs von 1800-1850, (Städtekundliche Schriftenreihe über die Stadt Arnsberg, Bd.1-3), Arnsberg 1967-72
Saure, Werner: Geschichte und Schicksale jüdischer Mitbürger aus Neheim und Hüsten, Arnsberg 1988
Saure, Werner: Juden in Neheim und Hüsten, in: 625 Jahre Neheim und Hüsten, Arnsberg 1983

Brilon

Quellen:
Stadtarchiv Brilon Bauakte der Synagoge
Grundbuch der Stadt Brilon Bd.17 Blatt 26; Bd.55 Blatt 4
Staatsarchiv Detmold Geburten, Heiraten und Sterbefälle 1819
Staatsarchiv Münster Kreis Brilon Landratsamt Nr.1650, 1651, 2059
Schloßarchiv Alme A 2117 und 4529
Briloner Anzeiger Nr.22 vom 17.11.1977

Literatur:
Arnolds, Wolfgang: Brilon. Eine neue Synagoge wird zerstört, in: Arnolds, Wolfgang (Hg.): Die „Kristallnacht im Sauerland", Brilon 1988, S.51-57
Demokratische Initiative e.V.(Hg.): Juden in Brilon zur Zeit des Nationalsozialismus. Dokumente, Familienschicksale, Zeitzeugenaussagen, Brilon 1988
Hesse, Ursula: Jüdisches Leben in Alme, Altenbüren, Brilon, Madfeld, Messinghausen, Rösenbeck, Thülen. Von den Anfängen bis zur Gegenwart, Brilon 1991

Eslohe

Quellen:
Staatsarchiv Münster Kreis Meschede Landratsamt Nr.1148, 1197

Literatur:
Karl, Thomas: Ein Häuser- und Familienverzeichnis des sauerländischen Dorfes Eslohe von 1819, Teil 1, in: Mitteilung der Westdeutschen Gesellschaft für Familienkunde, 1985, S.1-6
Karl, Thomas: Ein Häuser- und Familienverzeichnis des sauerländischen Dorfes Eslohe von 1819, Teil 2, in: a.a.O., 1986, S.141-148

Hallenberg

Literatur:
Glade, Georg: Die Hallenberger Juden. Kurköln – KZ – Kibbuz. 400 Jahre einer wechselvollen Geschichte, Hallenberg 1991
Lachemeyer, Franz: Chronik der Stadt Hallenberg, Hallenberg 1981

Marsberg

Quellen:
Stadtarchiv Marsberg B 620 Acta des Sammtgemeindebezirks Marsberg betr. die Verhältnisse der Juden und die Bildung der Synagogengmeinde Copia des Vertrages vom 9.3.1851
Stadtarchiv Marsberg B 624 Acta Feier des Gottesdienstes der Israeliten betr.
Stadtarchiv Marsberg B 706 Acta das jüdische Schulwesen betr.
Stadtarchiv Marsberg B 907 Acta über den am 19. April 1849 zu Niedermarsberg stattgehabten Brand
Stadtarchiv Marsberg Nachlaß Zimmermann Wo stand die Obermarsberger Synagoge? (unveröffentlichtes Manuskript)
Staatsarchiv Münster Kreis Brilon Landratsamt Nr.1648, 1649, 1651
Inventar des Archivs Graf Droste zu Vischering II Akten S.13 Judenregal
Sauerländischer Anzeiger vom 11.10.1856 u. vom 25.10.1856

Literatur:
Bödger, Johannes: Die Fachwerksynagoge in Padberg. Geschichte eines Denkmals, in: Jüdisches Leben im Hochsauerland, Hochsauerlandkreis (Hg.): Schmallenberg – Fredeburg 1994, S.479-498
Brilling, Bernhard: Chronik der jüdischen Gemeinde Padberg, in: Padberg im Wandel der Zeiten, Padberg 1963, S.117-124
Hees, Peter: Niedermarsberg, Weist 18 – Die ehemalige neue Synagoge der Judenschaft, in: Bödger, Johannes (Hg.): Marsberg '89. Beiträge zur Stadtkunde, Marsberg 1989, S.16-24
Hesse, Ursula: Jüdisches Leben in Alme, Altenbüren, Brilon, Madfeld, Messinghausen, Rösenbeck, Thülen. Von den Anfängen bis zur Gegenwart, Brilon 1991
Stolz, Siegfried: Die Reichskristallnacht in Marsberg, in: Arnolds, Wolfgang (Hg.): Die „Kristallnacht" im Sauerland, Brilon 1988, S.60-63

Medebach

Quellen:
Staatsarchiv Münster Kreis Brilon Landratsamt Nr.1663, 2059

Meschede

Quellen:
Staatsarchiv Münster Kreis Meschede Landratsamt Nr. 1148
Mescheder Zeitung vom 23. 8. 1878

Literatur:
Arnolds, Wolfgang: Die „Reichskristallnacht" in Meschede, in: Arnolds, Wolfgang (Hg.): Die „Kristallnacht" im Sauerland, Brilon 1988, S. 38-40
Richter, Erika u. Schüler des Gymnasiums der Stadt Meschede: Synagoge Meschede – (k)ein Denkmal?, in: Jüdisches Leben im Hochsauerland, hg. vom Hochsauerlandkreis, Schmallenberg-Fredeburg 1994, S. 421-463

Olsberg-Bigge

Literatur:
Tönne, Ferdinand: Die Juden im früheren Amtsbezirk Bigge, Olsberg 1995
Schikora, Paul: Die Juden im Amt Bigge, Olsberg 1995

Schmallenberg

Quellen:
Stadtarchiv Schmallenberg B 1502
Staatsarchiv Münster Kreis Meschede Landratsamt 1148

Literatur:
Bruns, Alfred: Die Juden im Altkreis Meschede 1814-1874, Die Schmallenberger Juden 1934-1943, Brilon 1987
Schenk, Hannelore: Der Weg in den Holocaust. Mit Bildern aus dem Leben der jüdischen Gemeinde in Schmallenberg. Texte zur Ausstellung im November 1994 anläßlich des 750jährigen Bestehens der Stadt Schmallenberg, Schmallenberg 1994
Tröster, Helga: Geschichte und Schicksal der Juden in Schmallenberg, in: Schmallenberger Heimatblätter, 55. Ausg., Jge. 1983-85, S. 51-102

Märkischer Kreis

Altena

Quellen:
Stadtarchiv Altena Bestand A, B, C
Stadtarchiv Altena Akte D 40 130b

Literatur:
Höttler, Kurt: Erinnerungen an jüdische Mitbürger – auch ein Kapitel Stadtgeschichte, in: Heimatbund Märkischer Kreis (Hg.): Altena – Beiträge zur Heimat- und Landeskunde, Altena 1988, S. 66-70
Reuter, Karl: Auch ein Kapitel Stadtgeschichte, Artikelreihe im Altenaer Kreisblatt 1976

Balve

Quellen:
Staatsarchiv Münster Guts- und Familienarchive Landsberg-Velen (Dep.) Wocklum Nr. 27609

Literatur:
Senger, Michael: Spurensuche, in: Hochsauerlandkreis (Hg.): Jüdisches Leben im Hochsauerland, Schmallenberg-Fredeburg 1994, S. 289-385

Iserlohn

Quellen:
Stadtarchiv Iserlohn G 155 289
Stadtarchiv Iserlohn A 2 1378
Staatsarchiv Münster Kreis Iserlohn Landratsamt Nr. 645
Kreisarchiv Iserlohn Nr. 1084
Katasteramt Märkischer Kreis Katasterplan der Stadt Iserlohn Urhandriß von 1829 Flur 4
Statut für die Synagogen-Gemeinde zu Iserlohn, Iserlohn 1856
Stadtarchiv Iserlohn Letmathe I A 39

Lokale Quellen und Literatur

Menden

Quellen:
Stadtarchiv Menden Acta spec. betr. Judensachen 1823-1855 Bd.XVI a 4

Literatur:
Aleweld, Norbert: Der Sakralbau im Kreis Iserlohn vom Klassizismus bis zum Ende des Historismus, Altena 1989
Koch, Paul: Menden, eine Stadt in ihrem Raum, Menden 1973
Rose, Franz: Die Synagogengemeinde Menden 1900-1942, Menden 1991

Lüdenscheid

Literatur:
Kann, Erich/Wagner, Matthias: Lüdenscheider Jüdinnen und Juden. 1690-1945, Hagen 1994

Meinerzhagen

Literatur:
Benninghaus, Rüdiger: Zur Geschichte der jüdischen Gemeinde in Meinerzhagen, in: Meinhardus. Meinerzhagener Heimatblätter, hg. vom Heimatverein Meinerzhagen, 16.Jg, 1/82, S.5-14; 2/82, S.32-45

Literatur:
Aleweld, Norbert: Der Sakralbau im Kreis Iserlohn vom Klassizismus bis zum Ende des Historismus, Altena 1989
Aleweld, Norbert: Die Geschichte der jüdischen Gemeinde Iserlohn, in: Die jüdische Gemeinde. Beiträge zur Geschichte Iserlohns, Iserlohn 1970
Ewig, Walter: Auf dem Judenfriedhof, in: Heimatblätter des Vereins für Orts- und Heimatgeschichte Oestrich, Letmathe 1962
Herzig, Arno (Bearb.): Schutzjuden-Bürger-Verfolgte. Die Geschichte der jüdischen Minderheit in Iserlohn, in: Quellen und Dokumente zur Stadtgeschichte, Heft 2, Iserlohn 1984
Herzig, Arno: Die Entstehung der jüdischen Gemeinde Iserlohn, in: Der Märker, 36.Jg, 1987, S.327-332
Iserlohner Contexte. Quellen zur Geschichte der Juden im Raum Iserlohn, Nr.6, Iserlohn 1989
Loer, Paul: Geschichte der katholischen Kirchengemeinde Iserlohn 1745-1970, Balve 1969

Kreis Olpe

Finnentrop-Lenhausen

Quellen:
Staatsarchiv Münster Kreis Meschede Landratsamt Nr.1148
Gemeindearchiv Finnentrop Bestand A Nr.770, 810, 811, 1080, 2204
Archiv des Grafen von Plettenberg in Hovestadt E Nr.201

Literatur:
Brilling, Bernhard: Alexander Haindorf – seine Bemühungen um Anstellung als Universitätsprofessor (1812-1815) und seine Tätigkeit als Dozent in Münster (1816-1818 und 1824-1847), in: Westfälische Zeitschrift, 131./132. Bd., Paderborn 1981/82, S.69-120
Bruns, Alfred: Die Juden im Altkreis Meschede 1814-1874. Die Schmallenberger Juden 1934-1943, Brilon 1987
Scheele, Norbert: Geschichte der Juden im Kreis Olpe, in: Heimatstimmen aus dem Kreis Olpe, 1973, S.132-179
Tigges, Paul (Hg.): Flucht nach Ägypten. Ein Beitrag zur Geschichte der Juden im Kreis Olpe, insbesondere über die Juden, die während der NS-Zeit im Lenneraum zwischen Altenhundem und Lenhausen lebten, Lennestadt-Altenhundem 1994
Tröps, Dieter: Das Schicksal der Juden im Kreis Olpe, in: Heimatstimmen aus dem Kreis Olpe, 1988, S.227-270

Lennestadt-Oedingen

Quellen:
Staatsarchiv Münster Kreis Meschede Landratsamt 1146, 1148, 1197, 1283

Olpe

Literatur:
Kemper, Gretel: Spurensuche in der Stadt Olpe, Olpe 1994

Kreis Siegen-Wittgenstein

Bad Berleburg

Literatur:
Riedesel, Karl-Ernst: Die Synagoge in Berleburg, in: Wittgenstein, Blätter des Wittgensteiner Heimatvereins, Heft 4, 1995, S.130-151

Riedesel, Karl-Ernst: Die Anfänge einer jüdischen Gemeinde in Berleburg während des 18. Jahrhunderts, in: Wittgenstein, Blätter des Wittgensteiner Heimatvereins, Heft 4, 1994, S.126-139

Bad Laasphe

Quellen:
Fürstlich Wittgensteinsches Archiv Bad Laasphe Akte W 63 III/Bl.112; Akte J 88 II/Bl.294; Akte J 87/Bl.184
Chronik der ev. Kirchengemeinde Laasphe, Jg.1871

Literatur:
Schmidt, Reinhard: Aus der Geschichte von Juden und Christen in Laasphe, Bad Laasphe 1991

Hilchenbach

Quellen:
Stadtarchiv Hilchenbach, Gesetzliche Vorschriften gegen jüdische Mitbürger ... und deren Auswirkungen bei den heimischen Juden, Hilchenbach 1978

Literatur:
Elkar, Rainer S. u.a. (Hg.): Menschen – Häuser – Schicksale. Hilchenbach zwischen Monarchie, Diktatur und Republik, Kreuztal 1992

Thiemann, Walter: Von den Juden im Siegerland, Siegen 1968

Siegen

Quellen:
Stadtarchiv Siegen Dokumente aus dem Grundstein der Synagoge zu Siegen 23.07.1903
Stadtarchiv Siegen Acta gen. und spez. des Königlichen Landrats zu Siegen betreffend die Synagogengemeinde des Kreises Siegen Vol.II 1892-1912
Siegener Zeitung vom 25.7.1903; 24.7.1904

Literatur:
Dietermann, Klaus: Die Siegener Synagoge. Vom Bau und der Zerstörung eines Gotteshauses, Siegen 1988

Dietermann, Klaus: Zur Geschichte der Siegener Juden, in: Siegerland, Bd.50, Heft 3-4, 1973, S.95-97

Fürstenau, Gesche: Architekt im preußischen Staatsdienst. Eduard Fürstenau (1862-1938) und seine Sakralbauten, Magisterarbeit, Frankfurt a.M. 1988

Stadt Siegen (Hg.): Deutschlands Städtebau. Siegen und das Siegerland, Berlin 1922

Stahl, Joachim: Bunker und Stollen für den Luftschutz im Raum Siegen, Siegen 1980

Thiemann, Walter: Von den Juden im Siegerland, Siegen 1968

Kreis Soest

Anröchte

Literatur:
Blanke, Franz: Juden in Anröchte. Eine Zusammenfassung unseres heutigen Wissens, Anröchte 1991

Mühle, Eduard: Bildung der Synagogenbezirke im Kreis Lippstadt (1847-1855). Zur Geschichte der Juden unter preußischer Gesetzgebung, in: Lippstädter Heimatblätter, 64.Jg. Lippstadt 1984, S.119-124

Mühle, Eduard: Anröchter Thorarolle in London – 1939 im Auswanderungsgepäck, in: Lippstädter Heimatblätter, 62.Jg. Lippstadt 1982, S.97-102

Erwitte

Quellen:
Stadtarchiv Erwitte A 1-710 26.5.1843 Bericht des Amtmannes an den Landrat über das jüdische Kultus- und Schulwesen
Kreisarchiv Soest A 636, 641

Literatur:
Böckmann, Clemens: Die jüdische Gemeinde Erwitte. Die Aufarbeitung von fast 300 Jahren jüdischer Geschichte in einer kleinen Stadt, Soest 1986

Meschede, Margarete: Juden in Erwitte 1815-1871 (unveröffentlichtes Manuskript)

Mühle, Eduard: Bildung der Synagogenbezirke im Kreis Lippstadt (1847-1855). Zur Geschichte der Juden unter preußischer Gesetzgebung, in: Lippstädter Heimatblätter, 64.Jg. Lippstadt 1984, S.119-124

Geseke

Quellen:
Stadtarchiv Geseke, Statut für die Synagogen-Gemeinde zu Geseke, Geseke 1871

Lokale Quellen und Literatur

Lippetal

Quellen:
Stadtarchiv Soest Mb XL S1 Nr.26, 178
Staatsarchiv Münster Kreis Soest Landratsamt Nr.133
Archiv Gemeinde Lippetal Amt Oestinghausen Fach 12

Literatur:
Buß, Wilfried: Sosatia Judaica. Ein Beitrag zur Geschichte der Juden in Soest, Bd.1-3, Päd. Staatsarbeit, Dortmund 1971

Lippstadt

Quellen:
Patriot vom 27./30.7.1852; 03.8.1852; 15.8.1927
Stadtarchiv Lippstadt Archiv Rose Nr.22

Literatur:
Fennenkötter, Hans Christoph: Jüdische Synagogen, in: Leben und Leiden der jüdischen Minderheit in Lippstadt. Dokumentation zur Ausstellung der Stadt Lippstadt, Lippstädter Spuren, Sonderband 1991, S.81-92
Fennenkötter, Hans Christoph: Tot nur ist, wer vergessen wird! Die jüdischen Friedhöfe in Lippstadt, Lippstadt 1989
Hesselbarth, Hermann: Über Lippstädter Häuserbesitz in früheren Zeiten, in: Jahresbericht des Realgymnasiums und der Realschule, Lippstadt 1903
Mühle, Eduard: Bildung der Synagogenbezirke im Kreis Lippstadt (1847-1855), Zur Gesichichte der Juden unter preußischer Gesetzgebung, in: Lippstädter Heimatblätter, 64.Jg., Lippstadt 1984, S.119-124
Mühle, Eduard: Zur Geschichte der jüdischen Minderheit, in: Ehbrecht, Wilfried (Hg.), Lippstadt – Beiträge zur Stadtgeschichte, Bd.2, Lippstadt 1985, S.519-574
Walberg, Hartwig: Die jüdische Minderheit in Lippstadt und Lipperode vom Spätmittelalter bis in das 20.Jahrhundert, in: Leben und Leiden der jüdischen Minderheit in Lippstadt. Dokumentation zur Ausstellung der Stadt Lippstadt, Lippstädter Spuren, Sonderband 1991, S.7-18

Möhnesee-Körbecke

Quellen:
CJA 1, 75 A, So 2, Nr.42

Literatur:
Buß, Wilfried: Sosatia Judaica. Ein Beitrag zur Geschichte der Juden in Soest, Bd.1-3, Päd. Staatsarbeit, Dortmund 1971

Rüthen

Quellen:
Stadtarchiv Rüthen Kämmereiregister 1447, 1587
Stadtarchiv Rüthen Stadt B c: Juden
Stadtarchiv Rüthen Amt A Fach 10: Kirchen
Stadtarchiv Rüthen Amt B Politische und Vereinspolizei
Stadtarchiv Rüthen Bestand B 1113
Stadtarchiv Rüthen Lage und Grundriß der jüdischen Synagoge (Königstraße 10) ca. 1935
Stadtarchiv Rüthen Grundriß und Lage der nach dem Stadtbrand von 1834 auf dem Grundstück des Juden Alfred Herzheim errichteten „Israelitischen" Synagoge Plan von 1896
Stadtarchiv Rüthen Urkatasterplan der Stadt Rüthen 1829

Literatur:
Babrak, Jale u.a.: Als die Synagogen brannten, in: Rüthener Hefte 1987/88, S.70-74
Bender, Joseph: Geschichte der Stadt Rüthen, Werl, Arnsberg 1848, Nachdruck Werl 1973
Viegener, Franz: Kurzgeschichte von Rüthen, 1940

Soest

Quellen:
CJA 1, 75 A, So 2, Nr.2, 3, 27-31
Soester Kreisblatt vom 18.8.1882
Staatsarchiv Münster Kreis Wittgenstein Landratsamt Nr.576 intus u.a. L.L. Hellwitz: Die Organisation der Israeliten in Deutschland. Ein Versuch, 3.Aufl., Arnsberg und Soest 1837
Staatsarchiv Münster Nachlaß Gisbert von Romberg B 113 intus: Antrag des Obervorstehers der Israeliten im Herzogtum Westfalen, Hellwitz, „Die Verbesserung der sittlichen und bürgerlichen Verhältnisse der Juden betr., Werl 1826
Täubler, Eugen: Akten-Inventar der Synagogen-Gemeinde Soest, in: Mitteilungen des Gesamtarchivs der deutschen Juden, Bd.3, 1911/12, S.26-54

Literatur:
Brocke, Michael/Köhn, Gerhard: Der jüdische Friedhof in Soest. Die Jüdische Gemeinde Soest, Soest 1993
Buß, Wilfried: Sosatia Judaica. Ein Beitrag zur Geschichte der Juden in Soest, Bd.1-3, Päd. Staatsarbeit, Dortmund 1971
Juden in Soest. Ausstellung zum 9. November 1938 im Stadtarchiv Soest, zusammengestellt von Gerhard Köhn, Soest 1988
Katzenstein, Sally: Die Synagogengemeinde zu Soest, in: Soester Heimatkalender 1930, S.60-62
Köhn, Gerhard: Die Soester Opfer der Judenverfolgung im Dritten Reich. Zur Erinnerung an die Deportation vor 50 Jahren, in: Soester Zeitschrift, 104, 1992, S.84-139
Köhn, Gerhard: Die Verfolgung der jüdischen Mitbürger in Soest während des Dritten Reiches, Soest 1979
Ries, Rotraud: Ein ambivalentes Verhältnis – Soest und seine Juden in der frühen Neuzeit, Sonderdruck aus: Widder, Ellen (Hg.): Soest. Geschichte der Stadt, Bd.3, Zwischen Bürgerstolz und Fürstenstaat. Soest in der frühen Neuzeit, Soest 1995

Warstein

Quellen:
Stadtarchiv Warstein A 480/ B 460/ C 1082

Literatur:
Gosmann, Michael (Hg.): Juden in Arnsberg. Eine Dokumentation (Städtekundliche Schriftenreihe über die Stadt Arnsberg, Bd.18), Arnsberg 1991

Lange, Dietmar: Die Geschichte der Juden in Warstein, in: Lange, Dietmar (Hg.): ecclesia Warsteinensis. 750 Jahre Kirchen in Warstein, Warstein 1987, S.105-111

Werl

Quellen:
Stadtarchiv Werl Akte OF 01 Bl.235
Stadtarchiv Werl Akte F 34/3 Bd.3

Literatur:
Deisting, Heinrich Josef/Karsten, Annegret: Zur Geschichte der Juden vom 16. Jahrhundert bis um 1850, in: Rohrer, Amalie/Zacher, Hans-Jürgen (Hg.): Werl. Geschichte einer westfälischen Stadt, Bd.1, Paderborn/Werl 1994, S.341-350

Preising, Rudolf: Zur Geschichte der Juden in Werl, in: Preising, Rudolf (Hg.): Nachrichten aus dem Werler Stadtarchiv, Heft 1, Werl 1971

Zacher, Hans-Jürgen: Die Synagogengemeinde Werl in der Zeit von 1847 1941, Werl 1988

Zacher, Hans-Jürgen: Zur Geschichte der Juden von 1850-1933, in: Rohrer, Amalie/Zacher, Hans-Jürgen: Werl. Geschichte einer westfälischen Stadt, Bd.1, Paderborn/Werl 1994, S.351-362

Kreis Unna

Kamen

Quellen:
Stadtarchiv Kamen, Synagogenakte

Literatur:
Elger, Irmgard (Hg.): Kamen in alten Ansichten, Zaltbommel/NL 1981

Goehrke, Klaus: „Weil wir Juden waren". Schicksal der Juden in Kamen. Versuch einer Darstellung, Kamen 1988

Lünen

Quellen:
Stadtarchiv Lünen NA 32/5

Literatur:
Stadtarchiv Lünen (Hg.): Geschichte der Juden in Lünen, Lünen 1988

Schwerte

Quellen:
Stadtarchiv Schwerte Akte Nr.6128

Literatur:
Aleveld, Norbert: Der Sakralbau im Kreis Iserlohn vom Klassizismus bis zum Ende des Historismus, Altena 1989

Hagenah, Liselotte: Geschichte der Juden in Schwerte, Schwerte 1988

Stadt Schwerte (Hg.): Aus dem Ruhrtal einst und jetzt, Meinerzhagen 1987

Selm-Bork

Quellen:
Stadtarchiv Selm STS 362
Ruhr-Nachrichten vom 7.11.1992
Westfälische Rundschau v. 9.4.1994

Literatur:
Cymontkowski, Doris: Juden in Selm, Bork, Cappenberg, Selm 1990

Robe, Thomas: Die jüdischen Gemeinden in Olfen und Lüdinghausen seit 1918, in: Juden im Kreis Coesfeld, Dülmen 1990, S.195-216

Unna

Quellen:
Hellweger Anzeiger vom 28.6.1905
Gemeindeblatt der jüdischen Gemeinde Dortmund vom 3.5.1935

Literatur:
Kopcke, Christian: Als die Synagoge brannte. Judenverfolgung in Unna, in: Zum 50. Jahrestag der Reichspogromnacht in Unna. Rückblick und Gedenken, Unna u.a., Unna 1993

Stadt Unna (Hg.): Juden in Unna. Spuren ihrer Geschichte: Eine historische Dokumentation, bearb. von Fölster, Dieter 1989, S.27-42

Timm, Willy: Das Israelitische Altersheim für Westfalen in Unna – Werden, Weg und Untergang, in: Jahrbuch Westfalen 1987. Westfälischer Heimatkalender, N.F. 41.Jg., S.16-21

Timm, Willy: Zur Geschichte der Juden in Unna, in: Hellweg-Museum. Themenführer zur Unnaer Geschichte, Heft 3, 1973

Timm, Willy: Zur Geschichte der Stadt Unna, in: Erinnerung und Mahnung. Gedenken an die jüdischen Opfer nationalsozialistischer Gewaltherrschaft in Unna, Unna 1989, S.36-41

Werne

Quellen:
Historisches Stadtarchiv Werne C II/693; C VII/150

Lokale Quellen und Literatur

Literatur:
Fertig-Möller, Heidelore: Juden in Werne (Westfälische Kulturgeschichte, Heft 4), Münster 1985
Fohrmann, Marcus/Rath, Thomas: Werne 1933-1945, Werne o.J.

Regierungsbezirk Detmold

Bielefeld

Quellen:
CJA 1, 75 A, B1, Nr.11, 15

Literatur:
Akteninventar der Synagogen-Gemeinde Bielefeld, in: Mitteilungen des Gesamtarchivs der deutschen Juden, Bd.3, Jg.1911/12, S.14-21

Culemann, Heinrich: Beim Tischler Becker in Schildesche um 1800, in: Ravensberger Blätter, Bd.26, Jg.26, S.6

Einwohner – Bürger – Entrechtete. Sieben Jahrhunderte jüdisches Leben im Raum Bielefeld, Bielefeld 1988

Katzenstein, Moritz: Zur Geschichte der Synagogen-Gemeinde Bielefeld, in: Ravensberger Blätter, Bd.4, Jg.1904, S.41

Kronheim, Hans: Geschichte der jüdischen Gemeinden in Minden-Ravensberg, in: Minden-Ravensberg. Ein Heimatbuch, Bielefeld 1929, S.357-361

Lakemann, Eduard: Das Dorf Schildesche in den siebziger und achtziger Jahren des vorigen Jahrhunderts, 2 Bde, o.O., 1940-1941

Meynert, Joachim/Schäffer, Friedhelm: Die Juden in der Stadt Bielefeld während der Zeit des Nationalsozialismus, Bielefeld 1983

Minninger, Monika: Bielefelder Juden im Zeitalter von Emanzipation und Assimilation 1807-1933, in: Vorträge zu Veranstaltungen der Gesellschaft für Christlich-Jüdische Zusammenarbeit Bielefeld e.V. zur „Woche der Brüderlichkeit 1984" in Bielefeld, Bielefeld 1984, S.9-31

Minninger, Monika: Salomon Blumenau aus Bünde (1825-1904). Lehrer, Kantor, Prediger, Freimaurer, Autor, in: Ravensberger Blätter, 1988, S.8-21

Modersohn-Kramme, Martha: Aus Bielefelds vergangenen Tagen, Bielefeld 1929

Nachruf Eduard Fürstenau, in: Zentralblatt der Bauverwaltung, Bd.56, Jg.1938, S.692-693

Niemann, Ursula: Überblick über die jüdische Gemeinde in Bielefeld (unveröffentlichtes Manuskript)

Synagogen-Einweihung in Bielefeld, in: Allgemeine vom 21.9.1951

„Zugänge zum Judentum". Ausstellung des Stadtarchivs Bielefeld vom 5. September bis 10. November 1996

Kreis Gütersloh

Borgholzhausen

Quellen:
Stadtarchiv Borgholzhausen Bestand A, B

Literatur:
Porta, Siegfried: Chronik der Familie Löwenstein-Porta, sowie der Synagogengemeinde Neuenkirchen im Zusammenhang mit der Geschichte der Grafschaft Rietberg und des Israelitischen Konsistoriums zu Cassel, Bielefeld 1922

Gütersloh

Literatur:
Barler, Jehuda: Juden und jüdische Gemeinde in Gütersloh 1671-1943, 2. Aufl., Gütersloh 1988

Gatzen, Helmut: Nachts Orgie der Gewalttags organisierte Vernichtung, 2. Aufl., Gütersloh 1994

Rheda-Wiedenbrück

Literatur:
Heimatverein Rheda e. V. (Hg.): Dokumentation zur Ausstellung „Juden und jüdisches Leben in Rheda" von Elisabeth Hanschmidt, Rheda-Wiedenbrück 1995

Kindler, Jürgen / Leuve, Wolfgang A. / Ballweg, H.: Die Geschichte der Rhedaer Judengemeinde, Rheda-Wiedenbrück 1985

Weinberg, Werner: Die Geschichte einer Tora, Rheda-Wiedenbrück 1978

Rietberg-Neuenkirchen

Quellen:
CJA 1, 75 A, Ne 2, Nr. 18-22

Literatur:
Barler, Jehuda: Neuenkirchen, die Judengemeinde der Grafschaft Rietberg, in: Gütersloher Beiträge, Heft 42/43 (Juni 1976), S. 853-865

Brüning, Günter: Geschichte der Juden in der Grafschaft Rietberg, Synagogengemeinde Neuenkirchen, in: 700 Jahre Stadt Rietberg, Rietberg 1989, S. 382-402

Versmold

Quellen:
Stadtarchiv Versmold A 246, A 1077, A 1238

Literatur:
Vinke, Wilhelm: Heimatgeschichte der Stadt Versmold und Umgebung, Bielefeld 1925

Westheider, Rolf (Hg.): 900 Jahre kirchliches Leben in Versmold 1096-1996, Bielefeld 1996

Kreis Herford

Bünde

Literatur:
Handbuch der jüdischen Gemeindeverwaltung und Wohlfahrtspflege 1924/25, hg. von dem Deutsch-Israelitischen Gemeindebund und von der Zentralwohlfahrtsstelle der deutschen Juden, Berlin 1925

Sahrhage, Norbert: „Juden sind in dieser Stadt unerwünscht" Die Geschichte der Synagogengemeinde Bünde im „Dritten Reich", Bielefeld 1988

Sahrhage, Norbert: Schicksal der Bünder Juden, in: Schomann, Klaus/Hecker, Ingo (Hg.): Bünde. Gesichter einer Stadt, Herford 1992

Enger

Literatur:
Lippische Landeszeitung vom 11. Januar 1990

Stockhecke, Kerstin und Finkener, Heinz: Geschichte der Synagogengemeinde Enger, Enger 1991

Herford

Literatur:
Brade, Christine und Lutz: Die Verfolgung und Vernichtung jüdischer Bürger am Beispiel der protestantischen Kleinstadt Herford in Ostwestfalen 1933-1945, in: Meynert, Joachim/Klönne, Arno (Hg.): Verdrängte Geschichte. Verfolgung und Vernichtung, Bielefeld 1986, S. 95-119

Brade, Christine u.a. (Hg.): Juden in Herford, Bielefeld 1990

Lokale Quellen und Literatur

Vlotho

Literatur:

Nationalsozialismus in Vlotho, Vlotho 1995
Novemberpogrom in Vlotho, Vlotho 1995
Mendel-Grundmann-Gesellschaft e.V. (Hg.): Sie waren Bürger unserer Stadt. Beiträge zur Geschichte der Juden in Vlotho, Vlotho 1988

Kreis Höxter

Bad Driburg

Quellen:

Staatsarchiv Münster Königreich Westphalen A 17-5

Literatur:

Becker, Waldemar: Die Synagogengemeinde Driburg, Sonderdruck aus: Jahrbuch Kreis Höxter 1992
Diamant, Adolf: Die kleine Gemeinde mit stolzer Synagoge, in: Allgemeine vom 5.1.1979
Mubs, Rudolf: Synagogen im Kreis Höxter und ihre Zerstörung am 10. November 1938, in: Jahrbuch Kreis Höxter 1988, S.229-246
Mubs, Rudolf: Zur Geschichte der jüdischen Gemeinden und Synagogen im Raum Höxter-Warburg vor 1933, in: Jahrbuch Kreis Höxter 1989, S.211-228
Pfarrnachrichten für die Pfarrgemeinde Pömbsen, Nr.18-23, 1994

Beverungen

Literatur:

Akten Inventar der Synagogen-Gemeinde Beverungen, in: Mitteilungen des Gesamtarchivs der deutschen Juden, Bd.3, 1911/12, S.1-14
Grunwald, M. (Hg.): Mitteilungen zur jüdischen Volkskunde, 20.Jg., Wien 1918
Günther, Ralf: Zur Geschichte der Juden in Beverungen, in: Ralf Günther: Geschichte der Stadt Beverungen, Paderborn 1993, S.418-437
Mubs, Rudolf: Synagogen im Kreis Höxter und ihre Zerstörung am 10. November 1938, in: Jahrbuch Kreis Höxter 1988, S.229-246
Mubs, Rudolf: Zur Geschichte der jüdischen Gemeinden und Synagogen im Raum Höxter-Warburg vor 1933, in: Jahrbuch Kreis Höxter 1989, S.211-228

Borgentreich

Quellen:

Staatsarchiv Detmold M 1 I L Nr.268, 311
Staatsarchiv Detmold M 2 Warburg Nr.516, 2413
Staatsarchiv Münster Fürstbistum Paderborn Nr.1157, 1158, 1347, 1353, 1362
Staatsarchiv Münster Königreich Westphalen Nr.A 17-2, A 17-4

Literatur:

Kleinert, Adalbert: Die Juden in Großeneder, in: 1100 Jahre Großeneder, Großeneder 1987, S.85-88
Krus, Horst-D.: 700 Jahre Borgholz 1291-1991. Geschichte einer Landstadt im Hochstift Paderborn, Borgentreich 1990
Mubs, Rudolf: Die jüdische Gemeinde in Borgentreich 1646-1941, in: Stadt Borgentreich 1280-1980, Borgentreich 1980, S.221-252
Mubs, Rudolf: Synagogen im Kreis Höxter und ihre Zerstörung am 10. November 1938, in: Jahrbuch Kreis Höxter 1988, S.229-246
Mubs, Rudolf: Zur Geschichte der jüdischen Gemeinden und Synagogen im Raum Höxter-Warburg vor 1933, in: Jahrbuch Kreis Höxter 1989, S.211-228
Seehase, Gunter: Zur Geschichte der Bühner Juden, in: Pün-Bühne: Kulturgeschichte eines Dorfes in Ostwestfalen, Bühne 1990

Brakel

Quellen:

Staatsarchiv Münster Reichskammergericht F Nr.683

Literatur:

Engemann, Herbert u.a.: Zur Geschichte der Brakeler Juden, in: Brakel 829 – 1229 – 1979, Brakel 1979, S.263-298

Lage

Literatur:

Die Geschichte der jüdischen Gemeinde in Lage, Lage 1993

Faassen, Dina van/Hartmann, Jürgen: „... dennoch Menschen von Gott erschaffen". Die jüdische Minderheit in Lippe von den Anfängen bis zur Vernichtung, Bielefeld 1991

Hankemeier, Martin: Zur Geschichte der Juden in Lage, Detmold 1994

fen". Die jüdische Minderheit in Lippe von den Anfängen bis zur Vernichtung, Bielefeld 1991

Lippische Landeszeitung vom 8.2.1994

Lemgo

Literatur:

800 Jahre Lemgo. Aspekte der Stadtgeschichte, Lemgo 1990

Juden in Lemgo und Lippe, Bielefeld 1988

Lügde

Literatur:

Willeke, Manfred: Die Geschichte der Juden in Lügde, in: Genealogie, Bd.20, Jg.1990, S.129-141

Zur Geschichte der Juden in Lügde, Lügde 1989

Oerlinghausen

Literatur:

Die Geschichte der Oerlinghauser Synagoge von 1803 bis 1988, Oerlinghausen 1988

Uecker, Günther: Fall Synagoge, Oerlinghausen 1988

Schieder-Schwalenberg

Literatur:

Liedtke, Hans: Zur Geschichte der Juden in Schwalenberg, Detmold 1993

Schlangen

Literatur:

Wiemann, Heinz: Zur Geschichte der Synagoge in Schlangen, in: Schlänger Bote, Bd.16, Jg.1991, Nr.132, S.4-7; Nr.133, S.4-6; Nr.134, S.3-5

Kreis Minden-Lübbecke

Bad Oeynhausen

Literatur:

„Zugänge zum Judentum". Ausstellung des Stadtarchivs Bielefeld vom 5. September bis 10. November 1996 in Bielefeld

Lübbecke

Literatur:

Dokumentation zur Geschichte der Gemeinde Lübbecke (1830-1945), bearb. von Beckmann, Volker, o.O. o.J.

Lazarus, Max: Erinnerungen, Dortmund 1967

Meyer, H.Ch.: Abbildung nach S.80

Minden

Literatur:

Nordsiek, Hans: Juden in Minden. Dokumente und Bilder jüdischen Lebens vom Mittelalter bis zum 20. Jahrhundert, Minden 1988

Petershagen

Quellen:

Stadtarchiv Petershagen, Amt Schlüsselburg Nr.654. Zur Verfügung gestellt durch Herrn Linnemeier, Bernd-Wilhelm, Münster

Literatur:

„Zugänge zum Judentum". Ausstellung des Stadtarchivs Bielefeld vom 5. September bis 10. November 1996 in Bielefeld

Linnemeier, Bernd-Wilhelm: Beiträge zur Geschichte von Flecken und Kirchspiel Schlüsselburg, Stolzenau 1986

Linnemeier, Bernd-Wilhelm: Zahlen, Daten und Fakten: Stichworte zur jüdischen Geschichte im Raum Petershagen (unveröffentlichtes Manuskript)

Mindener Tageblatt vom 20.2.1997

Porta Westfalica-Hausberge

Quellen:
Stadtverwaltung Porta Westfalica, Schenkungsurkunde von Moses Michelsohn betreffend eine Synagoge an die jüdische Gemeinde zu Hausberge (1853)

Preußisch Oldendorf

Quellen:
CJA 1, 75 A, Pr 3, Nr.1, 2

Literatur:
„Zugänge zum Judentum". Ausstellung des Stadtarchivs Bielefeld vom 5. September bis 10.November 1996 in Bielefeld

Rhaden

Literatur:
„Zugänge zum Judentum". Ausstellung des Stadtarchivs Bielefeld vom 5. September bis 10. November 1996 in Bielefeld

Stemwede-Levern

Quellen:
CJA 1, 75 A, Le 2, Nr.1

Literatur:
Redecker, Heinz: Weiße Fahnen – und doch kein Ende, Lübbecke 1995
„Zugänge zum Judentum". Ausstellung des Stadtarchivs Bielefeld vom 5. September bis 10. November 1996 in Bielefeld

Kreis Paderborn

Büren

Literatur:
Liedtke, Hans: Leben und Schicksal der Juden in Büren, in: Heimatverein Büren e.V. (Hg.): Büren. Einblicke in die historische Entwicklung, Büren 1994, S.315-336
Liedtke, Hans: Über die früheren Verhältnisse der Juden in Büren (Schriftenreihe des Bürener Heimatvereins, Heft 4), Büren 1995

Paderborn

Quellen:
CJA 1, 75 A, Pa 1, Nr.1
Stadtarchiv Paderborn A 1293, 1413
Staatsarchiv Detmold D 1 Nr.5783
Westfälisches Volksblatt Nr.271 vom 15.11.1879
Paderborner Anzeiger vom 13.8.1932
Synagogengemeinde Paderborn, Grundsteinurkunde der Paderborner Synagoge vom 15.3.1881

Literatur:
Aloni, Jenny: „... man müßte einer späteren Generation Bericht geben", Paderborn/München/Wien/Zürich 1995
Gerle, Karl: Zur Fertigstellung der neuen Synagoge (Beilage anläßlich der Synagogeneinweihung am 29.11.1959), in: Allgemeine vom 27.11.1959
Heinrichs, Brigitte: Aus dem jüdischen Leben im Paderborner Land (Beilage anläßlich der Synagogeneinweihung am 29.11.1959), in: Allgemeine vom 27.11.1959
Heinrichs, Brigitte: Die Einweihung der Paderborner Synagoge, in: Allgemeine vom 4.12.1959
Naarmann, Margit: Die Paderborner Juden 1802-1945. Emanzipation, Integration und Vernichtung. Ein Beitrag zur Geschichte der Juden in Westfalen im 19. und 20. Jahrhundert, Paderborn 1985
Naarmann, Margit: Juden und jüdische Kultusgemeinde nach 1945, in: Paderborn 1945-1955. Zerstörung und Aufbau, Paderborn 1987, S.134-138
Naarmann, Margit: Paderborner jüdische Familien, Paderborn 1997

Salzkotten

Literatur:
Wacker, Bernd und Marie Theres: ... verfolgt, verjagt, deportiert. Juden in Salzkotten 1933-1942, Salzkotten 1988

Wünnenberg

Literatur:
Liedtke, Hans: Über die früheren Verhältnisse der Juden in Büren, in: Schriftenreihe des Bürener Heimatvereins, Heft 4, Büren 1995

Regierungsbezirk Münster

Kreis Borken

Ahaus

Quellen:
Staatsarchiv Münster Regierung Münster Nr.17130

Literatur:
Hesse, Franz Josef: Ahaus, "Es ist nicht leicht, darüber zu sprechen", in: Bierhaus, August (Hg.): "Es ist nicht leicht, darüber zu sprechen". Der Novemberpogrom im Kreis Borken, Borken 1988, S.52-55
Segbers, Bernhard: Synagogengemeinde Ahaus. Die Geschichte der Juden in Ahaus, o.O. o.J.

Bocholt

Quellen:
Staatsarchiv Münster Regierung Münster Nr.17138

Literatur:
Niebur, Josef: Juden in Bocholt. Eine Dokumentation, Bocholt 1988

Borken

Quellen:
Staatsarchiv Münster Regierung Münster Nr.17138

Literatur:
Auerbach, Selig: Das Bezirksrabbinat Recklinghausen, in: Meyer, H.Ch., S.125-133
Leben und Schicksal der Juden in Borken. Eine Dokumentation aus Anlaß der Ausstellung im Stadtmuseum Borken vom 9. bis 27. November 1989, Borken 1989

Gescher

Quellen:
Staatsarchiv Münster Regierung Münster Nr.17141

Literatur:
Wissen, Martin: Ent-deckte Zeichen, Die Juden in Gescher, Gescher (1989)

Gronau

Quellen:
Staatsarchiv Münster Regierung Münster Nr.17130

Literatur:
Dickmann, Norbert: Die jüdische Gemeinde – Wachsen und Untergang, in: Natur und Kultur des Raumes Gronau und Epe, Gronau 1982, S.208-211
Wilfang, Friedrich: Der Untergang der jüdischen Gemeinde in Gronau und Epe, in: Unsere Heimat. Jahrbuch des Kreises Borken, Borken 1980, S.157-161

Isselburg

Quellen:
Staatsarchiv Münster Regierung Münster Nr.17138

Literatur:
Neulinger, Heinz: Aus der Geschichte der Juden in Anholt, in: Unsere Heimat. Jahrbuch des Kreises Borken, 1984, S.261-262.
Nußbaum, Leo: Zur Geschichte der Juden in Anholt, in: Westmünsterland, Bd.6, Jg.1919, S.284-290
Sechshundert Jahre Stadt Anholt 1347-1947, Münster 1947

Raesfeld

Quellen:
Staatsarchiv Münster Regierung Münster Nr.17138

Literatur:
Friedrich, Adalbert: Die jüdische Gemeinde von Raesfeld. Ein Beitrag zur Geschichte der Juden in Westfalen, Raesfeld 1988

Reken

Quellen:
Staatsarchiv Münster Regierung Münster Nr.17138, 29674

Literatur:
1100 Jahre Reken, Eine Chronik, Coesfeld o.J.

Rhede

Quellen:
Staatsarchiv Münster Regierung Münster Nr.17138

Literatur:
Wessels, Heinz-Günther/Runte, Jürgen: Die Rheder Juden, Rhede 1989

Stadtlohn

Quellen:
Staatsarchiv Münster Regierung Münster Nr.17130

Literatur:
Bierhaus, August (Hg.): "Es ist nicht leicht, darüber zu sprechen". Der Novemberpogrom im Kreis Borken, Borken 1988

Lokale Quellen und Literatur

Uepping, Bernhard (Hg.): Nie wieder Stadtlohn unterm Hakenkreuz. Dokumentation über den Nationalsozialismus von 1933 bis 1945, Stadtlohn 1990

Südlohn

Quellen:
Staatsarchiv Münster Regierung Münster Nr.17130

Literatur:
Brunzel, Ernst: Nie gehört, Schicksal einer jüdischen Gemeinde, Südlohn 1989
Bierhaus, August (Hg.): „Es ist nicht leicht, darüber zu sprechen". Der Novemberpogrom im Kreis Borken, Borken 1988

Vreden

Quellen:
Staatsarchiv Münster Regierung Münster Nr.17130

Literatur:
Leeck, Guido: Die Vredener Synagoge. Ein Rekonstruktionsversuch, in: Quellen und Studien zur Geschichte Vredens und seiner Umgebung, Bd. 3, Vreden 1995, S.133-148
Studien zur Geschichte der Juden im Kreis Borken, Vreden 1983

Bottrop

Quellen:
Staatsarchiv Münster Regierung Münster Nr.29679

Literatur:
Alte Synagoge Essen (Hg.): Spurensuche. Eine jüdische Gemeinde, die nicht mehr existiert, Essen o.J.
David, Chanan: Jahre, die man nicht vergißt, Essen 1991
Lück, Manfred: Juden in Bottrop, Bd.2 (Beiträge zur Bottroper Geschichte Nr.20), Bottrop 1993
Stegemann, Wolf/Eichmann, Johanna: Jüdisches Museum Westfalen, Dorsten 1992

Kreis Coesfeld

Ascheberg-Herbern

Quellen:
Staatsarchiv Münster Regierung Münster Nr.17144

Literatur:
Farwick, Josef: Die jüdische Gemeinde in Herbern-Ascheberg, in: Juden im Kreis Coesfeld, Coesfeld 1990

Billerbeck

Quellen:
Staatsarchiv Münster Regierung Münster Nr.17141

Literatur:
Grevelhörster, Ludger: Antisemitismus in der katholischen Provinz. Juden und Judenverfolgung in Billerbeck 1933-1940, in: Juden im Kreis Coesfeld, Coesfeld 1990, S.50-72

Coesfeld

Quellen:
Staatsarchiv Münster Regierung Münster Nr.17141

Literatur:
Banneyer, Hildegard: Das Schicksal der Coesfelder Juden zur Zeit des Nationalsozialismus, in: Juden im Kreis Coesfeld, Coesfeld 1990, S.73-87
Beckmann, Jürgen: Geschichte und Schicksal der jüdischen Gemeinde Coesfeld, in: Jahrbuch des Kreises Coesfeld, 1983, S.119-122
Coesfelder Stadtkern, Dülmen 1986

Dülmen

Quellen:
Staatsarchiv Münster Regierung Münster Nr.17141

Literatur:
Becker, Joost/Becker-Leeser, Helga: Dülmener Bürger – die jüdische Gemeinde 1815-1933, in: Juden im Kreis Coesfeld, Coesfeld 1990, S.88-116

Brathe, Heinz: Dülmener wie andere auch – das Ende der jüdischen Gemeinde 1933/42, in: Juden im Kreis Coesfeld, Coesfeld 1990, S.117-131

Lehnardt, Karina: Der jüdische Friedhof in Dülmen, Dülmen 1991

Menke, Annette: Dülmen in Westfalen, Dülmen 1991

Lüdinghausen

Quellen:
Staatsarchiv Münster Regierung Münster Nr.17144, 17145

Literatur:
Determann, Andreas: Die jüdischen Gemeinden in Lüdinghausen und Olfen 1800-1918, in: Juden im Kreis Coesfeld, Coesfeld 1990, S.168-194

Rahe, Thomas: Die jüdischen Gemeinden in Olfen und Lüdinghausen seit 1918, in: Juden im Kreis Coesfeld, Coesfeld 1990, S.195-216

Nottuln

Quellen:
Staatsarchiv Münster Regierung Münster Nr.17146

Literatur:
300 Jahre Juden in Nottuln, Nottuln 1988

Olfen

Quellen:
Staatsarchiv Münster Regierung Münster Nr.17144, 17145

Literatur:
Determann, Andreas: Die jüdischen Gemeinden in Lüdinghausen und Olfen 1800-1918, in: Juden im Kreis Coesfeld, Coesfeld 1990, S.168-194

Rahe, Thomas: Die jüdischen Gemeinden in Olfen und Lüdinghausen seit 1918, in: Juden im Kreis Coesfeld, Coesfeld 1990, S.195-217

Gelsenkirchen

Quellen:
Stadtarchiv Gelsenkirchen 0 4367, 0 4370, 0 4371, II 5
Stadtarchiv Dorsten B 143, 146, 4103
Jüdische Kultusgemeinde Gelsenkirchen Synagogenbau und Synagogeneinweihung

Literatur:
Gatzemeier, Ursula: Zur Geschichte der Juden in Gelsenkirchen. Von den Anfängen bis 1933, Schriftliche Hausarbeit zur Ersten Staatsprüfung Lehramt für die Primarstufe, Duisburg 1983

Geschichte der Synagogen-Gemeinde Gelsenkirchen und ihrer Vereine nebst 2 Abhandlungen. Festschrift anläßlich des 50-jährigen Bestehens der Synagogen-Gemeinde Gelsenkirchen, Gelsenkirchen 1924

Mrozek, Marlies: Jüdische Friedhöfe in Gelsenkirchen (unveröffentlichtes Manuskript)

Obst, Dieter: Geschichte der jüdischen Kultusgemeinde in Gelsenkirchen (unveröffentlichtes Manuskript)

Stratmann, Hartmut: Die Synagoge in Buer 1922-1938, Gelsenkirchen 1992

Stratmann, Hartmut: Die Synagoge in Gelsenkirchen 1885 – 1938. Aus der Hausakte „Gildenstraße 4/6", Gelsenkirchen 1995

Münster

Quellen:
Staatsarchiv Münster Regierung Münster Nr.17146, 17147

Literatur:
Aschoff, Diethard: Die Juden in der ständischen Gesellschaft, in: Geschichte der Stadt Münster, Bd.1, Münster o.J.

Brilling, Bernhard/Dieckmann, Ulrich: Juden in Münster 1933-1945. Eine Gedenkschrift, Münster 1960

Der Judenpogrom vom 9./10. November 1938 in Münster, Münster 1989

Determann, Andreas u.a.: Geschichte der Juden in Münster, Münster 1989

Evers, Stefan: Geschichte der Juden in Wolbeck, Münster 1988

Festschrift zur Weihe der neuen Synagoge in Münster/Westfalen 12. März 1961, Münster 1961

Löwenthal, Ernst Gottfried (Hg.): Bewährung im Untergang. Ein Gedenkbuch, Stuttgart 1965

Massingkoff, Heinz: Rassenwahn in Münster. Der Judenpogrom 1938 und Bischof Clemens August Graf von Galen, Regensburg 1989

Schlautmann-Overmeyer, Rita: Die jüdische Gemeinde in Münster zwischen Emanzipation und Nationalsozialismus. Untersuchungen zur innergemeindlichen Situation, Magisterarbeit Münster 1991

Lokale Quellen und Literatur

Kreis Recklinghausen

Castrop-Rauxel

Quellen:
Stadtarchiv Castrop-Rauxel Nr.647, 693, 886, 1040

Literatur:
Keller, Norbert: Die Judenverfolgung von 1938 und unsere Trauer, in: Kultur und Heimat, Nr.3/4, 1988, Seite 89-96

Datteln

Quellen:
Stadtarchiv Datteln Bauakte Türkenstr. 1

Literatur:
Beckmann, Theodor/Mertens, Thomas: Juden in Datteln, Datteln 1988
Schneider, Werner: Jüdische Heimat im Vest. Gedenkbuch der jüdischen Gemeinden im Kreis Recklinghausen, Recklinghausen 1983

Dorsten

Quellen:
Stadtarchiv Dorsten B 143, 146, 4103

Literatur:
Hartwich, Dirk/Stegemann, Wolf: Dorsten unterm Hakenkreuz. Die jüdische Gemeinde, Dorsten 1983
Stegemann, Wolf/Eichmann, Johanna: Juden in Dorsten und in der Herrlichkeit Lembeck, Dorsten 1989

Gladbeck

Quellen:
Staatsarchiv Münster Regierung Münster Nr.29680

Literatur:
Bajohr, Frank: Verdrängte Jahre. Gladbeck unterm Hakenkreuz, Essen 1990
Breßer-Barnebeck, Peter: Gedenktafel für jüdische Mitbürger angebracht, in: Beiträge zur Gladbecker Geschichte, Jahrgang 1991, Heft 3, S.117-118

Haltern

Quellen:
Staatsarchiv Münster Regierung Münster Nr.17141

Literatur:
Aschoff, Diethard: Die Juden in Haltern, in: Schulte-Althoff, Franz-Josef (Hg.): Haltern. Beiträge zur Stadtgeschichte, Dülmen 1988, S.263-289
Schneider, Hans-Günther/Nockemann, Georg: Die Geschichte der Juden in Haltern, Haltern 1982
Schneider, Werner: Jüdische Heimat im Vest. Gedenkbuch der jüdischen Gemeinden im Kreis Recklinghausen, Recklinghausen 1983

Recklinghausen

Quellen:
Stadtarchiv Recklinghausen Hausakte Limperstraße 39

Literatur:
Auerbach, Selig: Das Bezirksrabbinat Recklinghausen, in: Meyer, H.Ch., S.125-133
Reuter, Heinz: Die Juden im Vest Recklinghausen. Ihre gesellschaftlichen, wirtschaftlichen und politischen Verhältnisse, unter besonderer Berücksichtigung der Synagogengemeinde Recklinghausen, in: Vestische Zeitschrift, Band 77/78, Recklinghausen 1978/79, S.19-156
Schneider, Werner: Jüdische Heimat im Vest. Gedenkbuch der jüdischen Gemeinden im Kreis Recklinghausen, Recklinghausen 1983

Waltrop

Literatur:
Rippert, Heinz: Zur Geschichte der Juden in Waltrop, in: Vestischer Kalender, 55. Jg., 1984, S.179-182
Schneider, Werner: Jüdische Heimat im Vest. Gedenkbuch der jüdischen Gemeinden im Kreis Recklinghausen, Recklinghausen 1983

Kreis Steinfurt

Hopsten

Quellen:
Staatsarchiv Münster Regierung Münster Nr.17157

Literatur:
Feld, Willi/Starosta, Thomas: Die Geschichte der Juden im Kreis Steinfurt von den Anfängen bis zur Vernichtung, Steinfurt 1990

Horstmar

Quellen:
Stadtarchiv Horstmar
CJA 1, 75 A, Ne 2, Nr.20

Literatur:
Handbuch der jüdischen Gemeindeverwaltung und Wohlfahrtspflege 1924/25, hg. von dem Deutsch-Israelitischen Gemeindebund und von der Zentralwohlfahrtsstelle der deutschen Juden, Berlin 1925

Ibbenbüren

Quellen:
Staatsarchiv Münster Regierung Münster Nr.17157

Literatur:
Althoff, Gertrud: Über die ältesten Juden von Ibbenbüren, in: Heimat-Zeitung des Tecklenburger Landes Nr.7, 24. Oktober 1984, S.106-111

Feld, Willi/Starosta, Thomas: Bau und Zerstörung der Synagogen im Kreis Steinfurt, in: Unser Kreis 1989, Jahrbuch für den Kreis Steinfurt, S.240-245

Lengerich

Quellen:
Staatsarchiv Münster Regierung Münster Nr.17157

Literatur:
Althoff, Gertrud u.a.: Geschichte der Juden in Lengerich. Von den Anfängen bis in die Gegenwart. Eine Dokumentation, Lengerich 1993

Ochtrup

Quellen:
Staatsarchiv Münster Regierung Münster Nr.17155

Literatur:
Althoff, Gertrud: Geschichte der jüdischen Gemeinde Ochtrup von den Anfängen bis zur Zerstörung und Vernichtung, Ochtrup 1988

Rheine

Quellen:
Staatsarchiv Münster Regierung Münster Nr.17155

Literatur:
Althoff, Gertrud: Geschichte der Juden. Von den Anfängen bis zu ihrer Vernichtung, in: Rheine gestern heute morgen, Heft 3/1988

Althoff, Gertrud: Die Rassenideologie der Nationalsozialisten und ihre Auswirkungen auf die Rheinenser Juden, in: Rheine gestern heute morgen, Heft 3/1985

Führer, Anton: Geschichte der Stadt Rheine, Rheine 1974

Steinfurt

Quellen:
Staatsarchiv Münster Regierung Münster Nr.17155
CJA 1, 75A, Be 5, Nr.12

Literatur:
Brood, Stephanie/Grünefeld, Andreas: Antisemitismus in Borghorst, Steinfurt 1989

Feld, Willi/Starosta, Thomas: Die Geschichte der Juden im Kreis Steinfurt von den Anfängen bis zur Vernichtung, Steinfurt 1990

Westerkappeln

Quellen:
Staatsarchiv Münster Regierung Münster Nr.17157

Literatur:
Althoff, Gertrud: Geschichte der jüdischen Gemeinde Westerkappeln. Von ihren Anfängen bis zur Vernichtung, Westerkappeln 1987

Lokale Quellen und Literatur

Kreis Warendorf

Ahlen

Quellen:
Staatsarchiv Münster Regierung Münster Nr.17144

Literatur:
Gummersbach, Hans-Werner: Der Weg nach Auschwitz begann auch in Ahlen. Vergessene Spuren der jüdischen Gemeinde einer westfälischen Stadt, Ahlen 1988
Gummersbach, Hans-Werner: Sozialhistorische und soziologische Forschungen zur jüdischen Minderheit in der westfälischen Stadt Ahlen vor und während der Zeit des Nationalsozialismus unter besonderer Berücksichtigung lebensgeschichtlicher Selbstzeugnisse, Diss., Paderborn 1996

Beckum

Quellen:
Staatsarchiv Münster Regierung Münster Nr.17134

Literatur:
Krick, Hugo: Geschichte und Schicksal der Juden zu Beckum, Warendorf 1986
Stadt Beckum 1224-1924. Jubiläumsband zur Siebenhundert-Jahr-Feier der Stadt, Dortmund 1924
Steine sollen ein Mahnmal sein, in: Die Glocke, 10. November 1975

Drensteinfurt

Quellen:
Staatsarchiv Münster Regierung Münster Nr.17136, 17144

Literatur:
Bockholt, Werner: Kleine Drensteinfurter Stadtgeschichte in Bildern und Texten, Drensteinfurt 1988
Bockholt, Werner: Drensteinfurt. Ein kurzer geschichtlicher Abriß, Drensteinfurt 1989
Drensteinfurt: Synagoge restauriert, in: Schalom, Dezember 1992
Ehemalige Synagoge Drensteinfurt. Informationsschrift des Fördervereins Alte Synagoge, Drensteinfurt o.J.
Gabriel, Peter: Wer wies den Wernern den Weg? Die Synagoge in Drensteinfurt – Lehrhaus der Geschichte, in: Jahrbuch Westfalen 1994, S.47-52

Ennigerloh-Enniger

Quellen:
Kreisarchiv Warendorf Amt Vorhelm A 622
Staatsarchiv Münster Regierung Münster Nr.17144

Literatur:
Stutenkemper, Egon: „Hier sin ick to Hous". Ein zweiter Beitrag zur Geschichte unseres Dorfes und der engeren Heimat, Enniger 1987

Oelde

Quellen:
Staatsarchiv Münster Regierung Münster Nr.17158

Literatur:
Pauls, Albert: Zur Geschichte der Juden in Oelde, in: Schmieder, Siegfried (Hg.): Oelde, die Stadt, in der wir leben. Beiträge zur Stadtgeschichte, Oelde 1987, S.667-700

Sendenhorst

Quellen:
Staatsarchiv Münster Regierung Münster Nr.17144

Literatur:
Petzmeyer, Heinrich: Sendenhorst. Geschichte einer Kleinstadt, Sendenhorst 1993

Telgte

Quellen:
Staatsarchiv Münster Regierung Münster Nr.17147

Literatur:
Rüter, Gregor/Westhoff, Rainer: Geschichte und Schicksal der Telgter Juden 1933-1945, Telgte 1985

Wadersloh

Quellen:
Staatsarchiv Münster Regierung Münster Nr.17158

Literatur:
Die Glocke vom 29. Oktober 1984

Warendorf

Quellen:
Staatsarchiv Münster Regierung Münster Nr.17159

Literatur:
Brömmelhaus, Matthias: „Nach unbekannt verzogen". Die Geschichte der Warendorfer Juden in der Zeit des Dritten Reiches, Warendorf 1988
Schalom, 4.Jg., September 1991, S.7
Smieszchala, Alfred: Die Warendorfer Synagoge. Ein Beitrag zu ihrer Baugeschichte, in: Warendorfer Schriften, Bd.19/20, 1989/90, S.131-142

Bildquellen

Arbeitskreis für "Jüdisches Leben in Borken und Gemen", Borken 201, 202, 203
Central Archives for the History of the Jewish People, Jerusalem 29, 59
Deutsches Bergbaumuseum, Bochum 44
Gemeindearchiv Olsberg 93
Gesellschaft für Christlich-Jüdische Zusammenarbeit, Siegen 79
Gustav-Lübcke-Museum Hamm 18
Heimatverein Büren 190
Institut für Lippische Landeskunde Lemgo 168, 173, 174
Jüdische Kultusgemeinde Gelsenkirchen 217, 218
Jüdische Kultusgemeinde Minden 184, 195
Jüdisches Museum Dorsten 199
Kommunalarchiv Minden 10, 183
Kreisarchiv Warendorf 247
Leo Baeck Institut, New York 149
Mendel-Grundmann-Gesellschaft e.V., Vlotho 146
Museum Enger 143, 144
Staatsarchiv Detmold 171, 172, 176
Staatsarchiv Münster 198, 210, 228, 231
Stadt Marsberg 86, 87
Stadtarchiv Arnsberg 77
Stadtarchiv Bad Berleburg 107
Stadtarchiv Bad Salzuflen 167, 168
Stadtarchiv Bad Oeynhausen 181
Stadtarchiv Beverungen 150
Stadtarchiv Blomberg 169, 170
Stadtarchiv Bocholt 200
Stadtarchiv Bochum 45, 260
Stadtarchiv Brilon 82
Stadtarchiv Datteln 229
Stadtarchiv Dortmund 10, 36, 50, 51, 55, 56, 58, 259
Stadtarchiv Drensteinfurt 247
Stadtarchiv Dülmen 212
Stadtarchiv Gelsenkirchen 217
Stadtarchiv Gütersloh 135
Stadtarchiv Hagen 66
Stadtarchiv Haltern 232
Stadtarchiv Hamm 74
Stadtarchiv Herford 145
Stadtarchiv Herne 72, 76
Stadtarchiv Hilchenbach 109
Stadtarchiv Ibbenbüren 237
Stadtarchiv Iserlohn 97, 99
Stadtarchiv Kalletal 175
Stadtarchiv Kamen 124
Stadtarchiv Lemgo 177
Stadtarchiv Lippstadt 116
Stadtarchiv Lübbecke 182
Stadtarchiv Lüdenscheid 100
Stadtarchiv Lüdinghausen 213
Stadtarchiv Menden 102
Stadtarchiv Münster 223, 225, 227
Stadtarchiv Ochtrup 239
Stadtarchiv Oerlinghausen 179
Stadtarchiv Olfen 214
Stadtarchiv Paderborn 193
Stadtarchiv Petershagen 186
Stadtarchiv Rahden 188
Stadtarchiv Recklinghausen 233, 234
Stadtarchiv Rietberg 138, 139
Stadtarchiv Rüthen 118
Stadtarchiv Schwelm 61
Stadtarchiv Schwerte 18
Stadtarchiv Selm 15, 126
Stadtarchiv Soest 119
Stadtarchiv Stadtlohn 206
Stadtarchiv Steinfurt 241, 242
Stadtarchiv Steinheim 158, 160
Stadtarchiv Telgte 249
Stadtarchiv und Landesgeschichtliche Bibliothek, Bielefeld 131, 133, 134, 136, 159
Stadtarchiv Unna 127, 129
Stadtarchiv Versmold 141
Stadtarchiv Werne 83
Stadtarchiv Westerkappeln 243
Stadtarchiv Witten 62, 63
Städtisches Museum Lemgo 17
Stadtverwaltung Preußisch Oldendorf 187
Stadtverwaltung Schieder-Schwalenberg 180
Stiftung "Neue Synagoge Berlin - Centrum Judaicum" 11, 16, 19, 21, 25, 30, 34, 45, 68, 161, 266
Vereinigte Kirchenkreise Dortmund, Bibliothek 14
Westfälisches Amt für Denkmalpflege, Münster 186, 189, 212, 246

F. K. Baltruschat, Altena 95
Günter Birkmann, Dortmund 37
Karl Brinkmöller, Bad Driburg 148
Ernst Brunzel, Stadlohn 207
Bertold Fernkorn, Werther 40, 41, 197
Cornelia Fischer, Gelsenkirchen 24
Adalbert Friedrich, Raesfeld 205
Hans-Gerd Heidsiek, Hude 42
Bernd Heise, Barntrup 175
Thomas Kohlpoth, Dortmund 23, 39, 48, 73, 75, 76, 89, 157, 194
Tony Kemper 114, 196
Bernd Kruse, Lichtenau 191
Guido Leeck, Vreden 208, 209
Michael Lehmann, Castrop-Rauxel 228
Kurt Neuwald, Gelsenkirchen 215
Peter Schulze, Hannover 162, 163
G. Seehase, Borgentreich 151
Hartmut Stratmann, Gelsenkirchen 219, 220
Hubert Zahn, Bad Driburg 147
Andrea Zupancic, Dortmund 79

Amtsblatt der Königlich Preußischen Regierung zu Arnsberg 31
Farwick: Die jüdische Gemeinde in Herbern-Aschberg 211
Fest- u. Heimatschrift Rimbeck 837-1932 165
Friedrich: Die Jüdische Gemeinde von Raesfeld 205
Gesetzsammlung für die Königlichen Preußischen Staaten 27
Gummersbach: Der Weg nach Auschwitz begann auch in Ahlen 244
Krick: Geschichte und Schicksal der Juden zu Beckum 245
Meyer (Hg.): Aus Geschichte und Leben der Juden in Westfalen 263
Neumeister/Häberle (Hg.): Deutsche Konkurrenzen 49
Rheine gestern heute morgen 240
Richter u.a.: Synagoge Meschede - (K)ein Denkmal? 91
Sie werden nicht vergessen sein 23
Smieszchala: Die Warendorfer Synagoge 250
Stegemann/Eichmann: Juden in Dorsten und in der Herrlichkeit Lembeck 230

Anmerkungen

Anmerkungen für die Seiten 12 – 28

1. Gesetz über die Verhältnisse der Juden vom 23. Juli 1847, § 1
2. vgl.Sassenberg: Von Steinheim, Haindorf, Wolff und anderen, S.26
3. vgl.Meyer u.a. (Hg.): Deutsch-jüdische Geschichte in der Neuzeit, Bd.2, S.59; Neues Lexikon des Judentums, S.478f.
4. Meyer, H.Ch., S.159 ff.
5. Sassenberg, a.a.O., S.33
6. Bericht an die Regierung in Kleve vom 12.April 1650, Hauptstaatsarchiv Düsseldorf, Kleve-Mark, Akten Nr.6.10
7. Stadtarchiv Wattenscheid E 201
8. Stadtarchiv Rheda-Wiedenbrück RH-B 553
9. Staatsarchiv Münster, Juden 2627,2
10. zitiert nach Hammer-Schenk: Die Architektur der Synagoge von 1780 bis 1933, in: Schwarz (Hg.): Die Architektur der Synagoge, 1989, S.238
11. Stoecker: Das Salz der Erde, S.134
12. Anläßlich der Einweihung der Synagoge am 9. Juni 1900, vgl.Dortmunder Zeitung vom 10.6.1900
13. CJA 1, 75 A, So 3. Die Formulierung geht zurück auf eine Anordnung des Konsistoriums in Kassel.
14. Kern-Ulmer: Rabbinische Responsen zum Synagogenbau, Teil 1 – Die Responsentexte, S.147
15. Grundlegende Werke zur Architekturgeschichte der Synagogen in Deutschland haben Harold Hammer-Schenk und Hans-Peter Schwarz herausgegeben. Hammer-Schenk, Harold: Synagogen in Deutschland. Geschichte einer Baugattung im 19. und 20. Jahrhundert; Schwarz, Hans-Peter (Hg.): Die Architektur der Synagoge.
16. Allgemeine, Nr.XIV/9 vom 29.5.1959, S.19
17. Gerle in Allgemeine, Nr.XV/4 vom 22.4.1960, S.9
18. Babylonischer Talmud, Berachot 30a
19. Moshe Sofer (1762-1839) zitiert nach Kern-Ulmer, a.a.O., S.26
20. Naftali Tzevi Jehuda Berlin (1817-1893) zitiert nach Kern-Ulmer, a.a.O., S.72
21. Preßburg 1859, zitiert nach Kern-Ulmer, a.a.O., S.86
22. vgl.Goldenberg: Der Kultus- und Profanbau der Juden, Diss. Dresden 1922, S.19
23. Ben-Avner: Zur Darstellung der Tätigkeit gesetzestreuer Rabbiner in Deutschland. Aus der Korrespondenz ihrer letzten Generation 1920-1938, in: Udim – Zeitschrift der Rabbinerkonferenz in der Bundesrepublik Deutschland, Bd.XI-XII, 1981/82, S.27
24. zitiert nach Kern-Ulmer, a.a.O., S.11
25. Stadtarchiv Rheda-Wiedenbrück, RH-B 553
26. CJA 1, 75A, Ha 1, Nr.32
27. CJA 1, 75 A, Ha 7, Nr.3
28. siehe Artikel „Orgelstreit" in: Jüdisches Lexikon, Bd.IV/1, Sp.601-604
29. Opus-Buch der Firma E.F. Walcker GmbH & Co.,Kleinblittersdorf, Opus 883
30. Meyer, H.Ch., S.52
31. Meyer, H.Ch., S.112
32. Für diesen Verein war der orthodoxe Rabbiner Heinrich Weyl in den 20-er Jahren des Jahrhunderts tätig, s. Löwenthal, Ernst G. (Hg.): Bewährung im Untergang, Ein Gedenkbuch, S.180
33. zitiert nach Jüdisches Lexikon, Bd.IV/1, Sp.602
34. Neben dem einjährigen Zyklus gab es auch den dreijährigen
35. vgl.Trepp: Der jüdische Gottesdienst, Gestalt und Entwicklung, S.71
36. Israelitisches Gebetbuch, bearbeitet von Vogelstein, Heinemann, S.503
37. ebd., S.507
38. CJA 1, 75A, Wa 6, Nr.3
39. Berliner: Das Gebetbuch des Dr. Vogelstein beurteilt, Berlin 1894, S.1 – zitiert nach : Meyer (Hg.): Deutsch-jüdische Geschichte in der Neuzeit, Bd.3, S.115
40. Meyer, H.Ch., S.79
41. Schreiben vom 30.9.1930, Stadtarchiv Herne: Synagogengemeinde Wanne-Eickel 04
42. The Central Archives for the History of the Jewish People, Jerusalem, NWD138 (37a) Hattingen
43. nach Trepp: Der jüdische Gottesdienst, Gestalt und Entwicklung, S.67
44. S.193
45. Band 1, S.135
46. Gebetbuch für das Neujahrsfest, hg. von Heidenheim und Bamberger, 100. Auflage, S.86
47. vgl.Bericht über die Entwicklung der Synagogen-Hauptgemeinde Hagen, 1898, S.19 und S.34
48. Sie werden nicht vergessen sein. Geschichte der Juden in Herne und Wanne-Eickel, S.20
49. Wanner Zeitung vom 7.8.1914
50. Manuskript Privatarchiv Hans Frankenthal
51. Maor: Über den Wiederaufbau der jüdischen Gemeinden in Deutschland seit 1945, S.106
52. Magonet: Jüdische Gebete für Schabbat und Wochentage, S.73f.
53. Synagogenordnuug für die israelitische Gemeinde zu Soest von 1856, §14, in: CJA 1, 75 A, So 2, Nr.3
54. Synagogen-Ordnung (Dortmund-) Hörde, §4, zitiert nach Noczynski: Die jüdische Gemeinde im Amt Aplerbeck 1815-1945, S.23
55. §11 der Synagogen-Ordnung
56. Hartwich/Stegemann: Dorsten unterm Hakenkreuz, S.21
57. Reuter: Die Juden im Vest Recklinghausen, S.55
58. Friedrich: Die jüdische Gemeinde von Raesfeld, S.86
59. Reuter: Die Juden im Vest Recklinghausen, S.57f; vgl.Neues Lexikon des Judentums, hg. von Schoeps, Julius H., S.290

60 Reuter: Die Juden im Vest Recklinghausen, S.62f.
61 ebd., S.113
62 Gesetz-Sammlung für die Königl. Preußischen Staaten Nr.30, 1847, S.274f.
63 siehe Meyer, H.Ch., S.38. – Offen ist, ob es wirklich zur Zahlung gekommen ist.
64 The Central Archives for the History of the Jewish People NWD 138 (37d)
65 CJA 1, 75 A, Pa 1, Nr.2
66 CJA 1, 75 A, Ha 7, Nr.3
67 ebd.
68 vgl.Eschwege: Die Synagoge in der deutschen Geschichte, S.186f.
69 Oppenheim: 100 Jahre Synagogengemeinde Wattenscheid, S.10f.
70 nach Reuter: Die Juden im Vest Recklinghausen, S.90
71 Engemann: Zur Geschichte der Brakeler Juden, in: Brakel 829 – 1229 – 1979, S.274
72 Schneider/Nockemann: Die Geschichte der Juden in Haltern, S.39
73 Gesetz über die Verhältnisse der Juden vom 23.7.1847, §64
74 Engemann, a.a.O., S.283
75 vgl.Gatzemeier: Zur Geschichte der Juden in Gelsenkirchen, S.36f.
76 Meyer, H.Ch., S.32
77 Brilling: Das Judentum in der Provinz Westfalen 1815 1945, S.125
78 laut Amtsblatt Arnsberg, 7. Juli 1860, S.179
79 Reuter: Die Juden im Vest Recklinghausen, S.75
80 nach Meyer (Hg.): Deutsch-jüdische Geschichte in der Neuzeit, Bd.2, S.123
81 ebd.
82 s.S. 261: Rabbiner, z.B. Benno Jacob
83 Jüdisches Lexikon, Art. Rabbiner, Bd. IV/1, Sp.1205
84 Meyer (Hg.): Deutsch-jüdische Geschichte in der Neuzeit, Bd.1, S.195ff.
85 s.S. 285: Abraham Sutro
86 Gesetz über die Verhältnisse der Juden vom 23.7.1847, §52
87 Altmann: The German Rabbi: 1910 – 1939, S.31

88 CJA 1, 75 C, Ra 1, Nr.12, undatiert (ca. 1919)
89 vgl.CJA 1, 75 C, Ra 1, Nr.8. Jacob hatte 1917 vom Rabbinerverband den Auftrag erhalten, eine solche Denkschrift auszuarbeiten.
90 CJA 1, 75 C, Ra 1, Nr.13
91 ebd., Nr. 2
92 So in der Gemeinde Warburg im Jahr 1901, CJA 1,75 A, Wa 6, Nr.2
93 Altmann, a.a.O., S.34
94 Ministerialerlaß vom 13.02.1932, in: CJA 1, 75 B, Be 2, Nr.3
95 Brilling: Die jüdischen Gemeinden, S.424
96 §8 der „Bekanntmachung des Vorstehers J. Oswalt, die Ordnung, im jüdischen Gottesdienst betreffend" vom 2.8.1819 in: Herzig (Bearb.): Schutzjuden-Bürger-Verfolgte. Die Geschichte der jüdischen Minderheit in Iserlohn, S.66
97 CJA 1, 75 A, So 1, Nr.28
98 Stadtarchiv Bochum B 212
99 Schneider: Jüdische Heimat im Vest, S.175
100 vgl.Handbuch der jüdischen Gemeindeverwaltung und Wohlfahrtspflege 1924/25, S.60
101 vgl.CJA 1, 75 A, Bu 5, Nr.10
102 Amtsblatt Arnsberg vom 27.09.1851, Nr.566, 1
103 Buber: Die Erzählungen der Chassidim, S.132
104 CJA 1, 75 A, Ha 1, Nr.32
105 Die im Mittelalter gebaute und bis heute erhaltene Mikwe in Friedberg führte über Treppen 25 Meter in die Tiefe, vgl.Eschwege: Die Synagoge in der deutschen Geschichte, S.66
106 Hankemeier: Zur Geschichte der Juden in Lage
107 Meyer, H.Ch., S.70
108 Privatbesitz
109 Rohde: Zwischen Verfolgung und Shoah in: Herzig u.a. (Hg.): Verdrängung und Vernichtung der Juden in Westfalen, S.77
110 Ein ähnliches Bild ergibt sich in Bayern. Auch dort begann die Zerstörung mit einzelnen frühen Taten (1934 Schöllkrippen, 1937 Rieneck). Mitte 1938 wurden in München und Nürnberg Synagogen offiziell abgerissen. Folgetaten bis zu dem Höhepunkt am 9./10. November 1938 fanden statt am 26./27. September 1938 in Hörstein, Kreis Alzenau, am 30. September 1938 in Mellrichstadt, am 8. Oktober 1938 in Willmars, Kreis Mellrichstadt (vgl.Ophir/Wiesemann: Die jüdischen Gemeinden in Bayern 1918 – 1945).

111 Engemann u.a.: Zur Geschichte der Brakeler Juden, S.292
112 Rohde a.a.O., S.86
113 Festschrift zur Weihe der neuen Synagoge in Münster/Westfalen, S.19
114 In Paderborn kam es zum mehrjährigen Rechtsstreit zwischen der Gemeinde und der JTC.
115 s.o. Architektur
116 Wilberz: Synagogen und jüdische Volksschulen, S.27
117 Amtsblatt Arnsberg 1860, S.176
118 CJA 1, 75 A, Bo 2, Nr.5
119 Wilbertz a.a.O., S.45
120 Wilbertz a.a.O., S.12
121 Willertz a.a.O., S.15
122 Jüdisches Gemeindeblatt, Nr.12, vom 24.9.1947
123 Gotteshaus
124 Spende
125 Segen
126 Segen
127 Gebetsabschnitt
128 Fastrag
129 Prüner: Bilder aus Alt-Dortmund, 2. Band, S.119
130 Deutsche Konkurrenzen, S.3
131 ebd., S.5
132 ebd., S.32
133 Hammer-Schenk: Synagogen in Deutschland, S.415
134 Deutsche Konkurrenzen, S.5
135 Hammer-Schenk, a.a.O., S.415
136 ebd., S.419
137 ebd., S.420

Anmerkungen für die Seiten 51 – 105

138 ebd, S.421
139 Dortmunder Zeitung vom 8./9.6.1900
140 ebd.
141 General Anzeiger vom 8.6.1900
142 Zeugenaussage Arthur Salmagne vom 12.10.1959, Privatarchiv Hans Frankenthal
143 Näheres im Kapitel Rabbiner
144 Auskunft von Edmund Nais, dessen Vater dort Kantor war.
145 Dortmunder Zeitung vom 9.6.1900
146 Westfälische Landeszeitung Rote Erde vom 14.9.1938
147 Westfälische Landeszeitung Rote Erde vom 8.9./14.9.1938
148 Bitzel: Damit kein Gras darüber wächst, S.24
149 vom 12.10.1959, Privatarchiv Hans Frankenthal
150 Korn: Synagogenarchitektur in Deutschland nach 1945, in: Schwarz (Hg.): Die Architektur der Synagoge, S.297f.
151 zitiert nach Bitzel: Damit kein Gras darüber wächst, S.63f.
152 ebd.
153 Hammer-Scheuk: Synagogen in Deutschland, S.187
154 Aussage des Albert W., 17.1.1949, Staatsarchiv Münster Bestand Staatsanwaltschaft Dortmund 1237
155 zitiert nach Szigan: Juden in Hattingen, S.9
156 CJA 1, 75 A, Ha 1, Nr.18
157 Kappel: Unbekannt wohin verzogen, S.25
158 Wittener Zeitung vom 1.12.1885
159 ebd.
160 Hammer-Scheuk: Synagogen in Deutschland, S.187
161 Hagener Zeitung vom 1.7.1895
162 s.o. Teil A
163 Allgemeine vom 16.9.1960
164 Lavan: Die Hagener Jüdische Synagogengemeinde, S.125
165 Korn, a.a.O., S.299f.
166 ebd.
167 Staatsarchiv Münster Kreis Iserlohn Landratsamt Nr.648; Böning/Zabel: Gedenkschrift, S.97
168 Westfälische Rundschau vom 17.12.1975
169 Hammer-Schenk: Die Architektur der Synagoge, S.239f.
170 Brand: Die jüdische Gemeinde von Hamm, S.11
171 Fuchs: Rekonstruktion der Synagoge, S.19
172 Synagogenstatut Bochum vom 25.3.1858; so auch im 2. Nachtrag zu dem Statut vom 4.5.1871.
173 Herner Zeitung vom 11.11.1938
174 Eickel-Wanne einst und jetzt, S.94
175 Eickeler Anzeiger vom 22.6.1910
176 ebd.
177 Meyer, H.Ch., S.112
178 Westfälische Landeszeitung Rote Erde vom 11.11.1938
179 Gosmann: Juden in Arnsberg, S.69
180 Amtsblatt Arnsberg 1849, S.321
181 Gosmann, a.a.O., S.70
182 ebd., S.72f.
183 zitiert nach Saure, Schicksale, S.35
184 nach Auskunft von Herrn Saure
185 zitiert nach Saure: Schicksale, S.26
186 Grundbuch der Stadt Brilon Bd.17 Blatt 26
187 Grundbuch der Stadt Brilon Bd.55 Blatt 4
188 vgl.Staatsarchiv Münster Kreis Brilon Landratsamt Nr. 2059; „Erst von einem Antiquitätenhändler in Osnabrück erfuhr man, daß es sich um ein mehrere Jahrhunderte altes Kunstwerk handelte, das vermutlich in alter Zeit von jüdischen Einwanderern mitgeführt worden ist. Beim Verkauf wurden 26.000 Reichsmark erzielt." zitiert nach: Briloner Anzeiger, Nr. 22, Brilon, den 17.11.1977, S.6
189 Juden in Brilon, S.57-59
190 ebd.
191 Hesse: Jüdisches Leben, S.114
192 Schloßarchiv Alme A 4529 A 2117
193 zitiert nach Hesse, Jüdisches Leben, S.33f.
194 ebd.
195 Staatsarchiv Detmold, Geburten, Heiraten und Sterbefälle 1819, S.1/3
196 zitiert nach Hesse, a.a.O., S.162
197 Glade: Die Hallenberger Juden, S.122-124
198 Auskunft von Herrn Wigbert Schemm, ehrenamtlicher Heimatpfleger von Hedinghausen
199 Stadtarchiv Marsberg, Bestand B 907
200 ebd.
201 Stadtarchiv Marsberg, Bestand B 620
202 Hees: Niedermarsberg, S.20-22
203 Nachlaß Zimmermann
204 zitiert nach Bödger: Die Fachwerksynagoge in Padberg, S.494f.
205 zitiert nach Schäfer: Die Geschichte der jüdischen Gemeinde Medebach, S.30
206 a.a.O., S.36f.
207 Mescheder Zeitung vom 23.8.1878
208 Stadtarchiv Schmallenberg B 1502
209 Wichtige Informationen gab Hans Frankenthal, Bürger von Schmallenberg und Überlebender von Auschwitz
210 zitiert nach Höttler: Erinnerung an jüdische Mitbürger, S.66
211 Herzig: Die Entstehung der jüdischen Gemeinde Iserlohn, S. 328
212 ebd, S.329
213 Staatsarchiv Münster Kreis Iserlohn Landratsamt Nr.645
214 Herzig, a.a.O., S.332
215 Aleweld: Der Sakralbau, S.258
216 Nach Auskunft von Herrn Betge, Stadtarchivar von Iserlohn
217 Nach Auskulft von Herrn Betge, Stadtarchivar von Iserlohn
218 Aleweld: Der Sakralbau, S.261
219 Aleweld: Der Sakralbau, S.257
220 Rose: Die Synagogengemeinde Menden, S.114f.
221 Herr Martin Zimmer, Plettenberg, stellte dankenswerterweise das Manuskript seines Vortrages, den er anläßlich der Eröffnung der Ausstellung „Erinnerung an jüdische Mitbürger der Stadt Plettenberg" am 9./16.11.1988 zum Thema gehalten hat, zur Verfügung.
222 Nach Auskulft von Herrn Hartmur Hosenfeld vom Verein für Orts- und Heimatkunde Attendorn.
223 zitiert nach: Brilling: Alexander Haindorf, S 95f, Anm.114

224 Nach Auskunft von Herrn Eberhard Bauer aus Bad Laasphe.
225 Thiemann: Von den Juden im Siegerland, S.17
226 Fürstenau: Architekt im preußischen Staatsdienst, S.66
227 Hammer-Schenk: Synagogen in Deutschland, S.420
228 Siegener Zeitung vom 24.7.1904
229 zitiert nach Blanke: Juden in Anröchte, S.127
230 zitiert nach Mühle, in: Blanke, a.a.O., S.146
231 Stadtarchiv Erwitte A 1-710
232 Böckmann: Die jüdische Gemeinde Erwitte, S.30
233 Nach Auskunft von Herrn Reinhard Marx und weiteren Mitgliedern des Arbeitskreises „Juden in Geseke" sowie Frau Richter vom Stadtarchiv Geseke
234 Nach Auskunft von Herrn Felix Bierhaus, Oestinghausen und Herrn Gerd Oeding, Hovestadt.
235 Nach Auskunft von Herrn Felix Bierhaus, Oestinghausen und Herrn Gerd Oeding, Hovestadt.
236 Fennenkötter: Jüdische Synagogen, S.83
237 Nach Auskunft von einigen Mitgliedern des Lipperoder Heimatvereins
238 Nach Auskunft von Herrn Lutter, Möhnesee-Körbecke
239 Bei der Beschaffung der Informationen stand dankenswerterweise der Stadtarchivar von Rüthen, Herr Sommer, zur Verfügung
240 CJA 1, 75 A, So 2, Nr.3
241 Soester Kreisblatt vom 18.8.1882
242 Katzenstein: Die Synagogengemeinde zu Soest, S.61
243 Nach Auskunft von Dietmar Lange, Warstein
244 Preising: Zur Geschichte der Juden in Werl, S.19
245 abgedruckt in Zacher: Die Synagogengemeinde Werl, S.98
246 zitiert nach Zacher, a.a.O., S.69
247 zitiert nach Zacher, a.a.O., S.70
248 Stadtarchiv Kamen Protokollbuch des Wahlvorstandes der jüdischen Gemeinde 1893-1913 Akte 2611
249 Stadtarchiv Lünen NA 32/5
250 Stadtarchiv Selm STS 362
251 Hammer-Schenk: Synagogen in Deutschland, S.19
252 Ruhr-Nachrichten vom 7.11.1992
253 Westfälische Rundschau vom 9.4.1994
254 Manuskript und Auskunft von Herrn Rekers, VHS Selm
255 zitiert nach Timm: Zur Geschichte der Juden in Unna, S.5
256 Hellweger Anzeiger vom 28.6.1905; s.a. Gemeindedebatt der jüdischen Gemeinde Dortmund vom 3.5.1935
257 Historisches Stadtarchiv Werne, C II/693
258 Historisches Stadtarchiv Werne, C VII/150
259 Ein kanzelartiges Podest mit je einem Treppenaufgang auf jeder Seite
260 Nach Auskunft von Herrn Dr. Uwe Heckart, Stadtarchivar von Halle
261 Eine Zusammenstellung der Quellen aus der Stiftung „Neue Synagoge Berlin – Centrum Judaicum" (CJA 1), den Staatsarchiven Münster und Detmold, dem Kreisarchiv Gütersloh, dem Fürstlichen Archiv und dem Stadtarchiv Rheda stellte dankenswerterweise Frau Elisabeth Hanschmidt aus Rietberg zur Verfügung.
262 Die Zusammenstellung der Quellen lieferte dankenswerterweise Frau Elisabeth Hanschmidt aus Rietberg.
263 Die hier verwendeten Informationen stellte Volker Beckmann aus Herford zur Verfügung, der eine Lokalgeschichte mit dem Arbeitstitel „Die jüdische Mitbürger von Werther (1815-1945)" vorbereitet.
264 Amtsblatt Arnsberg 1849, S.190
265 Staatsarchiv Münster Kgr. Westfalen A 17-5
266 Nach Auskunft von Herrn Karl Brinkmöller, Bad Driburg
267 Nach Auskunft von Herrn Dieter Küppers, Dringenberg
268 Staatsarchiv Münster Kgr. Westfalen A 17-5
269 Diamant: Die kleine Gemeinde mit stolzer Synagoge
270 Akten-Inventar der Synagogen-Gemeinde Beverungen, S.2, Anm.3
271 Nach Auskunft von Herrn Karl Straßmann, Amelunxen
272 Stadtarchiv Höxter B V 144
273 ebd.
274 Nach Auskunft von Herrn Ewald Heinemeyer, Lüchtringen
275 Staatsarchiv Detmold M 2 Höxter Nr.729
276 Staatsarchiv Detmold M 2 Höxter Nr.745
277 Nach Auskunft von Herrn Ludwig Dolle, Ortsvorsteher von Ossendorf
278 Nach Auskunft von Herrn Manfred Wengler, Ortsvorsteher von Scherfede/Rimbeck, und von Herrn Manfred Bunse, Scherfede
279 Nach Auskunft von Herrn Kleinert aus Peckelsheim
280 Nach Auskunft von Herrn Franz Meyer
281 Nach Auskunft von Herrn Uwe Schünemann, Barntrup
282 Faassen /Hartmann, a.a.O. S.24
283 a.a.O.
284 Nach Auskunft von Herrn Jens Buchner, Bielefeld
285 Nord-Siek: Juden in Minden a.a.O. S.31.
286 Nach Auskunft von Frau Krüger, Hauptamt der Stadt Porta Westfalica
287 Amtsblatt Arnsberg 1860, S.74
288 Amtsblatt Arnsberg 1852, S.285
289 Nach Auskunft von Herrn Wilhelm Westerkamp, Heimathaus Levern
290 Nach Auskunft von Herrn Bernd Kruse aus Lichtenau
291 Nach Auskunft von Herrn Ludwig Ebbers, Ortsheimatpfleger von Wünnenberg
292 Amtsblatt Arnsberg 1865, S.875
293 Segbers: Synagogengemeinde Ahaus, S.63-64
294 Leben und Schicksal der Juden in Borken, S.74
295 Wissen: Ent-deckte Zeichen, S.49
296 Wiltfang: Der Untergang der jüdischen Gemeinde in Gronau und Epe, S.158

Anmerkungen für die Seiten 204 – 265

297 Nußbaum: Zur Geschichte der Juden in Anholt, S.288-289
298 „Es ist nicht leicht, darüber zu sprechen", S.105
299 a.a.O., S.98
300 Lück: Juden in Bottrop, S.170
301 David: Jahre, die man nicht vergißt, S.15
302 Im Bestand des Staatsarchivs Münster
303 Farwick: Die jüdische Gemeinde in Herbern-Ascheberg, S.141u.143
304 300 Jahre Juden in Nottuln, S.13
305 Geschichte der Synagogen-Gemeinde Gelsenkirchen und ihrer Vereine, S.4
306 Gatzemeier: Zur Geschichte der Juden in Gelsenkirchen, S.15f
307 Geschichte der Synagogen-Gemeinde Gelsenkirchen und ihrer Vereine, S.5
308 Obst: Geschichte der jüdischen Kultusgemeinde in Gelsenkirchen
309 Geschichte der Synagogen-Gemeinde Gelsenkirchen und ihrer Vereine, S.6
310 ebd., S.6f
311 ebd., S.7
312 Obst: Geschichte der jüdischen Kultusgemeinde in Gelsenkirchen
313 Stadtarchiv Gelsenkirchen O 4367
314 Geschichte der Synagogen-Gemeinde Gelsenkirchen und ihrer Vereine, S.7
315 ebd., S.17
316 Stratmann: Die Synagoge in Gelsenkirchen 1885 – 1938, S.25f
317 Stratmann: Die Synagoge in Buer 1922 – 1938, S.13
318 ebd., S.15
319 Gemeint ist das Lesepult (D. Verf.)
320 ebd., S.24
321 Mrozek: Jüdische Friedhöfe in Gelsenkirchen, S.40
322 Aschoff: Die Juden in der ständischen Gesellschaft, S.579
323 Geschichte der Juden in Münster, S.91
324 ebd., S.90
325 ebd., S.98
326 ebd.
327 Korn: Synagogenarchitektur in Deutschland nach 1945, S.297
328 ebd., S.298
329 ebd.

330 Festschrift zur Weihe der neuen Synagoge in Münster/Westfalen, S.40
331 Stegemann/Eichmann: Juden in Dorsten und in der Herrlichkeit Lembeck, S.63
332 ebd., S.71
333 Breßer-Barnebeck: Gedenktafel für jüdische Mitbürger angebracht, S.117-118
334 Reuter: Die Juden im Vest Recklinghausen, S.63
335 ebd., S.51
336 ebd., S.65
337 ebd., S.65f
338 Meyer, H.Ch., S.127
339 Reuter a.a.O., S.87
340 Feld/Starosta: Die Geschichte der Juden im Kreis Steinfurt von den Anfängen bis zur Vernichtung, S.64
341 CJA 1, 75 A, Ne 2, Nr.20
342 Meyer, H.Ch., S.163
343 Handbuch der jüdischen Gemeindeverwaltung und Wohlfahrtspflege, S.56
344 Althoff: Geschichte der jüdischen Gemeinde Ochtrup von den Anfängen bis zur Zerstörung und Vernichtung, S.12. - Zeichnung einer Wohnung für Gumpel Heimann. Zur Verfügung gestellt durch Frau Gertrud Althoff, Rheine
345 Althoff: Geschichte der Juden, S.14
346 Führer: Geschichte der Stadt Rheine, S.374
347 ebd.
348 Krick: Geschichte und Schicksal der Juden zu Beckum, S.50
349 Bockholt: Kleine Drensteinfurter Stadtgeschichte in Bildern und Texten, S.71
350 Hinweise und Unterlagen zur Synagoge von Enniger lieferte Herr Alfred Smieszchalla, Münster
351 Pauls: Zur Geschichte der Juden in Oelde, S.677
352 Nach Auskunft von Frau Felicitas Kaupmann
353 Rüter/Westhoff: Geschichte und Schicksal der Telgter Juden 1933-1945, S.20
354 a.a.O., S.64
355 ebd.
356 a.a.O., S.64 u. 66
357 Brilling: Beiträge zur Bibliographie des letzten Landrabbiners von Münster, S.40-41
358 Rituelle Befreiung einer kinderlosen Witwe von dem Gebot, einen Bruder ihres verstorbenen Ehemannes zu heiraten, vgl.Dtn.25, 5-10
359 Schlautmann-Overmeyer: Die jüdische Gemeinde in Münster zwischen Emanzipation und Nationalsozialismus, S.57, Anm.198
360 a.a.O., S.56-57
361 Das Targum scheni zum Buch Esther ist eine um 1200 abgeschlossene Sammlung von Sagen und Legenden, die zum Purimfest erzählt wurden.
362 Abgedruckt in Gatzemeier: Zur Geschichte der Juden in Gelsenkirchen
363 Zahlreiche Hinweise und Informationen wurden freundlicherweise von Dr. Walter Jacob und Almuth Jürgensen gegeben. Almuth Jürgensen bereitet eine Publikation über Benno Jacob als Bibelwissenschaftler vor.
364 S. 77
365 S. 78f.
366 Nach freundlicher Auskunft von Dr. Manfred Keller, Bochum
367 CJA 1, 75 A, Ni 4, Nr.1
368 Meyer, H.Ch., S.56
369 Mussinghoff: Rassenwahn in Münster, S.26.
370 Meyer, H.Ch.,S.68
371 Der Name des Vereins wird hier so genannt, wie er in dem Briefkopf des Vereins erscheint (CJA 1, 75 A, WA 6). Gelegentlich wird der Name auch genannt: „Verein zur Wahrung des überlieferten Judentums in der Provinz Westfalen" (Meyer, H.Ch., S.65 Herzig: Judentum und Emanzipation in Westfalen, S.52)
372 Reichert: Jüdische Geschichte und Kultur in NRW, S.249
373 Laut Herzig: a.a.O., S.52, Anm.63, befinden sich die Statuten des Vereins und die Mitgliederliste im Stadtarchiv Höxter.
374 In CJA 1, 75 C, Ra 1, Nr.20 belegt eine Karte vom 20.2.1935 von Rabbiner Auerbach, Recklinghausen, an Rabbiner

375 Dienemann, daß das Rabbinat sich den Absenderaufdruck „Westfälisches Bezirksrabbinat" hatte drucken lassen, ihn aber handschriftlich in „Bezirksrabbinat Recklinghausen" korrigierte.
Meyer, H.Ch., S.126
376 CJA 1, 75 A, Wa 6, Nr.2
377 Ebd.
378 Reuter: Juden im Vest Recklinghausen a.a.O., S.60
379 Stadtarchiv Gladbeck C 111
380 Reuter a.a.O., S.61 Meyer H.Ch., S.125
381 Friedrich: Die jüdische Gemeinde von Raesfeld, S. 98
382 Ebd.
383 Verwaltungsblatt des Preußischen Landesverbandes jüdischer Gemeinden vom 1.3.1932 Verwaltungsblätter sind erhalten in CJA 1, 75 B, Be 2.
384 Meyer, H.Ch., S.126
385 Theokratia. Jahrbuch des Instituturn Judaicum Delitzschianum, Band 1 (1967-1969), Leiden 1970, Seite 195-223 und ebd., Band 3 (1973-1975), Leiden 1979, S.263-270

Personenregister

Die im Register fett gedruckten Seitenzahlen weisen auf die Beschreibung im Kapitel „Rabbiner" hin.

Abraham, Gertrud 263
Abraham, Max 215
Abraham, Nathan 158
Adolf, Fürst zu Bentheim-Tecklenburg 138
Albers, Toni 80
Alexander, Isidor 219
Alexander, Moses 142
Alsbach, Bernhard 128
Appel, Ernst 52, **259**
Appel, Marta 259
Arensberg, Jakob 175
Aron, Marcus 166
Aronstein, Gottschalck 190
Asaria, Dr. (Rabbiner) 235
Auerbach, Mendel 248
Auerbach, Selig 229, 234f, 266
Auerbach, Selig Levy 212
Auguste Viktoria 24
Baeck, Leo 260
Bamberger, Isaac 94
Bamberger, Selig 22
Bandel, Josef 216
Bänfer, Ludwig 71
Bär, Gustav 219ff
Barckhoff, F. (Orgelbauer) 140
Barmeyer, Gottlieb Diederich 143
Barsilay, Dov-Levy **267**
Baum, Günter 57
Baum, Hermann 56
Becker, Johann 134
Behrmann, Israel 101
Bender, Gustav 110
Bendix (Prediger) 160
Blankenstein, Eli 30
Blecher, Ludwig 173
Blumenau, Salomon 132, 178, 184
Blumenfeld, Herz 125
Blumenthal, Therese 75
Bocholtz, Graf von 84
Bodelschwingh, von (Minister) 110

Bondy, David 96
Bondy, Salomon 96
Brader, David 265
Brahe, Tycho de 116
Brandt, Henry G. 41, 235, **267**
Brast, Gottfried 110
Braunschild, Paul 158
Brilling, Bernhard 38, **267**
Brilling, Samuel 267
Buber, Martin 261
Buchheimer, Leeser 236
Burkhard, M. 42, 46
Büscher, Franz 140
Can, Michael 107
Carl Paul Ernst, Graf zu Bentheim-Steinfurt 241
Claus, Friedrich Wilhelm 140
Cleve, H.B.H. 257
Coblenz, Felix 111, 129, 132, **259**, 263
Cohen, Levi Isaak 31, 209
Cohn, Alfred 104
Cohn, Dr. (Rabbiner) 237
Cohn, Erna 61
Cohn, Joseph 104
Cusack (Witwe) 81
Danziger, Meir 138
David, Moritz 46, 52f, 76, **260**, 262
David, Moyses 230
Davidovic, Emil 267f
Dellwig, G. (Architekt) 220
Droste-Hülshoff, Annette von 156
Dunay (Baurat) 67
Ebbers, Josef 197
Ehrlich, Immanuel 61
Eickhoff (Verwaltungsbeamter) 119
Eisendraht, Samson Nathan 230
Elias, Marcus 120
Elias, Salomon 80
Eltzbacher, Jakob Löb 137
Emanuel, Nathan 105
Eschelbacher, Dr. (Rabbiner) 226
Fahrenbach, Abraham 252
Fahrenbach, Henoch J.A. **252**
Felsenthal, Emil 125
Ferse, J. 75
Fleiter, Heinz 246
Frank, Dr. (Rabbiner) 51, 57, 67, 192, 216
Fränkel, Clara 82

Frankenthal, Hans 41
Friedheim (Rabbiner) 192
Friedländer, Joseph Abraham 106, **252**
Friedländer, Salomon **252**, 257
Friedrich Wilhelm III, König von Preußen 46
Fritzler, Max 76, 112
Fritzler, Paul 112
Fuchs, Stefanie 264
Fuldauer, Israel 199
Fürstenau, Eduard 16, 50ff, 110, 132
Fürstenberg, Freiherr von 80f
Gahlen, Berend von 247
Galliner, Arthur 260
Galliner, Jonas 260
Galliner, Julius 260
Galliner, Siegfried 216, **260**
Gans, David 116
Gans, Moritz 72
Geise, August 169
Gerle, Karl 16, 40, 68, 185, 235
Gerwe, Franz 112
Gerwe, Fritz 112
Giesler, Hermann 111
Goldenberg, Meyer 118
Goldenberg, Siegfried 225
Goldschmidt, Emanuel 130
Goldschmidt, Helmut 16, 36, 40, 54, 185, 226f
Goldschmidt, Jakob 85f
Goldschmidt, Samuel 105
Goldschmidt, Simon 157
Gonsenhäuser, Irmgard 121
Gonsenhäuser, Julius 121
Göring, Hermann 38
Grewe, Salomon Marcus 142
Großjohann (Orgelbauer) 216
Grünewald, Heinz 60
Grünewald, Paula 60
Grünewald, Sally 60
Grünewald, Simon 111
Gumperz, Liefmann 29, 60
Guttmann, Louis 249
Guttmann, Hermann 185
Gybkes (Faßbinder) 204
Haarmann, Theodor 44
Hagemann, Friedrich 59
Hahn, Dr. (Rabbiner) 221

Haindorf, Alexander 31, 98, 104, 222, 255
Hantelmann, Friedrich 237
Hardelaub, Johann Heinrich 178
Hecht, Isaak 125
Heidenheim Wolf Benjamin 22, 24
Heidenheim (Rabbiner) 90
Heilbron, Bendix 140
Heimann, Albert 130
Heimann, Gumpel 238
Heimann, Joseph 31
Heimann, Salomon 238
Heimberg, Siegfried 55
Heinemann, Joseph 151
Heinemann, Meyer 169
Hellwitz, Levy Lazar 11, 78, 98, 128, 150, 252, **253**f, 257
Herzfeld, Salomon 148
Herzheim, Alfred 118
Hesseldieck, Friedrich 53
Heß, Ezechiel 230
Heymann, Markus 238
Hildesheimer, M. 186
Hirsch, Mathias 164
Hirschberg, Richard 67
Hofmann, Carl 224
Hohoff, Johann Heinrich 116
Holländer, Gerti 109
Holländer, Levy 109
Holländer, Lothar 109
Holschmitt (Bürgermeister) 100
Holzer, Paul 55, **268**
Hony, Isaac 86
Hony, Koppel 109
Horn, Vogel 104
Hurwitz, Karl 188
Israel, Godfried 241
Israel, Joseph 216
Itzig, Joseph 150
Itzig, Salomon 104
Jacob, Benno 32f, 36, 52, 259, **261**f
Jacob, Erich 105
Jacob, Ernst 262
Jacob, Grete 105
Jacob, Helene 262
Jacob, Henry 105
Jacob, Ilse 105
Jacob, Meier Max 105
Jacob, Walter 262

Jacob, Werner 105
Jacobson, Israel 253
Jansen (Pastor) 121
Jaulus (Rabbiner) 64
Johannette Wilhelmine, Fürstin 172
jöker (Professor) 58
Jonas, Leo 53
Jordan, Anni 80
Jordan, Levi 80
Jordan, Louis 80
Jordan, Paul 80
Josef Clemens, Graf von Plettenberg-Lenhausen 115
Josephson 61
Kadden (Architekt) 70
Kahn, Isidor 231
Kahn, Samuel 63, 265
Kalir, Joseph 262
Kampshoff, A. (Baumeister) 202
Katzenstein, Sally 120
Katzenstein, Samson Schmuhl Isaac 169
Kaufmann, Berta 121
Kaufmann, Friedrich 142
Kaufmann, Max 215
Kaupisch (Regierungsbaumeister) 190
Kepler, Johannes 116
Kittel, Gerhard 14
Klaverkamp, Eberhard 245
Kleinhempel, Gertrud 132
Kliersfeld, Joseph 46, **262**
Kock, Joseph 241
Köhler, Max 201, 265f
Koppel, Louis 53
Korf, Johann Friedrich 174
Korum, Carl Arnold 44
Korthoff, Wilhelm 91
Kraft, Louis 83
Kronheim, Hans Enoch 132, 135, 263
Krüger, Ernst 169
Kusel, Abraham 57
Küster (Architekt) 106
Landau, Ezekiel 252
Lange, Gerson 61, 265f
Langen, Hermann 151
Lasker-Schüler, Else 114
Laubheim (Prediger) 233
Lazarus, Isaac 101
Lazarus, Liefmann 101

Lazarus, Max 182
Leeck, Guido 208f
Leeser, Joseph 167
Leffmann, Israel 199
Lehmann, Meier 95
Lenneberg, Moses 105
Levi, Berend 183
Levi, Itzig 139
Levi, Salomon 138f
Levi, Siegfried Simon 113
Levy, Wolff 211
Lewandowski, Louis 20
Linde, Daniel 135f
Loeb, Seligmann 31
Loewenberg, Jacob 23
Lorf, Max 51, 124
Löwenstein, Bertha 140
Löwenstein, Isaac 140
Löwenstein, Nathan 152
Lüchtefeld, Josef 57
Ludowici (Witwe) 114
Maimonides 18
Mannstaedt, Friedrich Wilhelm 131
Marks, Elias 104, 222
Markus, Heymann 238
Marx, Moses 219, 234, 265f
Mayer, Abraham 154, 204
Meier, Fritz 52
Mendelssohn, Moses 30, 252
Metz, Nathan-Elias 222
Metz, Philipp-Elias 222
Meyer, Abraham 140
Meyer, August 31
Meyer, David 61, 178
Meyer, Dr. (Rabbiner) 66f
Meyer, Friedrich 140
Meyer, Hans Chanoch 68, 226, **268**
Meyer, Jordan 150
Meyer, Meyer 238
Meyerbach, Joseph 31
Meyerhoff, Emanuel 90
Meyerhoff, Meyer 91
Meyerhoff, Raphael 91
Meyersberg, Moritz 29
Michaelis, Feist 179
Michalski, Abraham 265
Michel, Levi 233
Michelsohn, Moses 187

Personenregister

Moritz Casimir III., Graf 68
Mosel, Johann David 167
Moyses, Abraham 105
Moyses, Nathan 105
Nathan, Fanny 194
Nessanel, ben Zwi s. Haindorf, A.
Neuwald, Kurt 41
Nußbaum, Jacob 31
Nußbaum, Siegmund 52, 130
Onger, Samuel Herz 206
Oppenheim, Michael Bär 107
Oppler, Edwin 16
Ostwald, Menke 121
Ostwald, Salomon 121
Oswalt, Jacob 96ff, 128
Pagenkopf, Hans 53f
Pannewitz (Amtmann) 68f
Pellinghoff, Dietrich 57
Philippson (Rabbiner) 66, 88, 116
Pinnes (Witwe) 82
Pogeller (Bürgermeister) 119
Pohlig (Architekt) 234
Porta, Simon 140
Post (Baumeister) 67
Post (Bürgermeister) 97
Poth, F. (Baumeister) 65
Pöttgen, J. 92
Pustkoke, H. 169
Quacken, C.H. 218
Rademacher, Franz Xaver 63
Rapaport, Hirsch Cohen 252, 254
Rath, Ernst vom 36
Rau, Johannes 41, 235
Recke, von der 51
Regensburg, Jehuda von 19
Regiomontanus 116
Reifenberg, Joseph 125
Reinhaus, Leser 245
Reinhaus, Malchen 245
Rhode (Generalvikar) 119
Riediger, Joseph 135
Robert, Heinrich 129
Romberg, Alexander 98
Rose, Isaac 149
Rosenberg, Isaac 110
Rosengarten, Alfred 131
Rosenheim, Levi 204
Rosenstein, Beer 152

Rosenthal, Abrahm 121
Rosenthal, Emilie 122
Rosenthal, Ferdinand 32
Rosenthal, Moritz 209
Rosenthal, Philip Abraham 121
Rosenthal, Philipp 122
Rosenzweig, Franz 261
Rothschild, Dr. (Rabbiner) 128
Rothschild, Israel 51, 82
Röiteken (Amtsrat) 178
Röver, Ernst 20
Rubens, Dr. (Sanitätsrat) 265
Rusche, Th. 75
Sachs, Artur 142
Salmagne, Artur 54
Salomon, Israel 241
Salomon, Samuel 128
Sapha (Prediger) 178
Schächter, Nathan 235
Schäfer, Franz 96
Schäfer, Karl 109
Scherer (Architekt) 57
Schiff, E. 75
Schild, Moses 84
Schmitz, Carl H.J. 125
Schnitzler, Levi 95
Schönbaum, A.B. 135
Schönebaum (Witwe) 57
Schönewald, Hirsch 85
Schönewald, Jacob 85
Schönstädt, Richard 149
Schrage, Stefan 61
Schreggel, Wilhelm 154
Schreiber, Adolf 112
Schröder, Friedrich 117
Schröder, Peter 115f
Schüler, Moises 114
Schulte (Pastor) 119
Schuß, Johann Philipp 110
Seché, Joseph 44f
Seiff, Fr. (Architekt) 167
Seiger, Friedrich 117
Sikka, Johann 179
Simon, Abraham 213
Simon, Heinrich, Graf 175
Simon, Meyer 128
Soestmann, Berend 156
Sommerkamp, August 116
Spaugemacher, Johann 204

Spanier, Nathan 131
Speith (Orgelbauer) 140
Sperling, Hanna 41
Sperling, Marjan 210
Spiegel, Hugo 225
Stahl, Sally 91
Stein, Julius 202
Stein, Moses 31
Steinberg, Aaron Nathan 175
Steinberg, Josef 84
Steinberg, Susmann 81
Steinfeld, F.J. 135
Steinhardt, Mendel S. *164, 192, 255f*
Steinheim, Salomon Ludwig 155
Steinhoff, Fritz 55
Steinthal, Fritz L. *83, 225, 229,* **263***, 264*
Steinthal, Heinrich 263
Steinweg, Sally 128
Stern, Albert 94
Stern, Gustav 109
Stern, Herz 109
Stern, Isaac 138
Stern, Isidor 57f
Stern, Käthe 113
Stern, Meyer Leeser 110
Stern, Michel 94
Stern, Nathan 101
Stern, Philipp 120
Stern, S.J. 30
Stern, Simon 94
Sternberg, Benjamin 140
Sternberg, Heuz 113
Sternberg, Robert 113
Steßmann, Baruch 86
Stierstadt, Abraham 105
Stoecker, Adolf 13
Sulzer, Salomon 20
Sutro, Abraham *11, 20, 32,* 65ff*, 114, 116, 120, 124, 150, 153f, 190, 192, 199, 215, 230, 242, 247, 252ff,* **255ff**
Sutro, Baruch 67
Ursell, Abraham 104
Ursell, Bernhard 120
Vanführen, Laurenz 230
Vincke, von *80, 98, 106, 223, 255f*
Vogelstein, Heinemann *22, 24, 259, 265*
Vogt, D. (Architekt) 123
Voos, Danny 264

Voos, Julius 225, **264**
Walcker (Orgelbauer) 20, 51
Weiler, Helena 91
Weiler, Salomon 91
Weinberg, Levi 140
Weinberg, Samuel Aron 140
Weinberg, Werner 137*f*
Weiß, Joseph 216, 265
Wendt, Franz Egon von 131
Werner, Robert 137
Wertheim, Dr. 72
Wiesenthal, Clara 263
Wilhelm I 188
Wilhelm II 24*f*, 51, 262
Wilhelm, Ilka 264
Wilhelm, Kurt **264**
Windmüller, Sally 117
Wolf, Benedikt 265*f*
Wolff, Emil 107
Wolff, Joseph 131
Wolff, Noah 80*f*, 107
Zander, Abraham 104
Zimmermann, Isaac 96
Zindel (Architekt) 215
Zunz, Leopold 21, 32

Ortsregister

Die im Register fett gedruckten Seitenzahlen weisen auf die Beschreibung der Synagogen des betreffenden Ortes hin.

Aachen 64, 128, 195, 235
Ahaus 35, 37, **198**, 203, 206, 209
Ahlen **243***f*, 246, 248, 263
Albaxen s.Höxter-A.
Allagen s.Warstein-A.
Alme s.Brilon-A.
Altena **95***f*, 101, 103
Altenbeken 147
Altenbüren s.Bilon-A.
Alverdissen s.Barntrup-A.
Amelunxen s.Beverungen-A.
Amsterdam 131, 138
Anholt s.Isselburg-A.
Anröchte 37, **112***f*, 116, 118
Ansbach 265
Antwerpen 268
Apeldoorn 138
Aplerbeck s.Dortmund-A.
Arnsberg 19, 21, 77*f*, 80*f*, 96, 118, 121
Arnsberg-Hüsten 77, **80**, 96
Arnsberg-Neheim 20, 23, 29, 75, 77, **80***f*, 96
Aschaffenburg 255
Ascheberg-Herbern 130, **211**
Attendorn **104**, 105, 110
Augsburg 262*f*
Auschwitz 264, 267
Bad Berleburg 30, 35, **106***f*, 108
Bad Driburg 147*f*
Bad Driburg-Dringenberg **148**, 166
Bad Driburg-Pömbsen 25, 37*f*, 147, **148***f*
Bad Laasphe 35, **107***f*
Bad Laasphe-Feudingen 108
Bad Laasphe-Fischelbach 108
Bad Lippspringe 192
Bad Oeynhausen 145, **181**
Bad Oeynhausen-Bergkirchen **181**
Bad Rothenfelde 135
Bad Salzuflen 35, 145, **167***f*
Bad Salzuflen-Schötmar **167***f*
Balve **96**
Barntrup **168**
Barntrup-Alverdissen **168**
Beckum **244***f*
Belecke s.Warstein-B.
Belfast 267
Belzec 52
Bergkirchen s.Bad-Oeynhausen-B.
Berlin 11, 12, 20, 28, 33, 41, 83, 252, 254, 259*f*, 262*ff*, 265, 267*f*
Beuthen 216, 260
Beverungen 21, 31, 35, **150**, 253, 255
Beverungen-Amelunxen **151**, 153
Beverungen-Herstelle **151**
Bielefeld 11*f*, 21*f*, 32*f*, 35, 38*f*, 51, 110*f*, 129, **131***ff*, 136*ff*, 140, 142, 159, 184, 255, 259, 263*ff*
Bielefeld-Schildesche **134**
Bierde s.Petershagen-B.
Bigge s.Olsberg-B.
Billerbeck **211**, 213, 263
Bingen 52, 259
Blomberg **169***ff*
Blomberg-Cappel 117, **171***f*
Bocholt 35*f*, **199***ff*, 204, 206
Bochum 12*f*, 16, 21, 30, 32*f*, 39*f*, **44***ff*, 50, 71*f*, 75*f*, 129, 216, 233, 235, 260, 262, 264
Bochum-Langendreer 62
Bochum-Stiepel 62
Bochum-Wattenscheid 13, 27, 30, 35, 42, **46***f*, 59, 215*f*
Bödefeld s.Schmallenberg-B.
Bonenburg s.Warburg-B.
Bonn 54, 116, 122, 226, 252
Borgentreich 151, 152
Borgentreich-Borgholz 151, **152**, 157
Borgentreich-Bühne 151, **152**
Borgentreich-Großeneder **152**
Borgentreich-Körbecke 115, **152**
Borgentreich-Lütgeneder 152
Borgentreich-Natzungen 152
Borgentreich-Rösebeck **153**, 164
Borgholz s.Borgentreich-B.
Borgholzhausen 11, 35, 135, 136
Borghorst s.Steinfurt-B.
Bork s.Selm-B.
Borken 28, 31, 35, 129, **201***ff*, 205, 265*f*

Ortsregister

Borken-Burlo 129
Borken-Gemen 35, 37, **202**, 219f
Bösingfeld s.Exertal-B.
Bottrop 18, 31, **210**, 219, 221, 230f
Bottrop-Kirchhellen 230
Brakel 21, 30, 35, 148, **153**, 156
Brakel-Gehrden 166
Braunschweig 264
Bredenborn s.Marienmünster-B.
Bremen 195, 235
Bremen s.Ense-B.
Brenkhausen s. Höxter-B.
Breslau 11, 16, 32f, 261, 264, 267
Brilon **82ff**, 86, 89ff, 252, 257
Brilon-Alme 29, **84f**
Brilon-Altenbüren 92
Brilon-Madfeld **85**, 89
Brilon-Messinghausen 89
Brockhagen s.Steinhagen-B.
Bromskirchen 86
Bruchhausen s.Höxter-B.
Bruck/Mfr. 255
Brünn 267
Buchenwald 267
Budapest 267
Büderich s. Werl-B.
Buenos Aires 263
Buer s.Gelsenkirchen-B.
Bühne s.Borgentreich-B.
Bünde **143**
Büren 12, 37, **190f**, 195
Büren-Siddinghausen 190
Burgholdinghausen s.Kreuztal-B.
Burgpreppach 265
Burgsteinfurt s.Steinfurt-B.
Burlo s.Borken-B.
Canstein 188
Cappel s.Blomberg-C.
Castrop-Rauxel 26, 52, 59, **228**
Chicago 252
Chust 267
Cincinati/Ohio 238
Coesfeld **202**, **211f**, 263
Corvey s.Höxter-C.
Crone 268
Dachau 262, 265
Darmstadt 265
Daseburg s.Warburg-D.

Datteln 17, 28, **229**, 233, 236
Delmenhorst 216
Detmold 13, 39f, 135, 145, **172ff**, 177, 179, 195, 252
Dorsten 10, 28, 31, 34, 210, 219ff, **230f**
Dorsten-Lembeck 28, 230
Dorstfeld s.Dortmund-D.
Dortmund 10ff, 16f, 19f, 22, 24f, 27, 32ff, 38ff, **48ff**, 68, 71, 78f, 104, 110f, 113, 123f, 128ff, 132, 216, 226, 236, 259ff, 264f, 267
Dortmund-Aplerbeck **55ff**
Dortmund-Dorstfeld 48, **56f**, 62
Dortmund-Hörde 16, 31, 38, 55, **57f**
Dortmund-Marten 48, 56
Dortmund-Mengede **59**, 228
Dortmund-Wickede 127
Drensteinfurt 244, **245f**, 248, 263
Dresden 30
Dringenberg s.Bad Driburg-D.
Duisburg 155, 262
Dülmen **212**, 258, 263
Düsseldorf 21, 226
Eissen s. Willebadessen-E.
Elberfeld 47
Enger 12, 19, 35, **143f**, 176
Ennepetal-Milspe 61
Enniger s. Ennigerloh-E.
Ennigerloh-Enniger **246f**, 248
Ense-Bremen 122
Epe s.Gronau-E.
Erkersreuth 122
Erlangen 260
Erndtebrück 108f
Erwitte 35, **113**, 116
Erwitte-Westernkotten **113**
Eslohe **85f**, 105
Essen 56f, 76, 112, 128, 173, 179, 210, 220f, 231, 237
Eversberg s.Meschede-E.
Exertal-Bösingfeld **174f**
Feudingen s.Bad Laasphe-F.
Finnentrop-Lenhausen 11, 13, 85, 94, **104f**
Fischelbach s.Bad Laasphe-F.
Frankenberg 86
Frankfurt a.M. 20, 41, 116, 138, 164, 260, 265, 267f
Friedberg 107

Frille s.Petershagen-F.
Fröndenberg 102
Fröndenberg-Langschede 127
Fürstenau s.Höxter-F.
Fürth 252, 255
Gatooma/Zimbabwe 113
Gehrden s.Brakel-G.
Geisweid s.Siegen-G.
Gelsenkirchen 12f, 35, 38ff, 59, 75, **215ff**, 260, 265f
Gelsenkirchen-Buer 16, 31, 210, **219ff**, 230, 263
Gelsenkirchen-Horst 219, **221**, 230
Gemen s.Borken-G.
Gera 22
Gescher **202**
Geseke 14, **113ff**, 116, 254
Geseke-Störmede **115**
Giershagen s.Marsberg-G.
Gimbsheim 260
Gladbeck 210, 219, 221, 230, **231**
Godelheim s.Höxter-G.
Göteborg 262
Göttingen 261
Gronau **203**
Gronau-Epe **203f**, 263, 265
Groß-Gerau 216
Großeneder s.Borgentreich G.
Guben 264
Gummersbach 101
Gütersloh 35, 76, **135f**, 140
Haaren s.Wünnenberg-H.
Hagen 12, 13, 16, 19f, 30f, **55**, 39f, 60f, **65ff**, 73, 101, 185, 195, 235
Hagen-Hohenlimburg 13, 40, **68f**, 73, 100, 102
Hagen-Letmathe 68
Haifa 268
Halberstadt 265f
Halle **136f**, 142
Hallenberg 82, **86f**
Haltern 30, 35, 212, **232**, 263
Halver 101
Hamburg 25, 192, 261, 267f
Hamm 19ff, 29, 39f, **70f**, 74, 104, 120, 123, 264
Hamm-Rhynern 70
Hannover 16, 182, 267

Hartingen 29, 46, **59f**, 65, 215
Heddinghausen s.Marsberg-H.
Heek-Nienborg 203
Heidelberg 252, 268
Heiden s.Lage-H.
Hemer 102
Hemmerde s.Unna-H.
Hennen s.Iserlohn-H.
Herbern s.Ascheberg-H.
Herbede s.Witten-H.
Herborn 224
Herdecke **60**, 65
Herford 29, 35, 37ff, 140, 143, **144ff**, 218
Herlinghausen s.Warburg-H.
Herne 13, 16, 23, 25, 37ff, 46, **71ff**, 235
Herne-Wanne-Eickel 16, 21, 25, **75ff**
Herscheid 101
Herstelle s.Beverungen-H.
Herzebrock-Clarholz 137
Herzfeld 115
Hilchenbach **109**
Hildesheim 154
Hirschberg 121
Hohehaus s.Marienmünster-H.
Hohenhausen s.Kalletal-H.
Hohenlimburg s.Hagen-H.
Hohenwepel s.Warburg-H.
Holzminden 154, 156
Hopsten **236f**
Hörde s.Dortmund-H.
Horn-Bad Meinberg **175**
Horst s.Gelsenkirchen-H.
Horstmar, **236**, 242, 263
Hovestadt s.Lippetal-H.
Höxter 12, **35**, **153f**, 157, 195, 265
Höxter-Albaxen 153, **154f**, 156
Höxter-Brenkhausen 153, 155
Höxter-Bruchhausen 151, 153, **155**
Höxter-Corvey 151, 154f
Höxter-Fürstenau 153, **155f**
Höxter-Godelheim 151, 153
Höxter-Lüchtringen 153ff, **156**
Höxter-Ortbergen 153
Höxter-Ovenhausen 153, **156**
Höxter-Stahle 153ff, **156**
Hüsten s.Arnsberg-H.
Ibbenbüren 16, **236**, **237**, 263
Ichenhausen 265

Idar-Oberstein 264
Ikenhausen 166
Iserlohn 13, 19, 22, 33, **96ff**, 102
Iserlohn-Hennen 68, **100**
Iserlohn-Oestrich 68f, 99, **100**
Isselburg-Anholt 201, **204**
Jackson/Tennessee 259
Jerusalem 15, 17, 22, 37, 261, 264, 268
Kaiserslautern 53
Kalletal-Hohenhausen **175f**
Kalletal-Varenholz 176
Kamen **124**, 264
Karlsruhe 265
Kassel 131, 165, 253ff
Kierspe 101
Kierspe-Rönsahl 101
Kirchhellen s.Bottrop-K.
Koblenz 226, 267
Kolin 252
Köln 41, 51, 54, 57, 60, 67, 119, 121, 187, 192, 226, 235f, 265
Königsberg 260
Körbecke s.Borgentreich-K.
Körbecke s.Möhnesee-K.
Krakau 116
Kreuztal-Burgholdinghausen 105
Kreuztal-Littfeld 105
Krotoszin 268
Laer 242
Lage 22, 35, 143, **176f**
Lage-Heiden 177
Langenberg 138
Langendreer s.Bochum-L.
Langerfeld s.Wuppertal-L.
Langschede s.Fröndenberg-L.
Las Palmeras/Argent. 112
Leipzig 261
Lembeck s. Dorsten-L.
Lemberg 210
Lemgo 17, 31, **177f**
Lengerich **238**, 263
Lenhausen s.Finnentrop-L.
Lennestadt-Oedingen **105**
Letmathe s.Hagen-L.
Levern s.Stemwede-L.
Lichtenau **191**
Lieberhausen 101
Limburg s.Hagen-Hohenlimburg

Lipperode s.Lippstadt-L.
Lipperstadt-Herzfeld 115
Lippetal-Hovestadt 12, 79, **115f**
Lippetal-Oestinghausen **115f**
Lippstadt 11f, 39, 113f, **116f**, 195
Lippstadt-Lipperode **117**
Litfeld s.Kreuztal-L.
London 33, 113, 140, 260f, 267f
Los Angeles 102
Löwen s.Willebadessen-L.
Löwendorf s. Marienmünster-L.
Lübbecke **181ff**
Lüchtringen s.Höxter-L.
Lüdenscheid 21, 39, 96, **100f**
Lüdinghausen **124f**, **212f**, 214
Ludwigsburg 51
Lügde **178**
Lünen **124f**
Lütgeneder s.Borgentreich-L.
Madfeld s.Brilon-M.
Magdeburg 88, 116, 264
Mainz 267
Manchester 260
Marburg 265, 267
Marienmünster-Bredenborn **156f**
Marienmünster-Hohehaus **156**
Marienmünster-Löwendorf 153, 155, **156**
Marienmünster-Vörden **156f**
Marl 230
Marsberg 86, 89f
Marsberg-Giershagen 89
Marsberg-Heddinghausen **87f**
Marsberg-Niedermarsberg 39, 82f, 86, **87f**
Marsberg-Obermarsberg **88**
Marsberg-Padberg 40, 82, 85, **89f**
Marten s.Dortmund-M.
Mastholte s.Rietberg-M.
Medebach 35, 82, 86, **90f**
Meinerzhagen 96, **101**
Meinerzhagen-Valbert 101
Meisenheim 264
Menden 21, **102f**
Mengede s.Dortmund-M.
Meschede 84, **91f**, 94
Meschede-Eversberg 92
Meschede s.Brilon-M.
Messinghausen s.Brilon-M.
Metelen 242
Milspe s.Ennepetal-M.